社会发展与民法保障比较研究

主编　李明蓉

顾问单位：中国法学会

主办单位：福建省文化经济交流中心　　福建省涉台法律研究中心
　　　　　厦门大学法学院　　　　　　福建省法学会
　　　　　福建省律师协会　　　　　　福建江夏学院法学院
　　　　　福建社会科学院法学研究所　福建师范大学法学院
　　　　　福州大学法学院　　　　　　中国文化大学法学院
　　　　　台湾华冈法学基金会　　　　香港律师会
　　　　　澳门经济法律学会　　　　　华侨大学法学院
　　　　　澳门大学法学院　　　　　　集美大学法学院
　　　　　海峡两岸仲裁中心　　　　　澳门城市大学法学院

九州出版社 JIUZHOUPRESS ｜ 全国百佳图书出版单位

图书在版编目（CIP）数据

社会发展与民法保障比较研究 / 李明蓉主编. -- 北
京 ：九州出版社，2021.8
ISBN 978-7-5225-0279-3

Ⅰ．①社… Ⅱ．①李… Ⅲ．①社会发展－中国－文集
②民法－中国－文集 Ⅳ．①D668-53②D923.04-53

中国版本图书馆CIP数据核字(2021)第139742号

社会发展与民法保障比较研究

作　　者	李明蓉　主编
责任编辑	习　欣
出版发行	九州出版社
地　　址	北京市西城区阜外大街甲 35 号 (100037)
发行电话	(010)68992190/3/5/6
网　　址	www.jiuzhoupress.com
印　　刷	北京九州迅驰传媒文化有限公司
开　　本	720 毫米 ×1020 毫米　16 开
印　　张	33.75
字　　数	621 千字
版　　次	2021 年 8 月第 1 版
印　　次	2021 年 8 月第 1 次印刷
书　　号	ISBN 978-7-5225-0279-3
定　　价	98.00 元

编委会

目　录

数据共享与个人信息的保护

王利明 *

人类社会已经进入互联网、大数据、高科技时代，美国学者福禄姆金（Froomkin）曾经总结了许多高科技的发明，如红外线扫描、远距离拍照、卫星定位、无人机拍摄、生物辨识技术、语音识别等，他认为，高科技爆炸给人类带来了巨大福祉，但都有一个共同的副作用，即对个人的隐私保护带来了巨大威胁，已经使得个人无处藏身。大数据记载了我们过去发生的一切，也记载了我们正在发生的一切，同时能够预测我们未来发生的一切，无论我们走到哪里，只要携带手机，相关软件借助于 Cookie 技术，就可以时刻知道我们的准确定位，人类好像进入了一个"裸奔"的时代。他认为，现代法律遇到的最严峻的挑战就是，如何尊重和保护个人隐私和信息，这也要求我国民法典对此涉及的新的法律问题作出回应。同时，随着人工智能技术的发展，声音识别、人脸识别的应用范围日益广泛，这也提出了声音和形象权益保护的问题。此外，随着生命科学的发展，个人基因和遗传信息的保护也日益严峻，器官移植技术的发展也要求法律及时回应器官捐赠等现实问题。

在这个大数据时代，数据的共享可以说现在成了一个重要的发展趋势和潮流，最近，有"互联网女皇"之称的玛丽·米克尔在其发布的《全球互联网趋势报告》中指出，数据共享成为互联网和大数据发展的必然趋势、全球数据采集的优化在不断加速，以疯狂的步伐在激增。信息技术与经济社会的交汇融合引发了数据迅猛增长，数据已成为国家基础性战略资源，大数据正日益对全球生产、流通、分配、消费活动以及经济运行机制、社会生活方式和国家治理能力产生重要影响，这就促使数据必须共享，如果数据不能共享、只能自己利用，则数据本身就不能成为一项真正的财产，数据产业也不能发展。大数据开发成为一个重要的产业兴起，很大程度上就是因为有数据共享。我到很多地方看到，各地都在发展大数据产业，大数据产业发展起来后，大量的涉及个人信息的数据将进行共享。数据共享提出了法律上必须要回应的重大问题：在共享过程中如何强化个人信息的保护，

---

* 中国人民大学法学院教授。

这提出了很多问题，值得我们探讨。

数据共享是对数据财产进行利用的行为，也可能是一种个人信息的传输和收集。所谓传输，是在特定主体之间进行信息开放、披露，对被分享者而言，是一种信息的收集。数据共享涉及两个维度，一是将个人数据视为一种数据财产，数据共享的过程本身就是对数据财产的让与，而让与规则与数据的内容无关。换言之，数据记载的是个人信息还是其他商业信息，并不影响数据财产流转的规则。二是从个人数据内容的角度看，数据共享实际上是受让人对个人信息的一次收集行为，因此，应遵循与个人数据出让方相同的收集和利用规则。因此，数据共享首先可能不涉及个人信息问题，这就有必要在数据共享中注重对个人信息的保护。我个人认为数据共享应当坚持几个规则：

（一）对个人信息进行必要的分类。

通常我们把信息分为公开的、没有公开的和敏感的、一般的信息，对于已经公开的信息应该是可以分享的，但是对于没有公开的信息恐怕需要授权同意。这个过程中需要进一步区分是敏感信息还是一般信息，如果涉及个人敏感信息，比如个人家庭住址、身份证号码、银行账户等等，这些信息必须有书面同意。

（二）数据共享必须要有信息主体的授权，也就是信息权利人的授权。

共享不等于倒卖，根本区别在于获得授权，如果没有授权或者没有真正的明确授权，可能就异化为一种数据买卖，可能是非法的。数据共享之所以需要授权，也是因为数据共享也可能是一种个人信息的传输和收集，共享过程中可能对个人的信息和隐私带来一定的威胁甚至侵害。所以必须要获得授权。当然，数据控制者对个人信息进行处置的时候，完全通过匿名化的方式处理，按照通常的技术手段已经无法识别个人信息主体，很大程度上阻断了相关信息和个人身份的关联性，这种情况下共享障碍已经大大降低了，这种情况下通常不需要授权。关于授权，我个人认为有必要注意如下几个问题：

第一，授权必须是明确的。授权条款写的不清楚，即便消费者同意，也不能认为是获得了授权。我们在 app 下载手机应用时，一般都会签订相关的个人信息、隐私利用与保护条款，其中就可能包括对数据分享的授权，缺乏此种授权，相关的信息控制者即无权进行数据分享。但是不少授权条款写得非常模糊，或者以过于复杂的表述使信息主体难以准确把握其中的内容。所以授权必须是明确的。

第二，必须针对数据共享特别授权。最近在"北京淘友天下技术有限公司等与北京微梦创科网络技术有限公司不正当竞争纠纷案"中，双方当事人通过OpenAPI 开展合作，但被告则在合作过程中不当抓取原告的用户个人信息，北京知识产权法院认为，"OpenAPI 开发合作模式中数据提供方向第三方开放数据的前提是数据提供方取得用户同意，同时，第三方平台在使用用户信息时还应当明确告知用户其使用的目的、方式和范围，再次取得用户的同意。因此，在OpenAPI开发合作模式中，第三方通过OpenAPI获取用户信息时应坚持'用户授权'+'平台授权'+'用户授权'的三重授权原则。"，在这一案件中，北京知识产权法院提出了三重授权规则：即数据授权+平台授权+用户授权。从信息权利人角度，实际上是双重授权，即第一次如果要给数据的收集者在收集信息的时候必须获得授权，第二次你把收集到的信息进行分享的时候还要获得另一次授权，也就是数据的分享必须要再一次获得个人信息权利人的同意。创建这个规则十分必要，建议立法从相关案例中总结经验，形成授权规则。

第三，必须严格控制概括授权。现在有一些隐私条款使用了一种概括的授权方式，个人信息权利人在进行概括授权之时对于其可能的个人信息收集者以及其对个人信息的使用方式并不完全知晓，从某种程度上说，概括授权相当于个人信息权利人将其对个人信息享有的权利完全委托给了被授权者，而鉴于个人信息与信息主体人格利益之间的紧密联系，此种委托可能会造成信息主体对于个人信息的完全失控，从而带来超出其合理预期的影响。例如，某企业通过健康手环收集到用户个人的健康状况信息，该信息属于个人的敏感个人信息，如果允许该企业设置要求用户对数据分享进行概括授权的条款，将不利于个人隐私权、个人信息权的保护。

第四，采取未明确授权即视为拒绝共享的模式。采取"未明确授权即视为拒绝共享"的授权模式。在对数据共享的授权方面，美国和欧洲的做法并不相同，依据美国加州消费者隐私保护法案第1798条的规定，采用"未反对即视为同意"的做法，也就是说，信息控制者在向第三方转让其个人信息时，默示的是个人同意分享，但要求必须向消费者告知信息收集的类别、使用目的以及消费者有权要求企业删除信息，如果个人没有作出选择，则默示认定个人同意数据可以分享。而依据欧盟《一般数据保护条例》的规定，信息控制者在处理个人信息时，应当考虑信息主体与数据控制者的关系，保护信息主体的合理期待，其目的在于确保信息主体基本权利与自由不受侵犯。在信息控制者分享个人信息时，应当取得个人的明确同意，"未明确同意即视为反对"[①]。从我国立法来看，我国《民法总则》第111条虽然规定了个人信息应当依法收集和利用，不得非法收集和利用，但何为合法？何为非法？《民法总则》并没有作出规定。我认为，我国未来立法主要应当借鉴欧盟的数据共享规则，即数据的共享原则上应当取得个人的同意。

---

① 参见何颖："数据共享背景下的金融隐私保护"，载《东南大学学报（哲学社会科学版）》，2017年第1期。

第五，不需要授权的情况应该法定化。现在有一种看法认为，凡是为了公共利益而进行数据共享，都不需要信息主体的授权，但"公共利益"的概念太宽泛了，特别是个人宾馆开房记录、个人刷卡记录等都涉及个人的核心隐私，是不是所有的政府部门都可以利用，是不是从事教学科研等涉及公共利益的活动都可以利用？我认为不需要授权的情况应当由法律明确规定下来，做出明确列举，这样可以保护个人信息的权利。

（三）使用范围必须界定

如果同意分享，那么分享者是否不受限制？我认为，和初次授权是一样的，第一次授权允许干什么，第二次也允许干什么。也得明确告诉给谁、做什么、目的是什么。授权第一个数据控制者，已经有了用途限制，那么分享给第三方也要有用途限制。不是说，获得授权以后想干什么就可以干什么，最近据报道，谷歌曾经让第三方开发者和服务提供商扫描几百万 Gmail 用户的个人邮件，目的是推出其他针对性的互联网服务，一家服务网络广告主、通过用户邮件获取信息的公司"Return　Path"，对于 200 多万 Gmail 用户的信件进行了软件阅读，另外该公司员工亲自阅读了 8000 封并未对敏感内容进行遮挡的信件。这就在使用范围上存在问题。

（四）分享者应当遵循必要的、合理的、最小化使用的原则。

获得的分享权利后，分享数据，也应当遵循与初次收集个人信息相同的基本规则，包括遵循正当的、必要的、最小化利用等规则。《网络安全法》对此作出了规定。

（五）共享过程中充分尊重和保护信息权利人的各项权利，比如知情同意权、信息查询权、安全维护权、信息删除权等。这些权利都应当在我们的民法典做明确规定。

从数据分享我们可以看出，今天的人格权已经不再是单纯的消极防卫，而是积极利用权利。从世界范围来看，法律或者民法都遇到了一个难题，就是怎么样协调好、处理好对各类信息的保护与数据的开发利用、分享的关系。应当看到，数据共享的效率与个人信息保护的冲突与矛盾，主要表现在：数据分享的效率和个人信息保护之间存在此消彼长的关系，如果从制度安排上，过度鼓励共享，可能对个人隐私、个人信息等人格权保护带来冲击。而如果对人格权益进行保护，严格限制共享，也会对共享形成障碍。所以，在大数据时代，法律遇到的一大难题，就是如何协调好二者的冲突和矛盾。从比较法上来看，美国传统上更注重个人信息利用，促进数据产业的优势地位，欧盟更注重个人信息保护。但现在出现了共同的趋势，即在数据的开发、共享中，应当重视对个人信息的保护。目前在我国数据产业的发展过程中,既要鼓励数据的开发、利用和共享,以促进数据产业的发展,但也同时要提高对个人信息的保护关注度,完善保护规则。我国正在编纂的民法典应当妥善平衡二者的关系,既要注重发挥个人信息的经济效用,也要注重保护信息主体的个人信息权利,不能因为过度保护个人信息等权利而限制了数据产业发展,也不能为发展数据产业而不考虑个人信息等权利的保护,民法典的相关规则设计应当妥善平衡二者之间的关系。鉴于这个问题比较复杂,民法典作为民事基本法,可以只规定平衡人格权保护和数据流通之间关系的基础性规则,或者做原则性规定,为有关单行法细化规定个人信息的保护提供依据。尤其要加强人格权立法,注重个人信息保护,使民法典与时俱进。回应科技发展需要,适应大数据时代的发展要求。

人格权立法中国经验的形成、发展与定型

杨立新[*]

自《中华人民共和国民法通则》规定了人格权法以来，就形成了人格权立法的中国经验，并受到广泛称道。在编纂民法典制分则的人格权编中，应当对我国改革开放以来的人格权立法中国经验做出正确解读，使《民法通则》形成的人格权立法中国经验不断发展、完善，并在我国即将诞生的民法典中定型化，才能使人格权立法中国经验在我国继续发扬光大，保护好人民的人格权，在世界范围内发生重要影响。

一、人格权立法中国经验的形成和发展

（一）人格权立法中国经验概念的提出

人格权立法的中国经验，也称之为人格权立法中国模式，[①]或者人格权保护的中国经验。[②]这三个概念基本上是一回事，但是侧重点有所不同。

与人格权立法中国经验或者中国模式相关的概念，我在较早的时候把它概括为"中国民事立法的一个创举，是对世界民法发展的开创性贡献"。[③] 2002 年春，中国人民大学民商事法律科学研究中心在完成《民法典人格权编草案建议稿》起草任务后，在云南丽江召开的中日人格权法研讨会上，我提出了用"中国模式"的概念来概括我国《民法通则》人格权立法的经验，受到最高人民法院副院长唐德华以及其他与会者的肯定，认为这个概念准确地概括了中国人格权法的立法经验。

---

* 课题来源：中国人民大学科学研究基金项目："民法基本原则的裁判应用与体系化研究"（课题号：17XNQJ04 号）。

天津大学法学院卓越教授、中国人民大学民商事法律科学研究中心研究员、中国民法学研究会副会长。

① 杨立新：《我国制定〈人格权法〉的必要性与现实性》，《光明日报》2012 年 5 月 15 日第 11 版。

② 梁慧星：《中国民法典中不能设置人格权编》，《中州学刊》2016 年第 2 期。

③ 杨立新：《人身权法论》，中国检察出版社 1996 年版，第 2 页。

认真分析，人格权立法中国模式与人格权立法中国经验这两个概念并没有实质的差别，属于同一概念，而与人格权保护中国经验这个概念却不完全相同。虽然人格权立法中国经验或者中国模式与人格权保护中国经验都是在强调中国民法人格权立法的表现形式的与众不同，以及在世界民法发展史上的重要地位，但是，前者着重表现的是中国人格权法立法整体的与众不同和重要地位，而后者着重表达的却仅仅是中国立法对人格权保护的与众不同和重要地位。前者着眼于全局，后者着眼于局部，其差别显而易见。

笔者坚持使用人格权立法中国模式或者中国经验的概念，并非只强调中国人格权法在保护人格权方面是与众不同，而是全部的人格权立法的与众不同，刻意避免的恰好是"人格权保护中国经验"概念存在的局限性。使用人格权保护中国经验概念的用意，强调的是中国人格权立法的经验在于对人格权的保护，而不在于全部立法的先进性。

（二）人格权立法中国经验的形成

人格权立法中国经验形成于1986年4月，《民法通则》不仅规定了人格权，而且在"民事权利"一章，将人格权与物权、债权和知识产权并列在一起，在民法中具有同等地位，同时还规定了比较完整的人格权类型体系、具体内容以及人格权保护的法律规范体系。

人格权立法中国经验的形成，可以概括为以下两个主要原因：

1. 总结十年动乱的惨痛教训

在十年动乱之前，我国没有人格权的立法，也没有比较全面的人格权保护，人格权立法几乎是一个空白。在司法实践中，除了对打架斗殴致伤、致死侵害物质性人格权的行为，依照《刑法》定为伤害罪、杀人罪，予以刑罚制裁之外，在民法上责令侵权人承担人身损害赔偿责任。1963年，最高人民法院在给黑龙江省高级人民法院关于交通事故损害赔偿的请示答复中指出："交通事故发生后，加害方应当给予受害方一定数额的抚恤费用，包括抚养（扶养）费用，但不限于抚养（扶养）费用"。1965年5月26日，最高人民法院办公厅、公安部办公厅、中华全国总工会劳动保险部《关于交通事故的补偿和抚恤问题的函》指出："职工因交通事故死亡，……肇事单位给家属经济上的补偿，是表示对死者负责，也是精神上的安慰。"这种不严格区分财产损害赔偿和精神损害赔偿性质的答复，体现了那时对人格权以及保护人格权的基本认识。同时，极"左"思潮逐渐泛滥，法学思想领域逐渐渗透意识形态色彩浓厚的法学观点，对精神损害赔偿给予强烈的否定，对所谓的"人格权利商品化"进行了毫不留情的批判。[①] 这些批复，体现的是那个时代人格权立法的不健全。除此之外，立法和司法不再有对人格权的宣告和保护，进而在十年动乱中出现了人格权遭受严重践踏的历史悲剧。

在这样的经验教训的基础上，立法机关于 1986 年制定《民法通则》，在民事权利一章专门写了一节"人身权"，规定了人格权。对于人格权的这一部分立法，不在于写了多少条文，而在于写了一个当时认识到的人格权立法和保护的极端重要性。同时，把人格权与物权、债权、知识产权列在同等地位，等于说，人格权和物权、债权和知识产权的民事权利类型都是一样的，都是要在民法分则中单独规定的民事权利。这一点才是最重要的。所以，《民法通则》规定人格权法，首先就是总结了十年动乱的惨痛教训，立法不得不做好人格权立法，加强人格权保护。

2. 立法者敢于创新和变革的智慧和胆略

在《民法通则》立法中，既有立法机关的领导和工作人员，又有民法学者，还有司法机关的工作人员。这些具有智慧的专家、学者聚集在一起，总结历史的经验教训，在《民法通则》156 个条文中，拿出了 8 个条文规定人格权，是特别有胆略、特别有气魄的一个重大立法举措。在当时世界各国的民法立法中，从来没有一部民法典把人格权与物权、债权和知识产权并列在一起的立法例，而我国立法机关就这样做了，单独规定了人格权法，并且将其与物权、债权和知识产权相并列，构成了"民事权利"一章。这种前所未有的立法例，意味着我国民事立法已经将人格权与其他民事权利相并列，从而为民法典人格权编的制定奠定了立法基础，提供了足够的历史根据。《民法通则》确立的这种人格权法的立法例，是其他国家民法典都没有实现的立法成果，是已经被实践证明了的先进立法经验，也是为民法学者普遍认可的科学体系。[②] 正因为如此，《民法通则》在格权立法上创造了中国经验、提供了中国模式。

归结起来，人格权立法的中国经验，就是《民法通则》创立的人格权立法经验，其核心价值就在于对人格权在《民法通则》中作了体系化的规定，并且开创了人格权在民事权利体系中重要地位的立法先河。在制定《民法通则》的 1986 年，并不存在《乌克兰民法典》，即使《加拿大魁北克民法典》在"人法编"中专章规定"某些人格权"，既不是对人格权法的体系化规定，其修订完成也晚于

---

① 陈现杰：《我国人格权保护的司法维度》，载中国人民大学民商事法律科学研究中心：《中国民法人格权法 40 年研讨会论文集》，2018 年，第 43—44 页。

② 王利明：《我国未来民法典中人格权编的完善——2002 年〈民法典草案〉第四编评述》，《中国政法大学学报》2013 年第 1 期。

《民法通则》。① 这是一个重大的体系突破，② 无论是在中国的人格权立法中，还是在世界的民法立法史上，都是一个具有里程碑意义的民事立法。这就是人格权立法中国经验的价值所在。

（三）人格权立法中国经验的发展

总结人格权立法中国经验的发展，主要表现在以下四个方面。

1. 有关人格权的立法不断完善发展

《民法通则》规定了人格权法之后，一方面确立了我国人格权法的基本制度，另一方面也看到了人格权立法中存在的问题，因而在其后的立法中，对人格权的规范不断完善。在《消费者权益保护法》《未成年人保护法》《妇女权益保障法》《残疾人权益保护法》《老年人权益保障法》《国家赔偿法》等法律中，对于隐私、人身自由、死亡赔偿金、残疾赔偿金等人格权及其保护方法，都不断予以补充。特别是在《侵权责任法》以及修订的《消费者权益保护法》《食品安全法》等法律中，规定了隐私权、个人信息权等更多的人格权及其保护制度，使我国的人格权法不断丰满起来，中国经验不断发展，形成了今天的立法规模。

2. 人格权司法经验不断总结提高

在《民法通则》人格权立法的基础上，中国的司法不断推动人格权立法中国经验的发展。我国司法实践在《民法通则》实施之前仅仅保护生命权和健康权的基础上，继续加强对物质性人格权的保护，同时，对精神性人格权加强保护，在国内形成了一个强大的维权潮流。司法机关敢于担当，不断总结经验，不断深化人格权法理论，在人格权的法律适用方面，不仅在《关于贯彻执行〈民法通则〉若干问题的意见（试行）》中规定了"以书面、口头等形式宣扬他人的隐私，或者捏造事实，公然丑化他人人格，以及用侮辱、诽谤等方式损害他人名誉，造成一定影响的，应当认定为侵害公民名誉权的行为"等具体解释，还作出了《关于审理名誉权案件若干问题的解答》《关于审理名誉权案件若干问题的解释》《关于确定民事侵权精神损害赔偿责任若干问题的解释》《关于审理人身损害赔偿案件适用法律若干问题的解释》等一系列司法解释，对于人格权法的内容和保护的法律适用规则形成了完整的体系。特别是《关于确定民事侵权精神损害赔偿责任若

---

① 徐国栋：《〈魁北克民法典〉导读》，载孙建江等译：《魁北克民法典》，中国人民大学出版社 2005 年版，导读第 27 页。

② 王利明：《我国未来民法典中人格权编的完善——2002 年〈民法典草案〉第四编评述》，《中国政法大学学报》2013 年第 1 期。

干问题的解释》堪称我国人格权法律保护的第二个里程碑，①形成了比较完善的人格权司法的保护体系。

3. 人格权法理论研究的深化升华

由于《民法通则》确立了人格权立法中国经验，中国民法理论界深入研究人格权法学理论，形成了研究人格权法理论的高潮。在此期间，研究人格权法的文章和著作比比皆是，形成了研究人格权法的高潮。在《民法通则》以前，我国基本上没有人格权法的理论研究，根据知网的数据，1986 年以前发表的有关人格权的文章仅有 4 篇，1986 年一年就有 5 篇，1987 年 18 篇，2001 年达到了 125 篇，2005 年超过了 200 篇，2016 年达到 313 篇。自 1986 年至今发表的人格权法论文已经超过了 4000 篇。出版社目前出版的人格权法专著和教材的有数十余部之多。《民法通则》确立人格权立法中国经验之后的 30 多年中，我国人格权法理论已经发展到了相当的程度，推动了我国人格权立法和司法的进步，在人格权立法中国经验的发展中发挥了重要作用。人格权法理论研究的不断深入，提升了人格权立法中国经验的理论基础和价值，成为人格权立法中国经验的重要组成部分。

4. 对外国人格权立法、司法经验的广泛借鉴

《民法通则》确立了人格权立法中国经验之后，立法体例和体系的先进性并不意味着立法内容的必然完美，在理论上和实践上都需要广泛借鉴，以便解决中国的实际问题，发展中国经验。对国外的人格权立法、司法经验和理论研究成果不断消化吸收，形成中国的东西，完善和发展人格权立法的中国经验。对于德国的一般人格权、②日本的自我决定权、③美国的公开权等，④都借鉴过来，使之成为人格权立法中国经验的组成部分。《民法典分则人格权编（草案）》的第一章把这些重要内容都写了进去，形成了人格权立法中国经验的新的、体系化的一般规则。广泛借鉴国外经验，对人格权立法中国经验的发展发挥了重大作用，世界上出现的新的人格权问题，我们都能很快借鉴过来。例如欧洲人权法院创造出了"被遗忘权"的概念，我们不仅借鉴过来，⑤而且还很快就具体应用在审判实践中。⑥

人格权立法中国经验的持续发展，主要就是靠立法不断补充、司法经验总结、

---

① 杨立新：《最高人民法院〈关于确定民事侵权精神损害赔偿责任若干问题的解释〉释评》，《法学家》2001 年第 5 期。

② 姚辉：《论一般人格权》，《法学家》1995 年第 5 期。

③ 杨立新、刘召成：《论作为抽象人格权的自我决定权》，《学海》2010 年第 5 期。

④ 蒋继菲、王胜利：《公开权对我国人格权立法的启示》，《前沿》2010 年第 22 期。

⑤ 杨立新、韩煦：《被遗忘权的中国本土化及其法律适用》，《法律适用》2015 年第 2 期。

⑥ 段卫利：《论被遗忘权的司法救济——以国内被遗忘权第一案的判决书为切入点》，《法律适用》2017 年第 16 期。

理论研究升华和国外经验借鉴这四个办法，形成了比较完善的人格权立法体系和内容，并期待着在适当的实际予以定型。

二、对人格权立法中国经验的正确解读

（一）如何解读人格权立法的中国经验

对人格权立法中国经验究竟应当怎样解读，有不同看法。

有的学者认为，中国编纂民法典一定要肯定和尊重保护人格权的中国经验，将现行侵权责任法作为民法典的一编，对其内容不做实质改动，并将民法总则编的自然人一章专设一节，列举规定民法通则中的人格权类型，加上最高人民法院司法解释认可的人格权类型，充其量再按照学者们的建议，增加关于一般人格权的规定，这就足够了。因此，人格权保护中国经验的主要表现是，首先适用侵权法保护；其次是将人格权类型化，由法律明文规定人格权的各种类型，再由最高人民法院通过司法解释认可新的人格权类型，以此解决人格权保护的范围问题；第三，通过《侵权责任法》第20条解决人格权商品化问题。①

对人格权立法中国经验或者人格权保护中国经验做这样的解读，问题较多，主要表现在以下几个方面：

第一，不能把人格权立法中国经验解读为人格权保护中国经验。人格权立法的中国经验，是中国《民法通则》确立起来的、与其他国家不同的中国人格权立法的经验，而不是仅仅表现为中国民法对人格权保护的经验。当代人格权法并非仅仅着重于对人格权的保护，而且更着重于对人格权的内容、人格权的支配、人格权的行使以及人格权的保护进行全面规范。即使在《民法通则》的人格权立法中，也不只是对人格权保护的规定，还包括人格权的内容和具体行使方法的规范。例如第99条规定，公民享有姓名权，这是赋权性规定；有权决定使用和依照规定改变自己的姓名，这是关于权利内容的规定；禁止他人干涉、盗用、冒用，这是人格权保护的规范。所以将人格权立法中国经验解读为仅仅在人格权保护方面的中国经验，是不正确的，因为人格权立法中国经验是对人格权全面规范的立法经验。

第二，对人格权立法中国经验也不能仅仅理解为人格权的类型化规定。所谓的人格权类型化规定，只是将人格权的具体权利进行类型化，规定民事主体享有

---

① 梁慧星：《中国民法典不能设置人格权编》，《中州学刊》2016年第2期。

哪些具体人格权。但是更重要的，是对每一个具体人格权的内容、行使方法、支配规则、保护方法、具体人格权相互之间的权利界限，以及人格权行使和保护等的一般性规则，进行详细规定。只有这样，才能把人格权法叫作权利法。把人格权法仅仅理解为或者规定为人格权保护法，或者只是对人格权进行简单的类型化，都不是《民法通则》规定人格权法的本来意旨。

第三，《民法通则》确立的人格权立法中国经验的基本点，在于人格权立法的体系化，表现为《民法通则》第五章第四节的"人身权"，而不是将人格权法分解为"民法总则＋侵权责任法＋司法解释"的模式。目前之所以形成了"民法通则＋侵权责任法＋司法解释"的人格权法律体系，是因为《民法通则》立法时对人格权的规定不完善所致。在改革开放初期，在民法理论没有充分准备之前，《民法通则》规定人格权的内容是不完备的，但是人格权的立法体系和地位则是确定了的。因此，《侵权责任法》才作出了保护人格权的规定，最高人民法院根据《民法通则》和《侵权责任法》的规定作了一系列完善人格权立法的补充性解释。不论是《侵权责任法》的规定，还是司法解释对保护人格权的规定，都是对《民法通则》对人格权规范体系的补充，而不是在《民法通则》之外另行规定了新的制度。

第四，即使仅仅谈到对人格权的保护，也并非《侵权责任法》所能独立完成的任务。对于民事权利的保护，历来有两个不同的请求权系统，一是侵权请求权，二是绝对权请求权，两种请求权构成对一个民事权利保护的完善体系。人格权同样如此，《侵权责任法》对人格权的保护，规定的是侵权请求权，适用该法第 3 条，同样，第 6 条第 1 款是保护人格权的一般条款，第 20 条是对于精神性人格权中所包含的财产利益的保护。这些保护性规范都是重要的，但都不能代替人格权请求权对人格权的保护。尽管《民法通则》在"人身权"的规定中没有规定人格权请求权，但是在随后的研究中，理论认可人格权需要由人格权请求权和侵权请求权的双重保护，人格权请求权对人格权的保护极为重要。[①]《民法典分则人格权编草案（征求意见稿）》第 8 条规定："侵害他人人格权益的，应当依照本法和其他法律的规定承担停止侵害、排除妨碍、消除危险、赔偿损失、消除影响、恢复名誉、赔礼道歉等民事责任。""被侵权人依照前款规定提出的停止侵害、排除妨碍、消除危险、恢复名誉、赔礼道歉请求权不受诉讼时效的限制。"这里规定的就是人格权请求权，特别是第 2 款规定的不受诉讼时效限制的人格权请求权，对于保护人格权具有更重要的意义。这些人格权保护的内容，都必须在人格权法中规定，不能在侵权责任法中规定。如果仅仅适用侵权责任法对人格权进行保护，

---

① 参见杨立新、袁雪石：《论人格权请求权》，《法学研究》2003 年第 6 期。

而不再另行规定人格权编，并在其中规定人格权请求权，对人格权的保护就是不完善的，也不是人格权立法中国经验的特点。

（二）正确解读人格权立法中国经验的主要方面

对人格权立法中国经验必须有一个正确解读，其着重点在以下几个方面。

1. 人格权立法中国经验的立法形式

对人格权立法中国经验的第一个解读，是人格权立法中国经验的立法形式。这是人格权立法中国经验的着重点。

《民法通则》"人身权"一节规定在"民事权利"一章的第四节。其立法价值，正如学者所言，人格权独立成编是对我国既有民事立法经验的总结，是对我国优良立法传统的继承。《民法通则》在民事权利一章（第五章）单设了人身权利一节（第四节），是一个重大的体系突破。尤其值得注意的是，《民法通则》将人身权与物权、债权、知识产权相并列作出规定，这在各国民事立法中也是前所未有的，此种体系本身意味着我国民事立法已经将人格权制度与其他法律制度相并列，从而为人格权法在民法典中的独立成编提供了足够的历史根据。[1]《民法通则》这种对人格权法的立法形式，确立了人格权法在中国民法中的独立地位，这是人格权立法中国经验的核心内容。对这一立法经验视而不见，而硬说对人格权单独设编绝不是中国学者的首创，而是乌克兰的首创，[2]是不尊重客观事实的。

需要说明的是，《民法通则》将人格权内容排在第四节这样一个靠后的位置，是因当时存在的一个不正确认识所致，即认为民法主要调整的社会关系是财产关系。《民法通则》第2条规定，民法调整平等主体之间的财产关系和人身关系，就是把财产关系放在前边的。相对应的，《民法通则》在第五章规定民事权利时，首先规定物权、债权和知识产权，把人身权放到最后，正是基于这样的认识基础。不过，不管怎样，《民法通则》把人身权单独作为一节规定人格权，与物权、债权和知识产权并列在一起的人格权立法形式，就不是一个碎片化的立法方式，而是一个体系化的立法方式，是对人格权做了完整的、体系化的规定，而不是散见在《民法通则》的各个不同部分。人格权立法的碎片化表达，[3]主要是《德国民法典》采取的立法方法，那是基于历史的原因形成的。可见，人格权立法中国经验从开始时起，就不是碎片化的表达方式，而是体系化的立法。这是一个不争的事实。中国从《民法通则》开始，对于人格权立法就进行了体系化的规范，这是人

① 王利明：《我国未来民法典中人格权编的完善》，《中国政法大学学报》2013年第1期。
② 梁慧星：《中国民法典中不能设置人格权编》，《中州学刊》2016年第2期。
③ 邹海林：《再论人格权的民法表达》，《比较法研究》2016年第4期。

格权立法中国经验的基本表现方式。在此之后，中国经验的发展也是在体系化的基础上进行的。所以，人格权立法中国经验的立法形式就是体系化。同样，《民法通则》对于人格权的体系化规定，还表现在与物权、债权和知识产权做到地位平列，都进行了体系化的规定。可以说，《民法通则》的民事权利一章，就是一个"迷你型"的民法分则，人格权法正是其中的一个组成部分。这一立法体系是其他国家民法典难以比拟的立法成果，是已经被实践所证明了的先进的立法经验，也是为民法学者所普遍认可的科学体系。既然《民法通则》关于民事权利的规定已经构建了一种前所未有的新体系，并已经对我国民事司法实践与民法理论都产生了深远的影响，我们没有任何理由抛弃这种宝贵的经验。[①] 在《民法通则》体系化规定人格权的基础上，把它进一步展开，就成为民法典分则的人格权编，与物权编、合同编、侵权责任编等各编处于同等地位。

　　2.人格权法是权利法而不单纯是权利保护法

　　解读人格权立法中国经验还有一个重要的问题，即人格权法究竟是权利法还是权利保护法。如前所说，这是人格权立法中国经验与人格权保护中国经验两个概念之间的基本差异。

　　人格权法究竟是一部权利保护法，还是一部权利法，涉及对人格权法性质的基本认识问题。这必须从《民法通则》规定人格权的基本内容出发来确认。如果《民法通则》规定人格权时规定的是权利保护法，而不是权利法，界定人格权法的性质为权利保护法就是有一定的根据的。但是，《民法通则》规定人格权保护法，是在"民事责任"一章规定的，即第119、120条，在人身权一节只规定了人格权的体系和内容，保护规范并不在这里。因此，认为人格权法中国经验就是认定人格权法是权利保护法，对人格权只要提供保护就行了，不存在赋权、权利行使规则等内容，就是不正确的。中国的人格权法是当代人格权法，当代人格权正在从消极防御功能向积极行使功能转化，人格权的积极功能在不断地发展变化中，权利人能够主动行使人格权，支配自己的具体人格利益，使自己获得更大的经济利益。我国的人格权立法从《民法通则》开始，经过不断发展、完善，人格权的积极功能越来越广泛，越来越强大。因此，人格权法不仅仅是一个权利保护法，更重要的是规定人格权行使、对人格利益支配的民事权利法，进行人格权的赋权、规定人格权行使规则的法律，当然也包括对人格权的保护，例如人格权请求权。对人格权的保护仅仅是人格权法的一部分内容。所以，决不能将人格权立法的中国经验解读为人格权法是权利保护法，而是权利法。

　　3.对人格权法与侵权责任法关系的正确解读

---

①　王利明：《我国未来民法典中人格权编的完善》，《中国政法大学学报》2013年第1期。

　　解读人格权立法中国经验，还必须认识我国人格权法与侵权责任法之间的关系。把人格权立法中国经验解读成人格权法与侵权责任法的一体化，也是不正确的。

　　对此，应当从《民法通则》的立法体系上去观察。《民法通则》规定人身权即人格权，是在"民事权利"一章规定的；而侵权责任是规定在"民事责任"一章。可见，《民法通则》规定人格权法与侵权责任法，完全是两种不同的法律地位。《民法通则》将侵权责任法作为权利保护法，使其脱离债法，规定到民事责任之中，采民事责任单独规定的体例。[①] 按照这样的立法体系安排，才能够正确解读人格权法和侵权责任法的关系，侵权责任脱离债法成为民法的独立部分，具有独立地位。在《民法通则》看来，人格权法是民事权利法，侵权责任法是权利保护法，二者并非为一体化。

　　侵权责任法对于人格权的保护，主要表现在以下几个方面：第一，侵权责任法第2条第2款把人格权规定在侵权责任的保护范围之内；第二，第3条规定的侵权请求权包括对侵害人格权的侵权请求权；第三，第6条第1款规定的侵权责任一般条款，包括对侵害人格权的过错责任；第四，第16条和第17条规定的人身损害赔偿、第20条规定的侵害人格权益的财产损害赔偿，以及第22条规定的精神损害赔偿，都适用于对人格权的保护。但是，这些对人格权的保护，都是侵权责任法提供的侵权请求权的保护，不能代替人格权请求权对民法的保护，更不能代替人格权法对人格权的赋权、内容、行使、支配等规则的完整体系。将人格权法与侵权责任法的一体化解读为人格权立法中国经验的主要内容，显然不是对人格权立法中国经验的正确解读。

　　4. 对人格权双重保护模式的正确解读

　　正确解读人格权立法中国经验，是怎样看待对人格权的双重保护问题。

　　对人格权的保护，确实是实行双重保护方式，即人格权既需要人格权请求权的保护，也需要侵权请求权的保护。人格权立法的中国经验也包括这个问题。这其实既是人格权保护的优势，也是所有民事权利保护的一般规则，因为差不多对所有的民事权利都是实行双重保护的。最典型的事例，就是《物权法》规定了物权请求权，但是，难道《侵权责任法》不保护物权吗？对物权，也是既有物权请求权的保护，也有侵权请求权的保护，不是说物权有了物权请求权的保护，就没有必要再用侵权法保护，反之亦然。在《中国民法典草案建议稿》中，在物权编总则的第三节专门规定物权请求权，详细规定了返还请求权、确认物权的请求权、排除妨害的请求权、消除危险的请求权、损害赔偿的请求权，构成完整的物权请

　　① 　魏振瀛：《民事责任与债分离研究》，北京大学出版社2016年版，第32页以下。

求权体系。①《物权法》既规定物权请求权，又规定侵权请求权，也形成了双重保护模式，是完全正常的法律规范。在具体适用上，根据实际情况和当事人的选择，决定采用哪种方法保护。既然如此，对物权的保护实行双重保护是正当的，那么，对人格权的保护为什么就不能实行双重保护呢？中国人格权的立法经验证明，对于人格权的保护，既要有人格权请求权的保护，也要有侵权请求权的保护。认为在人格权编中规定了人格权请求权，就是与侵权责任编的规定相重复，其实质是混淆了人格权请求权与侵权请求权之间的界限。《民法典分则人格权编（草案）》第一章用了 5 个条文规定人格权请求权，既有理论价值，又有实践意义，是很好的规定。

对民事权利设置双重保护模式，几乎是民事权利保护的基本方式，对于任何一个权利的保护，都要有绝对权请求权的保护，又要有侵权请求权的保护，实现对民事权利的完善保护。② 人格权同样是这样的，不采取双重保护模式反倒是不正确的。

5. 对人格立法与司法解释关系的正确解读

正确解读人格权立法的中国经验，还涉及人格权立法与司法解释的关系问题。有学者认为，中国保护人格权的特点是，将人格权类型化，即由法律明文规定人格权的各种类型，再由最高人民法院通过司法解释，认可新的人格权类型，以此解决人格权保护的范围问题。③ 在《民法通则》实施以后，这确实是我国现存的做法，但这并不是人格权立法中国经验的表现，而是由于《民法通则》规定人格权种类和内容的欠缺所致，是一种不得已的做法。正如学者所言，从中国的实际状况而来看，很显然，与其将这些规则留给未来的司法解释或者指导性判例，还不如纳入民法典；显而易见，司法解释或指导性判例由于其零散性和碎片化，难以形成完整的体系，给相关主体的找法和法律适用造成很大困难；不同时间、不同部门起草的司法解释之间，甚至还可能出现矛盾与抵触；较之于立法程序而言，司法解释的制定过程较为随意和不透明，其草案事前往往也不公开征求意见。因此，将有价值的规则纳入法典，比留给司法机关自身去总结和创造，显然是更优的选择。④ 这些意见说明，司法解释毕竟是司法解释，是不能代替立法的。将司法解释作为人格权立法中国经验，并且长期保持下去，是不明智的做法。

---

① 梁慧星主编：《中国民法典草案建议稿》，法律出版社 2003 年版，第 52—53 页。

② 参见唐昭红：《论人格权请求权与知识产权请求权的确立——对侵权的民事责任制度的再次诘难》，《法商研究》2002 年第 2 期。

③ 梁慧星：《中国民法典中不能设置人格权编》，《中州学刊》2016 年第 2 期。

④ 石佳友：《守成与创新的务实结合：〈中华人民共和国民法人格权编（草案）〉评析》，《比较法研究》2018 年第 2 期。

综上，正确解读人格权立法中国经验，是指《民法通则》确定的人格权立法的中国模式，即人格权立法中国经验的1.0版，而不是"民法通则＋侵权责任法＋司法解释"形成的人格权保护经验。在《民法通则》关于人格权的规定之后的法律、司法解释对人格权规定的规范，都是对人格权立法中国经验的继续发展，而不是对《民法通则》的人格权立法经验的改变。

三、编纂民法典对人格权立法中国经验的定型

编纂民法典，在中国民事立法历史中，是百年一遇的立法良机。在这个立法良机中，能不能把人格权立法中国经验进一步发展、升华，将其固定成为中国民法典的内容，是一个特别重大的问题。在这样的立法机会中，如果能够实现这个立法计划，将会使人格权立法的中国经验不仅造福于中国人民，保护好人民的人格权，而且会影响世界民法的发展。在编纂民法典中，将人格权立法中国经验定型化，升级为人格权立法中国经验的2.0版，我认为主要有以下几个重要问题。

（一）升华人格权立法中国经验

在编纂民法典中，能够把30年前通过《民法通则》形成、经过30多年不断发展、完善的人格权立法中国经验，在我国民法典中实现定型化，升级为2.0版，既是实现保护人民人格权的政治要求，也是让中国民法特别是人格权立法经验走向世界的历史要求。所以，要在《民法通则》创造的人格权立法中国经验基础上，吸纳人格权理论研究成果，总结人格权保护的司法经验，制定好民法典分则的人格权编，就能够形成一个具有中国特色、中国风格、中国气派的人格权法，使人格权立法中国经验最终定型化。

应当看到，这个机会已经摆在了我们的面前，就看我们怎么去利用它。《民法通则》关于民事权利的规定，已经构建了一种前所未有的新体系，并已经对我国民事司法实践与民法理论都产生了深远的影响。[①] 无论是2002年的中国《民法（草案）》规定的人格权编，还是2017年以来的民法典分则人格权编（草案），都是对《民法通则》创造的人格权立法中国经验的发扬光大，而不是学习《乌克兰民法典》人格权独立成编的做法。在继承和发扬人格权立法的中国经验方面，究竟是促进还是促退，就个人的主张而言，都是自己的自由选择；但是就国家和民族而言，则必须慎重、理性地进行选择，绝不可以掉以轻心。全国人大常委会法

---

① 王利明：《我国未来民法典中人格权编的完善》，《中国政法大学学报》2013年第1期。

工委坚持制定民法典分则人格权编，正是对人格权立法中国经验的继承和发扬，是通过编纂民法典的机会使人格权立法中国经验定型化。

应当看到的是，将人格权编独立规定在民法典分则之中，还只是人格权立法中国经验 2.0 版的内容之一，并非这一版本的全部。实现真正的人格权立法中国经验 2.0 版，还必须将人格权编列为民法典分则的第一编，即排列在民法总则之后的第二编。这既是人格权之于人的重要性所决定，更是《民法总则》第 2 条规定的民法调整范围将人身关系置于财产关系之前，以及《民法总则》第五章规定民事权利的顺序使然。民法分则各编的顺序应当是：人格权编、婚姻家庭编、物权编、合同编、侵权责任编、继承编等，而不是 2002 年《民法（草案）》的物权编、合同编、人格权编、婚姻编、收养编、继承编、侵权责任编的顺序。只有这样，才能够体现人格权的重要地位和作用。

（二）规定人格权的权利体系

在民法典分则中规定人格权编，实行人格权立法中国经验的定型化，必须坚持《民法通则》确定的体系化方法规定人格权，而不能采取碎片化的表达方式。就民法典分则人格权编草案目前的内容看，已经体现了这样的立法思路。草案既有抽象人格权的规定，例如第 7 条规定的一般人格权、第 3 条规定的自我决定权以及第 4 条规定的公开权，构成了抽象人格权的体系；又有具体人格权的规定，例如第二章规定了生命权、身体权、健康权、人身自由权、性自主权，第三章规定了姓名权和名称权，第四章规定了肖像权，第五章规定了名誉权、荣誉权和信用权，第六章规定了隐私权、个人信息权、通信秘密权等，形成了抽象人格权与具体人格权这样完整的人格权的权利体系。这样的规定，正是《民法通则》规定的人格权立法中国经验的升级版，是对人格权立法中国经验的升华和定型化。那种认为有了《侵权责任法》第 20 条规定的侵害人格权益造成财产损失赔偿方法的规定，中国就没有必要像德国和美国那样，可以通过判例或学说来承认人格权具有财产价值或者创设商品化权，也是不正确的看法。只有人格权编草案第 4 条在规定了"民事主体对其名称、肖像、个人信息等具有经济利益内容的人格权利享有支配的权利，可以许可他人使用，但根据其性质或者依照法律规定不得许可的除外"的公开权之后，再与《侵权责任法》第 20 条规定相结合，才能构成完整的公开权及其侵权请求权保护的完整体系。仅仅有其中之一，还不能构成完整的公开权保护规范。

（三）规定人格权的权利内容

在民法典分则人格权编中对人格权立法中国经验的定型化，还必须全面规定抽象人格权、具体人格权的具体内容。每一个抽象人格权和具体人格权究竟包括哪些内容，应当如何行使，都必须在人格权编中规定好，以便使权利人知道每一个人格权的权利内容和边界，如何行使权利和支配相关的人格利益。只有作出这样的具体规定，才能让每一个权利人不但知道自己享有何种人格权，还能够知道每一种人格权究竟有何种内容，具体应当怎样行使，否则，人格权就会除了具有消极防御功能之外，权利人无法实现其积极功能而使自己获得利益。人格权的消极防御功能只有在人格权受到侵害时，才能够发挥救济权利损害的作用。而当代人格权不仅具有消极功能，而且具有更多积极功能，不仅名称权、肖像权、个人信息权具有强大的积极功能，即使生命权也具有一定的积极功能，例如安乐死，就是生命权积极功能的体现。即使人格权法不规定积极安乐死的功能，权利人也可以选择消极安乐死，或者自己采取积极安乐死，支配自己的生命利益。1984年10月，王明成的母亲夏素文患有肝硬化腹水，1986年6月23日病危，王明成与其姐妹将其母送往汉中市传染病医院治疗，医院于其入院当日就发了病危通知书。其母疼痛难忍，喊叫想死，王明成和其姐妹在确认其母无希望治好的情况下，找到主治医生蒲连升要求实施安乐死，并表示愿意承担一切责任。蒲连升给夏素文开了一百毫克复方冬眠灵的处方，在处方上注明"家属要求安乐死"，王明成亦在处方上签了名。注射后，夏素文在6月29日凌晨5日死亡。王明成与蒲连升被检察机关以故意杀人罪提起公诉，1992年被法院宣告无罪。2000年11月，王明成被查出患有胃癌，做了手术，2002年11月，癌细胞扩散到身体其他部位，2003年1月7日再次住院治疗，6月7日要求给自己实施安乐死，但没有医生敢做。在绝望中，王明成于7月4日出院回家，实施消极安乐死，于8月3日凌晨在痛苦中离开人世。[①] 如果在人格权编中确认安乐死合法化，或者确认消极安乐死合法化，就不会出现这种实施安乐死的医生和子女被关进监狱的悲剧。在当代，人格权法应当明确规定人格权的积极功能，使权利人知道如何行使自己的人格权。有人说，人格权编草案关于身体权的规则是七拼八凑凑到一起的其他法律、规章的规定，其实这恰好是将身体权的所有规范都统一规定为民法的规范，使其实现体系化、定型化。这是人格权立法中国经验定型的必然途径。人格权编草案在身体权的规定中，把器官移植、人体实验、强制医疗等内容归纳到一起，上升为民法典的规范，是完全必要的。利用编纂民法典的机会，把有关人格权的规范全部

---

① 杨立新：《民法思维与司法对策（上）》，北京大学出版社2017年版，第606—607页。

集中起来，统一规定在一起，上升为民法最高规范，是最好的选择。

（四）规定人格权的权利客体及支配规则

我国《民法总则》没有规定人格权的客体。将人格权立法中国经验定型化，就是要在民法典分则人格权编中，不仅要规定人格权的具体客体，而且还必须规定好权利人支配人格权客体的具体规则。

人格权的客体就是人格利益，是构成人格的各种物质的和精神的要素。在当代，具体人格权都有自己客体，权利人对于其中的多数客体都可以进行支配。例如生命权、身体权、个人信息权、姓名权、肖像权、隐私权、名称权等，作为其客体的生命、身体、个人信息、姓名、肖像、隐私、名称等，都是依照权利人自己的意志进行有限的支配。抽象人格权中的自我决定权和公开权，就是支配这些权利客体的规则，民法典人格权编草案的规定体现了这样的内容。人格权编草案在规定具体人格权的内容中，还规定了对具体的人格利益进行支配的规范。例如，在肖像权的规定中就规定了肖像许可使用合同，第 30 条规定："肖像许可使用合同中就肖像使用的范围、方式等约定不明确的，应当作出有利于肖像权人一方的解释。""肖像许可使用合同中肖像权人未明确许可使用的权利，未经肖像权人同意，另一方当事人不得行使。"第 31 条规定："当事人对肖像许可使用期限没有约定或者约定不明确的，任何一方当事人可以随时解除肖像许可使用合同，但应当在合理期限之前通知对方。""当事人对肖像许可使用期限有明确约定，肖像权人有正当理由的，可以解除肖像许可使用合同，但应当提前通知对方。因解除合同造成对方损失的，除不可归责于肖像权人的事由以外，应当赔偿损失。"第 32 条还规定了正当使用他人肖像的行为，可以不经肖像权人同意。这样一些规则，都是肖像权的行使规则，肖像权人行使自己的权利，应当遵守这样的规则；他人使用肖像权人的肖像，也必须遵守这样的规则。人格权编如果不规定这些人格权的行使规则，就无法对肖像权进行切实保护。这就是具有当代特点的人格权权利人支配其客体的具体规则。不仅如此，在肖像权的规则中，还规定了在其他人格权益的许可使用中可以参照肖像许可使用合同的规定。当代人格权的特点，是可以在法律规定的范围内，支配具体人格权的客体，为权利人谋取更大的利益。制定民法典分则人格权编，将人格权立法中国经验定型化为 2.0 版，绝不是只要规定了人格权的保护就能够完成的，而是要规定好复杂的人格权的权利法体系。

（五）规定好人格权请求权及相应规则

实现人格权立法中国经验的定型化，还要在人格权编中规定好人格权请求权，并且规定好人格权请求权的相应规则。通过人格权请求权的保护，与侵权请求权相互配合，使人格权得到最完善的保护。人格权请求权是指民事主体在其人格权的圆满状态受到妨害或者有妨害之虞时，得向加害人或者人民法院请求加害人为一定行为或者不为一定行为，以恢复人格权的圆满状态或者防止妨害的权利。①民法典分则人格权编草案目前对人格权请求权规定了 5 条，其中第 8 条规定了人格权请求权，第 9 条规定了人格权请求权的行使条件，第 10 条规定了民事主体有证据证明他人正在实施或者即将实施侵犯其人格权的行为的禁令，第 11 条规定了消除影响、恢复名誉或者赔礼道歉请求权的承担方式，第 12 条规定了违约行为损害对方人格权益造成严重损害的，可以在寻求其承担违约责任时，请求精神损害赔偿。这些内容规定得都非常好，具有先进性和时代感，体现了人格权请求权在保护人格权方面的优势，便于在司法实践中被法官正确适用。

四、结论

人格权立法的中国经验，是中国自 1986 年制定《民法通则》规定人格权法时创造的，具有与世界其他国家民法典规定人格权截然不同的立法特点，与法国模式、德国模式、瑞士模式、加拿大魁北克模式相比较，具有独特的优势。这一中国经验的 1.0 版，绝对不是仅仅在对人格权保护方面有所不同，而是在人格权法的表现形式、权利体系、权利内容、权利支配以及行使权利等的规范上，都有与众不同的特色。对人格权立法的中国经验进行正确解读，才能够保障民法典规定人格权编继承中国经验的优势，并使其发扬光大和定型化，成为人格权立法中国经验的 2.0 版，让我国民法典人格权编具有中国特点、中国风格和中国气派，在保护好人民的人格权方面以及在影响世界的人格权立法中，发挥重大作用。

---

① 杨立新、袁雪石：《论人格权请求权》，《法学研究》2003 年第 6 期。

几个关于侵害物权的法律问题

郑冠宇 *

一、前言

物权依其种类而区分，可分为所有权、用益物权及担保物权。此外，占有则与物权之实行有相当之关联，亦属论及物权所不可分割之一部，尤其对于物权之侵害，均会涉及对占有之妨害，因此本论文所探讨之物权侵害，亦以此四种客体为主要之对象。

二、对所有权的侵害

按照传统民法的规定，所有权是指在物上享有占有、使用、收益、处分的权限。所有权的享有与行使，可反映在所有物之完整。因此对所有物加以毁损，就涉及对所有人的占有、使用、收益、处分权限的妨害，此为对所有权侵害之典型类型。

（一）盗赃或其他不法之行为

学说上有认为，窃取他人之物，若该物并未因此毁损，即非属对所有权之侵害。然而窃盗乃系排除所有人对物占有利用的权限，尤其在台湾对盗赃物的处分，受让人甚至可以主张善意取得（"民法"第 949 条参照），其结果更是排除所有人对所有物使用收益的权限，加害人自应就此负损害赔偿责任。至于就盗赃物牙保之人，系在他人窃盗后所为之帮助销赃行为，牙保之人与实施窃盗之人，因为是在前后时间的一种接棒行为，而不是在同一时间对所有物的侵害，性质上难认为

---

* 东吴大学法学院院长，德国哥廷根大学法学博士。

与实施窃盗者共同侵害被害人之权利，固不构成共同侵害行为[①]，自应各自承担侵权责任。因此在盗赃之牙保，被害人因而受有损害，尚非不得依一般侵权之法则，请求牙保之人赔偿其损害。

　　对所有物的侵害，通常情形下系对所有物的用益权限的妨害，"最高法院"1988年度第19次民事会议，针对"A银行征信科员甲违背职务故意勾结无资力之乙高估其信用而非法超贷巨款，致A银行受损害（经对乙实行强制执行而无效果），A银行是否得本侵权行为法则诉请甲为损害赔偿？"作成决议[②]认为："……甲对A银行除负债务不履行责任外，因不法侵害A银行之金钱，致放款债权未获清偿而受损害，与民法第一百八十四条第一项前段所规定侵权行为之要件相符。A银行自亦得本于侵权行为之法则请求损害赔偿……"银行的职员勾结其客户，作了不实的征信，骗取银行作了超额贷款，是否即属侵害银行的金钱？有学说上认为，金钱乃特殊之物，欲以金钱作为侵权行为的客体，侵害的应该是物的本体，或是对物的用益。但银行职员在执行职务的时候不法与客户缔约，银行为了履约将金钱交给客户，难以算是对金钱的侵害[③]。然若从银行征信科员违背职务，故意勾结无资力之人造成非法超贷，该贷款契约既系出于不法之通谋，应属违反公序良俗之行为，而不应发生效力，银行因此所为之金钱支付，使其因而丧失对该金钱之使用收益，确实有对金钱侵权之可能。

（二）越界建筑

　　在所有权被侵害的情形，所有人可以行使物上请求权以为救济，此即"民法"第767条之规定："所有人对于无权占有或侵夺其所有物者，得请求返还之。对于妨害其所有权者，得请求除去之。有妨害其所有权之虞者，得请求防止之。"物

---

　　① "最高法院64年台上字第1364号"民事判例。

　　② "最高法院"这种会议决议，从某种意义上来讲有类似于判例的功能，对下级法院会产生必然的拘束。此乃由于相同的案例"最高法院"各庭的意见可能并不一致，为了统一"最高法院"各庭的意见，召开民事庭会议决议由民事庭各庭的庭长共同出席，形成一致的意见，力求"最高法院"的判决必须一致，否则会造成法律的不安定性。但这种决议不同于判例，仅为"最高法院"内部的意见，等于是一个便民的措施，由于"最高法院"都会公布民事会议决议，而下级法院也知道要遵守决议，以免造成困扰。近期典型的例子，就是关于借名登记契约之效力，若出名人违反借名登记契约之约定，处分借名登记之不动产，实务上如"最高法院99年度114号"民事判决，即认为该行为应属无权处分，然亦有持不同意见者，如"最高法院97年度637号"民事判决。"最高法院"则于2017年2月14日作成"最高法院106年度第3次民事庭会议决议"，认为："不动产借名登记契约为借名人与出名人间之债权契约，出名人依其与借名人间借名登记契约之约定，通常固无管理、使用、收益、处分借名财产之权利，然此仅为出名人与借名人间之内部约定，其效力不及于第三人。出名人既登记为该不动产之所有权人，其将该不动产处分移转登记予第三人，自属有权处分。"

　　③ 可参考王泽鉴，《民法学说与判例研究（八）》，275页以下。

上请求权之行使，不仅非以被请求人之故意和过失为要件，且并未涉及损害赔偿，其仅为所有权的权益维护，但本条之规定仍然会和侵权行为发生冲突。例如民法第796条规定："土地所有人建筑房屋逾越疆界者，邻地所有人如知其越界而不即提出异议，不得请求移去或变更其建筑物。但得请求土地所有人，以相当之价额，购买越界部分之土地，如有损害，并得请求赔偿。"

逾越地界建筑房屋的行为，理论上是符合侵权行为的构成要件，但是立法者为维持物之经济效益，考虑到要将盖好的房子拆除是不利于物的使用收益，因此对越界建筑特别规定，只要越界建筑不是基于故意或重大过失，邻地所有人如果知道的时候，不即刻请求拆屋还地，就不允许事后再本于物上请求权请求返还土地，这是第767条的特殊规定，却也是面对侵权行为的让步规定。尤其当过失越界建筑时，所有人知情后不作为，事后就不能行使所有物返还请求权，也不能主张侵权行为损害赔偿，但可以请求支付偿金作为对使用土地的补偿，等于在"民法"上给予这种违法行为的合法性。台湾过去曾经发生过这样一个案例，一幢大楼，盖房子的时候越界，土地所有人并不知道越界，等到发现越界的时候，这个大楼已经全部盖好。土地所有人于是立刻主张越界建筑，请求拆屋还地。理论上依据当时"民法"第796条之规定，土地所有人无论何时知情，均可于知情时立刻请求拆屋还地，只有在知情的情况下不即反对，才不能请求拆屋还地，因此本件土地所有人本可以行使所有物返还请求权。然而由于此案越界是在整幢大楼其中的一小部分，类似房屋一角的梁柱，但一栋楼若拆除一角的梁柱，整栋建筑物也无法存在，因此"最高法院"认为，这等于是权利的滥用，所以不准拆除。且基于"举重以明轻"的法理，土地所有人在知情的情况下无法请求拆除，都可以请求支付偿金，则在不知情的情况下不准许请求拆除，当然也可以请求支付偿金①。后来在"物权编修法"时，便针对此种情况规定在"民法"第796条之1："土地所有人建筑房屋逾越地界，邻地所有人请求移去或变更时，法院得斟酌公共利益及当事人的利益，免为全部或一部之移去或变更。"

三、对共有权的侵害

共有可分为分别共有和公同共有两种情形，虽然两岸在共有规定上有其差异，但内容上大部分仍为一致。分别共有虽然是按照份额（应有部分）共有，但应有部分基本上的内容就是所有权，共有的内容与所有权的内容相同，都是对物可以

---

① "最高法院83年台上字第2701号"民事判例。

占有、使用、收益、处分，只不过是按照应有部分享有。所以共有人可以自由处分他的应有部分，对共有物使用及收益，只要是共有人的应有部分受到侵害，即相当于所有权的占有、使用、收益、处分的权限受到侵害，共有人都可以主张侵权行为损害赔偿。共有人之间没有经过其他共有人同意，而对共有物处分或成立用益关系，都会妨害到其他共有人对物的使用、收益的权限。对此"最高法院"则强调，只要共有人逾越他的份额，对共有物加以用益，其他共有人都可以主张侵权行为损害赔偿①，并可基于物上请求权，请求返还共有物②。这说明共有权的地位和所有权是相类似的，只要是共有份额遭受侵害，共有人除了可以主张不当得利外，还可以主张侵权行为损害赔偿。

在共有物被侵夺情形下，共有人所得主张之侵权行为损害赔偿请求权，乃为共有人所共有，这是准共有的概念③。所谓准用共有之规定，则须性质相当始可适用共有的规定，如此在公同共有所面临之问题，就是公同共有人究竟是单独行使损害赔偿请求权，还是必须要得到其他公同共有人的同意才能行使？当公同共有人行使损害赔偿请求权，应是类似连带债权的情形，债权人可以为全体债权人行使权利，结果债权得以消灭，就相当于对权利的处分。如果是对公同共有权利的处分，理论上必须要得到其他公同共有人的同意。因此，公同共有人是要单独行使还是必须要得到全体公同共有人的同意？ 2015 年 2 月 3 日"最高法院 104 年度第 3 次民事庭会议"决议（一）谓："公同共有债权人起诉请求债务人履行债务，系公同共有债权之权利行使，非属回复公同共有债权之请求，尚无民法第八百二十一条规定之准用；而应依同法第八百三十一条准用第八百二十八条第三项规定，除法律另有规定外，须得其他公同共有人全体之同意，或由公同共有人全体为原告，其当事人之适格始无欠缺。"关于此一决议，甚有疑义，盖既为债权之准公同共有（§831），准用第 821 条之结果（§828 II），应为"各公同共有人对于第三人，得就公同共有目标债权之全部，为本于债权之请求。但回复公同共有债权之请求，仅得为债权人全体之利益为之。"而公同共有债权人起诉请求债务人履行债务，既如上述实务见解认为系属公同共有债权之权利行使，非属回复公同共有债权之请求④，则应准用第 821 条前段之规定，各共有人即得就债权之全部，为本于其债权之请求，毋须其他公同共有人全体之同意。各公同共有人以自己之名

---

① "最高法院 62 年台上字第 1803 号"民事判例；"最高法院 96 年度台上字第 1479 号"民事判决。

② "民法"第 821 条规定："各共有人对于第三人，得就共有物之全部本于所有权之请求。但回复共有物之请求，仅得为共有人全体之利益为之。"

③ "民法"第 831 条规定："本节规定，于所有权以外之财产权，由数人共有或共同共有者准用之。"

④ 所谓回复公同共有债权之请求，通常系发生于因继承关系所生之债权，可参考"最高法院 102 年度台上字第 1307 号"民事裁定。

义，对债务人起诉请求清偿债务，其行使权利乃属为全体公同共有人之利益，当无当事人适格之欠缺①。仅其受领债务人之清偿，则有使债权消灭，自应得其他公同共有人全体之同意（§828 III）。

比较有意思的是抵押权的情形，抵押权人共有之抵押权被侵害，如果其中一个抵押权人，因为债权到期行使抵押权，会使得其他抵押权因为债权实现而被涂销，这相当于抵押权的处分。有认为既然是抵押权的处分，而且是准共有，要适用关于共有的规定，必须要回到在民法物权编的规定，亦即共有物的处分要得到全体共有人的同意才可以行使（§819 II）。若是其他抵押权人拒绝行使抵押权，就无法行使抵押权而使债权受清偿。最近多数意见则认为，实现抵押权的情形，是在满足债权的情况下，让债权人获得利益，与共有物的处分建立在为了维系共有关系的前提，在概念上并不相同。抵押权人如果单独行使抵押权，其他抵押权人也会按照债权比例优先受偿，并不会使抵押权人的债权受到影响，因此，抵押权人可以单独主张行使抵押权，而不须得到其他共有人的同意②。

四、对用益物权的侵害

关于用益物权作为侵权行为的客体，与所有权之情形大致相似，权利人自然可以主张侵权行为的损害赔偿。此外，关于对用益物权之侵害，有下列重要情形须要探讨：

（一）添附

添附乃涉及附合、混合及加工物所有权归属的问题，例如拿砖块或水泥修补墙壁，当分属于不同的所有人之二物，结合成为一物时，物权的归属如何确定？通说认为，如果事实已经造成，还允许原来动产（水泥或砖块）的所有人请求返还原物，势必将会导致墙壁破坏这种得不偿失的结果，且不利于物的整体效用发

---

① 相类似之见解，可参考，林诚二：《准公同共有债权之请求——最高法院一〇四年度台上字第二一八四号民事判决评释》，《月旦裁判时报》45 期，9 页以下；游进发：《再论准公同共有债权之行使——以最高法院一〇四年度第三次民事庭会议（一）为反思对象》，《月旦法学杂志》246 期，186 页以下。此外，有认为公同共有债权，与多数人共有一债权而给付不可分者相类似，故应有"民法"第 293 条第 1项之适用，得由各公同共有债权人单独请求债务人向全体债权人为给付，吕太郎：《公同共有债权人起诉请求给付之当事人适格——评最高法院 104 年度第 3 次民事庭会议决议》，《月旦裁判时报》49 期，13 页以下；赞成实务之见解，可参考，吴从周：《公同共有债权之行使——评最高法院一〇四年度第三次民事庭会议决议》，《物权法之新思与新为——陈荣隆教授六秩华诞祝寿论文集》，205 页以下。

② 可参考，郑冠宇，《民法物权》，2018 年 7 月八版，337 及次页。

挥。在此情形下是否有必要允许原物的所有人继续行使物上请求权或侵权行为损害赔偿请求权以返还原物？为保护物的完整性及发挥物的经济效用，因此法律强行规定排除动产所有人对动产的所有权，使其丧失了物的所有权^①。动产原为所有人所有，在未经所有人同意下，片面的而依据法律规定丧失所有权，显然不是一种公平的制度。但立法者此处解决问题的考虑，主要是基于物的整体经济利益，而不是为公平正义^②。

对用益物权的侵害，较特殊的情形，则是在农育权所生的添附关系。农育权人在他人的土地上有为农作、森林、养殖、畜牧、种植竹木或保育之权利（"民法"第850条之1）。作为一个用益物权人在土地上种植竹木，所种植之竹木与土地之间会存在动产与不动产的附合关系，且在达到了非经毁损不得分离或分离费用过巨之程度时，就由土地所有人取得合成物的所有权，用益物权人则丧失了对竹木的所有权。如果第三人对该竹木侵害，例如未经同意即擅行采摘、挖取，用益物权人是否有任何权利可为主张？通说认为此时用益物权人可以主张侵权行为之损害赔偿，在竹木与土地的结合下，用益物权人虽然丧失了对竹木的所有权，但因为用益物权人对土地有使用、收益的权限，其仍可就土地为使用、收益。其占有土地及竹木为有权占有，第三人未经用益物权人之同意，而对用益物权人种植之竹木径行采摘，使用益物权人无法正常的就土地为使用、收益并收取孳息，自然属于对其用益物权之侵害，此为典型的用益物权受到侵害的情形，此时用益物权人即得主张侵权行为之损害赔偿。

（二）时效取得

用益物权涉及的另一个问题为时效取得，此问题在台湾一再的发生，尤其是地上权的时效取得，在大陆相类似的概念则为建设用地使用权。在他人土地上享有地上权之人，可以在该土地上建筑房屋并为使用，但如果占有人没有享有地上权，却以行使地上权的意思而占有土地并建筑房屋使用，经过一定的法定期间，占有人便可以主张时效取得地上权。时效取得制度的重要前提是占有人必须在土

---

① "民法"第811条规定："动产因附合为不动产者，不动产所有人，取得动产所有权。"第812条规定："动产与动产附合时，非毁损不能分离，或分离需费过巨者，各动产所有人，按其附合时之价值，共有合成物。前项附合之动产，有可视为主物者，该主物所有人，取得合成物的所有权。"

② 关于利益衡量的详细说明，可参考郑冠宇：《民法物权》，2018年7月八版，143页以下。

地上有行使地上权的意思[①]，土地都以登记记录确定权属，在不是权利人时便占有土地的行为，当然为侵权行为，主张权利的人可能明知自己不是权利人，且自己的行为属于侵权行为，却希望经由时效取得成为权利人。因此地上权人如果主张符合时效取得地上权之法定要件，而所有权人以其侵权而欲主张排除其行为，就会发生时效取得地上权人与所有权人之间的冲突。

主张时效取得地上权者乃系无权占有人，欲请求登记成为地上权人时，地政机关需要在法定期间为公告，使真正所有人能够提出异议。所有人如果知道土地被他人占有且正在主张时效取得地上权，所有人能否对该无权占有人主张侵权行为损害赔偿？通说认为，如果在公告期间内申请人正式向地政机关提出时效取得地上权之申请后，原所有人便不能再主张侵权行为损害赔偿，不能再行使物上请求权。否则如果赋予原所有人此项权利，有关时效取得的规定便没有实施的可能性。公告征求异议之目的乃在就符合时效取得的法定要件加以否认，包括不是以行使地上权的意思而占有土地、占有未达到法定期间等，而不是让所有人主张侵权行为损害赔偿，否则只要所有人一经主张异议，地上权人基于时效取得的权利即难以达成，此亦为对侵权行为人的让步。

五、对担保物权的侵害

担保物权与用益物权相比较，不同点在于担保物权体现的是价值权，担保物权受到妨害时有准用所有人的物上请求权的规定（"民法"第767条第2项）。

（一）物上请求权

担保物权人可否于受侵害时请求返还担保物？若系在质权，担保物权人因为占有质物，当质物被侵夺时当然有权请求返还质物。担保物权中典型代表为抵押权，而依不动产抵押权之规定，抵押之不动产并不转移占有。此时，若不动产被他人无权占有，抵押权人有无必要行使物上返还请求权？一般观点认为抵押权人没有必要行使物上返还请求权，因为抵押权的设定不以占有为要件，当债权已届清偿期而未受清偿时，抵押权人可以将抵押物变价以实现债权，纵然有人无权占

---

① "最高法院100年度台再字第6号"民事判决："占有人在他人土地上有建筑物或其他工作物或竹木，可能系基于侵权行为之意思，亦可能基于越界建筑使用，亦或界址不明致误认他人土地为自己所有，或因不知为他人土地而误为占有使用……等等，原因多端，尚难仅以占有人在他人土地上有建筑物之客观事实，即认占有人系基于行使地上权之意思而占有。"另可参考，"最高法院87年度台再字第1284号"民事判决。

有抵押物也并不影响抵押权人实行抵押权。所以不管抵押物是否由抵押权人还是无权占有人占有，对抵押权人实现抵押权既不会造成妨害，自无必要像所有人一样行使物上请求权。

此一见解或许忽略抵押物被无权占有人占有时，抵押权人欲将抵押物变价，首先应该排除无权占有人对物的占有，抵押权人在此实现债权的程序中，极可能会遇到困难并因此增加费用的负担。尤其是当真正的所有人消失无踪时，抵押物无法回复占有之情形，间接地可能会影响到抵押物变价的价格。理论上抵押权人是不应该占有抵押物，但为了顾及抵押权人的利益，当然应该允许抵押权人行使抵押物之返还请求权，请求占有抵押物，以期保障抵押权的实现[①]。

（二）抵押权之妨害

所有权人在设定抵押权之后，仍为所有人，对物应仍有使用收益之权限，故其可在担保物上设定诸如用益物权、成立租赁关系等，理论上担保物上设定用益权并没有涉及侵权行为，因为所有权人对抵押物所为的其他处分，是在其权利范围之内，不能当作是对担保物权的侵权行为。但由于抵押权设定在先，后于所抵押权而存在的其他权利不能影响抵押物的变现，然若其权利的行使妨害抵押权时，抵押权人可以主张抵押权受到侵害，而主张除去妨害，此即"民法"第866条第2项规定之意义[②]。

（三）侵权行为损害赔偿请求权

在抵押物毁损或灭失以致担保不足及抵押权被涂销这两种情形，通常认为不动产抵押权人可以主张损害赔偿请求权。例如在房屋上设定抵押权，房屋价值为2000万，担保1000万的债权，房屋被毁损后价值低于1000万，若行使抵押权时债权无法受偿，此时抵押权人因为担保物上的担保价值已经不足，可以主张抵押权受到侵害。但在抵押物毁损时，抵押物所有权人若可向侵权人请求损害赔偿，此时即存在法定转化的规定，侵权行为损害赔偿请求权作为原来抵押物的代替物，

[①] 可参考郑冠宇：《民法物权》，2018年7月八版，524页；谢在全：《民法物权论》（下），2014年9月版，240及次页则认为，应以除去妨害请求权之方式，实现返还请求之效果。

[②] "民法"第866条规定："不动产所有人设定抵押权后，于同一不动产上，得设定地上权或其他以使用、收益为目的之物权、租赁关系等，但其抵押权不受影响。前项情形，抵押权人实行抵押权受有影响者，法院得除去该权利或终止该租赁关系而后拍卖之，不动产所有人设定抵押权后，于同一不动产上，或立第一项以外权利者，准用前项之规定。"

抵押权便自动的存在于侵权行为的损害赔偿请求权之上,而转化为权利质权①。然而抵押物毁损,抵押权人可否向侵权人以抵押权受到侵害为由,而主张侵权行为损害赔偿? 损害赔偿请求权的前提是必须要有损害,有损害才能要求赔偿,因此所涉及的问题是,抵押权是否受到了损害?

有些人将抵押物价值减少作为一种损害,但是抵押权仅仅为一种担保物权,是在债权人的债权无法受清偿的情况,抵押权人才可以行使抵押权,如果债权完全受清偿,抵押权的担保功能便失去了意义。债务人在债务已届清偿期时主动积极的偿还债务,抵押权便会随着债务的清偿而消灭,且债务人主动清偿债务乃为常态,所以当债权尚未到清偿期时,抵押物价值纵有减少,抵押权人可否主张抵押权遭受侵害,是比较有争议的问题。毕竟抵押权只是一种变价权,抵押权人若坚持主张侵权行为的损害赔偿请求权,应该等到清偿期届至债权无法受清偿时,才能判断抵押权人所受损害的额度。在债权未到期时,所受损害既然无法确定,损害赔偿请求权的行使,就与赔偿之目的不相符合了。

六、占有

占有为事实,是对物事实上的管理力,系从事实的层面而不是从权利归属的角度观察。凡是对物有现实的支配力,就物为实际的控制者便为占有人("民法"第 940 条参照),而不考虑所有权归属问题。例如承租人就租赁物并不享有所有权,但租赁物在其实际支配下,所以承租人为占有人。

(一)占有之保护

占有人的占有受到妨害时所为之防御,即为"民法"960 条所称的己力防御权②。此权利性质上属于正当防卫。占有人所为之现实防御,在不动产被侵夺时,可以主张排除加害人而取回;在动产被侵夺的当下,占有人可以就地或追踪的方式自行取回。此规定乃系基于社会秩序安定的考虑,严格限制私力救济,除非面临正当防卫或紧急避险的情形,否则没有任何人可以不经过占有人的同意,而排

---

① "民法"第 881 条规定:"抵押权除法律另有规定外,因抵押物灭失而消灭。但抵押人因灭失得受赔偿或其他利益者,不在此限。抵押权人对于前项抵押人所得行使之赔偿或其他请求权有权利质权,其次序与原抵押权同。给付义务人因故意或重大过失向抵押人为给付者,对于抵押权人不生效力。抵押物因毁损而得受之赔偿或其他利益,准用前三项之规定。"

② "民法"第 960 条规定:"占有人对于侵夺或妨害其占有之行为,得以己力防御之。占有物被侵夺者,如系不动产,占有人得于侵夺后,实时排除加害人而取回之。如系动产,占有人得就地或追踪向加害人取回之。"

除其对物的管理支配。任何人认为占有人当下对物的现实支配不符合权利归属要件，应当寻求法律救济，而不是以私力解决。在现存的秩序中，如果以物系归属于自己，他人不应该对物支配为理由，在他人占有该物的情况下，直接排除占有而取回，势必会造成占有人与主张真正权利人间的冲突，尤其是当冲突到双方力量不相上下时，便会武力相向，而武力相向的结果就是谁拥有绝对优势就会获得正义，这时就不需要法律了。所以就占有给予事实层面的保护而言，重要的意义就是在维护整个社会的表面秩序，而不考虑权利归属的实际情形，因此无权占有人例如强盗、小偷同样可以行使己力防御权、己力取回权[1]。因为在排除占有的现实层面中，难以从外观上得知何人不具有权利人的身分，何人是小偷或强盗，从外观上仅能得知占有物被他人所排除，而排除人未经由法律程序，是在破坏社会秩序。

然若占有人享有己力防御权，该权利的性质如何？占有之规定是否可算是保护他人之法律，无权占有物被他人侵夺者，无权占有人可否主张此乃属于违反保护他人法律的情形，依侵权行为之规定请求损害赔偿（"民法"第184条第2项参照）？有权占有被侵夺时，占有人固然可以主张侵夺人违反保护他人法律，侵害了占有人对物的管理支配的权利，从而主张侵权行为损害赔偿，盖其占有权源遭受侵害，例如承租人、借用人就物之使用权源乃受法律之保护。至于无权占有，应加以区分为善意和恶意的无权占有。善意与恶意的区分系以是否知悉自己是无权占有为标准，若不知情就是善意的无权占有，反之则是恶意的无权占有。善意的无权占有通常在法律上会被给予特别的保护。然若明知无权却仍占有之恶意无权占有的情形，权利人是否可以主张自己的占有受到侵害，侵夺者违反了保护他人法益，因此主张侵权行为损害赔偿？

所谓保护他人之法律，在侵权行为通常是针对个人权益的保护，若是对国家社会秩序的保护，进而反射到个人权益时，就不是所谓保护他人之法律。此时法益的保护对象是国家社会的法益，而非个人。由此可以看出占有是经由对社会秩序的维护进而间接使得个人法益受到保护，但法律并未赋予恶意无权占有人享有被保护的利益。因此将占有认为是对个人法益的保护，不完全符合侵权行为中保

---

① BaselKommZGB/Emil W. Stark, 2. Aufl. 2003, Art. 926, Rn. 3；MüKoBGB/Joost, 7. Aufl. 2017, § 859, Rn. 3.

护他人法益的要件①。

例如明知土地不是自己所有，但仍在该土地上种植蔬菜，其乃恶意之无权占有人。此时对于偷摘该恶意无权占有人所种植的蔬菜，该恶意无权占有人应不能主张侵权行为，因为对恶意之无权占有人而言，根本无权利被侵害，其非土地的所有人，自不能主张偷摘是侵害权益的行为，是违反保护他人法律，进而主张侵权行为损害赔偿。此时占有虽属被侵夺，占有人固得请求返还占有物，但对恶意无权占有人而言，法律本来就不存在有保护个人权益的规定，当然不应赋予恶意无权占有人在请求返还占有物之外，更享有对第三人请求损害赔偿的权利。占有保护之规定，不是在保护个人，并不是更积极地赋予占有人享有对物之利益，而是在维护社会的表面秩序，占有物返还请求权仅在恢复原来的占有关系而已。至于对占有关系的权利归属存有争议者，则应经由诉讼的方式予以解决，而不是单凭占有之关系，即得主张享有积极地法律上的权利并应受到保护。不应该把占有保护之规定看作是对个人权益的保护，占有人不应单纯以占有关系主张侵权行为之损害赔偿。

（二）时效问题

所有权物上请求权的消灭时效在"民法物权编"并没有特别的规定，而是经由"司法院大法官会议"解释，认为所有物返还请求权、除去妨害请求权是没有消灭时效即诉讼时效的限制②。所以只要是经过登记的不动产，被他人无权占有的情况下，其权益都是受到保护，这是为了强化登记制度的效力，稳固登记本身对占有的保障。不动产被无权占有时，所有人可以不受消灭时效的限制主张物上请求权，以保障其权益。

依侵权行为对对无权占有的排除妨害请求权，则有2年的时效期间之规定（"民法"第197条第1项参照），但所有人在2年内未行使侵权行为之损害赔偿请求权，其物上请求权并不会消灭，所有人仍可依此排除他人的无权占有。至于

---

① 此向来为德国之通说，Medicus, AcP 165, 115, 118 f.；Honsell, JZ 1983, 531, 535；MüKoBGB/Wagner, 7. Aufl. 2017, §823, Rn. 290；Staudinger/Hager, 14. Aufl. 2010, §823, Rn. B 169；相类似之见解可参考，王泽鉴：《民法物权》，2010年6月版，715页；"最高法院94年度台再字第39号"民事判决；此外苏永钦：《侵害占有的侵权责任》，《民法经济法论文集》（一），1988年10月，143、161及次页认为，禁止私力的规定，应无保护个人法益的目的，此可从占有的保护作为物权秩序的实现（enforcement）中所具有的特殊功能来理解，即一方面使本权争执集中于法院的管道（私力禁止），另一方面复藉占有人的手来维持因权利推定（§943）所构成的物权秩序外型。但"最高法院96年度台再字第188号"民事判决，则采取反对见解。

② 释字第107号、164号参照。

占有人的物上请求权，《中华人民共和国物权法》规定自侵占发生之日起 1 年内未行使该请求权的，则该权利消灭。台湾"民法"第 963 条规定："请求权自侵夺或妨害占有或发生危险后一年内不行使而消灭。"在占有物被他人侵夺时，权利人可以请求返还占有物，有疑问者系，该请求权的性质究竟为何？ 1 年间不行使请求权的期间到底是消灭时效期间还是除斥期间？在台湾大都认为是消灭时效^①，但是占有是以保护社会表面秩序，而非以保护个人利益为目的。虽然法律系以请求权的名称为规定，而请求权应有消灭时效期间之适用，但占有人在恢复占有时是在回复原占有的秩序，而不是在维护个人的权益，这不是对个人的权利（请求权）的保护。因为在经过侵夺后的 1 年期间，对物的占有又形成了一个新的社会秩序，该新的社会秩序已经过 1 年固定成形，再次允许原占有人以占有物返还的方式加以破坏并非妥当。若对新的社会秩序的形成有不同的意见，则应经由本权诉讼，主张自己是真正的权利人，以所有人或有权利人身分请求返还占有物。经过 1 年既然不应允许行使返还请求，以维护现有的秩序，当然原有的请求权就应该消灭。从此角度看，该期间应是除斥期间，而不是消灭时效^②。

七、结语

对物权之侵害，无论是否涉及毁损物之本体或对物加以占有，而应就物权人对物支配之权限是否因而被妨害或排除，作为判断侵害之依据。用益权人之使用、收益权限，担保权人之变价权限，若遭受妨害，均得依法提出救济。至于占有保护之规定，应不容忽视其具有维护社会表面秩序之意义。

---

① "最高法院 53 年台上字第 2636 号"民事判例；谢在全：《民法物权论》（上），2014 年 9 月版，542 页；王泽鉴：《民法物权》，2010 年 6 月版，698 页。

② 此亦为德国通说之见解，MüKoBGB/Joost, 7. Aufl. 2017, § 861, Rn. 11；瑞士民法第 929 条第 2 项虽系规定为 1 年之消灭时效（Verjährung）期间，但通说认为此应解为权利失效期间（Verwirkungsfrist），且应由法院依职权审查，BaselKommZGB/Emil W. Stark, 2. Aufl. 2003, Art. 929, Rn. 4。详细内容，可参考郑冠宇：《民法物权》，2018 年 7 月八版，735 及次页。

合同解释语境中的印章及其意义

崔建远[*]

一、印章的核查、认定与合同解释作业

合同解释就是对表现为合同条款的意思表示进行解释，这是常见的说法。据此，加盖于合同文本上的公章或合同专用章或法定代表人或代理人的个人私章（以下统称为印章），不是合同条款本身，不是意思表示本身，因而它不在合同解释的对象之内。可是，如此逻辑推演并自然地流淌出结论不免机械、直线和简单化了，人为地排除了确定、揭示意思表示的有用因素，作业时极为不便，更重要的是，不利于妥当地解决合同纠纷。

其实，印章显示着某特定意思表示所归属的表意者、受领者，也就反过来彰显着、影响着该特定意思表示的状况。例如，甲向裁判机构提交某特定文件，意欲基于该文件向乙主张权利，乙举证证明成功该文件上加盖的公章所显示的公司根本不存在，说明该文件系伪造，其载意思表示应属子虚乌有，那么，乙就能有效地对抗甲的诉讼请求。此处所谓意思表示存在不存在，应属意思表示的解释范畴，也就属于合同解释的领域。因为核查、认定所谓意思表示存在与否根据于印章的真伪，所以，把印章这个因素排除于合同解释的范围显然缺乏说服力。

实际上，印章及其核查并认定的意义远不止于此，兹举如下几点予以展示：（1）一份合同书上原已打印在甲方栏目中的南方贸易有限公司被钢笔划掉，手写上东方贸易有限公司并于此处加盖有东方贸易公司的合同专用章。在该合同进入履行阶段后，乙方西方实业有限公司提出："用笔划掉南方贸易有限公司，手写上东方贸易有限公司，必须于此处加盖有东方贸易公司的公章，加盖其合同专用章不发生该合同约束双方当事人的法律效力。因为只有公章才能显示、证明身份，加盖有东方贸易公司的公章才能显示、证明东方贸易有限公司已经取代南方贸易

有限公司而成为该合同的当事人一方；合同专用章显示、证明合同，难以证明东方贸易有限公司已经取代南方贸易有限公司而成为该合同的当事人一方。"如果赞同此说，则表明印章在合同成立、约束力方面举足轻重；假如反对此说，认为当事人也是合同的必备要素，于当事人变动之处加盖变动后的当事人的合同专用章，那么，也在显示、证明该合同，包括显示、证明作为该合同构成要素的当事人。因此，在该案中，用笔划掉南方贸易有限公司，手写上东方贸易有限公司，于此处加盖有东方贸易公司的合同专用章，是具有法律效力的，该合同应当有效，对东方贸易有限公司和西方实业有限公司均有约束力。在笔者看来，无论采取哪种观点，都表明印章在解释合同中、在认定某特定合同对当事人有无约束力上具有不可或缺的作用和意义。(2) 在某案件中，存在数份文件，这些文件都属于合同文件吗？都成为合同的组成部分吗？即使均为合同文件，它们共同形成一个合同还是分为数个合同？结论的得出可能取决于种种因素，但印章可能是必须考虑的一个因素。例如，在数份文件的案件中，丙文件未加盖甲公司的公章，只有一个自然人签字，而该自然人没有代理权，从而可以断定丙文件不属于合同文本，对甲公司没有约束力。印章的地位及作用在这里一目了然。(3) 在有些案件中，因加盖于 A 合同书上的公章系他人私刻的或公司废弃不用的，故在印章所显示的公司举证证明成功这一点时，就可以认定 A 合同的签订构成狭义的无权代理。对此，下文专题分析、阐释。(4) 更有甚者，在有些案件中，甲公司举证证明成功加盖于 A 合同书上的甲公司公章系他人私刻的，而且 A 合同乃犯罪手段，而非当事人的真意。如此，A 合同无效。该结论的得出与私刻公章密切相关。按照确定合同有效无效也属于合同解释范畴的学说，在个案中核查、认定加盖的印章真伪，并进而得出合同无效的认定，属于解释合同的作业。

总之，印章虽非合同条款，不是意思表示本身，可解释合同往往核查、认定它。在这个意义上说，对印章的核查、认定并就其与缔约人的身份、与意思表示之间的关联作出说明，予以阐释，进而探知整个合同的含义，发表评价意见，也是在从事合同解释的作业，简言之，印章及其意义属于合同解释的对象。看来，合同解释确实宽于意思表示的解释。

二、印章与文件的种类及性质

对于银行业务中的存单、存折甚至抵押合同、质押合同等文件，从标准、应然的角度讲，应该加盖银行的公章或合同专用章之类的印章，不过，鉴于银行对外负有最大诚信义务，考虑到百姓大众不见得清楚印章与文件之间的对应关系，从保护广大客户利益的目的出发，实务处理时把握的原则是：即使这些文件上加盖的是诸如财务章之类的印章，法律也认定银行承受存单、存折、抵押合同、质押合同等文件载明的权利义务，银行无权以这些文件上加盖的印章不对应、错误为由拒绝负担义务。

与此不同，自然人、普通的公司甚至学校、机关从事民事活动时使用文件，应视文件的种类和性质的不同而加盖相应种类的印章，否则，很可能不发生所预期的法律效果。例如，授权委托书之上最好由法定代表人亲笔签名，因为签字最不容易造假；也可以加盖法人的公章或法定代表人的个人印章；但不应加盖法人的合同专用章，因为授与代理权系单方法律行为（或曰单独行为），而非合同，合同专用章是用于证实合同的，不是用来证实单方法律行为的。再如，法人作为当事人的，其合同书上应加盖合同公章，也可以加盖合同专用章。如果合同书上未加盖法人的公章或合同专用章，就应由法定代表人签名或加盖其个人印章。在合同书上既无法人的公章、合同专用章，又无法定代表人亲笔签名或加盖其个人印章的，仅有法人的工作人员签名，是不够的，必须配有法人或其法定代表人签署的《授权委托书》（典型的表现形式即为授权委托书，其他表现形式的，如股东会决议、董事会决议、法人领导层决议等，只要含有代理权授与的内容，就可归为授权书的范围），才会使所签合同对法人产生法律效力，若无此种《授权委托书》，就构成狭义的无权代理，法人有权援用《中华人民共和国合同法》（以下简称为《合同法》）第48条的规定，拒绝承受合同项下的权利义务，除非构成《合同法》第49条规定的表见代理。

值得注意的是，英国法有默示代理权的惯例，即在公司里担任一定职务的管理者，以该公司的名义与他人签订合同，即使未向该他人出示公司授与其代理权的文件，所签合同书上亦无公司董事的签名（欧美公司签订合同的惯常做法是签名，而非加盖公司印章），也推定该管理者拥有代公司签订合同的代理权。[①] 与之类似的，在中国现行法上有职务代理制度，只不过对职务代理的成立要件限制得较为严格。从《中华人民共和国民法总则》（以下简称为《民法总则》）第170条第1款关于"执行法人或者非法人组织工作任务的人员，就其职权范围内的事项，以法人或者非法人组织的名义实施民事法律行为，对法人或者非法人组织发生效力"的规定观察，职务代理特别强调"就其职权范围内的事项"，而非只要是高管之类的管理者对外签订合同时均推定其拥有代理权，不得"沾边就赖"。笔者接触实务，发现大多裁判者也是这样把握的。

顺便说明，有些单位备有技术合同专用章。签订技术合同时加盖技术合同专

---

① 董安生等编译：《英国商法》，法律出版社1991年版，第182—183页、第189—190页。

用章，应受法律保护，当然，在技术合同书上加盖公章或普通的合同专用章也符合法律的要求。

三、印章与当事人的意思及其认定

为了叙述的清楚、方便起见，先简要介绍基本案情：原告姚某主张，自己与蔡某于 2013 年 9 月 1 日签订《借款合同》，约定其向蔡某提供借款 1000.00 万元人民币，月息 3%。甲经济发展有限公司、杨某、李某出具《担保保证书》《保证函》，对蔡某还本付息承担连带保证责任。甲经济发展有限公司、杨某、李某辩称：确实出具过《担保保证书》《保证函》，但是为担保乙典当有限公司向邱某所借 1000.00 万元人民币的债权，而非担保姚某的债权。他（它）们在诉讼中进一步陈述：系争《担保保证书》《保证函》于 2013 年 9 月 4 日在邱某面前签署，于 2013 年 9 月 5 日在厦门银行同意后加盖上甲经济发展有限公司的印章，并交给邱某，用于担保邱某放贷的 1000.00 万元人民币的借款。邱某收回本息之后，将系争《担保保证书》《保证函》交还给刘某（女），刘某（女）把它们交给蔡某，用于蔡某向姚某借款（见福建省厦门市中级人民法院（2015）厦民初字第 108 号《民事判决书》第 3 页，福建省高级人民法院（2016）闽民终 774 号《民事判决书》第 3 页）。

福建省厦门市中级人民法院于 2015 年 6 月 13 日所作《询问笔录》载明的叶某陈述：姚某与蔡某签订《借款协议》时，系争《担保保证书》《保证函》系刘某（女）让其丈夫刘某（男）交给姚某的。这与甲经济发展有限公司、杨某、李某在诉讼中的陈述相一致。

但福建省厦门市中级人民法院于 2015 年 6 月 3 日所作《询问笔录》中载明的姚某陈述：甲经济发展有限公司出具的《担保保证书》《保证函》由姚某在出借人栏中填写"姚某"、在借款人栏中填写"蔡某"、在身份证号码栏中填写"411123××63061000××"以及《借款协议》，其他内容包括借款金额 1000.00 万元人民币、担保人公司印章、法定代表人签字以及担保人签字等在出具时已存在。蔡某将上述《担保保证书》《保证函》在维多利亚酒店提供给姚某之后，姚某才把《借款协议》签给她。签完《借款协议》后姚某把钱汇给蔡某（见福建省厦门市中级人民法院（2015）厦民初字第 108 号《民事判决书》第 4 页，福建省高级人民法院（2016）闽民终 774 号《民事判决书》第 8 页）。

福建省厦门市中级人民法院于 2015 年 5 月 11 日所作《询问笔录》载明的邱某的陈述与姚某的陈述在这点上一致。

　　刘某（女）丈夫刘某（男）于其 2017 年 6 月 27 日出具的《自述材料》称：2013 年 9 月底，他将系争《担保保证书》《保证函》交给了蔡某。这也与姚某的陈述一致。

　　前述《询问笔录》中载明的姚某陈述，被福建省厦门市中级人民法院（2015）厦民初字第 108 号民事判决书（第 6 页）、福建省高级人民法院（2016）闽民终 774 号民事判决书（第 11 页）基本采信。

　　这表明：系争空白的《担保保证书》《保证函》不是作为保证人的甲经济发展有限公司、杨某、李某亲自与作为债权人的姚某签订的，而是通过代理人与债权人姚某签订的。

　　此处代理人是刘某（女），还是蔡某，抑或刘某（男）甚至其他人？其说不一，从蔡某直接将系争空白的《担保保证书》《保证函》交给姚某，由姚某在出借人栏中填写"姚某"、在借款人栏中填写"蔡某"、在身份证号码栏中填写"411123××63061000××"以及《借款协议》这些事实看，蔡某系甲经济发展有限公司、杨某、李某的代理人，代理甲经济发展有限公司、杨某、李某与姚某签订《担保保证书》《保证函》。

　　可是，按照甲经济发展有限公司、杨某、李某在诉讼中的陈述，刘某（女）先将系争《担保保证书》《保证函》交给蔡某，蔡某后来将系争《担保保证书》《保证函》交给姚某，用于担保蔡某还本付息给姚某的借款债权。在这种背景下，如果蔡某已经向姚某披露刘某（女）系甲经济发展有限公司、杨某、李某的代理人，自己不过是代刘某（女）向姚某转交系争《担保保证书》《保证函》，那么，刘某（女）是甲经济发展有限公司、杨某、李某的代理人；如果蔡某没有向姚某披露这些信息，则刘某（女）就不是甲经济发展有限公司、杨某、李某的代理人，只有蔡某是甲经济发展有限公司、杨某、李某的代理人。

　　面对这种情形，笔者只好在刘某（女）、蔡某、刘某（男）都可能是代理人的背景下予以讨论，其实，无论谁为代理人不影响本文所探讨的印章在当事人的意思及其认定中的地位及作用这个话题。

　　刘某（女）或蔡某或刘某（男）果真是甲经济发展有限公司、杨某、李某的代理人吗？甲经济发展有限公司、杨某、李某一直否认自己为蔡某向姚某借款担保，也未认可刘某（女）或蔡某或刘某（男）代理自己与姚某签订系争《担保保证书》《保证函》；没有证据证明蔡某委托甲经济发展有限公司、杨某、李某作为自己的担保人；没有证据证明蔡某向姚某出示了甲经济发展有限公司、杨某、李某授权蔡某代理他（它）们签订系争《担保保证书》《保证函》的《授权委托书》。这样，按照《合同法》第 48 条关于"行为人没有代理权、超越代理权或者代理权终止后以被代理人名义订立的合同，未经被代理人追认，对被代理人不发生效力，由行为人承担责任"的规定，所谓刘某（女）或蔡某或刘某（男）代理甲经济发展有限公司、杨某、李某与姚某签订系争《担保保证书》《保证函》，构成狭义的无权代理。在这里，无论刘某（女）或蔡某或刘某（男）基于何种原因而持有空白合同书及空白担保书（函）（即无论基于受托保管等合法原因，或基于盗窃、欺诈等不法原因），只要其未经所谓被代理人甲经济发展有限公司、杨某、李某的授权而擅自使用该空白《担保保证书》《保证函》与第三人姚某缔约，约定由甲经济发展有限公司、杨某、李某向姚某提供担保，构成狭义的无权代理。

系争《担保保证书》《保证函》若可约束甲经济发展有限公司、杨某、李某的话，只有同时构成表见代理才会成为现实；否则，就应适用《合同法》第48条关于"行为人没有代理权、超越代理权或者代理权终止后以被代理人名义订立的合同，未经被代理人追认，对被代理人不发生效力，由行为人承担责任"的规定，甲经济发展有限公司、杨某、李某有权否认系争《担保保证书》《保证函》对自己的约束力，拒绝承受系争《担保保证书》《保证函》项下的担保义务。

系争《担保保证书》《保证函》的签署和成立构成表见代理吗？答案是否定的，理由如下：

第一，鉴于空白合同书或空白担保书（函）可因各种原因而为他人所持有，这屡为实务发生的事实所证实，除非行为人与被代理人存在特定关系（如行为人与被代理人存在职务关系，且该代理行为属其职权范围；行为人曾代理被代理人与相对人实施过代理行为等），行为人持有空白合同书或空白担保书（函）的单纯事实，不足以使相对人相信其具有代理权。如前所述，中国现行法没有像英国法那样较为广泛、宽松地承认默示代理权，而是较为严格地把握代理权授与的成立要件，因此，行为人持有空白合同书或空白担保书（函）的事实本身，不能构成相对人相信无权代理人有代理权的法定理由。

在系争案件中，持有空白《担保保证书》《保证函》的刘某（女）或蔡某或刘某（男）与甲经济发展有限公司无任何职务关系，也从未代理该公司与姚某进行过任何交易，仅凭刘某（女）或蔡某或刘某（男）持有空白《担保保证书》《保证函》的事实，姚某没有理由相信其具有代理权。

第二，众所周知，为巨额借款提供担保存在巨大风险。依照常理，甲经济发展有限公司、杨某、李某不会将空白《担保保证书》《保证函》交给与其无特别关系之人持有并授权其向不特定的任何金额的债权及任何债权人提供保证。可是，依姚某诉讼中所主张的，甲经济发展有限公司、杨某、李某作为连带保证人的空白《担保保证书》《保证函》被蔡某交给了他，如此反常的情形理应引起姚某这个理性人的注意，使其有必要向甲经济发展有限公司、杨某、李某核实，即使从自身利益（甲经济发展有限公司、杨某、李某系真正的连带保证人，而非虚假的）出发，也有必要向甲经济发展有限公司、杨某、李某核实。可是，姚某并没有这样做，至少构成重大过失。

第三，特别是，向姚某提交系争空白《担保保证书》《保证函》的若为蔡某，则蔡某系借款人（债务人），于日后向姚某还本付息与其利害巨大。她以甲经济发展有限公司、杨某、李某的名义代为签订系争空白《担保保证书》《保证函》，由甲经济发展有限公司、杨某、李某为其还本付息承担连带保证责任，这就更应引起作为债权人的姚某的高度注意，其中包括姚某更有义务审核蔡某有无代理权。其中一种途径及方法就是姚某直接联系甲经济发展有限公司、杨某、李某，问询蔡某的代理权事项。姚某不这样处理，就构成重大过失。没有证据证明姚某实施了这种行为。

最后，姚某向甲经济发展有限公司询问、核实，轻而易举，但姚某始终未向甲经济发展有限公司进行任何询问、核实，甚至在债务到期未获清偿后，也长期不与甲经济发展有限公司进行任何联系。这是反常的，不合逻辑的。

总之，在系争空白《担保保证书》《保证函》签署、成立上，在刘某（女）或蔡某或刘某（男）无权代理上，姚某具有重大过失，依据《合同法》第49条关于"行为人没有代理权、超越代理权或者代理权终止后以被代理人名义订立合同，相对人有理由相信行为人有代理权的，该代理行为有效"的规定，予以反面推论，即相对人没有理由相信行为人有代理权的，该代理行为不可约束被代理人；根据最高人民法院《关于当前形势下审理民商事合同纠纷案件若干问题的指导意见》（以下简称为法发[2009]40号）第13条关于"合同法第四十九条规定的表见代理制度不仅要求代理人的无权代理行为在客观上形成具有代理权的表象，而且要求相对人在主观上善意且无过失地相信行为人有代理权。合同相对人主张构成表见代理的，应当承担举证责任，不仅应当举证证明代理行为存在诸如合同书、公章、印鉴等有权代理的客观表象形式要素，而且应当证明其善意且无过失地相信行为人具有代理权"及第14条关于"人民法院在判断合同相对人主观上是否属于善意且无过失时，应当结合合同缔结与履行过程中的各种因素综合判断合同相对人是否尽到合理注意义务，此外还要考虑合同的缔结时间、以谁的名义签字、是否盖有相关印章及印章真伪、标的物的交付方式与地点、购买的材料、租赁的器材、所借款项的用途、建筑单位是否知道项目经理的行为、是否参与合同履行等各种因素，作出综合分析判断"的规定，系争空白《担保保证书》《保证函》签署、成立不构成表见代理，不具有约束甲经济发展有限公司、杨某、李某的法律效力，甲经济发展有限公司、杨某、李某有权拒绝向姚某承担保证责任。

　　不可否认，甲经济发展有限公司、杨某、李某将空白《担保保证书》《保证函》交给他人，可由他人任意填写有关内容，其疏忽大意、过于自信十分明显。这也是福建省厦门市中级人民法院（2015）厦民初字第 108 号民事判决书（第 6 页）、福建省高级人民法院（2016）闽民终 774 号民事判决书（第 10—11 页）认定并判决甲经济发展有限公司、杨某、李某向姚某承担保证责任的理由之一。

　　但务请注意：在法律上，当事人的过失在不同的法律关系中、在不同的阶段、在不同的制度及规则中，结果不尽相同。例如，在民事责任的成立、过失相抵、善意取得等制度及规则中，当事人的过失直接起作用。在表见代理的成立方面，相对人的过失系表见代理的成立要件，这从《合同法》第 49 条、法发 [2009]40 号第 13 条的规定中可以看出来；被代理人的过失则不是表见代理的构成要件。具体到系争案件，所谓被代理人甲经济发展有限公司、杨某、李某对于将系争空白《担保保证书》《保证函》交给他人、辗转到蔡某乃至姚某之手，具有过失甚至是重大过失，均非表见代理成立的要件，这促不成表见代理的成立。因此，福建省厦门市中级人民法院（2015）厦民初字第 108 号民事判决书（第 6 页）、福建省高级人民法院（2016）闽民终 774 号民事判决书（第 10—11 页）以甲经济发展有限公司、杨某、李某对于将系争空白《担保保证书》《保证函》交给他人、辗转到蔡某乃至姚某之手，具有过失为由，认定表见代理成立，判决甲经济发展有限公司、杨某、李某向姚某承担系争空白《担保保证书》《保证函》项下的保证责任，这是没有法律依据的，适用法律错误。

　　行文至此，可以得出如下结论：如果系争空白《担保保证书》上未加盖甲经济发展有限公司的公章，系争《保证函》上未加盖杨某、李某的个人印章，加上无证据证明刘某（女）或蔡某或刘某（男）向姚某出示《授权委托书》，亦无其他证据证明刘某（女）或蔡某或刘某（男）获得甲经济发展有限公司、杨某、李某的授权，那么，空白《担保保证书》《保证函》不是甲经济发展有限公司、杨某、李某的意思表示，自外观观察也是如此。正是因为系争空白《担保保证书》上加盖了甲经济发展有限公司的公章，系争《保证函》上加盖了杨某、李某的个人印章，即使甲经济发展有限公司、杨某、李某否认其为姚某的债权担保，也形成了为姚某的债权担保的外观。该外观与甲经济发展有限公司、杨某、李某的真意是否一致，成为关键，必须探究。其中起重要作用的是甲经济发展有限公司的公章、杨某和李某的个人印章是否加盖在了为姚某的债权担保的文书之上，结论肯定还是否定，都是如此。

四、印章的外观性及其认定规则

最高人民法院（2013）民申字第 1785 号民事裁定书①称："合同书上盖章的意义在于确认当事人通过书面形式作出的意思表示的真实性及其所享受权利和承担义务的具体内容。"该章即使是他人私刻的，但只要在其他关系所涉文件上加盖了，该合同条款也被认定为该当事人的意思表示，该当事人应受该合同书的约束。这能成立吗？问题不小，不得不辨。

同样出于清楚和方便的考虑，先简要介绍基本案情：2007 年 9 月 28 日，甲银行作为贷款人，丙公司作为借款人，乙公司作为抵押人，向上海市东方公证处提出了贷款抵押合同公证申请，申请内容为，经贷款人（抵押权人）与借款人商定，由贷款人（抵押权人）向借款人提供最高额人民币借款 110000000.00 元贷款。抵押人自愿将本市中山北路 2438 号全栋房屋（1—25 层）作为抵押担保。为此，各方订立了合同，特申请综合授信协议、最高额抵押合同、借款合同公证。案外人王某某持盖有乙公司公章及法定代表人印章的授权委托书，代理乙公司办理公证《最高额抵押合同》的相关手续。王某某向丁公证处提供了乙公司的《营业执照》《乙公司章程》《乙公司股东会决议》、抵押房屋产权证及房屋登记信息。当日，丁公证处出具了（2007）SH 证经字第 8072 号公证书。该公证书记载："兹证明抵押人乙公司的法定代表人的委托代理人王某某与抵押权人甲银行的负责人王某某于二〇〇七年九月二十八日在 SH 市签订了前面的《最高额抵押合同》。经查……"次日，SH 市 PT 区房地产登记处就上述抵押事项出具了他项权利证明。

甲银行依据系争《最高额抵押合同》和抵押登记，请求乙公司负担物上保证义务，实行系争抵押权。乙公司以王某某无代理权、办理公证及签署系争《最高额抵押合同》所用印章系伪造、股东会决议上的 6 位股东签名均非 6 位股东所为为由，否认系争《最高额抵押合同》和抵押登记的效力，拒绝承担物上保证义务。

最高人民法院（2013）民申字第 1785 号民事裁定书认为："合同书上盖章的意义在于确认当事人通过书面形式作出的意思表示的真实性及其所享受权利和承担义务的具体内容。本案中，虽然《最高额抵押合同》上加盖的乙公司的公章与杨某某 2007 年 9 月 27 日向黄某某移交的公章不一致，但是根据 SH 市公安局出具的鉴定结论，抵押合同上加盖的乙公司的公章与该公司 2007 年度工商行政管理部门年检报告上所加盖的公章一致。根据商事登记的公示原则，年检报告作为

---

① 最高人民法院（2013）民申字第 1785 号民事裁定书：参见，中国裁判文书网，网址：http://wenshu.court.gov.cn/content/content?DocID=b79f6519-003d-4da2-bf14-f939b8be7b7b，最后访问时间：2018-04-25。

工商部门对公司的年检材料具有公示性，对外代表乙公司的意思表示。而且，在ZJ省高级人民法院（2008）浙民二终字第223号戊公司与乙公司原股东股权转让纠纷一案中，乙公司提交的应诉材料上加盖的公章与《最高额抵押合同》上的公司印章相同，作为该案当事人的乙公司的六位股东（其中包括公司法定代表人）均未对乙公司的诉讼主体资格及诉讼行为提出异议。因此，二审判决认定《最高额抵押合同》上加盖的公司的公章是乙公司对外正常使用的公章，能够代表乙公司的意思表示，且乙公司及其股东对此是知晓或应当知晓的，并无不当。"

在笔者看来，此论存在着若干不妥：第一，合同书上盖章的意义在于表示该书面形式的意思表示系公章或合同专用章显示的主体所为，不宜无条件地称"合同书上盖章的意义在于确认当事人通过书面形式作出的意思表示的真实性"，因为在下列情况下合同书上虽然加盖了公章或合同专用章，但合同书上的条款却非公章或合同专用章显示的主体所实施的意思表示：（1）公章或合同专用章显示的主体被犯罪集团胁迫在合同书上加盖的公章或合同专用章；（2）犯罪分子伪造公章或合同专用章，在合同书上加盖了公章或合同专用章；（3）相对人欺诈公章或合同专用章显示的主体，该主体由此限于错误的认识，并基于该错误的认识签署了合同书；（4）公章或合同专用章显示的主体发生重大误解，在合同书上加盖了公章或合同专用章；（5）代理人超越代理权限签订合同，并在合同书上加盖公章或合同专用章；等等。

有充分、确凿的证据证明加盖了公章或合同专用章的合同书属于上述情形之一的，尽管合同书上加盖有公章或合同专用章，合同条款也仍非公章或合同专用章所显示的主体所为的意思表示。

第二，称"合同书上盖章的意义在于确认当事人……所享受权利和承担义务的具体内容"，也不周延，甚至错误。在合同书上先加盖公章或合同专用章，后被一方擅自伪造合同条款的情况下，"合同书上盖章就不能确认当事人……所享受权利和承担义务的具体内容。"

第三，乙公司提供的有关证据显示，上述两次出现在系争合同书以外的两份文件上的公章是有关人员私刻的，与在公安局备案的公章不符，也与预留在甲银行的印鉴不符；并且，这些公章出现于两份文件上的时间晚于加盖于系争合同书上的时间，迟于一审诉讼。如果此言非虚，则不得以"不法"公章因被当事人使用了数次就变成合法的；不可据此不法之章而认定加盖有公章的合同书所载意思为乙公司的意思表示。不然，就形成了"谎言重复一百遍便成为真理"之状。

第四，合同书上加盖公章或合同专用章，其地位及法律效果在本质上、机理上异于不动产登记的地位及法律效果。不动产登记具有推定所记载的权利存在和正确性的法律效力（《中华人民共和国物权法》第 16 条第 1 款），对任何人都具有效力，尤其对于交易相对人还具有公信力，即便转让人对该不动产无处分权，只要交易相对人信赖不动产登记簿的记载而受让登记的不动产，且为善意，也可取得该不动产物权。这种公信力对交易相对人甲是这样，对交易相对人乙也是如此，对交易相对人丙亦然，不受合同相对性之类的规则限制。即使真正的物权人举出充分、确凿的证据，证明成功转让人对该不动产无处分权，也否定不了受让人取得的该不动产物权。与此不同，合同书上加盖公章或合同专用章，即使它们是在公安局备案的，在银行预留印鉴的，即使遵循商法学界主流观点所持有的外观主义，也不具有不动产登记那样的公信力，合同相对性有形无形地发挥着作用。交易相对人若为银行，则负有审核加盖的公章或合同专用章与预留于该行的印鉴是否一致的义务，在合同书上加盖的公章或合同专用章与预留于银行的印鉴不一致的情况下，银行仍然签署合同，就至少具有重大过失，对方当事人有权主张该合同对其无法律约束力，仅此一状足矣，无需再提出其他证据来证明银行具有过错。在交易相对人为普通的公司的场合，商法学界主流的观点为普通的公司无审核对方加盖于合同书上的公章或合同专用章真伪的义务，因此，即使加盖于合同书上的公章或合同专用章系私刻的，盖章所显示的主体也无权据此向作为交易相对人的普通公司主张不受该合同的约束，除非再举出其他证据证明该普通的公司明知盖章非合法、有效之章。

系争《最高额抵押合同》的一方当事人为甲银行，负有审核加盖于系争《最高额抵押合同》上的乙公司的公章与预留于本行的印鉴是否一致的义务，因加盖于系争《最高额抵押合同》上的所谓乙公司的公章与预留的印鉴不一致，甲银行仍然在系争《最高额抵押合同》上签字，显然具有重大过失，乙公司有权向甲银行主张不受系争《最高额抵押合同》的约束。

最后，与"第四"所释密切相关，下述原理不得不辨。加盖于系争《最高额抵押合同》上的乙公司的公章，虽非乙公司在公安局备案的公章，亦与预留于甲银行的印鉴不一致，但的确出现于 2007 年度工商行政管理部门年检报告之上，亦出现于丙公司与乙公司原股东股权转让纠纷一案中乙公司提交的应诉材料之上，因而，"根据商事登记的公示原则，年检报告作为工商部门对公司的年检材料具有公示性，对外代表乙公司的意思表示"（最高人民法院〔2013〕民申字第 1785 号民事裁定书之语）。在笔者看来，这种逻辑和原理存在着严重的问题，理由如下：与不动产登记具有公信力（《中华人民共和国物权法》第 16 条第 1 款），对任何交易相对人都具有效力具有实质的不同，工商登记具有的公示，不是工商登记所需、所用材料上加盖印章具有公示性，而是工商登记的记载具有公示性，交易相对人的信赖所在不是登记所需、所用材料上加盖的印章。工商登记所需、所用材料上加盖印章的作用和效力在于，登记申请人向作为登记机构的工商行政管理部门表明：这些材料是我登记申请人提供的，我对其真实性负责；倘若不真实，也是登记申请人向登记机构承担法律责任，而不是向交易相对人承担责任，就登记失真向交易主体承担责任（国家赔偿责任）的，是工商登记机构。只不过该工商登记机构回过头来对登记申请人施加处罚罢了。具体到系争案件，乙公司的公章出现于2007年度工商行政管理部门年检报告上，由乙公司对工商登记机构承担责任；因所用公章系伪造而导致的交易相对人的损失，由工商登记机构向因信赖失真登记而遭受损失的交易相对人承担国家赔偿责任，而后该登记机构处罚乙公司。此其一。因之，甲银行对乙公司的信赖，不源自知晓乙公司加盖于2007年度工商行政管理部门年检报告上的公章，也不依赖于中瑞财团公司与乙公司原股东股权转让纠纷一案中诉讼材料上留有的公章，而是聚焦于乙公司加盖于系争《最高额抵押合同》上的公章与预留于银行的印鉴是否一致。若二者不一致，甲银行就有义务"追根问底"，搞清系争《最高额抵押合同》是否为乙公司真实的意思表示；否则，甲银行至少具有重大过失。此其二。印章用于双方当事人间的交易中，同样摆脱不掉合同相对性的桎梏，一方当事人所用印章对另一方当事人是否形成外观，是否使其产生信赖，取决于双方间系列交易中所用印章，而不取决于一方当事人在与他人间形成他种法律关系时在有关文件上加盖的印章。具体到系争案件，甲银行对于乙公司所用印章的外观产生信赖，最起码的要求应当是乙公司在与甲银行成立数个法律关系时加盖于有关文件上的印章，而且一致（其实，即使一致也不可立即信赖，必须与预留印鉴核实，此时一致的，才可产生信赖）；而非此次所用印章与其他法律关系所涉文件上加盖的印章一致。其原因在于上文"第四"所阐释的印章与不动产登记的实质差异。此其三。如果这些都能成立，则甲银行是否信赖加盖于系争《最高额抵押合同》上的公章，是否确信系争《最高额抵押合同》能够约束乙公司，必须核实该章与预留的印鉴是否相符，必须审查王某某有无代理权。甲银行没有这样做，至少是重大过失。

　　在此，对于目前较为流行的"普通公司对于交易相对人的章程、加盖于合同书上的印章无核实义务"之说稍加辨析。不错，普通公司之处没有也难以预留交易相对人印鉴，到公安部门核实交易相对人的印章的真伪，一是不符合商事活动强调便捷、效率的原则，可能贻误交易机会，增大交易成本，二是可能被拒之门外。在这样的背景下，千篇一律地加于普通公司负有审核交易相对人的印章的注意义务，弊大于利。在这个意义上，笔者也不赞同将核实交易相对人的印章作为普通公司的一般义务。但这不意味着交易相对人在合同书上加盖伪造的或宣布作废的印章肯定不影响合同效力。笔者认为，交易相对人在合同书上加盖了伪造的或已经公示作废的印章，若有充分、确凿的证据证明系交易相对人故意所为，作为另一方的普通公司对此不知情且无重大过失，如该普通公司以此为由主张该合同对其不具有法律效力的，则应予支持。所谓恶意作出行为的表示受领人无须保护也。[①] 不然，就使在合同书上加盖伪造的或已经公示作废的恶意之人牟取了不当利益，纵容人们造假、行骗，法律在"为虎作伥"，损害了诚实、守法之人的权益，这严重背离了公平正义。

五、合同书上加盖印章与代理权有无的认定

（一）必要的前奏

在法定代表人以法人的名义与相对人签订合同时，无论是该法定代表人在合同书上亲笔签名，还是不签名而在合同书上加盖法人公章或合同专用章，均为法人行为，适用《民法总则》第 61 条第 1 款和第 2 款的规定。

除上述情形以外，法人与相对人签订合同，需要适用《民法总则》第 161 条以下关于代理的规定。行为人代理法人与相对人签订合同，须有代理权。代理权的授与，可有若干表现形式，或是法人向代理人出具《授权委托书》，或是法定代表人向代理人出具《授权委托书》，或是在合同书上加盖法人的公章或合同专用章。

由代理人而非法定代表人在合同书上签字并加盖法人公章或合同专用章，或者不签字仅加盖法人公章或合同专用章，不得谓"是法人行为"，只可说"作为法人行为"。强调这一点具有几方面的意义：(1) 符合概念和逻辑。法定代表人与法人具有同一人格，故法定代表人履行职责或曰为法人事务对外实施民事行为，"就是法人行为"。法定代表人在合同书上亲笔签名时如此，不签名而仅加盖法人公章或合同专用章时亦然。至于该印章是由法定代表人握有并加盖于在合同书上，还是由办公室主任或其他工作人员保管，使用时再交由法定代表人，由法定代表人加盖在合同书上，抑或办公室主任或其他工作人员依法定代表人指令，在合同书上加盖，这只属于法人内部分工和程序的问题，在对外的民事关系中，均看作法定代表人"亲自而为"，办公室主任或其他工作人员如同法定代表人的"手"

---

① ［德］哈里·韦斯特曼，哈尔姆·彼得·韦斯特曼修订，张定军、葛平亮、唐晓琳译：《德国民法基本概念》（第 16 版），中国人民大学出版社 2013 年版，第 51 页。

或"脚"，不具有独立人格。与此有别，法定代表人之外的工作人员，与法人不具有同一人格，更遑论法人以外的人员了。由此决定，这些代法人与相对人签订合同，只能是以代理人的身份实施代理行为，适用代理制度。假如把代理人与相对人签订合同，不签名经在合同书上加盖法人公章或合同专用章，也归入"是法人行为"，在概念和逻辑上背离了代理的界定，也搞乱了法人理论；在法律适用方面错位，即大大地缩小了代理的领域，限缩了代理制度的适用范围，扩张了法人制度的适用领域；在法律后果方面难免"张冠李戴"。（2）法律适用不同。"是法人行为"适用《民法总则》第 61 条的规定；"作为法人行为"则适用《民法总则》第 161 条以下关于代理的规定。（3）由"（2）"决定，在"是法人行为"的场合，可有《合同法》第 50 条、《民法总则》第 61 条第 3 款的适用；但在"作为法人行为"的情况下，不得适用《合同法》第 50 条、《民法总则》第 61 条第 3 款的规定，而适用《合同法》第 48 条或第 49 条、《民法总则》第 171 条或第 172 条的规定。

在此，有必要强调："（2）"和"（3）"的区别，在法律后果方面差别明显：在"是法人行为"的场合，适用《合同法》第 50 条、《民法总则》第 61 条第 3 款的规定，意味着法人必须承受法定代表人实施行为（实际上是越权行为）的后果，差异仅在于，相对人明知或应知法定代表人越权且法人对此不予承认时，法人承受缔约过失责任（适用《合同法》第 58 条、《民法总则》第 157 条的规定）；相对人为善意时，法人无权否认越权行为，须承受履行（越权签订的）合同所生义务的后果（适用《合同法》第 60 条第 1 款甚至包括第 2 款的规定）。与此不同，在"作为法人行为"的场合，用《合同法》第 48 条或第 49 条、《民法总则》第 171 条或第 172 条的规定，意味着在构成狭义的无权代理的情况下，法人不予追认无权代理行为，不承受无权代理行为引发的一切法律后果。

（二）合同书上加盖的印章真实、合法、有效，合同项下的权利义务也未必由印章显示的法人承受

本文第三部分探讨了合同书加盖印章非真实、合法、有效的场合，发生何种法律后果。第四部分分析的是真实之章被他人盗盖时处理的路径及方法。下文思考的问题是：真实的、合法、有效之章被公司的总经理加盖在合同书上，但违背公司章程所赋权限，背离当事人双方整体交易安排，应当如何对待？

为了有具体场景，便于明了和叙述，同样先简述案情：2010 年 1 月，某经济开发管理委员会与某香港公司签署《协议书》，就后者在某经济开发区投资兴建"X 花苑"商住项目相关事宜，达成协议，主要条款为：前者供给约 600 亩土地，

其中商住用地约 400 亩、X 公园约 200 亩、项目规划地上总建筑面积约 100 万平方米，项目计划在 2010 年 9 月份前开工建设，开发周期为 5 年；后者总投资 20 亿元人民币；后者为海外注册企业，投资开发需在中国境内依照相关法律、法规成立外商投资企业，具体实施"X 花苑"项目，后者开工前，前者负责完成土地挂牌前的地面建筑物的拆迁安置和基础设施配套至后者项目红线外，保证受让土地通路、通电、通水、通讯配套到宗地红线外、地面建筑物拆平；等等。

依据前述《协议书》约定，某香港公司在中国内地某市注册完成"某有限公司"。为落实该《协议书》约定的事项，某有限公司与某市国土资源局于 2010 年 6 月 9 日签订《国有建设用地使用权出让合同》（合同编号：3208012010CR0143），约定出让宗地面积 70560 平方米，为商住用地，2010 年 10 月 9 日前交地；出让价款为 166200000.00 元人民币，定金为 33240000.00 元人民币；等等。

同日，某有限公司与某市国土资源局又签订《国有建设用地使用权出让合同》（合同编号：3208012010CR0144），约定出让宗地面积为 33294.9 平方米，为商住、办公、居住混合用地，2010 年 10 月 9 日前交地；出让价款为 125400000.00 元人民币，定金为 25080000.00 元人民币；等等。

2012 年 7 月 26 日，某有限公司与某市国土资源局再次签订《国有建设用地使用权出让合同》（合同编号：3208012012CR0195），约定出让宗地 66717.50 平方米，2012 年 11 月 26 日前交地；出让价款为 173000000.00 元人民币，定金为 34600000.00 元人民币；等等。

截至 2015 年，一期 105.84 亩项目用地已开发 94.34%，基本完成竣工验收后续。

2015 年 2 月，某市国土资源局、某经济开发管理委员会与某有限公司签订《关于终止 2012G062K18 号地块〈国有建设用地使用权出让合同〉的协议》，约定终止 2012G062K18 号地块《国有建设用地使用权出让合同》，该出让合同项下的土地纳入政府储备；某有限公司不再承担 3208012012CR0195 号《国有建设用地使用权出让合同》所约定的各项义务；某经济开发管理委员会退还某有限公司已经缴纳的出让价款。某有限公司的总经理（不是法定代表人）在该协议上签字并加盖某有限公司的公章。

其后，某香港公司及某有限公司均否认《关于终止 2012G062K18 号地块〈国有建设用地使用权出让合同〉的协议》的法律效力，理由是总经理擅自签署，违反了公司章程约定的重大事项须由三分之二以上股东会议同意决定才能实施。

某香港公司及某有限公司的诉求有无道理？首先，因系争《关于终止

2012G062K18 号地块〈国有建设用地使用权出让合同〉的协议》非法定代表人签署，而是由某有限公司的总经理签订，故不可遵循"是法人行为"、适用《合同法》第 50 条、《民法总则》第 61 条的路径处理，只得按照"作为法人行为"、适用《合同法》第 48 条或第 49 条和《民法总则》第 171 条或第 172 条的规定，也就是说，只可在有权代理、狭义的无权代理、表见代理的路径中确定其一。

经查，无证据证明该总经理向某市国土资源局、某经济开发管理委员会出示过《授权委托书》，加之某香港公司及某有限公司均否认该总经理有代理权签订系争《关于终止 2012G062K18 号地块〈国有建设用地使用权出让合同〉的协议》，这就排除了有权代理。

不过，在系争《关于终止 2012G062K18 号地块〈国有建设用地使用权出让合同〉的协议》上毕竟盖有某有限公司的公章，而在外观上该章显示着代理权的授与，因而可有表见代理或是狭义的无权代理之辨。

如同上文所述，英国法有默示代理权的惯例，公司的总经理这个职务本身示意着处理公司事务时具有代理权，因此，该案在英国可认定为代理成立，公司须承受代理形成的合同所生的权利义务。但是，中国法对于职务代理的承认远比英国法严格，并非仅凭总经理的职务便当然地认定为已获代理权。如果这样认识是正确的，那么，因为系争《关于终止 2012G062K18 号地块〈国有建设用地使用权出让合同〉的协议》、2012G062K18 号地块《国有建设用地使用权出让合同》均为落实某香港公司与某经济开发管理委员会签署的系争《协议书所约开发建设总体安排的环节、措施；因为至少某经济开发管理委员会明知这一点，某市国土资源局作为某市政府的职能部门对此也应当知晓；因为在国有建设用地使用权的价值及价格飙升的背景下，某香港公司及某有限公司均为商人，却退还建设用地使用权，放弃巨大利益，这有背商业常理；所以，某经济开发管理委员会甚至某市国土资源局都负有注意义务核实某香港公司及某有限公司的真意，查清它们是否真的愿意退还案涉国有建设用地使用权。某经济开发管理委员会甚至某市国土资源局没有这样做，至少具有重大过失。重大过失的不知非为善意，所以，依据《合同法》第 49 条的反面推论，根据法发 [2009]40 号第 13 条的规定，系争《关于终止 2012G062K18 号地块〈国有建设用地使用权出让合同〉的协议》的签署不构成表见代理。如此，在某香港公司及某有限公司均否认该总经理有代理权签订系争《关于终止 2012G062K18 号地块〈国有建设用地使用权出让合同〉的协议》的前提下，系争《关于终止 2012G062K18 号地块〈国有建设用地使用权出让合同〉的协议》不具有约束某香港公司及某有限公司的法律效力。

中国民法典物权编中占有制度的立法安排

尹田[*]

我国于 2007 年颁布的《物权法》第十九章（占有）对占有制度作出了规定，对其规定，笔者在物权立法过程中即提出了不同意见，但未被立法机关采纳。在全国人大法工委近期提出的《物权编（室内稿）》第二十章中，《物权法》第十九章的规定被原封不动地全部予以保留，对之未作任何修改。笔者始终认为，我国物权理论有关占有制度的学说存在重大误区，由此导致现行《物权法》有关占有制度的规定逻辑混乱，法条重复，在中国民法典分则物权编的制定中，对之应作重大修改。

一、占有制度的本质与价值

（一）占有制度的逻辑起点是占有事实而非权利

作为"权利法"，大陆法系民法将权利作为其逻辑起点，其立法规则安排，大体上是依照"权利—义务—责任（法律救济）"的顺序进行的。[①] 但占有制度改变了前述逻辑起点，将"占有"作为一种事实加以特别保护，而将"权利"完全排除出其规范设计之外。这就是说，占有制度对占有的保护，与各种权利规范对占有的保护，具有本质的不同。

民法上的"占有"，是指对物（有形财产）的控制与支配。[②] 作为一种客观事实，占有可以是某种权利变动的法定依据（如动产受让人因接受交付而取得对标

---

① 由此，我国民法典如创新性地将"侵权责任"在分则中独立成为一编，则改变了民法典分则以各种类型化的权利（物权、债权和亲属权）为依据所设置的逻辑基础，不可避免地会导致相关法条的重叠和混乱，就此产生的长期争论，并未因为立法的决策而有所消除。

② 准占有问题，日本民法点第 205 条：（准占有）本章规定，准用于以为自己的意思行使财产权情形。台湾"民法典"第 966 条：（准占有）财产权不因无之占有而成立者，行使其财产权之人，为准占有人。（第 1 款）关于占有之规定，与前项准占有准用之。

的物的占有，可引起动产所有权的取得；动产质权人取得对质物的占有，可引起质权的设立），也可以是某种权利行使的具体表现（如所有权人对所有物的占有，是其行使所有权的表现；承租人对租赁物的占有，是其行使租赁权的表现），还可以是某种权利取得的法定条件（如无权处分行为的善意受让人对动产的占有，是动产善意取得的成立要件；对他人动产自主、公开、和平、持续的占有，是取得时效的成立要件）。与此同时，对财产的不法占有，可以引起权利的各种救济效果（如原物返还、恢复原状、损害赔偿等请求权）。为此，基于权利保护，占有被区分为有权占有与无权占有、合法占有与非法占有等种类，并被分别赋予相应的法律效果。由此，凡与权利的取得、享有、行使以及救济直接有关的占有，均被分别纳入有关权利的体系予以规范：与物权有关的占有，包括动产物权变动规则（物权变动以交付即动产占有移转为根据）、物权人享有的占有权以及被侵害后产生的物权请求权、占有时效（取得时效）、动产善意取得等，被纳入物权法相关权利制度；与债权有关的占有，包括租赁、借用、运输、承揽等合同债权人对标的物的占有、不当得利之受损方对获利方享有的原物返还请求权等，被纳入合同及不当得利等相关之制度；对因无权占有（不法占有）而产生的损害赔偿等，则被纳入侵权之债或者侵权责任相关制度。

但是，被单纯地建立于"占有"事实基础之上的占有制度，其各种规则的逻辑起点是当事人对物的现实支配与控制的客观事实，而非当事人基于物权、债权或者其他法律原因（如财产代管权等）而对物所享有的占有权利。具体而言，占有制度所规定的"占有"与各种以权利为基础的规范所涉及的"占有"具有以下区别：

1. 占有制度中的"占有"被视为一种脱离权利而单纯、孤立存在的法律事实，故对该种占有不进行任何是非判断，即在占有保护的诉讼中，原告（占有人）无需证明其占有的合法性或者正当性，而被告（占有侵害人）则只能以其行为的合法性作为抗辩，但不得以原告的占有为不法占有作为抗辩。据此，占有制度中的"占有"不存在合法占有与不法占有、有权占有与无权占有之分。而在其他制度中，对占有的保护必须以占有人的权利认定作为依据：无论在物权诉讼或者债权诉讼中，其占有被侵害的原告必须证明其占有权利的存在，而被告则得以原告无占有权利作为抗辩。

2. 占有制度的唯一目的仅在于对占有的保护，故其不发生权利变动或者权利救济的适用效果；而其他制度所涉及的占有，其相关规范所适用的效果或为权利的变动（如因对无主财产的先占而取得所有权；因动产交付、取得时效或善意取得而取得物权等），或为权利的救济（如所有权人对不法占有人的原物返还请求权），前述规范不仅涉及对合法占有的保护，而且涉及对不法占有行为的制裁。

由此可见，占有制度中的"占有"，只是一种控制财产的事实，这一制度对于占有的取得原因毫不关注。反言之，凡是需要对占有的原因或者根据作出判断的规范，均不属于占有制度的规范。

（二）占有制度的价值目标

占有制度是一项古老的制度，起源于古代罗马法，其产生与诉讼上的需求相关。在原告的财产占有被侵害的情形，如果能够确定被告的侵害行为不具有合法性，则以原告的占有是否系以所有权或者其他权利为基础，进而决定是否对其诉讼请求予以支持，是复杂的，而且是不必要的。由此，古罗马时代的法官创制了所谓"占有诉权"，在此种诉讼中，法官无须审查占有的根据即可作出恢复占有的判决，从而使被破坏的财产占有秩序能够得到迅速的恢复，有利于社会秩序的稳定。据此，罗马法上的占有理论将占有与物权相分离并予以独立，认为占有是一种事实，而不是权利。法学家尤里比安（Ulpian）称："所有权与占有非属相同。"保利斯（Paulus）则强调指出，对占有而言，有无占有的权利，在所不问。[①]罗马法学家认为，占有保护的目的不在于保护权利，而在于保护社会和平。

19 世纪的德国法学家进一步发展了罗马法上关于占有保护的理论，从不同的角度进行了更为深入的阐述。萨维尼认为，之所以对无所有权的人的占有也要加以保护，是因为一切侵犯占有的行为均破坏了公众和平和个人利益，构成违法行为，应受法律制裁。虽然对未取得所有权的占有人进行保护是不公正的，但由于对占有人的侵犯导致了对秩序的侵犯，所以必须牺牲公正而保护秩序；[②]而耶林则认为，"占有诉权"并非是基于保护公众和平的思想，其不过是使占有具有确定性，从而保护了所有权，也间接保护了公众和平。耶林宣称，占有是"前方防御工事"，是"所有权的堡垒"，占有是所有权的外部表现形式。在大多数情况下，保护占有即保护了所有权。因为对于占有，当事人是可以证明的，相反，由于所有权具有可转让性，如果保护占有的前提是必须确定占有人的所有权，那么，就不得不无休止地去追溯所有权转移的链条，所有权将永不稳定，这将是一个"恶魔般的难题"。[③]

---

① 参见王泽鉴：《民法物权》（第二册·占有），台北 1995 年版，第 2 页。

② Ch.von Savigny，《罗马法中的占有理论》，1re sep. 1803；trad. H. Staedler, Durand et Pedone 2ᵉ éd., 1870, p.7.

③ 参见耶林（R.von Jhening）：《所有权保护的根据》，1865 年；《占有中当事人意愿的作用》，1891 年，等等。（cité par Malaurie.）

很显然，上述德国学者的理论确定了近代以来民法上的占有制度所具有的双重价值：一是权利保护的便捷。由于财产占有人通常即为所有人，故保护占有的结果通常就是保护了所有权，即这一制度在多数情况下使权利获得了更为迅速和有效的保护；二是财产占有秩序的保护。某些情况下，虽然获得保护的是财产的不法占有人（无权占有人），但财产的支配秩序首先得到了保护，有利于社会稳定。

由此可见，民法上的占有制度并不是对"占有"这种生活事实在民法上所引起的各种法律效果（如物权变动、法律义务以及法律责任等）所进行的归纳总结，而是基于迅速恢复被破坏的财产秩序的目的，从推定一切对物的占有均为合法占有出发，首先对占有给予诉讼保护。而占有保护的结果仅为财产占有秩序的恢复，并不意味着对占有人的权利的确定。如果占有人并非权利人，则权利人得依据民法有关保护权利的规则，请求不法占有人返还原物。

二、占有制度的立法例及评价

由于占有保护与所有权保护直接相关，故在各国民法典上，占有制度被纳入物权制度加以规定，但对占有制度的规定方式及范围有所不同，大致有两种做法：

一是以《德国民法典》为代表的模式，可称为"单纯占有保护"模式。

《德国民法典》在其第三编"物权"的第一章即规定了"占有"，共19条（第854—872条），其通篇仅规定了"占有的认定"和"侵害占有的救济"两个问题。

1804年《法国民法典》没有单独规定占有保护制度，但法国于1975年7月9日颁布的第75-596号法律增加规定了有关占有制度的条文，并编入该法典第二十编（时效与占有），其中包括：第二章"占有"规定了占有的定义、占有的样态、自主占有以及他主占有的推定、占有的合并等；第六章"对占有的保护"设置了两个条文，依照其规定，"不论权利的实体如何，占有均受保护，使之不受干扰与威胁"（第2282条第1款），同时，"平静占有或持有财产的人，得依《民事诉讼法》规定的条件享有所有权诉权。"（第2283条）前述规定，与德国民法的规定相似。

二是以《瑞士民法典》为代表的"扩张占有保护"模式。

《瑞士民法典》在其第三分编（占有和土地登记簿）中规定了占有制度，其中不仅涉及占有的定义和方式、占有的移转以及占有的保护，而且增加规定了占有的所有权推定、动产善意取得以及善意或者恶意占有人的对权利人所承担的返还责任、取得时效等。此种规定方法，大体上被《日本民法典》和我国台湾地区

"民法典"所采纳。但《日本民法典》所规定的"占有权"（物权编第二章）中，除对占有的取得、消灭以及占有保护作出规定外，还对占有的权利推定、动产善意取得等作出了规定，但其将取得时效规定于该法典第六章（时效）之中。我国台湾地区"民法典"在其第三编（物权）之第十章（占有）的规定与之大体相同，但取得时效被规定于该编中的所有权章。

应当注意的是，与《瑞士民法典》有所不同，日本及我国台湾地区"民法"上的占有制度，其全部规则均未脱离"占有保护"这一立法主旨：在规定善意占有人或者恶意占有人的返还义务或者赔偿责任时，其所针对保护的仅仅是"回复人"（《日本民法典》第 189—191 条）或者"回复请求人"，（台湾地区"民法典"第 953—958 条）即其占有被他人侵夺而请求回复占有状态之人。由此，其占有制度所保护的仅为占有人，而非权利人。但瑞士民法典则针对保护的是权利人（《瑞士民法典》第 938-940 条）。

鉴于占有制度独立于其他各种权利保护制度，其需要规范的是对物实施事实上占有的人与第三人（非权利人）之间的冲突关系，故任何可导致权利确认或者权利救济的规范，均不应纳入占有制度，否则，必然会与其他权利规范发生重叠或者冲突：

就占有的权利推定而言，此种推定效力通常与确权诉讼有关，即在原告（占有人）主张其享有权利时，如无相反证据，即推定原告享有该等权利并予以保护，其权利的种类依其占有的意思（自主占有或他主占有）而定。由此，占有的权利推定与其他各种权利推定（如不动产登记的权利推定）或者法律事实的推定，仅为权利或者法律事实的一种证明方式或者举证责任分配方案，与占有制度特定的立法宗旨并无直接关联，且权利推定的作用在确认和保护权利，其逻辑起点在于权利而非占有事实。但一方面，基于占有事实而做出的权利推定的实质作用仍在于保护了作为一种事实状态的占有，另一方面，因占有的权利推定涉及所有权、质权以及租赁权等各种以占有为特征的性质不同的权利，该等规则属一般规范，难以在具体的权利体系中作出安排，故将之纳入占有制度，可得法律适用上的便利。由此，在占有制度中规定占有的权利推定，是一种可以接受的选择。

就动产善意取得制度而言，此项制度的设置理由在于交易安全保护，故无处分权人对动产的占有而具有的物权公示的公信力（亦即善意受让人的信赖利益保护），是其设置的重要原因之一，此外，学理上也认为，善意受让人因接受交付而取得动产的占有所具有的权利外观，也是设置动产善意取得的重要依据（故善意取得以受让人取得动产占有为成立要件）。但是，此项制度的设置基础并非善意受让人所取得的动产占有事实本身，亦即善意受让人经接受交付而取得对动产的占有，仅为动产善意取得的成立要件之一，故动产善意取得制度既非将善意受让人对动产的占有作为一种"事实"来加以保护，亦非基于善意受让人"通常情况下是权利人"的考虑，与此同时，善意取得制度的适用结果是善意受让人确定地、终局性地取得了权利而原权利人丧失其权利，以之保护交易安全，此与占有制度专为排除第三人对占有的不法侵害，毫不相关。因此，将善意取得制度规定于所有权的取得方法之内，毫无疑问是更为妥当的。

就取得时效而言，此项制度的目的，在于维护财产的不法占有人因长期的具有权利外观的占有所导致的社会信赖并形成的财产秩序，令不法占有人在一定条件下取得权利，并使原权利人的权利归于消灭。此项制度设置的基础在于对他人财产的占有所产生的社会信赖，虽与占有有关，但其保护的对象并非不法占有的事实，而系因长期、公开、和平及自主占有所形成的财产秩序，其规范适用的效果是权利的变动，故当然应将之规定于时效制度或者作为一种物权的取得方法予以规定。

总而言之，占有制度的唯一宗旨即立法目的，是通过对占有事实的保护以即时恢复财产秩序。不考虑、不审查占有人的占有是否具有合法根据，是占有制度的基本特征。凡与占有保护无关的规则，均不应纳入占有制度的规范范围，尤其是无权占有人（无论善意或者恶意）对权利人的财产返还责任以及赔偿责任，应在物权的保护、不当得利、侵权责任、无因管理、合同解除等相关权利保护制度中分别予以规定；动产不法占有人之占有状态（和平占有与强暴占有等），应当在取得时效成立要件中予以规定。不过，在占有被他人侵夺（不法占有）的情况下，规定善意占有人或者恶意占有人对占有人（占有回复人或者回复请求人）的返还及其赔偿责任，实为占有制度的应有之举。

三、对《物权编（室内稿）》第二十章的修改意见

长期以来，学说上有关占有的理论研究十分丰富，就占有的社会作用以及占有的构成要件等等，历来论者甚多，争议极大。[①] 与此同时，近代各民法典虽均设置了占有制度，但其将占有作为什么来保护却有所不同：法国、日本民法将占有仍作为一种权利来加以保护（称为"占有权"）；德国、瑞士等国及我国台湾地区"民法"则将占有作为一种事实来加以保护，二者似乎存在某种不同，但看来并无本质区别，其差异有可能只是角度不同：前者强调保护的基础（占有事实），

[①] 参见王泽鉴：《民法物权·占有》，1970年版，第4—5页。

后者则强调保护的结果（占有事实获得保护表现为占有人的占有利益获得强制性，即占有权）。因此，就占有制度的逻辑起点在于占有事实而非权利这一点，理论上并无实质性歧见。不过就占有制度的立法安排，亦即占有制度规则中应否设置一些与权利直接相关的规范，以及《德国民法典》与瑞士、日本等国民法典在占有制度规范设置上的差异及其优劣，我国学者似乎并未进行更深入仔细的讨论，在理论上，也常将占有制度误为对各种占有现象的总结和归纳，由此导致立法上的谬误。例如，在我国台湾地区学者的著作中，占有制度中便通常包含了有关"有权占有与无权占有""善意占有与恶意占有""和平占有与强暴占有""公然占有与隐秘占有""继续占有与不继续占有"等各种分类，[①] 殊不知，受到占有制度保护的占有并非系以权利为依据，故无所谓占有之有权或者无权、善意与恶意；而占有的样态（自主或他主、和平或强暴等），仅在适用取得时效时才有意义。受其影响，我国大陆民法学者的著作中，通常一方面口口声声称占有制度中的占有是一种"事实"，同时又把很多与权利直接相关的东西掺和进去，由此导致了《物权法》上有关占有制度的规定出现严重谬误。

（一）既有条文的修改

现《物权编（室内稿）》第二十章（第 243 条至 247 条）未对《物权法》第十九章作任何修改。现就其五个条文来看，仅只最后一条规定的是对"占有（一种事实）"的保护，而其他条文，均或者系对基于某种权利（物权或者债权）的占有（此种占有，或者是权利，或者是物权中的一项权能）的保护性规定，或者系对侵犯前述占有权利的不法行为的矫正，这些规定，要么与《物权法》的其他规定相重复，要么应当被纳入相关规定。

1.第二百四十三条的修改

室内稿第二百四十三条规定："基于合同关系等产生的占有，有关不动产或者动产的使用、收益、违约责任等，按照合同约定；合同没有约定或者约定不明确的，依照有关法律规定。"

如前所述，占有制度规范的是占有人与第三人之间的关系，而本条所规范的却是合同当事人之间的权利义务关系，此种关系中，一方当事人依据合同而进行的占有，为某种债权性质的权利（包括租赁权、保管权、借用权等），其权利内容（对标的物的占有、适用、收益）以及救济方法（违约责任）等，当然应由合同法规定，故此条规定与占有制度全然无关，文不对题，应予删除。

[①]　参见谢在全：《民法物权论（下）》，新学林出版股份有限公司 2007 年 6 月修订四版，第 485—488 页。

2. 第二百四十四条的修改

室内稿第二百四十四条规定:"占有人因使用占有的不动产或者动产，致使该不动产或者动产受到损害的，恶意占有人应当承担赔偿责任。"

鉴于恶意占有与善意占有是对无权占有的分类，故此条规定的是恶意无权占有（不法占有）人的赔偿责任，即在财产被他人不法占有时对权利人或者其占有被剥夺的占有人的救济。但此条规定的问题，是并未指明其保护的对象是权利人还是占有人。鉴于任何对物权人构成妨害的无权占有均成立对物权的侵害，故凡属物权救济的方法，均应纳入相应的条文。对此，物权编（室内稿）第三十二条规定:"无权占有不动产或者动产的，权利人可以请求返还原物。"第三十五条规定:"侵害物权，造成权利人损害的，权利人可以请求损害赔偿，也可以请求承担其他民事责任。"故前述有关恶意占有人的赔偿责任的规定如适用于物权人的保护，则与前述条文发生重复。

据此，本条文应在"恶意占有人应当承担赔偿责任"一句中，应加上"向占有回复请求人"字样，以指明此条文仅适用于对占有的保护。

3. 第二百四十五条的修改

室内稿第二百四十五条规定:"不动产或者动产被占有人占有的，权利人可以请求返还原物及其孳息，但应当支付善意占有人因维护该不动产或者动产支出的必要费用。"

此条规定的是无权占有人在返还原物时，应否返还孳息及请求支付维护费用，其存在的问题是保护对象错误，故此条与室内稿第三十二条（"无权占有不动产或者动产的，权利人可以请求返还原物"）所规定的显属同一事项，该两个条文绝对重合。为此，应将此条文中的"权利人"改为"占有回复请求人"。

4. 第二百四十六条的修改

室内稿第二百四十六条规定:"占有的不动产或者动产毁损、灭失，该不动产或者动产的权利人请求赔偿的，占有人应当将因毁损、灭失取得的保险金、赔偿金或者补偿金等返还给权利人；权利人的损害未得到足够弥补的，恶意占有人还应当赔偿损失。"

本条规定的是在被他人占有的财产毁损灭失时，占有人对物权人的赔偿方式，此种权利的救济规范，应分别规定在相关制度，如基于各种权利（合同、对失踪人或者被监护人财产的代管、代理、他物权等）而占有他人之物的损害赔偿问题，应分别规定在相关合同、监护以及物权制度中。而无权占有人对权利人的赔偿责任，则应规定于物权编的保护一章。

由此，占有制度中的本条文的保护对象应是占有人而非权利人，故应将此条文中的"权利人"改为"占有回复请求人"。

（二）建议增设的条文

1. 占有的定义

何谓"占有"，应当阐明，故可增设条文指明直接占有与间接占有两种占有的形式。具体条文为："占有是民事主体对物在事实上的控制与支配。""占有人基于租赁、保管、运输、承揽、出质、委托等法律关系而将物交由他人控制与支配时，不丧失其占有。"

2. 占有的移转

占有保护不考虑占有人取得占有的原因，故占有的移转是否存有法律关系（合法原因）的依据，也不应在考虑之列。为此，对占有的移转可增设以下条文："占有的移转以受让人取得物的控制与支配为依据"；"占有自继承开始时移转于继承人"。

3. 共同占有

二人以上共同占有同一物为共同占有，因每一共同占有人均对物的全部具有支配力，故共同占有人相互之间不得请求保护其占有。具体条文是："二人以上共同占有一物时，各共同占有人不得相互请求占有的保护。"

4. 占有的消灭

占有的事实状态一旦不复存在，占有即行消灭，原占有人即不得再行请求占有保护。但如占有系非基于占有人的意思而丧失的，在法定的占有回复请求期限内，占有人得请求回复其占有，故在此期间，其占有应视为并未消灭。具体条文是："占有因占有人丧失对物的控制与支配而消灭。""占有人非基于其意思而丧失占有的，在一年内有权提起诉讼请求回复占有，在此期间，其占有视为未消灭。"

应当指出，除上述条文之外，其他国家或地区占有制度中有关"占有的合并""善意占有的推定"以及"占有意思的推定"等规定，均属取得时效的规定范围，故不宜规定在占有制度之中。

民法典编纂中的人格权立法问题

柳经纬[*]

　　我国民法典是否应设人格权编？并非一个新问题。2002 年立法机关第四次组织民法典起草工作前后，学界已经为此展开了热烈的讨论。[1]2014 年 10 月中共十八届四中全会作出编纂民法典的政治决定后，我国民法典编纂进入了快车道，2017 年 3 月《中华人民共和国民法总则》（以下简称《民法总则》）如期获得通过，民法典编纂迈出了"第一步"。按照最高立法机关提出的民法典编纂"两步走"的工作思路和方案，民法典由总则和分则构成，其中分则并未明确设人格权编。然而，2017 年 11 月 15 日，全国人大常委会法制工作委员会民法室草拟了《人格权编（草案）》（室内稿）；2018 年 3 月 15 日，全国人大常委会法制工作委员会提出了《人格权编（草案）》（征求意见稿）（以下简称《人格权编（草案）》）。这种情形立即引起学界反弹，一些学者强烈反对人格权独立成编。人格权立法问题，再度引起人们的关注。[2]

　　本文认为，人格权独立成编的问题，终究是立法技术的问题，应在立法技术的层面上展开讨论。也只有在立法技术的层面上展开讨论，才能使得这一问题的讨论落到实处，化解民法典编纂面临的困境。

---

　　* 中国政法大学教授、博士生导师，福州大学讲座教授。基金项目：国家社科基金重点项目"中国民法理论体系构建问题"（批准号：11AFX003）

　　① 钟瑞栋：《关于人格权立法问题的论争》，载柳经纬主编：《共和国六十年法学论争实录·民商法卷》，厦门大学出版社 2009 年版，第 71—91 页。

　　② 主张人格权独立成编的观点，参见王利明：《论人格权独立成编的理由》，载《法学评论》2017 年第 6 期；王利明：《使人格权在民法典中独立成编》，载《当代法学》2018 年第 3 期；孟勤国：《人格权独立成编是中国民法典的不二选择》，载《东方法学》2017 年第 6 期。反对人格权独立成编的观点，参见梁慧星：《民法典编纂中的重大争论——兼评全国人大常委会法工委两个人格权编草案》，载《甘肃政法学院学报》2018 年第 3 期；中国社会科学院民法典工作项目组：《民法典分则编纂中的人格权立法争议问题》，载《法治研究》2018 年底 3 期；孙宪忠：《关于在民法典侵权责任编中加强人格权保护条文的议案》，http://www.iolaw.org.cn/showNews.aspx?id=64142。访问时间 2018 年 6 月 12 日

一、人格权独立成编与否属于立法技术问题

所谓人格权独立成编问题，是指在"总则—分则"体例的民法典中分则部分应否设立单独的人格权编问题。赞成者主张民法典分则应设人格权为独立一编；反对者并非反对在民法典中规定人格权，只是反对在分则中设独立的人格权编。因此，人格权是否独立成编的问题，涉及的只是民法典的编制设置问题，是民法典如何安排人格权的问题。笔者认为，这纯属立法技术问题，与人格权、人格权保护之重要性无关，不应以人格权之重要性作为主张人格权独立成编的理由。

这是因为，如果要论重要性，任何一项民事权利或民事法律制度都很重要，没有不重要或次重要的民事权利和民事法律制度。而且，民事权利或民事法律制度的重要性本身没有明确的标准，我们也无法对民事权利和民事法律制度作为重要与否的判定。如果民事权利或民事法律制度因其重要而需在民法典中占据一编的话，那么最理想的也是最圆满的状态是将所有民事权利或民事法律制度都装进民法典，并且都平等的独立成编。然而，这并无可能，也无必要。世界任何国家（或地区）的民法典都无法做到这一点。即便是采取民商合一制的国家（或地区）的民法典也难以做到这一点。例如，开创民商合一制的《瑞士民法典》第五编"债务法"也只是将商事组织和合作社、商事登记、有价证券（包括票据）纳入其中。[1] 因此，总会出现某些民事权利或民事法律制度被编入民法典而有些则未被编入民法典的情形，以及民事权利或民事法律制度在民法典中独立成编而有些虽然被编入民法典但无法单独成编的情形。但这种情形丝毫不会影响未被编入民法典或虽然被编入民法典但未能成编的民事权利和民事法律制度的重要性。

按照立法机关关于民法典编纂工作的部署，我国采取民商合一制，但编入民法典的仅有对具体民事法律制度共同适用的民事主体（自然人、法人、非法人组织）、民事法律行为、诉讼时效等制度和物权、合同、侵权责任、婚姻家庭、继承等具体民事法律制度，[2] 公司、合伙企业、个人独资企业、合作社、基金会、票据、保险、信托、证券、期货交易、土地承包、专利、商标、著作权等民事法律制度仍保留单行法的地位。这种安排是基于我国关于民商关系的处理和民法典体例的考虑，不是因为它们不重要或不如编入民法典的民事法律制度重要。如果要论重要性，这些未编入民法典的民商事法律制度与编入民法典的物权、合同制度

---

[1] 参见戴永盛译：《瑞士债务法》，中国政法大学出版社 2016 年版。

[2] 参见李建国（时任十二届全国人大常委会副委员长）：《关于〈中华人民共和国民法总则（草案）〉的说明》，http://www.npc.gov.cn/npc/xinwen/2017-03/09/content_2013899.htm。访问时间 2017 年 4 月 9 日。

一样，都是市场经济法律制度的重要组成部分，他们与物权、合同制度具有同等的重要性。虽然这些民商事法律制度没有成为民法典中独立的一编，但是这丝毫无损它们的重要性，也不影响我们对它们重要性的认知。例如，关于财产权，民法典设物权编而未设知识产权编，我们很难说知识产权不如物权重要。又如，自然人制度、法人制度、法律行为制度，民法典只在总则中加以规定而未如合同、物权一样专设一编，我们也很难说自然人制度、法人制度、法律行为制度就不如单独设编的物权、合同、侵权责任重要。这也就是说，编入民法典成为其一编的民事法律制度固然重要，未能成为民法典独立一编的民事法律制度也不能说不重要。

在人格权独立成编问题上，那些以人格权之重要为由，甚至以人格权保护写进十九大报告为由，主张人格权应当独立成编，[①] 理由是不够充分的。如果不是这么理解，那么必然得出民法典如不设人格权编就是不重视人格权之重要性的结论。这显然是不能成立的。当然，这里还有如何准确理解十九大报告的问题。[②] 因此，人格权是否独立成编与人格权、人格权保护的重要性无关，应该回到民法典编纂的技术层面上来考虑人格权的立法问题。

二、人格权不具备独立成编的要素

民事法律制度是以权利为核心形成的规范体系，一项完整的民事法律制度应解决这几个问题：谁是权利人？权利人对什么享有权利？权利人享有什么权利？这种权利与义务如何发生、如何变更、消灭？谁是权利人，讲的是权利的主体问题；权利人对什么享有权利，讲的是权利的客体问题；权利人享有什么权利，讲的则是权利的内容问题。这三者即是民事法律关系的三要素：主体、客体和内容。权利如何发生又如何变更或消灭，讲的是引起权利变动的法律事实问题。因此，

[①] 中共十九大报告提出要"加快社会治安防控体系建设，依法打击和惩治黄赌毒黑拐骗等违法犯罪活动，保护人民人身权、财产权、人格权。"一些学者以此为由主张设立人格权编。参见杨立新：《贯彻十九大精神 完善人格权立法》，载《法制日报》2017年10月25日；张红：《加快人格权保护立法 促进人的全面发展》，http://theory.people.com.cn/n1/2017/1122/c40531-29661554.html。访问时间2018年6月12日。

[②] 中国社会科学院民法典工作项目组在"全面理解党的十九大报告 科学对待人格权立法"一文中指出"十九大报告提到的'保护人民人身权、财产权、人格权'，并非是在民事法律制度建设范畴提出的政策目标，而只是在属于公法的刑事法、行政法建设范畴提出的政策目标，完全不能与人格权立法、民法典编纂联系在一起，更不能因此处"人格权"这个概念的使用而得出民法典中人格权应独立成编的结论。"中国社会科学院民法典工作项目组：《全面理解党的十九大报告 科学对待人格权立法》，http://www.iolaw.org.cn/showNews.aspx?id=63369。访问时间2018年6月12日。

一项完整的民事法律制度应包括主体、客体、内容和法律事实这四个要素。在采用"总则—分则"体例的民法典里，主体、客体被安排在总则编，法律事实中的法律行为和消灭时效因其共通性而被安排在总则编，编入民法典的具体民事法律制度的权利内容被安排在分则编，该项权利变动特有的法律事实也被安排在分则编。因此，在"总则—分则"的法典体例下，分则编通常由权利的内容和其特有的法律事实构成，也就是说构成民法典分则编通常应具备权利的内容和法律事实这两项要素。

《德国民法典》创立了"总则—分则"的体例，《日本民法典》《葡萄牙民法典》《俄罗斯联邦民法典》、我国台湾地区"民法典"、澳门特别行政区民法典等均采取了"总则—分则"的体例，我国编纂的民法典也确定采取这种体例。除了《俄罗斯联邦民法典》的分则编设置具有特殊性①外，《日本民法典》、《葡萄牙民法典》、《俄罗斯联邦民法典》、我国台湾地区"民法典"、澳门特别行政区民法典的分则编设置与《德国民法典》基本相同。因此，下文将以《德国民法典》②为例分析其分则编的构成要素。

《德国民法典》第二编"债务关系法"共八章，分别为：第一章"债务关系的内容"规定了给付义务与债权人迟延；第二章"通过一般交易条款来形成法律行为上的债务关系"规定了格式条款与效力；第三章"基于合同而发生的债务关系"规定了合同的成立、内容与终止、双务合同、第三人履行、定金、违约金、解除；第四章"债务关系的消灭"规定了履行、提存、抵消、免除；第五章"债权的转让"和第六章"债务承担"规定了债的移转；第七章"多数债务人和债权人"规定的是按份之债和连带之债；第八章"各种债务关系"规定的是买卖等具体合同以及无因管理、不当得利和侵权行为。上述内容可以区分为两个部分：一是债权的内容，包括债的一般效力（请求权、保全效力、债不履行的责任等）、格式条款的效力、多数人之债（按份之债、连带之债）、选择之债、金钱之债以及各种具体债（合同之债、无因管理之债、不当得利之债、侵权行为之债）的权利义务，合同之债中又包括双务合同的特殊效力（如同时履行抗辩权）以及各种有名合同的权利义务；二是债权变动的法律事实，包括债的发生（合同、无因管理、不当得利和侵权行为）、债的变更（债权转让、债务承担）、债的消灭（履行、提存、抵消、免除），其中合同之债还包括合同的解除等。

①《俄罗斯联邦民法典》分为总则、所有权和其他物权、债法总则、债的种类、继承、国际私法、智力成果权七编。与德日等国和地区的民法典比较，债编分为债法总则和债的种类两编，少了亲属法编，多了国际私法编和智力成果权编。

②《德国民法典》中译本采用陈卫佐译注本。陈卫佐译注：《德国民法典》（第2版），法律出版社2006年。

《德国民法典》第三编"物权法"共八章，分别为：第一章"占有"规定了占有的取得、结束和占有的效力，后者包括占有的可继承性、占有人的自助、占有请求权；第二章"关于土地上权利的一般规定"规定了土地登记及其效力；第三章"所有权"规定了所有权的内容（权能与界限）、土地所有权的取得和丧失、动产所有权的取得和丧失（包括转让、善意取得、取得时效、附合、混合、加工、先占、拾得、埋藏物的发现）、基于所有权的请求权、共有；第四章"役权"（地役权、用益权、限制的人役权）、第五章"先买权"、第六章"物上负担"、第七章"抵押权、土地债务、定期土地债务"、第八章"动产质权和权利质权"规定了各种他物权。占有作为一种物权制度，占有的取得与消灭属于法律事实的范畴，占有的效力则属于权利内容的范畴。在所有权和他物权中，登记、占有以及转让、时效取得、附合、混合、加工、先占、拾得、埋藏物的发现均属于法律事实，所有权的内容（权能）、所有权的请求权以及各种他物权则属于权利内容。

《德国民法典》第四编"亲属法"共三章。第一章"民法上的婚姻"规定了婚约、婚姻的缔结、婚姻的终止、死亡宣告的再婚、婚姻的一般效力、夫妻财产制、离婚；第二章"亲属"规定了血统关系与姻亲关系、世系（亲子关系）、扶养义务、父母子女关系、辅佐、收养；第三章"监护、法律上的照顾、保佐"。其中，有关婚约、结婚、婚姻而定终止、离婚、收养等属于法律事实，婚姻的效力、夫妻财产制、父母子女关系、监护等则属于权利内容。

《德国民法单》第五编"继承"共九章。第一章"继承顺序"规定了继承人的范围和顺序；第二章"继承人的法律地位"规定了继承的接受与放弃、继承人对遗产债务的责任、遗产请求权、多数继承人（共同继承）；第三章"遗嘱"规定了遗嘱的一般规则（如遗嘱人亲自立遗嘱、附条件遗嘱、遗嘱的撤销）、继承人的制定和后位继承人的制定、遗赠、遗嘱执行人、遗嘱的做成和废止、共同遗嘱；第四章"继承合同"规定了继承合同的形式、撤销和终止；第五章"特留份"规定了继承人特留份的份额、特留份权利的形式、特留份的限制与剥夺；第六章"继承不适格"规定了继承不适格的情形、继承不适格人继承遗产权利的撤销、宽恕；第七章"继承的抛弃"规定了继承抛弃的形式和效力；第八章"继承证书"规定了继承证书的申请与发放；第九章"遗产买卖"规定了继承人出卖遗产合同的形式、履行、买卖双方的责任。上述内容中，最主要的是继承人的范围和顺序、继承人的继承权、继承人对遗产债务的责任、共同继承关系、特留份和遗嘱、遗赠、继承合同等，前者属于权利的内容，后者则属于法律事实。

当然，在《德国民法典》分则各编的具体规定中，权利内容和法律事实常常交织在一起，如关于债的免除的规定包含债的消灭，关于侵权行为的规定包含损害赔偿义务，关于取得时效的规定包含所有权的取得，关于离婚的规定一定包含婚姻的终止等效力，等等。但是，这并不影响我们从这些复杂的规定中析出分则各编的权利内容和引起权利变动的法律事实这两项基本要素。

与上述物权、债、亲属、继承不同的是，人格权附着于民事主体，与其主体资格相始终，不存在如同其他民事权利一样的因一定法律事实而发生、变更、消灭的情形。例如姓名权，自然人的姓名由其父母在其出生之后向户籍登记机关申请登记，但这不是自然人姓名权的起始，我们不能说自然人的姓名权因姓名登记而取得，即便自然人没有进行姓名登记，他也享有姓名权。自然人依据其姓名权而有变更其姓名的权利，但自然人变更姓名也绝不是其姓名权的变更，而是姓名权的行使。又如肖像权，肖像权人许可他人使用其肖像，并非肖像权的限制或转让，而是肖像权的行使。姓名权、肖像权如此，生命权、健康权、身体权、名誉权、隐私权就更是如此。由此可见，人格权如独立成编，将缺少法律事实这一项要素。

这一点《民法总则》中也得到体现。《民法总则》第110条规定："自然人享有生命权、身体权、健康权、姓名权、肖像权、名誉权、荣誉权、隐私权、婚姻自主权等权利。""法人、非法人组织享有名称权、名誉权、荣誉权等权利。"这与第114条（物权）、第118条（债权）、第123条（知识产权）、第124条（继承权）均强调"依法享有"不同，也与第112条规定"自然人因婚姻、家庭关系等产生的人身权利"不同，后者因法律事实而享有，法律强调"依法享有"，人格权则不存在"依法享有"的问题，法律对人格权采取的是直接确认的方式。

《人格权编（草案）》则进一步说明了这一点。[①] 草案对生命权、健康权、身体权、姓名权、名称权、肖像权、名誉权、荣誉权、隐私权，均采取直接确认的方式（第13条、第14条、第22条、第23条、第28条、第33条、第39条、第41条），并无人格权的取得、变更和消灭的条文。不仅如此，而且草案第2条还明确规定"人格权益不得放弃、转让、继承"。草案第4条规定名称、肖像、个人信息等具有经济利益内容的人格利益可以许可他人使用，但是此种许可并非人格权的转让，也不构成对人格权的限制，不属于法律实施的规范。

上述说明，人格权不具备民法典分则通常具备的要素。如人格权独立成编，势必打破民法典分则编制的规矩，也将打破民法典体例的平衡。

---

① 之所以选择《人格权编（草案）》作为分析的对象，是因为笔者有足够的理由认为，草案关于人格权的法律表达已经充分彰显了我国法律学者所具有的水平和能力。

三、立法者所能做的只是宣示（确认）人格权

民法典分则的篇幅虽无定数，可大可小，但总体上应保持一定的"均衡"。例如，《德国民法典》总计2385条，第二编"债务关系法"613条（第241条—第853条），第三编"物权法"443条（第854条—第872条），第四编"亲属法"625条（第1297条—1921条），第五编"继承法"464条（第1922条—第2385条），分则各编的篇幅算是大致"均衡"。《日本民法典》总计1044条，第二编"物权"224条（第175条—第398条①），第三编"债权"326条（第399条—第724条），第四编"亲属"157条（第725条—第881条），第五编"继承"163条（第882条—第1044条），分则各编的篇幅也算大致"均衡"。如果某项权利制度所需条文无几，其篇幅之小与分则其他编的篇幅形成悬殊，那么独立成编就会打破这种"均衡"。这种情形应为法典编纂者所不采纳。

人格权制度失去法律事实这项要素后，仅剩权利的内容需要由立法者作出规定。那么，人格权的内容需要多少条文才能满足其法律表达呢？接下来笔者将考察人格权的法律表达问题，以求得到需要多少个条文、多大的篇幅来规定人格权的答案。

王泽鉴教授指出"人格权之构成法律秩序的基石，在于其体现人性尊严及人格自由发展的价值理念。"②此所谓"人性尊严"和"人格自由"也就是我国民法典总则编第109条以及《宪法》第37条、第38条规定的"人身自由"和"人格尊严"。在人格权的法律构造上，人身自由、人格尊严被具体化姓名权、肖像权、生命权、健康权、身体权、名誉权、信用权、隐私权、贞操权、安宁权等等具体人格权。③然而，什么是人身自由？什么是人格尊严？是无法用语言来表达的，立法者所能做的也就是规定"人身自由不受侵犯""人格尊严不受侵犯"（《宪法》第37条、第38条），而无法对人身自由、人格尊严作出描述。在生命权、健康权、身体权、姓名权、肖像权等具体人格权上，法律也同样无法对它们作出具体的描述。这也就是梁慧星教授所说的"人格权的不可定义性"。④

---

① 《日本民法典》第398条实为22条，第398条之后增设第398之2条—第398条之22条。这种现象在各国民法典中均存在。

② 王泽鉴：《人格权法》，北京大学出版社2013年版，第1页。

③ 如果人格权的本质是人身自由和人格尊严这一观点成立的话，那么人格权应为自然人的专有权，法人、非法人组织、个体工商户等为法律拟制的主体，不存在人身自由和人格尊严问题，因而不享有人格权。

④ 梁慧星：《民法典编纂中的重大争论——兼评全国人大常委会法工委两个人格权编草案》，载《甘肃政法学院学报》2018年第3期。

　　人格权的不可定义性在《人格权编（草案）》中也可以得到证实。草案规定的具体人格权包括生命权、身体权、健康权、姓名权、名称权、肖像权、名誉权、荣誉权、隐私权和个人信息权。①除名称权外，草案的规定均不构成对具体人格权定义。例如，草案第 13 条规定："自然人享有生命权，有权依法保护自己的生命利益。""有权保护"自己的权利是所有民事权利的共同效力，而不是生命权的特有内容，因此该条并没有对生命权作出定义。草案关于健康权、身体权、名誉权、荣誉权、隐私权的规定也是如此。需要特别说明的是草案关于姓名权、肖像权的规定，因为草案具体规定了它们的权利内容。草案第 22 条是关于自然人姓名权的规定，条文中的"有权依法决定、使用、变更或者许可他人使用自己的姓名"固然属于姓名权的内容，但并不是姓名权的全部，不能认为姓名权具有可定义性。因为，设若某人并无"姓名"，其"决定、使用、变更或者许可他人使用自己的姓名"自然无从谈起，但法律上并不能因此得出该人无姓名权的结论。草案第 28 条关于肖像权的规定也不能认为肖像权具有可定义性。因为该条规定自然人"有权依法制作、使用、许可他人使用或者公开自己的肖像"，其中的"肖像"实指自然人的肖像制品，而不是自然人的形象。肖像首先是自然人的外部（貌）形象，②其次才是其外部（貌）形象再现的物质载体（即肖像制品），肖像权本质上不应是对肖像制品的权利，而是对人的外部（貌）形象的权利。③

　　在一些人格权的论著中，人们总是希望对人格权作出定义，描述人格权的具体内容。然而，其结果常常是事与愿违。例如，关于生命权，有学者将其表达为"以自然人的生命存续及安全的利益为内容"的权利，生命权首先是"生命维护权"。④如果这一表达是成立的话，那么问题就来了：谁有义务维护生命？如果是生命权人自己，那这它就不是权利而是义务；如果是他人，那么除非特定场合（如医生救死扶伤），又是那个他人（父母？子女？配偶？国家（政府）？单位？非亲非故者？）负有此种义务？倘若如学者所言，生命维护权的实质是"禁止他人非法剥夺生命，而使人的生命按照自然界的客观规律延续"，⑤那么生命权或生

---

　　①　《人格权编（草案）》第六章标题是"隐私权和个人信息权"，但是第 45 条只规定"自然人的个人信息受法律保护"，而没有规定"自然人享有个人信息权"。

　　②　王泽鉴：《人格权法》，北京大学出版社 2013 年版，第 131 页；杨立新：《人格权法专论》，高等教育出版社 2005 年版，第 223 页。

　　③　《人格权编（草案）》规定的具体人格权中，大概只有名称权是个例外。草案第 23 条规定："法人、非法人组织、个体工商户享有名称权，有权依法决定、使用、变更、转让或者许可他人使用自己的名称。"法人、非法人组织和个体工商户非自然人主体，不涉及人身自由和人格尊严问题，"决定、使用、变更、转让或者许可他人使用自己的名称"构成了名称权的全部内容，可以认为是名称权的定义。

　　④　杨立新：《人格权法专论》，高等教育出版社 2005 年版，第 140 页、第 141 页。

　　⑤　杨立新：《人格权法专论》，高等教育出版社 2005 年版，第 142 页。

命维护权也就成了"不被他人处死"的权利，成为"自然活着"的权利。如果这就是生命权，那么受保护动物也有这种"不被他人处死""自然活着"的权利，那些远离人类的生物也有这种权利。如此这样表达生命权，只能是"越说越乱"。

人格权之所以难以用法律语言来表达，是由人格发展的无限性与法律语言的有限性所决定的。一部人类文明史，实际上是一部谋求人的全面发展的历史。无论是宗教还是世俗的法律，也以促进人的全面发展为己任。《大学》之所谓"止于至善"，用于人的发展，在于强调谋求人的发展永无止境。只要人类还存在，就不可能有人的发展"至善"的那一天，也不可能有谋求人的发展"止于"的那一天。人的发展之无限，而法律语言之有限，以有限之法律语言对无限之人的发展，岂能表达得清楚？！这就是人格权难以表达的根本原因。例如，一个安乐死问题，至今都扯不清，足以说明这一点。如果说人享有生命权，为什么他（她）不能在无可救药的情况下要求结束自己的生命？如果人没有生命权，在无可救药的情况下苟延残喘地活着，他（她）又有何人格尊严可言？如此纠结不清的问题，岂是立法者能够说得清楚的？！

人格权的难以表达，使得人格权只能"意会"而不可"言传"。正如王泽鉴教授所言，人格权"难以作具体的定义"，只"应作诠释性的理解"。[1] 然而，人格权的诠释性理解是法学的任务而不是立法的任务。

人格权的难以表达使得立法者关于人格权的处置变得简单了。立法者所能做的只是宣示人格权，即确认人格权，除此之外立法者则无能为力。然而，宣示人格权并不需要太多的法律条文。假定每一项具体人格权设一个条文，也不过十多条文，即可满足人格权法律表达的需要。如果将各种具体人格权都集中在一个条文中，亦无不可。因此，笔者认为，《民法总则》第109条（"自然人的人身自由、人格尊严受法律保护。"）、第110条（"自然人享有生命权、身体权、健康权、姓名权、肖像权、名誉权、荣誉权、隐私权、婚姻自主权等权利。""法人、非法人组织享有名称权、名誉权、荣誉权等权利。"）基本上能够满足人格权宣示的需要。

如此一来，只要一两个条文就可以满足人格权宣示的需要，如为此而单设一编，与分则其他编在篇幅上形成巨大的悬殊，实无必要。

四、人格权立法应服从法的体系性

《人格权编（草案）》除了宣示人格权及其保护外，还规定了其他许多内容。

---

[1]　王泽鉴：《人格权法》，北京大学出版社2013年版，第43页。

有的属于民法范畴的问题，如人格利益的许可使用（第 4 条、第 26 条、第 30 条、第 31 条），侵害人格权益的民事责任（第 8—11 条、第 34—36 条），违约精神损害赔偿（第 12 条），死者人格保护（第 5 条、第 6 条）。有的属于其他法律的问题，但与人格权保护有关。这些问题包括：（1）第 11 条后半段规定，侵权人拒不执行赔礼道歉等非财产责任的判决时，人民法院可以采取发布公告或公布判决书的形式执行判决，属于民事诉讼法（强制执行法）的问题；（2）第 16 条、第 17 条关于人体细胞、人体器官、人体组织、遗体的捐献及捐赠行为的效力的规定，第 18 条关于禁止人体细胞、人体器官、人体组织、遗体的规定，应属于人体器官移植法、遗体处置法等特别法的问题；（3）第 19 条关于新药、新医疗方法人体实验的规定，属于医事法的问题；（4）第 20 条关于禁止性骚扰的规定，属于反性骚扰专门法的问题；（5）第 34 条、第 35 条关于新闻报道及实施审查义务的规定，属于新闻法的问题；（6）第 37 条、第 38 条关于信用评级和信息收集的规定，第 46 条、第 47 条、第 48 条关于个人信息收集、个人信息收集使用查阅加工传输的规定，第 49 条关于国家机关依法行使职权收集加工传输个人信息的规定，属于个人信息保护法的问题；（7）第 43 条关于通信秘密的问题，属于宪法的问题（《宪法》第 40 条）。上述两个层面的问题，时而交织在一起，有关的法律条文占《人格权编（草案）》全部条文数（总计 49 条）的半数以上。

如果从单行法的角度来看《人格权编（草案）》，立法机关的这种安排无可厚非。因为单行法的着眼点在于解决某一具体领域的实际问题，制定单行法是"就事论事"，不必过多考虑法的体系性问题，不必过多考虑与其他法律的关系问题。改革开放之初，鉴于当时的社会经济条件，制定民法典的条件尚不成熟，立法机关最终选择了单行法的民事立法思路。[①] 这以后直到 2014 年十八届四中全会做出"编纂民法典"的政治决定之前，单行法的思路一直主导着我国的民事立法。2009 年的《物权法》是典型的民事单行法。《物权法》在物权制度之外规定了基本经济制度（第 3 条）、征收征用补偿（第 42 条）、物权纠纷的解决方式（第 32 条）和法律责任（第 38 条）以及物权设立的基础合同（第 138 条、第 157 条、第 172 条、第 185 条、第 21 条等）。如依据法的体系性，这些内容并不属于民法典物权编。其中，基本经济制度属于国家基本制度，应归宪法；征收征用属于政府权力行使问题，应归行政法；物权纠纷的解决方式则应该归诉讼即仲裁等法律。但是，从《物权法》制定当时的社会背景（一是《物权法（草案）》公开征求意

---

① 有关改革之初民事立法的情况，可参见《彭真传》第四卷，中央文献出版社 2012 年版，第 1537—1561 页；顾昂然：《新中国民事法律概述》，法律出版社 2000 年版，第 9—11 页。

见引发了"物权法草案违宪之争"，① 一是因土地征收引起的社会矛盾突出）来看，这些规定似乎又是必要的。《人格权编（草案）》的内容除了宣示人格权外，规定了人格利益的利用、侵害人格权的责任以及赔礼道歉等民事判决的执行、人体器官捐赠、新药与新医疗方法实验、禁止性骚扰、新闻报道和文学创作、通信秘密、个人信息的收集使用加工传输等，均与自然人的人格权保护有关，许多属于社会的热点问题。因此，如果只是制定单行法而非编纂民法典，将这些问题纳入单行法，当无问题。尤其是在某些领域（如个人信息保护）法律缺失的情况下，将与人格权保护相关的问题纳入人格权法，具有现实意义。

但是，如果从法的体系来看，《人格权编（草案）》的安排则有问题，而且问题很大。一是在法律体系里，民法作为法的一个部门，调整的是平等主体之间的社会关系（《民法总则》第 2 条），不属于平等主体之间关系的内容不宜安排在民法典。《人格权编（草案）》有关赔礼道歉等民事判决的执行、人体器官捐献、新药和新医疗方法实验、性骚扰、征信和信用评级、个人通信秘密、个人信息收集使用查阅加工传输等内容，显然不属于或主要不属于民法，将它们规定在民法典中，势必乱了法的体系。二是在民法典的体系里，总则与分则、分则与分则各有分工，各司其职。在人格权问题上，人格利益的许可使用的法律形式是合同，应由合同编负责；有关违约精神损害赔偿问题，也属于合同编的问题；有关侵害人格权的侵权责任问题，属于侵权法，应由侵权责任编负责。将它们安排在人格权编，势必乱了民法典的体系。

不仅如此，《人格权编（草案）》有关确认人格权和宣示保护人格权益的规定，还重复了《民法总则》第 109 条、第 110 条、第 111 条的内容。例如，《人格权编（草案）》第 1 条"民事主体的人格权益受法律保护任何组织和个人不得侵犯"，重复了《民法总则》第 109 条"自然人的人身自由、人格尊严受法律保护"的规定；第 13 条"自然人享有生命权"、第 14 条"自然人享有身体权和健康权"、第 22 条"自然人享有姓名权"、第 28 条"自然人享有肖像权"、第 33 条"民事主体享有名誉权"、第 39 条"民事主体享有荣誉权"、第 41 条"自然享有隐私权"，则重复了《民法总则》第 110 条第 1 款"自然人享有生命权、身体权、健康权、姓名权、肖像权、名誉权、荣誉权、隐私权、婚姻自主权"的规定；第 45 条"自然人的个人信息受法律保护"则完全重复了《民法总则》第 111 条的内容。法典

---

① 参见邓君：《〈物权法（草案）〉"违宪"之争》，载柳经纬主编：《共和国六十年法学论争实录·民商法卷》，厦门大学出版社 2009 年版。

是"有序的立法整体"，^①法条的重复严重损害了法典的有序性。

《中共中央关于全面推进依法治国若干重大问题的决定》提出了"完善中国特色社会主义法律体系""完善社会主义市场经济法律制度"的新时期立法的任务。完善法律体系、完善市场经济法制度，根本要义是法律的制修订必须服从法的体系，人格权立法也不能例外。在民法典编纂中，如何安排人格权，更应服从法的体系，服从民法典的体系。为了使人格权编达到一定的篇幅，强拉硬扯，实有凑数之嫌。

五、域外人格权立法的启示

有关人格保护的立法，由来已久。公元前五世纪的《十二铜表法》第八表"私犯"就有对"诽谤""侮辱""毁伤他人肢体"等侵害人格权益法律责任的专门规定。^②然而，作为一项民事权利，人格权立法的历史并不长。1900年的《德国民法典》始于自然人项下规定了姓名权（第12条），于债编规定不法侵害他人生命、身体、健康、自由的损害赔偿义务（第253条、第823条）。《日本民法典》在自然人项下并无人格权之规定，仅在债编第五章"侵权行为"中，列出身体权、自由权或名誉权的概念（710条、第723条），将人格权纳入侵权法保护的范围。1912年的《瑞士民法典》出规定姓名权及其保护外（第29条、第30条），提出了一般人格的概念，规定了人格保护及其措施（第28条、第28条a-第28条1）。1966年的《葡萄牙民法典》在"自然人"一章中专设一节规定了人格权，包括人格权保护的一般原则（第70条）、死者的人格权（第71条）、姓名权（第72—74条）、秘密书函之守密（第75—78条）、肖像权（第79条）、隐私权（第80条）和人格权的自愿限制（第81条）。此外于债法卷（"卷"等同于"编"）"民事责任"中规定了名誉侵权责任（第484条）。我国澳门特区民法典受《葡萄牙民法典》的影响，也在自然人项下设一节规定了自然人的人格权，内容较之《葡萄牙民法典》增加了生命权（第70条）、身心完整权（第71条）、自由权（第72条）。1994年通过的《俄罗斯联邦民法典》第一部分总则编第三章"公民（自然人）"规定了姓名权（第19条），第八章"非物质利益及其保护"规定了"非物质利益"（包括人格权益）（第150条）、"精神损害赔偿"（第151条）和"名誉、尊严和商业信誉的保护"（第152条）；次年通过的《俄罗斯联邦民法典》第二部

---

① ［法］罗贝尔·巴丹戴尔："伟大的财产"，罗结珍译：《法国民法典》，法律出版社2005年版，中译本代序第3页。

② 何勤华主编：《外国法制史（教学参考书）》，法律出版社1999年版，第104页。

分"债的种类"编第 59 章"因损害发生的债"第二节规定了"对公民的生命和健康造成损害的赔偿"。其中，第 150 条第 1 款罗列的人格权类型多。① 我国台湾地区"民法典"在"自然人"一章中规定了人格权保护的一般原则（第 18 条）、姓名权的保护（第 19 条），并于债编之"侵权行为"项下规定了侵害生命权的损害赔偿责任（第 192 条），侵害身体、健康的财产赔偿责任（第 193 条），侵害身体、健康、名誉、自由、信用、隐私、贞操以及其他人格权益的精神损害赔偿责任和名誉侵权的恢复名誉责任（第 195 条）。

　　上述这些国家或地区的民法典均采"总则—分则"体例。它们关于人格权的规定有如下特点：(1) 人格权主要存在于自然人，法人少有人格权，《俄罗斯联邦民法典》第 150 条第 1 款也只是提到"商业信誉"；(2) 除姓名权等个别情形外，少有关于人格权主体有权做什么的规定或对人格权与具体人格权作出定义；(3) 有关人格权的规定主要体现为对人格权的确认和人格权的保护，内容主要集中在总则编（自然人）和债编（侵权行为），只有《俄罗斯联邦民法典》除总则编（自然人）和债编（侵权行为）外，于总则编第三分编"民事权利的客体"中设"非物质利益及其保护"章，规定了人格权及其保护；(4) 内容限于人格权的确认和人格权的保护，很少涉及民法之外的法律领域，没有将人格权的触角伸到人体器官移植、新药试验、新医疗方法实验、新闻报道、文学创作、个人信息的收集使用加工传输等领域，没有将这些领域的规范移到民法典；(5) 不搞人格权的"全家福"，只有《俄罗斯联邦民法典》第 150 条罗列得较为齐全，包括"生命权和健康权，个人尊严权，人身不受侵犯权，人格和名誉权，商业信誉，私人生活不受侵犯权，个人秘密和家庭秘密，自由往来、选择居所和住所的权利，姓名权，著作权，其他人身非财产权"；(6) 不谋求人格权制度的体系化，没有像物权、债权、亲属、继承等民事法律制度那样构建复杂的人格权规范体系；(7) 篇幅都很小，最多的也只有《葡萄牙民法典》（12 条）和受《葡萄牙民法典》影响的我国澳门特区民法典（16 条），不谋求独立成编。

　　在没有采取"总则—分则"体例的民法典中，情况如何呢？我们选择法国、意大利和加拿大魁北克省三部民法典加以分析。1942 条的《意大利民法典》仅在"自然人"项下规定了姓名权和肖像权（第 6 条—第 10 条）。1991 年通过的加拿大《魁北克民法典》第一编"人"第一题（"题"类似于其他民法典的"章"）"民

---

① 《俄罗斯联邦民法典》第 150 条第 1 款："公民与生俱来的或依法享有的生命权和健康权，个人尊严权，人身不受侵犯权，人格和名誉权，商业信誉，私人生活不受侵犯权，个人秘密和家庭秘密，自由往来、选择居所和住所的权利，姓名权，著作权，其他人身非财产权和其他非物质利益是不可转让的，而且不得以其他方式转移。在法律规定的情况下并依照法律规定而程序，属于死者的人身非财产权和其他非物质利益，可以由他人行使和保护，其中包括由权利人的继承人实现和保护。"

事权利的享有及行使"，其第 3 条规定"任何人均为人格权的享有者，诸如生命权、人身不可侵犯和完整权、姓名、名誉和私生活受尊重权。"第二题"某些人格权"规定了"人身完整权""名誉及私生活的尊重""死后身体的尊重"，其中还包括医疗关系的规范（第 11 条—第 25 条）、机构监禁和精神评估的规范（第 26 条—第 31 条）；第三题"涉及人的身份的某些因素"，内容包括姓名权及姓名的指定、使用、变更的规范（第 50 条—第 74 条）。《法国民法典》原无关于人格权的规定，1994 年在第一卷"人"项下增设一章"尊重人的身体"，确立了"人的尊严"受尊重的原则（第 16 条），规定"任何人均享有身体受到尊重的权利""人之身体不得侵犯""人体、人体各组成部分及人体所生之物，不得作为财产权利之标的"（第 16—1 条）以及人体及其部分买卖、代孕协议无效等内容（第 16—2 条—第 16—8 条）。

上述三个民法典有两点与采取"总则—分则"体例的德日等国或地区的民法典有所不同：（1）《法国民法典》的触角伸到人体及人体组织买卖、代孕协议；《魁北克民法典》则伸到医疗关系、自然人精神状态的评估与监禁、姓名的指定变更使用规范，并不限于宣示人格权；（2）在侵权行为的规定中没有特别突出保护人格权。在人格权只限于自然人、篇幅小、不谋求人格权的"全家福"、不谋求建立系统的人格权规范体系、不设独立一编等方面，这三部民法典与德日等国或地区的民法典基本一致。

以《德国民法典》为肇始，人格权逐渐进入民法典编纂者的视野，迄今已有一百多年的历史，从民法的发展史来看，不可谓长，但也不可谓短。然而，上述域外国家或地区的民法典却无一部设独立一编规定人格权，也没有形成人格权权利体系和制度体系的共识。[①] 这种情形，不能说是法典编纂者的疏忽或者能力有限所致，更不能说是这些国家或地区不重视人格权的保护所致。究其原因，应与人格权的不可定义性有关，与人格权制度构成的特殊性有关。这一点应引起我们的注意，切不可产生误判，以为历史将人格权独立成编的机会留给了我们，从而可以创设一部以人格权编为特色的划时代的民法典。

---

① 有学者认为《乌克兰民法典》设有人格权编（第二编"自然人的人身非财产权"），但其内容不仅包括生命权、健康权、姓名权、隐私权、肖像权等人格权，还包括选择住所自由、住宅不是侵犯、迁徙自由、结社自由、创作自由、和平集会、环境安全等公法上的权利，正如王利明教授指出的，《乌克兰民法典》中的"人身非财产权"是一个包含公法上的权利和私法权利在内的权利集合体，与我国民法典编纂中的人格权编问题没有关系。王利明：《乌克兰民法典与我国民法典人格权编有何关系？》http://www.civillaw.com.cn/zt/t/?id=34212#。访问时间 2018 年 6 月 12 日。

六、人格权确认与人格权保护"二分"格局不应被改变

我国民法关于人格权的规定始于 1986 年的《民法通则》。《民法通则》第五章"民事权利"第四节"人身权",宣示性地规定了生命健康权(第 98 条)、姓名权和名称权(第 99 条)、肖像权(第 100 条)、名誉权(第 101 条)、荣誉权(第 102 条)、婚姻自主权(第 103 条)等人格权;第六章"民事责任"规定了侵害生命健康的民事责任(第 119 条)和侵害姓名权、名誉权、荣誉权、名称权的民事责任(第 120 条)。2009 年《侵权责任法》第 2 条第 2 款对纳入侵权法保护的人格权作了规定,将生命健康权分为生命权和健康权,并增加了隐私权。2017年《民法总则》第 109 条规定了"自然人的人身自由、人格尊严受法律保护"的原则,第 110 条分别对自然人的人格权和法人、非法人组织的人格权作了宣示性的规定,前者包括生命权、身体权、健康权、姓名权、肖像权、名誉权、荣誉权、隐私权、婚姻自主权等,后者包括名称权、名誉权、荣誉权等。全国人大常委会法工委提出的《侵权责任编(草案)》(征求意见稿)第 1 条将人格权纳入侵权法保护的范围。

从我国民法关于人格权的规定来看,已经形成了人格权确认与人格权保护"二分"的格局。这与采取"总则—分则"体例的德日等民法典的做法基本一致。笔者认为,人格权确认与人格权保护"二分"的格局原则上应当得到延续,而不应当被任意改变。这主要是基于立法技术的考虑。如果要改变人格权确认与人格权保护"二分"的格局,将二者集中在一起规定,必将牺牲民法典的体系性和科学性。

在"总则—分则"的既定民法典的框架下,欲将人格权确认与人格权保护集中在一起,无非有三种方案可供选择:一是放在总则编;二是放在侵权责任编;三是独立一编。如采第一种方案,总则编既规定人格权又规定人格权侵权责任,势必割裂了侵权责任制度。如采第二种方案,侵权责任编既规定人格侵权责任又规定人格权,使得人格权成为侵权制度的内容,则忽略了人格权对于其他民事法律制度(民事主体、物权、合同、婚姻家庭)所具有的意义。如采第三种方案,将同样面临第一种方案的问题,而且在现行总则编已经对人格权作出规定的情况下,还将产生内容重复的问题(见前述)。

我国立法机关明确表示,编纂民法典的任务是编纂一部"体例科学,结构严

谨、规范合理、内容协调一致的法典"。① 如以牺牲民法典的体系性和科学性为代价而改变人格权确认和人格权保护"二分"格局,谋求人格权独立成编,实不足取。

笔者认为,在人格权确认与人格权保护"二分"的格局下,《民法总则》第109 条与第 110 条基本能够满足人格权确认的需要,原则上无需增设条文;② 需要考虑的是侵权责任编如何加强人格权保护的规定,③ 与总则编呼应,确保人格权确认与人格权保护的"协调一致"。至于姓名的确定、变更和使用,器官捐献与移植,患者知情同意,个人信息的收集加工使用等与人格权保护有关的法律问题,均应由其他法律规定。这也就是说,依据科学立法的精神,从法律体系着眼,不应当也不可能将与人格权相关的所有问题都寄希望于民法典来规定,加强相关领域的立法才是理性的选择。

---

① 参见李建国(时任十二届全国人大常委会副委员长):《关于〈中华人民共和国民法总则(草案)〉的说明》,http://www.npc.gov.cn/npc/xinwen/2017-03/09/content_2013899.htm。访问时间 2017 年 4月 9 日。

② 笔者另著文,建议在 2020 年民法典形成之时对《民法总则》进行调整,将人格权的内容移到主体制度,其中可在"自然人"一章中增设一节,规定自然人的人格权。柳经纬:《论民法典形成之时总则编之调整》,载《政治与法律》2018 年第 6 期。

③ 关于在侵权责任编中加强人格权保护的问题,参见孙宪忠:《关于在民法典侵权责任编中加强人格权保护条文的议案》,http://www.iolaw.org.cn/showNews.aspx?id=64142。访问时间 2018 年 6 月 12 日。

非法人组织比较研究
——沿着柳经纬等开创的中外非法人组织"两回事"论

徐国栋*

一、前言

非法人组织是个消极概念,它没有说明非法人组织是什么,只是说了它不是什么——不是法人。换个说法,非法人组织是个剩余概念,也就是说,既不属于法人,也不属于个人的主体(即组织)都可归入之。所以,它曾被称为"其他组织"。而不属于法人的组织多样,有的是精神团体性的社团,为国民为满足结社自由的需要设立。有的是经济团体,为国民为满足自己的营利需求设立。有的是亲缘和血缘团体,例如家庭,为国民为满足自己感情需要和延续后代的需要建立。立法者在非法人组织的上述可能义项中选择自己在使用这一术语中的所指,影响此等所指的坐标。例如,选择社团的义项,就会把非法人组织与宪法上的结社自由权勾连。选择经济团体的义项,就会把非法人组织与市场主体勾连。选择家庭的义项,就会把非法人组织与家庭法勾连。[①]由于非法人组织概念的开放性以及由此而来的不严谨性,上述选择都有其理由。但我们切不可认为不同选项下的非法人组织术语的所指是一回事,否则会造成链接错误。

对非法人组织的所指进行比较法研究,可帮助我们避免链接错误,并帮助我们选择更恰当的术语指称非法人组织,以缩减其外延,避免大而不当。

---

* 厦门大学法学院罗马法研究所教授,法学博士。

[①] 第一篇研究非法人组织的博士论文的作者石碧波就这样做。参见石碧波:《非法人团体研究》,法律出版社2009年版,第290页及以次。

二、欧洲主要国家法律中的非法人组织

（一）德国

我国学者在研究《民法总则》规定的非法人组织时，无不把该制度的起源追溯到德国的无权利能力社团（Nicht rechtsfähige Vereine）制度。①1896 年的《德国民法典》第 54 条规定：无权利能力的社团，适用关于合伙的规定。因以此种社团的名义对第三人实施的法律行为，行为人亲自负责任；二人以上实施行为的，他们作为连带债务人负责任。此条主要针对各种雇主联合会、工会、政党而设，对于它们，适用关于合伙的规定。这样的安排对上述组织体的成员不利。他们的组织体没有团体人格，所以行为人必须亲自负责。这样的苛待出自立法者的蓄意安排：促使受不了的非法人组织的成员尽快取得权利能力，完成各种登记手续。如果受不了这样的折腾，就赶紧解散。②但这一规定产生了歪打正着的效果，上述组织体宁愿放弃权利能力也不愿受政府的监管，无权利能力的社团制度成了它们存在的合法性依据。③

该条的基础是宪法上的结社自由。1794 年的《普鲁士普通邦法》规定了结社自由和集会自由，但禁止政治性的结社。在 1850 年左右，德意志的一些邦完成了结社自由和集会自由的特别法制定。1919 年的德国宪法明确了公民的结社权。1949 年的基本法在这方面做了进一步的强调。规定公民可以为任何宗旨结社，只要不反对宪法。④

1964 年，西德通过了《关于调整公开结社权的法律》[Gesetz zur Regelung des öffentlichen Vereinsrechts (Vereinsgesetz)]。该法第 1 条规定：结社自由。但为了维持公共安全的考虑，依据本法可以干预滥用结社自由的社团。⑤第 2 条规定的社团的定义：多数的自然人或法人为共同目的长期自愿地结合在一起，不问其法律形式如何，能够有组织地表达其意思的一切组织。政党、联邦议院、各州议会

---

① 通译为"无权利能力的社团"，我倾向于"无权利能力协会"这个译法，并受前人的启发。王宠惠的《德国民法典》英译本把 Nicht rechtsfähige Vereine 译为"无法律人格的协会"（Associations which have not juristic personality）。See the German Civil Code, Translated into English by Chung Hui Wang, Stevens and Sons, Limited, London, 1907, p.13.

② 参见 [德] 迪特尔·梅迪库斯著，邵建东译：《德国民法总论》，法律出版社 2000 年版，第 853 页。

③ 参见 [德] 迪特尔·梅迪库斯著，邵建东译：《德国民法总论》，法律出版社 2000 年版，第 854 页。

④ 参见王名、李勇、黄浩明：《德国非营利组织》，清华大学出版社 2006 年版，第 74 页。

⑤ 中译文参见吴玉章主编：《社会团体的法律问题》，社会科学文献出版社 2004 年版，第 467 页。

内的党团、宗教组织不属于该法所言社团。① 以后就是否定性的规定，规定禁止设立的社团以及遭到禁止的种种后果。该法缺乏肯定性的规范，即规定社团的运作机理的规范。例如，关于社团是否需要登记的规范。所以，设立一个社团，登记也可，不登记也可。登记了就成为法人，好处有二。其一，社团如果破产，成员和理事会不必就社团的债务承担责任。其二，可以得到税收的优惠。不登记的社团无法人资格，开立银行账户时要写所有成员的名字，每个人都有签字权。取钱时，需要至少两人到场签字。从比例来看，德国有社团 100 万个，一半是法人，一半是无权利能力社团。②

富有意味的是，西德的结社法缺少的肯定性规定在东德于 1990 年 2 月 21 日制定的《结社法》中所在多有。该法的前言规定：为了落实德意志民主共和国宪法规定的结社自由并贯彻 1966 年 12 月 16 日的《关于公民权与政治权的国际公约》，为确保公民享有参与公共生活并达成其利益的同样权利，制定本法。③ 这一规定昭示了无权利能力社团制度的宪法性和国际性，提醒我们不能完全从民法的角度理解该制度。

该法第 1 条第 1 款给社团下了定义：本法规定的社团是公民组成的自愿的、自治的、为了实现共同兴趣、达成共同目的的组织体，有的有权利能力，有的则无。

第 1 条第 2 款规定了该法不适用的组织体：1. 工会；2. 1975 年 6 月 19 日的《德意志民主共和国民法典》规定的公民团体；3. 商事团体；4. 由特别法规定的公民委员会；5. 教会和宗教组织，专门从事布施和慈善目的的除外。④ 第 3 款规定：在与 1990 年 2 月 20 日的《政党法》不冲突的范围内，本法的规定适用于政党。这两款很有意思。其一，明确了社团的非商事性，尽管没有像下文要谈到的许多国家的立法明确社团必须不以营利为目的。其二，明确把工会排除在社团的指称之外，但把政党保留在这一指称之内。而在《德国民法典》制定的时代，无权利能力社团制度的重要调整对象就是工会和政党。现在，政党被保留但工会被排除了。

第 2 条规定：社团得自由结成，无需批准，但结成法西斯、军国主义、反人

---

① 参见王名、李勇、黄浩明：《德国非营利组织》，清华大学出版社 2006 年版，第 69 页。
② 参见王名、李勇、黄浩明：《德国非营利组织》，清华大学出版社 2006 年版，第 76 页。
③ Vgl. Gesetz über Vereinigungen, Auf http://www.verfassungen.ch/de/ddr/vereinigungsgesetz90.htm，2018 年 7 月 15 日访问。
④ Vgl. Gesetz über Vereinigungen, Auf http://www.verfassungen.ch/de/ddr/vereinigungsgesetz90.htm，2018 年 7 月 15 日访问。

类等性质的社团。① 此条揭示了德国社团的第二个重要特征：不需要批准。

第 3 条规定了法人亦可为社团的会员，只要章程允许，14—18 岁的少年可以为社团成员。儿童经其法定代表人同意，亦可加入社团。② 未成年人都可入会，是对社团的非经济活动组织性质的证明。

第 4 条规定有权利能力社团因登记取得权利能力，以及为完成登记需要满足的条件。③

第 8 条第 3 款规定：社团以自己的财产承担责任。会员不以自己的财产为针对社团的请求权承担责任。④

第 16 条及以下数条规定无权利能力的社团，该条采取以关于有权利能力的社团的规定为底本加"减法"的方式。"减法"，就是关于有权利能力社团的规定，未被宣布适用于无权利能力社团者，不适用之。被宣布适用的有本法第 1-3 条、第 6 条第 1-2 款、第 7 条第 1 款和第 8 条第 1 款。第 1-3 条的内容已见前述。第 6 条第 1-2 款的内容关乎社团的最高机构是全体会员大会以及此等全会的召集程序。第 7 条第 1 款关乎社团的理事会的设立及其权利义务的范围和结构。第 8 条第 1 款关于社团的目的的实现只能通过保护自己利益、不得损害第三人的合法利益的途径实现。

第 17 条第 3 款规定，对于社团的债务，会员承担连带责任。

当然，东德的结社法随着 1990 年秋天完成的两德合并寿终正寝，现在适用的是西德的结社法。但东德的结社法仍可帮助我们理解德国人理解的社团及其运作。

联邦德国于 1967 年 7 月 24 日颁布了《政党法》（Parteiengesetz），该法把政党当作公民结社的一种形式。

（二）法国

众所周知，1804 年的《法国民法典》未规定法人制度。1901 年 7 月 1 日的《关于结社合同的法律》（又译为《法国非营利社团法》）补充规定了社团法人。该法第 1 条把结社合同定义为"两个或更多的人达成的以持续的方式为分割营利

---

① Vgl. Gesetz über Vereinigungen, Auf http://www.verfassungen.ch/de/ddr/vereinigungsgesetz90.htm，2018 年 7 月 15 日访问。

② Vgl. Gesetz über Vereinigungen, Auf http://www.verfassungen.ch/de/ddr/vereinigungsgesetz90.htm，2018 年 7 月 15 日访问。

③ Vgl. Gesetz über Vereinigungen, Auf http://www.verfassungen.ch/de/ddr/vereinigungsgesetz90.htm，2018 年 7 月 15 日访问。

④ Vgl. Gesetz über Vereinigungen, Auf http://www.verfassungen.ch/de/ddr/vereinigungsgesetz90.htm，2018 年 7 月 15 日访问。

以外的目的共享自己的知识或活动的协议。"此条旗帜鲜明地把非营利目的当作社团的根本特征。该法规定了 3 种社团。其一，经申报的社团（Les associations déclarées），所谓的申报，即在官方公报上公示，创立人得到申报的收据的，即完成了申报，社团取得权利能力。[①] 其二，基于公共利益承认的社团。此等社团由于其活动关涉公共利益，所以被授予较大的权利能力，但作为代价，要承受公共当局的严格控制。[②] 其三，未经申报的社团（Les associations non déclarées），又称事实上的社团。它是由不愿完成申报手续的自然人或法人组成的团体，由于未申报，不能享有权利能力的利益。这个类型相当于我国法上的非法人组织。它承受不能以自己的名义承担权利义务，其实施的行为被认为是其成员的行为的不便，并因此不能开设自己的银行账户、不能缔结租赁合同、不能成为财产所有人、不能接受公共补贴、不能接受赠予，不能招揽赠予或遗赠，也不能要求批准，但享有设立、运作和解散不要求任何手续的便利，以及其成员可以自由选择其运作规则或组织规则的便利，以及不得被诉的便利。[③]

（三）意大利

1942 年《意大利民法典》第 36 条及以下数条把非法人组织称为未受承认的社团（Associazioni non riconosciute）。这种社团是旨在实现经济的或非经济的目的，尚未获得国家承认或未到达国家要求的主体与财产的组织性集合。[④] 经济的目的并不等于营利目的，后者意指把赚得的钱分给会员，如果赚钱而不分，则经济目的就与营利目的分开了。意大利的社团必须都是非营利性的，得到承认的社团和未受承认的社团，都是如此。[⑤] 此乃因为社团是满足人们的精神追求的法律工具。非营利目的有政治目的、精神目的。具体例子是政党、工会、运动俱乐部

---

① Voir la voix de l'associations déclarées, Sur https://www.associations.gouv.fr/l-association-declaree. html,2018 年 7 月 15 日访问。

② Voir la voix de l'associations reconnue d'utilité publique, Sur https://www.associations.gouv.fr/l-association- reconnue-d-utilite-publique.html,2018 年 7 月 15 日访问。

③ Voir la voix de l'associations non déclarées, Sur https://associations.gouv.fr/1080-association- non-declaree. html,2018 年 7 月 15 日访问。

④ Cfr.Anna Scotti et.al. Diritto civile:Istituzioni di Diritto private,V Edizione,Edizione Simone,1993,p.89.

⑤ Cfr.Federico del Giudice,Nuovo Dizionario Giuridico,Napoli,Edizione Simone,1998,p.108.

等。① 意大利的学说把政党当作未受承认的社团的一种。②"尚未获得国家承认"指不被承认为法人。③ 所以又称事实上的实体（enti de fatto）。④ 较老的学说认为此等实体没有法律人格，仅具有单纯的财产自治，所以，法律关系的承担者并非组织而是个人。新近的学说认为非法人组织具有较弱人格（Personalità attenuata），也就是具有无人格的主体性。它们是集体性的主体，具有有限的权利能力和不完全的财产自治。那么，法律人格与法律主体性的区别何在？前者只授予具有完全的财产自治者，后者仅意味着形成一个以义务和权利为内容的利益中心，此等义务和权利有别于其成员的义务和权利。⑤

　　非法人组织必须具有以下要素：1. 社团型的内部组织，例如必须有全体成员大会并订立章程；2. 共同的财产；3. 非营利目的；4. 对外开放，也即可以吸收新的成员。⑥ 申言之，第一个要素由结社协议体现，这是一个主要规定非法人组织成员的权利义务的章程。⑦ 第二个要素的达成由非法人组织的成员缴纳的会费以及用此等会费购买的物品体现。在组织存续期间，此等财产不得分割、退还。此等财产用来承担组织的债务，不够的，由组织成员承担连带责任。⑧ 此等连带责任是非法人组织的不完全的财产自治的体现。第三个要素的达成应如此理解：不以共同活动实现盈利并把此等盈利在成员间分配。例如，增进农业活动之农会（Associazioni tra agricoltori per incremento di attività agricole）允许单个的农民利用社团的架构和共同服务并分担成本，但此等利益归属于为此等利用的农民本人。如此，农会尽管从事了经济活动，但并未从事营利活动。⑨ 第四个要素由第一个

---

① Cfr.Anna Scotti et.al. Diritto civile:Istituzioni di Diritto private, V Edizione, Edizione Simone,1993,p.90.

② Cfr. Maria Vita De Giorgi, I partiti nel diritto privato: il codice civile arriva dove può, Su http://www.lacostituzione.info/index.php/2017/05/03/i-partiti-nel-diritto-privato-il-codice-civile-arriva-dove-puo/，2018 年 7 月 11 日访问。

③ Cfr.C.Massimo Bianca, Guido Patti, Salvatore Patti, Lessico di Diritto Civile, Giuffrè, Milano, 2001,p.65.

④ Cfr.Anna Scotti et.al. Diritto civile:Istituzioni di Diritto private, V Edizione, Edizione Simone,1993,p.89.

⑤ Cfr.Anna Scotti et.al. Diritto civile:Istituzioni di Diritto private, V Edizione, Edizione Simone,1993,p.90.

⑥ Cfr.Anna Scotti et.al. Diritto civile:Istituzioni di Diritto private, V Edizione, Edizione Simone,1993,p.90.

⑦ 《意大利民法典》第 36 条。参见费安玲等译：《意大利民法典》，中国政法大学出版社 2004 年版，第 18 页。

⑧ 《意大利民法典》第 37 条。参见费安玲等译：《意大利民法典》，中国政法大学出版社 2004 年版，第 18 页。

⑨ Cfr.C.Massimo Bianca,Diritto Civile, 1,La norma giuridica, i soggetti, Giuffrè,Milano,2002,p.384.

要素决定，非法人组织的设立文件是章程而非合同。前者具有开放性，凡是同意本章程的人都可加入，后者具有封闭性，不允许局外人进入法律关系。

意大利的未受承认的社团的权利能力有如下列：1. 民事诉讼能力；2. 取得不动产的能力，组织可以被登记为不动产的所有人；3. 接受赠予能力；4. 死因继承能力。①

值得注意的是，意大利的学说并不把非营利的社会公益组织（organizzazione non lucrative di utilità sociale，简称为 ONLUS）作为未受承认的社团的一个类型，而是单独论述。② 这样做的原因可能有二。其一，此等组织由特别法而非民法典规定，具体而言，由 1997 年 12 月 4 日的法律（《关于非商业实体和非营利的社会公益组织的税务规则重组法》）规定。其二，作为未受承认的社团重要类型的政党和工会尽管并不营利，但也非从事社会公益活动，而是从事有利于其成员的活动。正因为如此，上述《重组法》不许政党和工会作为非营利的社会公益组织。所以，未受承认的社团与非营利的社会公益组织并不完全等同，只是相切而已。

另外，志愿者组织（Organizzazione di Voluntariato）以及后来含义出现的更广的社会提升社团（Associazioni di promozione sociale）也被单独论述，这两种组织都有专门的法律调整。③

在意大利，除了有未受承认的社团，还有未受承认的基金会，即等待承认的基金会。④

（四）俄罗斯

其民法典在关于法人的第四章的第五节规定非商业组织（又可译为非营利组织），包括消费合作社、社会团体和宗教团体、基金会、法人的联合组织（社团和联合会）。其中的社会团体和宗教团体被定性为公民"为满足精神需要和其他非物质需要按法定程序成立的自愿联合组织"（第 171 条第 1 款）。⑤ 学说上的定义是："不以营利为其活动基本目的，也不在其参加者中分配利润的法人是非商业

① Cfr.C.Massimo Bianca, Guido Patti, Salvatore Patti, Lessico di Diritto Civile, Giuffrè, Milano, 2001,p.65.

② Cfr.C.Massimo Bianca,Diritto Civile, 1,La norma giuridica, i soggetti, Giuffrè,Milano,2002,pp.397s.

③ Cfr.C.Massimo Bianca,Diritto Civile, 1,La norma giuridica, i soggetti, Giuffrè,Milano,2002,pp.398.

④ Cfr.Anna Scotti et.al. Diritto civile:Istituzioni di Diritto private,V Edizione,Edizione Simone,1993,p.92.

⑤ 参见黄道秀译:《俄罗斯联邦民法典》，北京大学出版社 2007 年版，第 81 页。

组织"。① 社会团体包括政党。② 法人的联合组织包括工会联合会。③

另外,俄罗斯制定有专门的《非商业组织法》(1996 年 1 月 12 日颁布)④,共 7 章 34 条。其第 2 条规定:1. 非商业组织是指不将利润提取作为其活动主要目标,不分配参与者获得的利润的组织。2. 非商业组织可以为了实现社会、慈善、文化、教育、科技和管理的目的创建,以保护公民的健康、体育文化和体育的发展、满足公民的精神等非物质需求的权利,保护公民和组织的合法权益,解决争端和冲突,提供法律援助以及旨在实现公共产品的其他目的。3. 非商业组织的创建,可以是社会或宗教组织(协会)、非商业性的合作伙伴关系、机构、自主非商业组织、法人的联合组织、慈善和其他基金会,以及由联邦法律规定的其他形式。⑤

该条第 1 款揭示了非商业组织的非营利目的;第 2 款揭示了非营利目的的不同类型;第 3 款揭示了非商业组织的不同类型。

《非商业组织法》第 3 条规定,非商业组织是法人,需要登记。⑥ 这样的安排与其他国家不要求同类组织登记,不都赋予其法人资格不同。表明了俄罗斯对待非营利组织的管制主义立场。正因如此,该国不以"无权利能力""未受承认""不登记"之类的定语修饰"组织",而采用"非商业"的修饰语。

三、美洲主要国家法律中的非法人组织

(一)阿根廷

阿根廷旧民法典(1862 年)把非法人组织称为无作为法人的法律存在的社团,其第 46 条规定:无作为法人的法律存在的社团,应根据其设立的宗旨而视为单纯的民事或宗教社团。只要其职权机构的设立和委任能通过公证书或由公证员证明的有效私文书予以证实,此等社团就是权利主体。在相反情形,社团的所有设

---

① 参见 [俄] E.A. 苏哈诺夫主编:《民法》(第 1 卷),黄道秀译,中国政法大学出版社 2011 年版,第 226 页。
② 参见 [俄] E.A. 苏哈诺夫主编:《民法》(第 1 卷),黄道秀译,中国政法大学出版社 2011 年版,第 245 页。
③ 参见 [俄] E.A. 苏哈诺夫主编:《民法》(第 1 卷),黄道秀译,中国政法大学出版社 2011 年版,第 241 页。
④ 参见 [俄] E.A. 苏哈诺夫主编:《民法》(第 1 卷),黄道秀译,中国政法大学出版社 2011 年版,第 253 页。
⑤ 该法律的俄文本载 https://rg.ru/1996/01/24/nko-dok.html,2018 年 7 月 24 日访问。
⑥ 该法律的俄文本载 https://rg.ru/1996/01/24/nko-dok.html,2018 年 7 月 24 日访问。

立人及其管理人员对社团的行为承担连带责任。民事合伙规范作为补充而适用于本条所指的社团。[①] 其第 47 条规定：如果机构的依法核准是在其设立之后获得，则其作为法人而合法存在，其效力追溯至设立之时。[②]

按照这两条，阿根廷的非法人组织无需"依法核准"即登记，以公证书证明其设立即可导致它获得权利主体资格，换言之，设立人和管理人对非法人组织的行为不承担连带责任。只有在无公证文书证明非法人组织的设立的情况下，设立人和管理人才要对非法人组织的行为承担连带责任。所以，阿根廷的非法人组织有设立人承担有限责任和无限责任两种情况，前种情况下的非法人组织是权利主体，后种情况下的非法人组织则否，但后者也可转化为前者，其途径是取得"依法核准"，此等核准具有溯及力。

为何对于前种情况下的非法人组织不要求登记却赋予其权利主体资格？旧《阿根廷民法典》的作者达尔马雪·贝莱斯·萨尔斯菲尔德（Dalmacio Velez Sarsfield,1800—1875 年）在位上述第 46 条做出的注释中提供了答案：本条留给了个人组成他们需要的社团的自由……他们无需像罗马法和西班牙法一样事先获得公共当局的许可……[③] 这一注释告诉了我们非法人组织是满足人民的结社自由需要的法律工具。之所以不要求其成员取得办理登记，是为了让他们更有效率地达成其目的。[④] 此等目的者何？第 46 条列举了"民事"和"宗教"两种。在对该条的注释中，萨尔斯菲尔德把"民事"目的具体化为"慈善性的或工业性"。显然，宗教的、慈善的目的具有非营利性质，工业性的目的可能具有营利性。从量的比较来看，还是从事非营利活动的非法人组织多。学者解释的非法人组织的活动范围是：社交俱乐部、运动俱乐部、文学社、音乐社、圈子、社团、女工社团（cooperadora）等。[⑤] 一句话，都是非生产组织。

按照第 46 条，对于上述非法人组织，适用关于合伙的规范。这样的安排同于《德国民法典》第 54 条。在那个时代，德国人也好，阿根廷人也好，都把合伙被看作不同于法人的存在。

2014 年的《阿根廷国民民商法典》继承了阿根廷旧民法典规定的非法人组织制度，但放弃了"无作为法人的法律存在的社团"的啰嗦用语，改采"单纯社团"

----

① 参见徐涤宇译注：《最新阿根廷共和国民法典》，法律出版社 2007 年版，第 18 页。译文有改动。

② 参见徐涤宇译注：《最新阿根廷共和国民法典》，法律出版社 2007 年版，第 18 页。

③ Véase Codigo Civil de la Republica Argentina,Zavalia, Buenos Aires,1990,pag.24.

④ Véase A. Guillermo Borda,Tratado de derecho civil-Parte generale,Tomo I,Abeledo-Perrote,1999,pag.615.

⑤ Véase A. Guillermo Borda,Manual de derecho civil-Parte generale,Editorial Perrote,Buenos Aires,1996,pag.347.

的用语。第 187 条及以下数条在私法人的框架内对这一制度做了规定。按照这一法典的第 148 条：私法人包括公司、民事社团、单纯社团、基金会、教会和其他宗教组织、合会、合作社、业主委员会、其他。① 由此，单纯社团的地位是法人，与阿根廷旧民法典把部分单纯社团不看作法人不同。那么，什么是《阿根廷国民民商法典》理解的法人？其第 143 条规定：1. 法人具有不同于其成员的人格；2. 成员不对法人的债务负责，但本题（徐国栋按：即关于法人的题）及特别法有明示规定的情形除外。② 该条第 2 款放宽了法人的有限制责任要件，从而也放宽了其拥有独立财产的要件，从而为把旧民法典规定的"非法人组织"改为"法人"开道。所以，该法典的第 189 条明确规定：单纯社团按照其设立文件表明的日期开始作为法人存在。③ 尽管这种社团在破产的情形需要管理人对其债务承担连带责任（第 191 条④，该条应属于第 143 条第 2 款所称的"明示的相反规定"），尽管这种社团并不需要登记，仅凭公文书或设立人的签名经公证的私文书就可设立（第 187 条）。⑤

（二）秘鲁

秘鲁的非法人组织为"不登记之社团"（Asociacion no inscrito）或"事实上的社团"，它是自然人或法人或两者兼有出于非营利目的结成的、但未完成登记的手续的团体。这个定义抄自 1984 年的《秘鲁民法典》第 80 条的社团定义：自然人或法人或两者兼有组成的组织，它通过共同的行为追求非营利目的，⑥ 只不过加上了"但未完成登记的手续"的文句。所以，不登记之社团要适用社团的一般规定。按照《秘鲁民法典》第 77 条的规定：私法人的存在，始于在相应的登记簿登记之日，法律有不同规定的除外。既然事实上的社团未经登记，它就不具有法人资格，但并非毫无主体资格。秘鲁的学说认为，事实上的社团是自然人和法人之间的一种中间状态，它具有法律上的主体性（Subjectividad juridica），也即可

---

① Véase Codigo civil y comercial de la nacion,Ministerio de Justicia y Derechos Humanos,Buenos Aires, 2014,pag.30-31.

② Véase Codigo civil y comercial de la nacion,Ministerio de Justicia y Derechos Humanos,Buenos Aires, 2014,pag.30.

③ Véase Codigo civil y comercial de la nacion,Ministerio de Justicia y Derechos Humanos,Buenos Aires, 2014,pag.38.

④ Véase Codigo civil y comercial de la nacion,Ministerio de Justicia y Derechos Humanos,Buenos Aires, 2014,pag.38

⑤ Véase Codigo civil y comercial de la nacion,Ministerio de Justicia y Derechos Humanos,Buenos Aires, 2014,pag.37.

⑥ 参见徐涤宇译：《秘鲁共和国新民法典》，北京大学出版社 2017 年版，第 20 页。

以作为积极的或消极的法律情势的归属中心。这种主体性独立于其成员的主体资格，体现为有自己的名称、住所、目的。它与已登记的社团的区别在于，后者具有完全的财产自治，它只有不完全的财产自治。①不完全的财产自治意味着当社团的财产不足以清偿其债务时，成员要以自己的财产承担补充责任。

登记之社团也好，不登记之社团也好，都是对秘鲁宪法第 2 条第 13 款的规定的落实，该款辞曰：作为一项基本权利，人人可以非经事先批准，但根据法律的规则结社并设立各种形式的非营利法律组织，此等组织不可以行政决定解散。②

第 124 条规定：非法人组织具有诉讼能力，可以由其代表人代理组织出庭。

其他非营利组织：1.非政府发展组织；2.移民组织；3.特别教育机构；4.宗教组织；5.工会；6.合作社。③

四、结论

非法人组织具有强于自然人，但又弱于法人的集体主体性。如果说自然人和法人分别占据个人人格和集体人格的两极，则在这两极间存在一些过渡带。非法人组织是这样的过渡带之一。家庭是这样的过渡带之二。

由于非法人组织表述的外延过于宽泛，各国避用之。它们都抓住自己言说的那部分非法人组织的某个积极属性命名对象，由此把消极概念改造成积极概念。德国抓的是无权利能力、法国抓的是申报与否、意大利抓的是未受承认、俄罗斯抓的是不营利、阿根廷先是抓无法人资格（跟我国一样），后来抓"单纯"（也就是无手续成立的意思），秘鲁抓的是不登记，除了阿根廷早期的做法与我国的做法一样有不确定性过大的问题外，其他做法都各有其理，都缩小了自己规制的非法人组织的外延。但都不适合于我国。按照《民法总则》第 102 条第 1 款的规定：非法人组织虽不具有法人资格，但是能够依法以自己的名义从事民事活动。以自己的名义从事民事活动是具有权利能力的外部表征。所以，无权利能力不能揭示我国的非法人组织的本质。④按《民法总则》第 103 条的规定，非法人组织应当登

---

① Véase Leccion N.13,Asociacion,Fundacion y Comite non Inscritos,Universidad Jose Carlos Mariategui,pag.42.

② Véase Javier de Belaunde L.de R.Beatriz Parodi Luna, Marco Legal del Sector Privado Sin Fines de Lucro en Peru',En Apuntes,43,Segundo Semestre 1998,pag.20.

③ Véase Javier de Belaunde L.de R.Beatriz Parodi Luna, Marco Legal del Sector Privado Sin Fines de Lucro en Perú,En Apuntes,43,Segundo Semestre 1998,pag.21ss.

④ 张其鉴认为，非法人组织的财产不充分独立与其是否有权利能力无关，此等能力与登记有关。参见张其鉴：《民法总则》中非法人组织权利能力之证成，《法学研究》2018 年第 2 期，第 97 页。

记。既然登记，从申请人的角度看，就是申报了，设立手续不单纯了，从批准者的角度看，就是承认了。《民法总则》第 102 条第 2 款列举的三类非法人组织都营利，所以，非营利也不能被选择为我国的非法人组织的根本特性。那么，什么属性可以作为我国的非法人组织的根本特征呢？我认为是无限责任，因为《民法总则》第 104 条规定：非法人组织的财产不足以清偿债务的，其出资人或者设立人承担无限责任……此条反映了非法人组织财产的不完全自主性，可以作为我国的非法人组织的根本特征。所以，建议把我国的非法人组织更名为无限责任组织。

　　我国的非法人组织制度被研究者认为以德国法上的无权利能力社团和意大利法上的未受承认的社团为本源，[①] 经过仔细的考察却发现两者迥异。《民法总则》规定的非法人组织，按照其第 102 条第 2 款的规定，有个人独资企业、合伙企业、不具有法人资格的专业服务机构等类型，它们都是营利组织，而德国法、意大利等国法上的相应社团都是非营利组织。两相对比，给人以认错了祖宗的感觉。[②] 之所以错认，乃因为两者都是非法人组织，不过属于不同的类型而已。再仔细考察，可发现德国、意大利"祖宗"的比较正确的对应物是《民法总则》第 87 条第 2 款规定的社会团体，[③] 因为此等团体也是非营利的，也是具有开放性的。就前者而言，按《社会团体登记管理条例》第 4 条的规定：社会团体不得从事以营利为目的的经营性活动。就后者而言，根据《社会团体登记管理条例》第 14 条的规定，符合会员资格者可以入会。不难看出，"祖宗"也好，"后代"也好，都是非营利的，都是实现国民的结社自由权，满足国民的精神需要和利他需要的法律工具。不过并不完全对应，我国的社会团体原则上必须登记，从而取得法人资格，而在上述被考察国中，除了俄罗斯要求全部非商业组织登记，法国允许部分非法人组织选择登记外，德国、意大利、阿根廷、秘鲁的相应社团并不需要登记，也无需取得法人资格。这种差异反映了不同制度下的立法者对管制社团上态度的差异。

　　国外"非法人组织"的非营利、对外开放两属性与《民法总则》第 102 条第 2 款规定的非法人组织的属性格格不入，乃因为《民法总则》规定的三种非法人

---

　　① 例见陆琳：《非法人团体民事法律地位之比较法考察》，《法制与社会》2013 年第 11 期，第 65 页。

　　② 柳经纬和亓琳敏锐地揭示，我国法上的非法人组织与外国法上的非法人组织完全两码事。参见柳经纬、亓琳：《比较法视野下的非法人组织主体地位问题》，《暨南学报》（哲学社会科学版）2017 年第 4 期，第 32 页。不过，他们证明两者两码事的主要理由是我国的管控严格，外国的管控宽松，与本文所持的理由完全不一样。

　　③ 其辞曰：非营利法人包括事业单位、社会团体、基金会、社会服务机构等。

组织都并非协会，而是作为市场主体的社团。① 在民商分立的国家，这样的社团通常在商法典中规定。我国实行民商合一，所以，把非营利的社会团体和营利的非法人组织都规定在《民法总则》中。不过，前者简而后者繁，原因在于我国受商品经济的民法观的强烈支配，把民法看作单纯的调整市场关系的法律工具，忽略了它还具有满足国民的精神需要、结社需要的功能。就这一问题，周江洪教授讲得好：民法中的人法，不单单解决确立市场交易主体的问题，更是要解决组织市民社会的问题。② 在这方面，俄罗斯都做得比我们好，其民法典中有非商业组织的独立单元，总共 8 条呢！而我国，则把传统的满足结社自由的非法人组织改造成经济组织，把满足结社自由的法律工具缩减成《民法总则》第 87 条第 2 款中的"社会团体"4 个字，如此安排的妥当性，大可反思。

---

① 德国法中的 Vereine 可以是经济目的，也可以是非经济目的。但在意大利法、法国法、西班牙语国家法中，与 Vereine 近义的 association 都必须是非营利的。一旦把 association 翻译为社团而非社团，它的性质就黯然开朗了：必须允许愿意者入会，如此肯定要把家排除在非法人组织的外延之外。营利性的社团采用 società 的术语。前者在民法典中，后者在商法典中，埃塞俄比亚就是这样处理两者的。

② 参见周江洪：《日本非营利法人制度改革及其对我国的启示》，《浙江学刊》2008 年第 6 期，第 147 页。

论过错责任在特殊侵权领域优先适用的经验 *
——以最高人民法院发布的十起环境公益诉讼案为中心的分析

刘士国 **

一、否定之否定：从过错责任—特殊侵权无过错责任—特殊侵权过错责任优先适用

近代先进国家民法，继受罗马法《学说汇纂》"有过错就要受到惩罚"的过错责任原则。1804 年法国民法典第 1382 条、1865 年的意大利民法典第 1151 条及 1942 年意大利民法典第 2043 条等一些国家民法典均做出了过错原则的规定。但例外的是，罗马法中也有对房屋支配者搁置或者悬挂物坠落的责任并不以行为不当为条件而承担无过错责任。[①] 近代发达国家民法又以无过错责任修订过错责任以解决工业化社会产生的环境污染等责任纠纷，形成特殊侵权责任领域。

在特殊侵权责任领域，多适用无过错责任，也有适用过错责任的。适用无过错责任的特殊侵权责任，随着社会的发展，凡能认定行为人过错的，应优先适用过错责任。这一规则往往不被一些人所认识，法律一旦作出无过错责任的规定，易形成人们的思维定势，似乎这就没有适用过错责任的余地或者必要，这样的认识是不符合社会发展实际的。

中国民法通则规定了一些适用无过错责任的特殊侵权，环境污染责任在本法强调以违法为条件。该法第 124 条规定："违反国家保护环境防止污染的规定，污

---

* 本文为国家社科重大项目《重金属环境污染损害赔偿法律机制研究》的阶段性成果。关于过错责任在特殊侵权领域优先适用的观点最早发表在日本北海道大学《法学论集》第 64 卷第 4 号（2002 年 11 月）《过错、无过错责任的交错及立法选择》。本文重点研究其司法审判的中国经验。

** 复旦大学法学院教授，法学博士，博士生导师，中国民法学研究会副会长。

① 参见《桑德罗·斯奇巴尼教授文集》，中国政法大学出版社 2010 年版，第 262—264 页。

染环境造成他人损害的，应当依法承担民事责任。"因该法规定承担环境污染责任以违法为条件，在实践中发生民事责任是否以违法为条件的疑问，湖北省环保局曾就此向国家环保局请示，国家环保局在（91）环发函字第 104 号批复中答复："承担环境污染赔偿责任的法定条件就是排污单位造成环境污染危害，并使其他单位或者个人遭受损失。""国家或者地方规定的污染物排放标准，只是环保部门决定排污单位是否需要缴纳超标排污费和进行环境管理的依据，而不是确定排污单位是否承担民事责任的界限。"这实际是认定环境污染民事责任，为无过错责任。1989 年修改颁布的环境保护法第 41 条第 1 款规定："造成环境污染危害的，有责任排除危害，并对直接受到损害的单位或者个人赔偿损失。"这是对民法通则规定的明确修正。2009 年通过的侵权责任法明确规定环境污染责任为无过错责任。该法第 65 条规定："因污染环境造成损害的，污染者应当承担侵权责任。"20世纪八九十年代是中国改革开放的初期，环保部门刚开始设立，环保特别法欠缺，统一适用无过错责任基本符合当时的国情。但进入九十年代后期，情况发生了很大变化，环保法律体系基本形成，环保部门成为强大的行政机构，排污标准有了规定，环境执法得到加强，对违反排污规定，抗拒环保执法的，当事人显有过错，只有适用过错责任才符合案件实际，过错是不应避而不谈的问题，只有对那些难以认定过错的环境污染案件才能适用无过错责任。基于此，在制定侵权责任法时，我提出要明确规定，在适用无过错责任的特殊侵权责任领域，凡能认定行为人过错的，过错责任优先适用。由于人们一时不理解，这一主张没有成为法律条文。现在中国正在编纂民法典分编，包括侵权责任编，我认为有必要作此规定。

　　过错责任在特殊侵权责任领域优先适用，是世界各国的普遍问题，明确规定者尚未有之，但在判例法国家的美国已有判例。lnd：ana Harbor Belt Relt RailroadV.American Cyanamid Co. 案，法官 Chard posner 针对被告将丙烯酸化学物质二万加仑液体装入火车储存槽，由另一被告货车公司托运途中停留某一小镇，大量丙烯酸化学物质泄漏致居民为防止丙烯酸扩散致癌和可能因易燃引发火灾而被疏散所致的与车站污染所致损失赔偿，认为"过失责任定义足以发挥侵权行为法之功能，无须采取无过错规定"，课以被告过错责任。①

二、特殊侵权过错责任优先适用的中国经验

　　在中国，许多环境污染损害赔偿，采过错责任。如最高人民法院 2017 年 3 月

---

① 参见陈聪富：《危险责任与过失推定》，载《月旦法学》1999 年第 55 期。

7 日发布的十起环境公益诉讼典型案例。[①] 还有针对财产责任的"毒奶粉"设立十亿损害赔偿基金案等产品责任典型案件。以下仅就最高人民法院发布的十起环境公益诉讼典型案例试作分析,这十起案例也都不同程度的存在重金属环境污染损害。

案例一:江苏省泰州市环保联合会诉泰兴锦汇化工有限公司等水污染民事公益诉讼案

2012 年 1 月至 2013 年 2 月,锦汇公司等六家企业将生产产生的废盐酸,废硫酸 2.5 万余吨,以较低的价格每吨 20—100 元,卖给无危险废物处理资质的相关公司偷排于泰兴市如泰运河、泰州市高港区古马干河,致水体严重污染。泰州市环保联合会向泰州市中级人民法院起诉。一审法院认为,6 被告将副产酸交与无资质和处置能力的公司,支付远低于依法处理副产酸所需费用,造成水体严重污染。一审判决 6 被告赔偿环境修复费用 1.6 亿元,鉴定评估费用 10 万元以及诉讼费。二审江苏省高级人民法院认定一审赔偿项目及数额正确,同时判决六家被告如能通过技术改造,对副产酸循环利用,明显降低环境风险,一年内未受违法处罚,其支付的技术改造费用可从赔偿费中抵扣 40%。锦汇公司向最高人民法院申请再审,被驳回。

此案,法院认定的责任原因,是被告为图节省依法处置产生的费用,以过低的价格转交给无资质无处理能力的公司,责任原因系为过错,被告对受让公司处理副产酸可能造成的损害应有明显的预见而故意为之,系严重的违法行为。最高人民法院认为,危险化学品和化工产品生产企业对其主营产品及副产品,须具有较高的注意义务,产品及副产品生产、出售、运输、储存和处置应符合法律规定,避免造成生态环境损害或者产生造成生态环境损害的重大风险。这适用的是"违反注意义务"的过错责任理论。此案如不适用过错责任,就不能确切地认定责任原因。

案例 2:中国生物多样性保护与绿色发展基金会诉宁夏瑞泰科技股份有限公司等腾格里沙漠污染系列民事公益诉讼案

2016 年 2 月 3 日,宁夏回族自治区中卫市中级人民法院受理了"中国生物多样性保护与绿色发展基金会"提起的环境公益诉讼案。原告分别对中卫市美利源水务有限公司、宁夏蓝丰精细化工有限公司、宁夏华御化工有限公司、宁夏大漠药业有限公司、宁夏中卫市大龙化工科技有限公司、宁夏瑞泰科技股份有限公司、宁夏明盛染化有限公司、中卫市鑫三元化工有限公司提起土壤污染损害赔偿公益诉讼系列案件。2017 年 7 月 25 日,中卫市人民法院在《人民法院报》发布原被

---

① 中国法院网,2017 年 3 月 8 日。

告双方的调解协议，至8月25日公告期届满，社会各界未提出异议。依调解协议，涉案8家企业在已投入569169634元费用与修复和预防土壤污染资金基础上，又承担环境损失公益金600万元。

法院审理查德明并在调解书载明的理由为：5家涉案企业未落实环评要求，将超标生产废水排入蒸发池；1家企业污水处理设施不正常，长期排放废水并形成废水池；1家企业在沙地内填埋大量未经处理的废渣，致地面泛出斑驳红褐色；1家企业向沙地排放生产废水。以上8家企业均对周边土壤环境造成不同程度污染。该案审理查德明的事实，均为严重违法的过错行为，案件确认的责任，显为过错责任。可见，法律虽规定环境污染为无过错责任，而无过错责任是不管行为人有无过错依法承担的责任，而本案不能不管行为人是否违法就作出裁定，那样其责任是无视严重违法的过错事实，其归责是不清楚和不能令人信服的。

案例3：中华环保联合会诉山东德州晶华集团振华有限公司大气污染民事公益诉讼案

被告振华公司为生产玻璃及玻璃深加工的企业，虽建有脱硫除尘设施，但有两个烟囱长期超标排放污染物，致大气污染影响周围居民生活，被环保部点名批评并受山东省环保行政主管部门多次处罚，仍继续超标排放。中华环保联合会提起诉讼，德州市中级人民法院受理后，与当地政府一同召开协调会，被告同意关闭全部生产线，另择新址建厂，鉴于被告已停止侵害，法院判决振华公司，赔偿已超标排放污染物所致损失2198.36万元，交由德州市政府用于改善大气环境，并判决被告因侵害了社会公众的精神性环境利益，在省级以上媒体向社会公开赔礼道歉。

此案，赔偿责任以超标排放为依据，并确认被告侵害了公众精神性环境利益，责令被告向社会公众赔礼道歉，为过错责任之认定。

案例4：重庆市绿色志愿者联合会诉湖北恩施自治州建始磺厂坪有限责任公司水库污染民事公益诉讼案

被告磺厂坪矿业公司未按环保部门要求提出尾矿库运行后可能存在对喀斯特矿区排洪排水问题的补充评价报告，于2014年8月10日开始违法生产，产生的废水、尾矿未经处理排入邻近的漏斗溶洞发育的自然洼地，2日后的8月12日，被邻县巫山县村民发现千丈岩水库饮用水取水口水质异常，巫山县启动重大突发环境应急预案。重庆绿联会提起诉讼。一审重庆市万州区人民法院认为，被告违法生产，破坏了千丈岩地区水体、地下水溶洞以及排放废水洼地的生态，损害了社会公共利益，企业选址存在污染地下水风险，未建污水防治设施，潜在污染风险与现实损害同时存在，故判决被告立即停止损害，重新履行环评义务，未经验收批复不得生产,在判决后 180 日内制定洼地修复方案并进行修复,逾期不履行修复义务或者修复不达标,承担修复费用 991000 元,并在国家级媒体向公众赔礼道歉。二审重庆市第二中级人民法院维持一审判决。

本案以被告未履行补充环评义务,违法排放未经处理的废水和堆放尾矿的过错为依据,判决被告承担停止侵害、履行环评义务、环境修复的民事责任,未尽修复责任,承担赔偿修复费用和赔礼道歉的责任。本案,不但适用过错责任原则,而且创新适用了多种责任方式。

案例 5:中华环保联合会诉江苏江阴长泾梁平生猪专业合作社等养殖污染民事公益诉讼案

被告的生猪养殖未经环评,配置的污染防治措施也未经验收,擅自投入生产,造成邻近村庄严重污染。原告因此提起诉讼,一审无锡市中级人民法院,判决被告承担涉案土壤污染修复责任并对涉案水环境进行修复达 v 类标准,否则,法院将委托第三方修复,由被告承担一切修复费用。

此案承担责任的依据,是被告违反环评、防治措施验收规定擅自生产所致损害,为过错责任。

案例 6:北京市朝阳区自然之友环境研究所诉山东金岭化工股份有限公司大气污染民事公益诉讼案

被告下属热电厂环保设施未经验收即投入生产并篡改监测数据等环境违法行为,持续向大气排放超标污染物,在 2014—2015 年间,受到多个环保部门行政处罚,山东省环保部门责成其停产整顿,环保部也对其通报、督查。原告向法院提起诉讼,要求其消除对大气造成的环境危险并支付 2014 年 1 月 1 日起至停止侵害期间所产生的大气污染费用。东营市中级人民法院主持调解,双方达成协调协议,被告自愿承担支付环境治理费用 300 万元。

此案,承担责任的依据是环保设施未经验收、篡改监测数据,持续向大气排放超标污染物的严重过错行为。

案例 7:江苏省镇江市生态环境公益保护协会诉江苏优立光学眼镜有限公司固体废物污染民事公益诉讼案

2014 年 4 月至 7 月,被告将约 5.5 吨的生产废物树脂玻璃倾倒于某拆迁空地造成环境污染。丹阳市环保局对场地进行初步清理,将废物连同污染土壤挖掘保管。原告向法院提起诉讼,一审镇江市中级人民法院判决被告在丹阳市环保局监督下,按一般废物依法处置涉案废物。

本案的判决依据是被告擅自向拆迁空地倾倒废物的过错行为。

案例 8:江苏省徐州市人民检察院诉徐州市鸿顺造纸有限公司水污染民事公

益诉讼案

被告私设暗管向连通京杭运河的苏北提河排放生产废水，其废水需氧量、氨氮、总磷等污染物超标，先后两次受到环保部门处罚。徐州市人民检察院2015年12月28日向徐州市中级人民法院起诉，请求判决被告恢复苏北提河原状，赔偿生态损失，如无法恢复原状，赔偿已排放的2600吨废水生态修复费用29.91万元为基准的3—5倍的费用。一审法院依据被告环境污染事实、过错程度、防治污染设备运行成本、生态环境恢复难易程度、生态环境的服务功能等因素，酌情判决被告承担修复环境费用及服务功能损失共计105.82万元。二审江苏省高级人民法院认为，一审判决以2.035倍作为虚拟治理成本法计算生态修复费用系数并无不当，以被告排放量的四倍计算生态修复费用具有事实和法律依据，判决驳回上诉，维持原判。

此案特别值得注意的是，一审法院判决考虑到被告过错程度诸因素，以排放量的四倍计算环境修复费用，足见被告私设暗管的严重过错对赔偿责任的影响，足值肯定。这有力证明，实行过错责任与无过错责任在承担责任的不同，也充分证明优先适用过错责任的必要性和意义。

案例9：贵州省六盘水市六枝特区人民检察院诉贵州省镇宁布依族苗族自治县丁旗镇人民政府环境行政公益诉讼案

被告在原龙岩飞机场用地后山地块约五亩建镇生活垃圾临时堆放场，其辖区的龙滩村村委会也组织将该村生活垃圾倾倒在堆放场附近。六盘水市人民检察院于2015年11月向被告发出检察建议书，要求其在一个月内清理垃圾、恢复地块原状，并责令龙潭村停止垃圾堆放。因被告未按期回复，原告诉至法院。一审清镇市人民法院认为，被告未经环境卫生部门批准选址堆放垃圾，亦未采取防扬散、渗漏、流失措施，造成环境污染。被告虽在本案审理中清运垃圾，并通知龙滩村停止在该地倾倒，但未达到生态环境明显改善的效果。一审法院判决被告按专家意见继续采取补救措施。

本案，被告的致害原因是擅自选址堆放该镇生活垃圾，未按期回复检察院建议，虽在审理中采取清运等必要措施，但未达明显改善生态环境的目的，故判决继续采取措施。本案亦为过错责任。

案例10：吉林省白山市人民检察院诉白山市江源区卫生和计划生育局、白山市江源区中医院环境行政附带民事公益诉讼案

被告白山市中医院新建综合楼未建合格的污水处理设施即投入使用，白山市人民检察院发现其通过渗井、渗坑排放医疗废水，并发现白山市卫生和计划生育局在未提交环评合格报告情况下对其《医疗机构执业合格证》校验为合格。原告

向法院起诉。一审白山市人民法院认为，白山市卫生计生局该校验行为违法，白山市中医院违法排放医疗废水致周边地下水及土壤存在重大环境污染风险，遂判决白山市卫计局该行政行为违法，责令其监督白山市中医院在三个月内完成污水处理整改，并立即停止违法排放。

此案，系由被告的共同过错所致环境污染及风险，适用的是过错责任原则。

无过错责任，在难以确定污染者过错的情况下方可适用。以下仅举两例说明之。

案例1：山西省河津市清涧镇任家庄村民委员会诉山西铝厂环境污染损害赔偿纠纷案

被告山西铝厂于1983年7月开始建厂，至1984年12月底相继建成氧化铝厂、热电厂、煤气厂等。由于临近原告村民居住地及村民承包的土地，先后发生多起污染纠纷均调解解决，唯对村民健康损害和村民果园绝收损失未达成协议。原告向法院起诉。一审山西省高级人民法院认为，环境污染损害赔偿是无过错责任，依据无过错责任的三个条件——须有污染环境的行为、须有环境污染损害后果、污染环境行为与损害后果之间须有因果关系，基于被告排放污染物致空气苯并芘等超标，污染物降尘对土地造成污染，并存在噪音、废水等污染，被告不能证明与村民健康损害无因果关系，而环境对居民健康损害是显而易见的。法院认为，此地不宜村民居住，建议当地政府对此地村民予以搬迁，并判决被告一次性给付原告受损居民自1994年至2000年健康损害补偿费70万元，从2001年开始自实施搬迁为止，每年由被告补偿10万元，于每年元月一日支付，被告一次性补偿原告果园绝收损失费8万元，案件受理费由被告承担。

此案法院未分析被告对污染是否有过错，因建厂是政府行为，污染物超标是累积的结果，不等于排放超标，噪声污染也是生产产生，被告是否有过错难以认定。本案客观事实是，工厂建成后污染致使原告村民不宜居住和经营土地，法院以理论上无过错环境污染责任的三个构成要件，作出被告承担责任的判决，判决结果是正确的。这说明，无过错责任对难以认定污染者过错的情况仍需适用。

案例2：上诉人刘贵安、易小毛与上诉人龙腾公司环境污染损害赔偿纠纷案

上诉人刘、易二人之女刘冰洁在湖南儿童医院诊断为狼疮性肾炎、自身免疫性溶血性贫血、慢性镉中毒。后又到湖南中医高等专科学校附属第一医院住院治疗，2008年3月24日因呼吸循环衰竭，经抢救无效死亡。最后诊断病因为系统性红斑狼疮、重度贫血、上消化道出血、多器官功能衰竭、慢性镉中毒。上诉人龙腾公司是经营普通机械加工、制造与金属制品加工、安装等业务的企业。上诉人刘、易二人向一审法院起诉，要求龙腾公司对刘冰洁之死承担民事赔偿责任。

一审法院认为，刘冰洁死亡系多种原因所致，镉中毒仅是加速病情的诱因，不是主要原因。龙腾公司在金属加工、电镀过程中产生的废水含有多种重金属，龙腾公司提出2006年2—3月省、市环境监测部门监测其排放废水镉含量达标，但未证明之前是否达标。故判决龙腾公司承担刘冰洁医疗费用5%的赔偿责任6037元。二审株洲市人民法院于2010年3月25日判决维持原判。

本案龙腾公司不能证明2006年2月之前的排放是否达标。即使达标，镉通过废水、废气、废渣排放，亦可能造成环境污染，富集于生物体，通过食物链进入人体，引起慢性中毒。龙腾公司是否有过错难以认定，适用无过错责任，并据原因力作出的判决，是正确的。

上述两例证明，无过错责任在难以认定污染者过错情况下，仍须适用。环境污染责任总体应贯彻无过错责任，但从近年法院判决分析，多数案件适用过错责任，少部分案件适用无过错责任。这充分证明在规定无过错责任的同时，规定过错责任优先适用的必要性。

三、规定过错责任在特殊侵权责任优先适用的意义

过错责任在特殊侵权责任领域的优先适用，是社会生活中产生的基本原则，将此在法律中明确规定，其意义是：

第一，有利立法更符合客观规律。符合客观规律，是中国编纂民法典，达到私法领域良法善治目标的标准之一。过错责任在特殊侵权领域优先适用，是当代科技发展，法治进步形成的客观规律。将此上升为法律，是认识客观规律的结果。这样的法律规定，有利解决侵权责任法中的疑难问题。高空抛物致人损害，加害人不明由全体可能加害的高层住宅业主对受害人分担补偿的规定，是中国侵权责任法制定中反对和支持所有业主赔偿争论的折衷结果，即将草案的赔偿改为补偿。但法律实施后的效果并不理想。写字楼玻璃杯被抛下致某行人头部受重伤，依此规定，法院查找到了300多家楼上办公的公司，被告名单列了几十页，出庭应诉的仅有十几家，案件判决难以得到执行。最早发生高空抛物的四川重庆一中院的审判员，集体撰文认为他们原来做出的终审判决不妥，判决责令18家业主分担责任，仅有两家按判决付款，案件最终难以执行。法律的规定客观上进一步形成公安机关不积极侦破案件状况，将问题的解决推给法院。明确过错责任优先适用，凡能认定过错责任必须由过错行为人负责，这一疑难问题就将排除无过错责任的适用，尽可能通过刑事侦破认定具体加害人。现代科技为侦破案件提供可能，不仅警方可以利用，现代生物样本库的建立，DNA检测为侦破提供了可能完成的保

证，中国法律关于高空抛物全体业主补偿的规定其合理性受到进一步挑战。

第二，有利司法统一。中国司法审判，有的审判人员对环境侵权，依侵权责任法、环境保护法为无过错责任，而一些案件适用过错责任，一些案件适用无过错责任感到疑惑。现行法的规定，也为一些案件在能判定行为人过错条件下仍以无过错责任判决提供了依据，造成司法的不统一，同案不同判。明确规定过错责任优先适用，有利于对能够认定行为人过错的案件实现司法统一。不仅能认定污染者应适用过错责任，在双方均对损害有过错应过错相抵的案件中，更应优先适用过错责任。过错责任是分担责任的依据，如适用无过错责任，则不能正确处理此类案件。如，"连云港双友硅制品有限公司与李红巾环境污染损害赔偿纠纷上诉案"，原审法院以双友制品有限公司将含有酸性的废水排入属石文港村的排水沟，没有设立警示标志，李红巾父亲将净化沟内的污水引入鱼塘，至塘内鱼死亡，前者有过错，后者无过错，判决前者赔偿后者鱼塘污染损失 12862 元。前者上诉，二审江苏省连云港市中级人民法院认为，后者也有过错，并且认为过错相当，判决前者赔偿后者 6408 元，诉讼等费用各负担一半。①

第三，有利发挥侵权责任法预防、制裁侵权行为的功能，实现社会的公平正义。侵权责任法的功能主要是赔偿损害，但也必须尽可能地发挥预防、制裁侵权行为的功能。过错责任较之无过错责任，其预防、制裁的作用更强，更能体现道德的可谴责性和社会正义。这是过错责任优先适用的道德基础。以山东德州市玻璃厂环境公益损害案为例，该工厂长期违法排放未经处理的废气致大气污染，几经行政处罚，甚至在被责令停产整顿期间仍违法生产，其过错是承担公益诉讼赔偿的主观基础，如果不在判决中指出其违法排放、违法生产，其公益赔偿责任就欠缺道德的可谴责性，判决的警示、惩罚作用就难以充分体现。有一种观点认为，适用无过错责任，只要能达到被告完全赔偿原告的损失，就达到了救济目的，至于被告是否有过错无关紧要，这种观点是仅片面强调侵权责任的救济功能，是不完全正确的。特别是因为在重金属污染损害赔偿案件中，损害的认定有时采用的是被告因未处理污染废物节省的费用的 2—5 倍的虚拟计算法计算赔偿数额，考虑因素包括救济损害和保护生产以及生产方的过错程度，是承担责任的重要原因。

第四，过错责任优先适用，有利公、私法协调。在当代环境侵权损害的应对，公、私法协动是基本情况。公法对违法行为处以惩罚、责令停产整顿甚至对犯罪者处以刑事责任，而私法判决损害赔偿无视其行为的违法性，就没有完全实现公、私法协调。过错是公、私法协动的基础，过错责任体现了私法责任与公法责任的一致性。

① （2004）连民一终字第 2268 号。

有些案件，污染者没有过错是不承担责任的理由。如"张士国等与连云港市易达酒业有限公司等环境污染损害赔偿纠纷上诉案"，该案原告张士国等人从转包人窦某处租赁滩涂进行贝类养殖，后因人工投放蛏苗大面积死亡，经环保部门现场调查确认，该区域海水活性磷酸盐、化学需氧量超标，不宜作为养殖区域，建议县政府调整养殖区域，加强城市污水处理厂建设，协调补偿养殖户损失。原告因养殖未经政府批准不能获得补偿，遂向法院起诉请求被告停止侵害并承担赔偿责任。一审法院认为，赣榆县青口镇沙王河作为赣榆县城工业及生活污水排放入海通道，经省政府批准为地面水 V 类功能区，是经批准的公共排污渠道，原告请求被告停止排污依据不足，不予支持；该区域长期污染严重，原告在此养殖，主观上有过错，也未依法向县渔政部门申领海域使用和养殖证，故要求被告承担赔偿责任的诉讼请求，不予支持。原告上诉，二审江苏省连云港市中级人民法院驳回上诉，维持原判。①

此案，被告企业向政府允许的河道排污入海，虽有污染事实和损害后果及因果关系，但属无过错的合法行为，而原告未经批准擅自在污染区养殖，被告不应对此损失承担民事责任。优先适用过错责任，才能保护合法排污者的权益。此案，也充分证明违反公法未经渔政部门允许擅自养殖受到的损害不受法律保护，符合公法规定的合法排污者在特定情况下也不对污染损害承担赔偿责任。

中国现行侵权责任法规定的无过错责任种类包括：用人责任、监护人责任、环境侵权责任、饲养动物致人损害责任、物件致人损害责任。与大陆法系的德国、日本、意大利诸国法律比较，这些国家的使用人责任、监护人责任适用过错责任。适用法律的结果，并无明显差别，说明对过错的事实认定很难证明使用人、监护人无过错，与无过错责任非常接近。但中国法规定过错责任优先适用，有利认定使用人、监护人明显过错的事实以发挥过错责任的优越性，在适用法律结果上与德、日、意等国更加一致。中国适用无过错责任的特殊侵权类型较多，更须规定过错责任优先适用规则，其他国家无论是否规定，也须遵守这一规则，这在各国是共同的。

四、结论与建议

过错责任如何优先适用，中国实践中形成的经验规则主要有以下几项：

（一）因当事人违法行为已受刑事、行政责任追究，民事责任应适用过错责任

---

① （2005）连民一终字第 1029 号。

原则。重金属环境污染损害赔偿案件，往往与刑事犯罪，行政违法相伴随，一般为先受到行政罚款、责令停产整顿行政处罚，仍继续违法犯罪，致受到刑事责任追究。如湖南湘和化工厂案。特殊情况是，一经发现随即认定刑事犯罪，追究刑事责任。有的案件，在追究刑事责任、行政责任后追究民事赔偿责任，此种情况下只有适用过错责任原则是正确的；

（二）当事人虽未受到刑事、行政责任追究，但行为违反了法律规定的标准，应适用过错责任原则。当事人超标排放，显然具有违法性，当事人具有违法性的过错，理应优先承担过错责任；

（三）行为人虽未受到刑事、行政责任追究，也未违反法律规定的标准，但对造成损害有其他方面的过错，亦应优先适用过错责任原则；

（四）原被告双方当事人均有过错，适用过失相抵规则时，当然适用过错责任原则；

（五）污染者合法排放，虽造成损害但不应承担责任时，亦适用过错责任原则认定其不承担责任的正当理由；

（六）考虑污染者过错程度，适用虚拟赔偿计算方法时，当然适用过错责任原则。

在无上述情况存在时，应属认定过错困难，方可适用无过错责任。因此，过错责任在特殊侵权领域优先适用，并非是由法官任意选择适用过错责任或者无过错责任，而是在不能适用过错责任情况下方可适用无过错责任。

建议编纂中的中国民法典侵权责任编在规定无过错责任的同时，增加一条规定：无过错责任适用于确定责任人过错困难的情况，如果责任人过错明显或者有可能认定其过错的，应优先适用过错责任原则。

完善"三权分置"办法的理论局限和制度局限

张谷 *

2016 年 10 月 30 日中办、国办发布《关于完善农村土地所有权承包权经营权分置办法的意见》（以下简称《意见》），可谓"石破天惊"。《意见》中关于完善"三权分置"的办法更是被称为"是继家庭联产承包责任制后农村改革又一重大制度创新"。对于如此重大的制度创新，需要多方面的解读。从民商法原理出发，深入理解《意见》的精神，掌握"三权分置"的实质，进行理论分析和说明，甚至指出"三权分置"办法可能存在的理论局限和制度局限，则是民商法学者责无旁贷的要务。本文就是这样的一种初步尝试，藉以就教于方家。

一、"三权分置"、完善"三权分置"办法和完善办法的具体实现形式

我们注意到，《意见》名称中强调的是"完善"农村土地所有权承包权经营权分置办法。言下之意，针对农村土地的所有权、承包权、经营权这三权，乃现有制度中所固有的，并非新创，无非是过去不够注意，现在应该更加刻意地加以区分。倘若如此，又怎么能当得起"重大制度创新"的美誉呢？

实际上，要"完善"的不是固有的三权，而是要将原本都集中于承包农户手中的承包权和经营权分离开来。正因为承包权和经营权过去以集中在农户手中作为常态，所以，过去都笼统地称为承包经营权。现在为了农业现代化，为了农业的适度规模经营，为了便于将工商资本引入农业生产经营，势必发生承包权人和经营权人的分离，因此要将农户手中的承包经营权进一步细分为承包权和经营权，在落实集体所有权的前提下，稳定承包权，放活经营权；要特别关注经营权，在保护承包权人的同时，也要平等保护经营权人，以维护工商资本从事农业经营的合理预期。因此，"完善"的对象，重点在于权利的"分置"，尤其是承包权和经

---

* 浙江大学法学院、教授、博导。

营权的"分置"。

上述解读完全建立在《意见》的基础上。《意见》中关于完善"三权分置"办法的表述无疑是最权威的。《意见》第一部分写道："现阶段深化农村土地制度改革，顺应农民保留土地承包权、流转土地经营权的意愿，将土地承包经营权分为承包权和经营权，实行所有权、承包权、经营权（以下简称'三权'）分置并行，着力推进农业现代化"。这只是对"三权分置"的概括描述。至于如何去完善"三权分置"办法，更为具体的描述，主要见诸于《意见》的第三部分。

"三权分置"不同于完善"三权分置"办法。"三权分置"是出发点和归宿点，完善"三权分置"办法是路径和手段。"三权分置"是大前提，只有先将"三权"分离开来，分别归置，才有进一步形塑的可能，才能开辟道路；借助于完善"三权分置"办法，才能科学界定分离后"三权"的内涵、权利边界及相互关系，逐步建立规范高效的"三权"运行机制，实现"三权"的功能整合。换言之，分置并行的三权，其中每一种权利因为权利主体不同，客体不同，内容不同，执行的功能不同，因此完善的办法也不能"一刀切"，既不能等量齐观，也无法平均用力，反而得各行其是，各自有其不同的侧重点。《意见》第三部分对此做出明确的指示，即不断探索农村土地集体所有制的有效实现形式，"落实"集体所有权，"稳定"农户承包权，"放活"土地经营权，充分发挥"三权"的各自功能和整体效用，形成层次分明、结构合理、平等保护的格局。

完善"三权分置"办法，就是要把握"落实""稳定""放活"的六字方针。所谓落实集体所有权，就是要始终坚持农村土地集体所有权的根本地位。农村土地农民集体所有，是农村基本经营制度的根本，必须得到充分体现和保障，不能虚置。所谓稳定农户承包权，就是要严格保护农户承包权。农户享有土地承包权是农村基本经营制度的基础，要稳定现有土地承包关系并保持长久不变。土地承包权人对承包土地依法享有占有、使用和收益的权利。农村集体土地由作为本集体经济组织成员的农民家庭承包，不论经营权如何流转，集体土地承包权都属于农民家庭。任何组织和个人都不能取代农民家庭的土地承包地位，都不能非法剥夺和限制农户的土地承包权。所谓放活土地经营权，就是要加快放活土地经营权。赋予经营主体更有保障的土地经营权，是完善农村基本经营制度的关键。土地经营权人对流转土地依法享有在一定期限内占有、耕作并取得相应收益的权利。在依法保护集体所有权和农户承包权的前提下，平等保护经营主体依流转合同取得的土地经营权，保障其有稳定的经营预期。

顺便指出，完善"三权分置"办法仍然有其自身的具体实现方式。如果说完善"三权分置"办法是达成"三权"规范高效运行机制、实现"三权分置"的方式的话，那么在完善"三权分置"办法时，也就是在贯彻"落实""稳定""放活"六字方针时，仍然需要不断探索和丰富完善办法的具体实现形式。例如，为了落实集体所有权，是否以及如何将处分权能赋予集体；为了稳定农户承包权，必须回答农户承包权得丧变更的具体原因；为了放活土地经营权，经营者除了通过租赁合同取得债权性的经营权外，可否以租赁方式设定物权性的经营权。诸如此类，要回答的都是完善"三权分置"办法的具体实现形式层面的问题，并不影响六字方针本身的规范性和安定性。

《意见》发布之后，2016 年 11 月 27 日中共中央国务院正式对外公布《关于完善产权保护制度依法保护产权的意见》，2016 年 12 月 26 日中共中央国务院发布《关于稳步推进农村集体产权制度改革的意见》。在农村土地制度方面，这三个意见相互配合，和十八大 ① 以来特别是十八届三中 ②、四中 ③、五中全会的精神一脉相承。2018 年 1 月 2 日《中共中央国务院关于实施乡村振兴战略的意见》中，将巩固和完善农村基本经营制度作为实施乡村振兴战略制度建设的重要组成部分。为此，除了要求第二轮土地承包到期后再延长 30 年，要求全面完成土地承包经营权确权登记颁证外，还要求完善"三权分置"制度，即在依法保护集体土地所有权和农户承包权前提下，平等保护土地经营权。农村承包土地经营权可以依法向金融机构融资担保、入股从事农业产业化经营。实施新型农业经营主体培育工程，培育发展家庭农场、合作社、龙头企业、社会化服务组织和农业产业化联合体，发展多种形式适度规模经营。④

二、理论局限："三权"还是"五权"？彼此关系如何？

土地制度改革越来越趋向深入，《意见》提出的完善"三权分置"办法，关系到坚持和完善我国农村基本经营制度，关系到农业生产的规模化、集约化和现代化，关系到农地资源的合理配置，关系到农村振兴战略和城乡协调发展，意义重大。而这一切根本上都离不开正确处理农民和土地关系这一改革主线。但是，也应该看到，《意见》提出的完善"三权分置"办法，作为重大制度创新，在其合理性和完善性方面能否经得起究问，仍然是值得研究的重大课题。笔者以为，从民事财产法和团体法的法理来看，《意见》提出的完善"三权分置"办法，偏于

---

① 参见十八大报告的四、（四）和八、（四）。
② 参见十八届三中全会决定的四、（11），六、（20）（21）。
③ 参见十八届四中全会决定的四。
④ 参见《中共中央国务院关于实施乡村振兴战略的意见》九（一）。

财产法而忽视团体法，即便在财产法方面，也混淆了"赔偿法意义上的财产"和"责任法意义上的财产"，以致于应该分置的到底是"三权"还是"五权"，以及各个权利彼此之间的关系，未能得到科学的说明，是为完善"三权分置"办法的理论局限。与此同时，《意见》提出的完善"三权分置"办法，非但未能跳脱我国土地归属和利用（尤其是利用上的）"城乡二元"格局，反而囿于"城乡二元"的土地制度，试图在制度的罅隙中闪转腾挪，以致于可能无法从根本上解决问题，反倒会使得问题越来越复杂化，是为完善"三权分置"办法的体制局限。

农村土地"三权分置"改革，旨在"落实集体所有权，稳定农户承包权，放活土地经营权"，充分发挥"三权"的各自功能和整体效用，形成层次分明、结构合理、平等保护的格局。这样的良法美意仅仅通过"三权分置"就能够真正实现吗？

要回答这个问题，首先要搞清楚到底是"三权"之间的关系，还是"五权"之间的关系。《意见》中在"三权"之外也四次提及"承包经营权"概念，其中三次涉及承包经营权和承包权关系，例如"现阶段深化农村土地制度改革，顺应农民保留土地承包权、流转土地经营权的意愿，将土地承包经营权分为承包权和经营权"；再如"农村土地集体所有权是土地承包权的前提，农户享有承包经营权是集体所有实现的具体实现形式，在土地流转中，农户承包经营权派生出土地经营权。"这样的表述在逻辑上恐怕是有问题的！试想，如果《意见》的起草者认为承包经营权是一种用益物权，而承包权和成员资格有关，那么，承包经营权怎么能够产生承包权？逻辑上应该反过来才对！同时，承包权和成员权之间到底是什么关系？

通过对《意见》尤其是第三部分的反复研读，仔细揣摩起草者的意图，结合民事财产法和团体法的法理，笔者认为，《意见》提到"三权"中"承包权"，并非总是在某种一以贯之的特定意义，毋宁说"承包权"的意义是游移不定的，这一概念在不同的语境中实际上具有不同的意涵：有的情况下，"承包权"指称的实际上不止一项权利，而是对农村集体经济组织成员的成员权、成员的承包请求权以及成员的承包经营权等三项权利"三合一"的描述；有的情况下，则是偏重于指称这三项权利中的某一项权利。如果将这三项权利拆分开来，加上集体所有权、土地经营权，原本应该为"五权"。所以，理论上应该加以区别的是"五权"而不是"三权"，需要厘清的是"五权"之间的关系，而不是"三权"之间的关系。现将笔者对此的初步认识说明如下：

1. "落实集体所有权"，其中的集体所有权指的是"农村土地农民集体所有"，因此，所要落实的便是"农民集体"对"农村土地"的"所有权"。在现行法上，

"农民集体"依其范围的大小，大体上分为三种："村农民集体""村内的农业集体经济组织的农民集体"以及"乡（镇）农民集体"。与此相适应，这些规模、范围大小不同的"农民集体"所有的土地，分别由村农业集体经济组织、村内各该农业集体经济组织以及乡（镇）农民/业集体经济组织经营、管理；前两种缺位时，则分别由作为农村群众自治组织的村民委员会、村民小组代为经营、管理[①]。因此，尽管"农民集体"本身有点神秘莫测，但是，实践中，农村土地依法首要的应由农村集体经济组织来经营、管理。

关于农村集体经济组织的法律地位，《民法总则》第九十九条规定："农村集体经济组织依法取得法人资格。""法律、行政法规对农村集体经济组织有规定的，依照其规定"。农村集体经济组织属于经济组织，自然与农村基层的群众性自治组织（村委会、村民小组）不同，应该"政经"分开。所以，《民法总则》第一百零一条第二款规定："未设立村集体经济组织的，村民委员会可以依法代行村集体经济组织的职能。"农村集体经济组织也是农村合作经济组织，相比其他合作经济组织，最大的不同点在于它是"地域性"的合作经济组织，换言之，它是以资源类资产中的土地为中心，由依赖特定土地为生的成员组成。这就导致农村集体经济组织具备自己的特殊性：一是土地资产的不可分割性，二是成员的社区性，三是组织的稳定性，四是职能的特定性，即专门从事农民集体土地的经管。农村集体经济组织与农民专业合作社同属于农村合作经济组织，但差别很大：一是合作基础不同，前者以社区土地的农民集体所有为基础，后者则是职业团体，以生产经营合作为基础，实行跨社区合作；二是成员资格的取得上不同，前者成员资格的初始取得原因在于参与特定社区土地上的劳动，或者基于出身，在后者，则是基于自愿参与的法律行为；三是分配方式不同，前者的收益首先用于保障社区组织运转、兴办公益事业，有结余的方分配于成员，后者的收益则主要用于成员分配；四是有无历史债务不同。[②]

农民集体对农村土地的所有，究竟什么性质，学者间意见并不一致。有的认为集体土地属于农民集体成员的共同共有（"合有"），有的认为类似过去日耳曼法上的"总有"，有的认为集体土地就是集体经济组织法人所有。

共同共有、总有之间的分际，历来是民法学理上的麻烦问题[③]。德国学

① 参见《民法通则》第74条第2款、《农业法》第11条、《农村土地承包法》第12条第1款、《土地管理法》第10条和《物权法》第59条第1款、第60条。当然，立法上的表述也有不一致的情况，比如"农村""农业""农民"集体经济组织并用，其间有无差别？有的立法则干脆只简单地提及"集体经济组织"，回避了差异化表述可能带来的麻烦。

② 李适时主编《中华人民共和国民法总则释义》，法律出版社2017年版第314页以下。

③ 参见史尚宽《物权法论》，台版第138页以下、第158页以下。

者 Rudolph Sohm 的观点具有代表性，他提出合有（比如家庭）为财产共同体（Vermoegensgemeinschaft）加管理共同体（Verwaltungsgemeinschaft），而总有（例如合作社）则为财产共同体（Vermoegensgemeinschaft）加管理组织体（Verwaltungsorganisation）。[①] 共同共有，即合有，或称"共手的共有""连带的共有"，一般来说共有人人数有限，共有的对象常为不同权利组成的财产（主要表现为夫妻共同共有、遗产共同共有以及合伙财产的共同共有等），共同共有人对于共同财产虽有潜在的应有部分，但对共同财产的处分权能受到统制，这些特点与农民集体对农村土地的所有差异颇为明显。

农民集体对土地的所有，因为土地资产的不可分割性，无所谓应有部分，这一点和日耳曼法上的总有看上去比较相近。总有（有共手采邑、马尔克公社等表现形式）在德国、瑞士已成法律史上的陈迹，早已被基于罗马法传统的共有和法人所有加以改造。[②] 这一点姑且不说，采取"总有说"还有两个绕不开的障碍：一个障碍是农民集体对农村土地的所有带有浓厚的公共色彩，农村土地因此是否是纯粹的私法物，不无疑问；另一个障碍是我国的农民集体现实中并不能处分农村土地，详言之，因农村集体土地的所有权或使用权的权属争议，是由有关行政部门处理的[③]；不存在甲村村民集体将所有的土地之全部或一部处分给乙村的可能，甚至当某农村集体经济组织全部成员转为城镇居民时，原属于其成员集体所有的土地也不得处分，而是成为国有土地[④]。这一点与总有或者法人所有都有着根本的不同。

关于农民集体对农村土地所有的性质问题，笔者初步倾向于认为，所谓农民集体对农地的所有，属于国家授予集体对农地的管理权，授权中不包括处分权能，其核心内容不过是一种对"特定地域内成片农地"的总承包权，将来再通过承包合同"分包"给特定地域内的成员。藉此既保证了国家对土地收益的控制，又无需直接介入土地发包、土地经营等环节，也保证了农民生产资料、生活资料和保障手段的获取，同时尊重农民在土地事务上长期以来的自治传统。不过，这的确导致农民集体的土地所有的弱化乃至虚化。

2. 在团体法上，凡本集体经济组织地域内的劳动者（农民）均为其成员，享

---

① 转引自唐勇："共同共有词义考"，载《中德私法研究》第 14 卷，北京大学出版社 2016 年，第 14 页。

② 参见唐勇上揭文，第二部分。

③ 见最高人民法院《关于贯彻实施民法通则若干问题的意见》第 96 条，国家土地管理局 1995 年 3 月 11 日发布《确定土地所有权和使用权的若干规定》第 2 条。

④ 参见《中华人民共和他土地管理法实施条例》第 2 条。

有成员权①。在涉及集体土地时固然如此，但在涉及土地外的其他集体资产时，容有不同。成员权随成员资格丧失而消灭。成员资格一般只有在成员迁出或退出、土地用途改变、集体经济组织消灭或者成员死亡时才丧失；不允许开除成员，否则成员将无以生存②。成员权是成员相对于集体具有的权利义务的总括，不仅包含一系列成员的具体权利，也包含一系列成员的具体义务。

3. 集体土地除少数采取统一经营外，绝大多数采取分散经营。分散经营原则上以土地发包承包为前提。要不要启动发包程序？对于之前的土地承包要不要启动程序加以废止？谁可以启动？当然只有集体成员才拥有这样的权利。这时就涉及成员的承包权，为便于与承包经营权相区别，或者可以将承包权更精确地称为"承包请求权"！积极地要求发包、要求调整承包方案或承包地，消极地要求废止承包，回归统一经营，这些都属于承包请求权范围。成员权，就好比是"母权利"，从中可派生出一系列成员的具体权利即"子权利"：既有财产性的"子权利"，如承包请求权、宅基地分配请求权等，也有非财产性的"子权利"（共同管理的权利），如知情权、决策权、监督权、决定撤销权等③。这些共同管理性的诸项具体权利，既不能与其所从出的成员资格相独立，也不得与成员资格相分离而进行转让，此即社团法上被称为"不得分离"（nicht abgespalten werden koennen）的基本原则，在社团法人中，更因此而强调"成员资格统一性"（Einheitlichkeit der Mitgliedschaft）④。尽管如此，成员的"子权利"不妨委托他人代为行使。"母权利"和"子权利"，都不存在诉讼时效问题。

4. 承包请求权一旦行使，惟有通过订立承包合同，才进一步产生成员的（以农户形式表现）的承包经营权（"孙子权利"）。承包经营权与承包请求权有所不同：第一、客体方面，承包经营权是对特定地块的权利。第二、主体方面，不再是由个别成员，而是由个别成员——彼此间具有血缘或亲缘关系——组成的农户，与集体签订承包合同，因由此产生的对确定地块的承包经营权，不是个别成员单

---

① 《物权法》第 59 条第 1 款："农民集体所有的不动产和动产，属于本集体成员集体所有。"土地承包法第 5 条、第 18 条第 3 项、第 27 条

② 《土地承包法》不允许剥夺和非法限制成员承包土地的权利（第 5 条第 2 款）。同时，土地承包法对承包经营权也加以保护：承包期内，发包方原则上不得收回承包地，也不得调整承包地；妇女结婚、离婚或丧偶的，除非另行取得承包地，否则，发包方也不得收回（第 26 条、第 27 条和第 30 条）。这些规定属于效力性的强行法，承包合同中与此抵触的约定无效（第 55 条）上述对承包的权利和承包经营权的规定，当然也适用于成员权，它们不过是"承包权利和承包经营权均派生于成员权"这一事实在法律上的反映。

③ 集体成员的决策权，见《物权法》第 59 条第 2 款，土地承包法第 18 条第 3 项和第 27 条；成员知情权，见《物权法》第 62 条；决定撤销权，见《物权法》第 63 条第 2 款。

④ Ulrich Eisenhardt, Gesellschaftsrecht, 8. Aufl.,Muenchen: Beck, 1999, S. 403.

独拥有，而是由该农户的全体家庭成员不可分的、合手的共同共有（数人一权 Ein Recht mit meheren Subjekten）①。第三、性质方面，承包经营仅仅是一种经济责任制？还是一种法律权利？如果是权利，那么是什么性质的权利？是债权还是用益物权？如果是债权，是否因有权占有而受到"物权化"的保护？都还存在争议，需要更为深入的研究。对此，土地承包法与物权法、与国家政策之间除了个别的不一致②，没有大的不同。虽然依据土地承包法的规定，采取债权说或者用益物权说，均有可能；甚至，该法没有关于土地承包权人物上请求权的任何规定，相反，以发包方的同意作为承包经营权转让的前提，这些更让人有采取债权说的想象空间。若采取债权说，承包经营权不行使就要受诉讼时效的支配，这显然不合目的。既然物权法明确将承包经营权定位为用益物权，加之农村土地制度改革也要落实承包权的用益物权性质③，从体系解释和目的解释出发，笔者初步倾向于用益物权说。第四、转让可能性方面，承包经营权虽然是基于成员资格而来，却是依据承包合同创设的承包农户的用益物权性质的权利，具有将特定承包地的用益（土地产出的利益）量化给农户的分配功能，故可以独立于成员资格进行流转；而承包请求权要分配的则是集体土地潜在的交换价值，因为存在与国家的博弈，唯于被征收时以土地补偿利益的形式表现出来，按照"成员资格统一性"原理的要求，承包请求权却不得单独转让。

5. 经营主体的土地经营权是"三权分置"改革中最需要也难界定的概念，在此不避辞费，细加阐述。

首先，"经营主体"一定存在于他人经营的情境中，但又不是所有的他人经营都和"经营主体"相关，只有当他人经营建立在"对承包经营权的用益"基础上，也就是基于"土地经营权"时，该他人才可能是此处所谓的"经营主体"。

他人经营都是相对原承包农户的经营来说的。不过，土地承包法上的他人经营和"三权分置"办法理解的他人经营有所不同。对于承包地，集体成员基于承包经营权可以农户的形式自己经营，固不待言。如果集体成员不能或不愿自己经营，则可以将承包地流转出去，由承包农户以外的他人，依据流转合同，从事流转地的农业生产经营，此即土地承包法上的他人经营（广义的他人经营）。土地

---

① 有学者认为，这时只有农户享有成员权，不过，该成员权由农户的组成人员共同共有。这种观点可能受到"三权分置"意见将承包权等同于成员权的影响。笔者不同意这种观点，因为它混淆了成员权、承包请求权和承包经营权，既不符合土地承包法、物权法的文意，理论上不可通，实践上也有害。

② 主要表现在物权法对承包经营权的出租、入股未像土地承包法以及农村土地承包经营权流转管理办法那样予以明确。而"三权分置"改革的意见中，则是在承包权的权能中更是增加了抵押和自愿有偿退出的内容。

③ 《意见》也提到"落实承包地……的用益物权"。

承包法因偏重于承包农户对承包经营权的用益权能和处分权能，所以，将承包经营权的转包、出租、转让、互换、入股，均作为承包经营权的流转方式。在"三权分置"的意见中，则侧重土地经营多元化，在稳定传统农业由农户经营，并使之升级为专业农户或家庭农场外，更要建立现代农业，引入工商资本，培育新型经营主体。与之相适应，需要对承包经营权的多种流转方式，以其涉及承包经营权的处分还是承包经营权的用益，加以区别，进而对广义的他人经营予以限缩，才可能正确理解"三权分置"办法中的"经营主体"（狭义的他人经营）。

在广义的他人经营中，原承包农户以外的流转地的生产经营者，其经营所依据的权利，按照"三权分置"办法，或为承包经营权，或为土地经营权。权利虽有不同，却都是源自原承包农户的承包经营权。根据经营者的权利与原承包经营权之间的关系，可以分为权利移转的继受取得和的权利创设的继受取得，它们各自对应着不同的流转方式，例如，流转地通过承包经营权的转让、互换而取得的，一般是权利移转的继受取得；通过转包、出租而取得流转地的，则是权利的创设的继受取得。前者，涉及对原承包经营权的让与处分，移转的是承包经营权这种用益物权；后者，涉及的是对原承包经营权的用益，移转的则是债权性的土地经营权①。前者，流转时需要发包方同意，还可能涉及登记问题②；后者，流转时无需发包方的事先同意，但应向集体书面备案③。前者，原承包农户的承包经营权原封不动的移转于后手；后者，则是将承包经营权中的部分权能抽取、组合而创设出较小的权利移转于后手。

"三权分置"办法中的"经营主体"拥有的既然是土地经营权，就应该将基于承包经营权的他人经营者，从广义的他人经营中"驱逐"出去，交由承包经营权的相关规范去调整，方能使得土地经营权与承包经营权之间的权利边界清晰明确。这本身也是非常合理的。举例来说，按照土地承包法和农村土地承包经营权流转管理办法的规定，承包农户通过转让或者互换，将承包经营权全部或部分流转给"同一集体经济组织农户"的，或者承包农户将承包经营权转让给同一集体经济组织农户以外的、其他从事农业生产经营的农户的，后手即移转的继受取得前手的承包经营权，他们对流转地的经营都是基于承包经营权。如果要说有什么不同，前一种情形，取得人具有集体成员资格；而在后一种情形，集体与受让人之间，转让之前并不存在成员关系，之后也不会因为转让而使受让人成为集体成

---

① 这是根据《关于完善农村土地所有权承包权经营权分置办法的意见》三、（三）的表述得出的结论。

② 参见《土地承包法》第 37 条第 1 款，第 38 条；不动产登记暂行条例实施细则第 50 条。对入股，则未为类似规定，值得研究。

③ 《关于完善农村土地所有权承包权经营权分置办法的意见》三、（一）。

员。无论如何，这时都与具有特定含义的土地经营权无关，因此，受让人或互换双方，无需归入所谓的"经营主体"，仍然属于承包经营权人，只不过是有别于承包经营权的初始取得人（原承包农户）的承包经营权的继受取得人而已。

经过这样的分类，"三权分置"意见中的"土地经营主体"的形象已经呼之欲出。从《关于完善农村土地所有权承包权经营权分置办法的意见》三、（ ）的表述看，土地经营权既然不同于承包经营权，那么它就只可能与创设的继受取得有关，换言之，只与转包、出租的流转方式有关。至于转包，由于只发生于承包户之间，那么，除非接包方资力雄厚，否则它不太适合为了培育新型经营主体的需要，充当土地经营权的创设基础。于是，重任的实现更多要仰赖出租的流转方式。《关于完善农村土地所有权承包权经营权分置办法的意见》三、（三）所谓经营主体"有权在流转合同到期后按照同等条件优先续租承包土地"云云，似乎也是一个佐证。至此，似乎可以得出初步结论：土地经营权主要是租赁债权，作为其基础的流转合同主要是承包经营权的租赁合同（这是权利的用益租赁而非物的使用租赁），经营主体主要是承租人①。

其实，"经营主体"之所以主要是承租人，也和立法者对既有的不同流转方式的功能预期有关。在土地承包法上，广义的他人经营，还可以根据该他人与农民集体之间关系的不同，可以区分为承包户之间的流转、承包户与其他农户之间的流转以及承包户与第三人之间的流转三种情形。例如，同一集体经济组织的农户之间即承包户之间的流转，承包经营权的转让、互换、入股、转包、出租五种形式，均可适用。承包户与其他农户（即流出方所在的本集体经济组织之外的农户）之间的流转，则采取转让、出租两种方式，转包方式可否适用，规定上不一致②。而承包户与第三人之间的流转，就只剩下出租这一种方式，因为通过出租而取得

---

① 土地经营权是否就一定不能解释为一种用益物权？当然不是！首先，"三权分置"意见里提到"土地经营权抵押"，那么，以租赁为内容的"流转合同"，就不妨看作是作为用益物权的土地经营权的设立方法。其次，尽管通过流转合同设立土地经营权时，"三权分置"意见里没有登记的要求，这似乎不符合物权法对法律行为方式变动物权的公示公信原则，但是，这种情况可以看作是"法律另有规定"的情形；更何况随着改革的推进，将来通过修改法律，完全可以将土地经营权纳入需要登记的范围。再次，土地经营权到底是债权还是物权，根本上不是取决于登记与否（这不过是公式方法而已），而应取决于流转合同双方的意愿；如果双方意思在于设立物权性质的土地使用权，那么，登记可以看作是对抗要件。所以，笔者审慎地初步采取土地经营权债权说，最终的结论还要视乎未来如何进一步规范。

② 《土地承包法》第39条对接包方的表述为"第三方"，但是农村土地承包经营权流转管理办法第35条第2款则限定为"同一集体经济组织的其他农户"，两者间规定不一致。

流转地经营权的第三人，无需是农户，更无需是同一集体经济组织的农户①。这种与流入方的范围有关的分类，反映出多元农业生产模式建立过程中，立法者对不同的流转方式有着不同的功能预期。在"大稳定、小调整"中，互换、转包更多的发挥着调整的作用。在传统农业向现代农业转化的过程中，转让更多地满足专业农户、家庭农场的需要，而出租的方式则更有利于工商资本进入农业。

《关于完善农村土地所有权承包权经营权分置办法的意见》中作为"土地经营权人"的"经营主体"应主要指承包经营权的承租人，而且主要指承包农户以外的他人承租。其中承包农户作为承租人时，其在流转合同规定的权利之外，还可以利用成员享有的共同管理性质的"子权利"，保障自己的土地经营权；而承包农户以外的承租人，因其不享有成员资格，则只能更多地借助优先续租权，以保障自己的稳定预期。

"三权分置"办法中的"三权"关系（在笔者这里细分为"五权"关系），已如上述。需要说明的是，上述"五权"的相互关系，系依照现行土地承包法的相关规定，结合财产法和团体法理论，在规范分析基础上得出的结论。但在《关于完善农村土地所有权承包权经营权分置办法的意见》中，似乎没有注意到土地承包法上"成员承包土地的权利"和"承包经营权"之间的差别，同时放弃了土地承包法上"承包经营权"的提法，代之"承包权"，甚至于用"承包权"同时概括了在主体、客体、性质和可转让性等方面存在重大差异的三种权利：成员权、承包请求权和承包经营权，这将会引起认识上的严重混乱！

三、"城乡二元"体制对"三权分置"改革的制约

如上所述，"三权分置"意见中的农户承包权，应该一分为三，分别为集体经济组织成员的成员权、集体成员的承包请求权和农户的承包经营权。"三权分置"办法中的土地经营权主要指承包农户以外的经营主体根据流转合同取得的、对流转出来的农户承包地耕作和得到相应收益的有期限的权利。"三权分置"改革顺应农民意愿、促进农业适度规模经营的初衷，值得肯定。

但是，改革思路囿于土地制度"城乡二元"的格局，优先考虑国家对土地增

---

①　这只是对现行法的描述。是否可以将承包经营权转让给成员外的第三方？个人以为，没有什么不妥。既然产权保护的《意见》中明确要落实"承包权的用益物权"以赋予农民更多的权能，当然就应放开受让人范围上的限制。但在"三权分置"的意见中，因为把承包经营权这种用益物权和承包请求权混为一谈，反而连原先允许非同一集体的农户受让承包经营权的做法也给否定了，由此造成的矛盾必须予以消除。

值收益的垄断，排除农地集体所有权的处分权能，导致土地无法经由承包经营权和土地经营权进入市场，承包请求权只是保证集体成员在征收时被动地参与土地收益的部分分配，而土地经营权的债权属性使其面临重重困难，充其量只能保证农地产出物的狭窄利益进入市场，因此，"三权分置"改革的前景堪忧！

1.财产含义的混淆导致改革的意见"跑偏"。财产权以可转让为要素。"三权"共通性问题在于，无法通过"三权"消除农村集体土地不可转让的"先天性缺陷"。中国民商法上，财产在不同语境下具有很多不同的含义，较为重要的区分是"赔偿法意义上的财产"和"责任法意义上的财产"①。前者比后者的范围要广泛。例如承包经营权、土地经营权、宅基地使用权不能自由转让，无法变价，不成其为具有金钱价值的财产权利，因此无法成为农民的责任财产，由法院强制执行，以所得价款清偿债务。但是，如果第三人侵害这些权利，则能够受到侵权法的保护，因此都属于"赔偿法意义上的财产"②。正是因为混淆了财产的不同意义，所以，集体土地所有权、土地经营权（土地上的产出是另一回事）乃至于宅基地使用权等"赔偿法意义上的财产"被误认为"责任法意义上的财产"，并作为改革的出发点。在这种错误认识的指导下，无论是承包经营权还是土地经营权的受让人，如果对农地制度缺乏必要的清醒认识，不能有效识别集体土地所有权、承包经营去、土地经营权在权能和价值上的差异的话，实践起来势必面临巨大的风险。

2.集体的土地所有权，不仅农民集体自身无法处分，也无法以承包经营权或土地经营权作为载体进行流转！土地经营权（还有宅基地使用权）之所以不具备可转让性，根本原因在于农民集体本身就没有对集体土地的处分权（出让、设定负担、内容变更和放弃都属于处分）。农户承包经营权、经营主体的土地经营权，归根结底都是从集体土地所有权中派生出来的权利，连作为前手的农民集体都不享有的处分权能，作为后手的农户、土地经营主体自然也不会有。"不存者不与""后手不能取得大于前手的权利"，作为民法上的基本原理，对"三权分置"来说，

---

① "赔偿法意义上的财产"指受到侵权法保护的财产法益，包括所有权、类似于所有权的权利（eigentumsaehnliche Rechte）以及具有排他功能和分配功能的占有。"责任法意义上的财产"指的是归属于某一主体的财产权利——有金钱价值的权利——之全体（Vermögen=Gesamheit der Vermögens-rechte）。这种总体财产不仅是民事主体在自己的劳动能力之外的生存基础（Existenzgrundlage）也是主体对其债务承担责任的物质基础（Haftungsgrundlage），这就决定了它仅指全部的积极财产，而非指"净资产"；同时也要求构成总体财产的具体权利必须具有可转让性，否则法院就无从扣押、变价。"责任法意义上的总体财产"，其直接的组成部分包括动产或不动产物权、债权、无体财产权、股权、出资份额权、营业等，但不包括纯粹的人格权、人身性的家庭权利、人身具有的特点或才能（如劳动力、专业知识和业务技能）、无本权之占有以及单纯的取得可能（而非期待权），因此它比"赔偿法意义上的财产"要狭窄一些。

② 参见《土地承包法》第53条。

同样适用。

3. 农户承包承包权、经营主体的土地经营权的"流转"都不是集体土地本身的流转，毋宁是集体土地上所有权以外的权利流转。很多人以为，通过转让、互换、转包、出租和入股，承包地即可"流转"起来，而通过出租、抵押，流转地也可以再次"流转"起来。这其实是一种误会！因为转包、互换和一部分入股，准确说来，不过是同一集体经济组织内的承包户彼此之间的"内部"流转和调剂，转让、出租和一部分入股，虽然逾越了同一集体经济组织的畛域，但这时与其说是集体土地的流转，毋宁说是承包户的承包经营权的流转。构成承包经营权的权能远远小于集体土地的所有权的权能，其代表的价值相应地与集体土地所有权的价值，相去不可以道里计。而经营主体的土地经营权的再转让或者抵押，虽然是"外部"转让，但依然是土地经营权的处分，而非集体土地所有权的处分。而土地经营权的权能和价值，相较于农户的承包经营权，则更是每况愈下！这一点只要细读"三权分置"意见即不难发现。"三权分置"意见在论及征收补偿时指出："集体土地被征收的，农民集体有权就征收补偿安置方案等提出意见并依法获得补偿"；"承包土地被征收的，承包农户有权依法获得相应补偿，符合条件的有权获得社会保障费用等"；"流转土地被征收的，地上附着物及青苗补偿费应按照流转合同约定确定其归属。"

4. 农户承包经营权流转也好，经营主体土地经营权再转让或抵押也罢，各自都还受到相应的限制。承包经营权采取归属于"农户"、而非个别"成员"的模式，有利有弊：有利方面在于，借助"农户模式"，以家庭作为经济单位，不仅可以使家庭成员间互助共济，而且可以在不同农户间达成分配公平的目的。因为在某个固定时点订立承包合同，承包地按照农户确定的成员人数分配，今后各个农户因为婚丧嫁娶而导致的人员变动实行"内部消化"，避免频繁调整承包地，符合"大稳定，小调整"的需要。但是，在承包经营权流转时，如果农户成员之间不能一致，甚至同一集体其他农户的反对，都使得流转无以进行。"农户模式"带来的高成本、低效率是为其不利的方面。

5. 土地经营权虽然不像承包经营权那样存在"农户模式"的制约，但是由于其债权性质，其自身存续乃至于流转上的风险，也不容小觑。一来，土地经营权作为租赁合同产生的债权，依照合同法，租赁期最长20年，这会对经营主体的投资预期产出直接的影响。二来，即便在租赁期内，债权是对人权，租赁合同任何一方的违约都会给相对人造成不必要的困扰：尤其是存在出租人（农户）如果违约或提前中止合同的风险，会使得土地经营权变得非常脆弱。三来，目前农户承包经营权都存在于面积较小的承包地上，而经营主体则希望从事大规模的农业经营，在地价高企、地租水涨船高的情况下，"小地主，大佃农"的局面令经营主体流转地集聚的成本很高。四来，即使经营主体希望通过土地经营权抵押，获得金融资本支持，金融业者对这种有风险的租赁债权不一定有太大的兴趣，即使勉强接受其作为担保手段，由于它代表的产出物价值有限，能够撬动的金融资本数量也不容乐观。

6.因为对于权利财产权要素的认识不清，加之要优先保护国家垄断土地一级市场的利益，不惜牺牲集体和农民利益，从而导致集体土地巨大的价值"沉淀"为无法动用的存量资产，而承包经营权和土地经营权价值有限。"城乡二元"结构不仅会严重阻碍"三权"之间形成合理结构，而且还会造成集体土地增值收益分配上的不公平。随着社会经济发展，道路的修建，医疗条件的改善，公共设施的发展，电信的普及，农村土地尤其是城市近郊土地的增值非常明显，没有被征收的农民，可能希望被征收，被征收的农民，只能从"变身"为国有建设用地后的出让金里，分上一小瓢羹。通过"三权分置"改革释放出来的只是小部分的利益，大头还是保留在国家手里。如此一来，能否真正有效地阻止地方政府在公共利益的旗号下征地的冲动，也不能不让人起疑。

论农民获得更多土地财产权益的法律机制保障

十八届三中全会《中共中央关于全面深化改革若干重大问题的决定》提出，要加快完善现代市场体系。其中要建立城乡统一的建设用地市场。在符合规划和用途管制前提下，允许农村集体经营性建设用地出让、租赁、入股，实行与国有土地同等入市、同权同价。缩小征地范围，规范征地程序，完善对被征地农民合理、规范、多元保障机制。扩大国有土地有偿使用范围，减少非公益性用地划拨。建立兼顾国家、集体、个人的土地增值收益分配机制，合理提高个人收益。完善土地租赁、转让、抵押二级市场。 提出要健全城乡发展一体化体制机制，赋予农民更多财产权利。保障农民集体经济组织成员权利，积极发展农民股份合作，赋予农民对集体资产股份占有、收益、有偿退出及抵押、担保、继承权。保障农户宅基地用益物权，改革完善农村宅基地制度，选择若干试点，慎重稳妥推进农民住房财产权抵押、担保、转让，探索农民增加财产性收入渠道。建立农村产权流转交易市场，推动农村产权流转交易公开、公正、规范运行。十八届三中全会提出了"赋予农民更多的财产权利"，慎重稳妥推进农村宅基地上房产抵押、担保、转让的试点，是为了探索农民增加财产性收入的渠道。农民的财产性收入是指农民依法对其所享受的财产通过占有、使用或是收益、处分等方式获得一定的经济利益。换而言之，就是农民可以对自身所享受的财产依照出租、分红，抵押，转让等诸多途径取得一定的收益。农民财产性收入从一定程度上取决于财产的多少以及支配的方式，因此，其财产额度是决定其财产收入的一个重要影响因素。总结农民的财产可以发现，其财产多为土地、房屋与农业生产资料。特别是在我国，农民的住房更在其总资产中占据重要地位，依照相关数据显示，农民房产净值占财产净值比重的 57.9%。[①] 十九大报告还明确提出了要巩固和完善农村基本经营制度。

2016 年 10 月，中办国办印发《关于完善农村土地所有权承包权经营权分置

[*] 厦门大学法学院教授，福建省农村法治研究会副会长。

[①] 罗楚亮、李实、赵人伟：我国居民的财产分布及其国际比较，载《经济学家》2009,(9):90-99。

办法的意见》，提出"完善'三权分置'办法，不断探索农村土地集体所有制的有效实现形式，落实集体所有权，稳定农户承包权，放活土地经营权"，对农村土地"三权分置"作了最高顶层设计和制度安排。①"三权分置"显然是破解现行土地承包经营权流转难题、实现农业规模化经营的一种策略，但并不是土地承包经营权拆分为承包权和经营权，重新配置，而是对农民集体所有权及其所支撑的农民集体经济实现方式的重构。它不仅改变了农民集体土地所有权实现方式，而且改变了农民手中的承包经营权的性质，并使农地可以市场化地配置到高效利用土地的主体手中。"三权分置"不仅会改变承包经营权的实现方式，而且会改变农民集体经济的实现方式。"三权分置"变革不仅在农民集体所有权法律构造上实现了重大的突破，而且解除了土地对农民的身份束缚和农民被土地束缚，实现了农地生产经营方式的转变，让农村集体经济得以对接市场。②

在我国农民有三大土地财产：一是承包地；二是农村集体资产（其中最主要的是集体经营性建设用地）；三是宅基地。鉴此，本文就这三种土地权益的改革如何让农民获得更多的财产权利及其法律保障问题进行初步的探讨。

一、土地耕作权：创新和完善农村土地承包经营制度

在二十世纪 50 年代后期，我国在确立了土地公有制之后，古代中国缓慢发展的土地流转市场化萌芽失去了存在的基础，③ 这种状况持续到 1978 年之后。在家庭联产承包责任制确立之后，农村土地权利结构变化较大，这就导致了权利的分离，从某种意义上来说，导致农民对于土地所有权，以及农民对于土地的使用权相分离。但应当看到，在责任制刚开始实施的时候，国家严格管制土地流转用途，全面管制集体土地包括耕地和非耕地。1982 年的《国家建设征用土地条例》规定，国家出于公共利益的需要，可以征用集体土地，但是，在这种情况发生时，国家也须按照条例规定办理，同时禁止农村土地入股，参与任何性质的企业经营。该规定实质上是对农村土地流转进行严格的限制。之后对非耕地的政策有所松动，但对耕地流转管理依然严格。1993 年 3 月《宪法》（修正案）的通过，使家庭联产承包责任制得以在法律上的正式确立。同年《中共中央关于建立社会主义

---

① 马俊驹、丁晓强：《农村集体土地所有权的分解与保留——论农地"三权分置"的法律构造》，载《法律科学（西北政法大学学报）》2017 年第 3 期，第 141 页。

② 高富平：《农地"三权分置"改革的法理解析及制度意义》，载《农村土地法律政策研究》2016 年第 5 期，第 73 页。

③ 清末和民国时期实行封建土地私有制，土地被分为田底（所有权）和田面（经营权）两层。

市场经济体制若干问题的决议》正式明确了可以允许土地使用权的流转，但前提是不改变土地用途，以及坚持土地集体所有制度。1999年，国务院批准浙江省和安徽省部分地区，对集体建设用地的流转进行试验，同时，江苏省部分地区也开始试点股份制。至此，农用地全面管制的时代正式结束，我国的土地流转政策由严变宽，坚持严格耕地政策，严管耕地，但同时也并不一刀切，也有限度地对非耕地进行放开。2003年3月《农村土地承包法》实施，改法律规定了在农村土地承包经营权流转方面的各方主体的权利义务关系。国家对土地承包经营权流转予以保护，这种流转必须是依法、自愿和有偿的。承包方有权根据自己的意愿组织生产，以及根据自己的意愿处置产品，享有土地使用、收益以及流转的权利。当农村承包土地被征收，有权得到补偿。2006年中央1号文件，进一步提出了健全土地承包经营权流转的机制，要求建立"以工促农、以城带乡"的机制，并提出"多予少取放活"，可谓历史重大进步。2007年中央1号文件，则首次提出平等协商、依法，以及自愿、有偿的农村土地流转基本原则，并提出要将发展农民利益，以及对农民土地权益，进行充分保障，作为评价土地流转的最重要依据。2007年10月《物权法》的实施，明确规定了土地承包经营权的流转制度，并在法律层面进行了认可。十七届三中全会提出，要按照依法自愿原则，允许农民以转包、出租、互换、转让、股份合作等形式流转土地承包经营权，发展多种形式的适度规模经营。十八届三中全会则进一步指出，依法维护农民土地承包经营权，发展壮大集体经济。在坚持最严格的耕地保护制度的前提下，赋予农民对承包地占有、使用和收益、流转以及承包经营权抵押、担保权能，允许农民以承包经营权入股发展农业产业化经营。

由此可以看出，自从1978年以来，我国的农村土地流转，尤其是土地承包经营权的流转，经历了三个阶段，从严格限制到逐渐放宽，最后发展到健全鼓励。在保证三个不变的基础上，即保证所有权归属不发生变化、保证耕地性质不发生变化、保证健全农村保障不发生变化的基础上，稳定农户承包权，放活土地经营权，以家庭承包经营为基础，引导农村土地经营权有序流转，适度规模经营。我国自1978年开始的农村土地制度改革，其形成轨迹可归结为实践先行、政策指导和法律兜底的"三部曲"模式：农民基于基层实践的制度创新获得国家政权认可后，通过政策文件进行指导和推广，在实践中不断完善后交由法律文本作出最终提炼和回应。故而，相较于农民的首创行为对体制障碍的突破，法律规范呈现明显的滞后性。[①] 当前，对农村土地承包经营权流转，我国现行法律制度中已经基本可以满足实践需要，但仍存在一些不容忽视的问题。十八届三中全会《决定》

---

① 徐勇：《农民改变中国》，中国社会科学出版社,2012年版。

在农村土地制度改革方面有新突破和新创新，因此，必须进一步完善修改土地承包经营法律法规。现阶段，关于土地承包经营权流转的法律法规，已经基本形成体系。归纳起来主要有：《宪法》《物权法》《土地管理法》和《土地承包法》。除了法律之外，还存有其他政策、法规文件：如《关于做好农户承包地使用权流转工作的通知》《农村土地承包经营权流转管理办法》《关于引导农村土地经营权有序流转发展农业适度规模经营的意见》《关于引导农村产权流转交易市场健康发展的意见》和《关于开展农村承包土地的经营权和农民住房财产权抵押贷款试点的指导意见》等。除此之外，还存在一些解决争议的司法解释：如最高人民法院《关于审理涉及农业土地承包纠纷适用法律若干问题的解释》《关于审理农业承包合同纠纷案件若干问题的规定》等。

党的十八大以来，对稳定和完善农村基本经营制度、深化农村集体土地制度改革提出了一系列方针政策。党的十九大报告则明确提出了第二轮土地承包到期后再延长三十年。从农业农村的现实情况看，随着富余劳动力转移到城镇就业，各类合作社、农业产业化龙头企业等新型经营主体大量涌现，土地流转面积不断扩大，规模化、集约化经营水平不断提升，呈现"家庭承包，多元经营"格局。农业产业化、水利化、机械化及科技进步等，都对完善农村生产关系提出新的要求。把实践检验行之有效的农村土地承包政策和成功经验及时转化为法律规范，以适应农村生产力发展的新要求，稳定和完善适合国情的农村基本经营制度。土地集体所有权与承包经营权是承包地处于未流转状态的一组权利，是两权分离。土地集体所有权与土地承包权、土地经营权是承包地处于流转状态的一组权利，是三权分置。因此，要在坚持农村土地集体所有的前提下，促使承包权和经营权分离，形成所有权、承包权、经营权三权分置，经营权流转的格局。"三权分置"是继家庭联产承包责任制后农村改革又一重大制度创新。"三权"分置推动了土地经营权流转，全国2.3亿农户中流转土地的超过了7000万户，比例近30%，促进了农村分工分业。外出务工农民安心进城，新型职业农民茁壮成长，农民务工务农各得其所，新型经营主体蓬勃发展，解决了农村"谁来种地"的问题。目前全国各类新型经营主体达到270万家，新型职业农民超过1200万人，成为发展现代农业的生力军和领头羊。目前，农村已有30%以上的承包农户在流转承包地，流转面积4.79亿亩。经营耕地50亩以上的规模经营农户超过350万户，农民合作社达到190万个。近年来，随着土地流转、土地入股、土地托管等多种形式规模经营的发展，农业机械化加快推进，主要农作物耕种收综合机械化水平超过 65%。① 赋予第三方经营主体土地经营权是完善农村基本经营制度的一个重要内容。土地经营权可以依法采取出租（转包）、入股或者其他方式流转。第三方通过流转取得的土地经营权经承包方或其委托代理人书面同意，并向本集体经济组织备案后可以再流转。承包方可以用承包土地经营权向金融机构融资担保。第三方通过流转取得的土地经营权，经承包方或其委托代理人书面同意，可以向金融机构融资担保。并且允许农民以承包经营权入股发展农业产业化经营，因此，农民通过土地经营权流转和入股以及融资担保，获得更多的土地收益。

总之，"三权"分置为合理配置土地资源提供了制度保障。在"三权"分置的制度安排下，进城务工的农户拥有稳定的承包权，可以放心流转出土地经营权；想种地、多种地的农户，可以多种渠道流转进土地经营权，扩大生产经营规模。"三权"分置实现了村组集体、承包农户、新型农业经营主体对土地权利的共享，土地所有者、承包者和经营者各有所得、无有所失，集体土地作为要素在生产经营中实现流动，流出土地经营权的农户增加财产性收入，新型农业经营主体实现规模收益，达到了最大公约数效果。

二、集体经营性建设用地权：实行与国有土地同等入市和同权同价

自 2013 年 11 月开始，国家通过六个步骤，环环相扣，层层推进改革，最终形成了一套比较完备的集体经营性建设用地入市制度体系。

第一步：实现入市，提出改革方向性要求。2013 年 11 月党的十八届三中全会通过的《中共中央关于全面深化改革若干重大问题的决定》，对我国农村集体经营性建设用地入市提出了方向性要求，建立城乡统一的建设用地市场；在符合规划和用途管制前提下，允许农村集体经营性建设用地出让、租赁、入股，实行与国有土地同等入市、同权同价。

第二步：明确底线，提出改革纲领性文件。2014 年 12 月，中共中央办公厅、国务院办公厅印发《关于农村土地征收、集体经营性建设用地入市、宅基地制度改革试点工作的意见》，作为集体经营性建设用地入市改革的纲领性文件，其提出改革必须坚持"土地公有制性质不改变、耕地红线不突破、农民利益不受损"三条底线，同时明确集体经营性建设用地是存量农村集体建设用地，是土地利用

---

① 参见农业部部长韩长赋以及全国人大农业与农村委员会副主任委员刘振伟在十二届全国人大常委会第三十次会议的全体会议上，受全国人大农业与农村委员会委托作了关于《中华人民共和国农村土地承包法修正案（草案）》的说明。

总体规划和城乡规划中确定为工矿仓储、商服等经营性用途的土地，并提出在全国选取 30 个左右县（市）行政区域进行改革试点，进一步推进农村土地制度改革工作。

第二步．解禁法律，使改革有法有据。2015 年 2 月，全国人民代表大会常务委员会通过了《关于授权国务院在北京市大兴区等 33 个试点县（市、区）行政区域暂时调整实施有关法律规定的决定》，明确了集体经营性建设用地入市的改革方针，《决定》提出 2017 年 12 月 31 日前，① 在开展农村土地制度改革的 33 个试点地区解禁《土地管理法》第 43 条和第 63 条中关于"任何单位和个人进行建设，需要使用土地的，必须依法申请使用国有土地""农民集体所有的土地的使用权不得出让、转让或者出租用于非农业建设"以及《城市房地产管理法》第 9 条"城市规划区内的集体所有的土地，经依法征收转为国有土地后，该幅国有土地的使用权方可有偿出让"等的规定，从法律制度层面保障了集体经营性建设用地入市的合法性，保障改革有法可依。在经营性集体建设用地入市领域，现行的《土地管理法》没有相应的空间。因为现行的《土地管理法》规定：任何单位和个人进行建设，需要使用土地的，必须依法申请使用国有土地；农民集体所有土地的使用权不得出让、转让或者出租用于非农业建设。正在进行修订的《土地管理法》（草案）在集体营利性建设用地入市方面，体现了建设城乡统一的建设用地市场，是农村集体经济性建设用地与国土建设用地同权同价同等入市的改革要求。

第四步：实施试点，明确产权。2015 年 3 月，国土资源部公布了《国土资源部关于印发农村土地征收、集体经营性建设用地入市和宅基地制度改革试点实施细则的通知》，明确了北京大兴区、浙江省德清县等 15 个县（市、区）为我国集体经营性建设用地入市的改革试点区，并进一步对同等入市、同权同价的要求进行明确，要求赋予其与国有建设用地相同的权能，实现集体经营性建设用地在土地一级市场中可以出让、租赁、入股，在土地二级市场中可租赁、转让、抵押。

第五步：保障收益共享，流转顺畅。2016 年 5 月，财政部、国土资源部联合

---

① 2017 年 11 月 4 日十二届全国人大常委会第三十次会议通过决定，北京市大兴区等 33 个农村土地制度改革试点期限延长一年至 2018 年 12 月 31 日。至于试点延期的原因，有关部门表示，从试点情况看，社会各界对农村土地制度改革的大方向是认同的。但同时，试点也反映出一些新问题，例如如何更好地协调农村土地制度改革与农村土地有效利用的关系，如何有效保障地方政府财政收入和项目建设效率等。同时，由于 2015 年启动三项改革试点时是分开部署的，各试点地区分别开展、统筹推进是从 2016 年下半年才全面铺开，特别是土地征收制度改革前期试点数量偏少。同时《土地管理法》修改工作正在进行，改革试点需要与法律修改同步对接，做到改革决策与立法决策相统一。延长试点期限，有利于推动试点地区继续深化改革，为《土地管理法》修改工作创造良好的社会氛围。

印发了《农村集体经营性建设用地土地增值收益调节金征收使用管理暂行办法》，提出在试点时限内，对全国 15 个改革试点地区集体经营性建设用地入市或再转让的土地增值收益管理进行规范，设定土地增值收益调节金征收比例为 20% - 50%，旨在建立兼顾国家、集体、个人的分配机制，保障农民集体公平分享土地增值收益。

第六步：落实抵押权能，同地同权。2016 年 6 月，中国银监会、国土资源部联合印发了《农村集体经营性建设用地使用权抵押贷款管理暂行办法》，公布了集体经营性建设用地使用权能抵押的纲领性文件，允许以下两类用地在改革试点区开展集体经营性建设用地的抵押贷款融资：（1）以出让、租赁、作价出资（入股）方式取得的集体经营性建设用地使用权；（2）尚未入市但具备入市条件的农村集体经营性建设用地使用权。《办法》的出台进一步落实了农村集体经营性建设用地与国有建设用地同地同权同价的关键步骤，推进了改革取得实质性进展，形成了基本完善的集体经营性建设用地入市国家顶层制度设计。

国家形成了基本完善的集体经营性建设用地入市国家顶层制度设计后，重点是将相应的制度予以落地实践。我国幅员辽阔，各个地区的经济发展差异以及文化背景等均不同，对于制度的适应性不同，因此，在改革制度的实施上，我国往往采用选择试点的方法探索改革的成效以及风险。在集体经营性建设用地入市的改革上，《国土资源部关于印发农村土地征收、集体经营性建设用地入市和宅基地制度改革试点实施细则的通知》的文件中，国土资源部确定了我国 15 个集体经营性建设用地的试点（见表1）。

表 1　全国 15 个集体经营性建设用地入市改革试点县（市、区）

序号	省份	试点县（市、区）
1	北京市	大兴区
2	山西省	晋城市泽州县
3	辽宁省	鞍山市海城市
4	吉林省	长春市九台区
5	黑龙江省	绥化市安达市
6	上海市	松江区
7	浙江省	潮州市德清县
8	河南省	新乡市长垣县

续表

序号	省份	试点县（市、区）
9	广东省	佛山市南海区
10	广西壮族自治区	玉林市北流市
11	海南省	文昌市
12	重庆市	大足区
13	四川省	成都市郫县
14	贵州省	遵义市湄潭县
15	甘肃省	定西市陇西县

以上15个集体经营性建设用地入市改革试点县（市、区）的实践情况为全国的集体经营性建设用地改革提供了改革样本和经验启示，是集体土地入市的重要一环：一是初步形成了覆盖城乡统一的建设用地市场，促进了节约集约用地。从个案突破、局部突破，到扩权、规范同步推进，初步建立起城乡统一的建设用地市场，促进形成公平的竞争环境，增强经济发展活力。集体经营性建设用地市场价值的显现也使各集体内的农民增强了珍惜土地资源的观念意识，有效地促进节约集约用地。二是建立兼顾国家、集体和个人的收益分配机制，初步形成多方共赢的入市格局，建立"明确收益属性、明确收益用途、明确农民利益"为核心的增值分配机制，健全基层土地管理民主机制，规范集体经济组织收益分配行为。据报道，截至2017年9月，全国已有577宗集体经营性建设用地入市，总面积1.03万亩，总价款达83亿元。例如，浙江德清完成入市交易136宗，农民和农民集体获得收益1.55亿元，9.1万余农民因此获益。[①]

三、住房财产权：改革和完善宅基地制度

自我国改革开放以来，经济运行模式始终奉行的是社会主义市场经济，在这一大背景下，农民也开始将更多的关注点放在如何使自身所拥有的财产发挥最大的经济效能上。国家也开始关注如何赋予农民更多的财产权利。所以如何激活宅基地上房产的财产功能具有重要的政治意义、经济意义和法律意义。在现行法律制度下，宅基地使用权仅在一定的框架限制下能够被加以利用，这使得农民无法

[①] 唐勇：《集体经营性建设用地入市改革：实践与未来》，载《法理研究》2018年第3期，第124页。

确实有效的对其房产享有处分以及收益的权益。随着改革开放的深入，国家对农村问题的重视以及土地制度的改革，一些地区政府对农村资产抵押开展试点，从司法实践中寻求宅基地使用权抵押推行的可行依据，同时，对宅基地使用权持有支持态度的学者也越来越多。学者们站在不同的层面与角度，对土地抵押贷款的可行性与必要性展开分析和研究，将农村土地抵押作为一种创新形式的融资途径，认为其有效推行可以使得农村贷款难问题迎刃而解。其中，学者们不乏从法学、经济学角度对这一现象进行分析。例如韩世远教授认为宅基地使用权应当是作为用益物权，农村居民在宅基地上建造房屋，就拥有对房产的所有权，因此理应支持房屋流通；假设对其流转进行限制，那么宅基地使用权便沦为"死产"，无法确实维护农村居民的经济权益。[①] 陈小君教授的观点在于对宅基地使用权流转的合法性进行肯定，认为从立法层面上确立农村产权流转制对未来农村发展具有深远的影响。陈小君教授强调，宅基地流转形式应当是多样的，如转让、抵押、出租等，都能促成宅基地的流转。[②] 党国英教授对土地问题具有深入的研究，其认为依照经济学的客观规律，作为生产要素的土地只有开展自由交易时才可以被最优化配置，因此认为宅基地交易也应当如此。宅基地单纯的在农民间进行交易，同自由交易相差甚远，更别提资源最优化配置了。[③] 同时，在农村宅基地上允许农民房产进行抵押贷款有其必要性，这有利于保障农民的财产权；有利于城乡一体化的实现，有利于我国城镇化战略的实施；有利于农村金融市场的发展。目前，宅基地抵押贷款试点大多集中在南方经济发达省份或中西部城镇化和农业产业化程度较高的地区，当地经济发展水平相对较高。当地政府为满足当地农户及小企业主资金需求，将市场化运作与政策引导相结合，积极向国家申请特殊政策，推动宅基地抵押贷款业务的发展。当地政府在满足农村居民生活基本所需的前提下，制定出支持宅基地抵押贷款的相关政策，以推进农村宅基地抵押贷款的试点。[④] 2015 年施行的《不动产登记暂行条例》将宅基地纳入了登记范围，对当前农村宅基地开展系统梳理，并按照相关规定对宅基地进行确权，明确其使用权的主体，待时机成熟后，逐步开放农村宅基地的交易权限，使得这些土地进入流通

---

① 韩世远：《宅基地的立法问题——兼析物权法草案第十三章'宅基地使用权'》，载《政治与法律》，2005,(5):30-35。

② 陈小君：《农村土地法律制度研究》，法律出版社 2003 年，第 256 页。

③ 李响《宅基地抵押贷款，离农民还有多远？》，载《中国国土资源报》,2013-3-2(003)。

④ 在实践中形成福建泉州模式，参见郑意凡：《农业贷款风险金新规出台，政府出资增至 3150 万元——试点开展农村宅基地抵押贷款》，载《泉州晚报》2014-6-22；广东东莞模式，参见银监会：《银监会支持探索农地抵押贷款》[EB/OL]；东南网 . http://money.fjsen.com/2013-02/21/content_10668483.html.2014-9-10；四川成都模式，参见中国论文网 : 农村宅基地抵押试点的法律观察 [EB/OL]. 中国论文网 http://www.xzbu.com/4/view-6215447.html.2014-10-2。

领域。

2018 年发布的《中共中央国务院关于实施乡村振兴战略的意见》[①] 提出：要按照产业兴旺、生态宜居、乡风文明、治理有效、生活富裕的总要求，对统筹推进农村经济建设、政治建设、文化建设、社会建设、生态文明建设和党的建设作出全面部署。2018 年一号文件放宽的是宅基地财产权的转让，过去宅基地制度改革从来没有用"三权分置"的提法，应该说这是一号文件的重大创新。要完善农民闲置宅基地和闲置农房政策，探索宅基地所有权、资格权、使用权"三权分置"，落实宅基地集体所有权，保障宅基地农户资格权和农民房屋财产权，适度放活宅基地和农民房屋使用权。农村宅基地"三权分置"改革试点持续推进，占有使用权分解为资格权和使用权，开始具备资产功能。首先宅基地是集体所有，农村所有土地都是集体所有。之所以提出资格权和农民房屋财产权，其实和承包地一样，资格权相当于承包权。资格权与法律上的所有权怎么衔接，这值得探讨。通过有偿退出和补贴奖励等政策，已经探索出农村宅基盘活利用的有效路径，在保障农民利益的同时，进一步盘活了当地的土地资源。然而，探索过程中也面临着流转范围受限等瓶颈，亟待政策支持和进一步深化改革。

---

① 2018 年 2 月 4 日由新华社受权播发。

监护制度变革下的被监护人致害责任险

何丽新　　陈静颖 *

　　精神病人、未成年人等被监护人群体，其意思表达能力、识别能力和控制能力较弱，侵害他人人身财产安全的情况高发。被监护人致害行为发生后，为了弥补受害人损失，民事侵权法必然对其实施救济，多数大陆法系国家以过错推定将"被监护人致害的民事责任"分配给监护人，但这种归责方法也存在明显缺陷——监护人负担过重，影响受害人及时获得赔偿和监护关系的稳定，因此，用以分担被监护人致害责任的保险产品被广泛选用。相较而言，我国《侵权责任法》第32条规定，被监护人侵害第三者所产生的侵权责任由监护人承担，有财产的被监护人从本人财产中支付赔偿费用，不足部分，由监护人赔偿。就此，我国的监护人无过错地承担起主要赔偿责任，只有在被监护人自身有财产的情况下，用被监护人的财产先行赔偿。[①] 此规定因对监护人苛以沉重的第三者责任而饱受学者诟病。与此同时，我国保险业起步较晚，相关责任险尚不发达，虽已开发出的具有中国特色的被监护人致害责任险，主要包括"熊孩子险""武疯子险"等，但该险种在目前的民众接受度有限，未能有效化解监护人负担过重引发的一系列社会问题。2017年3月颁布的《民法总则》对监护制度进行改革，扩大监护范围，增加监护种类，被监护人致害产生责任的风险显著增加，监护人的范围扩大，无过错归责原则的固有缺陷被放大了。因此，监护制度的变革，客观上增大对被监护人致害责任险的需求，也对险种的设计和完善提出了更高的要求。

*　何丽新，厦门大学法学院教授，法学博士，民商法专业博士生导师；陈静颖，厦门大学法学院博士生。基金项目：司法部2014年课题"家庭财产保护法律问题研究"（14SFB20027）。

　　①　全国人大法工委民法室曾解释本条的立法意图：如果监护人不承担责任，被侵权人的损失得不到弥补，会有悖于我国的国情和现实的做法。无民事行为能力人和限制民事行为能力人一般有独立财产的不多，而且他们多与监护人共同生活，造成他人损害的，仍然还是用监护人的财产进行赔偿。而且，本法已明确规定被监护人有独立财产的，应当从其财产中支付。详见全国人大法工委民法室：《〈中华人民共和国侵权责任法〉条文解释与立法背景》，北京：人民法院出版社2010年版，第125页。

一、被监护人致害责任的可保性

被监护人致害责任险是指，以被监护人导致第三人人身或财产损害而产生的民事赔偿责任为保险标的的保险。

（一）被监护人致害责任属于"可保风险"

保险是为了分散和弱化特定风险而设计的制度。一般认为，保险法上的风险有三个构成要件：（1）不可预料或不可抗力之事故，（2）可能且未发生，（3）非因故意而偶然发生。[①] 被监护人致害责任险（以下简称："本险"）所防范的风险就是因被监护人侵犯第三人的人身或（和）财产权利的行为，从而导致的民事赔偿责任。由于被监护人是无民事行为能力或者限制民事行为能力人，导致其行为较之一般理性人更具有不可预料和不可控制，即便监护人已尽到谨慎的监管职责，被监护人仍随时可能发生侵犯第三人的事件，不可预料的伤害必然引发不可预料的民事责任，而对于行为能力缺失的被监护人来说，一般不存在"故意"的心理状态，因此，被监护人致害行为导致的责任后果（包括被监护人本人和监护人承担的赔偿责任）都具有偶然性。新闻媒体常用"公众躲不起的伤害""一人患（精神）病一家遭殃一村受害"等字眼来形容被监护人致害行为不可预料的高度危险。[②] 综上，被监护人侵犯第三人人身和财产所承担的民事赔偿责任符合保险风险的范畴，构成被监护人致害责任险的保险标的。

（二）符合"可保利益"的三性

根据损失补偿原则的要求，以及出于防止赌博和道德风险的需要，保险法律中产生了可保利益原则，被保险人对保险标的应当具有可保利益，没有可保利益的保险合同无效。[③] 作为可保利益应符合三个条件：适法利益；经济利益；现有或预期存在可以确定的利益。在责任险中，责任主体因依法赔偿而受损，责任主体因此拥有责任保险的可保利益，可成为被保险人。据此，被监护人致害责任的承担者拥有被监护人致害责任险的可保利益。从适法性角度分析，在被监护人致人损害时，其监护人和（或）被监护人依法应承担民事赔偿责任。对于监护人来

---

① 江朝国：《保险法理论基础》，北京：中国政法大学出版社2002年版，第21页。

② 据统计，未治精神病患者所有程度的攻击行为发生率为34.5%，16.6%发病后未经过治疗的精神病患者会发生严重攻击行为，导致严重、永久的身体伤害的攻击行为发生率为0.6%。参见张洪银、胡华：《精神科住院患者暴力攻击行为的预测、干预及管理研究现状》，《中华行为医学与脑科学杂志》2014(4):382-384。

③ 邢海宝：《经济可保利益研究》，《现代法学》2005(5):145。

说，这个民事责任必须是其在依法履行监护职责的过程中，非因故意，而是疏忽或是尽了谨慎注意义务但无法控制而产生的，监护人故意唆使纵容被监护人加害第三人的行为因违法而丧失可保利益。而被监护人由于行为能力的缺失，法律不对其主观方面进行评价。所以，非故意的监护人和有财产的被监护人对于被监护人致害的民事责任具有适法的可保利益。从可保利益的经济性角度分析，民事责任成为保险标的，是保险制度和侵权责任制度进化到一定阶段的成果，在当代侵权法下，民事责任多以经济补偿的形式体现，被监护人致害后，责任人对第三人的人身或财产损害也通过金钱的方式进行赔偿，因此责任人拥有经济上的可保利益。从可保利益的确定性角度分析，"本险"的保险事故即便还未发生，法律的预测功能已经指向了责任发生后的归属，谁具有可保利益一目了然。一旦出险，则责任人既有利益的损失数量被固化，进而符合可保利益确定性的要求。

（三）保险标的具有"特定性"

保险法理论中，可以投保的风险，必须是特定的，若丧失特定性，则无法通过大数法则量化其风险，因而丧失承保的前提。被监护人致第三人损害的事故，成因是特定的，即特定被监护人的行为。此行为产生的风险主要包括三方面：一是投保时尚不特定的第三人遭受人身或（和）财产损失；二是有财产的特定的被监护人承担的赔偿责任；三是特定的监护人为被监护人承担的第三者责任。上述一由于投保时受害人的广泛不特定而无法投保；上述二的情况目前较少见，因为未成年人和精神病人通常较少拥有自己的财产，多由监护人进行赔偿，尚未见国内保险公司提供以被监护人承担的损害赔偿作为保险标的的保险产品，但在《民法总则》出台后，被监护人拥有财产并承担致害责任情形将广泛涌现，下文将详细论述；上述三符合风险特定性的要求，现状是监护人大量地承担被监护人致害责任，已成为现有被监护人致害责任险的主要保险标的。鉴于法理对可承保风险的特定性要求，导致"本险"不能直接以不特定受害人的损失作为保险标的。因此，目前市面上销售的被监护人责任险的保险标的范围被限缩：局限于监护人因其被监护人侵害第三人而承担的民事责任，性质被锁定为财产险中的责任险。

二、扩张的监护责任与被监护人致害责任险的互动

监护制度和侵权制度共同作用，孕育出被监护人致害责任的分配制度，被监护人致害责任的存在则催生了被监护人致害责任险。但"本险"与相关法律制度

不是一种单纯的主从关系，而是一种互动相长的关系，保险的灵活性使其顺应监护责任的扩张而不断调整，并保障了监护制度作用的发挥，甚至再循环促进监护责任的演变发展。

（一）被监护人致害责任险因监护责任扩张而发展

各国侵权法均倾向保护受害人利益，由于被监护人行为能力的缺失，监护人成为承担被监护人致害责任的主力军，这是当代监护责任扩张的一种重要表现。于是，含有被监护人致害责任险的综合性责任险种应运而生。在欧洲，父母为自己签署购买的保单中，他们的未成年子女侵权所导致的责任往往被包括在内。保险公司提供与被监护人致害责任有关的险种成为一种趋势。[①] 其中，在法国和意大利，父母对子女的侵权行为承担严格责任，助推了父母自身的投保行为。在法国、德国、瑞典、奥地利、比利时等国，被监护人致害责任险通常包含在家庭综合保险中，80%—95% 的家庭自发购买综合保险。[②]

近年，我国各大保险公司相继开发出"监护人责任险"系列产品，市场上俗称"熊孩子"险和"武疯子"险，这些保险产品都以监护人作为被保险人，一旦被监护人致害，监护人承担责任后可获得保险赔付。"熊孩子"险的投保人以未成年人的父母（监护人）为主，偶见工会组织作为投保人，社会舆论赞同之声占多，但影响面较小，推广不足，买者寥寥；[③] 相反，由于"精神病人伤人后赔偿难"已成为一个普遍的社会管理难题，"武疯子险"则得到了各地政府的重视和欢迎，2015 年以来，多地政府部门成为此类保险的投保人或共同投保人，多个城市计

---

①　Nuno Ferreira. Fundamental Rights and Private Law in Europe: The Case of Tort Law and Children[M]. Routledge Taylor and Francis Group，2011: 571-574.

②　[德] 格哈德·瓦格纳：《比较法视野下的侵权法与责任保险》，魏磊杰，王之洲，朱淼译，北京：中国法制出版社 2012 年，第 502 页。

③　北京青年报的评论认为，消费者对这类新保险产品接受和完善需要一个过程，加上熊孩子险的保费太便宜，只有几十到上百元，保险业务员没有推销的动力。参见张骁：北京青年报微博：《保险公司推"熊孩子保险"销售遇冷 赔付不轻松》，(2013-11-21)[2016-12-15].http://news.qq.com/a/20131121/001271.htm。

划为全市重症精神病人的监护人投保,[1]此举缓解了多数监护人本已窘迫的经济情况,及时赔偿受害人的损失,不仅有助于《侵权责任法》立法目的实现,还有效缓解了"一家遭殃一村受害"的家庭和社会问题,产生了多方受益的溢出效应,呈现出在全国各地逐步推广的趋势。

（二）被监护人致害责任险的发达助推监护责任的演进

1. 克服监护责任的归责缺陷

对于幼、弱、疾、残、老者的保护已经非纯属个人责任,国家和社会亦责无旁贷。[2]随着社会的发展,对待弱势群体的观念不断在进步,被监护人群体不再只是个体家庭的负担,而成为整个社会保护的对象。英美法系国家的侵权法中有一个理论——社会对未成年人成长风险的分担:当未成年子女对他人实施侵权行为并因此导致他人伤害时,法律应当通过未成年人的责任保险来解决,由保险人对未成年人实施的侵权行为对他人承担责任。[3]而考虑到国情现状,我国法律把未成年人、精神病人等被监护人侵犯第三人权益而产生的责任,不由分说地转化为监护人责任的一部分,这种归责方式的致命缺陷是把社会负担内部化,以牺牲监护人利益为代价而达到侵权法损害赔偿的目的。一个人的大量金钱的失去比许多人少量金钱的失去更能导致经济地位的失落,[4]"因监护致贫"的家庭悲剧不断在上演。一般情况下,监护人无法从监护关系中获得利益,而在日常生活中,监护人为被监护人已付出了较多时间、精力与金钱,不仅是物质负担较重,精神负担更是重于常人,导致其对风险的厌恶也高于常人。监护人一旦再被施以沉重的赔偿责任,将严重挫伤其监护的积极性,长远看,可能会造成部分需要监护的弱

---

① 青岛、合肥、金华、福州等多地政府纷纷下发文件,由政府为重症精神病人的监护人投保"武疯子险"。

参见《河北出台严重精神障碍患者监护人以奖代补和责任险制度》,法制网 http://mt.sohu.com/20160615/n454443839.shtml。

《福州设立严重精神病人监护人责任险 政府出资投保》,《福州晚报》http://www.fj.xinhuanet.com/shidian/2016-10/27/c_1119794966.htm。

《人保财险签下金华首张精神病人监护人责任险保单》,金华新闻网 http://insurance.cngold.org/c/2015-11-02/c3663156.html.

刘颖婕:《青岛首创精神病人监护人责任险 为百姓撑起"保护伞"》,http://sd.people.com.cn/n2/2016/1018/c364532-29163119.html

② 梅仲协:《民法要义》北京:中国政法大学出版社 1998 年版,第 76 页。

③ Valerie D. Barton Comment:Reconciling The Burden: Parental Liability for the Tortious Acts of Minors[J]. Emory Law Journal, 2002, 51 : 877.

④ Feezer L.W. Capacity to Bear Loss as a Factor in the Decision of Certain Types of Tort Cases[J]. University of Pennsylvania Law Review & American Law Register,1930 (7) :805,809-810.

势群体无人愿意监管的情形，进而动摇监护制度的根基，使得监护制度的目的落空。因此，通过设立被监护人致害责任险，弥补被监护人致害责任的归责缺陷，既保护监护人的监护意愿，维护监护制度的有效运行，又达到保障社会安全的目的。

2. 助于有效保护被监护人的利益

"最有利于被监护人"是当代监护制度的原则，也是我国《民法总则》所规定的监护职责的基础。在法律倾向于让监护人承担被监护人致害责任的情况下，监护人为了减少被监护人侵权的发生，可能对被监护人施以非人道的监护手段，或者对被监护人采取过度保护，反而侵害了被监护人利益。用铁链、铁笼锁住精神病人，将患痴呆症的老人或者将孩子锁在屋内而发生意外的新闻报道并不鲜见，这些做法违背了制度设计的初衷，与监护制度理念背道而驰。而保险与监护制度的配合运作，一定程度上减轻监护人的心理负担和财务负担，从而促进监护人为失能的成年人提供人道、有尊严的监护方式，为未成年人提供充分的成长空间和机会；也有助于防止监护人、被监护人的财产因承担赔偿责任而急剧减少，一定程度上保障被监护人的生活水平，最终实现保护被监护人利益的实质目的。

3. 促进监护责任的进一步扩张

在保险业高度发达的法国，家庭综合保险对被保险人及其儿童提供保险保障，但该保险不保障儿童为自己的致害行为应承担的责任，它只将父母对儿童致害行为的替代责任纳入保险范围。为了让受害人及时获得赔偿，自20世纪90年代末起，法官一般判决父母为子女的侵权行为承担无过错责任，可以说，是完善的家庭责任保险助推法国通过司法判例将监护人责任由过错推定发展为严格的无过错责任。[1] 责任保险甚至影响了法院对监护人责任的认定，在德国联邦最高法院的判例中，监护人是否投保成为法官判断监护人是否尽到注意义务，是否应当承当第三者责任的一种形式。[2] 另外，大陆法系的德国、奥地利、意大利、瑞典等国家的法律普遍存在公平责任制度，而这些国家的法院很大程度颠覆了近因原则，并倾向于仅仅因为致害的被监护人或其父母有相关责任保险而使其承担公平责任。[3] 可见，在欧陆国家，相关责任保险很大程度上影响了立法和司法，保险推动了监护责任在被监护人致害领域的大规模扩张。

---

① [德] J. 施皮尔：《侵权法的统一：对他人造成的损害的责任》，梅夏英，高圣平译，北京：法律出版社2009年版，第392页。

② [德] 格哈德·瓦格纳：《比较法视野下的侵权法与责任保险》，魏磊杰，王之洲，朱森译，北京：中国法制出版社2012:412。

③ 同上。

三、《民法总则》下监护制度的变革强化被监护人致害责任险的社会需求

（一）扩大被监护人和监护人范围，丰富被监护人致害责任险的受益主体

《民法总则》对监护制度所做的最大的修改就是区分了"未成年人监护"和"成年人监护"，成年人监护对象不再局限于精神病人，"无民事行为能力或者限制民事行为能力的成年人"都成为被监护人，此举将老年失能群体都纳入监护制度的保护范围。《民法总则》还完善《民法通则》的原有规定，扩大监护人范围，明确了组织可以承担监护人，规定民政部门、村（居）委会在国家监护和临时监护中承担监护人这一重要角色，从而构建家庭监护、组织监护、国家监护的全方位立体监护体系。①

在被监护人致害责任险中，涉及的主体包括被保险人、保险人、投保人。《民法总则》监护关系主体范围的双扩大，可受益于"本险"的群体数量将大大增加，拓展了"本险"被保险人的范围。诚如第一部分分析，本责任险的被保险人就是依法承担被监护人致害民事赔偿责任的人，他们的保险利益在于因承担责任将导致财产受损。目前市场上的"监护人责任险"将被保险人定位为自然人监护人，这是迎合《民法总则》未出台之前的社会和法制现状的。因为《民法通则》只将未成年人和精神病人列为被监护人，他们一般没有或少有自己的财产，赔偿责任主要由自然人监护人承担，监护人因此产生了可保利益；在《民法总则》实施后，失能和半失能的成年人（主要是老年人群体）全部纳入被监护人范围，这个群体的特点是多数经历了由健全到失能的渐变过程，多数可能拥有足以或部分赔偿的财产。此时，承担对第三人损害赔偿的首先是被监护人自己，其财产不足以赔偿时，由监护人承担不足部分的赔偿责任。因此，在《民法总则》生效后，有财产的被监护人大量出现，他们依法在财产范围内对自己的致害行为承担责任，于是产生了相应的可保利益，被监护人依法成为"本险"被保险人的时机已经成熟。原来单一的"监护人责任险"将被保险人局限于监护人，已不足以涵盖险种的丰富功能，应将新险种命名为"被监护人致害责任险"，仅以保险标的作为命名要

---

① 《民法总则》第32条规定了国家监护制度，即在被监护人身边没有具有监护资格的人的情况下，由民政部门，或者由具备条件的被监护人住所地的居民委员会、村民委员会担任监护人。这条规定填补了无适格监护人时的空白，减少了未成年人无人监护的困境，也有利于应对"失独老人"、孤寡老人等特殊群体的养老问题。另外，为了避免指定监护人之前的临时空缺期，《民法总则》第30条第二款规定了"由被监护人住所地的居民委员会、村民委员会、法律规定的有关组织或者民政部门担任临时监护人"的临时监护制度。

素，而不再通过名称限定被保险人的范围，此举可挖掘保险产品的内涵和外延，并适应法律的变动和市场的需要。

同理，《民法总则》生效后，民政局等部门因承担国家监护、临时监护而新晋为监护人，组织监护人的出现也分担了原来自然人监护人的监护责任，这些新型监护人都面临依法承担被监护人致害产生的民事责任，对"本险"具有可保利益，可以成为被保险人。

（二）强化监护责任，增加"本险"的投保需求

《民法总则》以强化监护人责任，保护被监护人利益的立法思路来变革监护职责，一方面扩大了被监护人群体，客观上扩大了监护人的第三者责任范围；另一方面，扩大了监护人群体，相应扩张被监护人致害责任的承担者范围，增强了监护人群体的投保意愿。

从统计数据分析，2015 年年底，我国 65 岁以上的空巢老人超过 5100 万，失能、半失能老人达到 4000 万。[①] 随着老龄化程度的加深，我国被监护人群体数量正以几何级数增长，这将大大增加被监护人的总体基数。作为风险的原因，老年失能群体产生被监护人致害责任的几率与其他被监护人没有明显的差异，2015 年，来自中国老龄科学研究中心的《老年痴呆患者的照护问题研究》指出：据调查，我国养老机构近年来发生的重大责任事故多数与痴呆老人有关，引起的法律纠纷有增多趋势。[②] 近年来，世界各国疑似患有痴呆症的老年人发生汽车驾驶事故频发，颇受瞩目。[③] 从宏观角度看，成年监护的设立使得危险原因增加，导致致害事件总体数量增多，对相关险种的需求理论上将大大增加。从微观角度看，多数家庭将同时拥有多个被监护人，家庭负担较重。因为人口老龄化、长期独生子女政策、新二胎政策的多重作用，一对夫妻监管四个老人、两个未成年人的现象逐渐增多。传统的依靠家庭财产赔偿第三者责任的方式难以适用，风险增加，责任加重，推动监护人主动寻求保险保障的帮助。

与此同时，我国《民法总则》摈弃原先单一的自然人监护模式，引入组织监护人。这种多元化的监护人结构，弥补了单纯依赖家庭监护的不足，也从立法上减少了弱势群体无人监护的悲剧，大大增加了组织承担监护职责的机会和必要性。

---

① 朱江，单玉晓：《民法典总则草案完善监护制度》，(2016-06-28)[2017-04-15].http://china.caixin.com/2016-06-28/100959484.html。

② 徐勤：《老年痴呆患者的照护问题研究》，《老龄科学研究》，2015(3), 6:40-49。

③ 郭桂玲：《日老年痴呆者激增引发各种问题》，(2013-08-27)[2017-03-25].http://news.xinhuanet.com/world/2013-08/27/c_125259049.htm。

一旦由特定的组织作为监护人，当被监护人侵犯第三人权益时，组织如何承担监护人的第三者责任，成为制度变革与衔接的重要问题。运用组织自身财产进行赔偿？对于专业监护组织来说，这无异于杯水车薪，监护组织同时承担着许多被监护人的监管职责，若由其直接承担对第三者的侵权责任，可能会带来巨大的经济压力，从而影响该组织的正常运行。目前，民政局多以寄养、助养，给予寄养人补助的方式承担监护职责。被监护人致害时，对于这些不可预测的赔偿责任，如何分配寄养人和民政局之间的责任，全部直接运用民政局的财政资金进行赔偿也并不现实，由寄养人承担则不符合法律规定，也使国家监护的实际操作无以为继。因此，比起传统的家庭监护，组织监护人、国家监护人对监护人第三者责任险的需求更为迫切，他们必须通过保险分散风险，从而实现组织监护人的可持续运行。

综上，《民法总则》就被监护人和监护人的范围扩张的制度付诸实施后，社会和家庭承担的被监护人致害风险因此加大，导致我国"被监护人致害责任"归责原则的固有缺陷被放大了。同时，新增的组织监护人，新的国家监护和临时监护制度也需借助"本险"以实现可持续发展。因此，《民法总则》对监护制度的变革，强化了被监护人责任险的社会需求，需求的多样性也随之增加，对险种的设计提出了更高的要求。

四、扩充被监护人致害责任险的投保主体

（一）将被监护人纳入投保主体范围

根据我国《保险法》，财产保险的投保人只需拥有足以投保的财产，对于其行为能力没有限制性要求。因此，有财产的被监护人作为"本险"投保主体，原则上不存在法律障碍。将被监护人纳入投保主体范围，有利于保护被监护人的既有利益，减轻监护人和社会的整体负担。但为了保护被监护人的合法权益，在实际操作中应注意：（1）保险合同是双务有偿合同，又具有射幸性，订立保险合同的行为不属于纯获利益行为，因为被监护人行为能力的缺失，被监护人投保时，一般需由其法定代理人亦即监护人的同意和代理。（2）被监护人的信息成为"本险"投保人告知义务的内容，当被监护人为自己投保时，由于其民事行为能力不完整，只能在其能力范围内履行告知义务，不足的部分由其监护人补充。被监护人的能力水平变化时，保险标的的风险程度随之变化，这也成为投保人的告知义务内容，具体应由监护人协助补充履行。《民法总则》第 111 条明确了法律对个人信息安

全的保护。保险人对保险相关人员的个人信息都具有保密义务，无论被监护人是不是投保人，亦需要对其个人信息加以保护，以维护其人格尊严。(3) 为了防止被监护人的利益受损和道德风险，被监护人以自己的监护人为被保险人投保时存在特殊的限制性规定：一旦被监护人以自己的财产为自己的监护人投保"本险"，投保人只能是自己而不是监护人，保险标的仅为监护人为自己的行为承担的赔偿责任，排除监护人为其他被监护人行为承担的责任。(4) 保险合同的变更权和解除权也应有特殊规定。由于被监护人的能力缺失，其意思表示能力并不完善，若要行使合同变更或解除权，除了根据其认识能力水平判断其意思表示是否真实，还应判断解除是否会减损其利益，则需要通过一定的法律程序综合判断，原则上不允许解除。

（二）要求担任监护人的民政部门、村（居）民委员会、其他组织强制投保，鼓励自然人监护人投保

在被监护人致害责任险中，监护人作为投保人的情况最为普遍可行，为充分发挥被监护人致害责任险的积极功能，辅助监护制度改革的推进，应在不同类型的监护人（包括政府部门、各类组织、自然人）间推行"本险"，针对不同性质的监护人，采取不同的推广方式。

在侵权法理论上，强制保险与严格责任相伴相生，这一点并非巧合。既然严格责任设置的目的并非基于惩戒加害人，完全着眼于损害的合理分配，那么责任保险的风险转移作用在这一领域就可以得到淋漓尽致的发挥。[①] 因此，强制责任保险与我国《侵权责任法》第 32 条的规定（对监护人施以严格的被监护人致害责任）更为适配。在采取严格责任以及推定过错责任的大陆法系国家，学界也有同样的呼声，希望国家立法强制投保监护人第三者责任险。正由于我国保险业相对于发达国家还有一定的差距，民众对保险产品的接受度参差不齐，加之监护人责任险推出不久，接受度不高，家庭综合责任险也处于萌芽阶段，影响力有限。强制家庭监护人购买监护人责任险的时机并未成熟，但可以借鉴浙江、山东、河

---

① 杨华柏：《德国侵权法与责任保险的互动关系及对中国的启示》《保险研究》，2009(3) :95-100.

北等地的做法，以政府投保的形式，① 或通过工青妇组织的集中投保，鼓励担任监护人的个人或者家庭投保。

分析民政部门、村（居）民委员会、其他组织担任监护人，强制要求投保的理由是：

（1）符合投保人的公共属性。在《民法总则》所规定的国家监护、临时监护体制中，民政局、村（居）委会都可能成为监护人。关于国家监护、临时监护，本身就是公共政策的一种表达方式，体现出政府的价值取向，实质上是为弱势的公民提供必需的公共服务。对于一个承担监护责任的组织来说，强制保险一定程度上与替代责任和补充责任相似，运用法律促使组织与保险公司签订合同，将保险公司拟制为替代的责任人，分担了组织对特定客体的责任。② 公共服务的提供者购买责任险，并将这类保险强制化，在突出保险的社会保障功能的同时，保障了民政部门、村（居）民委员会、其他组织的可持续运行，否则，组织监护和国家监护也会因缺乏可操作性而被架空。

（2）明确保险标的的公益属性。被监护人群体易发侵权，这是不争的事实，侵权后果不仅是减少了受害人、监护人利益，更是对社会整体利益的减损。保险法学者认为，强制保险的社会价值在于，通过强制性规则的制定，把人类进步过程中不可避免的损失，纳入商业保险的运行轨道中。③ 被监护人侵权致害，于整个人类社会来说就是不可避免的损失，被监护人致害责任险实质上是填补了社会整体损失。无论监护人是自然人、组织、国家机构，保险标的都存在公益性，只是在监护人是国家机关或者其他组织时，公益性更为明显。所以，通过从组织到家庭的逐步推进，最终将"本险"全面强制化，是较为理想的路径。

（3）适应所承保的风险的特性。监护人为被监护人致害所承担的责任更接近于一种危险责任。危险与一般风险的区别在于，危险的可预测性更弱，发生几率更高，损害后果无法估计。《民法总则》将我国被监护人的范围迅速扩大，被监

---

① 《河北出台严重精神障碍患者监护人以奖代补和责任险制度》，法制网 http://mt.sohu.com/20160615/n454443839.shtml。

《福州设立严重精神病人监护人责任险 政府出资投保》，《福州晚报》http://www.fj.xinhuanet.com/shidian/2016-10/27/c_1119794966.htm。

人保财险签下金华首张精神病人监护人责任险保单》，金华新闻网 http://insurance.cngold.org/c/2015-11-02/c3663156.html。

刘颖婕：《青岛首创精神病人监护人责任险 为百姓撑起"保护伞"》，http://sd.people.com.cn/n2/2016/1018/c364532-29163119.html。

② Nuno Ferreira. Fundamental Rights and Private Law in Europe: The Case of Tort Law and Children[M]. Routledge Taylor and Francis Group , 2011: 571-574.

③ 郭锋，胡晓珂：《强制责任保险研究》，《法学杂志》，2009(5):43-52。

护人包括无知无畏的未成年人、各种程度的精神病人、逐渐失能的老人等等，他们行为能力缺失的程度不同，而且一直处于一个动态变化的状态，所以更无法预测。被监护人这一群体侵权的事件在社会上屡见不鲜，手段之残忍、后果之严重，都超出了一般人的侵权行为，而且这些都可能属于监护人极尽所能仍不可控制的范围。传统上，强制保险总是与危险责任伴生，因此，对于监护人承担的这种危险责任，通过强制保险加以保障最为合理。

因此，建议对于民政局、村委会、居委会担任监护人的情况，采取财政拨款、立法强制投保的形式，由政府或相关部门作为投保人，这与政府投保公众责任险、巨灾保险的做法比较接近，具有可行性和操作经验；对于社会组织承担监护人的，应当将购买监护人第三者责任险作为其准入门槛，并进行一定的补贴等鼓励政策，要求所有承担监护责任的组织强制投保监护人责任保险。同时，也鼓励有条件的地区，由政府或相关部门作为投保人，为家庭监护中的监护人统一投保。我国许多城市的政府部门为监护人投保"武疯子险"的实践成果已表明，政府部门借助"本险"，改变了涉被监护人的公共安全问题"政府兜底"的传统模式，被内化的社会负担回归社会。

五、引入家庭／组织综合责任险，完善对监护责任的保险保障

保险发达国家鲜见单一型的被监护人致害责任险，一般将其融入家庭综合保险之中，满足家庭综合性需要，方便投保和理赔。随着社会发展，我国正经历监护制度变革，对被监护人致害责任险的需求也由单一逐渐变得多元，因此，将"本险"逐步由单一型责任险种发展为综合性责任保险，才能适应社会需求，与监护制度改革相得益彰。

（一）开发对同一组监护关系的综合化责任险

正如前文所述，《民法总则》颁布后，有财产的被监护人群体迅速扩大，担任监护人的民政部门、村（居）委会、其他组织也拥有可保利益和保险需求，应将他们都纳入"本险"被保险人范围。应注意的是，被监护人的可保利益是有限利益，因为其承担的致害责任被法律限制在其拥有财产的范围内，这一点与监护人为被监护人致害承担的责任是不同的。因此，单纯以被监护人作为被保险人时，根据保险法的损害补偿原则，禁止通过超额保险获得额外利益，保险金额的上限应以其财产为限，保险分担风险的效用可能不足以全部发挥，须监护人另行投保

予以补充。若开发出综合各类被保险人的险种，将一组监护关系中的被监护人和监护人共同作为被保险人，以一份综合家庭／组织责任险涵盖所有的责任主体，避免了超额保险导致的保险合同部分无效，也可保障被监护人财产不足时，监护人需要另行承担的部分责任，实现受害人的全面获赔，提高投保的效率和保险的效用。

（二）开发针对多样（位）被监护人的综合责任险

在《民法总则》生效而进行的监护制度变革后，一个自然人监护人同时监护多个被监护人的情况变得常见，而对于新纳入被保险人范围的组织监护人来说，这种情况更是普遍。被监护人是被监护人致害责任的风险原因，监护人作为被保险人时，应允许一份保单承保其名下多个被监护人的行为产生的责任，可根据监护对象的数量、年龄、身体情况、智力情况等计算保费，方便投保，不至于因为投保手续过于繁琐而影响投保意愿。对于组织监护人，可借鉴最高额保证的方式，采取最高额保险，在保险合同约定的被监护人人数上限内进行投保，保险金总额也有上限的约定，应对组织监护人的监护对象的动态变化。

（三）开发应对监护人更替的综合责任险

《民法总则》第36条建立了监护权撤销制度，规定了监护人侵害监护人合法权益时，人民法院可以撤销其监护权。监护权撤销后，将安排临时监护，并另行指定监护，被监护人存在更替变化的情形。如果原监护人是"本险"的被保险人，在监护权被撤销后，依法丧失保险利益，新监护人获得保险利益，因此，在被监护人为监护人投保的情况下，如果监护人发生变更，为了维护被监护人的利益，被保险人应自动变更为新监护人，即允许被保险人身份特定化为"某被监护人的监护人"，但允许该身份下具体人员的更替不影响保险合同的效力。

根据保险法原理，于发生在原监护期内的致害行为，损害赔偿责任在进入下一段监护关系后才被受害人追究的，原监护人相应的第三者责任仍属责任保险的承保范围，保险合同有效，保险人仍应承担相应的保险赔付责任。

六、结语

被监护人致害责任险根植我国市场，虽属新兴险种，已成为某些地方政府社会管理创新的有效手段，初步展现出"本险"种蕴含强大的法律和社会功能。《民法总则》生效后，对被监护人致害责任险的各方需求将增大，善用和广用该险种成为促进监护制度改革的题中之意。但是，把现有单一的监护人责任险发展为综合性被监护人致害责任险，这只是第一步，可把眼光放得更长远，大力创新"家庭综合责任险""集体综合责任险"，进一步提升责任保险的集约化、放大责任保险的公益功能，才可充分挖掘被监护人致害责任险的潜力，帮助于我国的监护制度改革。

香港特区知识产权之侵权责任制度简介

杨先恒 *

香港知识产权制度，当中主要由《商标条例》(Cap. 559 Trademark Ordinance)、《商标规则》(Cap. 559A Trade Marks Rules)、《专利条例》(Cap. 514 Patent Ordinance)、《专利 (一般) 规则》(Cap. 514C Patents (General) Rules)、《注册外观设计条例》(Cap. 522 Registered Designs Ordinance)、《注册外观设计规则》(Cap. 522A Registered Designs Rules)、《版权条例》(Cap. 528 Copyright Ordinance)、《防止盗用版权条例》(Cap. 544 Prevention of Copyright Piracy Ordinance)、《商品说明条例》(Cap. 362 Trade Descriptions Ordinance)、《集成电路的布图设计 (拓扑图) 条例》(Cap. 445 Layout-Design (Topography) of Integrated Circuits Ordinance) 以及《植物品种保护条例》(Cap. 490 Plant Varieties Protection Ordinance) 等成文法 [1] 所构成。但是，由于香港特别行政区法律制度所使用的是英美法系的普通法 (Common Law) [2] 及衡平法 (Equity Law) 法律制度，因此，香港的知识产权制度中还包含众多的判例法。此外，香港知识产权制度还融合了民事诉讼法律程序。而事实上民事诉讼程序是香港知识产权法律制度为重要组成部分。本文主要就香港特区知识产权就侵权人的侵权责任方面作简要的介绍。

---

*　香港柯伍陈律师事务所合伙律师，法学博士，香港律师会大中华法律事务委员会委员。

[1]　《香港基本法》第十七条。成文法是由香港特区立法机关，经法定程序所制定之法律。当中，成文法分为两大类：第一类，条例 (Ordinance) 及第二类的附属立法 (Subordinate Legislation/Subsidiary Legislation)。"条例"由香港的立法会与香港特区行政长官制定，并依据香港特区《基本法》第 17 条报呈全国人民代表大会常务委员会备案而香港法律的一部份。"条例"制订后，视乎需要而制订"附属法例"，又称"附例"或"规例"。

[2]　所指的"判例法"为适用于香港特区的高级法院的法院判决。法官根据记录过往案件所建立的一些法律原理原则来审理案件。这些法律原理原则对于后续法院的审理具有法律的约束力，下级法院必须遵循或受上级或前法院判决的约束。此外，在法院进行案件审理当中，可以引用所有普通法适用地区的法院案例。《香港特别行政区基本法》第 84 条订明，香港特区法院可参考其他普通法适用地区的司法判例。普通法有三大含义，一是普通法是适用于英国全国的本土法律；二是可指采用类似法律体系的司法制度，例如美国、澳大利亚、新加坡；三是指其历史由来，见 Peter Wesley-Smith, An Introduction to Hong Kong Legal System, Oxford University Press, 1987, P. 35; Peter Wesley-Smith, An Introduction to Hong Kong Legal System, Oxford University Press, 1987, P. 11-12

一、知识产权权利人法律救济

不论侵权行为是否在香港发生，或者权利人愿意把解决知识产权或侵权争议的司法管辖区改为香港，又或者有关知识产权确实在香港被他人侵犯，一般来说，权利当事人可通过香港法院提出申请，要求法院颁布法庭命令或提起民事的侵权诉讼作出相关请求。视乎案件性质以及种类，权利人的主要的救济方式包括有以下几类：

1. 禁制令 (Injunction)——这是一种权利人单方向香港法院提出的申请，权利受侵犯的一方，在向法院提交充分的侵权证据以及满足发出禁制令的条件下，要求法院指令禁制令中的侵权方立即停止有关的侵权行为；

2. 损害赔偿 (Damages)——启动民事诉讼程序，向法院要求颁令，指令侵权的一方就其侵权行为向被侵权的当事人作出经济上的赔偿。所指的损害赔偿，一般是涵盖了权利因调查该侵权行为而花费的时间以及费用、委聘律师以及律师的调查费、侵权行为人实际销售。无疑，这是权利人通过民事诉讼程序进行权利维护的方式之一；

3. 在民事诉讼程序中，要求侵权的一方交出有关因侵犯该知识产权所获得的利润——权利当事人向法院请求颁令，指令侵权人向其支付在侵犯其知识产权中所获得的利润。

以上是一般知识产权权利人在维护其权益时所可采用的法庭救济。当然，以上的方式没有包括在提出诉讼前指示由律师所发出的警告信函，以保后续诉讼费用的主张。

在香港知识产权的侵权责任，在法律的规范上来说基本上是根据侵权人其所侵犯知识产权的种类以及性质来确定其需所负上的法律责任，亦即是在《版权条例》《商标条例》《专利条例》有关案例中分别就侵权人的责任有相关的规定。以下就香港《版权条例》、《专利条例》、《注册外观设计条例》、商标、假冒以及介绍有关的侵权责任。

二、版权（著作权）

香港《版权条例》就侵犯版权的责任，主要的有《版权条例》第 107(2) 条，其中规定：

"在就侵犯版权进行的诉讼中，原告人可得损害赔偿、强制令、交出利润或其他形式的济助，与就侵犯任何其他产权而可得者相同。"

香港的版权分为两大类，第一类是"直接侵犯版权"。直接侵犯版权是指侵权行为人他直接抄袭、复制、出版作品，而当中并不需要达到与原来作品/版权完全相同的程度，而只要被复制、抄袭或出版的内容中的主要部分便可被认定为侵权。直接侵犯版权的侵权行为人基本上只须负民事赔偿的责任，但是如果他的侵权物品是用作图利之用，也就是进行了销售或者出租等，则侵权行为人也同时触犯了刑事罪行而须负上刑事责任。

而第二类则是"间接侵犯版权"，也需要承担民事责任[①]。间接侵犯版权所指的是，侵权行为人将侵犯版权复制品输入或输出香港，而作非私人或家居用途、因业务上而管有、出售、分发或以其他方式处理有关复制品、因业务目的以外之情况下而分发该复制品，但该分发数量已经达到足以损害版权所有人利益的程度[②]，又或者提供专门为制造侵犯版权复制品而设计或改装的物品[③]、透过电讯系统将作品传送出去，致使在世界上任何一个地方可接收有关传送的人士可因此制造侵犯版权的复制品[④]、允许公众娱乐场所进行侵犯版权的表演[⑤]、提供器具或提供处所摆放器具，或提供声音纪录或影片，以用作侵犯版权的表演[⑥]、提供专门设计或改装的工具，用以避开防止版权作品被复制的保护措施，或发布相关资料，意图协助他人避开上述防止复制的保护措施[⑦]。此外，侵权行为人还必须在进行有关上述侵权行为时，便知悉或有理由相信知道自己正在处理的是侵犯版权的复制品。如果检控方不能证明该侵权行为人有此认知或有犯罪的意图，那么该侵权行为人便毋须就间接侵犯版权而负法律责任。

就民事的损害赔偿，则是可以根据以及考虑有关侵权人的确实身份、侵权人等当事人的地位平等等因素来考虑[⑧]。而法院或会就案件的情况，尤其是该等权利受侵犯的昭彰程度[⑨]、侵权人的侵犯版权行为导致利益归于被告[⑩]，以及被告人的业

① 《版权条例》第 30 及 31 条。
② 指该损害通常是指例如营业额降低，或者失去了营商机会。
③ 《版权条例》第 32(1) 条。
④ 《版权条例》第 32(2) 条。
⑤ 《版权条例》第 33 条。
⑥ 《版权条例》第 34 条。
⑦ 《版权条例》第 273 条。
⑧ Oriental Press vs. Apple Daily [1998] 4 HKC 131。
⑨ 《版权条例》第 108(2)(a) 条。
⑩ 《版权条例》第 108(2)(b) 条。

务账目和记录的完整程度、准确程度及可靠程度 ① 的情况下，为案件的公正性而判给原告额外的损害赔偿。

但是，对于无犯意的侵权行为人，其仍需要就其管有、保管或控制某作品的侵犯版权复制品，而该物品是经特定设计或改装，用以制作某版权作品的复制品的，而该侵权行为人知道或有理由相信该物品曾经或将会用作制作侵犯版权复制品，则该作品的版权的拥有人可向法院申请命令，要求法院颁令该等侵犯版权复制品或该物品须交付予他或法院所指示的其他人 ②。

除上述之外，违反《版权条例》，任何人没有获得版权作品版权拥有人的特许而从事复制该作品、用作出售、出租、或输入香港地区作非私人或家居使用、或者为商业的目的而展示、出租或者出售复制品、或者以商业的目的而管有该复制品、又或者行为人分发该复制品的状况达到可以损害版权拥有人的权利的程度 ③，或者任何人管有任何物品，而他知道或有理由相信该物品是用作或拟用作制作任何版权作品的侵犯版权复制品以供出售或出租的，或以供为任何贸易或业务的目的或在任何贸易或业务的过程中使用 ④，在上述的情况下，侵权行为人一旦经循公诉程序而被法院定罪，则可被判处监禁 4 年，以及可就每一侵权的复制品被处以第五级的罚款 ⑤。

如任何人 (a) 制作任何物品；(b) 将任何物品输入香港；(c) 将任何物品输出香港；(d) 管有任何物品；或 (e) 出售、出租、要约出售或要约出租任何物品，或为出售或出租而展示任何物品，而该物品是经特定设计或改装以供制作某版权作品的复制品，并且是用作或拟用作制作版权作品的侵犯版权复制品以供出售或出租，或以供为任何贸易或业务的目的或在任何贸易或业务的过程中使用 ⑥，或者任何人如管有任何物品，而他知道或有理由相信该物品是用作或拟用作制作任何版权作品的侵犯版权复制品以供出售或出租，或以供为任何贸易或业务的目的或在任何贸易或业务的过程中使用 ⑦，该人即属犯罪，一经循公诉程序定罪，可处罚款 $500,000 及监禁 8 年 ⑧。

任何被控前述 (a)~(e) 其中一款所订罪行的人如证明他不知道亦无理由相信该

---

① 《版权条例》第 108(2)(c) 条。
② 《版权条例》第 109 (1)(a) 以及 (b) 条。
③ 《版权条例》第 118(1)(a) ~ (g)。
④ 《版权条例》第 108(8) 条。
⑤ 《版权条例》第 119(1) 以及 (2)。
⑥ 《版权条例》第 118(4)。
⑦ 《版权条例》第 118(8)。
⑧ 《版权条例》第 119(2)。

物品是用作或拟用作制作侵犯版权复制品以供出售或出租，或以供为任何贸易或业务的目的或在任何贸易或业务的过程中使用，在出示相关证据证明下可以此作为免责辩护。

法院在裁定被控人是否证明他没有理由相信有关的复制品是该作品的侵犯版权复制品时，是会考虑 (i) 他是否已就有关类别作品向有关的行业团体作出查究；(ii) 他是否已给予通知促请有关的版权拥有人或专用特许持有人注意他在输入及出售该作品的复制品方面的权益；(iii) 他是否已遵从就有关类别作品的供应而可能存在的实务守则；(iv) 对被控人作出的该等查究的回应（如有的话）是否合理和及时；(v) 他是否已获得提供有关版权拥有人或专用特许持有人（视乎属何情况而定）之姓名、地址及其联络之详细资料；(vi) 他是否已获得有关作品首次发表之日期；(vii) 他是否已获提供任何有关专用特许之证明。(viii) 任何人如管有任何物品，而他知道或有理由相信该物品是用作或拟用作制作任何版权作品的侵犯版权复制品以供出售或出租，或以供为任何贸易或业务的目的或在任何贸易或业务的过程中使用，该人即属犯罪[1]。

三、专利

在 1997 年 7 月之前，香港的专利登记需要依赖英国的再登记制度。目前香港的专利登记制度主要是依据《专利条例》以及其附属立法。

在侵权方面，侵权行为人的侵权行为同样可能会招致民事上的法律责任。在专利法律程序中，专利权权利人可要求侵权行为人作补偿：

1. 发出警告信函，要求就该侵权行为对其作出损害赔偿；

2. 向法院提出禁制令的申请，要求法院颁令规定被告人交出其或销毁侵犯专利权利人的产品相关物品。此类法庭命令，主要是维护专利权利人的权益，禁止侵权行为人继续销售侵权产品，使专利产品获得销售的保护措施；

3. 启动民事诉讼程序，向法院提出申请，要求法院宣告其专利属有效专利，并且被被告人侵犯；

4. 启动民事诉讼程序，向法院要求法院颁令被告交出侵权行为人因侵权物品所获得的利润[2]；及其他。

对于被侵权的当事人，其损害赔偿评估主要是依据"一般的侵权"(Assessed on the Normal Tortuous Basis) 的原则下进行评估，也就是原告犹如未曾发生过侵

---

① 《版权条例》第 118(7) 以及 (8)。

② 香港《专利条例》第 80 条。

权的原始状态，在 Gerber Garment Technology Inc v. Lectra Systems Ltd 一案中，损失的评定是以上述的"一般的侵权"，原告的情况应被还原至好像未曾发生侵权之前版的状况，原告是可以取回因侵权所造成可预见性的损失 [①]。除此之外，原告还有权要求被告交付因其侵权行为过程中所获得利润的权利 [②]。

四、注册外观设计

任何人在未经注册外观设计拥有人的同意下而 (1) 制造、进口、销售、出租或提供出售卖或放售、或者出租任何应用了设计的物品；(2) 制造任何物品，而令任何应用了该设计的物品能够在香港或其他地方制造；或者 (3) 制造任何物品，令香港或其他地方，得以制造任何配套组件，有关配套组件可以组成应用了设计的物品，则为侵犯其注册外观设计的行为，则须负上侵权的法律责任。

在法律责任方面，侵犯注册外观设计是属于民事侵权行为将衍生民事法律责任。注册外观设计的所有权人在其注册外观被侵犯的情况下可 (a) 要求侵权行为人作出相关的赔偿、(b) 向法庭申请禁制令，请求法院颁令指令侵权行为人即时停止其侵权行为、(c) 要求法院颁令，指令侵权行为交出侵犯其注册外观设计的产品；以及交出因侵犯其注册外观设计产品而获得的利润 [③]。

五、商标

根据《商标条例》如果其他人在其商业活动中，就相同或相类似的商品、货品或所提供的服务中使用与注册商标相同或相似的商标，那么注册商标的注册人则有权控告该人侵犯商标。当注册商标是驰名商标，那么不论是否用于相同或相类似的商品或服务上，商标的注册人均有权对该人提出侵犯其知识产权的诉讼。在侵犯商标的法律程序中，商标的注册人可选择以下几种方法，保护自身权利：

1. 具函要求侵权一方作出损害赔偿；

2. 向法院申请颁布禁制令，禁止侵权行为人继续销售涉及侵权其商标的有关产品；

3. 要求侵权行为人交出涉及侵犯其商标的产品；

4. 要求侵犯行为人因侵犯其商标的产品所获得的利润。

---

① [1995] RPC 383。

② Spring Form Inc v Toy Brokers Ltd [2002] FSR 276。

③ 《注册外观设计条例》第 31 条。

另外，在香港没有取得注册的商标 (Unregistered trademarks)，商标所有人是可以根据普通法的权利，也即是享有不受假冒 (Passing-off) 的权利，进行权利维护。当然，这个保护范围与注册商标的范围并不等同。

六、假冒（涉及公司商誉）

假冒 (Passing Off) 是普通法里的权利，也是一种权利人向另一方的不当行为的一种主张，是权利人维护其商誉的权利的一种。这种权利并非来自任何的成文法所赋予，而是根据判例法体系所发展出来的一种权利。如侵权行为人模仿他人的商标或品牌、贸易商号、个人姓名、他人货品包装、标签或式样、或者模仿他人所创造的虚构故事角色、又或者在货品买卖交易过程中，以自己的货品体带所订购他人的货品、假冒身份、虚假表述他人商品就是自己的产品等则构成上述的假冒行为。

假冒行为并不只限于上述种类，而还包括模仿他人的商标，甚至是他人的商标尚未载官方进行登记注册，有关的商标权利人在符合一定的条件下 [①]，是可以通过主张对方假冒来维护其权益，不受假冒侵犯。注册商标就可受《商标条例》的保护，同时亦受普通法中有关假冒的法律保障。

就假冒的侵权行为采取法律行动，权利人可通过民事诉讼方式进行维权，但是在证明商标权利等要求要比已经注册的商标来的高。权利人可采取的救济方式如下：

1. 具函要求侵权行为人作出赔偿；

2. 向法院申请禁制令，要求颁令禁止侵权行为人继续售卖有关侵权产品侵犯其权益；

3. 启动民事诉讼程序，要求法院颁令，指令侵权行为人交出侵权产品；以及

4. 启动民事诉讼程序，交出因侵权产品所获得的利润。

七、海关执法

除了上述之外，权利当事人尚可通过香港的执法机关来进行权益维护。根据世界贸易组织《与贸易有关的知识产权协议》，香港有责任履行该协议项下的维

---

① 要符合及成功主张对方假冒，原告人必须 (1) 先行证明其货品或服务享有颇高的商誉或名声，也就是其商誉或者声誉已广为大众所认识；(2) 被告人的陈述属于虚假的陈述，可能会让公众相信被告人的商品或服务就是原告人的商品或服务；以及 (3) 原告人因此而可能有所损失。

护知识产权的责任，而香港海关则是香港特区政府所授权的执法机关，专责负责针对商标及版权侵权案件行使刑事执法权力的机关，针对任何进出口、生产制造或销售盗版的活动。海关拥有广泛的搜查和扣押的权力，当中包括在边境执法、跨境知识产权违法活动、互联侵权行为，协助保障版权和商标拥有人的权利。

八、结论

香港特区知识产权侵权法律责任内容，包含了成文法、案例法、程序法等，对于打击知识产权侵权力度未曾较少，对侵权行为人的刑事的惩罚也不轻。虽然如此，要有效打击侵权行为，维护当事人权益，尚有赖权利人在香港有否登记注册其知识产权，尤其是香港作为货物中转站，每天均有大量的货物进出口香港、香港每年均举办多场不同的商品展览，为有效维护其权益，甚至避免受扰于"影子公司"继而影响内地业务，权利人实不宜忽略其知识产权在香港的注册登记。

民法典人格权保障应具之公法思维

张永明[*]

一、民法典人格权保障规定有待具体落实

关于人格权之保障，2017 年 3 月 15 日公布，2017 年 10 月 1 日施行之中华人民共和国民法总则编，有如下 3 条文之原则性规定，即第 109 条："自然人的人身自由、人格尊严受法律保护。"第 110 条："I. 自然人享有生命权、身体权、健康权、姓名权、肖像权、名誉权、荣誉权、隐私权、婚姻自主权等权利。II. 法人、非法人组织享有名称权、名誉权、荣誉权等权利。"第 111 条："自然人的个人信息受法律保护。任何组织和个人需要获取他人个人信息的，应当依法取得并确保信息安全，不得非法收集、使用、加工、传输他人个人信息，不得非法买卖、提供或者公开他人个人信息。"至于稍早之前，于 1986 年 4 月 12 日公布，1987 年 1 月 1 日施行之中华人民共和国民法通则，亦有几个直接规定之条文，即第 99 条："I. 公民享有姓名权，有权决定、使用和依照规定改变自己的姓名，禁止他人干涉、盗用、假冒。II. 法人、个体工商户、个人合伙享有名称权。企业法人、个体工商户、个人合伙有权使用、依法转让自己的名称。"第 100 条："公民享有肖像权，未经本人同意，不得以营利为目的使用公民的肖像。"第 101 条："公民、法人享有名誉权，公民的人格尊严受法律保护，禁止用侮辱、诽谤等方式损害公民、法人的名誉。"第 102 条："公民、法人享有荣誉权，禁止非法剥夺公民、法人的荣誉称号。"[①]

综观这些规定，民法总则第 111 条为其他国家 20 世纪即已完成立法之民法典所未有，堪称与时俱进之立法。此为立法上后发先至之国家，顺应时代脉动将立法讨论过程中已发展成为众所关注之民事法律关系，在制定民法总则时，作原则

---

[*] 德国波恩大学法学博士，高雄大学财经法律学系专任教授兼法学院大陆法制研究中心主任。

[①] 关于民法总则制定之过程，仅参杨立新：《民法总则规定民事责任的必要性及内容调整》，《法学论坛》，2017 年 1 月第 1 期（第 32 卷，总第 169 期），页 11 以下。

性之规定，如此做法值得表扬，但亦不应以此自满，故步自封，而应让这些现代人确有需求之权利得以被具体落实。

回顾现代人权之发展史，除节制公权力行使、避免其恣意干预限制人民之自由与财产外，如何提供人民有效防范来自其他人民所带来之权利侵害，亦是非常重要之一环，而社会演化至今，权利之种类早已不以有形体之物质上权利为限，凡与人格尊严相结合之非财产上权利，均为今日人民过好日子不可或缺之必要基础，因此，任何强调以民为本，以民为主之政府，除了保障人民有形之权利外，亦应致力维护这些无形体之人民权利。盖立于法律上平等地位之民事法律权利，绝大多数均属于请求权性质，权利人仅得向义务人提出实现其权利之主张，其请求权能否被落实，端赖义务人是否愿意以及是否有能力履行义务，因此，完善请求权未获实现时之救济制度，让受法律所承认之权利，亦有确实可行、可发挥保护作用之法律救济制度为担保，已成为今日人民享有权利之必要配套。

随着法治之进步，自许以给予个人权益高水平保护为目标之政府，除建立完善之司法救济制度外，更有从立法与行政层面着手，由政府积极扮演保护个人权利者之角色，制定特别法律平衡事实上日趋不平等之民事法律关系，并由专责之主管机关，或自行或以委托行政之方式，担负起维护个人权利之工作。因此，民法总则编关于人格权保障之原则性规定，尚需有符合时代潮流趋势之各论法律规定，将总则纲领性质之条文规定予以具体化，方能真正落实此项权利之保障，而其间掌握世界各国具前瞻性之立法趋势，乃是当前最基本之要务。

二、大数据帝国崛起对人格权形成威胁

如同所有法律领域，民事法律关系亦受时代演变之影响，今日互联网发达，大数据处理科技将过去因时间、空间与物质条件之差异所形成之距离与藩篱卸除，以致无人不感受到网络带来之便利，进而喜爱它、依赖它，但也有不少人因无法抗拒网络传递之便利或内容之诱惑，以致无法自拔，几乎成为网络之奴隶。事实上，因计算机或智能手机等之使用者在联网之后，即能轻易掌握各项被串联起来之讯息，几乎可以满足工作上与生活上之所有需求，因此，能驾驭此类新型通讯电子科技者，即使被称臣服于网络大神，不仅没有任何之不敬，反而是夸耀其能赶上时代潮流，未被时代所淘汰。

在互联网时代，连上网之个人一旦被迫离开网络，立即仿若被禁锢之人，因无法继续在讯息世界中自由伸展，即犹如在现实世界中被禁足般，无精打采，但一旦连上网络后，即又生龙活虎起来，却因网络业者以各式夺目兼悦听之信息，

喂食着自动上网者，让离不开这种新式传递信息工具之网络终端用户，终究离不开令人迷惘之虚拟世界，而成为得被网络轻易控制之对象①。因此，有识者已纷纷提出警讯，呼吁正视网络普及后，能乘载与传递大数据之网络业者之霸权化趋势。尤其是在网络社群媒体兴起后，社群媒体独有的运算机制（algorithm）却可能选择性地决定民众看到的信息内容，所谓的"过滤气泡现象"（Filter Bubble）和"回声室效应"（Echo Chamber）已使网络用户，沉溺在言论单一化、集中化、反自由化之言论世界中②，而部分国家之政府又强化网络思想之管制，均对于强调个人权利保障之价值观形成重大之冲击。

互联网时代最理想之状况乃，网络世界让网民轻松驾驭堆积如山之大数据，并完全符合用户之需求：想要对特定事件或人物，不花费太多的精神与力气，一目即可了然于胸者，可以选择所谓的懒人包；要对事件之始末、人物之一切，巨细靡遗深入研究者，可以透过搜寻结果连结，一一点击被关键词涵盖之讯息，或从盘古开天开始，在自己阅读能力所及之范围内，从源头了解始末，或从少数夺目之被链接信息中，建构自己对该事件或人物之认知。

然而，互联网平台之所以能快速而博学、且广为周知，最主要之原因乃其建立在使用者得免费传递与自由读取感兴趣讯息之基础上，但因网络业者并非慈善家，其必然从中获取经济利益，始有持续经营之动力与可能性。因此，貌似自由、多元之网络言论，亦必须符合有利网络平台业者牟利之基本条件，当然现代之网络平台之所以被称之为大神而非魔鬼，乃其已舍弃过去极权统治者惯用之粗暴手段，而改采让愿者自动上钩之软性手法，挑战网民自我控制之能力。一般而言，拥有智能手机者，鲜有不受网络大神控制者，只是有些自制能力稍强者，较不轻易全然相信网络上之一切，或不在接受特定信息后之第一时间立即动手作出决定，但无论如何，均已或深或浅地受制于网络上之新信息，或再次组合之旧信息，至少是花了超乎意料之时间予以关注，并在潜移默化中接受了隐身其间之置入性商业广告，随后或在隔一段时间后，影响了自己之决定。

对于网络世界"自然"形成之统治现象，有意识之政府，无不采取各式之措

① 主要是精彩好玩的网络游戏，让爱好者形同被网络绑架般，参，滕淑芬：《别小看网络游戏成瘾症 世卫已列入精神疾病》，2018 年 3 月 31 日远见杂志电子版，https://www.gvm.com.tw/article.html?id=43696，（最后浏览日：2018.7.27）。

② 《新媒体世代，谁该为脸书"过滤气泡"负责？》自由评论网，http://talk.ltn.com.tw/article/breakingnews/1315203，（最后浏览日：2018.7.27）："过滤气泡"理论主张运算机制会依据网络民众先前的网络行为（像是按赞、点击和搜寻纪录），决定民众能够看到的文章，网络媒体像是脸书和 Google 可以藉此来避免民众看到和价值观不符，或不感兴趣的内容，导致民众身处多同构型高的言论环境中；而"回声室效应"则描述网络民众更容易接触到和自己意识形态相似，或是价值观相符的信息，进而使得民众得到的网络讯息越来越趋单一化。

施，或选择采取严格控制网络之作法，以主管机关全面审查内容之方式，避免其控制人民，或者赋予人民对抗网络控制之法律救济制度，以免网络之畅行无阻因政府之管制而立即受到阻碍，但由网民自己衡量决定，是否在网络出现损及其人格权益时，不论网络业者是有意或无意，均得依法采取防护自己人格权益之措施。

三、值得关注之欧盟信息人格权保障创举

国际间由一个国家或一个区域自己制定之法律，通常只能拘束该国或该区域内之人民与在其内发生之行为，因此对于这种受属人与属地主义限制之外国法律规定，一般情况下极容易被轻忽，但在国际间贸易往来频繁之今日，重视境外法域之法制发展，已经不是刻意贬低自己，仿效他国立法之问题，而是商业上绝对必须之风险管理措施。主要原因乃当从事贸易之一方坚持法治时，所有与之有贸易往来之商场伙伴，均有必要认知与遵守该域外之法律规定，否则透过商业手段辛苦赚到之利润，恐怕在一夕之间全然不保[①]。虽然亡羊补牢为时不晚，但更聪明之决策，无非是事先做好法遵之准备。

互联网时代各国对于个人信息与人格权之关联性，因所持之观点不同，以致所采取之措施有别，乃理所当然，因此在法治主权不容挑战之思维下，域外法制之发展本来只有学术上比较研究之价值，但若虑及今日为全球贸易之时代，无法再维持闭锁之政策，则经衡量损益之后，确定有不愿舍弃之市场时，遵守该处之法制，即成为商业经营之必要条件，而作为商业团体后盾之政府，如何在法治建设上让本国之商业符合域外之法遵要求，亦成为负责任政府之义务，其间釜底抽薪之作法，乃在创建内国法制时，充分参考域外法制之发展，让本国人民与企业无违和地，做到境内外法律规定要求之标准，降低法遵之风险。

拥有近30个会员国之欧盟经济实力坚强，为全球数一数二之经济实体，世界上几乎没有一个商业团体愿意放弃欧盟市场，而欧盟不仅在经济上进行整合，法

① 近来台湾之金融业即因域外法遵问题，遭罚史上最高纪录之金额，参《涉违反反洗钱法 兆丰银遭美重罚57亿》，《中国时报》，2016.08.20，http://www.chinatimes.com/newspapers/20160820000329-260102（最后浏览日：2018.7.27）：兆丰金控旗下兆丰银行纽约分行因涉及洗钱防制疏失，遭美国纽约州金融服务署（DFS）重罚1.8亿美元，相当于57亿台币，且须于10天内缴交完毕，创下国银史上最高海外罚款纪录。兆丰银行纽约分行近年来平均每年获利仅2,500万美元，换言之，这笔罚款要7.2年才能打平。《同一时期缺失 美国再罚兆丰银8.57亿》联合晚报，2018.01.18，https://udn.com/news/story/11316/2936690（最后浏览日：2018.7.27）：美国联邦准备理事会（Fed）宣布，对兆丰国际商业银行裁罚2,900万美元（约新台币8.57亿元），因兆丰纽约、芝加哥、硅谷分行风险管理及防制洗钱制度有重大疏失。美国中央与地方主管机关可对于同一时期的缺失分别裁罚，这次裁罚是2016年兆丰纽约分行因反洗钱制度不完善，遭纽约金融服务署（NYDFS）重罚新台币57亿元的后续。

制整合亦绩效卓著，且经常有创新之成果，已成为世界上想要与欧盟国家从事商业往来之域外个人与团体不得不关注之对象。近来欧盟对于人格权之发展，最受瞩目者之一，乃欧洲法院于2014年5月13日所作出有关个人信息保护之被遗忘权判决①，以及2018年5月25日生效之欧盟信息保护基本法②，前者在当时欧盟信息指令（Richtlinie 95/46/EG）未明文规定下，欧洲法案透过争讼个案中所适用欧盟法规之司法解释方式，创造出欧盟会员国之人民得对抗国际性信息处理大企业之权利，以保障其信息人格权，且不以该个人信息被搜索引擎纳入，以及呈现在搜寻结果目录上之当事人，能证明其个资成为被连结之目标已产生何种损害为要件。欧洲法院作为解释包括欧盟信息指令在内欧洲法之权责机关，透过个案是否符合欧洲法规定之裁判，将历来公认之已公开信息不受保障原则作了与时俱进之修正③，创造出所谓之被遗忘权。此项先于立法之创举，乃在兼顾对陷入冲突之公私法益维护下，顺应网络科技改变生活之事实，适度增加在网络科技新时代之人民得透过诉讼请求之权利保障清单，以寻回个人在科技时代几乎丧失之主体性。欧洲法院创造之被遗忘权虽然尚未被欧盟以外之地区成功仿效④，但已引起多方之讨论与关注。⑤

---

① Urteil des Gerichtshofs (Große Kammer) vom 13.Mai 2014 (Vorabentscheidungsersuchen der Audiencia Nacional — Spanien) — Google Spain SL, Google Inc./Agencia de Protección de Datos (AEPD), Mario Costeja González (Rechtssache C-131/12), 2014/C 212/04 Amtsblatt von 7.7.2014.

② VERORDNUNG (EU) 2016/679 DES EUROPÄISCHEN PARLAMENTS UND DES RATES vom 27. April 2016, zum Schutz natürlicher Personen bei der Verarbeitung personenbezogener Daten, zum freien Datenverkehr und zur Aufhebung der Richtlinie 95/46/EG (Datenschutz-Grundverordnung), https://eur-lex. europa.eu/legal-content/DE/TXT/?uri=uriserv:OJ.L_.2016.119.01.0001.01.DEU&toc=OJ:L:2016:119:TOC，（最后浏览日：2018.7.27）。

③ 参苏慧婕，《欧盟被遗忘权的概念发展——以欧盟法院 Google Spain v. AEPD 判决分析为中心》，《宪政时代》，41 卷 4 期，2016 年 4 月，页 273—317. 内容浓缩版，参"中央研究院"欧美研究所，欧美公共政策论坛，2017 年 3 月 13 日发布，欧美社会发展与政策，https://www.ea.sinica.edu.tw/Content_Forum_Page.aspx?pid=16&uid=63&cid=34&lang=c，（最后浏览日：2018.7.27）。

④ 迄今日本有赞成个人得享有被遗忘权之裁判，一般性介绍，参《日法院首次依"被遗忘权"要求 Google 删除被建经历》，《自由时报》，2016 年 2 月 28 日，http://news.ltn.com.tw/news/world/breakingnews/1616248，（最后浏览日：2018.7.27）；专业性分析，参，周晨蕙，《搜索引擎业者删除特定检索结果之判断基准—日本最高法院平成 28 年（许）第 45 号（平成 29 年 1 月 31 日裁定）》，《科技法律透析》，29 卷 11 期，2017 年 11 月，页 11—17. 相较之下，美国、中国大陆以及台湾之法院则均予以否认。台湾 Google 判决，参，台湾"台北地院 103 年度诉字第 2976 号判决""台湾高等法院 104 年度抗字第 491 民事裁定""最高法院 104 年度台抗 717 号民事裁定""台湾高等法院 104 年度上字第 389 号判决"。

⑤ 较新之文献如 Christian Trentmann, Das "Recht auf Vergessenwerden" bei Suchmaschinentrefferlinks – Google & Co. im Lichte von DSGVO, DSRL und EuGH. In: Computer und Recht 1/2017, 26-35; Jan Weismantel, Das "Recht auf Vergessenwerden" im Internet nach dem "Google-Urteil" des EuGH – Begleitung eines offenen Prozesses, 2017.

欧洲信息保护基本法则被称为史上最严格之个资法，虽然仅是欧盟之区域性法律规定，受保护之对象限于欧盟地区国家之人民，但因今日之欧盟已成为不可被忽略之世界经济体，所有想与欧盟会员国有经济往来之国家与地区，均不得不全部或局部地、直接或间接地受欧盟法制之拘束，尤其是该法明定，违反其规定者将受高额之裁罚，全世界想要与欧盟有商品或服务往来之国家，均成为此新规范之适用对象①，而此信息保护基本法即在第 17 条规定欧洲法院所创造之被遗忘权。至此，在欧盟信息时代人格权之保障即跨上有法律规定可依之阶段，可预见在未来之岁月中，欧盟国家之人民将受到高水平之权利保护。

四、建构网络时代人格权保障体系之思维探讨

民法上规定之人格权，主要系保障个人免受其他人民对其权利造成之侵害与提供救济基础，在法律向来有区分公法领域与私法领域下，落实人格权保障之法律即面临归类之问题，以及主管机关于人民之人格权受侵害时之介入程度。

（一）私法自治之传统思维

现代民主法治国家历经极权专制之残暴后，对于来自统治者与国家机器带给个人之危害铭记在心，尤其是当过往历史曾有令人印象不佳者，无不极力维护历代先贤藉由人权理念所建立之个人不受国家恣意干预之自由。及至今日，对于私领域发生之冲突，仍以私法自治为最高指导原则，国家之公权力基本上不介入私领域之纷争，以免开启统治权力侵害人民权利之门。就信息领域而言，因信息在非官方领域之自由流通，有助于新闻自由之落实，甚至可以产生对国家传统三权之监督效果②，因此，即使对于当事人之人格权有所侵害，亦不宜由国家机关积极介入信息人格权之保护。

持此见解者，无非是认为，若由国家司法裁判或立法机关赋予个人享有向信息业者，要求删除特定内容或禁止特定之信息流通方式之权利时，主管机关即有机会藉由颁布判断应否删除或禁止标准，介入人民历经千辛万苦方始获致之信息流通自由，而在课予业者分辨应否切断特定信息之链接时，即有可能钳制人民发

---

① 高敬原：《没有人是局外人！史上最严个资法冲击全球，带你搞懂什么是 GDPR》，2018 年 5 月 25 日，数位时代，https://www.bnext.com.tw；陈颢仁：《史上最严个资法 GDPR 上路，若违法小心被罚 7.2 亿》，《天下杂志》，2018 年 6 月 7 日，联合新闻网 https://udn.cm，（最后浏览日：2018.7.27）。
② 参何清涟：《点评中国："斯诺登事件"的多重效应》，BBC 中文网，2013 年 6 月 17 日，http://www.bbc.com/zhongwen/trad/focus_on_china/2013/06/130617_cr_snowden，（最后浏览日：2018.7.27）。

表特定方向之言论。因此，对于信息时代存在之权利侵害风险，应由利用信息之人民自行承担。[①]

（二）国家负有保护人民不受他人侵害义务之思维

民主法治国家蜕变自极权专制国家，发展至今虽然仍牢记国家侵害人民基本权利之过往历史，但在各项监督与制衡国家公权力行使之机制完善，但个别之私人或团体在自由与财产受国家周详保障下发展迅速，若未受任何节制时，亦经常成为造成其他个人或团体权益受损之侵害源，因此，有从国家存在之正当性立论者，即推导出国家除应消极不恣意限制或干预人民之基本权外，亦应积极保护居于弱势地位之个人或团体，免除其遭受其他具同等法律地位，但事实影响力差距甚大之人民之侵害。

在国家负有保护义务之理论下，国家有必要积极介入原本属于民事双方当事人间之法律关系，以重建公平合理法律秩序之场合所在多有，因此，只要能有效防止国家，藉由保护之名而行侵权之实，对于今日饱受各项高涨社会力威胁之个人，国家之介入确实能产生必要之保护效果。就大数据时代信息流通之现状而言，信息处理业者利用计算机科技，以及人性易受吸引、进而易被控制之弱点，当其大量搜集、储存、处理与利用各类型之信息时，已将信息所涉及之个人物化成为其最终生财之工具，若没有课予业者采取任何事前或事后限制措施之义务，个人资料被业者掌握之个人，将在信息处理业者之作为，以及网络用户交叉响应业者所提供之信息下，成为网络上众人得肆无忌惮任意公审之赤裸对象。此使纵使国家不曾侵犯遭受公审个人之人性尊严，事实上却因国家之不作为，而导致其在网络世界与真实世界之人格权，处于岌岌可危之状态中，此种现象对于政府运作是由人民纳税支应之租税国家而言，人民更有向国家请求保护之权利，而国家负有调和人民之间在自由发展过程中所出现之强弱悬殊现象之义务。

（三）多元文化社会国家与人民关系之重新建构

传统国家与社会二元分立之理论，在今日网络科技时代依然存在，但无论是国家内部、社会群体，或者国家与社会间之区分与连结，均呈现高度复杂化，已无法以传统之思维去建构符合今日需求之国家与人民关系。因此，认定与分析社会脉动，重建合乎时宜之国家与人民关系，调整公权力行使之原则与方式，方能

---

① 主要是美国式的思维，参 *James Q. Whitman, Recht auf Vergessenwerden, Lobby für die Menschenwürde*, http://www.sueddeutsche.de/digital/recht-auf-vergessenwerden-lobby-fuer-die-menschenwuerde-1.2017919, 29. Juni 2014, 16:46 Uhr,（最后浏览日：2018.7.27）。

达成人民权利保护之最大化，倘若一味拘泥于过去历史之传统理念与作为，将置人民最基本之权利于受侵害之高度危险中，显然丧失国家存在之正当性。

然而，保护型的国家仍有借机侵害人权之潜能，但即便如此，也不能因此解除其保障人权之基本义务，故当人民所处之环境有遭到权利受侵害之危险疑虑，而国家之机关，无论是行政、立法或司法尚有救护之可能性时，纵使侵害非源自国家所属之公务员，国家机关亦必须在节制公权力行使下，尽一切可能以保护受害人民之权利，而其手段亦包括介入与调整民事法律关系。因此，在今日之社会，人民对于国家之要求，乃在"疏离中尽责"，在若即若离中担保小老百姓之安危，使其免被力气大、财力雄厚之强势百姓欺负，创造人人享有平等发展自我之条件，而非仅有上流阶层才配谈自由发展人格之权利。

（四）归还网络用户之自主决定权与自主能力

网络信息巨量暴增与串联时代，多数人成为网络用户，但网络用户面对大数据时却每每有无所适从之感，犹如刘姥姥进大观园，样样新奇，个个无法捉摸，于是乎不仅有善心个体户自创之懒人包，引导网络用户快速进入主题谈论之世界；搜索引擎经营者也以救世主之姿态，提供无助之使用者，从盘古开天迄今之信息，且以耸动者优先之方式，喂食越看越有趣，但也令人越看越无能、越看越沉迷之信息。

面对这种网络用户自甘堕落、自我放弃判别与决定机会之现象，若没有国家之力有效地介入，网民对于事件与事件当事人之判断能力几近丧失，但在这种弱智化现象中，依然对于网络风云人物勇于形成自己主观之看法，并对外表达，甚至影响另一个更弱智之网民。此种现象可以从经证实错误之信息，被权责机关不断地声明，呼吁大家别当真，但每隔一段时间又再度被广泛转载流传，呈现周期性泛滥之现象上，略窥其貌。

虽然，网络用户有可能是本文所称之弱智网民，但其在现实世界之法律上行为能力并不受限，其享有之选举、罢免与创制之公民权，完全不受影响，因此，极可能在选举时，或者是在平时，对于特定个人形成以偏颇数据为基础建构出有决定性影响力之判断①。因此，在网络世界便利服务之环境下，绝大多数之网民有可能均属偶尔清醒，有能力但不见得有意愿睁开眼睛，环视现实周遭之真实环境，以亲眼所见、亲耳所听之直接证据，进行对人与对事之臧否，而宁可不动脑地一

---

① 近来最受瞩目者，乃英国剑桥分析事件（Cambridge Analytica），参林建勋《脸书封锁外泄案爆料者账号，剑桥分析被爆用"奥步"干涉他国选举！》2018 年 3 月 21 日 科技报橘 TechOrange，https://buzzorange.com/techorange/2018/03/21/fb-blocked-wistle-blower-account/，（最后浏览日：2018.7.27）。

再以讹传讹，除了有亏自己之德守外，亦容易伤及无辜。因此，国家应该有义务藉由立法、司法与行政机关之积极作为，让迷失在网络大千世界之个人找回自己，并停止在无意中持续侵害他人之信息人格权。

五、结语

自从德国基本法将人性尊严明订为不容侵犯，且有拘束行政、立法与司法机关之效力后，凡与人性尊严之维护有关之权利，均获得了最高法规范位阶之宪法依据，民法上保障人格权之规定，即不仅仅是宣示其为一项受法律保障之请求权而已。在法领域之间之相互影响与渗透，已随着社会环境之变迁而越来越频繁，历来泾渭分明之公法与私法概念，业因本质上没有公权力之民间团体，已自然形成宰制个人之强权，在民事法领域不能再天真地以人人手中无寸铁故平等之思维为基础，国家公权力有义务适时介入，以重建实质平等之社会秩序。

历来在商业法领域，大家已熟悉主管机关藉由管制联合、独占与垄断等商业行为，强化消费者之权益保护，以期回复公平竞争商业市场之理想原貌，而在非物质领域之发展，亦如同商业领域般已呈现出强凌弱之现象，因此，世界上之民主法治先进国家，继不当竞争法制与消费者保护法制之后，已经着手建立保护人格权之法制。两个领域之法制同样是融入公法之思维，由主管机关作为私权实现之担保，一方面在立法上赋予弱势者特殊之权利，另一方面在行政上藉由管制强制者，达到保护弱势者之目的，同时在司法上藉由个案审理时之合目的性解释或法官造法，形成绵密之私权保护网。

中华人民共和国民法总则编关于人格权保障之原则性规定，亦有必要在具公法思维下，赋予权利受害者特殊之地位与有效之权利救济管道，未来宜参酌对于人格权保障屡有创新之欧盟法制，制定设置有主管机关，含有人民请求权得有效实现之机制与司法救济管道之专法，以真正落实人格权之保障。

论中国民法典侵权责任编的完善

李 昊 *

自 2017 年 3 月 15 日全国人大通过《民法总则》后，民法典分则的编纂工作就进入了快车道。2017 年 10 月 31 日和 2018 年 2 月 15 日分别形成了民法典侵权责任编的民法室室内稿（以下简称"室内稿"）和法工委征求意见稿（以下简称"征求意见稿"），并部分征求了学界和各部门的意见。这就意味着侵权责任编仍将保持与合同编的分立，成为未来民法典中的独立一编，这次编纂也为我们提供了一个重新审视我国侵权责任法的机会。本文将从侵权责任编与民法典其他编的关系以及侵权责任编自身内容的修改完善两部分出发，为我国民法典侵权责任编的立法工作建言，以期促进侵权责任编能反映国内最新的立法和实务进展，适应新的实践的需求。

一、侵权责任编与民法典其他编的关系

（一）与民法总则编的关系

《民法总则》第八章延续了《民法通则》的体例，尝试对民事责任做出了一般性的规定，其内容对侵权责任编可能产生如下影响：

1.《民法总则》中已有的内容，侵权责任编无需再做规定。《民法总则》第177 条规定了按份责任的承担方式，第 178 条规定了连带责任的承担方式。因此，侵权责任编在多数人侵权部分无需再重复这些规定，亦即《侵权责任法》第 13 条、第 14 条可以删去，第 12 条可以修改为"二人以上分别实施侵权行为造成同一损害的，承担按份责任"。其次，《民法总则》第 180 条至第 182 条规定了分别不可抗力、正当防卫和紧急避险作为免责事由。将正当防卫和紧急避险从侵权责任违法阻却事由上升为共通性的违法阻却事由的意义在于体现私力救济在权利保

---

* 北京航空航天大学法学院、人文与社会科学高等研究院副教授，法学博士。

护中的地位和作用。① 基于此，亦有学者主张在民法总则增设"民事权利的取得、行使与保护"章，并将正当防卫、紧急避险作为权利保护的措施规定在该章中。② 但是在法律适用的过程中，仍需对二者是否可适用于侵权责任之外的其他情形做进一步研究。③ 最后，《民法总则》第 187 条吸纳了《侵权责任法》第 4 条的内容，规定民事责任、行政责任和刑事责任之间的关系，侵权责任编亦无需再规定。

2.应当从《民法总则》中移到侵权责任编中的内容。首先，《民法总则》第 185 条规定了侵害英雄烈士等的姓名、肖像、名誉和荣誉的民事责任。这一规则属于具体的侵权责任，不应规定在民法总则中，而应规定在侵权责任编中，④ 具体位置可以放在人格权侵权一章。其次，《民法总则》第 183 和第 184 条分别是因保护他人民事权益受损的责任承担和受益人补偿规则及自愿实施紧急救助行为致害的免责规定。二者是侵权责任中的特殊问题，不符合该章民事责任一般规则的体系定位，应回归侵权责任编。

（二）与人格权编的关系

人格权是民事主体所享有的基本民事权利，民法典编纂的过程中有学者提出编纂独立的人格权编以加强对人格权的保护，⑤ 并且为民法分则的室内稿和征求意见稿所接受。在人格权独立成编的背景下，为确保民法典的体系性，如何衔接好侵权责任编与人格权编之间的关系是十分重要的。总体来说，人格权编应当以人格权的内容和人格权的行使等为重点，而人格权受到侵害后的责任构成、责任承担等应当由侵权责任编加以规定。具体而言，比较理想的方式是在侵权责任编单独增加侵害人格权的一章，详尽规定人格权侵害中的法益衡量和特殊抗辩事由，尤其是针对名誉权侵权和隐私权侵权。⑥

---

①　参见陈甦主编：《民法总则评注》（下册），法律出版社 2017 年版，第 1295 页。

②　柳经纬：《论我国民法典形成之时总则编之调整》，载《政治与法律》2018 年第 6 期。

③　有观点认为，正当防卫和紧急避险可以阻却违约责任和其他债务不履行责任，并不限于侵权责任。参见金可可：《〈民法总则（草案）〉若干问题研究——对草案体系等若干重大问题的修改意见》，载《东方法学》2016 年第 5 期，第 120 页。从实践案例来看，不乏否认正当防卫和紧急避险可以适用于违约责任的案例。参见"滨州大饭店有限公司与淄博菱光商务有限公司财产损害赔偿纠纷案"，滨州市中级人民法院（2017）鲁 16 民终 1769 号民事判决书；"中国人民财产保险股份有限公司大连分公司与黄金彪等海上、通海水域货物运输合同纠纷案"，武汉海事法院（2017）鄂 72 民初 1410 号民事判决书。

④　杨立新：《民法总则新规则对编修民法分则各编的影响》，载《河南财经政法大学学报》2017 年第 5 期，第 9 页。

⑤　参见王利明：《论我国〈民法总则〉的颁行与民法典人格权编的设立》，载《政治与法律》2017 年第 8 期。

⑥　参见王泽鉴：《人格权法：法释义学、比较法、案例研究》，北京大学出版社 2013 年版。

（三）与合同编的关系

1. 损害赔偿规则的协调。无论是侵权责任，还是违约责任，其法律后果都主要体现为损害赔偿，在损害赔偿问题上也都有共通规则，典型如比较过失、损益相抵等。此外，规定在合同编的减损规则与比较过失规则不仅效果不同，发挥作用的内在机理也不同，减损规则不应被比较过失规则所取代。[①]同时，在侵权责任的情形，受害人未及时采取措施导致损失扩大的，亦属有之。[②]因此，减损规则在侵权责任中也有适用余地，也属于损害赔偿的共通规则。

在目前民法典不设立债法总则的情况下，民法典法工委征求意见稿分别在合同编和侵权编规定了损益相抵规则，这难免会造成条文的重复，较为理想的处理方案或许是将此类损害赔偿的共通规则规定在民法总则民事责任部分，次佳的方案是在合同编设立准用条款。

2. 违约责任的精神损害赔偿。精神损害赔偿并非侵权法所独有，在违约责任的场合下，也可能存在精神损害赔偿。[③]在民法典分则的立法过程中，需要协调好合同责任和侵权责任在精神损害赔偿问题上的规定，为违约责任中的精神损害赔偿留下必要的空间。在目前民法典分则不增设债法总则的情况下，比较理想的方式是在《民法总则》第八章民事责任中增设关于精神损害赔偿的一般规定，同时适用于合同责任和侵权责任。次佳的选择方案是在侵权责任编增设准用条款或在合同编违约责任章增设精神损害赔偿的特殊规定。

3. 侵权责任与违约责任的竞合。侵权责任与违约责任的竞合可以划分为固有型、违约责任扩张型和侵权责任扩张型。[④]违约责任扩张型竞合是合同法上保护义务的扩张导致的，但是这种责任竞合的出现却使得调整不同对象的合同法与侵权法大范围的重合，民法典编纂过程中应当通过限缩附随义务的类型尽量减少此种竞合。固有型的责任竞合是指将侵权法上不侵害他人权利的义务作为合同的给付义务，属于无法避免的责任竞合。应当在责任竞合效果上尽量缩小二者之间的差异。首先，合同法上的特定责任减轻规则应当可适用于侵权责任，如合同法中无偿保管人仅在故意和重大过失情形下承担责任的规定；其次，合同中的免责条款应当可适用于侵权责任；最后，《合同法》第 121 条规定，债务人要为第三人

---

① 韩世远：《合同法总论》（第三版），法律出版社 2011 年版，第 645 页。

② 王泽鉴：《〈中华人民共和国民法通则〉之侵权责任：比较法的分析》，载《民法学说与判例研究》（第六册），北京大学出版社 2009 年版，第 237 页。

③ 参见崔建远：《精神损害赔偿绝非侵权法所独有》，载《法学杂志》2012 年第 8 期。

④ 参见谢鸿飞：《违约责任与侵权责任竞合理论的再构成》，载《环球法律评论》2014 年第 6 期。

造成的违约负责，这一条款在学界引起了广泛讨论。[①] 从合同编与侵权编的关系上来看，应当将这一规定限制在债务人为其履行辅助人负责，与用人者责任保持一致。

4. 获利返还请求权与不当得利返还请求权。侵权法上的获利返还请求权与权益侵害型不当得利中的不当得利返还请求权不同。获利返还请求权融合了侵权损害赔偿责任的归责要件和不当得利请求权的法律后果，处于侵权法和不当得利法的中间过渡地带。[②] 换言之，二者虽然效果相同，但是构成要件上存在差别。因此，在两个请求权的要件均满足的情形下，应当允许受害人自由选择行使哪一个请求权，而非一概排斥不当得利返还请求权的适用。[③]

（三）与物权编的关系

1. 物权请求权与侵权责任请求权。停止侵害、排除妨碍和消除危险是绝对权请求权，而非侵权责任承担方式。[④] 应当由物权编将之作为物权请求权加以规定，侵权责任编不应规定。

2. 占有人－所有人关系与侵权责任。占有人－所有人关系属于物权法上的特别债法规则，按照这一规则：

（1）善意自主占有人对占有物的毁损灭失不承担责任，善意他主占有人在相信自己享有权利的范围内亦做相同评价。[⑤] 但善意占有人系指对自己无权占有不知情且无重大过失，并不排除存在一般过失。虽不能排除善意占有人对自己的无权占有存在一般过失的情形下，有构成侵权责任的可能性，但是基于善意占有人保护的特殊规范目的，即使成立侵权责任，也应当优先适用占有人－所有人关系规则。

（2）恶意占有人的情形下，《物权法》242 条及第 244 条所规定的恶意占有人

---

① 参见周江洪：《〈合同法〉第 121 条的理解与适用》，载《清华法学》2012 年第 5 期；解亘：《论〈合同法〉第 121 条的存废》，载《清华法学》2012 年第 5 期；解亘：《再论〈合同法〉第 121 条的存废——以履行辅助人责任为视角》，载《现代法学》2014 年第 6 期。

② 朱岩：《'利润剥夺'的请求权基础——兼评〈中华人民共和国侵权责任法〉第 20 条》，载《法商研究》2011 年第 3 期，第 142 页。

③ 参见王若冰：《获利返还制度之我见——对〈侵权责任法〉第 20 条的检讨》，载《当代法学》2014 年第 6 期。

④ 详见崔建远：《绝对权请求权抑或侵权责任方式》，载《法学》2002 年第 11 期。

⑤ 《物权法》对此并未作出明确规定，但是通过第 242 条的反面解释可以得出相同结论。

损害赔偿责任究竟为无过错责任还是过错责任，尚存争议。[①] 采何种归责原则取决于是否加重恶意占有人的责任，是立法价值选择的问题。但就其与侵权责任编的关系而言，如果是过错责任，则与侵权责任构成责任竞合；如果是无过错责任，则因加重恶意占有人责任的特殊规范目的排除侵权责任的适用。

二、侵权责任编的完善建议

从已经出台的侵权责任编的民法室室内稿和法工委征求意见稿的编章内容来看，基本保持了 2009 年通过的《侵权责任法》的结构框架，仅在细节部分进行了修补完善，基于对两个草案的考察，爰作出如下的分析和建议：

（一）"室内稿"与"征求意见稿"的对比

侵权责任编从"室内稿"到"征求意见稿"所做的主要变动如下：

1. 结构变化："征求意见稿"将"室内稿"的第一章、第二章拆分重组，将"室内稿"第一章关于损害赔偿的部分独立为第二章"责任承担"，并将"室内稿"第二章取消，其内容并入第一章，称为"一般规定"。

2. 内容变化：

（1）在一般规定部分，将侵权责任法保护范围的列举项进行总结提炼；删除了"室内稿"中有关自助行为的规定；将比较过失规则的内容修改为对"同一损害的发生"有过错的，删去了"责任的扩大"。

（2）在责任承担部分，增加残疾赔偿金和死亡赔偿金的计算标准；损益相抵部分增加了"但根据该利益的性质或依照法律的规定不得扣除的除外"的但书规定；在获利返还请求权规则中删去了"被侵权人的损失难以确定"的条件。

（3）在特殊责任主体部分的变动集中在网络侵权上，在权利人向网络服务提供者发送的通知内容中增加了权利人的真实身份信息；将网络服务提供者的终止措施的条件规定为未收到权利人已经投诉或起诉的通知，时间是向发出通知的权利人转送通知后的 15 日内。

（4）在产品责任中，删除了"销售者不能指明缺陷产品的生产者，也不能指明产品供货者的，应承担侵权责任"的规定。

（5）在机动车交通事故责任部分，明确了网络预约平台承担连带责任的情形，

[①]　无过错责任的观点，参见王洪亮：《物上请求权的功能与理论基础》，北京大学出版社 2011 年版，第 114 页。过错责任的观点，参见崔建远：《物权：规范与学说——以中国物权法的解释论为中心》（上册），清华大学出版社 2011 年版，第 351 页。

包括提供车、提供车和驾驶员两种情形；明确了网络预约平台仅提供媒介服务，对损害的发生有过错的，要承担补充责任；增加好意同乘的规定；增加强制责任保险人可在强制责任保险范围内向侵权人追偿的三种情形；将"抢救费用超过机动车交通事故责任强制保险责任限额"新增为道路交通事故社会救助基金垫付的情形。

（6）在医疗损害责任部分，新增医疗机构及其医务人员应当对患者的个人信息保密的规定

（7）在污染环境和破坏生态责任部分，将法律规定的机关或者组织作为请求加害人承担修复义务和偿还采取必要措施合理费用的主体。

（8）在高度危险责任部分，将核材料、放射性核废料与民用核设施并列；将从事高空、高压、地下挖掘或使用轨道运输工具的经营者的减责事由限制在被侵权人有重大过失的情形；将高度危险区域管理人的义务上升为"充分警示义务"；将行为人有故意或重大过失作为排除法定赔偿责任限额的情形。

（9）在饲养动物损害责任部分，对违反管理规定，未对动物采取安全措施造成损害的情形，增加了"损害由被侵权人故意造成"这一减责、免责事由。

（10）在对象损害责任部分，将章名修改为"建筑物和对象损害责任"；增加了建筑物、构筑物或其他设施倒塌致害时，建设单位、施工单位可通过证明无质量瑕疵免责的规定；删除了"室内稿"中建筑工程承包人、发包人、施工人、转包人、分包人等承担责任的规定；堆放物造成他人损害的方式增加了滚落和滑落两种。

（二）侵权责任法的保护范围

1. 侵权责任法保护的权利。"征求意见稿"虽然依然采取概括加列举的模式，但是限缩了列举范围，将发现权、监护权删除。将发现权删除是合理的，《民法总则》在民事权利部分也未规定发现权。发现权本身并非一项民事权利，因为发现人对科学发现并不享有权利，实践中为数不多的"发现权纠纷"实质上是因发现而获得的奖励和荣誉的纠纷。[①] 其次，将监护权删去亦具有合理之处。有观点提出应当摒弃现行以监护权代替亲权的做法，建立完善的未成年人"亲权＋监护"的立法模式。[②] 主流观点也认为监护与亲权虽有相同之处，但是其差异也不可忽

---

① 参见"李敏诉季明芳发现权纠纷案"，广东省中山市中级人民法院（2005）中中法民三初字第119号民事判决书。

② 杨立新：《〈民法总则〉制定与我国监护制度之完善》，载《法学家》2016年第1期，第100页。

略。^①《民法总则》监护部分的立法依然将父母作为第一顺位的监护人,但从其规定来看,监护本身并不能在监护人与被监护人之间创设身份关系,亦不产生身份权。监护主要体现为职责而非民事权利。^②因此,实践中使被监护人脱离监护人的控制范围的情形下,受到侵害的应当是亲权,而不是监护权。删去监护权之后需要通过规定亲权或者从父母子女关系中解释出亲权内容的方式弥补可能出现的保护不足。在"征求意见稿"第 1 条列举的民事权益中,继承权应当予以删除。继承权在继承开始之前只是单纯的期待,除了保护纯粹经济损失的遗嘱案型外,^③继承期待不属于侵权法要保护的民事权益,继承开始之后继承权直接转化为继承人享有的债权、物权或其他财产权利,^④除了借助于继承回复请求权外,对继承人的保护还可以借助于对这些具体权利的保护方式来实现。因此,继承权不属于侵权法保护的民事权益。

2. 侵权责任法保护的民事利益。侵权责任法保护的民事利益包括纯粹经济损失和纯粹精神损害。前系指非因人身或所有权等权利受侵害而受到的经济或财产损失,^⑤对债权的侵害本质上亦属于纯粹经济损失;^⑥后者则指不以自己人身权益受侵害为前提的精神损害,^⑦典型者如惊吓损害(nervous shock)。

首先,纯粹经济损失应当明确纳入侵权责任的保护范围,并妥当规范其保护模式。由于纯粹经济损失可能引发责任泛滥的"水闸"效应,为了在行为自由与权益保护之间寻求平衡点,德国仅在故意悖俗侵权情形或存在以保护纯粹经济利益为内容的法律时才对之加以保护,英美也主要保护故意造成的纯粹经济损失,并限缩对过失引起的纯粹经济损失的赔偿。^⑧目前纯粹经济损失的案例在司法实

---

① 参见江平主编:《民法学》(第三版),中国政法大学出版社 2016 年版,第 732 页;马俊驹、余延满:《民法原论》(第四版),法律出版社 2016 年版,第 874 页。

② 裴桦:《亲权与监护立法之比较》,载《甘肃政法学院学报》2004 年第 5 期,第 43 页。

③ 参见王泽鉴:《侵权行为》(第三版),北京大学出版社 2016 年版,第 401 页、第 409 页(案例 14 糟糕的法律服务);李昊:《纯经济上损失赔偿制度研究》,北京大学出版社 2004 年版,第 37、129—131 页。

④ 参见谢怀栻:《论民事权利体系》,载《法学研究》1996 年第 2 期,第 72 页。

⑤ 王泽鉴:《侵权行为》(第三版),北京大学出版社 2016 年版,第 362 页。

⑥ 侵害债权的案例,参见《上海普鑫投资管理咨询有限公司诉中银国际证券有限责任公司财产损害赔偿纠纷案》,载《最高人民法院公报》2014 年第 10 期(总第 216 期)。

⑦ 参见鲁晓明:《论纯粹精神损害赔偿》,载《法学家》2010 年第 1 期,第 122 页。

⑧ 详见李昊:《纯经济上损失赔偿制度研究》,北京大学出版社 2004 年版。

践中并不少见，但是裁判结果却各不相同。[①] 为了指导司法审判、更好地保护民事主体的合法权益，侵权责任编应当对纯粹经济损失及其保护加以明确，并列举主要的侵权类型，尤其是过失引起的纯粹经济损失的典型案型，如不实陈述。

其次，对于纯粹精神损害，我国目前承认的限于三种：受害人死亡时其近亲属的精神损害赔偿、死者名誉受侵害时其近亲属的精神损害赔偿和侵害具有人格象征意义的特定物时的精神损害赔偿。纯粹精神损害的问题在于精神损害本就无形，在不依附于请求权人人身权益的情形下更是难以确定。有观点将纯粹精神损害分为可推知的纯粹精神损害和可确定的纯粹精神损害。[②] 我国法律明文规定的三种属于可推知的纯粹精神损害。侵权责任编应当进一步扩大纯粹精神损害的赔偿范围。在法律明文规定的三种情形之外，允许请求人通过举证证明自己存在纯粹精神损害而获得赔偿，最主要的案型就是惊吓损害。同时为防止赔偿过于泛滥，应当在主体、适用情形等方面进行严格限制。

3. 构建弹性的权益区分保护模式。哪些民事利益属于侵权法的保护范围且受到何种程度的保护必须根据整个法律体系加以确定，虽然立法可以通过列举的方式作出规定，但列举既不可能没有漏洞，也不可能预测未来出现的新的类型。[③] 因此，在判断哪些利益属于侵权法保护的内容时，应当构建弹性的评价体系，由法官在具体个案中决定某些利益是否受保护。[④] 侵权责任编应当明确规定法官裁量时需要考虑的因素。考虑因素的设计可以参考《欧洲侵权法原则》第 2:102 条、《欧洲共同参考框架草案（欧洲示范民法典草案）》第 6 编第 2:101 条的立法例。这种设计也为纯粹经济损失和纯粹精神损害的赔偿提供了弹性空间。

（三）责任能力

责任能力是成立侵权责任的前提，无责任能力则无过错，亦不成立侵权责任。责任能力制度的目的在于保护欠缺责任能力的行为人。[⑤] 我国民事立法中向来用行为能力代替责任能力，"征求意见稿"亦未规定侵权责任能力，但二者并不相

---

① 支持纯粹经济损害赔偿请求的案例，参见"天津市塘沽区红星海上娱乐服务有限公司与天津市水利工程建设管理中心等海事侵权损害赔偿纠纷案"，天津市高级人民法院 (2012) 津高民四终字第 110 号民事判决书；不予支持的案例，参见"湖北荆玻海龙玻璃制品有限公司与杨凡等机动车交通事故责任纠纷案"，荆门市中级人民法院（2016）鄂 08 民终 219 号民事判决书。

② 详见鲁晓明：《论纯粹精神损害赔偿》，载《法学家》2010 年第 1 期。

③ 于敏、李昊等：《中国民法典侵权行为编规则》，社会科学文献出版社 2012 年版，第 120 页。

④ 于敏、李昊等：《中国民法典侵权行为编规则》，社会科学文献出版社 2012 年版，第 120 页。另参见叶金强：《论侵权损害赔偿范围的确定》，载《中外法学》2012 年第 1 期。

⑤ 崔建远、韩世远等：《民法总论》（第二版），清华大学出版社 2013 年版，第 105 页。

同。行为能力涉及智虑不周者的保护与交易安全之间的协调，责任能力涉及的则是行为自由与损害救济之间的平衡。① 侵权责任编应当设立独立的责任能力制度，在判断标准上应当将识别能力与控制能力相结合。在具体模式的设计上，对于未成年人，应当采纳划定年龄界限和个案判断相结合的方式；对于不能识别或完全识别自己行为的成年人，由于缺乏明确的统一标准，应当进行个案判断。

（四）责任承担方式

"征求意见稿"规定的侵权责任承担方式包括损害赔偿、停止侵害、排除妨碍和消除危险。首先，停止侵害、排除妨碍和消除危险不宜规定在侵权责任编。其次，"征求意见稿"将恢复名誉、赔礼道歉删去，转而规定在人格权编之中。原因在于，这两类责任承担方式属于对人格权进行保护的特殊规则，宜在人格权编中作出特殊规定。② 恢复名誉与赔礼道歉主要是名誉权侵权的责任承担方式，属于对损害的填补，因此不属于绝对权请求权，而是侵权损害赔偿请求权。为了协调人格权编与侵权责任编的体系关系，应当将其规定在侵权责任编中的人格权侵权一章。此外，赔礼道歉作为属于行为义务，无法对其采取直接强制执行，只能采用其他执行方式。③ 侵权责任编应当对赔礼道歉的替代方式做出明确规定。

（五）免责事由

1. "征求意见稿"保留了"损害是因第三人造成的，第三人应承担侵权责任"的规定，这一规定应当予以删除。首先，如果第三人的行为中断了因果关系，损害系第三人造成，则该第三人就是加害人，自应由他来承担侵权责任，在先行为人本就不构成责任。其次，也不能将第三人侵权简单地规定为免责事由，在侵权责任法中存在多种第三人侵权的特殊情形，如补充责任的规定。④

2. 因受害人过错减轻加害人责任的比较过失规则实质上是损害赔偿的分担规则，不涉及侵权责任的成立。因此，在体系安排上，应当将该规则规定在责任承担部分。受害人故意造成损害作为一项免责事由，可以规定在侵权责任成立要件之后。对于自甘冒险规则，则可以将其解释在比较过失规则之中。⑤

① 郑晓剑：《广义行为能力在我国民法典中的定位》，载《现代法学》2016 年第 5 期，第 60 页。

② 王利明：《论人格权编与侵权责任编的区分与衔接》，载《比较法研究》2018 年第 2 期，第 9 页。

③ 葛云松：《民法上的赔礼道歉责任及其强制执行》，载《法学研究》2011 年第 2 期，第 122 页。

④ 参见张力、郑志峰：《侵权责任法中的第三人侵权行为——与杨立新教授商榷》，载《现代法学》2015 年第 1 期。

⑤ 周友军：《我国〈侵权责任法〉修订入典的初步构想》，载《政治与法律》2018 年第 5 期，第 8 页。

3.侵权责任编应当增加关于受害人同意作为免责事由的规定。受害人同意属于受害人的意思表示，性质上应当属于准法律行为，有参照适用法律行为规则的空间。① 侵权责任编应当主要围绕受害人同意的构成要件、受害人同意的效力以及对受害人同意规则的限制等进行完善规定。

（六）损害赔偿

1.侵权责任编应当规定完全赔偿原则。完全赔偿原则系指损害赔偿范围的确定不考虑过错和其他情形，只要责任成立就应当对损害全部赔偿。是否应当将完全赔偿原则作为基本原则是有争议的。反对观点认为完全赔偿原则过于僵化、导致个案的不公平，应采比例责任模式。② 支持的观点则主张完全赔偿原则有利于强化侵权法的救济功能，也有利于强化法律对裁判者的约束。③ 我国侵权责任编中应当坚持完全赔偿原则。完全赔偿原则的最大优势在于为裁判者提供了个案裁判的指引和约束，最大限度地保障受害人的权益。对于可能出现的个案不公平，可以通过生计酌减等规则创设例外进行缓和。④ 如果按照反对观点改采弹性的损害赔偿范围，虽然有助于缓解个别案件的不公平，但也可能导致本可妥善处理的案件在司法实践中出现混乱。

2."征求意见稿"关于责任承担的规定主要集中在人身损害赔偿领域，关于财产损害赔偿规定较少，但是财产损害赔偿在实践中也存在较大争议，侵权责任编应当完善对财产损害赔偿的规定，明确财产损害赔偿中的几个重要问题：

（1）损害计算的时点："征求意见稿"仍将损害计算的时点限制在损害发生时，这种模式过于僵化，且不利于受害人保护。一种方案是，放弃统一的基准时间，根据"同类主体对同类标的为相同处分"的可能进行类型化。⑤ 但是这种方案通过立法实现的难度较大。另外一种能够通过立法实现的选择是为受害人提供几个可供选择的时点，如损害事故发生时、起诉时、庭审辩论终结时等。

（2）获利剥夺规则应当予以改造。首先，获利剥夺规则的适用范围应当扩展

---

① 黄芬：《侵权责任法中受害人同意的法律性质探究》，载《求索》2011 年第 6 期，第 168 页。但是不同观点认为，判断受害人之同意是否属于准法律行为并无意义，因为不同准法律行为可适用意思表示的范围也不同，参见王千维：《侵权行为损害赔偿法上之允诺》，载《政大法学评论》2008 年第 4 期（总第 102 期），第 176 页。但受害人同意可以准用意思表示的相关规则是无争议的。

② 参见郑晓剑：《侵权损害完全赔偿原则之检讨》，载《法学》2017 年第 12 期。

③ 参见周友军：《我国侵权法上完全赔偿原则的证立与实现》，载《环球法律评论》2015 年第 2 期。

④ 参见徐银波：《论侵权损害完全赔偿原则之缓和》，载《法商研究》2013 年第 3 期。

⑤ 徐银波：《论计算财产损失的基准时间》，载《北方法学》2015 年第 1 期，第 83 页。

至侵害所有民事权益的情形，而非仅限于侵害人身权益的情形。[1] 其次，获利剥夺规则不是损害无法确定时的替代方法，而是以侵权人的获利大于受害人损失或者侵权人有获益而被侵害人无损害为前提。[2] 它应当是独立的获利返还请求权。最后，侵权责任编应当明确法官酌定返还数额时的考虑因素，以限制法官的自由裁量权。[3]

（3）增加使用利益丧失的规定。在物因侵权行为损毁而无法使用的情形下，司法实践一般承认受害人租赁替代物时可获得相应租金赔偿。但即使受害人未租赁替代物，已丧失使用利益的独立经济价值也不应被否定。[4] 侵权责任编的立法应当明确财产损害中使用利益的可赔偿性、赔偿要件及限制规则。

（4）明确交易性贬值的可赔性。物遭损害经修理后可能产生技术性贬值和交易性贬值。技术性贬值系指经过修理后无法恢复到原来的状态，导致物的价值贬损，我国司法实践中对此一般皆予认可。[5] 然而实践中对交易性贬值的性质及可否获赔却存在较大争议，最典型的如机动车的交易性贬值。[6] 侵权责任编应当明确，交易性贬值是受损物修复后仍然存在的价值利益的损失，无法通过修复来弥补，应当予以赔偿。[7]

（5）明确财产损害赔偿中的以新换旧规则。以新换旧规则与损益相抵规则不同，损害相抵中是因为同一损害事实而获益，而以新换旧中的得利则是因为损害赔偿方法而发生。[8] 以新换旧的核心问题在于所受利益并非出于受害人的意思，因此可能构成强迫得利，需对其进行合理限制。[9] 侵权责任编应当对此做出明确规定。

3.在人身损害赔偿部分，最高人民法院《关于审理人身损害赔偿案件适用法

---

[1] 朱岩：《利润剥夺的请求权基础——兼评〈中华人民共和国侵权责任法〉第 20 条》，载《法商研究》2011 年第 3 期，第 143 页。

[2] 朱岩：《'利润剥夺'的请求权基础——兼评〈中华人民共和国侵权责任法〉第 20 条》，载《法商研究》2011 年第 3 期，第 144 页。

[3] 参见王若冰：《论获利返还请求权中的法官酌定》，载《当代法学》2017 年第 4 期，第 69 页。

[4] 徐建刚：《论使用可能性丧失的损害赔偿》，载《法商研究》2018 年第 2 期，第 142 页。

[5] 参见徐建刚：《论汽车贬值损失的损害赔偿》，载《清华法学》2017 年第 4 期，第 143 页。相关案例，参见"赵啊与驻马店市鑫通汽车贸易有限公司机动车交通事故责任纠纷案"，驻马店市中级人民法院（2013）驻民二终字第 110 号民事判决书。

[6] 支持贬值损失请求的案例，如《陈书豪与南京武宁房地产开发有限公司等财产损害赔偿纠纷案》，载《最高人民法院公报》2013 年第 5 期（总第 199 期）。不支持的案例，如"王春伟与孙树刚等机动车交通事故责任纠纷案"，北京市丰台区人民法院（2015）丰民初字第 26948 号民事判决书。

[7] 参见程啸、王丹：《损害赔偿的方法》，载《法学研究》2013 年第 3 期，第 69 页。

[8] 王泽鉴：《损害赔偿》，北京大学出版社 2017 年版，第 178、179 页。

[9] 王泽鉴：《损害赔偿》，北京大学出版社 2017 年版，第 179 页。

律若干问题的解释》对死亡赔偿金和残疾赔偿金的计算采取的是区分城市和农村基础上的抽象客观标准。"征求意见稿"在这一问题上有所变化。首先，用国家上年度职工平均工资取代了城乡二元标准；其次，在计算时可以考虑被侵权人的年龄、收入状况等主观因素。这实际上是转用劳动能力丧失的理论体系。但是，不应赋予法官决定是否考虑主观因素的自由裁量权，"征求意见稿"中的"可以考虑"应改为"应当考虑"。这样一来，"因同一侵权行为造成多人死亡的，可以以相同数额确定死亡赔偿金"的规则就应当删除，因为死亡赔偿金的计算本就需要考虑收入状况、年龄、被扶养人状况等不同因素。[①]

对于未成年人、残疾人、家庭妇女等特殊人群的劳动能力丧失，应当明确其赔偿规则。这些特殊群体虽无收入，但是其劳动能力的价值不应被否定。就家庭妇女而言，考虑其家务劳动所具有的价值，可以其雇佣第三人帮助自己从事家务劳动所要支出的市场价格作为替代。未成年人和无职业者劳动能力的价值主要体现为未来获得收入之可能，其计算标准可能较为抽象，更多地参考受害人的家庭状况、学业状况、社会平均工资水平等相关因素。

4. 在完全赔偿原则的前提下，应当规定生计酌减规则。生计酌减是指基于赔偿义务人生计困难而对损害赔偿范围进行的调整，即义务人因完全赔偿将陷入生计困难时，法院可综合考虑相关因素，减轻其赔偿责任。[②]生计酌减规则的构建有利于一定程度上弥补完全赔偿原则的缺陷，保障赔偿义务人的生存能力。

5. 损益相抵是损害赔偿计算上的重要规则，系指基于同一原因事实遭受损害并受有利益者，其请求的赔偿金额，应扣除所受利益。[③]"征求意见稿"对这一规则进行规定值得赞同，但在扣除规则上仍需要细化。损益相抵的认定不能依据"原则 - 例外"的方法进行思考，亦即不能做抽象规定，而必须依据不同类型做具体分析。[④]可以考虑的是，将获利划分为因第三人给付而获得的利益、因受害人行为而获得的利益、因损害事件而获得的利益以及因客观原因而获得的利益等类型，分别判断是否具有可扣减性。[⑤]

6. 增加假设因果关系的规定。假设因果关系中，存在两个原因事实，其中一个原因对损害的发生具有事实上的原因力，被称为真正原因，另一个原因事实对损害的发生并无事实上的原因力，但如果不存在真实原因的话，它会造成同样的

① 周友军：《我国〈侵权责任法〉修订入典的初步构想》，载《政治与法律》2018 年第 5 期，第 6 页。

② 李昊、邓辉：《论我国生计酌减制度的构建》，载《研究生法学》2015 第 3 期，第 55 页。

③ 王泽鉴：《损害赔偿》，北京大学出版社 2017 年版，第 284 页。

④ 王泽鉴：《损害赔偿》，北京大学出版社 2017 年版，第 288 页。

⑤ 详见程啸：《损益相抵适用的类型化研究》，载《环球法律评论》2017 年第 5 期。

损害，被称为保留原因。[①] 受害人或物自身的特质、意外事故、受害人行为和第三人行为均可能构成假设因果关系的保留原因。[②] 假设因果关系涉及的并非是因果关系层面的问题，而是损害层面的问题，即用假设的原因进程对损害范围予以限缩，[③] 具体表现为所生利益的范围会因保留原因的出现而减小。侵权责任编应当对假设因果关系的效果作出明确规定，以防止司法实践中的误用。

（七）公平责任

由于《侵权责任法》规定较为简略，公平责任的适用素来存在争议。"征求意见稿"不再继承《侵权责任法》"可以根据实际情况"的规定，而是改为"可以依照法律的规定"。这一变化意味着裁判者在公平责任的适用上不再有自由裁量权，而是仅能在法律有规定的情形下适用公平责任，这样一来该条便不再具有裁判规范的功能。

公平责任一般条款的规定本就可能导致裁判者自由裁量权的扩张，限制其适用是值得赞同的，但是这种将其限制于法律规定情形的方法反而使该条文仅具有宣示意义，不如直接删去。

（八）关于责任主体的特殊规定

1. "征求意见稿"仍然保留了"关于责任主体的特殊规定"一章，但是正如学者所言，这一章主体特殊之处甚少，独立设置一章缺乏根据。[④] 这一章中，唯独监护人责任和用人者责任的规则因属于替代责任而在主体部分具有特殊性。除此之外，网络侵权责任、违反安全保障义务责任和教育机构责任在主体方面都无特殊之处。在侵权责任编的立法过程中，这一章应当加以改造。

首先，在监护人责任和用人者责任的基础上发展出替代责任的完整规则，构建"替代责任"一章。其次，网络侵权在主体部分虽无特殊之处，但是因网络载体的特殊性，"征求意见稿"中的两个条文仍显不足，可通过扩充其内容构建"网络侵权责任"一章。再次，原因自由行为的规定（"征求意见稿"第27条）属于责任能力规则的例外，因此可以放在责任能力部分。最后，鉴于安全保障义务涉

---

① 黄文煌：《论侵权法上的假设因果关系》，载《中外法学》2011年第3期，第521页。本文所谈的假设因果关系不涉及超越因果关系，亦即后一个原因事实吸收了前一个原因事实，导致前一个原因事实成为"保留原因"的情形。

② 王泽鉴：《损害赔偿》，北京大学出版社2017年版，第108页。

③ 廖焕国：《假设因果关系与损害赔偿》，载《法学研究》2010年第1期，第96页。

④ 韩强：《责任主体特殊规定中特殊性的辩驳》，载《政治与法律》2014年第10期，第116页。

及数人侵权中的补充责任形态，合理的方式是将安全保障义务这一条放在多数人侵权部分。而教育机构责任是公共场所管理人安全保障义务的具体化，完全可以通过对安全保障义务的解释来实现，或者在特别法，如《未成年人保护法》中进行具体规定。侵权责任编可以删除教育机构责任。

2.监护人责任。在规定责任能力的前提下，监护人责任的规定亦应当有所变化。

（1）无责任能力人造成他人损害的，无责任能力人不构成侵权，亦无需以自有财产优先支付赔偿费用。此时，令监护人承担无过错责任对其过于严苛，其归责原则应改为过错推定责任。若监护人证明自己无过错，则无需承担侵权责任，但是出于对受害人的保护，应当设置一个法定衡平责任的规定，由监护人负担一定的补偿义务。

（2）在被监护人具备责任能力的情形下，要考虑被监护人是否构成侵权，被监护人不构成侵权的，无需负担赔偿义务；被监护人构成侵权的，出于对被侵权人的保护，由监护人承担替代责任。

3.用人者责任。《侵权责任法》并未构建统一的用人者责任制度，而是区分了用人单位和工作人员之间、个人劳务关系之间分别加以规定。这种分类是不周延的，司法实践中存在实习生、志愿者在工作期间造成他人损害或者自身遭受损害时的责任承担问题。[1] 侵权责任编应当取消此种分类，构建统一的用人者责任制度。[2]

在这一前提下，应做如下修改：首先，明确判断被使用者的标准是用人者对被用者的管理、监督和控制能力；[3] 其次，关于劳务派遣的特殊规定仍予以保留；再次，对于从事职务活动的认定，侵权责任编应当明列相关因素作为裁判者判断的基准。[4] 最后，被使用人因职务活动自身受损害的，无需规定在侵权责任编，分别可以通过工伤保险和劳动合同中违反保护义务的责任来解决。

（九）产品责任

1.明确产品的概念。这个概念是认定是否构成产品责任的前提，目前规定在《产品质量法》中，应将其移入侵权责任编。[5] 在我国已有立法成果的基础上，并

---

① 相关案例，如"李帅帅诉上海通用富士冷机有限公司等人身损害赔偿纠纷案"，载《最高人民法院公报》2015年第12期。

② 参见张新宝：《民法分则侵权责任编立法研究》，载《中国法学》2017年第3期，第63页。

③ 程啸：《侵权责任法》（第二版），法律出版社2015年版，第410页。

④ 详见程啸：《侵权责任法》（第二版），法律出版社2015年版，第419—421页。

⑤ 相同观点，参见周友军：《民法典编纂中产品责任制度的完善》，载《法学评论》2018年第2期。

参考借鉴域外相关立法例，产品应当定义为经过加工制作并用于销售的动产。①不动产应排除在产品概念之外，不动产的质量问题按《侵权责任法》的模式放入对象责任部分。此外，导线中传输的电也应当属于产品。②

2. 明确产品缺陷的判断标准。现行《产品质量法》产品缺陷定义的核心在于危及人身、财产安全的不合理危险，这一模糊的判断标准仍应坚持。在此基础上，规定不同的产品缺陷类型，即制造缺陷、设计缺陷和指示缺陷，并在不同类型的基础上采取不同的判断标准。

此外，《产品质量法》中"有国家标准和行业标准的，产品缺陷是指不符合上述标准"的规定应予以删除，否则会不当缩小产品缺陷的范围，削弱对消费者的保护。

3. 明确缺陷产品自身损害不属于产品责任保护范围。原则上，产品自身的损失属于纯粹经济损失，侵权法原则上不予保护，应当通过违约责任解决。③

（十）机动车交通事故责任

1. 机动车交通事故责任的主要规则体现为《道路交通安全法》第76条，基于民法典作为民事基本法的考虑，在立法过程中应将有关归责原则的规定放在侵权责任编中。其次，我国机动车交通事故责任的归责原则也应当加以修改，在机动车与行人、非机动车之间发生交通事故时，机动车保有人应当承担无过错责任，取消机动车保有人在无过错情形下仅承担10%责任的规定。

2. 应当在侵权责任编中明确规定机动车交通事故的基本概念，包括"机动车""交通事故"和"机动车一方"。《侵权责任法》所使用的机动车一方的概念不够准确，建议采用比较法上的"机动车保有人"的概念，并以"运行利益"和"支配利益"作为判断标准。④其次，机动车和交通事故的概念应当从《道路交通安全法》中移到侵权责任编。交通事故的概念应当进行修正，取消"在道路上"要求，而是根据损害是否为机动车固有危险所导致来判断。机动车的概念也应当进行修正，不应限于轮式车辆、应当有最高时速限制，并与轨道交通相区别。⑤

3. 应当增加好意同乘的规定。按照"征求意见稿"第51条的规定，好意同乘需满足非营运车辆、无偿搭乘两个条件，在机动车一方无故意或重大过失时，可

---

① 详见于敏、李昊等：《中国民法典侵权行为编规则》，社会科学文献出版社2012年版，第386页以下。

② 于敏、李昊等：《中国民法典侵权行为编规则》，社会科学文献出版社2012年版，第386页。

③ 详见冉克平：《缺陷产品自身损失的救济途径》，载《法学》2013年第4期。

④ 程啸：《侵权责任法》（第二版），法律出版社2015年版，第527页。

⑤ 周友军：《我国〈侵权责任法〉修订入典的初步构想》，载《政治与法律》2018年第5期，第13页。

减轻或免除机动车一方的责任。这一规定稍有不足，应当取消非营运车辆的限制，重点考察机动车发生事故时是否处于营运状态。

4. 网约车平台的责任承担问题。若网约车平台可认定为机动车保有人，则网约车平台属于责任主体；若网约车平台不是机动车保有人，而是仅提供媒介服务，应对网约车保有人承担监督职责，若有过错，应当与机动车保有人承担连带责任。

5. 自动驾驶机动车的事故责任。自动驾驶汽车可以划分为不同的技术级别，随着技术级别的提高，可以逐渐实现由汽车智能行驶取代人工操控。这样一来，以人类驾驶者驾驶行为为中心构建的现行交通事故侵权责任制度难以继续适用。[①]因此，侵权责任编可以考虑对自动驾驶汽车的事故责任做出未雨绸缪的规定。首先，应当对自动驾驶汽车的概念做出规定；其次，规定发生事故时区分自动驾驶和人工驾驶的方法；最后，明确自动驾驶情形下的责任承担规则。

（十一）医疗损害责任

1. 删除医疗损害责任的一般条款。有观点认为，医疗损害的一般条款可以起到补充法律明文规定的三种医疗损害责任类型的作用。[②]但是除缺陷医疗产品引发的责任外，医疗损害责任仍然是建立在医疗机构过错基础上的，其中最主要的类型体现为医疗技术责任和对患者知情权的侵害。至于除此之外的其他情形，完全可以将过错责任的一般条款作为请求权基础，无须单独设立医疗责任的一般条款。

2. 将患者或者其近亲属不配合作为比较过失规则的适用情形。"征求意见稿"第 63 条规定了医疗机构免除责任的三种情形，第一种是"患者或者其近亲属不配合医疗机构进行符合规范的诊疗。"这本质上是比较过失规则的具体适用，与后两种情形下医疗机构无过错不同。应当将该情形设计成单独的一个条文，明确在患者或者其近亲属不配合医疗机构进行符合诊疗规范的诊疗的情形下，医疗机构可以免除或者减轻责任。

3. 明确规定过度医疗的损害赔偿责任。医疗损害虽然满足侵权责任与违约责任的竞合，但是现实生活中往往选择通过侵权责任来寻求救济。"征求意见稿"第 67 条虽然规定了医疗机构负有不得实施不必要的检查的义务，但是并未规定法律后果。此种义务是医疗机构根据医疗合同所负的合同义务，患者一般无法通过侵权责任的途径提起诉讼。如果要将其规定在侵权责任编，则应当对其法律后果作明确规定；如若不然，该条应当予以删除。

4. 错误怀孕和缺陷出生、缺陷生命。错误怀孕是指医疗机构的避孕措施失败

---

① 郑志峰：《自动驾驶汽车的交通事故侵权责任》，载《法学》2018 年第 4 期，第 17 页。

② 杨立新：《医疗损害责任一般条款的理解与适用》，载《法商研究》2012 年第 5 期，第 67 页。

导致生下计划之外的婴儿，缺陷出生是指由于医疗机构的检查措施失败，导致产下有先天缺陷的婴儿，缺陷生命的要点则在于缺陷婴儿可否就自己的先天缺陷主张赔偿。[①] 司法实践中此类案例频发，侵权责任编应当作出明确规定。

（1）保护客体。生育决定权是一项人格权，错误怀孕和缺陷出生构成了对父母生育决定权的侵害。[②] 医疗机构对此应承担侵权责任。相反，有先天缺陷的子女自身，因其缺陷并非医疗机构所造成，况且出生乃是生命价值的实现，而非损害，不可主张损害赔偿。[③] 亦即，缺陷生命本身不受侵权法保护。

（2）赔偿范围。错误怀孕和缺陷出生的损害赔偿范围首先应当包括侵害生育决定权的精神损害赔偿；其次，如果抚养该子女造成了特别的负担并且实质性地降低了他们的生活标准，医疗机构对抚养费也应给予赔偿。[④]

5. 生存机会丧失。生存机会丧失作为侵权法上的一个特殊问题，侵权责任编应当对此做出明确规定。首先，生存机会丧失的适用情形应当限于医疗损害责任中医务人员过失导致患者病情恶化并最终导致损害的情形；[⑤] 其次，在客体上，生存机会是一项具有独立价值的民事权益，本身是受侵权法保护的客体。[⑥] 最后，在因果关系的判断上，生存机会丧失不适用"全有－全无"的因果关系判断方法，而是适用比例因果关系。

（十二）污染环境责任和破坏生态责任

1. 在侵权责任编立法过程中，有学者指出，由于 2014 年《环境保护法》修正时，增加了破坏生态这一侵权责任类型，因此侵权责任编亦应当增加这一类型，与污染环境责任并列。[⑦]"征求意见稿"也已经进行了相应修改，增加了生态破坏责任作为无过错责任的一种，并列明可由法律规定的机关或组织请求侵权人承担修复义务或支付修复费用。但是，生态利益由于无法归类到个人权利范畴，因此无法在传统私法体系中加以妥当保护，而是通过公法加以保护。"征求意见稿"目前的规定无法妥善解释这一问题。值得借鉴的是欧盟指令（第 6 条第 2 款 C 项、

---

① 王泽鉴：《损害赔偿》，北京大学出版社 2017 年版，第 152、153 页。

② 于敏、李昊等：《中国民法典侵权行为编规则》，社会科学文献出版社 2012 年版，第 329 页。

③ 王泽鉴：《损害赔偿》，北京大学出版社 2017 年版，第 168 页。

④ 于敏、李昊等：《中国民法典侵权行为编规则》，社会科学文献出版社 2012 年版，第 328 页。

⑤ 陈聪富：《"存活机会丧失"之损害赔偿》，载《因果关系与损害赔偿》，北京大学出版社 2006 年版，第 212 页。

⑥ 陈聪富：《"存活机会丧失"之损害赔偿》，载《因果关系与损害赔偿》，北京大学出版社 2006 年版，第 211 页。

⑦ 张新宝：《民法分则侵权责任编立法研究》，载《中国法学》2017 年第 3 期，第 50 页。

第 3 款和第 8 条）和《欧洲示范民法典草案》（第 6-2:209 条）的立法例，增设拟制条款，将政府或有关主管机关因生态损害而负担的不利益视为侵权责任法中的损害。

2. "征求意见稿"第 71 条第 1 款借鉴了《最高人民法院关于审理环境侵权责任纠纷案件适用法律若干问题的解释》第 4 条的规定，但仅保留了污染物的种类和排放量两个主要因素，即多数人污染环境或破坏生态时，其责任大小要根据污染物的种类、排放量等因素确定，或者根据各自对生态破坏所起的作用加以确定。这一规定阐明了数人污染环境或破坏生态时的责任份额的确定因素，一则可以作为数人承担连带责任情形时内部份额的确定规则（如该司法解释第 3 条第 1 款和第 3 款），二则可以作为数人承担按份责任情形时个人对外承担的责任份额的确定规则（如该司法解释第 3 条第 2 款）。

在此基础上，应当进一步增加无意思联络的数人污染或者破坏生态时的对外和对内责任分担的规定。《最高人民法院关于审理环境侵权责任纠纷案件适用法律若干问题的规定》第 3 条区分三种情形就无意思联络的数人对外承担责任的问题做出了规定，这三种情形其实可以进一步整合为"数人分别以自己的责任份额对外责任承担。"在数个行为人的行为各自均足以导致全部损害的情形下体现为连带责任（"征求意见稿"第 8 条），内部责任分担则可依据上述"征求意见稿"第 71 条来处理；在数个行为人的行为各自均不足以导致全部损害，或者部分足以导致全部损害，部分不足以导致全部损害的情形下，体现为"按份责任"，但由于各个侵权人的责任份额相加之和很可能大于整个损害，其外部责任份额可否为"征求意见稿"第 9 条规定的承担按份责任的无意思联络的数人侵权（《侵权责任法》第 12 条）所称的"相应的责任"所包含，内部份额又如何确定，仍有待进一步研究。①

（十三）高度危险责任

1.《侵权责任法》在高度危险责任部分采取一般条款和具体列举相结合的方式，"征求意见稿"延续了这一做法，仍以高度危险作业为高度危险的一般条款，并具体分为高度危险物、高度危险活动和高度危险区域三种类型，但是并未对高

---

① 此处涉及责任份额不明的情形，数个人都是以自己可能的最大个人份额对外承担责任，所以加在一起可能大于全部损害。在内部责任分担上也不同于一般的按份责任，数人均不足以造成全部损害时，内部责任由数个人按照各自份额占个人份额总和的比例分担；而足以造成全部损害的侵权人和不足以造成全部损害的侵权人内部责任分担是否可以依此方法来分担全部损害，仍值得进一步考虑。

度危险的判断标准做出说明。侵权责任编应当对高度危险的识别标准做出说明。[①]
其次，法律条文中对责任主体的界定也较为混乱，分别使用管理人、使用人和所有人、经营者等用语，应当从对危险的控制能力和营利目的两个角度出发，统一高度危险责任的责任主体。

2. 民用航空器致人损害的规定应当予以删除。有观点认为应当适当增加民用航空器致害责任的免责事由。[②]但是考虑到《中华人民共和国民用航空法》已经对民用航空器致害责任作出了详细规定，在侵权责任编中无需再对民用航空器的致害责任作出规定。

3. 责任限额

赔偿责任限额是对高度危险责任中侵权人的特殊保护，但是此种保护不应成为高度危险作业责任人的"护身符"，在高度危险作业责任人对损害的发生有故意或重大过失的情形下应当突破责任限额的限制。[③]"征求意见稿"对此作出的修正应予肯定。

（十四）饲养动物损害责任

1. 饲养动物损害责任的主体为动物的饲养人和管理人，但这两个概念不够清晰。动物致害责任的基础在于危险责任，责任主体的概念应符合风险引发、危险控制和利益取得三项要素，动物致害责任主体应采"动物保有人"的概念，并以"为自己的利益使用动物"和"对动物的支配力"作为判断标准。[④]如果同一动物有数个动物保有人，数人之间应当承担连带责任。此外，本章的章名亦应改为"动物损害责任"。

2. 动物损害责任本身就是无过错责任，但立法同时又增加了"违反管理规定，未对动物采取安全措施""饲养禁止饲养的烈性犬等危险动物"造成损害承担侵权责任的规定。这两种行为并不影响侵权责任的成立，如果立法的目的是将这两条作为加重责任，排除比较过失规则的适用，更好的选择是将原《侵权责任法》第78条、79条和第80条整合为一个条文，进行清晰规定，如若不然，应予删除。

3. "征求意见稿"延续了《侵权责任法》的模式，将动物园的动物致人损害的责任规定为过错推定责任。这种对动物园的责任减轻不具有正当性，动物园的

[①] 详见唐超：《论高度危险责任的构成——〈侵权责任法〉第69条的理解与适用》，载《北方法学》2017年第4期。

[②] 杨立新：《民法分则侵权责任编的主要问题及对策》，载《现代法学》2017年第1期，第53页。

[③] 相同观点，参见杨立新：《民法分则侵权责任编的主要问题及对策》，载《现代法学》2017年第1期。

[④] 叶锋：《动物致害责任研究》，载《华东政法大学学报》2014年第6期，第103页。

动物致人损害的，亦应承担无过错责任。①

（十五）物件损害责任

1. 本章不仅包括对象损害责任，还包括地面施工的施工者责任，本章的章名应改为"物件损害责任和施工人责任"。②

2. 对象损害责任应当以致害原因进行分类。《侵权责任法》按照损害发生的不同方式进行分类，如脱落、坠落、倒塌、折断等。这种规定模式并未认识到对象损害责任的实质。③对象倒塌致损责任的原因类型可以分为建造缺陷与管理缺陷。④侵权责任编对象损害责任应当围绕这两个致害原因进行规定，并可以根据原因不同采取不同的归责原则：在管理缺陷时为过错推定责任，在建造缺陷时采无过错责任。

3. 侵权责任编还应当明确物件损害责任中物件的范围。从我国《侵权责任法》的规定来看，对象损害责任中对象的概念不仅包括不动产，也包括动产。⑤侵权责任编对此应当予以坚持。此外，尚需要明确的是，国家赔偿责任是国家对国家机关及其工作人员在执行职务、行使公权力过程中，给他人造成的损害所应承担责任，并不能适用于公共营造物致人损害的情形。⑥因此，本章中的对象不仅包括一般对象，也包括公共营造物。

三、侵权责任编的建议体例

在"征求意见稿"的基础上，根据总则－分则的顺序以及分则中不同归责原则的组合，建议对侵权责任编的条文顺序做如下调整：第一章"一般规定"、第二章"责任承担"、第三章"人格权侵权责任"、第四章"网络侵权责任"、第五章"医疗损害责任"、第六章"物件损害责任和施工人责任"、第七章"高度危险责任"、第八章"机动车交通事故责任"、第九章"产品责任"、第十章"环境污染与生态保护责任"、第十一章"动物损害责任"、第十二章"替代责任"。

---

① 杨立新：《修订侵权责任编应对动物园动物损害责任归责原则进行调整》，载《河南财经政法大学学报》2018年第2期。

② 张新宝、吴婷芳：《物件致人损害责任的再法典化思考》，载《现代法学》2017年第2期，第78页。

③ 程啸：《侵权责任法》（第二版），法律出版社2015年版，第633页。

④ 冉克平、厉志伟：《论工作物倒塌致人损害的侵权责任》，载《财经法学》2016年第4期，第58页。

⑤ 程啸：《侵权责任法》（第二版），法律出版社2015年版，第631页。

⑥ 于敏、李昊等：《中国民法典侵权行为编规则》，社会科学文献出版社2012年版，第338页。

民法典中的自然资源国家所有权制度设计 *

施志源 **

国有自然资源的所有权人不到位、所有权人权益不落实，是中国在全面深化改革进程中应当着力攻克的难题。① 随着《民法总则》于 2017 年 10 月 1 日的正式施行，民法分则的编纂正在紧锣密鼓地进行之中，预计 2020 年中国将完成民法典的编纂工作④ 其中，如何设计自然资源国家所有权制度，既是学术界长期以来争议较大的一个问题，也是事关国有自然资源权益保护的一项重大课题，亟需民法分则物权编作出回应。现行法只规定由政府代表国家行使自然资源所有权，但没有明确政府如何行使自然资源国家所有权，其他民事主体开发利用国有自然资源的法律制度也不健全。当前，应当将党中央、国务院关于全面深化改革的相关政策文件⑤ 通过立法转化为法律制度，将其中的政策性要求转化为民法分则物权编的具体法律条款。

一、科学地划分自然资源的类型

法律应当针对不同类型的自然资源，确定有区别的权利行使规则。有些自然

---

* 本文全文已发表于《南京大学学报（哲学·人文科学·社会科学）》2018 年第 2 期。

** 福建师范大学法学院副教授，硕士生导师。

① 习近平总书记在《关于〈中共中央关于全面深化改革若干重大问题的决定〉的说明》中指出："我国生态环境保护中存在的一些突出问题，一定程度上与体制不健全有关，原因之一是全民所有自然资源资产的所有权人不到位，所有权人权益不落实。"参见习近平：《关于〈中共中央关于全面深化改革若干重大问题的决定〉的说明》，《人民日报》2013 年 11 月 16 日，第 1 版。

④ 十二届全国人大发言人傅莹在回答中外记者提问时指出："2020 年完成民法典编纂工作，这对于我们国家全面推进依法治国是具有重要意义的。"参见傅莹：《计划 2020 年完成民法典编纂工作》，新华网，http://news.xinhuanet.com/politics/2017lh/2017-03/04/c_129501190.htm，发布时间：2017 年 3 月 4 日发布，访问时间：2017 年 8 月 25 日。

⑤ 这些政策文件主要有：《中共中央关于全面深化改革若干重大问题的决定》《中共中央、国务院生态文明体制改革总体方案》《中共中央、国务院关于完善产权保护制度依法保护产权的意见》《关于全民所有自然资源资产有偿使用制度改革的指导意见》及《关于完善农村土地所有权承包权经营权分置办法的意见》等。

资源（如公海）应当一直保持全人类所共有的状态，但河流、野生动物则未必应当归全人类共有；有些自然资源则是维持人们生计的必需品，确定这类自然资源的所有权应当对人的生存需求给予充分的尊重。[①] 可见，划分自然资源的类型不能简单套用一个一成不变的公式，而应当根据具体情况具体分析，在不同的情形之下适用不同的标准。外国民法典在自然资源类型的划分上有不少成功的经验，值得学习和借鉴。

（一）标准 1：根据是否具有稀缺性进行划分

在《路易斯安那民法典》中，"物"分为一切人共有的物、公有物和私有物这三种类型。《路易斯安那民法典》第 449 条规定："一切人共有的物不可以被任何人所有，任何人可依照其用途自由地使用它们，如空气和公海"。该法典第 450 条规定："公有物由作为公人的州或其政治分支在其能力范围内所有，属于州的公有物包括水流，天然试航水域的水及底部，领海及海岸"。[②] 从该法典的规定可以看出，尽管空气和水流都是保障人类基本生存需求的物质，但在其权利归属上还是有所区别的，只有那些大量存在且不存在开发利用争议的"空气""公海"才不需要确定权利归属，而具有资源稀缺性的"水流"等则应当被确定属于公有。

（二）标准 2：根据是否具有科研价值或研究价值进行划分

在《瑞士民法典》中，无主动产是可以适用先占取得制度的，但该法典将"具有科研价值的无主物"作为例外情形加以规定。《瑞士民法典》第 724 条规定："具有科研价值的无主天然物和文物，归发现地的州所有。非经州主管机构的批准，不得转让。它们不适用取得时效，也不适用善意取得。返还之诉也不受时效之限制。"[③] 尽管《瑞士民法典》规定了"州所有"而不是"国家所有"，但其因具备科研价值而归为"公有"的立法模式值得中国民法典借鉴。比如，对于陨石、乌木等新出现的资源，由于我国现行法没有明确的规定，可否适用"自然资源归属于国家所有"存在着较大的争议。但如果我国民法典分则明确规定"具有科研价值的无主天然物和文物归属于国家所有"，则可以定分止争。这一规则对于保护陨石、乌木等天然物的原真性和完整性是最为有利的。

[①] See JOSEPH BOYLE, Natural Law, Ownership and the World's Natural Resources, *The Journal of Value Inquiry*, 23: 203-204, 1989.

[②] 参见《路易斯安那民法典（2010 年 1 月版）》，娄爱华译，厦门大学出版社 2010 年版，第 49—50 页。

[③] 参见《瑞士民法典》，于海涌、赵希璇译，法律出版社 2016 年版，第 263 页。

（三）标准 3：根据所处的空间范围进行划分

在这一标准之下，并非完全根据自然资源是否流动来划分动产和不动产。尽管有些自然资源从表面上看是流动的，但仍然可以按其所属的空间将其视为不动产，而不是简单地视其为动产。有的国家民法典对此给予了明确的规定。比如，《秘鲁共和国新民法典》第 885 条第 2 点就明确规定："海洋、湖泊、河流、泉水、溪流和活水或者静水属于不动产。"① 可见，不能因水的流动性而一概地将河流、海域等自然资源划入动产的范围。在不少国家的民法典中，无主动产是可以适用先占取得制度的，比如，《韩国民法典》第 252 条规定："就无主动产以所有的意思占有者，取得该物。"② 从法感情的视角，无主动产归发现人所有更容易被公众所理解和接受。因此，如果民法典把流动性自然资源确定为动产，而又确认其为国家所有的话，难免会有"与民争利"之嫌。

（四）标准 4：根据是否具备特定的环境功能进行划分

所有权不仅以实物为对象，还可以在时空上进行分割，这在很多国家的法律中都是承认的。③ 比如，《阿根廷共和国民法典》第 2311 条规定："具有价值的物质性客体，在本法典中称'物'。有关物的规定，准用于能被控制的能量和自然力。"④《秘鲁共和国新民法典》第 886 条第 2 点规定："可予管控的自然力属于动产。"⑤ 民法分则物权编应当采取物权法定缓和的态度，采取更为开放包括的态度来构建自然资源物权体系。比如，某些自然资源界的物质或者空间，因其具备一定的环境功能或者观赏价值，也应当纳入自然资源的范畴，从而成为所有权的客体。比如，处于地下空间的"孔隙（Pore Space）"因具备碳封存碳捕获功能在美国肯塔基州（Kentucky）的案例中就被视为一种新型的自然资源⑥，森林资源因具备碳汇功能使得碳减排量符合资源性物权客体的规格与标准⑦，旅游吸引物因其具备物权客体特征而应当受到物权法的法律规制⑧。这些新型自然资源，可能无法通过肉眼直接识别，但因其具备特定的功能或者价值，属于可以提升人类福利的自

---

① 参见《秘鲁共和国新民法典》，徐涤宇译，北京大学出版社 2017 年版，第 176 页。

② 参见《韩国民法典 朝鲜民法典》，金玉珍译，北京大学出版社 2009 年版，第 40 页。

③ 参见王利明：《民法典体系研究》，中国人民大学出版社 2008 年版，第 545 页。

④ 参见《阿根廷共和国民法典》，徐涤宇译，法律出版社 2007 年版，第 493 页。

⑤ 参见《秘鲁共和国新民法典》，徐涤宇译，北京大学出版社 2017 年版，第 176 页。

⑥ See Mark A. Imbrogno. Pipedream to Pipeline: Ownership of Kentucky's Subterranean Pore Space for Use in Carbon Capture and Sequestration, *Louisville Law Review*, 2010-2011, Vol.49.

⑦ 参见林旭霞：《林业碳汇权利客体研究》，《中国法学》2013 年第 2 期，第 71 页。

⑧ 参见保继刚，左冰：《为旅游吸引物立法》，《旅游学刊》2012 年第 7 期，第 11 页。

然界物质，应当被认定为自然资源。自然资源不是纯粹的有体物，其中也有一些属于无形财产，《物权法》对此作出规定，对于维护生态和保护资源具有重要的意义。^①《民法典》在规定国家所有的自然资源范围时，应当在《物权法》现有规定的基础上增加相关的条款，明确规定新发现自然资源的权属问题，避免因解释《物权法》第 48 条^②中"等"字的含义而存在不休的争论。

二、将以人民为中心的理念贯穿立法始终

自然资源是人类生存不可或缺的保障，让更多的人可以共享自然界的成果，应当成为民法典制定自然资源所有权制度的价值追求。民法典的立法应当打破政府作为"唯一"权利行使者的困局，要通过法律授权的方式"还权于民"，保障民众的基本资源需求，不断提升民众开发利用自然资源的幸福感和获得感。民法典在设计自然资源国家所有权制度时，应当界分清楚自然资源哪些情形下属于国家财产，哪些情形下属于公共财产^③；哪些情形下使用国有自然资源应当获得许可或者支付使用费，哪些情形下公众可以不经许可并且无偿使用国家所有的自然资源。

一方面，要明确无偿使用国有自然资源的范围。将以人民为中心的理念贯穿始终，要求国有自然资源应当保障公众的基本需求，应当无偿地满足公众基于基本生存需求或者满足农民小型农业生产的自然资源需求。在国家所有权之下设置自然资源用益物权，并不等于所有开发利用自然资源的行为都是有偿的。比如，《韩国民法典》第 231 条规定："于公有河川的沿岸经营农、工业者，于其使用不妨害他人用水的范围内，可予必要的引水。"^④《土库曼斯坦民法典》第 256 条规定："用益权可以是有偿的，也可以是无偿的。"^⑤任何基于自身生存需要的资源利用行为都应当得到法律的保障，此时，国家所有实质上起到了其他任何主体不得私有的防御功能。法律授权应当公众可以无偿使用，无需政府部门的审批或者许可。这也可以视为国家作为自然资源所有者应尽的义务。在我国已经出台的法律法规中，也有一些关于无偿使用自然资源的零散规定，比如，《取水许可和水资

---

① 参见王利明：《我国民法典重大疑难问题之研究》，法律出版社 2016 年版，第 230 页。

② 参见《物权法》第 48 条规定："森林、山岭、草原、荒地、滩涂等自然资源，属于国家所有，但法律规定属于集体所有的除外。"

③ 参见施志源：《生态文明背景下的自然资源国家所有权研究》，法律出版社 2015 年版，第 83 页。

④ 参见《韩国民法典 朝鲜民法典》，金玉珍译，北京大学出版社 2009 年版，第 37 页。

⑤ 参见《土库曼斯坦民法典》，魏磊杰、朱森、杨秋颜译，厦门大学出版社 2016 年版，第 55 页。

源费征收管理条例》第 4 条明确规定了五种不需要申领取水许可证的情形 [①]。但这类规定散见于不同的法律或行政法规之中，不便于公众充分认识和了解在哪些情形之下可以无偿使用国有自然资源。未来《民法典》应当进一步完善《物权法》第 119 条的规定 [②]，将法律法规已经明确规定的可以无偿使用国有自然资源的情形吸收到民法分则物权编之中。这样可以有效避免"使用国有自然资源都需要获得政府行政许可"的认识误区。

另一方面，要明确规定公用自然资源的范围。关于自然资源国有资产在法律上的状态，可以在立法中直接规定某些自然资源为非独享性的资源。在非独享性自然资源上不可以设置仅属于部分人所专享的权利，从而使这部分国有自然资源可以永久地为不特定的公众所共同使用。比如，《意大利民法典》第 823 条第 1款规定："作为国有财产的一部分的财物为非转让性的财物，而且非依与此有关的法律所定的形态及其限制，不得为第三人形成权利的标的。" [③] 由此可见，规定国有自然资源中的某些自然资源属于公共使用且不得转让，在国外的立法中已经有了成功的先例。有的国家在民法典里就直接规定了"公用国有财产"，以保障公众对这类国有财产的使用权。比如，《智利共和国民法典》第 589 条第 2 款规定："国有财产的使用如属于国家的全体居民，例如街道、广场、桥梁、道路、近海及其海滩，谓公用国有财产或公共财产。" [④] 尽管《路易斯安那民法典》对公有物和一切人共有的物进行了区分，但对公众利用这两类物的基本权利同样给予了保障。该法典第 452 条第 1 款规定："公有物与一切人共有的物，由公众遵循可适用的法律和法规使用。只要不会对毗邻所有人的财产造成损害，任何人有权在河流、港口、抛锚地以及海湾中捕鱼，有权为了捕鱼，避难，抛锚、晒网及其他类似的事情登上海岸。" [⑤] 不能因某一财物属于国家所有就得出公众使用该财产需要征得国家同意的结论。值得注意的是，对于国家所有公共使用的自然资源，也并非一律都是无偿使用的。国家作为所有者可适当收取一定的使用费，但应当尽量提供

① 《取水许可和水资源费征收管理条例》第 4 条下列情形不需要申请领取取水许可证："（一）农村集体经济组织及其成员使用本集体经济组织的水塘、水库中的水的；（二）家庭生活和零星散养、圈养畜禽饮用等少量取水的；（三）为保障矿井等地下工程施工安全和生产安全必须进行临时应急取（排）水的；（四）为消除对公共安全或者公共利益的危害临时应急取水的；（五）为农业抗旱和维护生态与环境必须临时应急取水的。"

② 参见《物权法》第 119 条："国家实行自然资源有偿使用制度，但法律另有规定的除外。"

③ 参见《意大利民法典》，陈国柱译，中国人民大学出版社 2010 年版，第 160 页。

④ 参见《智利共和国民法典（2000 年修订本）》，徐涤宇译，北京大学出版社 2014 年版，第 96页。

⑤ 参见《路易斯安那民法典（2010 年 1 月版）》，娄爱华译，厦门大学出版社 2010 年版，第 450页。

给公众免费使用，政府则承担"守门人"的角色。

三、完善国有自然资源的权利行使制度

首先，要明确授权由一个统一的部门来行使自然资源所有权。民法典应当授权相关的机关行使自然资源国家所有权。行使所有权的机构不可以是分散的，应当坚持"国家所有、统一行使"这一基本要求。如果政府机构不是一个整体性的结构，而是一个由各个部门分开处理特定领域议题的复合体，那么，相关的法律制度也会变得非常地分散。甚至于哪个机构对个人财产权的相关法律具有管辖权都会变得很神秘。[①] 党的十九大报告明确提出"设立国有自然资源资产管理和自然生态监管机构，完善生态环境管理制度，统一行使全民所有自然资源资产所有者职责"的要求 [②]，这是生态文明建设新时代需要完成的重要改革任务。民法典的立法应当与之同步，明确规定统一行使全民所有自然资源资产所有者职责的主体。

其次，要明确规定国有自然资源所有权的分级行使制度。《国务院关于全民所有自然资源资产有偿使用制度改革的指导意见》（国发〔2016〕82号）提出了"明确权责、分级行使"的基本原则，并提出了"合理划分中央和地方政府对全民所有自然资源资产的处置权限"的具体要求。[③] 可见，民法典不能仅停留在规定统一行使国有自然资源所有权这一层面上，还应当明确科学设计自然资源国家所有权的分级行使制度。《俄罗斯民法典》第214条和第215条分别规定了国家所有权和自治地方所有权 [④]，对国家和地方的所有权范围进行了界分。尽管我国《物权法》中没有规定地方所有权，但地方政府行使国家所有权却是现行法所认可的，而地方各级政府如何行使自然资源国家所有权也是民法典物权编的一项重要立法任务。在民法分则物权编中，可以借鉴国外民法典关于国家所有权和地方所有权的立法经验，对中央政府和地方政府行使自然资源国家所有权的边界作出明确的界定。

---

① See Anthony Scott, *The Evolution of Resource Property Rights*, Oxford University Press，2008：18.

② 参见习近平：《决胜全面建成小康社会 夺取新时代中国特色社会主义伟大胜利——在中国共产党第十九次全国代表大会上的报告》，《人民日报》2017年10月28日，第1版。

③ 参见《国务院印发〈关于全民所有自然资源资产有偿使用制度改革的指导意见〉》，《人民日报》2017年1月17日，第3版。

④ 参见《俄罗斯联邦民法典》，黄道秀译，北京大学出版社2007年版，第113—114页。

　　第三，要健全国有自然资源权利的绿色行使规则。《民法总则》第九条①确立了绿色原则，要求在所有的民事活动中应当遵循节约资源、保护生态环境的基本原则。在设计自然资源权利行使制度时，应当积极落实这一原则并将其要求具体化。一方面，要建立健全禁止权利滥用的法律规则。自然资源权利的行使，不得损害公共利益或者他人的合法权益，尽量避免因权利的不当行使给公共利益和他人利益带来的损失。如果这种侵害不可避免，应当对其造成的损失进行赔偿。用益权制度本身也存在着不少的缺陷，比如用益权人不太关心用益物的改良等。②许多外国的民法典对此问题给予了充分的重视。比如，《瑞士民法典》在第764条至767条用四个条款专门规定了用益权人的义务③，《葡萄牙民法典》在第三编第三章专章规定了用益权人之义务④。因此，民法典物权编在设计自然资源使用权制度时，必须明确规定自然资源开发利用者的相关法定义务。值得注意的是，法典还应对自然资源权利人所应对承担的容忍义务作出规定。比如，《德国民法典》第906条第1款规定："土地所有人不得禁止煤气、蒸汽、臭气、烟、煤烟子、热、噪音、震动以及从另一块土地发出的类似干涉的侵入，但以该干涉不妨害其土地的使用为限。"⑤与此同时，要从制度上促进自然资源的清洁利用和节能开发，避免给生态环境带来次生灾害。如果因行使资源权利对生态环境造成破坏，应当承担相应的侵权责任。当然，解决这一问题，需要民法分则物权编与侵权责任编的有效衔接。

---

　　① 参见《民法总则》第九条规定："民事主体从事民事活动，应当有利于节约资源、保护生态环境。"

　　② 参见尹田：《法国物权法》，法律出版社1998年版，第344页。

　　③ 参见《瑞士民法典》，于海涌、赵希璇译，法律出版社2016年版，第274—275页。

　　④ 参见《葡萄牙民法典》，唐晓晴等译，北京大学出版社2009年版，第256—257页。

　　⑤ 参见《德国民法典（第4版）》，陈卫佐译，法律出版社2015年版，第340页。

"紧急救助条款"的理解与适用 [*]

郑丽清 [**]

《民法总则》的出台标志着我国民法典编纂完成开篇之作，具有极其重要的意义和价值，其中"紧急救助条款"（《民法总则》第184条）也备受关注。"紧急救助条款"，即善意救助者责任豁免规则，也称中国式"好人法"，是指因自愿实施紧急救助行为造成受助人损害的，救助人不承担民事责任。"紧急救助条款"的确立缘于近年多发的见死不救、救人被讹事件，而见死不救与救人被讹实质上是一体两面，在全国各地时有发生促使人们考虑背后的制度性障碍。故，为了净化社会风气，让伸出援手的人无后顾之忧，需要通过完善制度让善举得以彰扬，"紧急救助条款"恰好契合这一需求，对于唤醒社会良知，鼓励人们对处于危难和困境中的他人予以救助，端正社会风气，具有十分重要的价值。但是现在的规定也存在较大的社会风险，需要对"紧急救助条款"做恰当的解释和合理适用限制，在鼓励善意救助者的基础上，提出更好的防范措施，尽量避免风险的发生，使其能够在建设和谐美丽中国中发挥重要的规范性作用。

一、"紧急救助条款"的立法抉择

（一）地方性法规对"紧急救助条款"的率先尝试

表 1 多地"紧急救助条款"的相关规定

名称	时间	紧急救助相关条款	条件
《深圳经济特区救助人权益保护规定》	2013.6.2 通过 2013.8.1 施行	第4条 被救助人主张救助人在救助过程中未尽合理限度注意义务加重其人身损害的，应当提供证据予以证明。没有证据证明或者证据不足以证明其主张的，依法由被救助人承担不利后果。	紧急救助（第2条）；尽合理注意义务(不过举证倒置)

* 本文系国家社科基金项目"危难救助的民法困境及其应对研究"（项目批准号：16BFX155）的阶段性成果。

** 福建师范大学法学院、副教授。

续表

名　称	时间	紧急救助相关条款	条件
《杭州市院前医疗急救管理条例》	2014.6.2 通过 2015.1.1 施行	第 30 条 鼓励经过培训取得合格证书、具备急救专业技能的公民对急、危、重伤病员按照操作规范实施紧急现场救护，其紧急现场救护行为受法律保护，不承担法律责任。	紧急救护；无重大过失方面要求
《北京市院前医疗急救服务条例》	2016.7.2 通过 2017.3.1 施行	第 44 条第 2 款鼓励具备医疗急救专业技能的个人在急救人员到达前，对急、危、重患者实施紧急现场救护，其紧急现场救护行为受法律保护。	紧急救护；无重大过失方面要求
《上海市急救医疗服务条例》	2016.7.2 通过 2016.11. 施行	第 42 条第 2 款鼓励具备急救技能的市民，对急危重患者实施紧急现场救护。 第 4 款紧急现场救护行为受法律保护，对患者造成损害的，依法不承担法律责任。	紧急救护；无重大过失方面要求

　　从深圳到杭州、上海再到北京，相继出台地方性救助致损免责的"好人法"。基本上都适用在紧急救护、救助场合，上海、杭州和北京等地方立法专门针对医疗急救，所以对救助主体限制较多，只针对经过培训取得合格证书、具备急救专业技能的公民实施紧急救助，被救助的人只是急、危、重患者，适用范围小，立法不要求救助人不存在重大过失；深圳与其他地方立法相比，最特殊的是多了要求被救助人就主张救助人存在未尽合理限度注意义务承担举证责任。尽管地方立法对紧急救助责任豁免的规定，被指存在过度干预司法制度之嫌，但是无论如何，在保护善意救助人方面作出了十分有益的探索，为全国性立法尤其是民法典相应制度的完善提供了宝贵的经验。

（二）《民法总则》对"紧急救助条款"的抉择

　　在民法总则的制定过程中，明确提出大力弘扬我们的民族精神，因为法律是弘扬正气、惩治邪恶的重要手段，因此需要与社会主义的道德规范统一起来，并服务于崇高的精神追求和价值观念。为了化解老人摔倒无人敢扶等社会问题，匡正社会正气，学界对于见义勇为的救助者和救助行为的鼓励和保护的呼声很大，在《民法总则草案（二审稿）》审议时，有委员提出民法总则应明确对于救助者因救助行为给受助人造成损害的，除非存在重大过失，否则不承担责任（如欧阳淞委员和董中原委员）。[1]随后，《民法总则草案（三审稿）》首次规定紧急救助

---

　　① 《中华人民共和国民法总则（草案）参阅资料》，第 313 页。

条款，①在审议时，很多代表对规定"紧急救助条款"没有异议，意见分歧集中在"除有重大过失外"这一条件上。大多数意见认为，"重大过失"在实际生活中不好界定，不是每一个人都能界定清楚什么是重大过失，这种强调不利于弘扬社会正气。只有尽可能保护救助者利益，才能消除人们的后顾之忧，鼓励人们实施救助行为，也才能在全社会弘扬见义勇为的良好风尚。②《民法总则草案（四审稿）》为此作了调整③，从内容上看，这次修改有着深圳地方立法的熟悉影子，对救助者承担责任作了限定，并减轻救助者的举证负担。即使如此，一些代表对这一修改仍不满意，以目前规定还是难以免除见义勇为者的后顾之忧，不利于倡导培育见义勇为、乐于助人的良好社会风尚为由，建议删除重大过失表述。最终2017年3月15日提交全国人大会议的最终表决稿，对紧急救助条款第184条进一步修改为，"因自愿实施紧急救助行为造成受助人损害的，救助人不承担民事责任。"④

通过"紧急救助条款"的立法过程梳理，不难发现立法者对倡导见义勇为、乐于助人等美德的积极态度。"紧急救助条款"不断修改的过程，也是人大代表不断为危难救助者争取更多权利、免除更多责任的过程。救助人的责任豁免范围一次次加大，从法律上消除了救助人的后顾之忧，把他们从责任的枷锁中解放出来，对保护善意救助者的权益及鼓励陌生人之间的相互救助具有重要的意义。同时立法本身也是开明立法、民主立法，而且非常尊重、包容各方面的意见，民法总则立法时对代表意见认真研究并予以充分吸收，能采纳的尽可能采纳，作了许多重要修改，充分体现了对代表主体地位的尊重，贯彻了科学立法、民主立法的精神。因此，"紧急救助条款"的修改被誉为"民法总则人大表决稿修改里程碑"⑤之一，足见人们对"紧急救助条款"寄予的殷切期望。

二、"紧急救助条款"的解释论分析

尽管对于第184条是否应该在民法总则中规范，存在不同的声音，有学者认

---

① 《民法总则草案（三审稿）》第187条规定："实施紧急救助行为造成受助人损害的，除有重大过失外，救助人不承担民事责任。"
② 游劝荣代表：《总则制度设计应鼓励见义勇为》，http://news.163.com/17/0312/08/CFAJ9U-U500018AOQ.html，2017年3月15日。
③ 《民法总则草案（四审稿）》第184条规定："因自愿实施紧急救助行为造成受助人损害的，救助人不承担民事责任。受助人能够证明救助人有重大过失造成自己不应有的重大损害的，救助人承担适当的民事责任。"
④ 《民法总则（表决稿）》第184条规定："因自愿实施紧急救助行为造成受助人损害的，救助人不承担民事责任。"
⑤ 《民法总则人大表决稿修改里程碑》，http://chuansong.me/n/1673793546616，2017年3月20日。

为，紧急救助致损是否承担赔偿责任，属于侵权法的问题，不应该置于民法总则中，建议删除。[①] 但是不管怎样，紧急救助条款本身的存在价值不容置疑。从第184条的立法内容上看，构成救助者免责的要件包括：受助人陷入紧急危险，救助人自愿实施紧急救助的行为，紧急救助行为造成受助人损害。

首先，要求行为人自愿救助。对于"自愿"这一用语，有学者担心用词模糊，难于认定。有学者质疑，"自愿救助到底是什么意思？是指没有法定或约定的义务，还是指做好人好事？""如果说，两个人看到某个老人倒地了，甲不想去救，乙说'我们一块儿去救吧'，结果去救了，甲是自愿还是不自愿呢？"[②] 自愿一词显得别扭，搞不清楚具体含义，有待于将来再做解释。若是行为人自己愿意而没有被迫地去救助，理解"自愿"并不难，但是"自愿"是否包括救助者主观上没有救助的意愿客观上实施了救助行为的情形。本文认为行为人实施救助并非出于被强制，其实施的救助既没有法律的强制要求，也没有合同的约定要求。换句话说，自愿的本意应该是救助人对被救助人并没有法定或约定的救助义务。倘若救助人的救助行为是基于法律强制的救助义务或救助人与被救助人之间的合同约定，那么对于救助人的合理注意程度的要求显然要比无义务的救助人高许多。

其次，要求紧急救助。紧急意味着危险的紧迫性和救助的迫切性，危险是迫在眉睫的，危险是明显的，要求立即干预的。如何判断危险是迫在眉睫的、明显的、要求立即干预的？比如，当一个喝酒后头脑仍清醒的人睡在路边的干草堆上，不能认为他处于迫在眉睫的、明显的并且要求立即干预的危险之中，但是一旦他不慎掉入溪流无法动弹或该人躺在机动车辆后面自己却全然不知，此时即可认定为处于迫在眉睫的、明显的并且要求立即干预的危险，需要行为人实施救助。[③] 急病的患者、待产的孕妇、车祸中受伤的人、地震等灾害中受困的人……都是需要紧急救助的人。另外，"紧急救助条款"条款并未强调受助人需要紧急救助的对象，究竟是否包括受助人的财产，还是仅限于受助人的人身权益。需要明确的是，如何为个人提供制度性的安全保障也开始支配立法行为，"人身健康和安全位于侵权法的核心"，[④] 当生命健康等权益的保护与财产权的保护发生冲突时，法律应当考虑保护生命的安全和身体的健康，这体现了现代化的人文精神。[⑤] 因此，救助人为了救助受助人的财产而致受助人人身损害的，这种紧急救助的违法性难

---

① 张素华：《民法总则草案（三审稿）的进步与不足》，《东方法学》2017年第2期，第69页。

② 刘保玉：《民法总则》：意义、创新与问题，载玉辉民法研习社，2017年8月26日。

③ Edward A. Tomlinson,The French experience wity duty to rescue:a dubious case for criminal enforcement, 20 N.Y.L. Sch. J. Int'l & Comp. L. 451(2000),p.478.

④ [澳]彼得·凯恩：《侵权法解剖》，汪志刚译，北京大学出版社2010年版，第140页。

⑤ 转引自王利明：《我国民法典重大疑难问题之研究》，法律出版社2006年版，第562页。

于阻却，法律不会不顾及救助人的主观过错一概免责，故，紧急救助的对象应该是受救助者的人身。根据深圳地方立法的规定，危难救助是指对在紧急情况下遭遇人身损害或者人身损害危险的人自愿提供救助。

最后，紧急救助造成受助人损害。若未引起受助人的损害，则责任豁免便成为无本之木，无从谈起。问题在于造成受助人的损害究竟是人身损害还是财产损害，抑或二者均可？既然陷入危险的是人身，因此若对受助人实施救助时造成受助人身的伤害或加重人身伤害的，似乎更易接受。如果因为救助造成受助人财产的损害，如为了救助溺水的遇险人，在施救过程中不慎蹭掉名表，对此救助人应当免责。因为，既然造成受助人人身损害都能免责，遑论只是财产损害。

三、"重大过失"的立法论分歧

从《民法总则草案（三审稿）》"……除有重大过失外，救助人不承担民事责任"，到《民法总则草案（四审稿）》"……但是救助人因重大过失造成受助人不应有的重大损害的，承担适当的民事责任"，再到《民法总则草案（表决稿）》"……救助人不承担民事责任"，从立法表述的变化上看，紧急救助造成受助人损害，是否要求主观上不能有重大过失才能免责，是"紧急救助条款"立法过程中争论最大的问题，对"重大过失"应当如何取舍，大体可以分为以下三种情形，具体而言：

其一，建议明确"除重大过失外"。毫无疑问，侵权行为造成他人人身损害，应当承担全部赔偿责任。但是若造成他人损害是出于善意救助他人引起，情况则完全不同。学者杨立新和王毅纯在《我国善意救助者法的立法与司法》一文中指出，为了鼓励公民对不负救助义务的他人实施危难救助，为了大大降低善意施救者所承担的风险，保护好善意施救者，应该赋予善意施救者在其一般过失范围内的豁免权。[①] 或者换言之，"除非救助者出于故意或者重大过失致害，否则不能要求救助者对被救助者承担赔偿责任。"[②] 以此鼓励利他的危难救助行为。台湾学者对紧急救助免责问题，也有类似的看法，认为好心帮助不能成为免负损害赔偿责任的唯一理由，关键还是看有无违反注意义务。[③] 只有违反一般合理人的注意义务，造成受助人不该有的损害的，才需要承担赔偿责任。学界甚至对紧急救助者

① 杨立新，王毅纯：《我国善意救助者法的立法与司法》，《求是学刊》2013 年第 3 期，第 79 页。

② 王雷：《见义勇为行为中的民法学问题研究》，《法学家》2012 年第 5 期，第 78 页。

③ 如黄健章：《好人难做？——评玻璃娃娃损害赔偿事件相关判决》，《财产法暨经济法》2007 年第 9 期。

承担的责任性质作进一步分析，认为既然紧急救助者只有在重大过失时才承担责任，那么这种赔偿责任实际上是一种补偿责任。且在具体补偿时须考虑受助人原来的身体状况，确定紧急救助者的重大过失行为与造成损害的原因力比例，从而适当承担补偿责任。[①]

其二，建议将"重大过失"修改为"故意"。紧急救助者存在重大过失须承担民事责任，这样立法规定不利于鼓励见义勇为。对实施紧急救助产生损害的，除非救助者存在主观故意，否则应该由国家兜底负责补偿受损害的公民，因此，在民法总则草案三次审议稿向全国人大代表征求意见时，有代表建议增加规定"救助人在救助过程中因过失行为造成受助人损害的，由国家或政府给予受助人一定的补偿"，这样才能彻底避免见义勇为者承担责任风险，更有利于弘扬社会正气，鼓励见义勇为。湖南省检察院游劝荣检察长认为，民法总则的制度设计应当有助于鼓励见义勇为的行为，"但是救助人因重大过失造成受助人不应有的重大损害的，承担适当的民事责任"，这样一个看似公平合理的平衡和纠偏的规定，实际上容易消解该条关于救助人不承担民事责任规定的意义，甚至让这一规定实际落空。毕竟，自愿实施紧急救助行为通常存在：情况紧急、有一定的风险和危险、利他性以及结果的双重性等基本特征，特别是作为一种在紧急情况下实施的行为，要求一般公民在瞬间对相关利害（比如是否会造成受助人损害以及损害是否重大等）作出判断，过于勉为其难，明显不合理。因此建议将救助人因救助行为造成受助人损害承担责任的条件作更加严格的设定，其主观上宜规定为"恶意"，即只有救助人出于"恶意"造成受助人重大损害的，救助人才承担民事责任，并应当同时规定对救助人存在"恶意"的举证责任由受助人承担。唯此，才能消除人们的后顾之忧，鼓励人们实施救助行为，也才能在全社会弘扬见义勇为的良好风尚。[②]

其三，建议删除"重大过失"的规定。如陈竺副委员长提出，如何界定"重大过失"绝非易事，若一定要写，需仔细斟酌，应明确由权威专业机构依法作出鉴定，要么删除此提法。王万宾委员认为，法律上所谓的正当防卫基本上是出于保护自己权益目的，况且不承担民事责任，而为了保护他人实施紧急救助造成他人损害的，重大过失还要承担民事责任，这显然与民法总则立法说明中倡导弘扬社会主义核心价值观相悖。因为，在紧急情况下为保护他人实施救助的时候，救

　　① 杨立新：《中国版"紧急救助条款"有助解决道德困境》，http://china.caixin.com/2016-12-23/101030324.html，2017 年 1 月 13 日。
　　② 《游劝荣代表：总则制度设计应鼓励见义勇为》，http://news.163.com/17/0312/08/CFAJ9U-U500018AOQ.html，2017 年 3 月 15 日。

助人根本没有时间去考虑可能会产生什么后果，也很难考虑自己会不会构成所谓的"重大过失"。因此，他强调，为了弘扬社会主义核心价值观，鼓励见义勇为，在法律上不要留下遗憾。范海涛代表也表示，"重大过失"在实际生活中不好界定，不是每一个人都能界定清楚什么是重大过失，这种强调不利于弘扬社会正气。陈勇代表提出，当下应该鼓励大家多做好事，假如有一天大家都是雷锋，那时候法律可以再细致平衡一点。现在这个阶段立法部门应该着重鼓励和保障不了解太多法律纠纷和细节的市民。① 任何规则的确立都是利弊权衡的结果，因为担心本来"紧急救助条款"是为了鼓励大家实施救助，加上"但书"之后，在现实的社会情况下，大多数人认为会让救助人有后顾之忧，担心很多人不愿"冒险"救助他人，反而会起到负面作用。利弊权衡之下，宁愿以免责条款鼓励人们该出手时就出手，进一步激发人们的互助精神，涵养社会美德。当见义勇为成为社会风尚，必将有更多人从中受益，其利远远大于弊。②

四、适用"紧急救助条款"的潜在风险

删除但书，无疑是对鼓励危难救助具有积极意义，但是如此一刀切的做法，在立法中并不常见，在实践运用中，必然隐含一些问题。诚如杨立新教授所言，现在的好人法规定尽管引领社会风气的重要价值，但是适用起来也会存在较大的社会风险，这种潜在的社会风险最大表现即为受助人的风险，立法可能导致救助双方权利与义务的失衡，导致救助效果与保护的初衷背离。

1. 从立法目的和字面上理解，几乎一边倒地给予救助者优先保护，易造成权利义务的失衡。只要是事出紧急，救助人主动出手相救，即便救助方式失当，也无须担责。即使受救助者不同意、或不希望救助的方式，只要救助者坚持采用，受救助者常常无力、无权拒绝。如在路上发现有人受伤倒在地上，不能动弹，行人见状不顾受伤人的情况说明，没有按照救助者希望的方式实施救助，一味地将其扶起，结果可能导致伤员更大的伤害。毕竟发生的紧急情况复杂多样，有时救助需要相应的专业技能，如：对颈椎、脊柱受伤者，若救助不当可能导致截瘫；对火灾，若缺乏救火常识，救助者的不当操作可能导致火势增大，造成受助人额外的人身损害和财产损害；对蛇伤，若不问是否有条件及时送医，直接给受伤者断臂，等等，这样的救助存在明显失当，受助人因此遭受不必要的二次伤害。只

---

① 参见《中华人民共和国民法总则（草案）参阅资料》，第398—399页。

② 晏扬：《期待"紧急救助条款"能涵养更多好人》，http://news.163.com/17/0316/01/CFK-5DS12000187VI.html，2017年4月25日。

要救助者出于自愿实施紧急救助行为，即便其举动违背了受助人的意愿，受助人也只能接受，救助者却无需承担必要的注意义务，与法律要求行为人应具有的基本理性相距甚远，由紧急救助引起的救助者与受助者之间的权利义务内容出现明显的失衡。[①]

2. 容易引起立法初衷与实际效果不一致的后果。紧急救助的根本目的在于保护受助人的人身利益，若不考虑救助者是否尽到注意义务一律免责，结果上并不一定使受助人权益得以保全，有可能使受助人遭受更大的损害，而全部损害只能由受助人一方承受，这对受助人是不公平的，扶危救难、见义勇为的善举将失去本意，[②] 如此有悖于紧急救助的立法初衷。同时，也与立法中的"良好的法律"标准相背离，因为良好的法律不仅要求具备体系的内存逻辑一致性和统一性，而且要求符合"所调整的事物对象的实际情况，合乎调整对象的自身规律性，只有这样法律才能取得立法者所期望的社会效果。"[③]

3. "紧急救助条款"与其他法律规范存在冲突。主要表现在：其一，与无因管理人的责任承担规定相冲突。从性质上看，紧急救助行为属于无因管理，救助者一旦介入管理，法律要求管理人在管理的过程中尽到善良管理的义务，若管理不当致被管理人损害的，仍需承担损害赔偿责任。其二，不符合侵权责任法的免责规定。虽然自愿紧急救助行为基本上是出于善意的动机，但是并不能因此直接将紧急救助与救助人的主观善意、救助行为的正当性简单地直接等同。其三，救助者存在重大过失的情况下，依据"紧急救助条款"无须承担民事责任，但是依据刑法却仍然可能构成过失致人重伤、过失致人死亡的罪名。法律只有实现内在价值体系的一致性、外在规则体系的一致性、逻辑上的自足性以及内容上的全面性，才能有效发挥调整社会生活的作用。美国学者富兰克林曾经说过，"每个法律条文，都表现出存在的理性，而条文的结构整体也呈现出组织的原则。"法律的各部分内容应当相互协调、相互配合，而不能相互冲突。这是判断法律是否属于良法的一项重要指标。

---

① 参见王道发：《论中国式"好人法"面临的困境及其解决路径》，《法律科学》2018 年第 1 期，第 122 页。

② 张云秋：《民法总则之"好人法"条款的理解与适用》，《人民法院报》2017 年 09 月 20 日，第 7 版。

③ 李桂林：《论良法的标准》，《法学评论》2000 年第 2 期，第 15 页。

五、"紧急救助条款"的合理解决方案

（一）美国式"好撒玛利亚人法"的经验借鉴

与我国法律暂无普通公民之间危难救助义务的规定一样，美国对于一般公民之间的危难救助义务基本持反对态度，但是为了鼓励人们对处于危险困境的受害人实施救助，为了让伸出援手的救助者免去后顾之忧，美国各州先后通过"好撒玛利亚人法"（Good Samaritan Law），旨对那些自愿紧急救助者在施救过程中不慎造成受助人伤害，免除损害赔偿责任的承担，以消除救助者的疑虑。[①] 从美国各州"好撒玛利亚人法"规定的内容上看，基本上符合以下要素：发生的情形——紧急救助的场合（emergency care）；行为人的动机——救助者的救助出于善意(good faith)；行为的有偿性——救助不指望任何报酬或补偿(without expectation of any compensation)；救助者主观——救助者不存在重大过失 (gross negligence)，如此才可以获得责任的豁免。[②] 具体可以参见下表数州的立法：

表 2 美国"好撒玛利亚人法"对紧急救助者责任豁免的规定

美国州名称	法条内容	重大过失的要求
佛蒙特州	救助人为了履行危难救助义务而提供合理的救助行为时无须承担民事赔偿责任，除非他的行为存在重大过失，或者他已经从救助中取得或期待取得报酬。	不存在重大过失
明尼苏达州	任何人，不指望获得补偿或报酬地提供现场紧急治疗或帮助的，不要为自己的行为或疏忽造成的任何损失承担法律责任，除非在提供紧急治疗或帮助中存在故意或重大过失。	不存在故意或重大过失
夏威夷	任何人真诚提供紧急救护行为，不指望从受害人处取得补偿，对在事故或紧急情况下从事救助行为或出现的疏忽造成的任何民事损害的，不负法律责任。除非损害的发生是行为人重大过失或故意或恣意造成的。	不存在故意或重大过失
罗德岛州	任何自愿地、无偿地提供紧急救援的人，都不需要对其在提供紧急救援中因行为或过失给对方造成损害承担民事责任，但是行为人存在重大过失、故意或恣意的除外。	不存在故意或重大过失

---

① 薛波主编：《元照英美法词典》，法律出版社 2003 年版，第 606 页。

② Dov Waisman, Negligence, Responsibility, and the clumsy Samaritan: Is There a Fairness Rationale for the Good Samaritan Immunity?, 29 Ga. St. U.L. Rev. 609, (2013), P632.

我国"紧急救助条款"的设立在某种意义上就是借鉴美国立法的结果，所以首次在民法总则草案出现时，救助者免责包含着"除有重大过失外"内容。上文已述，由于人们对我国救人反被诬陷的事件较为频繁发生极度关切，担心责任豁免不彻底将不利于对善意救助者的权利保护，将草案做了进一步修改，删除但书内容，期待中国式"好人法"为道德善举保驾护航，由于尚未适用其实际效果如何不得而知，不过从理论问题分析，立法过于保护救助者的权利极可能出现手段与目的背离。美国多年来的立法及司法不断实践，平衡救助双方权益的做法值得我们借鉴。

（二）恢复"但书"

强调紧急救助人尽到一般注意义务，主观上不存在重大过失。我国"紧急救助条款"规定救助人的免责条件过于宽松，将来适用可能存在的社会风险需要引起重视。崔建远教授在谈民法总则立法时提到，即便有些法条起草得不尽如人意，解释的人要把立法在这一方面给补上，不然法治就不能进步。石佳友教授也提到，"第184条所谓好人条款，对救助人采取了完全免责的原则，……会不会导致在未来的实践中被滥用的问题？"由于赋予自愿紧急救助者充分的责任豁免权，最大限度地降低救助者行为的注意义务，疏忽、恣意甚至故意造成受助人损害难于避免。全国人大常委会民法室副主任石宏认为，从立法取向上讲，面对好人难做问题，为了鼓励大家见义勇为，消除救人者的后顾之忧，做出紧急救助条款立法，但是有时候矫枉过正。对于这紧急救助条款的适用，要进行严格的限缩。特别是要排除恶意的行为，防止有些人借救助达到个人的恶意目的。[①] 笔者同意这个观点。的确，若一概免责，可能会纵容救助者盲目救助、随意救助、不尽合理救助的行为，可能给受害人带去更深的伤害或二次伤害。为此，借鉴美国好撒玛利亚人法的规定，在民法典分则编纂予以修正或通过司法解释实现合理适用。

若救助者因重大过失致受助损害的，根据过错给受助人造成的损害，承担一定的责任。如此，提醒好心人，在紧急情况下，应当依照救助规范救助他人，而不能随便采取不适当的行为，避免造成受助人不必要的人身损害。若救助者在救助中故意造成受助人损害的，最初的自愿紧急救助行为因此转化为侵权行为，须就侵权造成的损害承担赔偿责任。

当然，就我国的目前法律而言，自愿紧急救助仍属于道德行为，紧急救助者致损的责任与一般侵权责任不同，在责任承担上不能等同，不能要求一般过失即

---

① 《〈民法总则〉立法纵览与适用前瞻》，http://law.cssn.cn/fx/fx_fxxf/201711/t20171108_3735911.shtml，2017年11月9日。

承担责任。因为在紧急危难现场，行人刚好路过，偶遇受助人，行人可能是任何人，可能没有任何急救经验，是非专业人士实施救助，紧急救助是那种不及时救助便会发生更严重后果，因此需要救助人采取紧急救助措施，容不得其考虑周全。哪怕恰好有医护人员在场，由于现场救助多是路边救助，多缺乏便利条件，加上情况紧急，事态严重，导致救助者精神高度紧张或焦虑，也会影响救助者精准决断。[1] 故救助人存在一般过失不是承担责任的理由。

五、结语

十八届四中全会通过的《关于全面推进依法治国若干重大问题决定》中，提到，"国家和社会治理需要法律和道德共同发挥作用。必须坚持一手抓法治，一手抓德治，大力弘扬社会主义核心价值观，弘扬中华传统美德，培育社会公德、职业道德、家庭美德、个人品德，既重视发挥法律的规范作用，又重视发挥道德的教化作用，以法治体现道德理念、强化法律对道德建设的促进作用，以德治滋养法治精神、强化道德对法治文化的支撑作用，实现法律和道德相辅相成、法治和德治相得益彰。"法律是社会的一面镜子，任何一部制定良好的法律都必须积极回应社会现实。诚如学者黄阳寿所言，作为一种法律制度不能背离人类社会生活实态与需求，否则法律与社会事实相脱节，也就没有实用价值，形同虚设。[2] "紧急救助条款"立法的确契合现实社会的需要，是消除近几年频繁发生见死不救、救人被讹现象的重要工具。通过解读"紧急救助条款"可知，但书的删除可能会产生过度保护救助者利益，使救助者与受助人之间权利义务不平衡，有违救助与保护的立法初衷，使受助人面临被迫接受的风险，反映了立法时的热切期待与司法时的冷静思考之间的矛盾。需正视"紧急救助条款"适用中可能出现的困境，司法适用者应对条款作限缩理解或借民法典分则编纂契机，对相关条款作出合理的修正。救助者自愿紧急救助不是绝对不承担责任，还需考虑救助者在救助过程中主观上不存在故意或重大过失，如此，救助致受助人损害方可免责，以保证立法精神的理性，实现紧急救助双方的利益平衡。

---

① 张利民：《急难救助的责任豁免》，《江海学刊》2014 年第 6 期，第 134 页。

② 黄阳寿：《有当事人能力之非法人团体之权利能力论》，汉兴书局 1996 年版，第 3 页。

民法典婚姻家庭编瑕疵婚姻制度的立法建议

田韶华 *

民法分则婚姻家庭编的一个重要内容是结婚制度，而对瑕疵婚姻的调整则是结婚制度的重要内容之一。瑕疵婚姻的制度设计不仅关系到法律对不符合结婚要件的婚姻缔结应有的态度，也关系到《民法总则》中的瑕疵民事法律制度对于结婚行为的适用，从而最终关系到民法典及其婚姻家庭编的体系性和科学性，故应当引起学界和立法界的重视。现行《婚姻法》及相关司法解释虽然对瑕疵婚姻已有所规定，但如果从立法的科学性和体系性这个角度观察仍然存在一定的不足。婚姻家庭编应在吸收其他国家和地区先进立法经验以及总结我国现行立法存在问题的基础上对此予以进一步的完善。其中既要考虑到民事法律行为制度内在的体系性，也要顾及婚姻关系不同于财产关系的特性。本文以《民法总则》之瑕疵民事法律行为制度在结婚制度中的适用为视角，对瑕疵婚姻制度的构建提出若干建议，以期对民法分则婚姻家庭编的制定有所裨益。

一、目前我国瑕疵婚姻制度存在的问题

我国目前立法对于瑕疵婚姻的规定主要体现在《婚姻法》第 10 至第 12 条以及婚姻法司法解释一第 7 条至第 16 条，这些条款分别对无效婚姻和可撤销婚姻的事由、程序以及婚姻被宣告无效和被撤销后的法律后果等问题予以了规定。上述规定虽然弥补了 2001 年《婚姻法》修正案之前有关瑕疵婚姻的立法缺陷，但仍然存在一定的不足。这主要表现在以下几个方面：

1. 瑕疵婚姻与瑕疵民事法律行为制度的法律适用关系模糊不清。瑕疵婚姻在本质上是瑕疵结婚行为导致的后果，由于结婚行为属于身份行为的一种，而身份行为属于民事法律行为的一种，故民事法律行为实为结婚行为的上位概念。就此而言，瑕疵婚姻的制度设计不可避免地涉及与民法总则中瑕疵民事法律行为制度

---

* 河北经贸大学法学院教授。原文发表于《苏州大学学报》（法学版）2018 年第 1 期。本文有删节。

的关系问题。但从目前的立法来看，这一关系并未从根本上予以厘清。从《婚姻法》上的瑕疵婚姻制度来看，其对民法总则的相关规定实际上采取了选择性适用的态度，如无效婚姻和可撤销婚姻的区分、受胁迫缔结婚姻的可撤销性的规定实际上就是瑕疵民事法律行为制度在婚姻法上的适用；而相当一部分民法总则中的规范，如欠缺民事行为能力等无效行为的事由，欺诈、重大误解等可撤销行为的事由则未在婚姻上予以体现。问题的关键在于这种选择的依据何在？是否具有逻辑上以及价值判断上的正当性？尤其是，对于婚姻法未予规定而造成的法律漏洞，能否适用民法总则的规定予以补充？这些问题并不能从现行立法中找到答案。

2. 瑕疵婚姻制度的内容欠完整。例如，婚姻法规定结婚需要当事人共同到一方户籍所在地办理结婚登记，但对于未办登记或者登记存在瑕疵的情形如何认定当事人之间的关系却未设明文。特别是对于登记存在程序瑕疵的情形，婚姻法司法解释三第 1 条第二款规定当事人只能申请行政复议或者提起行政诉讼，而不能提起民事诉讼主张撤销结婚登记。然而，行政程序只能解决行政行为是否违法的问题，并不能对当事人之间的实体关系予以认定。由此造成的法律漏洞导致了司法实践的困惑。例如，在当事人未共同亲自办理结婚登记的情形，法院的观点即存在分歧。有的法院认为当事人之间不存在婚姻关系；[①] 有的法院则认为此种瑕疵不影响婚姻的效力。[②]

3. 瑕疵婚姻的制度设计未能充分体现出身份法的特色。与财产法相比，身份法的特色在于其重视婚姻家庭关系的安定性以及女性、未成年子女等家庭成员的保护。但从目前瑕疵婚姻的立法情况来看，这一特色未能予以充分体现。例如，为保护既定的家庭关系和家庭成员的利益，许多国家和地区在瑕疵婚姻的后果方面都有着不同于财产行为的制度设计：或规定婚姻的撤销不具有追溯力，或承认婚姻的瑕疵在特定情形下可经治愈，或对于无效婚姻及可撤销婚姻中的无辜当事人提供相应的救济等，但这些规定在我国婚姻法上或付之阙如或有所不足，这在一定程度上也制约了婚姻家庭法功能的实现。

鉴于目前我国瑕疵婚姻制度存在的上述问题，笔者认为，婚姻家庭编的编纂应当在厘清瑕疵婚姻制度与民法总则的适用关系的基础上，充分重视与《民法总则》的衔接立法以及结婚行为的身份法特色，使瑕疵婚姻的制度设计更具科学性和体系性。

---

① 参见齐齐哈尔市铁锋区人民法院（2015）铁民初字第 611 号民事判决书。
② 参见济南市中级人民法院（2014）济民五终字第 185 号民事判决书。

二、厘清瑕疵婚姻制度与民法总则之瑕疵民事法律行为制度的适用关系

《民法总则》规定了瑕疵民事法律行为制度，这些制度能否以及在多大程度上可以适用于结婚行为，或者说，瑕疵婚姻的制度设计应否以及如何体现《民法总则》的相关规定，决定了瑕疵婚姻制度的逻辑起点和基本框架体系，是一个首先应予回答的问题。

关于民法总则中的民事法律行为规范能否适用于婚姻家庭法，学者对此有着不同的观点。笔者认为，无论认为绝对适用还是适用都是片面的。一方面，由于民法总则与分则的编排体例，在解释上应认为总则的规定对于分则有适用的余地。而且在民法理论上结婚、收养、协议离婚以及协议解除收养等行为被归于身份行为，而身份行为是与财产行为相对应的一种民事法律行为，亦即是作为民事法律行为的下位概念存在的，故不能完全排除民事法律行为制度对于身份行为的适用。另一方面，由于传统的法律行为制度主要是以财产行为为中心构建的，而身份行为毕竟不同于财产行为，故应当承认民事法律行为制度对于身份行为的适用具有一定的局限性。[①] 鉴于上述关系，在民法总则中的民事法律行为规范能否适用于身份行为这一问题上，既不能过于强调身份行为的特殊性从而割裂其与民事法律行为的关系，也不能过于强调民事法律行为的涵射性从而导致其在身份行为中的不当适用，而应同时兼顾民事法律行为制度的体系性与身份行为的特殊性而予以判断。这意味着婚姻家庭编应当对民法总则中民事法律行为制度予以选择性适用。至于选择的标准，则应以是否有悖于身份行为的特质为判断。对于那些不违反身份行为特质的法律规范应予以适用，而对于那些有违身份行为特质的法律规范，则不应适用并应根据身份行为的特殊性予以制度创新。

由于结婚行为属于身份行为的一种，故上述结论对于结婚行为也同样适用，即瑕疵婚姻的制度设计亦应同时兼顾民事法律行为制度的体系性与结婚行为的特殊性，并对民法总则中的瑕疵民事法律行为制度依上述标准予以选择性适用。在上述的认识的基础上，笔者认为，婚姻家庭编中的瑕疵婚姻制度应重点在瑕疵婚姻的类型体系、瑕疵事由，以及法律后果等方面予以完善。

---

① 苏永钦：《大陆法系国家民法典编纂若干问题探讨》，载《比较法研究》2009 年第 4 期。

三、注重瑕疵婚姻的制度设计与《民法总则》的衔接

（一）增设婚姻不成立制度

《民法总则》虽然对民事法律行为的不成立未设明文，但其区分了民事法律行为的成立与生效，故无论在理论上还是实务中对于"不成立"这一后果均予以承认。而从《婚姻法》的规定来看，由于在其规定的结婚要件中未予区分成立要件与生效要件，在违反结婚要件的后果上也只规定了无效和可撤销，故"婚姻的不成立"这一瑕疵类型并未得到立法的认可。笔者认为，婚姻家庭编应当对婚姻的不成立予以明文规定。这一方面体现了与民法总则的衔接，另一方面也能够将那些虽然违反了结婚要件但却无法被无效婚姻和或撤销婚姻涵盖的行为纳入法律的调整范围，从而为司法实践提供依据。[①] 至于婚姻不成立的事由，依民法基本理论，应主要包括以下两种：一是当事人未达成结婚的合意。例如，当事人在不知情或无合意的情况下被办理了结婚登记；二是当事人未办理结婚登记即以夫妻的名义共同生活且不构成事实婚姻。

（二）维持婚姻效力瑕疵的双轨制

现行《婚姻法》对于效力有瑕疵的婚姻采取了同时承认无效与可撤销的双轨制，这一设计不仅与《民法总则》的规定相衔接（《民法总则》中的效力待定行为规则由于有违婚姻关系的确定性而不适用于结婚行为），而且也具有逻辑上的正当性——毕竟，违反公益要件和违反私益要件导致的法律后果应有所不同。[②] 如德国、葡萄牙等国的民法典只规定了可撤销婚姻（德国称之为可废止的婚姻），法国、瑞士等国家则只规定了无效婚姻。但应当看到的是，即使在这种单轨制模式之下，仍体现了立法者对于违反公益要件和私益要件的不同态度。例如，根据《德国民法典》第 1316 条的规定，对于违反亲属编强行性规定的婚姻，有权申请废止的主体是配偶任何一方以及有管辖权的行政机关。而对于受欺诈、受胁迫以及错误情形下缔结的婚姻，则申请人只为配偶。再如，《瑞士民法典》虽然采取了单一的无效婚姻模式，但却把无效婚姻分为两类：即诉请无效无时间限制的无效婚姻和有时间限制的无效婚姻。对于前者主管机关及其利害关系人均可提起无效之诉，而对于后者，则只有夫妻一方可以提出。由此可见，即使在单轨制模式

---

① 王礼仁：《婚姻登记瑕疵中的婚姻成立与不成立的认定》，载《人民司法》（应用），2010 年第 11 期。

② 夏吟兰：《民法典之婚姻家庭编立法研究》北京大学出版社 2016 年版，第 157 页。

之下，立法者仍然认为应对违反公益要件的婚姻和仅仅违反私益要件的婚姻区别对待，由此导致制度设计的复杂性。故笔者认为，在《民法总则》的民事法律行为制度已经有了清晰制度架构的基础上，婚姻家庭编没有必要另起炉灶采取无效或可撤销的单轨制，否定徒增制度设计的复杂性。

（三）体系化婚姻无效及可撤销的事由

1. 关于婚姻无效的事由

婚姻家庭编对于无效婚姻事由的认定，原则上应以《民法总则》中对于无效事由的规定为依据，并在充分考虑结婚以及婚姻关系特殊性的基础上予以设计。一方面，从维护婚姻家庭关系的安定性出发，应只对那些严重违反法律规定并有违社会公益的行为确定为无效。另一方面，基于立法技术考虑，可在婚姻家庭编中仅明文列举与违反结婚要件有关的无效婚姻类型。至于违反民事法律行为一般生效要件的，可在个案中于不违反身份行为特质以及社会妥当性的前提下，适用《民法总则》的相关规定。

就此而言，笔者认为，在目前《婚姻法》所规定的无效婚姻的类型中，重婚的、存在禁止结婚的亲属关系的，以及未达法定婚龄的这三种皆属于违反结婚要件中公益性要件的情形，同时由于这些要件均是婚姻法的强制性规定，因此，将其作为无效事由也是《民法总则》第153条在婚姻家庭法上的体现，对此婚姻家庭编可予以保留。除此之外，笔者建议删除"患有医学上认为不应当结婚的疾病婚后尚未治愈的"这一无效事由。虽然确定该事由的依据是《婚姻法》第7条第2项关于结婚的禁止性规定，但笔者认为婚姻家庭编不应再将其作为婚姻无效的事由。一方面，结婚自由是公民的宪法权利，以患有某种疾病为由宣告婚姻无效直接侵害了公民的婚姻自主权。虽然患有某种疾病会给当事人的生活会带来重大的影响，但除非疾病导致当事人丧失行为能力，其他疾病是否影响结婚的决定应当属于家事自决权的范畴，国家没有必要干预。另一方面，随着现代医学的发展以及对人权的重视，究竟哪些疾病属于不应当结婚的疾病在科学上很难界定，事实上，时至今日，在医学上也没有哪一个文件明确规定何种疾病属于禁止结婚的疾病，这也导致此项无效事由在实践中难以适用。[①] 综上，笔者认为，婚姻家庭编应当删除将特定疾病作为婚姻法定障碍的规定，从而也不应再将其作为婚姻无效的事由。但鉴于某些疾病会涉及当事人及其配偶的利益，则可以通过下文所述的可撤销婚姻制度予以处理。

---

① 孙若军：《疾病不应是缔结婚姻的法定障碍》，载《法律适用》2009年第2期。

2. 关于婚姻可撤销的事由

《民法总则》规定了四种可撤销民事法律行为的事由，即欺诈、胁迫、重大误解、显失公平。在这四种理由中，"显失公平"因带有明显的财产法色彩显然不可作为婚姻的撤销事由，而就其他三种事由而言，《婚姻法》只将胁迫作为可撤销婚姻的事由予以了规定，对于另外两种则未设明文。笔者认为婚姻家庭编应将二者均纳入可撤销婚姻的事由中。一方面，当事人因受欺诈或重大误解而结婚，皆非真实意思表示，财产行为尚且尊重当事人的意思自治而允许撤销，更何况比财产行为更重内心真意的身份行为？另一方面，从否定说的理由来看，其之所以反对将欺诈婚姻作为可撤销婚姻，主要是基于实务操作的考虑而并非严密法理论证的结果。而从法理上分析，欺诈、重大误解这些概念并非仅为财产行为而设，也不违反身份行为的特质，故其在结婚行为中的适用并不具有法理上的障碍。然而，从立法例上看，虽然各国及地区的民法一般均将欺诈、胁迫、错误作为可撤销法律行为的事由，但对于可撤销婚姻事由的规定则颇不一致。如《德国民法典》规定的事由包括欺诈、错误、胁迫以及违反强行性规定等；[1]我国台湾地区"民法"中的事由包括欺诈、胁迫、违反法定婚龄等，但并未规定错误；《葡萄牙民法典》规定的事由包括错误、胁迫以及违反禁止性规定等，但未包括欺诈；而我国《婚姻法》中可撤销婚姻的事由则只规定了胁迫。在笔者看来，各国及地区立法中反映出来的上述差异恰恰说明民法总则中的"欺诈""胁迫"以及"重大误解"在婚姻的缔结中都是有可能存在的，而排除其中的一项或几项并不具有逻辑上以及价值判断上的正当性。故无论是基于与《民法总则》的立法衔接，还是基于回应实践的需要，婚姻家庭编均应将欺诈、重大误解作为婚姻可撤销的事由。除此之外，还应将结婚行为能力的欠缺增补为婚姻可撤销的事由。虽然《婚姻法》上只有对法定婚龄的限制，并没有对结婚当事人民事行为能力方面的要求，但结婚行为作为一种民事法律行为，当事人具有相应的民事行为能力应为题中应有之义。但由于对该规定的违反只涉及当事人的利益而不涉及社会公共利益，故不宜将不具有结婚行为能力的人缔结的婚姻界定为无效，故将其界定为可撤销更为妥当。其中结婚行为能力的欠缺既包括当事人无民事行为能力的情形，也包括当事人为限制民事行为能力人但对结婚的法律后果并不存在认知、理解的情形。

按下来的问题是如何认定可撤销婚姻中的"欺诈""重大误解"以及"胁迫"，从各国及地区的立法例及司法实践来看，一般均对上述行为采取了不同于财产行

---

[1] 《德国民法典》中的可撤销婚姻实际上称为"可废止的婚姻"，其与传统可撤销法律行为的区别在于不发生溯及既往的效力。参见 [德] 迪特尔·施瓦布：《德国家庭法》，王葆莳译，法律出版社 2010 年版，第 57 页。

为的认定规则。例如，对于导致婚姻可撤销的"错误"，我国澳门地区"民法"第1508条第1款b项将其限制在身份认识错误。对于导致婚姻可撤销的"欺诈"，《德国民法典》第1314条第2款第3项将其界定为：配偶一方因受恶意欺诈而做出结婚的意思表示，并且该方在此前知悉实情并正确认识到婚姻的实质就不会缔结婚姻的。但上述规定不适用于欺诈涉及财产关系或者是在婚姻另一方不知情的情形下由第三方所为的情形。上述法条及司法实践说明，在判断结婚行为是否存在欺诈、重大误解时，应当采取符合结婚特点的认定标准，即能够认定为欺诈或重大误解的事由应限制在与婚姻的缔结有实质决定意义的事项，如身份资格、重大疾病等，至于对财产关系、社会关系、收入状况等的欺诈或错误认识则不能导致婚姻的撤销。

至于导致婚姻可撤销的"胁迫"的认定，原则上与财产行为中的判断并无二致，即胁迫人威胁被胁迫人，他有能力向其施加恶害之不利。但这里也存在一个问题，那就是在实践中，有的当事人往往会利用对方的危难之际迫使其同意进行某种身份上的行为，例如，乙或乙的家庭正在遭受他人施加的恶害，甲承诺若乙与其结婚则不会遭受此恶害。此种利用他人的危困状态实施的民事法律行为在《民法总则》中只有在造成显失公平的结果时方可撤销，由于显失公平规则不适用于身份行为，于此情形，如何对乙提供救济便成为一个值得思考的问题。

对此，《葡萄牙民法典》第1638第2款规定：一人借承诺使结婚人不会遭遇某种意外之恶害或不会遭受他人施加之恶害，而有意识及不法迫使结婚人作出结婚意思表示者，等同于不法威胁。该条实际上对结婚行为中的"胁迫"作了扩张解释，笔者认为值得我国借鉴。

四、突出瑕疵婚姻制度设计的身份法特色

由于婚姻关系对于当事人及社会的重要意义，瑕疵婚姻制度的设计也应符合婚姻家庭法的价值取向，即尊重既成的身份关系、努力维护婚姻家庭关系的稳定并保护特定主体如女性、未成年子女的利益等。就此而言，瑕疵婚姻的制度设计除了要注意与《民法总则》的衔接之外，还应突出其身份法特色，以与财产行为相区别。这主要包括以下几个方面：

（一）完善婚姻瑕疵的治愈事由

即使婚姻存在瑕疵，但从尊重当事人意思自治及稳定婚姻家庭关系的角度出

发，除非损害公共利益，应允许此种瑕疵可因一定的事由而得以治愈。事实上，我国目前的婚姻法对此已有一定程度的承认。如婚姻法司法解释一第 8 条规定，当事人依据婚姻法第十条规定向人民法院申请宣告婚姻无效的，申请时，法定的无效婚姻情形已经消失的，人民法院不予支持。这实际上是将"无效婚姻情形消失"如已达法定婚龄等作为了婚姻无效的治愈事由，对此值得肯定。但上述规定只局限于婚姻无效领域且并不全面，笔者认为应作如下完善：

1. 关于因欠缺结婚合意而导致的婚姻不成立的治愈事由。当事人事后达成合意或形成实质夫妻的情形下，应当认为这一瑕疵已被治愈。例如，在当事人未按规定共同去登记机构办理结婚登记的情形下，只要当事人已经形成实质夫妻关系，则应推定其存在结婚的合意，不能再认定其婚姻不成立。

2. 关于婚姻无效的治愈事由。对此，婚姻法司法解释一第 8 条的规定固然值得肯定，但值得思考的问题是，在司法实践中存在这样一种情形，即重婚一方当事人前婚已经因离婚或另一方死亡而解除，那么，重婚的后婚是否仍然无效？质言之，"重婚当事人的前婚不复存在"可否作为无效婚姻的治愈事由？对此，学界有不同的观点。有学者认为为打击重婚这种违法行为，不应认可此种瑕疵治愈事由。而笔者认为，在重婚一方的前婚已经不复存在的情形下，从尊重既成身份关系的角度出发，应认为法定无效的事由已经消失，不应再认定后婚无效。①

3. 关于婚姻可撤销的治愈事由。目前《婚姻法》并未规定婚姻可撤销的治愈事由，只是规定受胁迫的当事人应在法定期间内行使撤销权。对此笔者认为，这一规定无异于赋予了受胁迫方在法定期间内的无限撤销权，这固然有利于对受胁迫方利益的保护，但却忽视了对既成身份关系的尊重，故应当予以完善。《德国民法典》第 1315 条第 4 项规定，在当事人发现具有欺诈、重大误解事由或胁迫事项消失后，表明其愿意延续婚姻的，当事人不得再为撤销行为。此项规定值得借鉴。此外，为充分尊重欠缺民事行为能力者的意思自治，对于欠缺结婚行为能力者缔结的婚姻，当事人取得结婚行为能力（即可撤销事由消失）并不能当然使婚姻成为有效，只有当事人取得结婚行为能力并且对婚姻予以承认的情形下方能使瑕疵得以治愈。

（二）对婚姻无效与撤销的溯及力予以区别对待

《婚姻法》第 12 条规定，无效或被撤销的婚姻，自始无效。这实际上赋予了婚姻被宣告无效或撤销的溯及力。对此，笔者认为，无效婚姻多为违反法律强行

---

① 杜万华主编：《民事审判指导与参考》，人民法院出版社 2017 年版，第 171 页。

性规定,故使其自始无效具有理论上的正当性;但对于可撤销婚姻而言,其并不属于违反法律强行性规定的行为,也并不违反社会公共利益,在当事人已经形成了长期的身份关系和人伦秩序的情形下,为保护婚姻当事人的利益特别是未成年人的利益,婚姻的撤销不应具有追溯力,而只能向未来发生效力。从比较法的角度来看,各国及地区多规定婚姻的撤销并不具有追溯力,笔者认为这一做法值得我国借鉴。①

(三)增设对瑕疵婚姻中无辜当事人的法律保护

依我国《婚姻法》第 12 条的规定,婚姻被宣告无效或撤销后,当事人不具有夫妻的权利和义务。对于同居期间取得的财产,在协议不成时,由法院本着照顾无过错一方的原则判决。该条款将婚姻被宣告无效或被撤销后当事人的关系归于"同居关系",基于此种定位,即使婚姻被宣告无效或被撤销不可归责于一方当事人,其也只能在分割财产时获得一些照顾而并不能主张夫妻离婚时享有的一些权利(如经济帮助请求权、经济补偿请求权)以及继承权等。此外,依该条的规定,瑕疵婚姻中的无过错当事人除了在分割财产时得到一定的"照顾"之外,并不能向无过错方请求损害赔偿,这使得其得到的救济尚且不如瑕疵财产行为的无过错方,显然有失公平。而从域外立法例来看,许多国家和地区的立法都设明文对此类当事人予以救济。如根据新《巴西民法典》第 1561 条的规定,婚姻不管是可撤销的,还是无效的,如夫妻双方是基于诚信缔结的,在撤销判决日之前,此等婚姻对他们及其子女都发生完全的效力。第 1564 条规定,当婚姻因夫妻一方的过失被撤销时,他方有义务弥补无过失的他方所有已获得利益的丧失,并有义务履行自己在婚前协议中所作的承诺。笔者认为上述规定值得借鉴。即对于无效婚姻或可撤销婚姻中善意的当事人,应其有权主张婚姻解除时当事人有权主张的权利,包括继承权、经济帮助请求权、经济补偿请求权等;而对于无过失的当事人,则应赋予其对恶意一方的损害赔偿请求权,即请求赔偿其信赖婚姻有效而遭受的财产上及非财产上的损失。②

---

① 参见我国台湾地区"民法"第 998 条,《日本民法典》第 748 条,《葡萄牙民法典》第 1633 条等。此外,对于《德国民法典》第 1313 条关于婚姻可废止的规定,在解释上一般认为其只是令婚姻面向未来地被解除,原则上不具有追溯力。

② 徐国栋:《无效与可撤销婚姻中诚信当事人的保护》,载《中国法学》2013 年第 5 期。

价值衡平下的侵权法发展趋势

周华 *

侵权法以维护行为自由和权利保护间的协调与衡平为根本宗旨，行为自由重在保障侵权人及其潜在群体，而权利保护则与受害人利益攸关；与此同时，侵权法律关系在很大程度上即为侵权损害赔偿法律关系，受害人因侵权而受有损害是法律关系发生的基础，赔偿则是侵权行为最重要之法律效果。二者间联系紧密，前者彰显侵权法作为法益平衡法的本质属性，后者表征损害与赔偿作为侵权法之关键词的核心地位。通过考察侵权法上损害与赔偿的演变，可观侵权法在平衡行动自由和权益保护上的努力以及在特定历史条件下的不同侧重。

一、权益保护指引下的损害扩展

侵权法之权益保护，即对受害人之受损权益提供保护，与物权法等确权法律有所不同，侵权法是通过损害救济来实现对权益的保护，因而所谓权益保护之功能实际体现于损害内涵及范围的设定上。当损害之界定与认定趋于宽泛时，即表征侵权法重在权益救济功能；反之，则为对加害人行为自由的侧重。古代侵权法强调自由，主张损害止于发生之处，唯有侵害生命、身体等导致严重后果的，受害人方可主张损害赔偿。近现代以来，侵权法上的损害内涵及范围[①]在整体上一直呈扩展之势，对此学界普遍评价为侵权法从加害人中心主义到受害人中心主义的转移。

损害扩展首先体现在损害内涵上，传统侵权法上的损害仅限于损害结果，即行为人给他人所造成的不利后果，侵权行为未造成实际损害者，则不产生侵权责

---

* 福建社会科学院法学研究所副研究员。

① 此外，在侵权责任之其他构成要素上，无论是过错以及违法性要件的弱化、抑或因果关系和侵权行为要件的扩大解释，均导致侵权法之损害范围不断扩展。然对这些因素之讨论已经超出了损害本体的范围，由于文章篇幅所限，并未专门论及于此。

任的负担。对他人或他物的过失行为不会导致责任，除非造成了可见的损害。[①]
然而伴随侵权法律实践的发展以及侵权法预防功能的加强，损害已然突破实际损
害的限制，发展至包含损害结果、侵害行为和损害发生之现实危险的三维状态。
当前学界更多地倾向于将损害界定为因故意和过失行为造成的不利益状态，包括
但不限于对各种权利和利益所造成的损害后果。所谓损害发生之现实危险，是指
侵权行为将导致损害发生而实际损害结果尚未发生者，此时赋予金钱赔偿显然不
符合法定条件，但若不将其认定为损害形态，不予任何救济，放任实际损害结果
的发生，则于情于理均不妥当。而对于单纯侵害行为，在隐私、名誉等重大人格
利益的侵犯领域，则以行为实施之本身彰显损害的存在，此时损害表现为对抽象
法益的侵害。

　　其次损害本身的内在要素如客体、对象及类型，亦无不展示了向外扩张的势
头。损害客体上，侵权法发展的全部历史表明了一种持续不断的趋势，以前并没
有得到保护的利益现在被法律承认为是值得法律保护的利益。现代侵权法上的损
害已突破单纯的绝对权损害之限制，发展至包含绝对权利损害、作为相对权的第
三人侵害债权以及其他权利外法益损害。损害对象上，除传统法上的直接受害人
外，符合特定条件之第三人亦可就其从侵权行为间接领受之损害主张救济；损害
类型方面，则从单一的财产损害过渡到对非财产损害的认可。另值得注意的是，
利益损害、第三人损害以及非财产损害得以确认后，并未止步不前，而是致力于
在此基础上的进一步扩展。在利益损害之认可上，初期系通过对绝对权之扩大解
释来实现间接与个别的保护，如今多国均于立法或实践中直接和普遍认可了利益
损害的可赔偿性；第三人损害方面，侵权法受害人中心主义的转变彰显于间接受
害人主体范围的扩大和可赔偿损害范围的扩展；非财产损害赔偿制度中，除精神
损害赔偿制度的不断发展外，其他种类的非财产损害亦得以出现，促使非财产损
害脱离了精神损害概念的束缚，从早期作为财产损害之补充或例外，逐步成长为
与财产损害并立之损害类型。

二、行为自由所导向的赔偿限缩

　　侵权行为之法律效果既是受害人享有的损害赔偿请求权，同时亦为侵权人负
担的损害赔偿责任，其中金钱赔偿是主要甚至唯一的表现形式。金钱赔偿意味着
对侵权人财产的剥夺，其在行为人作出行为之前后，客观上都会产生限制行为自

---

① ［美］沃伦·A·西维著：《侵权法的原则》，李俊译，载徐爱国组织编译《哈佛法律评论.侵权法
学精粹》，法律出版社 2005 年版，第 51 页。

由的后果：在行为之前，行为人必须对自己的行为谨小慎微，在行为之后，则很可能使行为人在经济上丧失继续发展的可能性。[①] 为避免对行为自由的过度限制，在侵权法之法益衡平价值指引下，损害赔偿无论是从方法论意义上，抑或从实体赔偿原则和理念上，均呈现了限缩之势。

一方面，金钱赔偿作为损害赔偿之方法受到侵权法内非金钱救济方式以及侵权法外其他损害补救手段的内外夹击，适用空间趋于缩小。侵权法外部，商业性保险和社会保障制度得以兴起，其旨在克服侵权损害赔偿诉讼固有的全部或部分实现不能的风险、诉讼程序漫长及成本高昂等弊端；随着国民经济的发展以及福利国家建设的加强，二者覆盖的范围逐步延伸，且相较于侵权损害赔偿，该类救济手段具备简便快捷、损害填补有保障等优势，故而成为受害人之优选。在侵权法内部，停止侵害、消除危险等预防性救济方式进入侵权法范畴，其防患于未然，将损害结果扼杀于萌芽状态，若在个案中得以成功实现则并无损害赔偿之事后适用；而传统法上的恢复原状则出现了形式多元化和比例加重化的态势，金钱赔偿仅能补救受害人之价值利益，而恢复原状则可实现对受害人完整利益的修复，伴随着近现代以来人格及精神利益的逐步受到重视，恢复原状亦凸显了其长处。

另一方面，传统侵权法之完全赔偿理念开始发生变迁，从自我修正到缓和再到突破，其基本原则地位已然动摇。初期，各国尝试对完全赔偿原则进行自我修正，方法趋同地表现为以损害限制赔偿，首先将事实损害经侵权法保护范围过滤为法律上的损害，进而通过责任认定论之构成要件筛选为侵权法上可救济的损害，最终通过责任分担论确定为应由侵权人负担赔偿责任的损害。其后，为克服完全赔偿之僵化适用所导致的个案不公，损害赔偿额酌减制度得以建立和发展，当完全赔偿责任之承担将导致侵权人因此而陷入生计困难或导致明显不公平情状时，法院可对赔偿额度予以酌减，是为完全赔偿原则之例外与缓和。而随着侵权法律实践的趋于复杂、损害类型的不断扩展，完全赔偿原则最终出现了突破与否定，在非财产损害赔偿以及无过错责任领域，限额赔偿和定额赔偿成为常态；在无法确定损害范围的侵权案件中，完全赔偿下以损害定其赔偿的模式无法适用，从而建立了综合考量个案的损失额酌定制度；更重要的是，动态系统论从责任构成论到损害赔偿论的拓展进一步将综合考量法延伸至所有类型的侵权案件。

---

① ［德］马克西米利安·福克斯著：《侵权行为法》，齐晓琨译，法律出版社 2004 年版，第 2 页。

三、损害扩展与赔偿限缩所体现的价值衡平

损害范围的扩展表征侵权法之权益保护功能的加强，而赔偿的限缩则表明侵权法对市民社会之行为自由的维护。权利救济和行为自由间存在着互相制约、此消彼长的关系，权利救济范围的扩张意味着行为自由范围的收缩；反之，行为自由的扩张则权利可获得救济的范围也便收缩。[①] 而对于侵权法律关系的双方当事人来说，损害扩展与赔偿限缩中任何一端的强化都无异于"你之蜜糖、我之砒霜"的关系，因而二者间亦必定呈现出此消彼长的态势。行为自由与权益保护看似矛盾，前者倾向于侵权人，后者则站在受害人立场；而损害扩展与赔偿限缩亦为对立，表明两种截然不同的发展方向。然而这两组表面冲突的价值及发展规律实际却并不冲突，损害的扩展需要且必然导致赔偿的限缩，而赔偿的限缩往往是以损害的扩展为前提，因为侵权法之最高目标即在权益保护与行为自由间谋得平衡。

损害扩展与赔偿限缩各自服务于侵权法之不同宗旨，前者为风险社会来临之际，侵权法基于其救济法之本质使然；而后者则为保障市民社会之基本行为自由。侵权法唯有为法定权益之保护提供了有效救济时，才能真正体现其权益救济法的本质特征；而与此同时，侵权法亦只有当它避免了过分苛严的责任时，才能作为有效的、有意义的和公正的赔偿体系运行。[②] 因而，民事主体之权益保护与行为自由之维护均不可偏废，二者间如何协调达至最佳一直是侵权法发展中无法绕开的论题，而对损害与赔偿的把握则为实现此等状态之必备。传统侵权法模式下，行为自由重于权益保护，对损害范围的掌控较为狭窄，固然对侵权人颇为有利，但对受害人而言却存在救济不足的风险，为以示补救，在赔偿方法上坚持金钱赔偿为主导甚至唯一，在赔偿理念上立定了完全赔偿的基本原则。近代侵权法从加害人中心主义转移至受害人中心主义，一直致力于扩大可救济之损害范围，成功实现了损害客体、范围及对象上的扩展；在已然大为拓展的损害面前，若再秉持侵权损害赔偿唯一论以及完全赔偿论，势必损害侵权人之行为自由。为此，侵权法外损害补救制度得以出现并发展，大大减轻了侵权人之负担，而预防类救济方式的引入、恢复原状的多元发展则使得金钱赔偿适用的空间趋于缩小，更为重要的是，完全赔偿原则从自我修正到不断缓和，再到否定与突破，其作为损害赔偿之基本原则的地位已然发生动摇。

对于侵权法的未来发展，我们无法预知，唯一可以明确的是，当作为价值目

---

① 王成：《侵权法的基本范畴》，《法学家》2009 年第 4 期，第 68—78 页。

② ［德］克雷斯蒂安·冯·巴尔著：《欧洲比较侵权行为法（下卷）》，焦美华译，法律出版社 2001 年版，第 1 页。

标的行为自由维护与权益保障之任何一端得到强化时，必然会出现另一端的逆袭和复起，而处于二者指引下的损害与赔偿之发展演变则会是这一过程的充分体现。侵权法之发展史已经证明，正是近代侵权法对权益保护之强化带来了损害范围的不断扩展，进而在此基础上引发了对行为自由价值的重新审视，并由此导致对传统赔偿方法与赔偿原则的限制和思变。作为侵权法至为关键的组成，通过对损害内涵及范围、赔偿方法及理念的考察即可观侵权法发展之全局，侵权法之权益保护与行为自由侧重的螺旋式变化，必然体现为损害与赔偿或扩展或限缩间的转换。

四、我国侵权法上的损害扩展与赔偿限缩

各国侵权法在权益保护与行为自由间的价值倾向取决于不同时代下社会经济发展、文化思潮甚至政治决策等多方因素的影响，对此并无一个绝对的最佳平衡点。但可以肯定亦为历史所证明的是，为着侵权法之权益保护和行为自由间的协调与衡平，无论对损害内涵及范围的把握，还是对损害赔偿方法和原则的发展，都应在或扩展或限缩的选择上保持匹配、相得益彰。

对于我国而言，损害扩展与赔偿限缩的动态变化在近代侵权法的发展进程中同样清晰可见，但相较于其他国家，我国法上的这一演变有着自己的特点。在损害赔偿之方法论的限缩上，我国侵权法内其他非金钱赔偿方式尤其是预防性救济方式的发展颇为顺利，《侵权责任法》明确规定停止侵害、排除妨碍等构成侵权责任的表现形式。而这一现状与我国侵权法对损害内涵理解之扩展不无关联，立法者似倾向于采纳涵盖广泛之大损害观，时任全国人大法工委副主任的王胜明教授即主张，"侵权责任法中的损害是一个比较广的概念，不但包括现实的已经存在的不利后果，也叫现实损害，还包括构成现实威胁的不利后果"[①]。侵权行为所致之可能发生的危险属于损害，对其救济无法依赖事后性的损害赔偿，唯有将预防性救济方式纳入侵权法方可有效实现事前干预。正是侵权法将损害内涵从实际损害结果扩展至现实损害危险，作为事后救济方式的金钱赔偿才受到了侵权法内部其他救济方式的限缩。

而在损害范围扩展的进程中，无论是对于利益损害、间接受害人损害，抑或非财产损害，我国均较为保守。第三人惊吓损害在我国的认可度较低，仅于个别案例中获得微量赔偿；目前仍以精神损害代指非财产损害，其他类型的非财产损害尚无迹可寻。对此，学界多有批评，然而这样的形势未尝不是与我国损害赔偿

---

①　王胜明主编：《〈中华人民共和国侵权责任法〉释义》，法律出版社 2010 年版，第 22—23 页。

之现实匹配。相较于侵权法内预防性救济的发展盛况，我国侵权法外其他损害补救途径则十分薄弱。当我们以保险深度和密度来衡量保险行业之现状时，可知我国保险业发展水平不仅远低于西方发达国家，甚至与世界平均水平亦相去甚远；而在社会保障制度方面，同样处于相对落后的状况。保险保障制度的发展非一蹴而就，而是需要经历一个逐步推行、循序渐进的过程，覆盖面从窄入宽、成熟度从低至高。我国社会保障工作开始于 20 世纪 50 年代，国内保险业务直到 1980 年方得以恢复，因而在很长一段时间内，我国还将维持以侵权人承担损害赔偿责任为主体的救济模式。诚然，损害的扩展是侵权法未来之大势所趋，但基于行为自由价值的指引，我们仍需注意其程度的掌控，绝不可盲目跟从西方发达国家之步履，毕竟我国的保险行业和社会保障事业之发展程度不可与其同日而语。

从市场交易的多样性看民法典合同编立法的包容性

林文阳 *

按照全国人大常委会法工委的立法规划，民法典各编内容均取材于现行法，并不另起炉灶制定新法。《民法总则》业已通过，立法机关也已启动民法典分则的编纂工作，包括物权编、合同编、侵权责任编、婚姻家庭编和继承编等。全国人大常委会法工委副主任王超英在 2018 年 3 月 12 日十三届全国人大一次会议北京记者会上指出，民法典分编的编纂并不是制定一部全新的法律，只是把现行的民事法律的规范进行科学整理。当然这也不是简单的法律汇编，要不断适应现在情况，对现行法律进行修改和完善，同时也要回应一些社会关切问题。由此，在民法典合同编的立法过程中，立法机关更多会从《合同法》着手进行梳理。本文基于这样的认识，从仲裁案件审理遇到的问题出发，对照《合同法》的规定，对合同编的立法提出一些参考意见。

《合同法》所确立的合同自由原则、当事人诚信原则、合同公平原则和当事人地位平等原则，对于裁判部门更合理地保护当事人合法权益起到了非常积极的作用。但随着市场经济的发展，合同交易越来越复杂，越来越多样，各种权利冲突也越发频繁，《合同法》的一些条文已难适应案件审理的需要，传统的债权平等保护原则、合同相对性原则等都受到挑战。在民法典合同编的立法过程中，应该充分考虑市场交易的多样性，采取包容性的态度，制订出符合现代化趋势的法律。

一、《合同法》第五十一条规定的无处分权问题

以德国为代表的传统民法中的物权行为理论认为一个交易有三个法律行为，第一个是成立买卖合同的债权行为，第二个是缔结物的所有权转移的法律行为，是物权行为，第三个是缔结对价所有权转移的法律行为，也是物权行为。根据物权行为的独立性原则，物权的变动和债权的变动作为两个法律事实处理；而根据

物权行为的无因性原则，物权变动不受其原因行为效力，即不受债权行为效力的影响。① 主流观点认为，物权行为独立性和无因性理论违背交易之实态和人们的认识，使法律关系复杂化；对出卖人显失公平；其保护交易安全的作用已经被善意取得制度所取代，虚构物权变动中"物权的合意"这一概念，并使之具有独立性与无因性，结果不独使物权变动之际的法律关系徒增紊乱，同时也与社会生活的实际理念不符。② 因此，我国在制定《合同法》的过程中，摒弃德国民法的物权行为理论，顺应普通民众对交易的朴素认识，将买卖合同与现实交易一一对应，制定出《合同法》第五十一条。③ 应该说物权行为理论有其过于复杂的一面，但也有其积极的一面，有利于鼓励交易，保护善意相对人。

《最高人民法院关于审理买卖合同纠纷案件适用法律问题的解释》（以下简称"买卖合同司法解释"）第三条规定："当事人一方以出卖人在缔约时对标的物没有所有权或者处分权为由主张合同无效的，人民法院不予支持。"该条文是否意味着最高人民法院在买卖合同中已经抛弃《合同法》第五十一条的规定？有学者提出，合同法起草人将本应属于《合同法》第一百三十二条反面解释范围之内的"恶意及误认出卖他人之物"，与"恶意及误认无偿转让他人之物"合并，设立第五十一条"无权处分（他人财产）合同"规则：经权利人追认或者无处分权的人订立合同后取得处分权的，该合同有效。由此合同法五十一条与一百三十二条成为一种并列关系，合同法一百三十二条反面解释包括四种情形，属于"所有权或者处分权受到限制的所有人处分自己的财产"，并非"恶意及误认处分他人财产"。《合同法》第一百三十二条规定：出卖的标的物，应当属于出卖人所有或者出卖人有权处分的。本条之反面包括：1. 国家机关或者国家举办的事业单位处分"直接支配的不动产和动产"，不符合"法律和国务院的有关规定"（《物权法》第五十三条、五十四条）；2. 抵押人出卖抵押物未经抵押权人同意（《物权法》第一百九十一条第二款）；3. 融资租赁承租人付清全部租金之前出卖租赁设备（《合同法》第二百四十二条）；4. 保留所有权买卖合同的买受人在付清全款之前转卖标的物（《合同法》第一百三十四条）。买卖合同司法解释 2011 年 7 月修改稿第四条（买卖合同的效力）：当事人一方仅以出卖人在缔约时对标的物没有所有权或者处分权为由主张合同无效的，人民法院不予支持。前款情形中出卖人因不能取得标的物的所有权或者处分权致使标的物所有权不能转移，买受人要求出卖人承担违约

---

① 孙宪忠：《再谈物权行为理论》，载《中国社会科学》2011 年第 5 期，第 125 页。

② 王冠玺：《法学发展的"十字现象"——以物权行为制度与〈合同法〉第 51 条为说明主体》，载《现代法学》2005 年第 1 期，第 162 页。

③ 《合同法》第五十一条规定："无处分权的人处分他人财产，经权利人追认或者无处分权的人订立合同后取得处分权的，该合同有效。"

责任或者要求解除合同并主张损害赔偿的，人民法院应予支持。并添加了两个脚注。第 1 款"脚注"原文：该条款系对合同法第一百三十二条的反面解释。买卖合同司法解释 2011 年 7 月修改稿第五条（将来财产买卖合同的效力）：以将来可能取得所有权或者处分权的财产为标的物的合同当事人，以出卖人未取得所有权或者处分权为由主张合同无效的，人民法院不予支持。出卖人在合同履行期限届至时仍未能取得标的物所有权或者处分权致使标的物所有权不能转移的，应当承担违约责任。2011 年 5 月专家论证修改稿第五条名称仍为"买卖合同的效力"，与第四条的名称相同。7 月修改稿第五条名称变更为"将来财产买卖合同的效力"，第五条名称仍为"买卖合同的效力"，但起草人为第四条加了一个"脚注"。意在明示两条解释规则不同的解释标的，同时又为第五条加了一个"脚注"：如果第四条可以成立，那么第五条的情形可否并入第四条之中？ 2011 年 8 月专家论证修改稿将第五条并入第四条，亦即最后正式公布的第三条。

　　虽然这样的解释合情合理，但依条文表面规定，最高人民法院的买卖合同司法解释第三条已在实质上改变了《合同法》五十一条的规定。以实际案例来检验，《合同法》五十一条的规定过于严格，导致诸多案件当事人以无处分权为由来否定合同效力。仲裁员在裁决案件时，对无处分权的把握存在较大难度。一部好的立法，应该充分考虑现实交易的具体情况，应该制订清晰明了的交易规则，法的更大价值不在于事后为法官和仲裁员提供裁判规则，而在于事前为社会树立交易规则，最大程度避免纠纷的发生。市场经济发展到今天，越来越多的场合出现无处分权的情形，完全否定无处分权合同的效力，只会带来纠纷的增加和裁判机构处理案件难度的增加。认定无处分权的合同为效力待定的合同，其逻辑在于保护真实权利人，但随着《物权法》的出台，其第十五条所确定的原因行为与物权效力的可区分性，已经消除这个顾虑。在买卖合同场合，认定该类合同有效，在利益平衡上是妥当的：其一，与善意取得制度并行适用，符合善意取得要件，自然已完成物权变动。不符合善意取得要件，自然未完成物权变动，对真实权利人没有任何损害，认定合同有效，真实权利人仍可拒绝物权变动。其二，与违约赔偿的无过错责任并行适用，可以更好保护买受人的利益，买受人可以据此主张合同责任，可以达到鼓励交易的目的。从引导交易的角度出发，合同编总则不仅仅是删除《合同法》第五十一条就可以，而应进一步规定"无处分权的人处分他人财产所订立合同的效力，应当依照本编和总则编第六章的规定确定，当事人不得仅以无处分权为由确认合同无效。经所有人追认或无处分权人事后取得财产处分权的，发生权利变动效力"。

二、《合同法》第六十四条规定的合同相对性问题

《合同法》第六十四条规定，当事人约定由债务人向第三人履行债务的，债务人违约的，应向债权人承担违约责任。根据该条规定，我国《合同法》没有承认第三人对债务人的履行请求权，也没有承认第三人利益合同。但在现实交易中，当事人基于合同的自由原则，从便利交易出发，经常会出现在合同中为第三人设定权利或义务。这种交易的多样性是合同自由原则带来的必然结果，从合同法鼓励交易的目的来看，这也是必须要承受的后果。学界认为，《合同法》第六十四条是最为接近第三人利益合同的规定，但未涉及第三人权利、债务人的履行方式等关键性问题。[①] 正是这种立法上的缺失造成了司法上的困境，利他合同的第三人权利安排或流于形式，或无法得到保障，带来现实大量的争议，以及实质裁判结果对交易安排的扭曲。因此建议在编纂民法典合同编时增设第三人利益合同。

第三人利益合同可以分为真正第三人利益合同和不真正第三人利益合同。真正第三人利益合同，是指第三人不仅取得合同当事人为其设定的利益，也直接取得履行请求权的合同；不真正第三人利益合同，是指为第三人设定利益但第三人不直接享有履行请求权的合同。[②] 有学者主张，《合同法》第六十四条为不真正利他合同之规定，亦有学者认为该条既规定了利他合同也包括了不真正利他合同的情况。[③] 第三人利益合同还可以分为，在订立合同时即已确定第三人的情形和订立合同时尚未确定第三人情形。建议在编纂民法典合同编增设第三人利益合同时，对上述情形均应予以考虑。如果仅规定"法律规定或者当事人约定第三人可以直接请求债务人向其履行债务的，债务人未向第三人履行债务或者履行债务不符合约定，第三人也可以请求债务人承担违约责任。债务人可以对第三人主张其对债权人的抗辩"，显然仍然不能满足现实的需求。

合同法发展至今，其虽仍以交易为主要目标，但并非以交易为唯一目标。合同的相对性是为了保障交易的稳定性，但由于交易的多样性必然带来利益冲突的加剧，一味地固守合同相对性在现代社会已然受到挑战，居住权和生存权上升至更高的层面，在一定程度上可以挑战合同相对性。合同编立法的包容性即体现于此。除了在"租赁合同"一章中规定"承租人在房屋租赁期间死亡的，与其生前共同居住的人或者共同经营人可以按照原租赁合同租赁该房屋"外，还应在"建

① 崔建远：《为第三人利益合同的规格论——以我国〈合同法〉第64条的规定为中心》，载《政治与法律》2008年第1期，第68页。

② 孙森焱：《民法债编总论（下册）》，法律出版社2006年版，第700页。

③ 王利明：《合同法研究》，中国人民大学出版社2011年版，第140页。

设工程合同"一章中规定实际施工人对发包人的请求权。《最高人民法院关于审理建设工程施工合同纠纷案件适用法律问题的解释》第二十六条规定"实际施工人以发包人为被告主张权利的，人民法院可以追加转包人或者违法分包人为本案当事人。发包人只在欠付工程价款范围内对实际施工人承担责任"，实现了对合同相对性的突破。但该条规定过于笼统，实践中已出现大量滥用该条规定导致发包人承担过重的责任。《最高人民法院关于审理建设工程施工合同纠纷案件适用法律若干问题的解释（二）（征求意见稿）》给出两种意见，第一种意见为：实际施工人以与其没有合同关系的发包人为被告主张工程款权利的，人民法院不予受理。实际施工人依据合同法第七十三条规定，以转包人、违法分包人怠于向总承包人、发包人行使工程款债权，损害其利益为由提起代位权诉讼的，人民法院应予受理。第二种意见为：实际施工人依据《最高人民法院关于审理建设工程施工合同纠纷案件适用法律问题的解释》第二十六条第二款规定提起诉讼的，应当符合下列条件：实际施工人有证据证明与其具有合同关系的缔约人丧失履约能力或者具有下落不明等情形，导致其劳务分包工程款债权无法实现。因此建议在编纂民法典合同编时，对突破合同相对性的情形进行系统梳理，吸收司法实践，合理增加必要条款。

三、《合同法》第七十三条规定引发的债权平等保护问题

《合同法》第七十三条规定"因债务人怠于行使其到期债权，对债权人造成损害的，债权人可以向人民法院请求以自己的名义代位行使债务人的债权，但该项权专属于债务人自身的除外。但代位权的行使范围以债权人的债权为限。债权人行使代位权的必要费用，由债务人负担"。此为代位权的规定。在编纂民法典合同编时，基于债权平等保护原则，大家在反思《合同法》的这一条规定，探讨债权人行使代位权的结果是否应该遵循"入库规则"。所谓"入库规则"，是指债权人行使代位权取得的财产应先归入债务人的一般责任财产，然后再由债权人依据债的清偿规则从债务人那里接受清偿。[①]

不仅在代位权中涉及债权平等保护问题，实践中，在一物多卖、一房多租的情形下，均会涉及债权平等保护的问题。为了解决多重买卖中买受人之间的冲突，最高人民法院出台了多项司法解释，为多重交易中的买受人、受让人、承租人排序，赋予某些主体之债权以优先效力。《最高人民法院关于审理城镇房屋租赁合

---

① 张玉敏、周清林：《"入库规则"：传统的悖离与超越》，载《现代法学》2002年第5期，第101页。

同纠纷案件司法解释的理解与适用》第六条规定"出租人就同一房屋订立数份租赁合同，在合同均有效的情况下，承租人均主张履行合同的，人民法院按照下列顺序确定履行合同的承租人：（一）已经合法占有租赁房屋的；（二）已经办理登记备案手续的，（三）合同成立在先的"，《最高人民法院关于审理买卖合同纠纷案件适用法律问题的解释》第九条规定"出卖人就同一普通动产订立多重买卖合同，在买卖合同均有效的情况下，买受人均要求实际履行合同的，应当按照以下情形分别处理：（一）先行受领交付的买受人请求确认所有权已经转移的，人民法院应予支持；（二）均未受领交付，先行支付价款的买受人请求出卖人履行交付标的物等合同义务的，人民法院应予支持；（三）均未受领交付，也未支付价款，依法成立在先合同的买受人请求出卖人履行交付标的物等合同义务的，人民法院应予支持"。以上两条规定均突破了债权平等保护原则。债权平等保护原则本是物的绝对性和债的相对性的延伸，但面对市场交易的多样性，在很多场合，不同债权人因其在交易中所处的地位和阶段不同，其债权被赋予了不同的地位。如同物的绝对性面对市场交易多样性时，需要用善意取得来修正，债的相对性面对市场交易多样性时，同样会面临一些修正的情形。由于市场客观存在一房多卖、一房多租的情形，立法一味强调债权平等保护原则已无法解决客观存在的争议，只会导致更大的交易混乱和裁判混乱。因此建议在编纂民法典合同编时，对突破债权平等保护原则的情形进行系统梳理，吸收司法实践，合理增加必要条款。

四、《合同法》第九十七条规定的合同解除后果问题

合同解除的后果是合同解除制度中的核心问题，涉及合同解除是否有溯及力、是否需要恢复原状等问题。有关合同解除后果的争议，对于学说和立法发生影响的主要为直接效果说和清算关系说。直接效果说认为，合同因解除而溯及既往地归于消灭，尚未履行的债务免于履行，已经履行的部分发生返还请求权。清算关系说认为，合同解除权的行使，于双方的给付义务已经履行时，则建立了返还义务，解除权只是变更了合同之债关系的内容，其债之关系仍然存在，因解除而在内容上变更为清算关系。①

《合同法》第六章的标题在制定《合同法》的建议稿中原是"合同关系消灭"，而以"终止"概念表示"合同关系从解除之时向后无效而此前已经履行部分有效"，"解除"概念则仅表示"溯及于成立之时全部无效"。后来将合同关系"消

---

① 崔建远：《关于恢复原状、返还财产的辨析》，载《当代法学》2005年第1期，第63页。

灭"改为"终止",导致《合同法》第 97 条关于解除后果的规定含糊。依据该条,对于继续性合同例如合伙合同、租赁合同、雇用合同(如供电供水供气及订报刊合同)的中途解除,如何"恢复原状"?如何采取补救措施?仲裁员应当如何裁决才能达到公正妥当?其实,按照建议草案的规定,这类继续性合同关系的中途解除,叫"终止",其后果是向后无效,已经履行的有效,仲裁员裁判非常简便而且容易做到公正。建议在编纂民法典合同编时对这一问题加以考虑,恢复《合同法》制定时的草案意见。

五、《合同法》第一百一十四条规定的违约金调整问题

根据《合同法》第一百一十四条以及《合同法司法解释二》第二十七条、第二十八条、第二十九条的规定,对于违约金的调整,前提是合同当事人必须向人民法院提出调整违约金的诉讼请求,这是法律明确规定的对于违约金进行调整的唯一法定程序。但是在司法实践中,也存在法院主动依职权调整的案例。[①] 在对于违约金调整的过程中,当事人请求调整和法院主动依职权调整能否并存,法院主动依职权调整的合法性与否成为实务中急需解决的问题。

在世界范围内,关于违约金调整的立法例,以是否须债务人申请,分为两种:第一种,无须债务人申请的立法例,以瑞士、意大利为代表。《瑞士债务法》第 163 条第 3 项规定:"法官得依其裁量,酌减过高之违约金。"《意大利民法典》第 1384 条规定:"主债务已被部分履行或者违约金的数额明显过大的,法官可以权衡债权人因履行所获利益而公平地减少违约金。"我国台湾地区"民法"第 252 条关于违约金过高之酌减,系参考瑞、意立法例,未明文规定以债务人声请为条件。解释上认为,立法者是有意采取不须经债务人声请,法院得依职权酌减违约金之规定。第二种,须债务人申请的立法例,以德国为代表。《德国民法》典第 343 条规定:"(1)违约金之金额过高者,在债务人提出申请时,得以判决减至适当之金额。违约金是否适当之判决,应考虑债权人之一切正当利益,不仅是考虑财产上之利益。已支付违约金者,不得请求减少。"依此规定,法院酌减违约金,须以债务人申请为条件,即使原告诉讼上提出之事实资料已显示违约金过高,但如诉讼上未经被告抗辩违约金过高且表示无意受拘束之意思,法院仍不得酌减违约金。

我国的实际情况是当事人的订约地位经常处于不平等的状况,或当事人完全

---

① 雷继平:《违约金司法调整的标准和相关因素》,载《法律适用》2009 年第 11 期,第 24 页。

不重视订约，导致实践中遇到的案例经常会约定每日百分之一甚至更高的违约金，在当事人缺席的情况下，严格按照《合同法》一百一十四条的规定，人民法院或仲裁机构不得主动降低违约金，一旦违约周期较长，最终的裁判结果是违约金总和大大超过本金，导致实质不正义。律议编纂民法典合同编时采可依职权调整违约金的立法例。

论遗产应继分预付制度
——特种赠与事由之检讨

蔡其展[*]

前言

传统思维常认为前人应留下家产给后代子孙，希冀后代子孙能在稳固之基础上，谋求更好之发展，以达开枝散叶之目标。而如全部之家产都是前人死亡后才分配给后代子孙，则因各国通常有完备之继承制度可供遵循，故一般而言争议均不大。但假使是在前人仍在世时，即将部分家产先行赠与给部分后代子孙，则该赠与行为应如何评价，始能维持各继承人间之公平，即有待法律予以规范。而我国就上述情况，于"民法继承编"有相关规定，认为除非继承人有相反之表示外，否则应于继承开始时，将赠与物之价额加入前人所有之财产中，为应继遗产，而于遗产分割时，由受赠人之应继分中扣除，但仅限于结婚、分居或营业三种赠与原因始有适用。然令人费解的是，既是要维持各继承人间之公平，何以要限制在上开三种赠与原因下始能主张扣除？上开三种赠与原因究竟是例示或是列举？所谓结婚、分居或营业应如何认定？现行法是否有修改以符合实际需求之必要？即是本文所欲探讨之议题。

一、生前赠与归扣之立法例

继承人之全体或一部，如在继承开始前，自被继承人受有财产之赠与者，于继承开始时，该赠与之财产价额是否应自受赠之继承人的应继分中扣除？各地立

---

* 台湾竑立法律事务所律师。

法例不一，兹简述如下[①]：

一、归扣主义：即继承人于继承前有自被继承人受赠财产，则于遗产分割时，该受赠财产之价额由受赠之继承人应继分中扣除，例如：被继承人生前赠与某甲10万元，而被继承人之遗产价额经核算为90万元，如继承人共2人，于分割遗产时，应将某甲原受赠之10万元计入遗产中（即遗产总额变为100万元），则某甲之应继分为50万元，扣除生前受赠之价额10万元，某甲尚得自被继承人之遗产分得40万元。此制度因对全体继承人较为公平，故为多数国家采之，如德国、日本、法国等，而台湾"民法"亦采此主义[②]（第1173条）。

二、非归扣主义：被继承人于不违背特留分规定之范围内，得自由处分自己之财产，乃属当然之理，故继承人亦无须以被继承人生前所得之特别利益补偿其他继承人之必要，此制度为丹麦、挪威等国所采。

二、生前赠与归扣之事由

1. 采归扣主义者，何种赠与为应归扣之目标？各国规定不尽相同。有以自被继承人接受遗赠或因婚姻、收养或作为生计资本而为赠与者为限，如日本民法[③]；亦有原则于因婚姻或立业而为赠与者应归扣，例外于被继承人赠与时特别指定应归扣者，始需归扣，如德国民法[④]。

2. 台湾归扣制度自民国十九年民法草案继承编至现行，条文内容未曾更动："Ⅰ继承人中有在继承开始前因结婚、分居或营业，已从被继承人受有财产之赠与者，应将该赠与价额加入继承开始时被继承人所有之财产中，为应继遗产。但被继承人于赠与时有反对之意思表示者，不在此限。Ⅱ前项赠与价额，应于遗产分割时，由该继承人之应继分中扣除。"其立法理由为"法定继承人对继承财产既各有其应继分，则继承人中如有于被继承人生前因特种原因受与财产之赠与者，如不并入计算，是于继承财产之外，多有所得，显与继承人间平均继承之本旨不

---

① 胡长清：《中国民法继承论》，台湾商务印书馆1977年5站台四版，第143页；陈棋炎、黄宗乐、郭振恭：《民法继承新论》，三民书局2014年3月修订九版，第153页。

② 依民国十九年中央政治会议之继承法先决各点审查意见书第6点"继承开始前赠与之财产应如何计算"之说明谓，法定继承人之继承财产既各有其应继分，则继承人中有于被继承人生前因特种原因受有财产之赠与者，如不并入计算，是于继承财产之外多有所得显与继承人间平均继承之本旨不符。各国民法对于并入计算问题，虽条文详略互殊，而原则大致相同，故拟酌予采用，惟如赠与人于赠与之际曾表示意思不必并入遗产计算者，为尊重当事人之自由意思，自应定为例外。

③ 《日本民法典》第903条第1项。

④ 《德国民法典》第2050条第1项本文、第3项。

符。①"由立法理由观之，台湾"民法"之归扣制度似乎系为衡平各继承人间之公平性，然既是如此，则理应是所有自被继承人生前受赠之财产均应计入应继财产内，但法条却又限于结婚、分居或营业等事由所为之赠与始需归扣，且未说明限制之理由，故上开条文实有重新检讨修法之必要，而关于修法建议部分，容后叙明。另归扣之义务人为何人？则会因不同的继承态样，而有不同的结论，于一般情况下，如受特种赠与之人为赠与人死亡时依"民法"第1138条②规定之继承人者，则其为当然之归扣义务人，并无疑问；但如受赠人声明抛弃继承时，该受赠人是否仍为归扣义务人？台湾学说多数见解③采否定说，即认为抛弃继承者即非归扣义务人；又如受赠人于赠与人死亡前已死亡，依法由其直系血亲卑亲属代位继承时，台湾学说多数见解④认为被代位继承人受赠之财产仍应作为代位继承人归扣之目标，亦即代位继承人仍为归扣义务人。再如代位继承人本身受有特种赠与时，我国学说多数见解⑤认为"为维持共同继承人间遗产分割之公平"，故不问代位继承人于受赠时是否已有继承人之地位，均负有归扣义务。

3.台湾"民法"关于归扣事由之规定，其中"结婚"及"营业"⑥两类较容易由字面意思理解，然所谓"分居"之意思为何？是否即如同字面意思"与被继承人分开居住"或有其他涵义？其与"分家"之意思是否相同？解释上存有疑义，而本文之所以会产生上开疑义系因：传统社会有时基于"树大分枝，儿大分家"之想法，会于父母尚在世时，由父母（通常为父）先行将财产预先分配给子女，且依分配结果陆续移转所有权给各个子女，并口头告知所有子女分配结果⑦，但此时分配到财产之子女不见得会迁离原先与父母一同居住之房屋，故外观上难以解

---

① "司法行政部民法研究修正委员会"主编：《中华民国民法制定史料汇编上册》，"司法行政部"1976年，第596页。

② 遗产继承人，除配偶外，依左列顺序定之：一、直系血亲卑亲属。二、父母。三、兄弟姊妹。四、祖父母。

③ 史尚宽：《继承法论》，自版1971年12站台北二刷，第214页；戴炎辉、戴东雄：《中国继承法》，自版2001年7月16版，第152页；林秀雄：《继承法讲义》，自版2012年10月五版，第127页。另有采肯定说，认为抛弃继承者，仍为归扣义务人，罗鼎：《民法继承论》，三民书局1978年12站台二版，第137—138页。亦有采折衷说，认为于特种赠与侵害特留分时始成为归扣义务人，胡长青，前揭书，第145页；陈棋炎、黄宗乐、郭振恭，前揭书，第152页。

④ 罗鼎，前揭书，第139页；胡长青，前揭书，第145页；史尚宽，前揭书，第215页；戴炎辉、戴东雄，前揭书，第153页。

⑤ 罗鼎，前揭书，第138页；史尚宽，前揭书，第215页；戴炎辉、戴东雄，前揭书，第154页；陈棋炎、黄宗乐、郭振恭，前揭书，第166页。反对说则认为代位继承人须立于继承人之地位后所受之特种赠与始有归扣之义务，胡长青，前揭书，第148页注五。

⑥ 《日本民法典》称"生計の資本"应系同义。

⑦ 有时会在家族长辈见证下公开（抽签）分配，并将分配结果记载成书面，由父母子女及见证人共同于其上签名，该书面通常称之为"分阄书"。

释为已分居。如嗣后父母过世，之前已自父母分得财产之兄弟姊妹，不愿承认父母生前所赠与之财产为其应继分之预付，坚持全体继承人应就现存遗产依应继分比例分配时，因之前分得财产之原因非迁离原本居住之房屋，故未分得财产之继承人即无法主张归扣①。然于上开情况，父母在生前赠与时，即已明白表示先取得财产者系应继分之预付，且因分家所为之生前赠与通常即为继承人应继分之预付，乃一般社会大众均能理解之事实，何以立法者对此却未能如结婚、营业等事由"猜测"到系应继分之预付，而仅认为因迁离与父母一同居住之房屋所受赠与，始隐含有应继分预付之意思。故本文认为"民法"关于归扣事由中之"分居"应解释为被继承人生前明示提前分配财产之分家行为，或至少包含迁离与被继承人一同居住之房屋及被继承人生前明示提前分配财产之分家行为两类。

三、台湾归扣制度之检讨及展望

1. 台湾现行规定因结婚、分居或营业等事由所为之生前赠与，除被继承人于赠与时有反对意思外，均应归扣。然有疑问的是，现行所规范之三类特种赠与事由究竟是例示或是列举？对此，本文认为参照"民法"第 1173 条之立法理由，应认为只要是有碍继承人公平继承之生前赠与行为，均应列为归扣之事由，详如前述，是上开三类特种赠与事由应认为系属例示规定。然审判实务上却认为"若因其他事由，赠与财产于继承人，则应认其有使受赠人特受利益之意思，不能与因结婚、分居或营业而为赠与者相提并论，民法第 1173 条第 1 项列举赠与之事由，系限定其适用之范围，并非例示之规定，于因其他事由所为之赠与，自属不能适用。②"而生前赠与归扣之事由仅限于结婚、分居或营业等三类，系目前学说及实务之通说，然将归扣事由狭隘的限于上开三类，是否能达到立法理由所称"继承人间平均继承"之规范目的，实值怀疑。

2. 又台湾现行法为何将归扣目标限于因继承人结婚、分居或营业等事由所为之赠与？学者通说③认为，归扣目标之所以限于上开三类事由，系因被继承人基于结婚、分居或营业等事由所受之赠与，仅系被继承人便宜上所为之应继分前付，

---

① 此类情况在实务上甚为常见，虽主张应归扣之人提出诸多证据来佐证父母于生前赠与时，确实明白表示该赠与系应继分预付，然承审法院碍于"最高法院判例"意旨，亦仅能驳回主张应归扣之人之请求，参"台湾台中地方法院 102 年度家诉字第 85 号民事判决"、"台湾苗栗地方法院 103 年度重家诉字第 4 号民事判决"。

② "最高法院"27 年上字第 3271 号判例。

③ 胡长清，前揭书，第 147 页；戴炎辉、戴东雄，前揭书，第 155 页；陈棋炎、黄宗乐、郭振恭，前揭书，第 154 页。

而非有以特别有利于受赠人之意思所为，故推测被继承人之意思，以从该受赠之继承人应继分中归扣该受赠价额为适当，亦较符合共同继承人间之公平。然诚如上开学者之见解，归扣目标限于结婚、分居或营业等事由系立法者"推测"被继承人之意思，但被继承人之内心是否真的是基于对受赠人应继分之预付，难道无法透过其他方式事前探知？仅以猜测之方式，将有侵害被继承人处分其财产权之虞。

3. 综上，台湾"民法继承编"施行至今已将近 90 年，关于归扣之规定（第 1173 条）未曾修改，然在实务上已有不合时宜之处，民间鼓吹修法之声量也从未间断，终于在 2016 年 12 月间，"行政院"从善如流在向"立法院"提案修法，草案内容为"Ⅰ被继承人于继承开始前赠与继承人财产时，以书面表示将该赠与财产加入继承开始时被继承人所有之财产者，其赠与价额计入应继财产。Ⅱ被继承人为前项表示者，其赠与价额，应于遗产分割时，由该继承人之应继分中扣除。Ⅳ第一项被继承人赠与继承人之财产价额侵害其他继承人之特留分者，受赠之继承人应将侵害部分返还。但被继承人有书面表示反对之意思者，不在此限。"主要即是针对上开诸多问题提出修法建议，以期能更加符合实务运作之需要，虽"立法院"迄今尚未完成修法，然已陆续有"立法委员"另行提出相对应之修正草案[①]，且修改之幅度越益增大，相信在不久之将来，归扣之规定会更符合现实需求。而本文亦针对上开修正草案提出如下建议，期能使修法更加完善：上开草案第 1 项规定需被继承人于生前赠与时，以书面表示赠与财产应加入应继财产，该赠与财产始为归扣之目标，然上开规定是否能顺利推行，端看民众是否确实了解相关法律之规定，但就目前之实际情况，一般民众对法律之认知极其有限，是否均能明白生前赠与欲加入应继财产，需以书面表示为之，殊值怀疑。而如修法后未能充分倡导广为人知，则之后所衍生之纠纷恐将较未修法前更为严重，故建议如未来修法方向不变，则应有相关之配套措施，例如：于不动产赠与时，地政机关发现赠与人与受赠人间为直系血亲关系时，得主动通知赠与人上开法律规定，以利赠与人能适时应对。

---

① "立法院第 9 届第 3 会期第 7 次会议议案关系文书委员提案第 20451 号"（提案人：蔡易余委员）；"立法院第 9 届第 4 会期第 1 次会议议案关系文书委员提案第 20936 号"（提案人：许淑华"委员"）。

法定继承人范围与顺序的局限与扩张探究
——以失独老人养老问题为研究视角

吴国平 *

长期以来，我国一直实行计划生育政策，并作为一项实现国民经济和社会可持续发展的基本国策。而实行独生子女政策 30 余年以来，不论城市还是农村家庭，我国人口生育率都呈现下降的态势，当然，城市在执行计划生育政策方面要好于农村，但从总体上说，我国独生子女家庭的比重越来越大，已经成为我国当前主流家庭的构成模式。在这一背景下，当独生子女因地震、身患绝症、交通事故、刑事案件等天灾人祸而不幸死亡时，也就意味着父母失去了其唯一的孩子。这一不幸事件对于独生子女家庭来说是一种毁灭性的打击，在客观上就产生了失独家庭和失独老人的问题，特别是失独老人如何解决其将来养老的问题。本文以我国民法典的编纂为历史背景，从探讨修订我国《继承法》有关法定继承人的相关规定入手，试图从立法上为失独老人的养老增加一种新的保障措施，并求教于各位同仁。

一、我国失独家庭与失独老人现状与困境

（一）失独家庭与失独老人的基本情况

失独家庭是具有中国特色的产物，是我国实行计划生育国策所衍生的一个特殊问题。所谓失独家庭，是指独生子女家庭中因独生子女死亡而造成家庭人口只留下父母双方或父母一方的家庭。而失独老人是指独生子女已死亡且无法再生育的老年人。首先，从以下数据中我们可以了解到我国失独家庭与失独老人的基本情况，同时也不难看出我们所面临的严峻问题。第一，从人口的平均寿命来看，目前全国人口平均寿命已经超过 70 周岁。全国老龄委办公室发布的数字显示，

---

* 福建江夏学院法学院教授、国际教育学院院长。

到 2020 年，我国老年人口将达到 2.48 亿人，人口老龄化水平将达到 17.17%。其中，80 周岁及以上老年人口将达到 3067 万人，占老年人口的 12.37%。[①] 第二，从老年人的数量来看，我国老年人的规模在快速扩张。截至目前，我国 60 周岁以上老年人数量已达到 2.02 亿，占总人口的 14.9%，[②] 某些特大城市（如上海市）则超过 25%。[③] 这说明，20 世纪 50 年代出生的人口，现正在进入第一个老年人口增长高峰期。目前我国老年人口年均增长 800 万人，预计到 2050 年将达到 4.3 亿人，届时平均每 3 人中就有 1 位为 60 周岁以上的老年人，我国已成为典型的老年型国家。与此相联系，我国空巢老人的人口规模正处于持续上升阶段，全国老龄委办公室发布的《中国老龄事业发展报告（2013）》显示，2012 年我国空巢老人为 0.99 亿人，到 2013 年已突破 1 亿人大关。在空巢家庭中，失独老年人和未生育子女的老年人开始增多。[④] 第三，从目前人口生育情况来看，我国生育率增速减缓。2014 年我国出生人口达 1687 万人，较 2013 年多 47 万人，创近 10 年来新高。有 106.9 万对符合"单独两孩"生育条件的夫妇申请再生育，但与此前每年将有 200 万对夫妇申请的预计数差距很大。[⑤] 这表明，尽管国家"单独两孩"政策已公布并在全国逐渐推开，[⑥]2015 年 12 月 27 日颁布的《人口与计划生育法》第 18 条明确规定："国家提倡一对夫妻生育两个子女。"但这一生育政策的放开并未导致超预期人口增长。现实生活中，是否生育二孩，选择权在育龄夫妻。由于育龄夫妻的生育观念、家庭经济状况、职业状况和养育子女成本等多种因素制约，也有许多夫妻不想再生育二孩。这说明 80 后新生代的生育意愿在下降，而实际生育行为则远低于生育意愿。第四，从失独家庭数量情况来看，有逐年增加的趋势。目前我国 15 周岁至 30 周岁的独生子女总人数约 1.9 亿，该年龄段的年死亡

---

①　任丽梅：《我国老龄人口 2020 年可能会达到 2.48 亿》，载人民网，http://theory.people.com.cn/GB/40534/5167900.html，最后访问日期：2013 年 6 月 22 日。

②　新华社：《我国 60 岁以上老年人数量突破 2 亿》，载《海峡都市报》2014 年 2 月 20 日。

③　李鹏飞：《纠纷中机构养老的突围之路》，载《人民法院报》2014 年 8 月 10 日。

④　郭士辉：《朱晓进委员：关爱失独老人》，载《人民法院报》2013 年 3 月 13 日。

⑤　佚名：《山西政协常委：从政策上确保夫妇一定要生两孩子》，载新华网，http://news.xinhuanet.com/local/2015-02/12/c_127487818.htm，最后访问日期：2015 年 2 月 12 日。

⑥　2013 年 12 月 28 日，第十二届全国人大常委会第六次会议审议通过了《关于调整完善生育政策的决议》，明确启动和实施单独两孩政策，即一方是独生子女的夫妇可生育两个孩子的政策（简称"单独两孩"政策）。当然，"单独两孩"不等于"单独二胎"，如果单独夫妻第一胎已经生育了两个及以上子女（如双胞胎或多胞胎），就不符合"单独两孩"政策了。

率为万分之四。① 与此相联系的是，我国每年新增"失独家庭"7.6 万个。② 截至 2012 年，我国失独家庭至少达到 100 万个。③ 我国人口学专家易富贤先生根据人口普查数据推断：中国现有的 2.18 亿独生子女中，将有 1009 万人在或将在 25 岁之前离世。以此推测，在不久的将来，中国将有 1000 万个家庭成为失独家庭。④

　　上述情况表明：第一，我国人口的平均寿命大幅度提高。70 周岁以上高龄老年人口的数量在不断增加。再过 15 年，我国 80 周岁及以上老年人口将达到 3067 万人。第二，我国老年人在总人口中的比重在不断提高。随着我国计划生育政策的实施，我国人口总量的增长速度有所下降，但人口年龄结构失衡的问题日益突出，不仅体现在我国老年人人口数量越来越大，人口老龄化速度加快，而且体现在老年人在总人口中的比重在不断提高，"少子化"所带来的人口老龄化愈加明显，且中国人口的老龄化还呈现"未富先老"的特点，这些都给老年人养老保障带来很大的问题。如果目前"单独两孩"政策不能有效地得到实施，则我国人口的老龄化还会进一步加剧。第三，独生子女的赡养负担和压力很大。20 世纪 80—90 年代，绝大多数育龄夫妇都只生育一个孩子。与人口平均寿命延长和老年人比重不断提高相联系的是，在我国现阶段的亲属关系中，生育子女数量的减少缩小了兄弟姐妹及堂表兄弟姐妹之间横向关系的范围，但寿命的延长则在纵向上扩展了家庭关系的范围。而这些 50 后乃至 60 后现正在或者陆续将进入老年，在未来 10—20 年内，各种养老难题将会降临在这些人身上，而他们的独生子女可能要承担二对（四位）老人的赡养义务。第四，独生子女死亡而造成失独家庭与失独老人的问题日益凸显。目前我国失独家庭已经达到 100 万个，这是一个庞大的弱势群体，且这一群体有继续扩大的趋势。

（二）失独家庭与失独老人的养老困境

　　如前所述，一方面，我国全面推行计划生育政策至今已经 30 多年，一大批当年实行计划生育的夫妻现已逐渐步入老年，独生子女的父母养老将日益成为一个突出的社会问题。因为我国目前的综合国力还很有限，公民的社会福利与社会保障水平还不高，政府不可能全部承担所有公民的养老问题，居家养老仍然是我国

① 新华社：《我国年增"失独家庭"7.6 万个 总数达 100 万个》，中国新闻网，http://www.chinanews.com/sh/2013/03-03/4609978.shtml，最后访问日期：2018 年 3 月 3 日。
② 车丽、周尧：《我国失独家庭将达千万 民政部：失独老人将由政府供养》，人民网，http://politics.people.com.cn/n/2013/0215/c1001-20490309.html，最后访问日期：2013 年 2 月 15 日。
③ 新华社：《我国年增"失独家庭"7.6 万个 总数达 100 万个》，中国新闻网，http://www.chinanews.com/sh/2013/03-03/4609978.shtml，最后访问日期：2018 年 3 月 3 日。
④ 罗书臻：《不只是为了失独家庭》，载《人民法院报》2013 年 3 月 9 日，第 5 版。

目前老年人养老的主要模式。但另一方面，失独老人养老的问题更加突出，而这一问题还未引起全社会的密切关注和高度重视。与前述失独家庭和失独老人现状相联系的是，这些失独老人年龄多在 50 多岁至 60 多岁，他们多数已丧失生育能力，同时也接近退休年龄或者已经退休，今后的主要经济来源是社会养老保险或自己的劳动所得。在经历了晚年丧子之痛后，紧接着就要面临自己日渐年老体衰，晚年可能陷入心灵孤寂，老无所依、体弱多病，无人照顾、生活困难，无法自理等养老困境。在法律上，按照我国《婚姻法》《继承法》等法律规定，在有子女的情况下，子女应当承担赡养父母的义务，同时，按照自然规律，父母一般是先于子女死亡。在父母死亡后，其遗产一般是归其第一顺序法定继承人中的子女继承（个别特殊情况除外）。但对于失独老人而言，这已经不可能了。因此，这些失独老人正面临着其他老人所没有的问题：一方面，因其子女已死亡，今后无人为其养老送终，居家养老已不可能，另一方面，因其子女已先于其死亡，今后其死亡后遗产因"后继无人"而可能成为无人继承之遗产。目前，除了城市居民可以进养老院或者以房养老、农村孤寡老人可以与公民或者集体所有制组织签订遗赠扶养协议等各种途径外，在法律上是否可以规定新的途径来解决这一问题，换句话说，有没有更好的方式来解决其养老和遗产继承或归属问题，是一个急需研究与解决的现实问题。据媒体报道，我国目前至少有 200 万老年人因无子女而面临巨大的养老、医疗、心理等方面的困难，[①] 正遭受着精神上和经济上陷入困境的双重痛苦，这一特殊群体已经成为一个新的社会弱势群体，需要全社会的关爱。可以预见，有关养老等涉及失独老人权益保障的问题，将在今后实践中日益凸显，需要我们从法律上加以应对。

二、我国现行法定继承人制度之不足

（一）我国法定继承人制度的立法规定及其与失独老人养老的关系

我国现行《继承法》规定的法定继承人的范围包括被继承人的配偶、子女、父母、兄弟姐妹、祖父母、外祖父母。其中，第一顺序法定继承人为配偶、子女、父母，第二顺序法定继承人为兄弟姐妹、祖父母、外祖父母（《继承法》第 10 条）。对公、婆尽了主要赡养义务的丧偶儿媳，对岳父、岳母尽了主要赡养义务

---

① 新华社：《我国年增"失独家庭"7.6 万个 总数达 100 万个》，中国新闻网，http://www.chinanews.com/sh/2013/03-03/4609978.shtml，最后访问日期：2018 年 3 月 3 日。

的丧偶女婿，可以作为第一顺序法定继承人（《继承法》第 12 条）。当被继承人的子女先于被继承人死亡时，被继承人子女的晚辈直系血亲享有代位继承权（《继承法》第 11 条）。在立法上，我国法定继承人的范围和顺序是依据继承人与被继承人的婚姻关系、血缘关系和扶养关系的密切程度而确定的，也与我国当前一般家庭的生活范围相适应。而这些亲属实际上就是一个社会团体，其相互之间具有法律上的权利义务关系，这一关系具有身份性和法定性。而法定继承人制度的设立目的是为了保护公民的合法财产所有权，更好地促进这一社会团体内部的相互扶助照顾，鼓励生者对死者生前进行赡养扶助，保障生者对死者遗产的继承权，确保家庭养老育幼功能的实现。对于失独老人而言，法定继承人仍然是其主要的赡养义务人。特别是在居家养老仍是我国养老主体模式的背景下，如无第一顺序法定继承人时，第二顺序法定继承人可以继承失独老人的遗产，法定继承人制度对于失独老人养老问题的解决具有十分重要的法律意义。

（二）现行立法规定存在的不足

我国《继承法》关于法定继承人范围和继承顺序的现行规定存在着一些不足，还无法适应失独老人群体的特殊需求，主要体现在：

1. 继承主体范围过窄。一是法定继承人范围只限于配偶和二亲等以内的亲属，只有在代位继承情形下才有可能会超出二亲等范围。第二，孙子女、外孙子女只有在发生代位继承时才享有继承权，且孙子女、外孙子女的直系卑亲属未列入法定继承人的范围。第三，旁系血亲继承人只限于被继承人的兄弟姐妹，未把侄子女和外甥子女等三亲等旁系血亲列入继承人范围。[①] 而继承人主体范围过窄在实践中就会产生一些问题：一方面，由于我国人口状况的变化，在今后相当长的时期内，无人继承遗产的情况会越来越多。当被继承人的配偶、子女和父母均先于被继承人死亡，又无代位继承人的情况下，该被继承人的遗产就有可能成为无人继承又无人受遗赠的遗产而归国家或集体组织所有。这不符合我国设立财产继承制度的立法宗旨。另一方面，不利于失独老人养老问题的解决。现行《继承法》的规定并没有考虑到失独老人这一弱势群体的特殊情况。特别是高龄失独老人年龄都在 75 周岁以上，在一般情况下，除其子女已死亡外，其父母和祖父母、外祖父母多半也已死亡。当失独老人一方死亡时，其财产归生存的配偶一方继承。当其配偶也死亡时，全部遗产归其生存的兄弟姐妹（第二顺序继承人）继承。如果其无兄弟姐妹，或者兄弟姐妹已先于其死亡且无遗赠或者遗赠扶养协议的情况

---

① 吴国平著：《我国财产继承制度立法研究》，厦门大学出版社 2014 年版，第 89 页。

下，则其全部遗产就归国家或者集体所有制组织所有。而在现实生活中，由于失独老人的兄弟姐妹自己往往也年事已高，无法有效照顾与自己年龄相仿的失独兄弟姐妹，因此，一些失独老人往往是由其侄子女、外甥子女出面予以日常照料和经济帮助的，没有把他们列入继承人范围，不仅不符合我国民间形成的生活和继承习惯，①也不有利于失独老人的养老保障。而把失独老人的遗产"强制"归国家或者集体所有制组织显然也意义不大。

2. 继承顺序不够科学。一是没有把家庭成员间的扶（赡）养关系作为确定法定继承顺序的重要依据，与我国现阶段独生子女家庭为主的家庭结构和亲属关系的现实变化不相适应。二是只设置了二个继承顺序，层级过少，不能适应难以预料的生活变故，无法满足失独老人养老的需要。在我国目前社会保障机制不够完善，社会保障水平不够高的情况下，也不利于鼓励有条件的亲属相互之间的照料与帮助，以减轻国家与社会的负担。

三、有关国家和地区关于法定继承人范围的立法与借鉴

首先，从中外各国情况来看，各国有关法定继承人的范围规定各有不同，主要有宽、中、窄三种立法例。法国、德国、瑞士、俄罗斯、阿根廷、韩国、我国香港和澳门地区等国家和地区规定的主体范围相对较宽，美国、加拿大、英国、希腊、意大利、日本等国家规定得宽窄居中，而中国大陆和台湾地区、越南、蒙古等国家则规定得相对比较窄。②例如《法国民法典》规定法定继承人范围包括子女及其直系卑血亲，直系尊血亲，兄弟姐妹或其直系卑血亲，其他六亲等以内的旁系血亲。如果死者生前具有行为能力且享有公民权的，则其十二亲等以内的旁系血亲也享有继承权；而配偶只有在死者没有享有继承权的亲属，或者仅有除兄弟姐妹或者兄弟姐妹的直系卑血亲以外的其他旁系血亲时，才享有继承权。③《德国民法典》规定的法定继承人范围则非常广泛，几乎囊括了与被继承人具有血亲关系的所有亲属，包括配偶，直系卑血亲，祖父母、外祖父母及其直系卑血亲，曾祖父母及其直系卑血亲，高祖父母及其直系卑血亲。④《日本民法典》规定的法定继承人的范围为配偶，子女，孙子女，外孙子女（为代位继承人），直系

① 陈苇主编：《外国继承法比较与中国民法典继承编制定研究》，北京大学出版社2011年版，第416页。

② 刘春茂主编：《中国民法学·财产继承》（修订版），人民法院出版社2008年版，第172—175页。

③ 参见《法国民法典》第731条、第745—767条。

④ 参见《德国民法典》第1924—1932条。

尊血亲,兄弟姐妹及其子女(为代位继承人)。① 美国《统一继承法典》规定配偶,直系卑血亲,父母,兄弟姐妹及其直系卑血亲,祖父母、外祖父母及其直系卑血亲为法定继承人。英国的法定继承人范围包括配偶,子女及其直系卑血亲,父母,兄弟姐妹及其直系卑血亲,祖父母、外祖父母,叔、伯、姑、舅、姨及其直系卑血亲。

其次,从我国港澳台地区情况来看,香港地区的法定继承人范围为配偶、妾,子女,父母,兄弟姐妹,侄子女、外甥子女,祖父母、外祖父母,伯、叔、姑、舅、姨。② 澳门地区的法定继承人范围为配偶,直系卑血亲,直系尊血亲,与死者有事实婚姻关系之人,兄弟姐妹及其直系卑血亲,四亲等以内之其他旁系血亲。③ 台湾地区的法定继承人范围为直系卑血亲,父母,兄弟姐妹,祖父母,配偶。④ 相对而言,香港和澳门地区法定继承人范围比大陆地区要宽得多,而台湾地区的规定与大陆地区则有些相似。

从上可见,世界上多数国家法律规定的法定继承人范围都比我国《继承法》的规定要广泛得多,而我国《继承法》规定的继承主体范围过于狭窄,不利于财产继承制度功能与作用的发挥。同时,随着经济社会的发展和中外民众之间以及我国大陆民众与港、澳、台地区民众之间交往的日益增多,特别是在涉及失独老人或者其独生子女遗产继承问题时,我国《继承法》的现行规定,也不利于保护涉外和涉港、澳、台继承案件当事人的财产继承权。⑤ 因此,需要我们从中吸收先进的立法经验,以民法典的编纂为历史契机,在制定《民法分则·继承编》时,对我国现行法定继承人制度的相关内容进行进一步的完善。

四、我国法定继承人制度立法完善之构想

(一)扩大法定继承人的范围

我国《继承法》是以我国现行家庭结构和公民个人财产这两个要素为前提来构建财产继承制度的。随着我国计划生育基本国策的贯彻落实,现阶段我国的家

---

① 参见《日本民法典》第 887—890 条。
② 参见香港地区《无遗嘱者遗产条例》(1971 年)第 4 条。
③ 参见《澳门民法典》第 1973 条。
④ 参见我国台湾地区"民法"第 1138 条。
⑤ 陈苇主编:《外国继承法比较与中国民法典继承编制定研究》,北京大学出版社 2011 年版,第 416 页。

庭结构和生活状况已经发生变化，独生子女家庭已成为我国家庭的主要模式，亲属关系正日趋简单，法定继承人的数量呈现缩减趋势。特别是进入 21 世纪以来，年轻一代的婚姻家庭观念与生育需求也在悄悄发生变化，80 后、90 后年轻人的婚育年龄有所推迟，甚至出现单身贵族、丁克家庭等，如果按照现行《继承法》有关法定继承人范围的规定执行，必将导致今后无人继承遗产之情形越来越多。针对这一发展趋势，我们应当以我国民法典的编纂为历史契机，通过立法程序对现有规定予以修订，适当扩大法定继承人的范围。

关于如何扩大法定继承人的范围问题，在学术界有不同的看法。比较有代表性的观点有二种，第一种观点是建议将法定继承人的范围扩大到被继承人的四亲等以内的亲属，如堂兄弟姐妹、表兄弟姐妹等；第二种规定则主张只要增加被继承人的兄弟姐妹之子女为法定继承人即可。① 笔者认为我国应采用宽窄居中的立法例，并结合具体国情和实际需要对我国《继承法》的相关内容加以完善。因为在我国现阶段的亲属关系中，与人口平均寿命延长和老年人比重不断提高密切相关的是，虽然生育子女数量的减少大大缩小了兄弟姐妹及堂表兄弟姐妹之间横向关系的范围，但人口寿命的延长则在纵向上扩展了亲属关系的范围，尽管目前在实践中，堂兄弟姐妹、表兄弟姐妹之间相互继承遗产的情况极少，但具有旁系血亲关系的亲属之间仍具有不可或缺的密切联系，尤其是在广大农村和边远地区，同居一家共同生活的仍然存在。因此，参考国外立法例和我国相关学者的研究成果，笔者认为，下列三种类型的亲属应当纳入法定继承人的范围：（1）与被继承人人身关系和财产关系比较密切的亲属，如配偶、子女、父母、兄弟姐妹等等；（2）与被继承人具有一定的情感上和经济上的联系与往来，并在一定情况下能够对被继承人尽到赡养扶助义务的亲属；（3）在民间具有相互继承遗产习惯的亲属。如此一来，就在我国现行《继承法》的基础上，扩大了法定继承人的范围。具体思路如下：

1. 将被继承人子女的直系卑血亲纳入法定继承人范围。即将直系卑血亲继承人从子女扩大到子女的直系卑血亲（即被继承人的孙子女、外孙子女、曾孙子女、外曾孙子女等），同时赋予子女直系卑血亲以代位继承权。

2. 将被继承人三亲等以内的其他旁系血亲纳入法定继承人范围。具体范围包括被继承人的伯叔姑、舅姨、侄子女、外甥子女。同时明确规定被继承人的侄子女、外甥子女享有的是附条件的继承权。即在被继承人的兄弟姐妹因年老体弱、

---

① 郭明瑞、房绍坤、关涛著：《继承法研究》，中国人民大学出版社 2003 年版，第 223—224 页；王利明（项目主持人）：《中国民法典学者建议稿及立法理由（人格权编·婚姻家庭编·继承编）》，法律出版社 2003 年版，第 513 页。

重病在身或身体残疾等而无法照顾被继承人的，兄弟姐妹之子女（即被继承人的侄子女、外甥子女）必须履行赡养照顾的义务，并以此作为获得继承失独老人遗产的条件。笔者认为，这完全符合我国《继承法》养老育幼、互济互助和权利义务相一致原则，也符合社会公序良俗。尤其是把侄子女、外甥子女列入法定继承人范围对孤寡老人、失独老人等弱势群体具有特殊的意义。因为尽管侄子女、外甥子女在血缘关系上比子女隔得更远些，目前在法律上他们并无赡养失独老人（叔伯姑、舅姨）的义务，他们为失独老人提供帮助与照料也并不是为了继承失独老人的这一份遗产，但在我国目前"少子化"的背景下，他们与失独老人的关系比较密切，有的还有着长期的共同生活或者扶养关系。从立法上作出这样的规定，允许他们之间相互享有继承权具有特殊意义。首先，从立法上能够解决目前我国法定继承人范围过窄所产生的弊端，使公民个人可继承财产的分配与流向更加科学合理，使遗产尽可能分给被继承人的近亲属，这既符合我国国情与现实需要，也与世界继承立法发展趋势接轨。[①]从完善中国特色社会主义法律体系的角度来看，也有利于使我们的法律更加人性化，充分体现法律的公平公正与人文关怀，能够得到广大公民的拥护和遵守。其次，对于失独老人等特殊群体而言，侄子女、外甥子女的帮助与照料，能够使其在思想上和精神上得到慰藉和依靠，在生活上得到照顾和帮助，让失独老人晚年生活能够愉悦踏实，且活得有尊严，为老年人（包括失独老人）解决养老问题，切实缓解其后顾之忧提供法律保障，有利于调动广大公民创造财富的积极性。再次，对于晚辈旁系血亲也是一种鼓励与肯定，符合中国传统文化和观念，促使他们更好地照顾好失独老人，从而有利于倡导弘扬中华民族尊老敬老的社会风尚，有利于减轻国家和社会负担，有利于社会和谐稳定。

（二）优化法定继承人的继承顺序

在适当扩大法定继承人范围的同时，对我国现行《继承法》规定的继承顺序也应当进行相应的调整，目的是使我国《继承法》关于法定继承人的顺序规定更加科学合理，与法定继承人范围相协调。具体来说，笔者主张将我国《继承法》现有规定的"二顺序"改为"四顺序"。

基本思路是：第一，将被继承人子女的直系卑血亲增列为第一顺序法定继承人。当被继承人子女的直系卑血亲享有代位继承权时，适用代位继承的规定；当其不享有代位继承权时，则适用第一顺序继承人的有关规定。这样，就与我国

---

① 吴国平、张影主编：《婚姻家庭法原理与实务》（第四版），中国政法大学出版社 2018 年版，第207—208 页。

《婚姻法》第 28 条关于祖孙之间扶养（即抚育赡养）义务的规定相配套，也与被继承人希望家产能够自上而下代代相传的意愿相吻合。第二，将侄子女、外甥子女列为第三顺序法定继承人。第三，将父母、祖父母、外祖父母下调为第三继承顺序继承人。第四，将配偶的继承顺序由第一顺序调整为不固定顺序。即在继承开始时，被继承人的配偶可以与任一顺序的继承人共同继承。当配偶与第一顺序继承人共同继承时，遗产按继承人实际人数均等分配；当配偶与第二顺序继承人共同继承时，其应继份额为遗产的 1/2；当配偶与第三、四顺序继承人共同继承时，其应继份额为遗产的 2/3。

综上所述，调整后的我国法定继承人范围包括被继承人的子女及其直系卑血亲，父母，兄弟姐妹及其直系卑血亲，祖父母、外祖父母。被继承人的配偶作为无固定顺序的法定继承人，可以与任一顺序的继承人共同继承。如此一来，调整后的法定继承顺序就变为四个：第一顺序为子女及其直系卑血亲；第二顺序为父母；第三顺序为兄弟姐妹及其直系卑血亲；第四顺序为祖父母、外祖父母。而配偶则作为无固定顺序的法定继承人。[①]

笔者将父母调整为第二顺序的原因，是考虑到将被继承人的父母与被继承人的子女同时列为第一顺序继承人，不符合直系卑血亲优于直系尊亲属和旁系血亲继承的民间传统习俗和继承习惯，同时也与国际和我国港、澳、台地区立法惯例不符。此外，不把兄弟姐妹与祖父母、外祖父母列为同一顺序，并把他们分别调整为第三和第四顺序继承人的原因在于，兄弟姐妹、祖父母、外祖父母同为二亲等血亲，与被继承人的子女及其直系卑血亲相比，兄弟姐妹为旁系血亲，祖父母、外祖父母为直系尊亲属，他们的血缘关系更远一些。而对于失独老人而言，特别是在失独老人年老体弱，或生活困难，或因病导致生活不理的情况下，就可以由其侄子女、外甥子女来承担相应的赡养扶助义务。在失独老人死亡时，其侄子女或者外甥子女就可以作为法定继承人依法获得自己应得的一份遗产。当然，在其子女已经死亡的情况下，有的失独老人可能还有孙子女、外孙子女，按照我国《婚姻法》第 28 条规定，在有负担能力的情况下，该孙子女、外孙子女对子女已经死亡的祖父母、外祖父母有赡养的义务。归纳起来，其赡养的条件有两个：第一，祖父母、外祖父母的子女已经死亡或子女无赡养能力，第二，孙子女、外孙子女有负担能力。但由于祖孙之间属于隔代直系亲属，按照生育规律，已经工作且有独立经济来源的孙子女、外孙子女自然不成问题，但作为晚辈的孙子女、外孙子女也有可能是未成年人，还没有工作，且没有能够维持其生活和赡养祖父母、外祖父母的经济收入，因此，他们没有能力来承担赡养祖父母、外祖父母的义务，反而需要老人对其进行抚养。有的甚

---

① 吴国平著：《我国财产继承制度立法研究》，厦门大学出版社 2014 年版，第 97—98 页。

至因家庭变故而随母亲远嫁他乡、送给他人收养、外出打工等等,这种情况对于失独老人来说,无疑更是雪上加霜,要求孙子女、外孙子女赡养也几乎是很难实现的。在未来立法将侄子女、外甥子女列入法定继承人范围的大前提下,遇到这种情形时,如果其侄子女、外甥子女对失独老人尽了较多赡养扶助的义务,可以依照我国现行《继承法》第 13 条第 3 款的规定,因其对失独老人尽了主要赡养义务或者与失独老人共同生活,在分配遗产时就可以多分。退一步讲,即便按照我国现行《继承法》的规定,他们还不是法定继承人的情况下,如果他们对失独老人尽了较多扶养的义务,包括经济上供养、劳务上的扶助、精神上的慰藉等,也可以根据《继承法》第 14 条的规定,可以分得适当的遗产。当然,我们还是寄希望于编纂《民法分则·继承编》时能够对这一问题予以更加细微务实的规定,这对失独老人有利,能够使失独老人基本生存权利能够得到法律尊重和保障,同时也是对我国《宪法》《婚姻法》保护老人合法权益基本原则的贯彻落实,有利于发挥家庭成员间尊老爱幼、互相帮助的传统美德。

五、配套完善与失独老人养老有关的各项法律、政策和制度

首先,就法律层面而言,要解决好失独老人权益的法律保障问题,除了修订我国《继承法》以外,还要适时修订我国《婚姻法》《收养法》《老年人权益保障法》《人口与计划生育法》以及有关社会救助、社会保险、社会福利或社会保障等方面的相关法律法规,例如:修改《收养法》,在失独家庭收养子女方面给予优先照顾和特殊倾斜;按照《人口与计划生育法》的新规定,对于独生子女发生意外伤残、死亡,其父母不再生育和收养子女的,地方人民政府应当相关扶助等。建议有条件的地方,在制定地方《人口与计划生育条例》时,可以考虑为失独老人设立专门的养老基金。

其次,就政策层面而言,需要完善顶层设计。国家要进一步完善养老保障体系建设,加大对计划生育家庭的养老扶持。尽管国家目前对独生子女伤残死亡家庭扶助制度已作出了相关规定,但还需要配套完善。

笔者建议:第一,各级地方政府应积极探索多元化模式的城市、农村养老机制,进一步完善社会养老保险制度,创造条件兴办各类养老服务机构,进一步加大用地、财政、税收等扶持力度,以解决养老机构入住难、经营难的问题。[1] 第二,对无侄子女、外甥子女的失独老人原则上应参照"三无"(即无劳动能力、

---

① 李鹏飞:《纠纷中机构养老的突围之路》,载《人民法院报》2014 年 8 月 10 日,第 3 版。

无生活来源、无赡养人和抚养人）和"五保"（即保吃、保穿、保医、保住、保葬）老人的标准，将其纳入保障范围和医疗救助范围，[①]进入公办养老院由政府来负责供养；也可以将其中既无侄子女、外甥子女又不是"三无"老人的失独老人交由私立养老院或其他公益组织负责供养，国家给予一定的补贴，以降低失独家庭的生存风险。在该失独老人死亡时，其遗产可归负责供养的相关养老院或其他公益组织所有。如果失独老人生前立遗嘱将财产遗赠国家、集体组织或者其他公民的，或者与他人签订遗赠扶养协议的，则按遗嘱或者遗赠扶养协议办理。第三，经济比较发达的地区，可以由政府主导设立失独家庭专项基金；或者由政府出资，为失独的父母办理养老、医疗等社会保险。同时，积极支持机关、企事业单位将其所属的疗养院、度假村、培训中心、招待所等转型为养老机构；积极探索建立医养服务中心等养老新模式，即整合养老与医疗资源，建立"有病时治病，无病时养老"的特色服务新机制，为失独老人提供医疗、康复、护理、保健和养老综合服务。由于失独老人痛失爱子（女），在情感上留下不可磨灭的伤疤，他们中的很多人希望政府能够建立专门的失独老人养老机构，让失独老人们自己在一起共同生活，互相安慰和帮助，避免尴尬和失落，因此，有条件的地方，也可以建立专门的失独老人养老院，免费为失独老人提供养老服务。还可以在政府的主导下，以街道（社区）为单位，设立专业性的居家服务机构、配备专业服务人员，对失独老人提供有针对性的心理辅导、保健咨询和生活帮助等居家养老服务，甚至可以是"长期照护服务"。第四，要动员更多社会力量关心帮助失独老人，鼓励民间公益组织投身这一领域的服务工作。有关组织可以组建专门的志愿者队伍，采取"一对一"或"多对一"的形式，为失独家庭提供老年家政、生活照料、医疗陪护，尤其是心理康复、情感抚慰、临终关怀等多方面需求。

　　总而言之，从长远来看，要彻底解决我国失独老人老无所依的问题，还需要政府和全社会的高度重视与细微关怀，还需要从法律上、政策上和制度上制定一系列的规定并相互配套、相互衔接，共同为维护失独老人合法权益，减轻失独家庭和失独老人所面临的各种困难提供强有力的保障，让孤独的失独老人不再孤独，提高失独老人的幸福指数，从而有效地化解与此相关的社会矛盾，促进社会的安定团结和和谐发展。

---

① 　郭士辉：《朱晓进委员：关爱失独老人》，载《人民法院报》2013年3月13日，第7版。

自然人商事人格权益保护的立法模式选择

陈丽娟 *

随着商品经济的繁荣和大众传媒的发展，自然人人格权越来越多地被商业利用，人格标识或人格符号的商品化已经成为一种发展趋势。人格权的商业利用对传统的人格权制度与理论造成了冲击，在传统的普通人格利益之外，又分离、形成了一种包含经济利益在内的相对独立的人格利益——商事人格利益。西方各国的法律中虽然也未明确规定自然人的商事人格权，但是却纷纷运用法律技术展开对于自然人的商事人格权益的保护。由于我国的现有法律制度中暂时没有关于自然人商事人格权益的具体法律定位和保护方式，这导致现实生活中发生人格权商业利用纠纷时，权利人无法通过正常法律途径保障自己的正当合法利益。而国外法学界的相关法律保护模式在法律环境上又与我国有很大差异，直接引用到我国人格标识商品化现象的保护中比较复杂，很难保证其财产利益的顺利实现。所以正视人格权商品化现象保护的缺陷，并制定一套完整的人格权商品化保护模式，是目前我国法学界所面临的一项主要艰巨任务。

一、国外自然人商事人格权的立法保护模式

20 世纪 50 年代以来，欧洲大陆与美国的法院逐渐认识到人格标识商品化产生的经济价值，开始对其进行法律保护。基于不同的历史背景、各自具体的国情和社会经济发展状况，各国对于人格权财产价值所采取保护模式也不尽相同，大致可分为以下几类：英国与澳大利亚采用的以商标法与诽谤法为基础的侵权法保护模式；法国和德国等大陆法系国家则是采用的人格权法保护模式，通过拓展人格权保护，使之延伸到人格标识的商业化使用，即所谓的一元权利模式。

---

* 福建江夏学院法学院副教授。

（一）美国

美国对于人格标识的商品化问题最先做出了回应，采用了一种在隐私权的基础上衍生出公开权（right of publicity）的模式，即所谓的二元权利模式。公开权由保护精神利益的隐私权演变而来，是隐私权不能满足社会历史发展需要的产物。公开权与隐私权作为一种"不被打扰"的权利不同，它是一种要求权利主体主动进入大众眼球以获取商业利润的权利。在美国，各州对公开权的保护态度，大致经历了从不保护到保护、从由判例法对公开权提供保护到由成文法对公开权提供保护的发展历程。公开权实际上已作为一种通说被美国法院所普遍接受。美国对于自然人商事人格权益的保护模式是以公开权和隐私权互相补充的方式，并以反不正当竞争法来提供辅助保护。

（二）英国

尽管英国在 18 世纪就出现了人格商品化现象，但由于"严格遵循先例"的普通法传统使然，在英国法里并不存在姓名和形象使用的独占权，也不承认或保护人格权（personality right）或者公开权（right of publicity）。其主要通过版权法、商标法以及冒充（passing off）诉讼等在有限的条件下对自然人商事人格权益提供一些保护。在英国及其他英联邦国家（如澳大利亚）对人格权的侵害，主要采用侵权行为模式，通过仿冒之诉来进行救济。这是有关真实人物公开权法律保护最为保守的模式。所谓仿冒之诉，简而言之，就是对以仿冒自己姓名、肖像等标识，侵害自己人格标识或商誉的行为所提起的侵权之诉。此外利用知名人物的名声导致知名人物名誉减损的，还可以通过诋毁行为得到救济。虽然英国法否定了对自然人人格的商业利用的实体救济，但是在广告业各种形式的行为守则提供了充当"软法"的规范。

（三）德国

德国将自然人人格权中的财产性利益称之为"人格权的商品化"。自第二次世界大战以后，随着人格权观念的发展以及对人格权保护的加强，德国司法实务和民法理论越来越重视人格权的商品化问题，利用自己的人格标识在市场中获利的行为不再被认为是不道德的。德国虽然承认了自然人人格利益中的商业利益，但对这种利益的保护是通过将自然人的肖像、声音、姓名等人格权财产利益内涵的保护纳入一般人格权制度中来进行保护，这种做法较为特殊。1954 年德国法院首创了一般人格权制度，它可以弥补具体人格权制度规定中的空白，被视为《民法典》第 823 条第 1 款所指的"其他权利"。通过对第 823 条所规定的一般人格权的扩大解释，将人格权的内容大大扩充，实现对人格权财产利益的保护。

（四）日本

日本在自然人商事人格权益保护方面，走在了除美国之外其他国家的前面，采用了"商品化权"理论。其商事人格利益的保护不仅包括传统的被动防御第三人侵害的权利保护形式，还包含对权利主体对人格利益的积极利用及相应积极收益的权利保护形式。后者即为日本学界所提倡的商品化权。从某种角度来说，日本的"商品化权"实际上是美国的"公开权"制度在日本的本土化。尽管类似案例越来越多，但到日本的"商品化权"并未像美国的"公开权"一样形成体系化的制度。截至目前，商品化权更多的是日本学界的提法，有关自然人商事人格权益的保护于日本司法实务界仍依附于传统的人格权、知识产权法等制度，未给予专门立法的保护。从日本"商品化权"的实践看，其性质仍属于人格权体系，并未像美国公开权那样从隐私权中分离。

二、国外自然人商事人格权益保护模式的评价

从上述各国有关自然人商事人格权益的各种保护模式来看，主要表现为英美法系中的二元保护模式和大陆法系中的一元保护模式，虽从价值层面表现出两大法系对于人格权保护价值的差异，英美法系注重对人的人身自由的保障，而大陆法系更加重视对人的人格尊严的维护。但从本质目的上来看，二者都是为了保护自然人人格权中的财产利益不受侵害。但是必须注意到的是，其对自然人商事人格权益保护模式的不同选择，使得两大法系对自然人商事人格权益的权利性质的界定、保护范围及救济方式等方面各有不同，这亦是我国未来人格权法立法必须解决的前置性问题。

（一）权利性质的界定

如前所述，一元权利模式是以德国法律中的人格权体系为基础而演变出来的，其中既有基本人格权的理论，也有通过对人格权中一些权利，比如说姓名权、肖像权的扩充解释来实现对人格权商品化的保护。这种权利从性质上来说还是属于人格权体系范围内。一元权利模式注重人格权的整体性，将人格的精神利益和财产利益视为自然人统一的权利。但在德国民法典中人格权的财产部分被视为只是

人格权的一块，不是可以单独存在的可转让、继承的财产权，这就使得德国的人格权商品化只能称之为一种"被动的人格权商品化"，相关权利人主观上并不享有将人格权市场化的权利。这将阻碍了自然人商事人格权益的实现。

而美国的二元权利模式却和德国的截然相反，它否认了德国的人格权体系观点，在隐私权的概念外，单独构建了一种财产权——公开权，与隐私权构成人格权保护的二元模式。在保护人格精神利益的隐私权之外开辟新的权利类型为人格特征的财产价值的救济提供请求权基础，即运用两个并行的权利对人格权中的精神利益和财产利益分别进行保护。

（二）保护范围的界定

从上述可知，德国和美国在人格权商品化中对权利性质的观点是截然不同的，正是因为这种观点的不同，造成在两国司法实践中，法律对客体的保护范围也有所区别。美国的二元权利模式在肯定人格权中财产利益市场地位的基础上，独立地创设了与隐私权相分离的无形财产权，以保护人格标识中的经济利益在市场交易中的合法性，尤其在客体保护方面作用十分突出。除明确列举姓名、肖像、声音、表演艺术风格等现有商品化的对象外，还将综合起来能指向特定身份人的因素归纳为其他要素列入其中，保证了未来商品发展中出现不确定的人格因素的合法救济途径，体现了积极地利用人格获取利益的特点。

德国和美国不同，他们认为人格权中的经济利益是应该被涵盖在人格权的体系中加以保护，所以对人格权中经济利益的保护只能从人格权体系出发，但德国对人格权商品化的保护在法律方面还相对不太完善，导致德国在保护人格权商品化的范围上，相较于美国要狭隘得多，并未改变人格权消极地排除他人侵害和干涉的特点。

（三）保护方式和程度

在英美法系中，对于人格权中财产利益的保护一般采取二元权利保护模式，即公开权和隐私权。鉴于这点，不少学者称"公开权和隐私权是保护人格权的左膀右臂"。虽然隐私权和公开权都在同时为人格权商品化提供法律保护，但是由于两者概念不同，所以保护的权利内容也有所不同。由于隐私权是人格权体系中的重要组成部分，其本身具有明显的人格权特点。在司法实践中，隐私权保护权利人的方式一般从精神利益出发，如若权利人遭受商品化侵害，则一般认定对其精神层面造成伤害，救济的方式一般采取公开道歉、补偿精神损失、停止侵害等。公开权则更多地强调商品化这一概念，在司法实践中，公开权保护权利人的方式是从保护权利人经济利益出发，法律给予的救济方式一般采取财产损害赔偿。

而大陆法系中，对于人格权中财产利益的保护采取的是统一权利保护模式，即在人格权体系的框架下予以保护。德国民法对于人格权的商业化利用的保护经历了从对人格权的不承认到在司法判例中确认了一般人格权并发展了具体人格权的类型，在此基础上，对于人格权的保护也从单纯的精神损害赔偿金发展为侵权人赔偿取得的经济利益。因为在德国民法典中人格权的财产部分只是人格权的一块，不是可以单独存在的可转让、继承的财产权，所以其保护权利人的人格权商品化的方式上就显得比较单一，仅从人格权体系入手，对商事人格权给予被动性的保护。

三、我国自然人商事人格权益保护模式的选择

随着我国经济发展的进程，人格权商品化现象在我国也不断增多，随之而来的是侵权损害案件数量的日趋增长。学者们对是否需要将人格权进行单独立法予以保护而争论不休，至今尚无定论。无论未来是否要对人格权单独立法，单从人格权的财产利益保护的角度出发，首先要解决的是确立和完善自然人商事人格权益保护的问题。

（一）我国现阶段对自然人商事人格权益法律保护的缺失

在我国现有法律体系中，没有自然人商事人格权的明确规定，司法实践中没有以商事人格权为名的司法判例，自然人商事人格权益究竟应该由什么法律来规制，意见不一。虽然在我国现行法律框架内我们或通过人格权法、或通过商标法抑或通过反不正当竞争法等可以得到一定程度的保护，但在大多数情况下都很难得到圆满的解决或使得法律适用很难自圆其说。

1. 人格权法保护的现状及缺陷

就自然人商事人格权益的保护而言，我国目前基本上沿用姓名权、肖像权的保护模式。而从人格中分离并加以重塑的自然人商事人格权益，在很大程度上已经脱离了人身权范畴，进入财产权领域。传统人格权法保护模式无法适应现代社会形象利益高度市场化甚至形成产业的发展需要，不能完全满足被侵害人的经济赔偿要求，无形中对违法行为造成一种鼓励效应。首先，传统人格权注重于保护公民或法人的人格精神利益，其保护方式重在精神权利的恢复，如停止侵害、赔礼道歉，往往不涉及财产补偿。寻求精神损害赔偿又受到主体（非自然人不能提

起）、损害程度（非重大精神损害不得提起）和补偿力度的限制。其次，这一财产权益的转让与继承，受到"人格权不可转让"这一基本原则的束缚。尤其是对于死者姓名、肖像等因素的商业使用，传统人格权法显然无法顾及。最后，传统人格权不能延及对权利人相似形象因素的保护。肖像权只能保护自己的肖像，而自然人商事人格权保护的肖像，可以是自己的肖像，还可以是与自己酷似的肖像。同样，姓名权可以保护自己的姓名，但却无法阻止别人使用与自己一样的名字。

2. 商标法保护的现状及缺陷

自然人姓名、肖像等人格标识具有"可识别性"，可以注册为文字商标或图形商标，从而获得商标法的保护。但是此种保护方式存在如下缺陷：（1）我国《商标法》实行"注册取得"制度，商标注册人需要经过一系列繁杂的程序后才能取得注册商标专用权。这种行政确权周期与形象的市场价值升降期间容易产生时间差，导致形象在经济价值较高的时段无法获得商标权保护，从而给权利人带来经济上的损失。（2）注册商标的保护一般只限于有限的几类商品或服务，注册必须依商品类别分别申请。"在没有建立防御商标制度的情形下，要禁止他人对作品角色在包括非注册行业在内的所有商业领域的使用也不可能"。[①]（3）商标法对"商标使用"做出了严格的规定，注册商标所有人如果连续3年停止使用自己的商标，就可能被商标局撤销注册。诚然，这种对商标存续要求的严格规定是有其现实意义与价值的，但是对于自然人人格权的商品化实现而言将变得困难。

3. 反不正当竞争法保护的现状及缺陷

通常，反不正当竞争法被认为起到在现有法律框架内"最后一道防线"的补充保护、"兜底"保护的作用。各国立法或判例也大多采取将形象权纳入反不正当竞争法保护的做法。但是受立法目的和调整方式的限制，反不正当竞争法保护也存在很大的局限，无法独立地完成调整形象商品化现象的任务。首先，我国《反不正当竞争法》将行为主体限于具有直接竞争关系的经营者之间，当形象权人不是从事营利性商业活动的经营者或与其他经营者之间不存在直接竞争关系时，对侵权人的行为，《反不正当竞争法》是无能为力的。其次，由于《反不正当竞争法》只采用列举方式规定了不正当竞争的行为范围，其列举的范围过于具体，体现不出该法的原则性。这种立法的狭隘容易导致具体操作中的教条。并且，由于反不正当竞争法所要防止的主要是"引起混淆"的行为等，而形象使用者完全可以在采取必要的消除公众混淆的措施后，再利用形象所制造的市场需求及其本身的轰动效应来促进其商品销售。第三，反不正当竞争法所提供的保护，归根

---

① 赵家华：《关于"三毛"商标权与著作权纠纷案的法律思考》，载《中华商标》，1998年第4期第25—27页。

到底仍然是事后救济式的消极保护，不能从正面有效地解决形象权事前调整式的积极权利主张和维护问题。

（二）我国自然人商事人格权益法律保护的制度归属

在我国传统民事权利种类二分法中，所有的权利内容被分别纳入人格权或财产权之列，人格权与财产权被看成是两个绝对对立的权利，人格权是具有专属性和非财产性的精神性权利。人格权与权利主体不能分离，以保护精神利益为内容，并不涉及与财产相关的利益。而姓名权、肖像权等已经具有明显财产价值的人格特征的商事人格权益，与传统民法的人格权和财产权难以契合，这导致商事人格权定性的理论困难。对于在我国现有的法律体系下，自然人商事人格权益的保护应该选择何种立法模式，有无必要创设一个新型的独立的权利制度？这是个极具争议的问题。人格权的商品化"直接冲击到了传统民法理论中人格与财产二元权利体系的构建基础，使人格权与财产权之间原本清晰的界限变得似乎模糊起来，二元权利体系因此陷入前所未有的困境"。[①]

我国学界不少学者认为，无论其形式还是内容，公开权都具有独立于人格或其他物质形式的排他属性，公开权是具备财产权益内容的一种权利，应作为一种独立民事权利加以保护。故建议我国应当继受美国法中公开权概念，将其作为独立的财产权予以保护，以应对层出不穷的人格特征商品化的现象。尽管公开权理论解决了自然人人格权商业化利用的保护难题，彰显充分保护自然人人格财产利益的优越性，但是该理论却忽略了商品化的公开权同时具有人格性和财产性，其中人格性是基本、固有、主导的属性，财产性则是外在、衍生、从属的地位。自然人人格标识的商品化并不意味着其非财产性人格利益的消灭，只是实现了"权能的有限让与"。若贸然引入美国公开权制度或创设新的权利类型，都会造成其与现有具体人格权制度关系的混乱。

我国学界中也有不少学者认为自然人商事人格权益的专门立法是没有必要的，只需适当延伸我国人格权法律制度，即可使自然人的商事人格权益得到应有的保护。人格权商品化实质上是人格权权能的扩张，即仍然属于人格权的制度框架内。在构建我国人格权商品化保护模式中，应更多地借鉴德国法的一元权利保护模式。在传统人格权研究中，我国民法学界倾向于把人格权简单划分为一般性人格权与具体性人格权。2017 年出台的我国《民法总则》也采取了此种划分法，其第 109 条对一般人格权予以确认，而第 110 条则明确了各项人格权的具体权能，但人格

---

① 蓝蓝：《人格与财产二元权利体系面临的困境与突破——以"人格商品化"为视角展开》，载《法律科学》2006 年第 3 期第 45 页。

权商品化问题并未涉及。要解决前述自然人商事人格权益在传统民法权利理论体系中的困境，有必要对现有的人格权体系进行重构，将具体人格权进一步细分为专属性人格权和商事人格权相分离。专属性人格权不可转让、无财产利益，表现出最为纯粹的人格权独立品格；商事人格权则可转让，具有一定的财产属性，是人格权商品化的体现。建立一个与专属人格权并立的商事人格权制度，或能更有助于同时实现对自然人商事人格权权益的制度回应和范围限定，在实现保护人格利益商品化价值的同时，又能有效维护人格权的独立品格。

1. 人格权法框架下自然人商事人格权主体的广泛性

关于自然人商事人格权的主体是否能够涵盖所有自然人享有，理论与实践都存在着争议。有的观点认为只有知名人士或者公众人物才享有自然人商事人格权，因为这些人的人格标识才具有商业价值。这样的观点难免过于狭隘。首先，知名人士或者公众人物本身并非法律术语，其严格界定也比较困难。其次，自然人商事人格权的功能是防止主体的人格标识因素中的商业价值不被他人非法盗取。当实际发生主体的肖像或姓名等人格标识因素未经允许被他人用做商业目的，且产生巨大的商业价值时，自然人商事人格权就应该发挥其应有的权利保护作用，而不论此主体为名人或非名人。

2. 人格权法框架下权利客体界定旳适当性

只有代表自然人姓名、肖像，或其他显著身体特征才具有商品化可能的，因此并非所有的人格标识都能成为商事人格权的客体，商事人格权的客体具有有限性。一般来说作为商事人格权客体的人格标识应具有以下特点：(1) 该人格标识因素应具有特别性，即为商业利用目的而使用的人格因素或标识必须通过广泛的媒介宣传，让公众知晓，并使之博得名声和影响，从而在大众心目中留下印象，最终为大众所瞩目、喜爱和认可。(2) 该人格标识应具有一定的声誉或商业影响力，该种影响力或吸引力是创造性劳动的产物。主体的影响不是与生俱来的，而是通过自然人的大量社会活动逐渐积累而成的。由于这种影响力或吸引力本身是无形的，只能通过姓名、肖像等物质形式载体表现出来，它体现为一种社会评价。

对于姓名、肖像、个人信息等人格标识可以脱离于权利人自身而加以利用，甚至不受时间、空间及权利人生存与否的限制，是可被商业化利用的典型类型。但是随着社会的发展，可商业化的人格权益不断扩大，该范围甚至可以扩张至不具有权利地位的声音、口头禅、标志动作及其他个性化标识等。因此，为了促进人格的自由发展，最大限度地保护人格权中的财产价值，可商品化利用的人身权益的范围宜采取开放的规范模式。

3. 人格权法框架下救济方式的多样性

如前所述，美国所采用的以公开权方式对自然人商品化人格权所进行的保护与救济，是一种在财产法框架下的救济方式，是一种基于侵权行为所导致的财产损失的补救方式，它的核心理念和宗旨是弥补当事人的经济利益损失，或者直接说是弥补当事人的物质性损失。这种救济方式仅围绕财产价值进行财产损害赔偿，只进行经济性赔偿，而不考虑精神损害的赔偿。而商事人格权仍具有强烈的人格权属性，在侵害商事人格权的时候，所造成的损失往往不仅仅是当事人的期望经济利益，同时也损害了自由支配其人格要素的人格性利益，单一的财产赔偿或补偿是根本不能满足受害当事人的需求，所以这种救济方式难免就显得过于单一和不足。

将商事人格权的保护置于人格权法的保护下，其救济的方式就显得多样而且全面。一方面，权利人可以要求行为人采取停止侵害、恢复名誉、消除影响、赔礼道歉等方式来保护其个人的人格性利益，甚至还可以对于其遭受的情感损害等方面要求侵权行为人进行精神损害赔偿。另一方面，由于商事人格权集人格利益与财产利益于一体，在人格权的财产包容性下，对他人由于擅自利用本人人格要素对其所造成的经济损失，权利人还可以要求侵权行为人补充缴纳许可使用费、转让费或者依侵权行为人的收益进行损害赔偿，实现对人格利益和财产利益的双重保护。

被代理人死亡（终止）后若干法律问题探讨

——《民法总则》第 174 条分析

董榕萍 *

在代理法律关系中，代理人在代理权限内以被代理人名义所为的代理行为，对被代理人发生法律效力。代理分为法定代理和委托代理，被代理人可以是自然人，也可以是非自然人。当被代理人死亡或终止后，代理人的代理行为是否对被代理人的承继者发生法律效力？《民法总则》第 174 条对委托代理中被代理人为自然人时，委托代理人死亡后实施的代理行为对被代理人的继承人发生法律效力的特殊情形做出了规定。在委托代理中非自然人被代理人终止后，以及在法定代理中被代理人死亡或终止后，代理人的代理行为对被代理人的承继者发生法律效力是否也可全部或部分适用第 174 条这些特殊情形或其他情形，《民法总则》未明确规定。笔者认为，被代理人死亡或终止并不必然导致代理权终止，应针对不同的代理种类及不同的被代理人类型，对代理权和代理人的法律行为进行分析，以确定代理权是否仍然继续存在，从而判断代理人的代理行为对被代理人的承继者是否发生法律效力。

一、代理种类

《民法总则》第 163 条规定了代理的种类包括委托代理与法定代理。具有代理权是代理必不可少的构成要件之一，代理权来源于意定或法定，代理人必须在代理权限内实施法律行为，否则其所实施的法律行为后果并不当然归属于被代理人。

（一）委托代理

委托代理属于意定代理。委托代理人的代理权可以是单方行为授予代理权，也可以是决议行为授予代理权。例如《公司法》第 13、47、50、68、69、109、

---

* 福建江夏学院法学院副教授。

114、185 条等条文规定，公司的法定代表人、董事、经理、清算组有可能因决议行为获得代理权。再如《合伙企业法》第 26 条规定，依据合伙协议约定或全体合伙人决定，可以委托一个或数个合伙人代表合伙企业，执行合伙企业事务。

关于法人与非法人的法定代表人行为，笔者认为可适用代理制度，属委托代理，即意定代理。虽然法学界对法定代表人与法人关系历来有"代表说"与"代理说"之争，但由于代表制度在民法中未体系化，即使是采纳代表说，也须类比或借助代理制度来解决。《民法总则》第 105 条规定了非法人的法定代表人行为，"非法人组织可以确定一人或者数人代表该组织从事民事活动"。非法人的法定代表人行为后果笔者认为可准用《民法总则》第 170 条法人与非法人的职务代理行为，对非法人组织发生效力。因为"非法人组织委托事务执行人与委托其他工作人员在法律性质上不存在差别"。[①]

（二）法定代理

法定代理人的代理权来源于法律直接规定。被代理人为自然人时，法定代理人包括监护人与财产代管人、夫妻日常家务代理权的夫妻。被代理人为组织时，法定代理人包括清算人与破产管理人。

关于夫妻在日常家事代理中互为法定代理人问题，史尚宽先生认为，"在我民法亦可认为法定代理权之一种，非有法定之原因不得加以限制，妻因其身份当然有此项代理权。"[②]《最高人民法院关于适用〈中华人民共和国婚姻法〉若干问题的解释（一）》第 17 条对《婚姻法》第 17 条"夫妻对共同所有的财产有平等的处理权"作出解释："夫或妻非因日常生活需要对夫妻共同财产做重要处理决定，夫妻双方应当平等协商，取得一致意见。"由此，可推断夫或妻因日常生活需要对夫妻共同财产做出重要决定，夫妻可互为代理。

二、被代理人死亡或终止对代理权的影响

当被代理人为自然人时，被代理人死亡无论自然死亡还是宣告死亡，继承法律关系产生，而随之产生的法律问题是被代理人死亡后代理人的代理行为的法律效力能否归属于被代理人的继承人。

当被代理人为法人和非法人组织时，被代理人的终止包括了因合并分立、破

---

① 陈甦主编：《民法总则评注》，法律出版社 2017 年版，第 1207 页。

② 史尚宽：《亲属法论》，中国政法大学出版社 1980 年版，284 页。

产的终止、依法定程序解散、营业执照被吊销而终止等情形。同样产生的法律问题是被代理人终止后代理人的代理行为的法律效力能否归属于被代理人的承继人或原投资人（合伙人、股东）。

根据《民法总则》第173条第4、5款，第175条3款规定，被代理人死亡及作为被代理人的法人、非法人组织终止，则"委托代理终止"；被代理人死亡，则"法定代理终止"。这里的"代理终止"是指"代理权"终止。笔者认为上述规定值得商榷，被代理人死亡或终止，不能当然推定法定代理权、委托代理权终止。

关于被代理人死亡或终止后的委托代理权问题，笔者认为，首先，由于基础法律关系有效，在有效的基础法律关系上而产生的权利义务应当由其承继者来承担，除非没有承继者。其次，代理人与被代理人之间的信赖是代理关系的基础，因此，承继者与代理人之间是否互相信赖将对被代理人死亡或者终止后的委托代理关系产生影响。此外，还要考虑代理事务的性质、交易相对人是否知情等因素对代理权的影响。

至于法定代理权，其代理权来源于法律的直接规定，其产生以被代理人与法定代理人之间存在法定的特别关系为基础。例如无民事行为能力与限制民事行为能力的法定代理人的代理权产生基础是监护关系；夫妻日常家务代理权产生基础是夫妻关系；破产管理人的法定代理权产生基础是企业进入破产程序成为民事权利能力和行为能力受到限制的破产人。被代理人死亡或终止，特别关系消灭，法定代理权终止。但是，若被代理人存在承继者，此时也应当依据不同的法定代理人类型，并结合代理事务的性质、交易相对人是否知情等综合因素，认定被代理人死亡或终止后法定代理人所为代理行为对被代理人的承继者是否发生法律效力。

三、作为被代理人的自然人死亡后代理人实施的代理行为效力

（一）作为被代理人的自然人死亡后委托代理人实施的代理行为效力

《民法总则》第174条明确规定了被代理人死亡，"委托代理人实施代理行为有效"的4种情形。笔者认为，该条文表述不够准确，而且失之简单，没有充分考虑到复杂的现实。首先，由于法律行为不会由于代理权终止不发生效力，实质上其行为后果或者由代理人自己承担责任，或者由被代理人或其继承人承担，因

此，该条文中"委托代理人实施代理行为有效"应更正为"委托代理人实施代理行为对代理人的继承人发生效力"。其次，被代理人死亡后，继承人是真正被代理人。而在实际交易中，代理人进行的法律行为是否有效，还需考虑交易相对人是否愿意与被代理人的继承人进行交易，也就是说，174 条规定的 4 种情形只有在交易相对人愿意的条件下，代理人已经进行的法律行为才最终有效。以下针对《民法总则》第 174 条的 4 种情形逐一分析。

1. 代理人不知道并且不应当知道被代理人死亡

当今时代的人们受时间、精力、专业知识、地域的限制，不可能凡事亲力亲为，代理制度为人们提供了分身之术。而快捷的网络通讯技术为代理人与被代理人之间跨区域的交流创造了更加便利的条件，即使在双方不见面的情况下，也可以完成代理事务。这种代理关系是双方基于信任关系而建立的。在这种情况下，代理人不可能随时了解被代理人的情况，因此，代理人不知被代理人死亡并不奇怪，此时代理人基于信赖代理关系存在而实施的法律行为应受法律保护。

2. 被代理人的继承人予以承认

根据《民法总则》第 173 条规定，被代理人死亡，委托代理权一般消灭，即被代理人死亡后，委托代理人所为的代理则是无权代理，该法律行为效力待定。在被代理人的继承人追认或者说是承认时，才对继承人发生效力。

3. 授权中明确代理权在代理事务完成时终止

若被代理人在授权中明确表明"代理权在代理事务完成时终止"，则该代理权为附解除条件的代理权，即代理权存续至代理事物完成时方终止。当然若代理事务是不能完成的，则可"视为代理事物完成"代理权终止。

4. 被代理人死亡前已经实施，为了被代理人的继承人的利益继续代理

本条适用条件有两个，首先被代理人死亡时代理行为已经开始实施而未完成，并且已经投入资金或花费大量时间做了充分准备。其次是为了继承人的"利益"继续为代理行为。若不继续该代理行为，继承人的利益将遭受损失。然而此处的"利益"是指经济利益还是法律利益呢？笔者认为应是指"法律利益"。因为在交易过程中能否取得经济利益尚不确定，法律不应当以不确定的经济利益作为判断标准。①

（二）作为被代理人的自然人死亡后法定代理人实施代理行为的效力

作为被代理人的自然人死亡后法定代理人代理行为的效力是否能参照或类推

---

① 朱庆育：《民法总论》，北京大学出版社 2013 年版，第 246 页。

适用《民法总则》第 174 条？虽然《民法总则》第 163 条删除了《民法总则草案》第 167 条中"法定代理，本章没有规定的，适用本法和其他法律的有关规定"。但《民法总则》第 11 条规定"其他法律对民事关系有特别规定的，依照其规定"。据此，其他法律都可能成为法定代理的规范依据，也就是说，除非法律另有特别规定或者因为法定代理的性质不能适用，在《民法总则》中与委托代理同属一章的法定代理可以类推适用第 174 条。

笔者认为，这几种类型的法定代理人不能统一类推适用《民法总则》第 174 条。下文根据《民法总则》第 174 条规定的 4 种情形，分析对代理人的自然人死亡后法定代理人实施代理行为的效力。

民法中的自然人的法定代理人主要有：监护人为被监护人的法定代理人（包括父母作为子女的法定代理人）；财产代管人作为被宣告失踪人的法定代理人；夫妻日常家务互为法定代理人。

《民法总则》174 条第一款除对监护人不适用外，其他自然人的法定代理人均适用。因为作为监护人依法负有保护、教育和照顾被监护人法定职责，应当知道了解被代理人的情况，被监护人死亡而监护人若不知情则为失职。而财产代管人的被代理人是被宣告失踪人，被宣告失踪人已死亡而财产代管人不知情实属正常。对于夫妻而言也有很多分居两地或出差在外的情况，配偶一方已死亡而另一方不知情亦属正常。

《民法总则》第 174 条第二款、第四款的规定对自然人的法定代理均可适用。也就是说，作为被代理人的自然人死亡后，法定代理人实施的代理行为，当被代理人的继承人承认或被代理人死亡前已经实施，为了被代理人的继承人的利益继续代理的法定代理行为对被代理人的继承人发生效力。《民法总则》第 174 条第三款规定只能适用于委托代理，法定代理不能适用。

四、作为被代理人的组织终止后法律问题分析

（一）作为被代理人的法人或非法人组织终止后委托代理人实施代理行为效力

依前文所述委托代理权不因被代理人死亡而当然终止，则委托代理权亦不因作为被代理人的组织终止而当然终止。作为被代理人的组织终止的原因不同，组织的类型不同（法人或者非法人），对被代理人终止后委托代理人实施代理行为

的效力产生不同的影响。

作为被代理人的组织因合并分立终止的,无论被代理人是法人还是非法人,依《民法总则》第67条、《合同法》第90条规定,法人或者其他组织合并或分立的,由合并或分立后的法人或者其他组织继受权利义务,包括代理关系。那么被代理人终止后委托代理人实施代理行为对合并或分立后的法人或非法人组织仍发生效力。另外因企业类型转换,如合伙企业因合伙人人数不足转变成个人独资企业,有限责任公司转变成股份有限责任公司,原法人或非法人组织的法律关系(包括代理关系)仍由转型后的组织承受。

因破产、或因依法定程序解散、或因营业执照被吊销作为被代理人的组织终止,委托代理人实施代理行为效力则视该组织的法人类型而定。作为被代理人的组织若为法人,在履行法定注销登记手续后,法人独立人格消灭,法人完全终止。实际上,依据《民法总则》第68条规定,法人因破产、或因依法定程序解散、或因营业执照被吊销,作为被代理人的组织终止,须进行清算,在依法定程序开始清算时,法人虽然还未完全终止,但不得进行与清算无关活动,则代理权此时就已经终止。终止后无承继人,一切法律关系(包括代理关系)消灭,代理权亦终止。作为被代理人的法人组织终止后,委托代理人实施的代理行为只能由委托代理人本身承担后果。有观点认为作为被代理人的组织若为非法人,其终止后情况与法人类似,一般没有承继者,代理权终止。不过,根据《民法总则》第174条第2款规定,作为被代理人的法人、非法人组织终止的,参照适用前款规定。笔者认为法人与非法人组织虽然终止,依据《民法总则》第104条,(非法人组织)债务由其出资人或者设立人承担。因此非法人组织虽然终止,但债权债务仍有承继者。代理人依代理事项所要实施的民事法律行为若对主体资格无特殊要求时,则可适用《民法总则》第174条,但该条的第一款不适用。因非法人组织依法定程序终止,在清算前已公告,并且在登记机关进行注销登记,即使代理人不知道也应视为应当知道。那当符合(二)至(四)款规定情形之一时,代理人所为代理行为对该非法人组织的出资人或设立人发生效力。同时应注意,公司法人在股东滥用公司独立人格和有限责任的特殊地位时,适用上亦与非法人情况相同。

(二)作为被代理人的法人或非法人组织终止后,法定代理人实施代理行为的效力

法人或非法人组织的法定代理人有破产管理人、清算人。其法定代理事项包括清理、保管公司资产;代表公司对外进行与清算有关的民事行为;向股东分配公司资产。如前文所述,破产管理人、清算人的法定代理权产生基础是企业进入

破产程序或解散清算程序，从而成为民事权利能力和行为能力受到限制的"人"，破产管理人、清算人与该企业之间是类似监护与被监护的关系。当作为被代理人的法人或非法人企业完全终止，即企业依《民法总则》第 68 条完成清算和注销登记时，这种类似监护的特别关系消灭，破产管理人、清算人完成其使命，法定代理权终止。

因此，作为被代理人的法人或非法人组织终止后，法定代理人即破产管理人、清算人实施的代理行为由法定代理人承担法律后果。

论标准之法律适用

周　宇 *

我国现行的《中华人民共和国标准化法》（以下简称《标准化法》）自 1989 年实施至今，2017 年做出了较大的修改，并于 2018 年生效，尤其是对标准的效力层级不再区分，这标志着我国在标准化法制顶层设计方面的重大变革。为了适应这种变革，审判实践工作也应当做出回应，以期契合标准化法的改革。

我国审判实践领域，对标准的定性以及法律适用问题仍然较为混乱，此恐带来裁判结果的不一致性，影响判决的可预期性与同一性。总结来说，审判实践中对标准定性与适用的认识主要两种：其一，认为标准是证据，具有证据效力，用以证明案件审理过程中待证事实是否符合标准，进而作为事实判断之依据，供裁判参考。其二，仅有少数判决认为标准具有法源的效力，可以直接适用作为审判的依据，如同法律一样作为判断是非的尺度。本文将结合标准化一般理论、标准与法律融合的一般原理以及法源理论，对此问题进行分析，厘清标准与法律的关系，以期得出可供审判实践参考之结论。

一、标准的一般原理

（一）标准的定义

标准，或可称为技术标准，是指"为了在一定范围内获得最佳秩序经协商一致制定并由公认机构批准,共同使用和重复使用的一种规范性文件"。[①] 综上可知，标准应是一种规范性文件，由有关方面共同遵守。既然标准为规范性文件，那么标准就应当具有规范性效力。标准之规范对象是科学技术领域的关系，具有极强

---

* 中国政法大学比较法学研究院 2018 级博士研究生。

① 此即我国国家标准《标准化工作指南》关于标准的定义。

的客观性与科学性，标准与科学、技术直接关联。[①]标准应当是科学技术领域的一种"法律"，它是被该领域所公认的，协商一致所得出的一种最佳的科学技术领域的秩序，以实现科学技术领域的某种要求。

（二）标准的法规范效力来源

标准作为一种技术性规范文件，仅对科学技术领域具有规范效力（对科学技术领域的要求）与科学方面的社会时效。标准所具有的这种规范效力（要求）或社会时效是标准与法律融合之基础与动因，也就是说，这是法律能够赋予规范效力于标准之基础，也是标准与法律两者的"公因式"。虽然标准是一种具有规范性的技术规范，但标准的规范性、规范效力与法律之规范性与规范效力则有着许多方面的不同，正是因为具有这些不同之处，两者才有融合的必要。柳经纬教授认为："标准文本中'可以'、'必须'、'不得'等行为模式用语只具有科学和技术层面的意义而不具有法律上的意义；其后果也只表明违反标准的行为不能获得技术上的合理效果而不具有法律上否定性评价的效果。因此标准本身并不能直接产生规范效力。"[②]标准并非以权利义务关系为内容调整社会关系的一种规范性文件，它是特定技术部门的技术操作规范、技术要求和质量要求的规范，无法如同法律以权利义务为内容的方法调整相关的社会关系。

标准规范性效力来源较法律规范性来源明了许多，标准的规范性是来自于标准制定各方的协商、客观的技术条件以及市场需求等，此实现了使用标准的各方主体必须受到标准的约束。标准的规范效力还来源于标准采用者对效率追求的心理，若生产不符合标准之产品，不仅产品无法流通，还造成了浪费资源，无法物尽其用，甚至还会受到同业同行的歧视，无法融进该行业的共同体。故，标准本身具有规范效力，但它的规范效力与法律规范效力具有本质的不同，不仅调整的领域不同，调整的方式也不同。

---

①　柳经纬，许林波：《法律中的标准——以法律文本为分析对象》，《比较法研究》，2018 年 2 期，第 193 页。

②　柳经纬：《标准的规范性与规范效力——基于标准著作权保护问题的视角》，载《法学》，2014 年第 8 期。

二、标准于民事领域之适用

（一）标准弥补法律漏洞

在具体某个民事案件审理中，当法无明文规定抑或是法律存在漏洞之时，法官不仅不能拒绝审判，还应当充分的从现有法律条文中寻找可供解释的法律规则，以法律解释学的方法弥补法律漏洞，力求获得公平公正的判决。管见以为，标准在法无明文规定或存在法律漏洞的情况下，恰恰能够弥补这种法律漏洞，使"应为"成为"如何为"，将抽象的法律条文以具体化。故标准对于法律应是一种补足的关系。通过标准填补法律漏洞，法律成就了标准对规范秩序的追求，故标准此种情况下与法律是一种相互补充的关系。在立法论研究方面，日后在修改我国《民法总则》或修订我国民法典合同编之时，宜在法源条款中正式将标准作为法律渊源的一种。

（二）民事审判中应优先使用高标准

在民事裁判中优先适用高标准之法理：其一，民事审判是对平等主体之间财产关系的再分配，因此，优先适用高要求标准不会对公民权产生侵害（不产生公法效力），仅涉及双方当事人之间财产关系的分配（私法效力）。其二，民法从大体上可以说是一部交易法，民法的目的是促进交易、实现公平交易，适用高要求标准容易促成交易。其三，优先适用高标准的民事裁判理念若得到推广，将有利于实现国家整体生产力、产品、生活水平质量的提升，促进我国工业技术的升级转型。人类的每一次工业的革新，都是通过适用比前代更高要求的标准以固定工业革新成果。

（三）标准成为合同条款之法律效力

标准还可以通过双方当事人的法律行为（合同）进入法律规范领域，产生法律效力。实践中，尤其在产品、服务领域，合同中有关标准条款的约定的情况常有发生，作为衡量产品质量的尺度，即关于履行质量的约定，故标准也是合同的重要组成部分。

（四）标准化民事责任

标准化民事责任是指行为人因违标行为侵犯了他人人身权、财产权的侵权行为。既然是一种侵权行为，就应当适用侵权法的填补原则，应当由侵权人对受害人承担相应的侵权责任，故标准化侵权行为是侵权行为的一种特殊形态。标准化民事责任以违标作为其客观行为的内容，故标准在标准化侵权案件中，同样扮演着"尺度"的作用。

三、标准于行政法、刑法领域之适用

（一）标准于行政法领域之适用

标准化法律责任除了上述所提到的标准化民事责任外，还包括了标准化行政责任与标准化刑事责任。所谓标准化行政责任指，行为人以违标致害为其违法内容，没达到刑事犯罪追溯标准，故应承担行政责任，由行政机关对其进行行政处罚。行政机关对行政相对人违标行为做出的行政处罚正是基于标准，这是标准在行政执法领域中的体现。

其一，可见，在这种情况下，标准之违反不仅具有科学技术领域的意义，导致制造的产品或服务质量欠佳，还具有法律上的意义，行为人还需要承担相应的法律义务，因违标行为而受国家强制力的制裁。其二，这种违标行为的认定准则就是标准本身，即标准就是违标的标准。由是观之，标准在这种情况下具有法源属性，是行政机关做出处罚与否的依据，甚至是唯一依据。

若违标行政处罚中的标准为要求最高或较高的标准，在当前我国经济形势以及生产力水平的情况下，将会在很大程度上限制了公民的自由，也会发生违标行政处罚泛滥，在一定程度上影响了社会经济的发展，反而造成良法不善治的困境。为了破解这种困境，最直接的做法就可以适当的开闸放水，以强制性国家标准作为违标行政处罚中的标准。若无强制性国家标准，则可从低要求标准到高要求标准的层级进行适用，但应当始终秉持上述原则，以实现良法善治。

（二）标准于刑法领域之适用

标准化刑事责任也属于标准化法律责任的一种。行为人违标行为而致刑事责任主要涉及的罪名是产品质量罪、环境污染罪，构成这类犯罪的认定根本准则就是标准。由于标准化刑事审判是国家对公民的追诉并且在我国目前无明文规定标准化刑事责任的情况下，法官可采利于被告人原则对标准效力的进行认定，即应当优先采用质量要求最低的强制性国家标准。才能最大程度上起到类似"安全阀"

的作用，亦契合了罪刑法定原则，一方面，可保障了公民的自由，也能够保障最基本的健康权与生命权、财产权；另一方面，也顺应了我国当前的标准化市场环境，即大部分的市场参与者一时无法达到高标准，若一味地追求高标准，则将限制市场参与者的积极性。

四、结论

当法律涉及科学技术领域的裁判时，标准与法律融合之势已不可阻挡。标准与法律均为规范性文件，均具有对秩序的追求，但标准本身并没有法律效力，尚需借助法律的力量以实现其对秩序的追求，这就成为标准法律效力的基础。在司法审判中，标准的作用远远大于其仅作为证据。一方面，标准在民事审判中，不仅可通过合同（意思自治）约定，进入法律领域，形成权利义务关系；还可以补充法律、合同的漏洞。在民事审判领域，应当优先适用高质量要求的标准。在未来民法典的编纂工作中，宜将标准作为正式的法源。标准是侵权责任构成的客观事实要件，若违标致害，还应当承担相应的侵权责任。另一方面，标准在行政、刑事案件中，标准不仅扮演着"标尺"的角色，还扮演着"权利安全阀"的重要作用，故，在公法领域，宜优先采用最低质量要求的标准，即强制性国家标准。

生前预嘱视角下医疗自主权之立法保护

王铀镱 *

引言

将生前预嘱制度合法化需要厘清两个法律问题：第一个问题是，患者的医疗自主权是否包括放弃生命的权利？第二个问题是，死亡权可否被家属代理？分析生前预嘱制度的两大功能即可分别回答前述两个问题。第一个功能是，可防止医生做出不符合患者意愿的医疗行为，第二个功能是，可防止有代理权的近亲属做出不符合患者意愿的医疗决定。本文将详细探讨生前预嘱的这两项功能，凸显生前预嘱立法的重要性。同时，本文将借鉴境外立法经验，探求我国通过立法确立生前预嘱制度的路径。

一、生前预嘱可防止医疗父权滥用

医疗自主权的行使往往受到医疗父权（Medical Paternalism）的限制，生前预嘱制度的构建过程反映了医疗父权和医疗自主权的博弈。

（一）父权式立法弊端

父权式立法，视国民为弱而愚之人，犹如家长管束儿童一般，常通过限制自我决定权 ① 的方式保护国民利益，防止其做出不理性的选择。医疗父权的伦理基

---

* 福建社会科学院法学研究所助理研究员，法学博士。

① 自我决定权所包含的四个方面具体是指：（1）处分与自己生命、身体相关的自己决定权（自杀、安乐死、拒绝治疗）；（2）与人口再生产相关的自己决定权（性行为、妊娠、避孕、分娩、妊娠终止）；（3）与家庭的形成、维持相关的自己决定权（同居、结婚、离婚）；（4）与其他事情相关的自己决定权，包括发型、服装、胡须等与个人外观相关的自己决定权，饮酒、吸烟、使用大麻和幻觉剂、登山、冲浪运动等与个人兴趣相关的自己决定权，及安全带、不戴头盔等与个人好恶相关的自己决定权等。参见 [日] 佐藤幸治著：《宪法（新版）》，青林书院 1990 年版，第 412 页。另参照 [日] 芦部信喜著：《宪法学 II——人权总论》，有斐阁 1994 年版，第 394 页。转引自 [日] 松井茂记，《论自己决定权》，莫纪宏译，载《外国法译评》，1996 年第 3 期，第 12 页。

础是医生因掌握医疗知识而享有的权威地位。由权威地位的医生代替缺乏专业知识的患者做出决定，更符合患者的最大利益。

家长主义立法的弊端是，由于强调理性，它将面临一个难题：理性与非理性的界限难有标准答案。例如因宗教信仰而不愿接受输血者，是否有权选择即使危害生命也拒不输血？理性难有明确标准，以理智为依据限制自我决定权的父权式立法，面临失去法理基础的风险。无论立法者如何确定理性标准，都将有人因未被立法者考虑到的缘由，感到医疗自主权受限。

（二）生前预嘱主张医疗自主权

生前预嘱是患者行使医疗自主权的体现，若立法肯定生前预嘱法律效力，意味着立法者赋予自然人消极安乐死[①]的自由。生前预嘱合法的前提是，立法者将放弃治疗的自由纳入医疗自主权范畴。学者王钦清认为，医疗自主权是生命健康权在医疗服务领域的必要延伸，相对人的生命健康来说，它是第二位的。没有什么比人的生命更重要。[②]笔者认为，医疗自主权并非生命健康权，而是自我决定权。医疗自主权是精神性人格权，生命健康权则是物质性人格权。医疗自主权保障患者参与医疗决策，可确保医疗行为的利他性，防止医疗父权的滥用。患者对生命的放弃，应以患有致死疾病为前提，它与一般的自杀行为不同：主张安乐死的患者追求的不是死亡，而是死亡过程的优化。安乐死所形容的是死亡的状态，不是死亡的方式，而自杀则是一种死亡的方式。安乐死本身就以致死病因为前提，安乐死不能改变死亡这个结果。法律的根本意义在于保护人的自主性，如果"一个人应该对自己的生活负责，那么他就可以自己损害自己"，因此从尊重人的自我决定这一绝对价值出发，既然生命权是法益所有者专属的，那么他就"不仅享有生的权利，也享有死的自由"。[③]

生前预嘱放弃治疗的自由，得到自由主义立法模式的支持。与家长主义立法不同，自由主义立法绕开对理性判断的争议，认为个人是自身利益最佳决定者，而国家在私人事务方面难以全面了解个人情况，盲目进行干预的后果只会侵犯个人自由。因此，只需审查个人的选择是否侵害他人或公众利益即可，无需考察个人理性与否。

[①]　消极安乐死，是指对一位末期临终病人，撤除维持其生命的机械，让其自然死亡。而积极安乐死，是法律允许医生在特定情况下对末期病人施行无痛苦的致死术而不受法律追究。参考睢素利：《对生前预嘱相关问题的探讨》，载《中国卫生法制》2014年3月第22卷第2期（总第129期），第7—10页。

[②]　王钦清、沈鸿伟：《医疗自主权探析》，载《法律与医学杂志》2001年第8卷第4期，第213—215页。

[③]　冯军：《刑法中的自我答责》，载《中国法学》2006年第3期，第95页。

除了从国家与公民关系考察，若从平等主体的民事关系考察，将医疗行为的法律性质视为患者与医院双方订立的医疗服务合同，则患者放弃治疗可视为单方解除合同，医院应当无权以保护患者利益为由强行治疗。

二、生前预嘱可化解医疗自主权的代理争议

按照现行法，患者预先表达的医疗意愿没有法律效力，其丧失表意能力时，由近亲属代理行使医疗自主权。近亲属行使代理权将面临两个法律难题：第一，患者曾希望不使用生命维持系统，患者近亲属却不愿放弃治疗，违反被代理人意愿的代理行为，是否侵权？第二，不同近亲属之间意见不同时，谁的代理权应当享有优先性？

（一）近亲属代理行使医疗自主权的困境

第一，利益冲突使近亲属代理权的权限存在争议。如果患者的医疗决定对于家庭所造成的成本过高，则应该维护家庭利益，有必要在法律上确立患者亲属在医患关系中的主体地位。反对该主张的学者认为，正因为患者近亲属与患者存在利益关系，由近亲属做决定有失公正。[①] 针对第一种观点，笔者认为，若巨额医疗费用对近亲属生活产生影响，可采用分割家庭财产的方式解决，如夫妻双方约定采用分别财产制，并为未成年人或被抚养人留下必要份额。分割后的财产，患者享有所有权，有权自行处分。此法即可化解双方之间的利益纠纷，无需赋予近亲属独立医疗决定权。正如第二种观点所言，由于高昂医药费可能造成患者所有财产及家庭共有财产的减损，影响继承人利益，而法定继承人正是近亲属，若近亲属有独立的医疗决定权，可能做出不利于患者利益的决定。因此，近亲属只可处于辅助地位，享有医疗决定代理权，而不应享有独立的医疗决定权。

第二，违法风险导致近亲属不愿选择放弃治疗。近亲属代为放弃治疗，存在违法风险。不符合放弃治疗时机时，只有患者本人有权放弃治疗。符合放弃时机时，患者本人可表达意愿，由患者本人决定；患者本人无表意能力，由患者近亲属代为决定。可见，近亲属代为放弃治疗需要准确把握合法时机，否则有违法风险。

第三，伦理压力导致近亲属不愿放弃治疗。从情感需求角度出发，大多数患

---

① 王友庆：《我国患者近亲属参与医疗决定之法律研究》，载《西南政法大学学报》2012 年第 14 卷第 5 期，第 29—36 页。

者近亲属会希望患者生命延长，即使生命质量较低。从道德角度出发，大多数患者家属害怕放弃治疗会受到舆论谴责。通常情况下，近亲属都会做出继续治疗的决定，即使明知患者希望放弃治疗，大多数家属也未必会同意患者的决定。从保障人格尊严角度考察，不尊重患者意原的代理，显然侵犯患者人格权，剥夺了患者自主决策的权利。如前所述，坚持治疗未必符合患者最大利益，代理权的目标本应为保障患者利益最大化，但受伦理压力影响，患者的最大利益难以得到保障。

第四，顺位争议影响近亲属行使代理权。立法没有规定近亲属之间医疗决定代理权的顺位。近亲属之间意见不一致，可能因久久无法达成合意而延误治疗时间。越是血缘关系近的亲属，越可能了解患者本意，但可能涉及的财产利益冲突越大，如继承利益。立法者将面临的两难选择是：利害关系更弱者顺位更高，还是了解患者本意者顺位更高？

（二）生前预嘱制度有利于明确近亲属代理权权限

将生前预嘱制度合法化可解决上述问题。生前预嘱制度通常要求患者、近亲属、医生或医疗伦理委员会多方沟通后确定内容。患者可通过生前预嘱确定代理人及代理人的顺位。患者在有意识时预先选定医疗决定代理人的做法，称为预指医疗代理制度，它是生前预嘱制度的配套措施。相比立法者，患者更知道如何选定合适的代理人。患者还可在生前预嘱中表达具体希望被代理的医疗决定范畴。法律也可规定禁止性规则，防止在患者未说明代理范畴时，近亲属滥用代理权。

三、生前预嘱制度立法建议

结合域外经验并结合我国国情，建议我国可按下述内容构建生前预嘱制度，包括生前预嘱的成立要件、生效与撤销的条件、效力范围、侵权责任及保存方式。

（一）生前预嘱的成立要件

生前预嘱的内容应由患者写明在何种状况下拒绝或同意接受的医疗措施，否则视为无效。生前预嘱的内容应当仅与医疗决定有关，通常除是否放弃继续治疗的决策，也包括捐赠器官及遗体的意向等。

生前预嘱的签订主体为完全民事行为能力人。借鉴前述台湾地区立法，未满18周岁的未成年人可在法定监护人的同意下，签订生前预嘱。

生前预嘱的形式为书面形式，由本人、2名见证人签字后成立。见证人需为与意愿人遗产无利害关系者，且其中一人为医生。由医生参与指导和制定生前预嘱，一方面可判断本人在签订生前预嘱时意识清醒且心理状况稳定，意思表示真实，另一方面使患者及家属更有安全感。最终应将该生前预嘱的副本附于病例中，便于主治医生了解。医生可直接根据医疗意愿书内容，结合专业判断，决定何时实施或停止实施医疗服务，不受他人干涉。当医疗意愿书的效力难以判断时，应交由司法机关裁判。

在含有代理人选任的代理型生前预嘱中，代理人资格的认定可直接与我国现行立法对接。《民法总则》新增成年协议监护制度为预指医疗代理制度提供了合法性基础，成年协议监护制度规定："具有完全民事行为能力的成年人，可以与其近亲属、其他愿意担任监护人的个人或者组织事先协商，以书面形式确定自己的监护人。协商确定的监护人在该成年人丧失或者部分丧失民事行为能力时，履行监护职责。"考虑到当代老年人对家人、朋友意见的重视，尤其是随着社会发展，非婚同居现象和单身潮的来临使得无家属的非婚同居家庭和独身家庭的数量增多，允许以"其他愿意担任监护人的个人"为代理人的设计，符合社会发展需求。当个人无能力行事而又未有委任监护人、代理人，又或者无监护人、代理人可合理地联络得上时，则健康护理决定可由指定代办人、家人或亲密朋友作出；在没有其他解决方法时，可借鉴美国统一州法全国委员会提供的法律范本《统一健康护理决定法令》（Uniform Health-Care Decisions Act），将健康护理决定交由具有司法管辖权的法庭以最后代决人的身份做出。[①]

（二）生前预嘱的生效和撤销

美国《统一健康护理决定法令》第 2 条第 1 款规定了指令型预先指示"仅在指定的情形发生时生效"。该条第 3 款规定了代理型预先指示生效条件，"除非在医疗授权书中另有规定，否则医疗代理人的权利只在授权人被判定为丧失意思能力时生效"。[②] 可见，生前预嘱作为预先指示的一类，建议参考该规定。指令型生前预嘱的生效时间为具体情形发生时，当患者仅丧失意思能力时，不会造成生前预嘱生效。代理型生前预嘱的生效时间则为患者丧失意思能力时，或患者在医疗授权书中提及的其它情况下生效。预先指示中的具体情形与意思能力丧失的判断，

---

① Galambos, Colleen M., "PRESERVING END-OF-LIFE AUTONOMY: The Patient Self-Determination Act and the Uniform Health Care Decisions Act.", Health & Social Work. Nov1998, Vol. 23 Issue 4, p275-281. 7p.

② 参见：Appendix H5. Uniform Health-Care Decisions Act，https://1.next.westlaw.com/Document/I6b9a2127eefd11d99007879ddf1387b6/View/FullText.html?originationContext=typeAhead&transitionType=Default&contextData=(sc.Default)，2018 年 7 月 10 日。

则由医师做出。《德国民法典》规定由照管人或代理人判断具体情势，给予照管人或代理人过大的权力，而此类人群通常没有专业技能可判断具体情势，依旧需借助医师决定。若代理人与医师意见不一致，可将相关事项交由人民法院裁判。

生前预嘱的撤销应当允许以任意形式做出，借鉴前述《德国民法典》的规定，撤销应为随时不要式的行为。撤销权人只可是患者本人而不可是代理人；撤销可选择全部或部分的撤销；配偶若为代理人，婚姻关系结束或无效则自动撤销代理关系，除非另有规定。另外需要注意的是，撤销应不需要当事人有意思能力，否则将导致撤销的可能性极低。[①]

（三）生前预嘱的效力

生前预嘱合法化的意味着医师执行当事人意愿可免责及代理人执行当事人意愿可免责可见，以及拒不执行当事人意愿的侵权责任。因此我国立法应采取的立场是，除非法定情形，否则医师和代理人应当根据生前预嘱做出医疗决定。

法定情形可包含两类，第一类为生前预嘱内容违法，第二类为推定生前预嘱内容不符患者本意。第一类可以是违反制定法，也可以是违反医疗伦理。第二类可以是意思表示有瑕疵，如被胁迫、欺诈、重大误解等，也可以是发生重大变故，如患者怀孕。因此，立法应以定义和列举的方式列出患者医疗自主权与其它权利冲突时的解决方案，若患者医疗自主权应让步，则应将此类情形列明。

（四）侵权责任

违反生前预嘱的患者意愿，侵犯医疗自主权的行为有两种类型，一种为，未尊重患者接受治疗的意愿的侵权行为；另一种为，未执行患者放弃治疗意愿的侵权行为。前者的侵权责任，等同于侵犯生命健康权的侵权责任，我国现有立法已有相关规定，在此不赘述。后者即侵犯"医疗自主权"或"死亡权"，由此引发的诉讼，在美国被称为"不当生存之诉"（wrongful living）。此类诉讼的侵权责任如何规定，面临伦理考验。若苛以重责，难免推导出保障他人生命权是不正义的结论，若不苛以责任，则导致权利的空洞化。因此，各国立法规定，若是恶意的行为，医师或代理人应承担民事责任，如美国《统一健康护理医疗决定法令》规定了 500 美元的罚款。

---

① 孙也龙：《论预先指示制度及其在我国的构建》，华东政法大学民商法学硕士论文，2014：46。

（五）生前预嘱的保存

建议由国家卫生和计划生育委员会下属医学伦理专家委员会负责设计并推广以生前预嘱为核心的预先医疗指示制度，并由该机构负责提供医务人员的相关培训，在医院展示相关资料供公众参考，由医生帮助患者填写医疗意愿书。同时，在各医院设立24小时可供查阅医疗意愿书的咨询处及网络平台，以便近亲属随时查证患者的医疗意愿书。

四、结语

生前预嘱制度有利于遏制医疗父权与近亲属意见对患者行使医疗自主权的影响。《民法总则》新增习惯作为民法的法律渊源，笔者建议在将生前预嘱制度正式立法前，可先以非立法方式的推广作为生前预嘱制度法制化的开端，顺应了我国民法发展的潮流——待公众形成使用生前预嘱的习惯，再将其制定为法律，符合我国国情。

监护制度的检视及委托监护商业化运作的立法构想 *

林翠秀 **

一、现有监护制度的检视

《中华人民共和国民法总则》（以下简称《民法总则》）于 2017 年 10 月 1 日正式施行。作为民法典的总则部分，其于第二章第二节规定了"监护"制度。相比于《中华人民共和国民法通则》（以下简称《民法通则》）的监护制度有了长足的进步。从法律条文来看，由原来的 4 个条文增加到现在的 14 个条文，不得不说这是一个大幅的修改，扩充和完善。

从《民法总则》监护的相关规定看，从主体上看，涉及未成年人监护和成年人监护，扩大了被监护人的范围；从方式上看，有法定监护和意定监护，监护手段更加多样。并首次提出了撤销监护的条件、程序及救济措施，在家庭监护之外，有了社会监护作为补充，国家监护作为兜底。但尽管如此，《民法总则》关于监护的规定依然存在许多的问题。

（一）未成年人的法定监护依然不到位

《民法总则》第 27 条，明确了父母是未成年人的监护人，并且父母死亡或没有监护能力的，可以由祖父母、外祖父母，兄、姐等按顺序担任监护人。这样的条文设计乃承袭自《民法通则》第 16 条，强调家庭自治，亲属自治，并且条文高度概括，没有进一步的解释，适用时依然操作性差。

首先，对于"没有监护能力"该如何认定，标准是否明确、适当，值得探讨。

《〈民法通则〉意见》第 11 条规定："认定监护人的监护能力，应当根据监护

本文系福建江夏学院 2015 年青年科研人才培育基金项目《社会福利社会化背景下留守儿童的权益保护》[项目编号：JXS2015014] 的研究成果；2016 年福建省中青年教师教育科研项目《抓住留守儿童救助契机完善现有监护制度》[项目编号：JAS160614] 的阶段性研究成果。
** 福建江夏学院法学院讲师。

人的身体健康状况、经济条件，以及与被监护人在生活上的联系状况等因素确定。"

可见，监护能力既要满足民事行为能力的要求，同时也要满足与监护相匹配的经济、身体等方面的能力要求。[①] 所以仅仅是完全民事行为能力人显然是不够的，适当的身体条件，经济条件都是必须的。除此之外，还要考虑与被监护人在生活上的联系状况。这一点尤为重要。在中国目前存在着数量庞大的留守儿童，根据全国妇联做出的研究报告显示，全国有农村留守儿童6102.55万，占农村儿童总数的37.7%，占全国儿童21.88%。[②]

这些留守儿童，父母健在（至少一方健在），但是由于外出打工等原因，较长时间与被监护人生活上的联系较少，无法直接监督和照顾被监护人。该种状态，笔者认为应当认定为没有"监护能力"。

其次，亲属监护难以实现或效果差。

父母已经死亡或没有监护能力的未成年人，虽然法律上规定可以由祖辈及兄姐等亲属监护，但是情况并不乐观。有监护能力的祖辈，并不多。祖父母，外祖父母大多年老，身体健康状况往往不能胜任监护，且大多长期生活在农村，文化程度不高，难以从体力和智力上担负监管重任。而长期的独生子女政策，导致许多家庭只有一个孩子，或者哪怕有兄姐，年龄也较为接近，能够履行监护职责的成年的兄姐也基本不存在。

其他愿意担任监护人的亲属，往往不是直系血亲，血缘上又疏远一些。这些亲属，自身生活条件也并不宽裕，监护又是一项全面的，责任重大的事务，同时我国目前并没有"有偿监护"的相关规定，所以亲属监护，经常是没有任何的报酬，责任意识也较为薄弱，通常只限于保障温饱，其他方面难以顾及，监护流于浅层化。贵州毕节5个孩子垃圾箱内闷死的事件，女学生遭性侵犯的事件[③]；雇人性侵幼童卖视频的"云色情"事件[④]，受害者都是留守儿童并不是偶然的，这恰恰反映出留守儿童监护的缺失。

（二）委托监护未有名分，地位模糊

《民法总则》乃民法典的总则部分，其对于将来的民法分则的制定具有基础

---

① 叶英萍：《未成年人意定监护立法研究》，《现代法学》，2017年第5期。

② 全国妇联课题组：《全国农村留守儿童城乡流动儿童状况研究报告》，《中国妇运》，2013年第6期。

③ http://www.sohu.com/a/121787471_387711

《盘点：贵州毕节留守儿童之殇》 ④ 《雇人性侵幼童卖视频："云色情"让伸向留守儿童的黑手更肆无忌惮》http://view.news.qq.com/original/intouchtoday/n3707.html。

性的指引作用。然而，纵观整个《民法总则》关于监护的规定，并没有正面提出未成年人委托监护，这样的立法结果不得不说是一个遗憾。这种空白一方面导致分则将来是否规定未成年人的委托监护制度缺乏依据。刚举而目张，失去《民法总则》的统帅，未成年人委托监护的立法将更加困难重重。另一方面，我国最高人民法院《关于贯彻执行〈中华人民共和国民法通则〉若干问题的意见》（以下简称《〈民法通则〉意见》）是针对《民法通则》的适用的司法解释，《民法总则》施行，《民法通则》中许多相关规定也同时退出历史舞台，那么是否意味着《〈民法通则〉意见》中关于未成年人委托监护的相关规定也一并退出历史舞台了呢？新法的施行，是否意味着不再认同委托监护的存在了呢？这无疑给法律的适用带来了疑惑和不便。司法和法律适用不免遭遇困境。

另外《民法总则》第36条提到"怠于履行监护职责，或者无法履行监护职责并且拒绝将监护职责部分或者全部委托给他人，导致被监护人处于危困状态的"撤销监护人资格。该条文的设计从"监护"这一节的整体来看，逻辑上亦存在问题。既然要"惩戒"一定条件下拒绝委托的情形，逻辑上首先应预设委托监护制度，方为适当，否则该"惩戒"于法并无依据。

（三）国家监护步履艰难

《民法总则》第32条，提出民政部门，以及村居委担任监护人的情形。相关部门或者组织担任监护人，这是法律为留守儿童设定的国家监护。作为最后的兜底，国家监护有一定的意义。但是，同时我们也应该认识到，国家监护作为公权力干预私领域的存在，不宜过多，范围也不宜过广，国家监护不应该成为主要形式。公力救济手段运用得越少，则社会的文明程度越高。[①] 在目前的福利状况下，国家监护也不可能成为主要形式。一方面村居委既无人力也无财力来进行监护，《民法通则》施行的几十年实践足以证明，村居委的监护是一个"虚位"。另一方面，民政部门担任监护人，也只能是临时的，民政部门的社会服务职能，注定了其只能是一个媒介，而不应成为最终的监护实体。

近几年，从地方立法的情况看，许多省市纷纷出台各自的未成年人保护条例，基本上都涉及留守儿童问题，并且把留守未成年寄宿制学校建设纳入规划。但是寄宿制学校的施行，同样面临许多问题需要解决。从国家层面来看，这无疑是巨大的财政支出，以目前我国的福利化程度来看，大面积展开有困难。从法律层面来看，寄宿制学校的法律定位，责任承担需要明晰。这条路要走，也必定是艰难

---

① 谭启平：《"民法人"的探索》，北京：法律出版社，2009年版，第5页。

的开始，和长期的铺设，才能走得长久，走得更远。

未成年人监护任重而道远，需要多管齐下，多方尝试。在现今形势下尝试委托监护商业化的运作，或许可以探讨。

二、委托监护的商业化运作

（一）委托监护商业化运作的必然性

留守儿童群体庞大，国家福利化程度有限。仅仅依靠国家的财政，地方财政解决，并不现实。前文已经述及，大面积的建立寄宿制学校，需要大量的财政投入，而我们目前国家有限的财力，需要解决的问题远不止留守儿童这一个问题。大批寄宿制学校的兴建并不是难题，难在如何使其长期，有序，稳定的存在。稳定的资金来源才是其永恒的生命力。财政投入，甚至鼓励企事业单位，社会团体或个人的捐资，都难以确保资金的稳定。

那么稳定的资金来源于何处？笔者认为，家庭依然是监护最重要的基石。作为法定监护人的父母，外出务工，难以亲自监督照顾未成年子女，并不能把这个责任完全的推卸给社会，推卸给国家。未成年人的父母，委托他人监护，支付必要的费用或者酬劳已经在许多国家、地区立法中确立了。如《日本民法典》第862条，确立了有偿监护原则。《德国民法典》也在第1835a条确立了类似的补偿原则。台湾地区"民法"第1104条也明确"监护人得请求报酬"。这些有偿监护的立法，给委托监护的有偿化奠定了基础，使其商业化运作成为可能。

（二）委托监护商业化运作的正当性

《民法总则》第29条规定："被监护人的父母担任监护人的，可以通过遗嘱指定监护人"。未成年人的父母尚可以通过遗嘱指定未成年人的未来监护人，没有理由不认同，其在生存期间，监护难以实施时进行委托监护。另《未成年人保护法》第16条规定："父母因外出务工或者其他原因不能履行对未成年人的监护职责的，应当委托有监护能力的其他成年人代为监护"，此外我国《〈民法通则〉意见》22条也规定："监护人可以将监护职责部分或全部委托给他人"。

通过上述梳理可知我国相关民事法律对于未成年人监护的立法态度：意定监护的确立。未成年人委托监护是意定监护另一种重要形式，它是由适格的民事主

体 行使的非亲属身份权的一种监护类型。①

委托监护乃监护之一种，关于其能否适用《中华人民共和国合同法》（以下简称《合同法》），这个问题值得探讨。笔者认为委托监护可以适用《合同法》。

《合同法》第 2 条虽然明确"婚姻、收养、监护等有关身份关系的协议，适用其他法律的规定"，即不适用合同法，但是笔者认为重点并不在"婚姻、收养和监护"而应该是"身份关系的协议"。身份关系不应由契约决定，这点已经是共识。但是婚姻、收养，监护中非身份关系的协议内容应可由《合同法》调整。正如婚姻中的财产约定，配偶双方的债权债务关系可以由《合同法》调整一样，委托监护中的非身份内容也应由《合同法》调整。委托监护只是监护职责的部分转移，并没有改变法定监护人的地位，更没有取而代之之意。所以委托监护的相关协议用《合同法》调整，符合契约的精神，也是其商业化运作的模式体现。

三、委托监护商业化运作模式

台湾地区"民法亲属编"第 1092 条"父母对其未成年之子女，得因特定事项，于一定期限内，以书面委托他人行使监护之职务"。同时也认为，父母对子女的亲权，为专属的权利，不得抛弃或转移他方，但其行使可依赖契约委托与第三人。②该条文道出了委托监护商业化运作的典型模式：契约。

（一）契约化

1.契约当事人

（1）未成年人委托监护中，得委托他人行使监护职责的主体，即作为委托方的，原则上应为该未成年人的父母，在父母死亡或没有监护能力的情况下，可以由其他的法定监护人进行委托。按照《未成年人保护法》的规定，得委托的人，仅限于外出务工等情形的父母，笔者认为这样的规定过于狭窄，毕竟在我国目前社会状态下，精力不足或工作繁忙的父母将其未成年子女委托给朋友、邻居或同事部分监护的情况已经较为普遍。③

法律制度系社会制度之一种，不能背离人类社会生活实态与需求，否则与社

---

① 叶英萍、李永：《民法典视域下亲属身份权之重塑》，《西南政法大学学报》，2016 年第 2 期。
② 陈苇：《当代中国内地与港、澳、台婚姻家庭法比较研究》，北京：群众出版社，2012 年版，第611 页。
③ 叶英萍：《未成年人意定监护立法研究》，《现代法学》，2017 年第 5 期。

会事实脱节，法律即无实用价值，而形同具文。①

另外，对于已经失去监护的未成年人，由国家行使国家监护代订委托监护合同。

（2）受托人，应为具有监护能力的人。目前我国仅在《未成年人保护法》规定"其他有监护能力的成年人"得为受托人，笔者认为这个范围太为狭窄。首先法律上的"人"，一般应做广义的解释，包括了自然人，法人和其他组织。其次，在监护问题上，现行法律本身没有规定只能是自然人作为监护人，相反《民法总则》第27，28，31，32，33等条文，都明确了"组织"可以作为监护人，既然可以作为法定监护人，作为委托监护人自无不妥。事实上，笔者认为在委托监护中，法人或其他组织作为委托监护人，与自然人作为委托监护人相比，有其优越性。该问题，容在下文论证。

（3）被委托的未成年人也应当做出适当的限制。父母对其未成年子女的监护职责是一个重大的责任，该责任是其身为父母所天然具有的责任的法律化，虽然笔者认为应当确认未成年人的委托监护制度，并法律明文化，但同时也认为，并不是所有的未成年人都可以进行委托监护，都适合进行委托监护。譬如，对于年幼（2周岁以下），或者有特殊疾病的，其父母作为法定监护人的监护通常更有利于子女的成长，所以原则上不应考虑委托监护，以利于该未成年人的保护。另外，如果是8周岁以上（限制民事行为能力人）的未成年人，在进行委托监护时也应征求其意见为宜。

2. 契约的形式、内容

委托监护合同在形式上应采用书面，格式化的合同。可由国家授权民政部门，拟定格式合同。合同的内容上，除应当具备合同主体的基本情况外，还应具体各方的权、责、利。尤其是哪些监护职责可以委托须予以明确。梳理各法域的立法情况，笔者发现，大多数国家、地区，对于委托监护的事项都有特别的限制。一般而言，限定在教育，保护，及监督等日常的具体事宜，也包含与之关系密切的住所决定权，惩戒权等。但有关身份行为的同意权，被收养的代理权，财产行为的处分权等，则不能委托他人行使。从这个意义上看，委托监护和法定监护有本质的区别，法定监护人的身份并不因为委托了部分事项而改变，其对于未成年人的监护职责没有任何改变，只是将其中的部分事项交由委托人来完成，以契约形式进行约定。故而，委托监护并不免除法定监护，乃使法定监护更好地行使所用之手段。

3. 委托监护的前提

基于上述，委托监护乃法定监护的手段之一种，以契约形式分配监护事项由

① 黄阳寿：《有当事人能力之非法人团体之权利能力论》，台湾：汉兴书局，1996年版，第3页。

受托人来完成。故而，笔者认为，未成年人委托监护，并不以法定监护人无监护能力作为前提。唯须法定监护人同意，属于可委托事项即可进行。法定监护人进城务工，阜外就职可以委托监护；疾病缠身，无法照顾子女日常生活起居可以委托监护；文化水平有限，希望子女接受更好的教育也可委托监护。

4.报酬请求权

目前我国的监护制度，尚没有关于"监护报酬请求权"的相关规定。一旦确认委托监护，报酬请求权就成为不可避免的问题。委托合同乃契约，且该份契约使受托人负担义务。一方面委托事务的进行，有其必要的支出，如教育经费的支出，医疗支出，日常生活支出等，此部分属于必要费用的支出，乃为委托事项的正常进行所必须。另一方面，受托人受托监护事务，耗费人力，物力，为他人之事务兢兢业业，其行为应该有偿化。至于报酬的多少，可以根据委托合同具体商定，所产生争议乃属合同法调整的范围。

5.定期探望，定期联系制度的设立

法定监护人的探望权不得委托。一方面，探望权具有强烈的人身专属性，不属于契约委托的范围。另一方面，在委托监护的情况下，法定监护人探望权的行使，是对于委托监护的有效监督。委托监护并不是法定监护人"甩包袱"的手段，并不能一经委托就对被监护人置之不理，不管不顾。在不能日日相伴其左右，照顾日常生活起居的情况下，一定时间，一定频率的探望，是亲子关系维持的重要手段。同时也可以在探望时，进一步考核受托人的监护是否到位，有无不利于被监护人的情况出现，及时纠正监护中的疏失。

6.委托合同的订立和解除

（1）委托人一定条件下有强制缔约的要求。《未成年人保护法》第16条"父母因外出务工或者其他原因不能履行对未成年人监护职责的，应当委托有监护能力的其他成年人代为监护"，此处用语"应当"表明在该种情形下，未成年人父母的强制缔约要求。然而法条的规定也仅仅到此为止，并没有进一步的规定，导致出现许多实际上无人监护的情况出现。2016年国务院印发了《关于加强农村留守儿童关爱保护工作的意见》，意见指出，"不得让不满16周岁的儿童脱离监护单独居住生活。""父母或受委托监护人不履行监护职责的，村（居）民委员会、公安机关和有关部门要及时予以劝诫、制止；情节严重或造成严重后果的，公安等有关机关要依法追究其责任。"另外，根据《民法总则》第36条规定，亦可以据此申请撤销监护人的资格，另行指定监护人。对于法定监护人对被监护人不管不问，构成遗弃的，必要时予以治安管理处罚，情节恶劣构成犯罪的，依法立案侦查。

（2）委托监护合同双方可解除。

委托监护合同乃合同法委托合同之一种。为避免对未成年人的虐待和遗弃，应允许委托监护合同的双方当事人享有解除权。委托人如发现受托人监护不利，无法有效履行监护职责保障被监护人的身心健康的，得解除委托监护合同。受托人亦可以基于报酬，其他合同订立时约定的事宜，或者不可抗力等原因解除委托。赋予委托监护合同双方解除合同的权利，既符合儿童利益最佳原则，也体现契约自由。

（二）机构化

前文已经述及，笔者认为委托监护不仅可以委托有监护能力的成年人，亦可以委托法人及非法人组织。相对于自然人个人监护而言，笔者将法人及非法人组织统称为机构。委托监护机构化也是其商业化运作的必然。

1. 委托机构监护的优势

机构监护相较于自然人监护有其不可替代的优势。

首先，平等化的监护对被监护儿童的心理发展有利。

目前的委托监护绝大部分还是父母将监护职责委托给近亲属。隔代的祖父母与未成年人代沟明显，难以沟通交流；叔伯姑舅等其他近亲属，也由于监护对象并不是自己的子女，监护教养中有所顾虑，有失平等，或者不敢严加管教，或者明显与自己的子女区别对待。而这些留守的儿童，本身较为敏感，容易产生寄人篱下的感觉，从而形成一些心理问题。机构监护能够实现平等化，使被监护儿童之间无区别待遇，这样有利于其心理成长。

其次，机构监护更专业，抗风险能力更强，更好监督。

机构监护相对于个人监护来说，专业性更强。个人监护，零星分散在各个家庭中。而留守儿童生活的地域，往往又是经济较为落后的农村，多数农民文化程度不高，自身的文化水平有限，很难有效地承担教育被监护人的责任，通常能够保证温饱就差不多了。机构则不然，机构监护有能力营造良好的学习生活条件，制定学校之外教育孩子的有效的策略方法，并通过各种方法对孩子的学习和生活进行指导，加强生活和学业的监护。另一方面，留守儿童大多孤僻，情感脆弱，在机构监护之下，一定数量的留守儿童同处于某一机构监护之下，相互之间多了交流，避免了焦虑自闭，更容易养成开放的个性。机构也有条件能够定期组织心理健康教育，及时疏导未成年人的心理问题，这些都是个人监护无法做到的。

机构监护抗风险能力更强。个人监护，往往因为委托监护人个人的身体原因，家庭原因而中断。中断后不得不继续寻找可以监护的个人。因此可能导致某些儿童在短短的几年中，流转于数个家庭，监护的稳定性差。而作为被委托人的机构，由于其本身具备了一定的条件，符合准入资格，不会因为个人原因影响机构的延续性，稳定性较好。

机构监护更易于监督。个人监护家庭化，隐蔽性较强，往往难以防止个人监护中的道德风险。委托监护人侵害被监护儿童人身及财产的现象屡屡出现，屡禁不止。机构监护开放性较好，能较好防止个人道德风险，且有效的监管也能对机构从业人员进行监督。

最后，机构监护具有一定的公益性，能够推动社会力量积极参与。

个人监护仅仅依赖家庭，许多时候留守儿童的家庭本身就是极为困难的，很难拿出相应的费用委托他人监护，故而在广大农村绝大部分受托者都是委托人的近亲属，半义务甚至全义务性质的委托监护，往往使监护人成为"虚位"，名存而实无。变义务为有偿才能使委托监护具有持久的生命力。《关于加强农村留守儿童关爱保护工作的意见》提到，充分发挥市场机制作用，支持社会组织、爱心企业依托学校、社区综合服务设施举办农村留守儿童托管服务机构，财税部门要依法落实税费减免优惠政策。因此委托机构监护的报酬，一部分由委托人支付，一部分由国家财政补助，另外还可以通过积极引导社会资金的投入，为农村留守儿童关爱保护提供更加有力的支撑。

2. 建立准入制度，严格选定受托监护机构

目前，社会上还没有专门的受托监护机构。于此比较类似的，主要是在各个学校，小区周边的大大小小的托管教育机构，托管班。其主要任务是辅导孩子写作业，接送孩子放学，安排餐食等。

这些托管机构可谓良莠不齐，由于当前工商部门审批项目中还没有专门针对托管班的业务内容，因此，大多数托管班要么无照经营，要么打政策的擦边球，注册为"教育咨询公司"或"家政公司"。如果按照教学场所要求，绝大多数托管班的硬件设施和规模都达不到。①

2015 年，据福建省家庭服务业学生托管专业委员会摸排估计，福州五区大概有 2600 多家托管机构，只有 500 多家为有营业执照的托管机构（包括挂靠家政公司的）。②

这些托管机构与上文所述受托监护机构相比，监督管理的范围更窄，并且以现今的状况而言并不适合作为监护受托人。笔者认为，合格的受托监护机构，应

---

① 百度百科 [EB/OL].https://baike.so.com/doc/6274307-6487733.html ,2017-07-18.

② 蒋德烽：《福州托管市场乱象多 2 千多家机构仅 5 百家有执照》，http://fj.qq.com/a/20150910/008137.htm,2015-09-10.

从以下几个方面考查：

首先，要有安全的场所。

场所安全是首要的。作为监护机构，其监护的对象较之家庭监护人员更多，往往也会有一定的年龄跨度。监护机构应当建立安全制度，加强对未成年人的安全教育，采取措施保障未成年人的人身安全。孩子们生活学习，活动的场所要符合卫生安全要求，符合消防安全要求。

其次，要进行从业资格审查。

监护机构的经营者须无不良的个人记录，所有从业人员应符合岗位要求。例如食堂的工作人员须持有健康证；学业管教老师须有教师资格证等。并参照《民办教育促进法》等相关法律法规的要求，确定开办标准和审批程序，在取得消防、卫生等许可证和教育行政部门审核后，再由工商部门颁发营业执照。

最后，确定指导性服务质量标准，严把监管关。

建议由民政部门，教育部门，工商部门，以及未成年人保护委员会等联合制定指导性的服务质量标准，并由未成年人保护委员会为主，进行定期抽查，年度检查等。

鉴于目前托管机构多、杂，资质不一，良莠不齐的情况，可以考虑在资质较好的托管机构中选择一些作为监护机构的试点，对其进行整顿。经过从业资格审查，注册登记，颁发营业执照。并在政策方面大力扶持，如在财政方面给予补贴；税收等方面给予减免；师资方面免费培训等。这样可以在现有的基础上，发展出一批合格的监护机构，承担起一部分的委托监护职责。以点带面，逐步扩大，形成规范有序的委托监护机构管理机制。

21 世纪的民法就是人法，终极价值就是对人的关爱。《民法总则》中的监护制度的背后蕴含的民法理念的重大变化，即强调人文关怀的精神。[1] 随着社会的变迁，亲属之间的关系日益松弛，如果继续固守"个人"监护，继续依靠伦理自治来维持委托监护关系，将很难解决日益凸显的留守儿童的监护问题。监护是家事，也是社会和国家的责任，在目前的社会福利状态下，国家和社会难以依靠公力救济来解决庞大的留守儿童的委托监护问题，但是政策的扶持，法律的认可和适当的引导确是可以实现的。

---

① 《〈民法总则〉的本土性与时代性》，《交大法学》2017 年第 3 期。

论代位继承规则的重构

唐　琳[*]

代位继承，又称间接继承，是指发生被继承人的子女先于被继承人死亡的情形时，由被继承人子女的晚辈直系血亲代其位继承被继承人遗产的一种法定继承制度。[①] 其中，先于被继承人死亡的子女，称为被代位人；代替被代位人继承遗产的晚辈直系血亲，称为代位继承人或代位人。代位继承起源于罗马法中的按股继承，后逐渐延伸、发展成现代的代位继承制度。目前各国法律一般都规定了代位继承制度，但在代位继承权行使的范围、要求等具体细节规定上有所差异。我国修订民法分则继承编，应立足我国实际情况，结合中国传统继承习惯，对代位继承规则进行必要的修正。

一、代位继承权性质的确定

修正代位继承规则，必须先明确代位继承权的性质，这不仅关乎法律理论，更影响着代位继承立法与实践。有关代位继承的性质，主要有两种学说主张：代表权说与固有权说。这两种学说的分歧点在于代位继承人享有的继承被继承人遗产的权利，是属于代位继承人本身所固有的权利，还是源于被代位人的继承权。代表权说认为代位继承人是代表被代位人获得遗产的继承权。例如在法国，代位继承为"法律的拟制"，其效果为"使代位继承人取代被代位人的地位、亲等与权利"，"任何人仅能代替已死亡之人而不得代替活着的人而取得其继承的地位"。[②] 依代表权说，一旦被代位人丧失继承权，则代位人不能代替被代位人继承遗产。固有权说认为代位继承权是法律直接赋予代位人的权利，是因其身份关系而获得的固有权利，不论被代位人继承权状况如何，都不影响代位人实际代位继承遗产。例如日本民法典规定"被继承人的子女，在继承开始前已经死亡的，或因符合第

---

① 蒋月、何丽新：《婚姻家庭与继承法》，厦门大学出版社，2013年第四版，第342页。

② 李浩培、吴传颐、孙鸣岗译：《法国民法典》，商务印书馆1979年版，第99页。

891 条规定（继承人欠缺资格的事由）的，或因废除而丧失其继承权的，由其子女代位成为继承人"。[①]

我国现行继承法并未明确规定代位继承权的性质。但根据《继承法》关于"代位继承人一般只能继承他的父亲或者母亲有权继承的遗产份额"的规定，以及最高院相关司法解释关于"继承人丧失继承权的，其晚辈直系血亲不得代位继承"等规定判断，我国采代表权说。实际上，固有权说代表着世界继承立法的主流，德国、意大利、瑞士、美国等国家，还有我国台湾地区均采用此说。笔者认为，立足我国的实际情况，从尊重被继承人意愿与保护公民私有财产的角度出发，我国应采固有权说。首先，代表权说存在内在的理论缺陷，不符合民法学逻辑，经不起法理推敲。代表权说的基础是代位人代替被代位人行使继承权，但《民法总则》规定公民的民事权利终于死亡，既然被代位人已死亡，其所享有的一切民事权利包括继承权均归于消灭，又何来有效存在的继承权转由其晚辈直系血亲来行使？且继承权性质上属于专属权，无法转让给他人。其次，采代表权说，当被代位人违反法律致丧失继承权时，其晚辈直系血亲不得代位继承，意即被代位人的行为后果，由与该行为没有关系的其他人来承担，这违背了现代法律的基本原则——责任自负，反对株连。而采用固有权说则不会发生这个问题。再次，代位继承制度创设的目的在于保护晚辈直系血亲的利益。采代表权说会因被代位人丧失继承权导致这一目的落空；采固有权说则能让晚辈直系血亲直接凭借自己固有的身份关系名正言顺地获得遗产，而不受制于被代位人的违法或任意行为。因此，在确定代位继承权性质时，应采固有权说，承认晚辈直系血亲的代位继承权为其本身固有的权利，以有效地维护晚辈直系血亲的合法权益，达到代位继承制度的设置目的。

二、代位继承范围的扩大

代位继承的范围，主要涉及被代位人范围和代位人范围两方面，均由法律直接加以规定。该范围大小直接影响着代位继承在实践中发生的可能性。罗马法中，除晚辈直系血亲可以代位继承外，兄弟姐妹的子女也可以代位继承。美国、法国、意大利、德国、瑞士等国，代位继承的范围包括旁系血亲，意即被继承人的父母、兄弟姐妹、祖父母、外祖父母等先于被继承人死亡的，也可以发生代位继承。

目前我国被代位人的范围仅限于被继承人的子女，代位人的范围限于被代位

[①] 渠涛编译：《最新日本民法》，法律出版社 2006 年版，第 192 页。

人的晚辈直系血亲。这种既窄又严的立法范围，其本意应是对直系血亲利益的特别保护，以避免发生本支系血亲因某人的非正常的死亡顺序致使本支系继承份额丧失的情形，从而保证本支系延续家产与抚养。但社会发展变化至今，人们的生育观念、继承观念已发生较大改变，小家庭普遍存在，亲属关系日益简单，家族结构日益小型化、简单化，法定继承人范围已客观缩小。如果继续坚持此范围，将导致接下来的二三十年，遗产无人继承的情形增多，公民的私有财产得不到有效的保护。实际上，继承制度确立的根本目的，在于被继承人血亲无论是直系血亲还是旁系血亲，无论是尊亲属还是卑亲属，均能在合理的制度中，依据彼此的亲系，遵循亲等近者优先的原则，承袭被继承人遗产，以实现被继承人的愿望，达成被继承人的目的——后代人利益最优化，所有继承人能平等地实现继承权。虽然大多数人内心的共同愿望都是把自己的遗产尽量留给本直系的子孙，不希望遗产向旁系血亲分散，但在没有直系血亲可以继承遗产的情况下，相信人们会愿意将遗产留给旁系血亲而不是归国家所有。因此，从尊重被继承人意愿及尽可能保证私有财产的有效继承，我国应适当扩大代位继承的范围。

对此，笔者认为，根据我国传统习惯及现实情况，综合血缘关系、感情联系、共同生活等各项因素，可考虑将被继承人的兄弟姐妹列为被代位人。现实生活中兄弟姐妹与被继承人是最近的旁系血亲，和被继承人多有共同生活、相互扶助的经历，感情较为密切，同时兄弟姐妹的子女与被继承人也较亲近，多愿意照顾、赡养被继承人。因此，由被继承人兄弟姐妹的晚辈直系血亲继承财产，是符合被继承人愿望的。同时，扩大被代位人的范围，肯定旁系血亲的代位继承权，无形中能加强亲属之间的交流与沟通，引导人们重视亲情，鼓励亲属相互扶助、养老育幼。

三、代位继承人应继份的修正

现行《继承法》规定，代位继承人继承的遗产份额，一般只限于他的父亲或者母亲有权继承遗产份额。笔者认为这种一刀切的规定不够科学，还有完善空间。试举一例说明：如被继承人甲有乙和丙二子，乙有 AB 二子，丙有 C 一子，乙和丙均先于甲死亡，现甲死亡，留有遗产 12 万元。按现行规则，则由 A 和 B 均分 6 万元的遗产，而 C 独得 6 万元遗产。法定继承中遗产份额的大小在一定程度上有体现亲属亲疏远近的作用。AB 与 C 均为甲二亲等晚辈直系血亲，但最终所得的遗产价值却不相等，这种分配规则并不公平合理。在被继承人的子女全部先于被继承人死亡的特殊情形下，将代位继承人的继承份额继续局限于其父或母的遗产份额并没有意义。而且随着人们财富观念和继承观念的转变，在遗产的分配问题上，人们更强调权义一致与个体公平，当遗产全部由代位继承人共同继承且各代位继承人处于同一亲等时，应获得相同的遗产份额。

这种做法在世界已有先例，例如《美国统一继承法》规定的"被继承人的直系卑亲属如属于同一亲等，可以平等地继承遗产"。[①] 实际上，这种同亲等者均分遗产的规则也是符合我国传统习惯的。例如我国古代唐户令规定："兄弟亡者，子承父分。"即进行代位继承时，无论有几个孙子，他们均只能继承其父有权继承的那一份遗产。同时唐户令还规定了另一种特殊情况："兄弟俱亡，则诸子均分。"即如果儿子已经全部亡殁，那么所有的孙子，不管出于哪一个儿子，一律平均分配祖父遗产，而不再局限于继承其父的那一份遗产。[②] 宋代、明代、清代均沿袭了这一继承规则，在子辈均已先亡的情况下，遗产一律由孙辈的代位继承人打乱均分，以防止同一亲等的继承人继承份额之间的差距过大。这样的遗产分配规则，既明确规定了通常情形，又兼顾了特殊情形，体现了亲等近者与亲等相同时继承份额的差别，无论在形式上或实质上，都更为科学合理，更具有公平性。

四、代位继承规则的重构建议

修正代位继承规则必须考虑并回应时代变迁所带来的问题。立足我国现实社会发展情况，结合继承传统与习惯，综上分析，笔者认为代位继承规则可确立如下：被继承人的子女丧失继承权、先于被继承人死亡或与被继承人同时死亡的，由被继承人的子女的晚辈直系血亲代位继承。被继承人的兄弟姐妹丧失继承权、先于被继承人死亡或与被继承人同时死亡的，由被继承人的兄弟姐妹的晚辈直系血亲代位继承。代位继承不受辈数的限制，与被继承人亲等近者优先代位。代位继承人只能继承被代位人的应继份。但被继承人的遗产全部由同一亲等的晚辈直系血亲代位继承时，则各代位继承人的应继份均等。

---

① 王微：《代位继承人之应继分研究》，载《暨南学报》2006 年第 4 期，第 109 页。

② 程维荣：《中国继承制度史》，东方出版中心 2006 年版，第 258 页。

共有产权房若干法律问题评析
——以平衡制度目标和购房人权利为视角

郑珍清、林伟江 *

一、引言

根据《北京市共有产权住房管理暂行办法》第二条之规定，共有产权房（亦称共有产权保障住房或共有产权住房）是指政府提供政策支持，由建设单位开发建设，销售价格低于同地段、同品质商品住房价格水平，并限定使用和处分权利，实行政府与购房人按份共有产权的政策性商品住房。

共有产权房制度被赋予稳定房价，实现住房困难者"住有所居"之期望。而能否达成这一目标，关键在于两点：一是购房资格的确定和审核，让真正符合条件的购房人得以购买；二是对共有产权房的使用和处分进行有效限定，使其真正为住房困难者使用。购房资格问题主要关系行政管理，相对而言，与法律关系不大。而对共有产权房使用和处分的限定，则涉及现有相关的法律、法规等规范性法律文件的理解和适用。北京上海两地关于共有产权房的管理规定具有典型意义，对于其他地区共有产权房的管理和规范具有参考价值，因此本文拟以该两地的管理规定，以平衡制度目标和购房人权利为视角，对其间可能存在的法律问题择要进行分析，以求教于方家。

二、共有产权房的法律结构

共有产权房系由政府（由代持机构代持份额）和购房人按份共有的政策性商品房。共有产权房具有传统民法按份共有的法律特征，也有政策性的特殊因素。按份共有系数人按照份额对于一物（共有物）共同享有所有权。按份共有的法律

---

* 北京德恒（福州）律师事务所律师。

结构系由份额和共有物组合而成①。传统民法从份额的角度观察共有人的权利义务，从共有物的角度观察按份共有的内部关系和外部关系。本文以下将以按份共有的传统法律结构，结合《北京市共有产权住房管理暂行办法》（以下简称《北京暂行办法》）和《上海市共有产权保障住房管理办法》（以下简称《上海管理办法》）等相关规定，对共有产权房的法律结构进行解析。

三、共有产权房之产权份额

（一）产权份额的使用收益

《物权法》第九十四条规定："按份共有人对共有的不动产或者动产按照其份额享有所有权。"即份额系各共有人对其所有权在分量上应享的比例，其抽象地存在于共有物的每一部分，而不是具体特定于共有物的某一部分。也就是说，共有人按照份额对于共有物的全部有使用收益之权。

具体到共有产权房，购房人和代持机构对于共有产权房的使用收益之权，略有不同：

1. 使用。北京上海两地均规定，一方面，政府让渡居住使用权给购房人和同住人，购房人在此意义上具有完全的居住使用权；另一方面，其他人未经政府许可，不得作为共有产权方的居住使用人。

2. 收益。一方面，购房人不得擅自出租；另一方面：（1）北京规定购房人应优先向保障性住房备案家庭或符合共有产权住房购房条件的家庭出租，购房人和代持机构按照所占房屋产权份额获得租金收益的相应部分；（2）上海则规定购房人取得完全产权前不得擅自出租、出借共有产权房，若违反应承担违约责任，并在《上海市共有产权保障住房供后房屋使用管理协议示范文本（2018版）》中约定可没收违法所得。

（二）产权份额的处分

份额既然是所有权量上的分割，而不是所有权质上的分割，共有人行使权利除应受其他共有人份额的限制外，其内容、性质及效力与单独所有权相同②。其中，最关键的是，份额的处分。从广义上而言，份额的处分包括让与、设定负担、出

---

① 王泽鉴：《民法物权（第二版）》，北京大学出版社 2010 年版，第 217 页。
② 王泽鉴：《民法物权（第二版）》，北京大学出版社 2010 年版，第 218 页。

租、抛弃。

本于所有权自由的原理,《物权法》第一百零一条规定:"按份共有人可以转让其享有的共有的不动产或者动产份额。其他共有人在同等条件下享有优先购买的权利。"即共有人对其份额可自由处分,只不过在考虑共有关系的情形下,应允许其他共有人有优先购买权。

具体到共有产权房,购房人的份额处分均不同程度受到限制,另一方面在特定情形下,政府还可要求回购购房人的份额。

1. 转让的条件

(1)《北京暂行办法》第二十四、二十五条分别以购房人取得不动产权证是否满5年,对购房人是否可以转让房屋产权份额,作出不同规定。其中,未满5年的,不允许转让房屋产权份额;已满5年的,购房人可有条件转让。

(2)《上海管理办法》第三十三、三十四、三十五条也分别以购房人取得不动产权证是否满5年,对购房人是否可以转让房屋产权份额,作出不同规定。其中,未满5年的,原则上不得转让;已满5年的,购房人和同住人可向政府提出转让申请。

2. 受让对象和优先购买权

(1)北京规定只能向其他符合共有产权住房购买条件的家庭转让,同等价格条件下,代持机构可优先购买。

(2)从文义上,上海并未限定受让对象,区(县)住房保障实施机构或者区(县)人民政府指定的机构在同等条件下有优先购买权。

3. 产权份额的回购

传统的按份共有,并无共有人对他共有人的份额有强制购买的权利,此系共有产权房的特殊规定。

(1)北京规定可由/应当由政府回购的情形

①《北京暂行办法》第二十四条规定,共有产权住房购房人取得不动产权证未满5年的,因特殊原因确需转让的,可向原分配区住房城乡建设委(房管局)提交申请,由代持机构回购。回购价格按购买价格并考虑折旧和物价水平等因素确定。回购的房屋继续作为共有产权住房使用。

②《北京暂行办法》第二十六条第二款规定,购房人转让价格明显低于评估价格的,代持机构应当按购房人提出的转让价格予以回购。

③《北京暂行办法》第二十六条第三款规定,购房人通过购买、继承、受赠等方式取得其他住房的,其共有产权住房产权份额由代持机构回购。

（2）上海规定可由/应当由政府回购的情形

①《上海管理办法》第二十三条第一款规定，取得房地产权证未满 5 年：A、购房人或者同住人购买商品住房，不再符合住房困难标准的；B、购房人和同住人的户口全部迁离本市或者全部出国定居的；C、购房人和同住人均死亡的，应当腾退共有产权保障住房，并由房屋所在地区（县）住房保障实施机构或者区（县）人民政府指定的机构予以回购。

②《上海管理办法》第二十三条第三款规定，取得房地产权证未满 5 年，因离婚析产、无法偿还购房贷款等原因确需退出共有产权保障住房的，全部购房人、同住人之间应当达成一致意见，并向房屋所在地区（县）住房保障实施机构提出申请。经审核同意后，按照第一款、第二款的规定予以回购。

4. 评析

虽然出于政策考虑，共有产权房购房人的产权份额的处分应受到一定限制，但是一些限制难谓合理。

（1）受让对象的限制

北京对取得不动产权证已买 5 年的共有产权份额的转让，规定只能向其他符合共有产权住房购买条件的家庭转让，不具有充分的正当性：

①从法理上，共有人得自由处分其份额，若其处分受限制，应有法律上的正当性。根据《北京暂行办法》第十八条之规定，购房人产权份额系参照项目销售均价占同地段、同品质普通商品住房价格的比例确定。即购房人实际系按照普通商品住房价格购买其份额的，其权利理应与普通商品住房权利人一致。

②虽然政府限定产权份额转让对象，有防止炒房的考虑，但是另一方面也损害了购房人的权利：A、限定转让对象，购房人的数量必将减少，转让价格通常情况将低于正常市场价；B、购房人得到的转让款减少，必将影响购房人正当的改善需求，从本质上也违反了"以市场为主满足多层次需求"的政策。

因此，相比较而言，《上海管理办法》未对受让对象进行限定，符合法理，保障了购房人的权利，具有正当性。

（2）回购的相关问题

综观两地关于回购的约定，大致可分为两类：一是取得产权证未满 5 年的回购；二是购房人出现特定情形下的回购，择要分析如下：

①取得产权证未满 5 年特殊原因的回购

两地均规定，对于取得产权证未满 5 年的，购房人因特殊原因确需转让的，由政府回购。对于特殊原因：北京并未明确；上海规定因离婚析产、无法偿还购房贷款等原因。实践中，本文认为还应当包括重大疾病等客观困难造成的需要变卖房屋的情形。

关于回购的价格，两地的规定并不一致。北京规定，回购价格按购买价格并考虑折旧和物价水平等因素确定。上海规定，回购价款为原销售价款加按照中国人民银行同期存款基准利率计算的利息。

本文认为，在购房人因客观原因需要转让产权份额的以及按份共有的基本法理，即便考虑政策因素，回购价格也不应仅仅考虑资金成本，而应适当考虑房屋的升值。相比较而言，北京规定应考虑物价水平等因素较为合理。

②取得产权证未满5年购房人不符合政策要求的回购

上海规定了三种情形，购房人或者同住人购买商品住房，不再符合住房困难标准的；购房人和同住人的户口全部迁离本市或者全部出国定居的；购房人和同住人均死亡的。北京无此规定。

本文认为，三种情形均规定回购价格按照原销售价款加按照中国人民银行同期存款基准利率计算的利息不合理，理由同上。另外，购房人和同住人均死亡的必须回购，则未考虑到购房人和同住人在本市工作生活的无房的继承人的实际需要，也不具有正当性。

③购买、继承、受赠等方式取得其他住房的回购

在回购价格充分考虑房屋升值的情况下，如果购房人购买了其他住房的，则政府有权回购，具有正当性，毕竟共有产权房必须优先保障无房家庭的住房需求。但是，北京规定继承、受赠方式取得其他住房的，则对购房人的限制过苛，有逼购房人选择的嫌疑，要么选择共有产权房，要么选择其他住房，政府不当介入购房人的其他社会关系，不具有正当性。相较而言，上海没有类似规定，具有合理性。

四、共有产权房的内部关系

共有产权房系购房人和代持机构按份共有一套房屋，此必然发生共有物的使用收益、处分、管理以及费用负担之内部关系。

（一）共有产权房的使用收益

《物权法》第九十四条规定："按份共有人对共有的不动产或者动产按照其份额享有所有权。"但对共有物的使用收益并未明定。台湾地区"民法"第八百一十八规定："各共有人，除契约另有约定外，按其应有部分，对于共有物之全部，

有使用收益之权。"此亦应为《物权法》第九十四条的应有之义。

如上所述,共有产权房的使用实际系政府让渡其使用权给购房人,因此购房人和同住人对房屋具有完全使用权;若出租的,则双方按照份额比例分享收益。

（二）共有产权房的处分和重大修缮

《物权法》第九十七条规定:"处分共有的不动产或者动产以及对共有的不动产或者动产作重大修缮的,应当经占份额三分之二以上的按份共有人或者全体共同共有人同意,但共有人之间另有约定的除外。"即我国对于按份共有财产处分和重大修缮,采份额多数决原则。

1. 处分和重大修缮的限制

具体到共有产权房,从目前市面上的产品来看,购房人的份额均在50%以上,大部分在70%左右,但是购房人在房屋的处分和重大修缮上难谓有"决定权"。政策性因素在共有产权房的处分和重大修缮体现得最为明显,排除了多数决的适用,甚至出现了"少数决"的情形:

（1）"少数决"的情形

如上所述,在特定情形下,政府可回购购房人持有的产权份额,这实际上出现了政府小份额可以"处分"购房人大份额的情形。

（2）处分限制

①《北京暂行办法》第二十七条第二款规定,购房人不得擅自转让共有产权房,否则应当按照合同约定承担违约责任。这从根本上否认了购房人的处分能力。

②《上海管理办法》第三十二条规定,购房人在完全取得共有产权房产权之前,不得擅自转让、赠与。

（3）重大修缮

两地均未对共有产权房的重大修缮作出特别规定,应认为可适用《物权法》的多数决原则。

2. 评析

根据北京住建委的解读,以"封闭管理、循环使用"为原则,共有产权住房的"共有产权"性质再上市后也不能变更,即共有产权房不可能变为普通商品房①。换言之,购房人不能从政府手中购买其产权份额,使之变为普通商品房。也就意味着,购房人永远不可能处分共有产权房,至多只能面向其他符合条件的无房家庭,转让自己的产权份额。

---

① 参见:《住建委解读共有产权住房政策:永不可转商品房》,http://www.cs.com.cn/ssgs/fcgs/201710/t20171023_5528493_1.html,访问时间2018年5月1日。

据此，本文认为，结合上述购房人如果通过继承、受赠取得其他住房的，则代持机构可回购购房人的份额，虽然一定程度上可以确保"房子是用来住的，不是用来炒的"目标的实现，但是无疑对购房人的权利构成了极大限制，毕竟购房人系按照普通商品住房的价格购买其份额的，其正当性和合理性值得商榷。

相比较而言，《上海管理办法》第三十四条规定，取得房地产权证满 5 年后，共有产权保障住房可以上市转让或者由购房人、同住人购买政府产权份额，具有合理性。

（三）共有产权房的管理

《物权法》第九十六条规定："共有人按照约定管理共有的不动产或者动产；没有约定或者约定不明确的，各共有人都有管理的权利和义务。"本条规定的对共有物的"管理"是一个外延宽泛的大概念。包括共有人对共有物的保存、使用方法和简易修缮。①

《北京暂行办法》和《上海管理办法》均未对共有物的管理明定，应认为适用《物权法》的规定。考虑到房屋实际由购房人和同住人居住使用，房屋的保存和简易修缮应主要由其承担。

（四）共有产权房的费用负担

《物权法》第九十八条规定："对共有物的管理费用以及其他负担，有约定的，按照约定；没有约定或者约定不明确的，按份共有人按照其份额负担，共同共有人共同负担。"

如上所述，房屋实际由购房人和同住人居住使用，因此两地均规定，物业服务费和住宅专项维修资金均由购房人负担。

（五）共有产权房的分割

关于按份共有物的分割，《物权法》第九十九条规定："共有人约定不得分割共有的不动产或者动产，以维持共有关系的，应当按照约定，但共有人有重大理由需要分割的，可以请求分割；没有约定或者约定不明确的，按份共有人可以随时请求分割，共同共有人在共有的基础丧失或者有重大理由需要分割时可以请求分割。因分割对其他共有人造成损害的，应当给予赔偿。"即：有约定从约定，

---

① 全国人大常委会法工委：《中华人民共和国物权法释义》，http://www.pkulaw.cn/CLink_form.aspx?Gid=89386&Tiao=96&km=siy&subkm=0&db=siy，访问时间 2018 年 5 月 1 日。

无约定可随时请求分割；即便有约定若有重大理由的，也可以请求分割。

具体到共有产权房，其实际由购房人和同住人居住使用，并无实物分割的必要；若购房人需要房屋变现的，则可通过政府回购其份额和转让其份额实现，其间存在的问题如上所述。

（六）共有产权房的外部关系

按份共有的外部关系包括按份共有人对第三人的权利和分别共有人对第三人的义务。据此，《物权法》第一百零二条规定："因共有的不动产或者动产产生的债权债务，在对外关系上，共有人享有连带债权、承担连带债务，但法律另有规定或者第三人知道共有人不具有连带债权债务关系的除外；在共有人内部关系上，除共有人另有约定外，按份共有人按照份额享有债权、承担债务，共同共有人共同享有债权、承担债务。偿还债务超过自己应当承担份额的按份共有人，有权向其他共有人追偿。"

具体到共有产权房，其按份共有的性质为《北京暂行办法》和《上海管理办法》所明定，应当推定第三人知道共有人不具有连带债权债务关系，因此购房人和代持机构对第三人不享有连带债权、承担连带债务，购房人和代持机构可独立行使债权和承担债务。

五、结语

根据《住房城乡建设部关于支持北京市、上海市开展共有产权住房试点的意见》（建保〔2017〕210号），共有产权房是落实"房子是用来住的，不是用来炒的"中央经济工作会议精神的一个举措。政府对共有产权房的使用和处分进行一些限定具有必要性，但是如何平衡购房人的权利，综观北京上海两地规定，难谓完美。

2017年10月，福建省人民政府出台了《关于进一步加强房地产市场调控八条措施的通知》（闽政〔2017〕43号），明确福州、厦门市要把共有产权住房和租赁住房用地纳入年度住宅用地供应计划，并在年底前启动一批共有产权住房建设并出台共有产权住房的具体管理办法。福建省共有产权住房管理办法至今尚未出台，期能在房地产市场调控和购房人权利保障两个方面做好平衡。

农村土地经营权抵押之抵押权人的法律风险及防范

——对我国农村土地"三权分置"改革试点的阶段性总结反思

杨镇煌 黄耀骥 *

一、农村土地经营权抵押改革试点的背景与相关法理分析

（一）农村土地经营权"三权分置"改革背景与理论支持

1. 农村土地"三权分置"改革的必要性与意义

伴随我国工业化、信息化、城镇化和农业现代化进程，农村劳动力大量转移，导致客观上农户承包土地的经营权流转明显加快……实践证明，农村土地所有权与承包权"两权分离"模式已经不适应新时期农村的经济发展，土地有序流转将是发展现代农业的必由之路。2014 年中共中央、国务院《关于全面深化农村改革加快推进农业现代化的若干意见》（即《中央 1 号文件》）提出对农村土地落实所有权、稳定承包权、放活经营权，在官方文件中首次提出"三权分置"。2015 年12 月 28 日，试点地区正式开始暂停适用《物权法》《担保法》中关于集体所有的耕地使用权不得抵押的规定，进行农村土地经营权抵押贷款实践。① 此改革在确保农户承包关系与农村土地生活保障不变的基础上，让农村土地经营权进入市场自由流转，提升农村土地资源利用率，发展了适度规模经营，同时从新的渠道解决目前农业资金缺乏、融资难的问题，为实现农业规模化、产业化经营和农业现代化提供了政治保障。

---

* 国浩律师（福州）事务所律师。

① 2015 年 12 月 28 日，全国人大常委会作出授权国务院在北京市大兴区等 232 个试点县（市、区）行政区域暂时调整实施《物权法》《担保法》中关于集体所有的耕地使用权不得抵押的规定的决定。

2."三权分置"理论下的农村土地产权细分理论

三权分指农村土地集体所有权、土地承包权 ① 与土地经营权。农村土地承包权作为集体土地所有权上设立的用益物权，不得流转，同时允许农村土地经营权从土地承包经营权中分离出来，进入市场自由流转。落实集体所有权要求农村集体经济组织享有农村土地所有权，处于基础地位，不可动摇；稳定土地承包权要求保留农户对农村土地的承包权，是农户集体成员权的重要体现形式，保留农村土地的社会保障功能；放活土地经营权要求农村土地经营权进入市场自由流转，实现农村土地价值，提高农村土地资源利用率；②

简而言之，"三权分置"将农村土地权利表达为集体经济组织的土地所有权、农户的土地承包权和农户或其他农业生产经营者的土地经营权。

（二）"三权分置"改革试点中相关概念的法律界定

1.农村土地经营权

其内涵为对属于农村集体或国家所有的农村土地（包括耕地、林地、草地、沼地等）享有占有权，有权从事相应的农业活动，有权就所从事的农业活动所产生的经济利益进行收益和处分，有权在法律和政策允许的范围内进行抵押等活动。

其法律属性是设立在土地承包经营权上的一种用益物权，农业生产经营者通过与承包人签订农村土地流转合同获得农村土地经营权，待合同期限届满农村土地经营权消灭，土地承包经营权又恢复圆满。

2.农村土地经营权抵押

农村土地经营权抵押，与一般不动产物权抵押定义大体相同，区别在于其抵押标的为农村土地经营权。

（1）主体：抵押人和抵押权人

农村土地经营权抵押的抵押人具体分为两种：一是承包农户；二是通过与承包农户签订农村土地流转合同获得农村土地经营权的其他农业生产经营者。农村土地经营权抵押的抵押权人，是指抵押担保的主债权人，目前试点地区多限定在银行等金融机构。

（2）客体：标的

农村土地经营权抵押标的是农村土地经营权。（略）

---

① 此处"承包权"是指从土地承包经营权分享出来的农村土地"承包权"。

② 高圣平：《承包土地的经营权抵押规制之构建——兼评重庆城乡统筹综合配套改革试点模式》，载《法商研究》2016年第1期，第4—5页。

（3）担保对象

一般不动产抵押的担保对象为主合同债权，目前试点地区农村土地经营权抵押的担保对象仅限于融资债权，对其他种类的债权暂时不支持农村土地经营权抵押担保。[①]

二、农村土地经营权抵押试点的现状与抵押权人法律风险问题

（一）农村土地经营权抵押地方试点现状

中央"三权分置"政策出台后，全国人大常委会对试点地区的相关法律适用进行了暂停[②]，各试点地区相继出台相应政策和规范性文件予以细化和执行，并对现行法律进行了突破，总体上具备以下特点：

首先，各试点地区在对中央政策进行具体细化和实践中，由于经济发展水平、地理位置等条件差异，所采取的模式和侧重点有所不同；其次，在结合中央政策和地方现实情况后，各试点地区在出台的规范性文件中提及的抵押标的名称和内容上略有不同，但均能领会到土地承包经营权为农户成员权体现，不可抵押，抵押标的是分离出来的农村土地经营权等"三权分置"核心精髓；最后，在改革初探阶段，各试点地区在实践中均持谨慎态度，体现在地方具体规范性文件的规定中或多或少在设立规则中进行了一定的限制。

目前，国内农村土地经营权抵押贷款试点地区较多，某些试点地区取得了较为显著的成果，如宁夏同心、福建明溪、四川成都等地。试点地区主要的抵押贷款模式分为以下四类[③]：

1.土地经营权直接抵押

主要有重庆、福建明溪、四川成都、山东寿光等地。以福建明溪的"农户＋乡（镇）、村农业服务中心＋金融机构"模式为例（流程图1）。

---

① 试点相关规范性文件中多以"抵押贷款"出现，如《重庆市农村土地承包经营权抵押贷款管理办法（试行）》《辽宁省农村信用社土地承包经营权抵押贷款管理暂行办法》。

② 《全国人民代表大会常务委员会关于授权国务院在北京市大兴区等232个试点县（市、区）、天津市蓟县等59个试点县（市、区）行政区域分别暂时调整实施有关法律规定的决定》："为了落实农村土地的用益物权……第十二届全国人民代表大会常务委员会第十八次会议决定：授权国务院在北京市大兴区等232个试点县（市、区）行政区域，暂时调整实施《中华人民共和国物权法》《中华人民共和国担保法》关于集体所有的耕地使用权不得抵押的规定"。

③ 童彬：《农村土地经营权抵押制度研究——以制度困境、主要模式、风险控制和处置机制为路径》，载《社会科学家》2014年第10期，第106—107页。

2.经营权抵押＋地上附着物抵押

主要有湖北武汉、山东枣庄等地。以湖北武汉的"农户＋农交所＋金融机构"模式为例（流程图2）。

3.土地经营权抵押反担保

主要有宁夏同心、重庆江津等地。以宁夏同心的"农户＋农户土地协会＋金融机构"模式为例（流程图3）。

4.土地经营权抵押＋第三方担保

主要有黑龙江穆棱、湖北天门、四川崇州等地。以黑龙江穆棱的"农户联保组＋第三方土地经营权抵押担保＋金融机构"模式为例（流程图4）。

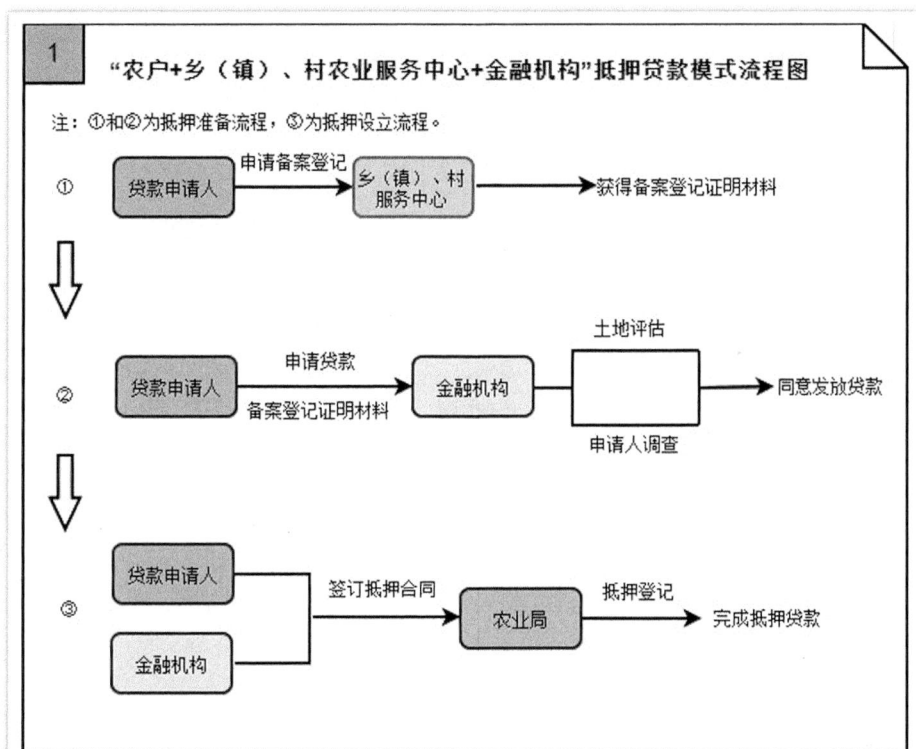

流程图1 "农户＋乡（镇）、村农业服务中心＋金融机构"抵押贷款模式流程图

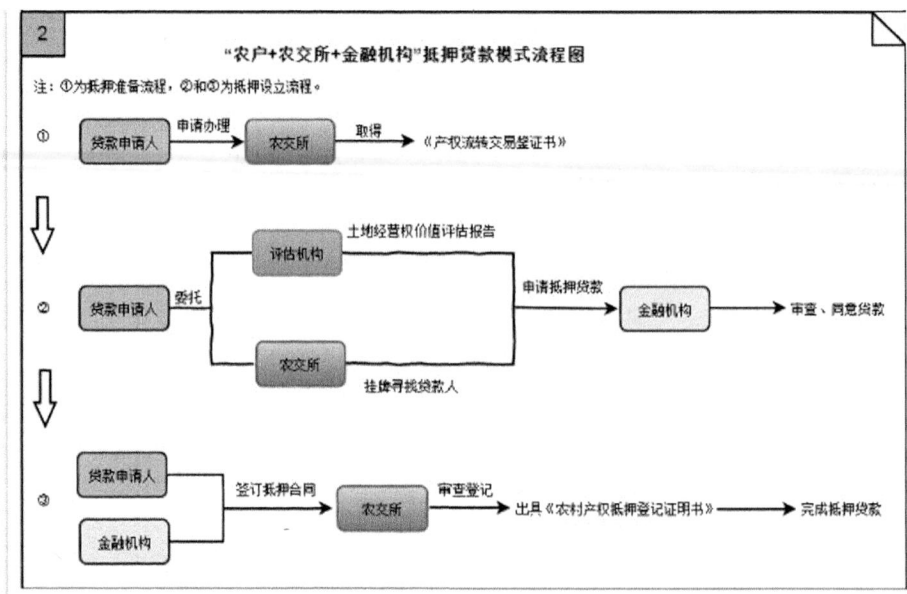

流程图 2 "农户 + 农交所 + 金融机构"抵押贷款模式流程图

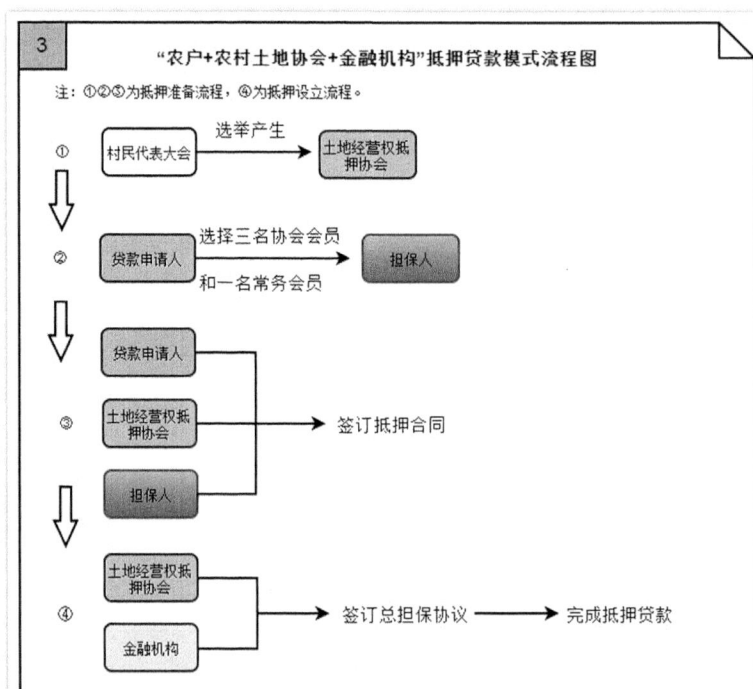

流程图 3 "农户 + 农村土地协会 + 金融机构"抵押贷款模式流程图

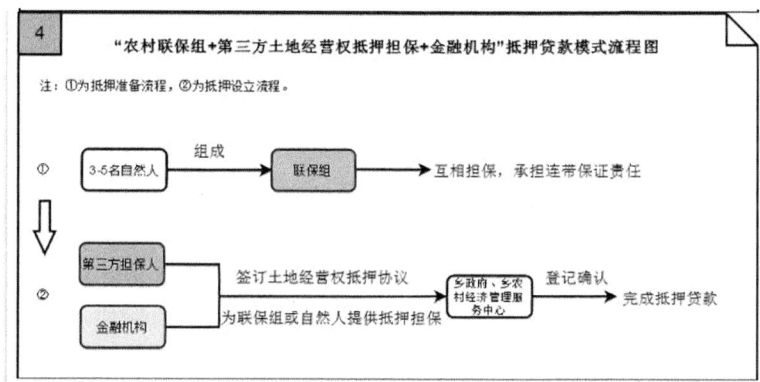

流程图4　"农村联保组＋第三方土地经营权抵押担保＋金融机构"抵押贷款模式流程图

综上，各试点地区因地制宜地选择本地区的农村土地经营权抵押贷款模式，除了贷款申请人和金融机构外，各地区都在抵押贷款流程上增加了第三方，分别有乡（镇）、村农业服务中心、农交所、农村土地协会、第三方担保人等，实践中此举的目的在于克服贷款申请人条件门槛低、农村土地规模小、相对零散的问题，政府部门的适当干预，可以降低金融机构抵押贷款风险和交易成本，减轻了金融机构的惧贷心理。

（二）农村土地经营权抵押试点中存在的抵押权人法律风险问题

1. 农村土地经营权及抵押的相关法律缺位

尽管全国人大常委会已授权在试点地区暂停实施《物权法》《担保法》中关于农村土地经营权不得抵押的规定，同时地方也出台相关规范性文件来进行调整，由于地方差异，各试点地区出台的规范性文件内容各有不同。在试点初期各试点地区依据各地实情不同，在总体精神不变的情况下做有差异的尝试是合理的，以上4种抵押模式都发挥了应有的作用，各有优点。但是在改革试点进入攻坚阶段，必须要对各地实践情况进行总结，从法律层面进行统一调整，以便固定改革红利。同时，由于我国相关法律和各试点地区规范性文件均未对农村土地经营权抵押权实现问题进行明确，一旦抵押双方发生纠纷诉至法院，将面临于法无据的现象，农村土地经营权及抵押的相关法律缺位将导致抵押权人在抵押活动中存在严重的法律风险。这也是试点各地均在抵押中纳入第三方的原因所在，但这些试点模式至目前均未触及农村土地改革的核心——土地经营权的完整流转，要实现土地经营权的流通无碍，须立即着手制定农村土地经营权抵押之抵押权实现制度。

2. 抵押权人范围不明确

从以上4个模式流程图可以看出，目前各试点地区在抵押权人统一是金融机构，金融机构作为国家监管下的正规机构，相较于普通机构和个人，有实力更加强大、办事流程更为公开、规范的优势，能够保障贷款申请人的利益免受不法侵害，但也存在抵押贷款流程过于繁琐冗长、抵押效率较低的劣势。农村土地经营权抵押的用意不仅在于促进农业规模化、产业化的生产需求，同时也在于解决农户生产、生活的资金急需问题，能否快速取得融资资金也成为贷款申请人选择抵押权人的标准之一。因此，拓宽抵押权人范围，能使农户多渠道、多途径、高效率获取资金，解决燃眉之急，让农户获得更多改革红利。抵押权人范围不明确同时导致除金融机构外的抵押权人在抵押中存在一定的法律风险。

3. 农村土地经营权登记制度未完善

根据先登记原则，农村土地经营权抵押登记以基础权利登记——农村土地经营权登记为基础，以上4种抵押模式虽然流程规范，但存在法律风险的一方面在于目前农村土地经营权尚未全面登记。同时，试点地区还尝试以"合同鉴证"[①]的方式对农村土地经营权进行公示。[②]但在实践中，作为合同之外的第三人，金融机构并未得益于"合同鉴证"，也未提高抵押效率。在《物权法》规定的公示方式中，没有合同鉴证，因此以合同鉴证方式对农村土地经营权进行公示的做法并无法理基础，也无法有效保护抵押权人的利益。

4. 农村土地流转交易市场规则不完善

(1) 农村土地流转交易市场未健全

农村土地经营权的最大特点应是其市场流通性，在流转中，一个强大的配套流转交易市场是必不可缺的。一个强大的流转交易市场，可以在农户土地空置或者资金短缺时，快速将土地经营权转移给其他需要者并获取对价。金融机构可以在农户违约时快速地处置抵押物，以减少处置负担。相比城市土地流转交易市场，我国农村土地流转交易市场发展还仅处于起步阶段，目前只有个别试点地区成立了专门的农村土地流转交易市场，[③]相关的市场准入规则也尚未建立、统一，严重限制了农村土地经营权在市场中的流转。2014年国务院出台的《关于引导农村产权流转交易市场健康发展的意见》规定，农村产权交易市场是政府主导、服务"三农"的非营利性机构，可以是事业法人，也可以是企业法人。但在试点实际

---

① 合同鉴证是指合同双方当事人申请行政主管部门对合同的真实性、合法性等进行审查的行为，所作出的结果对双方当事人具有法律效力。

② 见《农村承包土地的经营权抵押贷款试点暂行办法》第17条。

③ 如辽宁省法库县为促进农地抵押的顺利实施，成立了专门的土地流转中心和专业的土地价值评估机构，以充分保障农民权益。

运作过程中，产权交易平台归属事业法人性质的，众多投融资的项目在该平台上无法运作，限制了平台作用的发挥；归属于企业法人性质的，该平台因缺乏财政的支持，承担公益性的职能往往不可持续。[①] 流转交易市场和市场准入规则的缺失、农村土地流转相关的法律限制都使金融机构等抵押权人对农村土地经营权抵押贷款业务存在顾虑，担心面临再次流转的困难，增加了惧贷心理，结果导致在办理该类抵押贷款业务时条件要求更为严苛，会反过来降低农户的抵押意愿。

（2）农村土地流转交易规则未建立

目前农业部出台《农村土地经营权流转交易市场运行规范（试行）》，试点地区制定相应的交易规则寥寥无几，[②] 缺乏国家层面统一制定的交易准则与地方层面制定具体的交易细则，使农村土地流转改革无法推进，这是迫在眉睫必须解决的问题。

5. 农村土地价值评估规则未构建

（1）缺少农村土地价值评估机构市场准入规则

在试点中后期，随着农村土地经营权抵押贷款试点日益成熟，试点地区农村土地价值评估机构数量将会成倍增长。但是农村土地价值评估机构实力和评估人员水平还参差不齐，相应的价值评估机构市场和评估人员准入规则还急需完善跟进。许多试点地区都是由金融机构或者是由金融机构、村民代表、政府部门负责人等组成的小组进行评估，[③] 缺少专门的评估机构与专业的评估人员，导致抵押当事人的利益一定程度上受损。

（2）缺少农村土地经营权价值评估适当标准

各试点地区所遵循的价值评估标准由于各地情况不同而标准各异。目前《农村承包土地的经营权抵押贷款试点暂行办法》中规定了对农村土地经营权进行价值评估的三种方法：双方自由协商、贷款方评估和第三方评估机构评估。在第三方评估机构评估方式中，一方面农村土地经营权作为一种新型财产权利尚属于正在试点的新事物，缺乏进行农村土地经营权价值评估的经验，也缺少明确的价值评估体系标准；另一方面农村土地经营权的价值水平与农村土地的地理位置、灌

---

① 杨春华、张璟、刘同山：《农村"两权"抵押贷款改革试点情况报告——广西、云南两省（区）四县（市）的调查》，载《当代农村财经》2017年第10期，第12页。

② 如长沙市：《长沙市农村土地流转交易暂行规则》（长政发〔2010〕9号）。

③ 如河北省张北县：由乡（镇）主管农业的副乡（镇）长、农经站等政府部门负责人、驻乡金融网点负责人、评估土地所在地的村主任和村民代表组成，见李巧莎：《农村土地经营权抵押贷款实践与创新》，《经济研究参考》2017年第62期，第64页；黑龙江省克山县：由乡镇土地流转部门、金融机构、村级服务站、农户代表组成评估小组等等，见刘兆军、李松泽、汲春雨：《土地经营权抵押贷款试点运行的困境分析——以黑龙江克山、绥滨、兰西3县实地调查为基础》，载《中国农业资源与区划》2018年第5期，第16页。

溉条件、土壤状况等因素密切相关，受自然条件、市场需求等因素的影响而具有不稳定性，因而很难采用统一的价值评估标准来对其进行价值评估。

（3）缺少农村土地价值评估追责机制

有些农村土地价值评估机构和评估人员在没有统一、详细的农村土地价值评估细则的情况下，恶意串通、暗箱操作，损害抵押当事人的利益。一些评估机构为了增加收费，存在价值高估现象较普遍，给银行抵押价值的认定带来不便。[①]由于没有相应的评估追责机制，导致违法机构与人员逍遥法外。

6. 抵押权实现方式难以操作

我国现行法律规定有抵押财产折价、拍卖、变卖等几种抵押权实现方式，农村土地经营权抵押的试点办法目前只是简单照搬以上传统的抵押权实现方法。然而，折价、拍卖、变卖这几种方式直接应用于农村土地经营权之抵押权的实现均存在不少困难。首先，折价方式处置抵押物来实现抵押权明显不当。折价就是以物抵债，金融机构如果通过折价方式实现抵押权，也就获得了农村土地经营权这一财产权利，但金融机构不具备从事农业生产的能力，不能保证农村土地正常的生产经营，同时法律禁止金融机构投资非自用不动产。其次，对于拍卖和变卖方式，一般情况下贷款农民不能按时还款是由于农村土地生产未能达到预期的收益目的，此类农村土地农业生产条件一般不好，难以满足一般的农业生产需要。对于出现此类问题的农村土地，其经营权通过拍卖和变卖方式亦难以找到合适的受让人。[②]而且拍卖、变卖农村土地经营权的方式实现抵押权会增加抵押权实现的成本，周期较长，也加重了借款农户的负担，与抵押权设立的初衷相悖。

7. 缺少农业风险防范机制

农作物生长周期较长、受自然因素影响较大、农业市场波动较大等因素使得农村土地经营权抵押过程中极易发生农户无法按时偿还贷款的情况。在当前农业风险防范机制并不健全的情况下，如果由抵押人农户自己承担，失去经营农村土地的权利可能导致农户的基本生活受到较大影响；如果由抵押权人来承担，则会影响抵押权人正常借贷业务的开展，降低抵押权人的积极性。鉴于此，在现行的试点地区，当借款农户无法清偿贷款时一般由政府兜底买单，但这种"饮鸩止渴"的方式也不利于督促经营权人提高农业生产水平，更不能有效化解风险。只有通过构建科学合理的农业风险防范机制才能让农户、金融机构、政府没有后顾之忧，才有利于农村土地经营权抵押贷款业务的良性开展、推广。

---

① 张治斌：《农村土地承包经营权抵押贷款试点实践与探讨——以安徽阜阳颍泉农商银行为例》，载《清华金融评论》2018 年第 3 期，第 80 页。

② 王丹：《"三权分置"背景下承包土地的经营权抵押制度研究》，安徽大学 2017 年硕士学位论文。

三、农村土地经营权抵押之抵押权人法律风险防范体系的完善

（一）完善农村土地经营权及抵押的相关法律

随着试点工作稳步推进，农村土地经营权及抵押相关法律体系构建须及时跟进，才能使改革成果通过法律制度形式予以巩固，消除抵押权人存在的法律风险，为促进农村土地经营权抵押制度的发展保驾护航。

1. 农村土地经营权抵押的立法模式

有关我国农村土地经营权及抵押的相关立法表达问题，在目前我国法律体系下进行单独立法不切实际，通过嵌入式对现行相关法律法规和制度进行修改、完善较为合理和可行。[①] 对农村土地经营权及抵押相关法律法规和制度进行修改、完善，并不是对相关政策的照抄照搬，而是要放在我国相关法律体系和制度之下，在注意整个法律体系和制度的协调性、逻辑性的基础上以目前立法技术要求进行严格、缜密地表达。

2. 修改与农村土地经营权抵押相冲突的法律

在《民法通则》上：

删除第 80 条第 3 款 "土地不得买卖、出租、抵押或者以其他形式非法转让" 之规定。

在《物权法》上：

① 在 "用益物权" 一编中增加 "农村土地经营权" 一章，明确农村土地经营权是在土地承包经营权上设立的用益物权，可以采取包括抵押等方式流转，同时作为特殊的抵押权标的，对抵押的农村土地经营权作出一定的限制。

② 将第 184 条中的 "土地使用权" 变更为 "土地承包经营权"，将禁止抵押的范围缩小至 "耕地、自留地、自留山等集体所有的土地承包经营权"，既保留了对农村土地承包经营权抵押的禁止，保障农户基本生活保障，同时也允许农村土地经营权抵押流转，实现农村土地资源优化配置。

在《农村土地承包法》上：

① 增加条款，明确流转情况下，农村土地承包经营权可分离为土地承包权和土地经营权，并对其内容进行分别界定，规定农村土地经营权的流转方式，具体

---

① 许明月：《农村承包地经营权抵押融资改革的立法跟进》，载《比较法学》2016 年第 5 期，第 4 页。

规则可参照《修正案（草案）》第 3 条和第 16 条。①

②增加条款，明确农村土地经营权行使中不能改变农村土地的农业用途，并对其他农业生产经营者擅自改变土地农业用途、弃耕抛荒的行为进行规制，具体规则可参照《修正案（草案）》第 22 条。②

③增加条款，明确农村土地经营权抵押期限届满债务人无法清偿债务时，抵押权人有权在农村土地经营权的剩余使用年限内变价出让该项权利来行使抵押权。

④增加条款，明确农村土地经营权抵押标的物及于基础农用设施和约定下的农作物。农村土地经营权抵押权设立之时，当事人可明确约定抵押权实现期间若农作物未成熟，是保留农作物一起抵押还是抵押人自行解决。若在抵押权设立之时未约定，抵押权实现期间出现农作物未成熟的情况，当事人也可经协商将农村土地和农作物一起进行处置。但是，处置后农作物收益抵押权人不能优先受偿。

（二）明确抵押权人主体范围

在拓宽抵押权人范围的过程中，可能其他机构和个人实力不够强大，但是他们若通过诚信经营和良好的服务态度弥补不足，同样会受到许多贷款申请人的好评。因此，在拓宽抵押权人范围时要建立相应的抵押权人诚信评价系统，让诚信经营的抵押权人在抵押活动中更具有优势，同时可以鼓励除金融机构外的其他抵押权人诚信经营，共同维护整个农村土地经营权抵押贷款秩序。当然，抵押权人范围的放开是一个渐进过程，待改革渐趋成熟时，抵押权人的范围应该逐步放开，真正发挥农村土地经营权抵押的功效。

（三）完善农村土地经营权及抵押登记制度

农村土地经营权抵押的生效规则即登记规则，包括基础权利登记规则和土地经营权的抵押权登记规则，只有完善基础权利登记规则，才能集中精力完善土地

---

① 《农村土地承包法修正案（草案）》第 3 条："增加一条，作为第六条：'以家庭承包方式取得的土地承包经营权在流转中分为土地承包权和土地经营权。''土地承包权是指农村集体经济组织成员依法享有的承包土地的权利。''土地经营权是指一定期限内占用承包地、自主组织生产耕作和处置产品，取得相应收益的权利。'"《农村土地承包法修正案（草案）》第 16 条："将第三十二条改为第三十五条，修改为：'土地经营权可以依法采取出租（转包）、入股或者其他方式流转。'"

② 《农村土地承包法修正案（草案）》第 22 条："增加一款，作为第二款：'第三方擅自改变承包地的农业用途、弃耕抛荒连续两年以上、给承包地造成严重损害或者严重破坏承包地生态环境的，发包方或者承包方有权要求终止土地经营权流转合同，收回土地经营权。第三方对承包地和生态环境造成的损害应当予以赔偿。'"

经营权的抵押权登记规则，提高抵押登记效率，降低抵押成本，从而稳步推进各试点地区农村土地经营权抵押登记工作。

1.统一农村土地经营权公示方式

统一农村土地经营权公示方式为登记。以登记为农村土地经营权公示方式，能使合同双方当事人权利情况清晰，达到权利公示的效果，促进交易效率和维护交易安全，同时公示方式的统一方便农村土地经营权流转，减少交易成本。此外，采用登记的公示方式符合现行法律规定与《物权法》原则，因此应将农村土地经营权的公示方式统一为登记。

2.稳步推进全国土地承包经营权确权登记

如前所述，农村土地经营权的基础权利登记是农村土地经营权抵押登记的基础，只要督促全国土地承包经营权登记完备，那么沿用土地承包经营权登记成果就能大大减少农村土地经营权登记成本，即只要在土地承包经营权登记内容上，将主体和权利内容替换成农村土地经营权的主体和权利内容，农村土地经营权登记也就大体完成。[①] 全国各地正值农村土地经营权抵押试验期，要赶在农村土地经营权抵押改革完成前加快全国土地承包经营权登记步伐，为全面推进农村土地经营权登记打下基础。

（四）完善农村土地流转交易市场规则

1.建立县、乡（镇）两级农村土地流转交易市场

如前所述，解决问题的根本方法在于建立一个信息流通的流转交易市场，真正实现农村土地经营权的价值，提高农村土地经营权流转安全性和效率。目前部分试点地区在建立农村土地流转交易市场上取得一定成效的模式，应该予以推广。在借鉴部分试点地区做法，笔者建议应全面建立县、乡（镇）两级农村土地流转交易市场，县流转交易市场处理跨乡（镇）的农村土地经营权流转，乡（镇）流转交易市场处理本乡（镇）内农村土地经营权流转，具体市场规则可参照城市土地流转交易市场规则。只有加快建立农村土地流转交易市场，才能解决农村土地经营权流转上存在的信息不对称、交易不透明、流转效率低等根本性问题，提升抵押人和抵押权人参与农村土地经营权抵押的热情。

2.制定农村土地流转交易规则

改革的推进只有市场这只无形的手是完全不够的，需要制定相应的农村土地流转交易规则这只有形的手进行调控。国家层面出台统一的流转交易准则，从宏

---

① 刘禹涵：《"三权分置"下的土地经营权登记》，载《中国土地科学》2017年第1期，第78页。

观方面作出规定，各试点地区再相继出台相应的流转交易细则。在目前相关法律无规定、地方试点规定不统一的情况下，试点地区应发挥试点先行的作用，先制定详细的细则来进行暂时调整。同时，细则内容要涵盖农村土地经营权的流转方式、具体交易程序和纠纷解决途径等，规范交易市场的运行。在细则实施过程中对出现的问题要及时发现、研讨和纠正，为国家层面的流转交易准则提供宝贵经验。

（五）完善农村土地价值评估规则

1. 制定农村土地价值评估机构与评估人员市场准入规则

在评估机构市场准入上，应对农村土地价值评估机构进行一定的市场准入限制，从源头上优化评估机构质量，做到评估机构专业化、制度化。比如，设立农村土地价值评估机构要经过相应主管部门的审查许可，根据机构人员、机构设备的数量和质量以及机构的资质对不同实力的评估机构进行评级，根据等级授权其评估范围。在评估人员市场准入上，要求专业评估人才要经过固定时间的培训、基本业务学习后通过相应的评估资格考试并取得相应资格证书，才能进入农村土地价值评估领域。

2. 制定农村土地价值评估细则

在市场准入机制下，农村土地价值评估机构已具备相应评估能力，其次要做的就是制定统一的农村土地价值评估细则。农村土地价值评估涉及多方面要素，在制定农村土地价值评估细则时，应从农村土地基准价格及周边价格、可预期价格增长、农村土地隐形价值等方面全面进行考量，在国家层面制定农村土地价值评估准则，指导地方制定可执行的农村土地价值评估细则，作为农村土地价值评估机构评估的依据，使农村土地价值评估有据可依，保障抵押当事人的利益。[①]

3. 建立农村土地价值评估追责机制

农村土地经营权价值评估过程应体现客观、公开、公正、合法的精神，在法律法规和具体评估细则的要求下客观全面地对农村土地经营权的价值进行评估。因此，要制定一整套农村土地价值评估追责机制，对在评估过程中损害抵押当事人利益的违法行为，依法追究法律责任。

---

① 纪秀江：《农地经营权抵押融资功能实现的创新探索——基于枣庄"结对融"模式的思考》，载《西南金融》2018年第2期，第76页。

（六）探索建立抵押物处置机制

农村土地经营权抵押权实现方式的选择应当根据具体的抵押情形，考虑农业的生产经营特点灵活选择。可以采取拍卖、变卖的方式，当出现无人受让的情形时，也可以采用强制管理与贷款重组方式。我国各地区之间的农业发展差异较大，对于抵押权实现方式的规定应避免采取"一刀切"，应当允许在不违反法律原则的基础上灵活选择实现方式以利于农业的长远发展。

1. 拍卖

对于抵押标的较高、市场价值较高的农村土地经营权应当鼓励采取拍卖方式来更好地实现抵押物的金钱价值。而对于一些抵押价值不高，市场流转机制不健全的农村土地经营权变现采取拍卖会起到相反的效果。农村土地经营权拍卖方式的启动可以由当事人协商达成，也可以由抵押权人申请法院强制拍卖。

2. 变卖

变卖方式具有变现成本较低、效率较高的优势。在一些农村土地经营权抵押标的不高、寻找买受人较容易的抵押权实现中，采用变卖方式更加经济适用。由于变卖方式透明度不高，应防止出卖人与买受人串通起来损害其他债权人的行为。

3. 强制管理 ①

当采用拍卖、变卖等方式无法找到受让人时，可以采用强制管理方式来处置抵押物。作为农村土地经营权抵押权实现一种兜底方式，有其独特的优势，现行法律中虽然没有强制管理这一抵押权实现方式的明确规定，但是在农村土地经营权抵押试点地区已有采用这一方式来处置抵押物的先例。② 在农村土地经营权抵押的金额不高而农村土地的收益较高的情况下，通过强制管理方式处置抵押物有利于实现抵押权，平衡当事人之间的利益需求。③

4. 贷款重组

贷款重组是指金融机构与借款人调整原来的借贷合同，并对不良贷款的偿还方式、担保方式等重新作出约定的抵押权实现方式。④ 对于农户或农业生产经营者未能清偿到期债务，金融机构酌情对担保方式、还款计划、贷款利率等重新作出约定来代替直接处置抵押物以清偿债权。金融机构采取贷款重组方式一般要求

---

① 强制管理方式处置农村土地经营权，是指委托具备农业生产条件的第三人代为进行农业生产，并用农业生产收益代为清偿债权，待债权完全清偿之后，农村土地经营权重新归还给农村土地承包经营权人的一种抵押权实现方式。

② 在重庆的农村土地经营权抵押试点中，当通过拍卖、变卖方式而无法处置抵押物时，则由金融机构委托农村土地经营权管理公司对农村土地经营权进行管理处置。

③ 程啸：《现行法中抵押权实现制度的一些缺陷及完善》，载《法学杂志》2005年第3期，第23页。

④ 刘堃：《刍议贷款重组》，载《新金融》2004年第7期，第36—37页。

借款人具备一些基本条件：一是农业生产经营基本正常，暂时的生产经营困难有望短期内摆脱，通过贷款重组方式有望大幅度提高偿还债务的能力；二是抵押人信用良好，无逃避银行债务的记录，同时抵押人具备还款的真意；三是抵押人未达到濒临破产的地步，仍然具备基本的生产经营能力，能够按时偿还利息或者能够偿还部分本金。[①]

（七）构建抵押权实现后的风险防范机制

任何制度的构建完善，风险防范必不可少。农村土地经营权抵押实践作为一种新的农村金融方式，其抵押权实现可能会带来一系列问题。对于抵押人农户或农业生产经营者，抵押权实现之后要失去一定期限的农村土地经营权，对于以农业收入作为主要收入来源的农户可能会面临一定的生计问题；对于抵押权人金融机构而言，可能因为无法找到农村土地经营权的受让人而承担坏账风险，影响正常的金融业务开展。农业生产本身就具有弱质性，风险发生的概率偏高，因此构建合理的农村土地经营权抵押权实现后风险防范机制必不可少：

1. 建立和完善农业保险制度

由于农村土地承载着农民的生活保障和社会保障功能，因此在抵押权实现中不得不考虑可能给农民带来的生计问题和社会问题。农业生产易受自然环境和市场因素的影响，农业生产不成功的风险完全由农户负担显属不公，因此发展农业保险，降低农户的农业生产风险非常必要。农业保险的目标一般有两类：一是为农业稳定发展提供保障；二是完善农村社会保障制度。[②]而由于农业生产发生自然灾害的频率较高、范围较广、损失较大的原因从而导致农业保险的保费较高，以农民的收入水平一般无法承受，导致农业保险发展缓慢。因此，发展农业保险要求国家必须在政策上予以扶持，明确农业保险是一种政策性保险，促进农业保险体系的建立。

2. 构建农业风险补偿机制

农村土地经营权抵押权实现中，金融机构可能通过抵押权实现不能获得债权的全部清偿，如果出现较大规模的贷款不能回收，将会极大影响抵押权人的正常金融放贷业务。对于农村土地经营权的抵押放贷本身就是一种低效益的金融行为，而农业生产的弱质性使得贷款回收存在很大不稳定性，因此需要通过一定的风险

---

① 焦富民：《"三权分置"视域下承包土地的经营权抵押制度之构建》，载《政法论坛》2016年第5期，第77页。

② 费友海：《我国农业保险发展困境的深层根源—基于福利经济学角度的分析》，载《金融研究》2005年第3期，第141页。

补偿机制来对金融机构不能获得清偿的债务进行适当补偿救济。同时，我国农村担保体系的不健全和农村金融的发展滞后也要求政府在一定程度上承担起市场辅助功能进行适当的风险补偿。

3.完善农村社会保障制度

农村土地经营权抵押权实现面临的风险之一就是失地农民的生计问题，一旦借款农户到期无法还贷而被实现抵押权，将面临一定期限内的农村土地收益权被执行。这样会出现一些以农业收入为主要生计来源的农民基本生活难以保障，若大范围的农户出现此种状况时则可能形成社会问题。因此，完善农村社会保障制度，保证农民的基本生活需求对农村土地经营权之抵押权的实现至关重要。完善农村社会保障体系，首先应当消除城乡二元户籍制度带来的不平等差别对待，逐渐使农民在就业、医疗、教育、住房等方面享受与城市居民同等待遇。其次，继续完善农民养老保险制度，保证生活困难的农民都能得到必要的帮助。同时也要进一步完善农村医疗、医保等相关农村社会福利保障制度。

四、结语

农村土地经营权抵押制度改革作为立足于"三权分置"理论下的一项制度创新，顺应了新时期农村发展的时代潮流。本文中，笔者针对农村土地经营权抵押试点工作的现状、问题与未来的展望，提出了自己的思考与进一步完善之创见。因篇幅有限，本文仅局限于抵押权人法律风险及防范角度的研究，由于各方面条件的限制论证得还不深入，许多问题还需要在实务中进一步探讨论证，如抵押物处置机制、风险防范机制等都需要进一步改善。关于"三权分置"入法以及相关配套制度完善的具体细节上还有很大的研究空间，正值我国民法典编撰及《农村土地承包法》修订，建议有关部门应多考虑农村现实情况，努力消除农村土地经营权抵押中的法律风险，让抵押权人不再惧贷，让农村土地经营权抵押良性运转，最终实现农村土地经营权抵押的初衷。

不动产登记制度下夫妻财产协议的法律保护

陈爱玲 [*]

　　根据我国《物权法》第九条规定："不动产物权的设立、变更、转让和消灭，经依法登记，发生效力；未经登记，不发生效力，但法律另有规定的除外。"司法实践中对夫妻财产协议的认定表现为矛盾不一的局面，夫妻财产协议中关于不动产所有权的约定，仍然会使约定中的不动产处于不确定的状态，即未进行权属登记的配偶一方权利的有无，处于或然性的状态，完全由进行权属登记的配偶一方的意愿及善意第三人的权利所控制，进行权属登记的配偶一方擅自处分共有的不动产，以及第三人的善意取得成立的情形下，约定权属一方的所有权便会荡然无存。即使办理变更登记在约定权属的一方名下，对于不知情的外部的债权人来说，该不动产只要是夫妻婚姻关系存续期间共同购买的，仍极有可能被执行，如此一来各债各还的法律规定便失去了价值。

一、案例分析

案例一：

　　陈某男与王某女结婚后生育一子陈一，王某女因病去世后，陈某男又与张某女结婚生育一女陈二，婚后二人共同购买两套房屋分别为 A 和 B，并签订夫妻财产协议，约定房屋 A 归陈某男所有，房屋 B 归张某女所有，后陈某男因车祸去世后，陈一要求分割陈某男的遗产，张某女称依据夫妻财产协议书，房屋 B 是其单独所有的房产，不应作为继承财产予以分割，陈一称房屋 B 是其父亲与张某女的夫妻共同财产，但是其有权继承他父亲的份额。双方因此起诉至法院，本文作者接受张某女的委托后，以夫妻财产协议为主要证据，并以《最高人民法院公报》2014 年第 12 期公布的"唐某诉李某某、唐某乙法定继承纠纷案" [①] 为参照，向法院提交了答辩意见，法院最终判决房屋 B 属于张某女的个人财产，不作为继承财

　　* 福建建达律师事务所专职律师。
　　① 《唐某诉李某某、唐某乙法定继承纠纷案》，载《最高人民法院公报》，2014 年第 12 期。

产予以分割。

案例二：

陈某男与王某女结婚，婚后购买房屋 A，一直登记在陈某男名下，5 年后因感情不和分居，因婚生子陈小某由王某女直接抚养，所以双方签订婚内财产协议约定房屋归王某女所有，后陈某男因做生意期间需要资金周转，对外借款高利贷（王某女对此毫不知情），因生意失败还不了借款，债权人李某男将陈某男起诉至法院，并申请查封拍卖房屋 A 以偿还借款及利息、违约金等高达 140 多万元，在法院对该房屋进行拍卖的过程中王某女才得知真相。本文作者在接受王某女委托后，以夫妻财产协议为证据向法院提起案外人执行异议之诉，最终法院以李某男对夫妻财产协议毫不知情为由驳回异议之诉，之后王某女又向法院提起离婚诉讼，同时请求法院依据夫妻财产协议分割夫妻共同财产依据婚内财产协议向法院提起确权之诉，目前尚在审理阶段。

上述两个案例中，关于夫妻财产协议的认定表现出两种截然相反的态度，案例一以保护夫妻财产协议为裁判宗旨，案例二以保护债权人利益为裁判宗旨。案例的争议焦点是 1. 婚内财产协议中关于不动产所有权的约定，能否直接发生物权变动的效力？ 2. 司法实践中认定夫妻财产协议有效，但不得对抗不知情的第三人，那么从上述案例来看，这里的第三人是否仅指债权人？ 3. 是不是只要第三人不知情，就可以视夫妻财产协议不存在？而不论这个协议签订的时间，签订的背景？ 4. 应当以夫妻财产协议为前提保护夫妻一方的财产权益，还是应当优先保护不知情的第三人？作者结合案对该问题进行了深入思考研究，本文分析阐述了夫妻财产协议的性质、效力，并针对我国对夫妻财产协议的运用现状，提出了制度完善的几点建议。

二、夫妻财产协议的概述

（一）夫妻财产协议的内涵

现实中夫妻之间签订的财产协议多种多样，有结婚之前签订的财产协议、结婚后签订的财产协议、离婚时签订的财产协议，本文所研究讨论的是婚姻关系存续期间夫妻双方签订的不以离婚为目的的财产协议，该协议也可能是在夫妻双方感情不和分居之后婚姻关系解除之前签订的。夫妻财产协议与普通的合同区别在于协议的签订主体是而且仅能是夫妻双方，而非任意的民事主体，从协议的内容来看，无论是婚前签订的还是婚后签订的，都只能就婚姻关系存续期间取得的共同财产作出约定，可以约定各自所有、共同所有或部分共同共有、部分各自所有。① 而对于一方婚前的个人财产约定归另一方所有或部分自己所有、部分另一方所有的情形，应视为是夫妻一方对另一方的赠与，此非本文所讨论的夫妻财产协议的内容。人们在婚前或婚后有权通过约定解决财产的分配问题，这是私法自治与契约自由精神在婚姻家庭领域的体现，特别是在我国没有规定分居制度的背景下，更多人在分居之后离婚之前选择通过协议对婚后取得的共同财产进行分配，以防止一方随意处分财产。

（二）夫妻财产协议的性质

《婚姻法》与《物权法》《合同法》等有着密切的联系，夫妻财产协议是处理夫妻共同财产的分配问题，但是它与一般的财产合同并不同，夫妻财产协议包含着强烈的身份属性，婚姻当事人通过协议追求的法律目的是财产权的取得和转移，而不是债权债务关系，笔者认为《婚姻法》第十九条第三款规定债权人在不知情的情况下，夫妻财产协议对其不产生对抗效力，这对婚姻当事人是极为不利的。夫妻财产协议不同于婚内析产，婚内析产是《婚姻法司法解释三》第 4 条规定的，仅在法定情形发生时夫妻一方可以向人民法院请求分割共同财产，是以夫妻共同财产制为前提的，在夫妻之间签订有财产协议的情况下，婚内析产规定的适用仅限于财产协议中未约定的部分；它不同于赠与合同，赠与的前提是赠与人处分自己合法所有的财产，而且仅限于对已经取得的财产进行处分，但夫妻财产协议中可以约定将来取得财产的；它更不同于离婚财产分割协议，离婚财产分割协议是以离婚为条件的，在离婚的前提下，对共同财产进行分割处理，它可以单独存在也可以并存于离婚协议中。②

（三）夫妻财产协议的效力

夫妻财产协议基于夫妻双方的意思表示而成立的契约关系，从《合同法》的角度分析，协议自依法成立后生效，当事人依据协议取得的是一项要求相对人履行义务的请求权，是债权，当事人并不能依据协议直接取得约定标的物的物权，因为根据《物权法》关于物权公示原则及不动产登记生效原则的规定，除法律另有规定的除外，物权变动的生效要件既要求当事人具有以物权变动为目的的债权

---

① 蒋兴飞：《婚内财产分割协议的性质与效力研究》，南京大学民商法学硕士学位论文，2017 年。

② 葛丹：《婚内财产分割协议的性质及其物权变动效力》，华东政法大学法律硕士学位论文，2016 年。

合意，还要有对物权进行公示的行为，于是有人认为夫妻财产协议中关于不动产的约定，也应当适用登记生效原则；从《婚姻法》的角度分析，除明确规定属于夫妻一方个人财产的情形之外，均属于夫妻共同财产，针对不动产而言，在没有财产约定的前提下无论登记在哪一方的名下，均属于夫妻共同财产，这便是《物权法》规定的"除法律另有规定之外"的情形，于是有人认为夫妻财产协议应从身份法的角度来分析它的效力，即无需动产交付或不动产登记便可发生物权变动的效力。

三、夫妻财产协议的运用现状

（一）相关法律规定

我国现行有效的《婚姻法》是 1980 年全国人大发布的，2001 年由全国人大常委会修改的，而 2001 年发布的修改稿与 1980 年制定稿有非常大的不同，其中在第三章"家庭关系"中增加了许多关于夫妻财产规定的条文，其中第十九创设了夫妻财产约定，由此可以理解为：1. 夫妻之间可以选择约定财产制；2. 约定财产制必须采用书面形式；3. 在书面协议中没有约定或约定不明的财产，依据本法第十七条、第十八条的规定认定；4. 财产制约定对双方具有约束力，但第三人不知道该约定的，对第三人不具有约束力。但 2007 年颁布实施的《物权法》关于不动产登记生效制度的确立使夫妻财产协议的原有约束力受到挑战，夫妻财产协议引起的不动产物权变动效力也因此分为内部效力和外部效力。夫妻双方在结婚后购买房屋，即使是登记在一方名下，另一方也同样享有所有物权，但是反之则不必然，即夫妻双方签订财产协议约定婚后购买房屋归一方所有，却不必然产生物权变动的效力，在外部第三人看来，该房屋仍然属于夫妻共同财产。根据《物权法》中善意取得制度以及《婚姻法司法解释三》第十一条的规定，一方未经另一方同意出售该房屋的，第三人善意取得的情况下，另一方主张追回该房屋的，人民法院不予支持。如此，在不动产登记制度下夫妻财产协议中对权利主体的保护便落空，婚姻法关于夫妻财产约定的制度便落入了无用之地。

（二）司法实践中的裁判观点

《物权法》第九条规定："不动产物权的设立、变更、转让和消灭，经依法登记，发生效力；未经登记，不发生效力，但法律另有规定的除外。"夫妻财产协议中关于不动产约定所产生的物权变动到底是应当遵循原则还是例外，这在司法实践中争议很大，有学者认为此处"法律另有规定的除外"不仅是包括《婚姻法》中关于夫妻共同财产制的规定，还应当包括夫妻分别财产制的规定；也有学者认为此处"法律另有规定的除外"仅仅指《物权法》第二十八条、二十九条规定的因法律文书、人民政府的征收决定等或因继承、受遗赠而发生物权变动的情形。[①]司法实务中的裁判观点倾向于将夫妻内部与外部进行区别对待，夫妻财产协议所产生的约束力当然及于婚姻双方当事人，在双方离婚时当然可以依据协议的约定主张财产的权利，但是当夫妻一体性与外部发生争议时，为保护交易的安全，实践中通常认为夫妻内部财产协议不得对抗外部不知情的第三人。具体如下图所示：

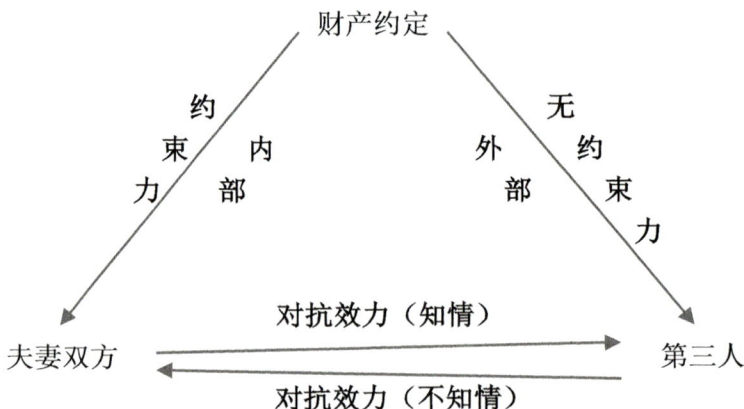

如此区分内部与外部的规则看似已经解决了《物权法》所带来的矛盾，其实不然。实践中证明第三人知情是非常困难的，在第三人不知道夫妻财产协议的情形下仍然可以主张已经约定为一方所有的财产权利，那么最高院关于《婚姻法司法解释二第二十四条的最新答复》所体现各债各担的裁判规则依然无法保护非举债配偶一方的利益，上述案例二即是如此。

（三）夫妻财产协议面临的问题

《婚姻法》第十九条仅规定了夫妻财产制约定对双方具有约束力，但却未明确规定对双方具有何种约束力，是同一般财产协议一样产生债权效力，还是能够直接产生物权变动的效力。近年来夫妻财产协议在婚姻当事人之间得到广泛的运用，但是在不动产登记制度的背景下，夫妻财产协议中关于不动产所有权的约定，却不必然因为该约定而发生物权变动的效力。就婚姻当事人内部而言，无论是债权

---

① 姚辉：《夫妻财产契约中的物权变动论》，载《人民司法》2015年第14期。

效力还是物权变动效力，约定为财产所有权人一方的权利获得是必然的，但是内部当事人一方或双方是否与外部的第三人发生物权变动的意思表示或发生债权债务关系是不确定的，而这种不确定因素也使得夫妻财产协议处于不确定的状态，[①]而且根据《物权法》登记即发生效力的规定，在婚姻关系存续期间，夫妻双方也无法就夫妻财产协议而向不动产登记机关办理变更不动产登记。因此，虽然婚姻当事人之间在夫妻财产协议中约定不动产归一方所有，但是在未发生离婚事实的情况下，一方也无法因此取得不动产的所有权，今后若发生夫妻另一方与第三人利益冲突或另一方擅自处分而第三人善意取得的情形，约定为所有权的一方并不能以夫妻财产协议而主张自己的合法权利。现行的制度虽然弥补了在夫妻财产协议给第三人带来的交易风险，但却忽略了夫妻双方财产约定的意思自治，自由决定夫妻财产关系的作用无法得到保证，反而增加了夫妻中不知情一方的法律责任。我们急切需要寻求解决路径来平衡婚姻当事人与第三人的利益，既能够保障夫妻财产协议的效力，又不侵害第三人的合法权益。

四、夫妻财产协议法律保护的几点建议

法律制度应尽可能完善以使每个人都感受到公平公正，当法律规定有所偏倚时我们必须予以纠正，我国并非判例法国家，但由于法律空白或法律滞后导致某类个案常常以判例作为司法实践的指导，从而通过个案的判决推动立法的发展，夫妻财产协议是婚姻当事人现实需求的产物，立法的空白带来司法裁判的混乱却反而侵害婚姻当事人的权益，因此我们必须推动夫妻财产协议由实践向理论，由司法向立法方向发展。

（一）明确夫妻财产协议的类型

参照国外的立法来看，世界各国对夫妻财产协议的签订时间作出不同的限制，法国和意大利等国家只允许婚姻当事人在结婚之前订立财产协议，结婚时同时提交婚姻登记机关存档，而且结婚后不可以进行变更；德国和韩国等国家规定婚姻当事人在结婚前订立财产协议，婚后需要变更的必须满足特定的情形；英国、美国等国家区分婚前财产协议与婚后财产协议，且规定婚前财产协议对任何人具有

---

① 杨晓林：《婚姻财产约定制下不动产是否需要履行物权变动形式—兼谈我国夫妻财产约定制度的完善》，载《婚姻家庭法律师实务》第 3 期，中国法制出版社 2008 年版。

法律效力，而婚后财产协议仅对之后发生的债权人具有对抗效力。①我国至今没有完整、成熟的夫妻财产下协议制度，是司法审判乱象的主要诱因，我们必须从本国国情出发，从时间上对夫妻财产协议进行类型化划分。夫妻财产制分为法定财产制与约定财产制，在我国《婚姻法》中已经具体体现，但是《婚姻法》仅用一个条文规定夫妻之间可以将婚姻关系存续期间所得的财产以及婚前财产约定归各自所有、共同所有或部分各自所有、部分共同所有，这样的规定过于笼统和原则。笔者认为，夫妻财产协议应划分为：1. 婚前财产协议，指在婚姻关系成立之前签订的为婚前财产协议，婚前财产协议中约定将各自的财产归一方所有的情形应视为赠予；2. 婚内财产协议，指在婚姻关系存续期间签订的为约定共同财产及各自财产的所有权归属的内容，是双方协商一致对财产进行分配的结果，亦能防止婚姻当事人挥霍财产；3. 分割财产协议，指在夫妻分居期间婚姻关系解除之前所签订的财产协议，这是我国尚未制定分居制度的法律背景下的特殊情形，据此便能更好地解决分居期间债权债务的承担问题。这样的类型划分体现法律规定的引导性和灵活性，便于第三人了解夫妻财产的真实状况，同时保障各方当事人的利益及交易安全，达到规范化的效果。

（二）承认夫妻财产协议的物权变动效力

上述案例中提到的《最高人民法院公报》中"唐某诉李某某、唐某乙法定继承纠纷案"，一审法院的判决是截然相反的，一审法院认为李某某与唐某某之间虽然签订有财产协议，但是并没有变更物权的登记，因此认为财产协议中所约定的房屋仍然属于唐某某的遗产范围，并不因为签订有财产协议而转变成李某某个人财产，可见审判实践中仍然存在许多误区，认为夫妻财产协议应当让渡于不动产登记，以物权的登记作为判断权利主体的标准。笔者认为，《物权法》应当对婚姻家庭领域的意思自治保持适度的空间，不应过度强调物权公示公信原则在婚姻家庭纠纷案件中的适用，毕竟物权变动的原始推动力并非登记或交付，而依然是基于当事人意思表示而发生的法律行为。史尚宽先生曾在其文章中指出，夫妻财产协议的订立是基于婚姻这一特殊的身份事实，以婚姻成立为前提而发生财产约定中的物权效力，如此为引起夫妻之间财产所有权变更而签订的财产约定，应认定为直接发生物权变动的效力，不需有转移所有权的法律行为。②因此，我们

---

① 王茵著：《不动产物权变动和交易安全——日德法三国物权变动模式的比较研究》，商务印书馆2004年版。

② 刘耀东：《论基于夫妻财产制契约发生的不动产物权变动——非基于法律行为的物权变动解释路径》，载《时代法学》，2016年2月，第14卷第1期。

应当认为夫妻财产协议发生物权变动效力是非基于法律行为的物权变动，参照《物权法》第 29 条关于因继承而发生的不动产物权变动的规定，继承分为法定继承和约定继承，夫妻财产制分为法定财产制和约定财产制；继承开始后，优先适用遗嘱继承再适用法定继承，夫妻财产制也是优先适用约定再适用法定；这两者在体现私法意思自治原则上具有高度的相似性。[①] 此外，认定夫妻财产协议能直接产生物权变动效力，那么发生于夫妻财产协议时间之后的债权，根据物权优于债权的原则，无论债权人是否知情，均不得对抗婚姻当事人，那么上述以时间为界限对夫妻财产协议进行类型化是十分必要的。

(三) 设立夫妻财产协议登记制度

法律制度的设置应当充分平衡各方当事人的权利，我们通过夫妻财产协议来明确夫妻双方的权利义务，实践中夫妻双方为了增强夫妻财产协议的效力，往往会选择到公证处对该协议进行公证，但是公证的效果也仅能约束夫妻双方当事人，是否进行公证对第三人并不产生任何影响，公证并不等于公示，更何况第三人根本不可能到所有的公证机关查询该信息，即使有办法了解到是哪个公证机关，但公证机关也可能会以该信息涉及当事人的隐私权而不予配合。笔者认为，在《中国民法典》编撰之际，我们应当在婚姻家庭编中增加夫妻财产协议登记的制度，只有通过法律强制登记的方式，要求夫妻双方应当以书面形式签订财产协议书，并到婚姻登记机关办理财产协议的登记，才能将夫妻财产协议纳入法律保护的有效地位，夫妻财产协议并存于婚姻登记信息档案中，便于第三人查询，如此第三人在与之交易时便可以通过分析协议的签订时间、内容上来预判风险。[②] 如此便能充分保障婚姻当事人及第三人的利益平衡，解决司法实践中存在的假借离婚逃避债务、夫妻财产分割、债务承担等难题便会迎刃而解。当然，婚姻当事人可以对财产协议的内容进行变更或解除，但是未向婚姻登记机关办理登记的不得对抗善意第三人。此处的"第三人"应当不限于《婚姻法》第十九条第三款规定的中规定的债权人，也不限于《物权法》中的善意取得第三人，就上述案例而言应当还包括合法继承人等其他第三人。

---

① 季境：《物权变动立法模式在我国的修正及其完善》，载《法学论坛》2015 年第 5 期。
② 梁慧星主持：《中国民法典草案建议稿 (第 3 版)》，法律出版社 2013 年版。

五、结语

　　财产内容是婚姻关系中非常重要的事项，婚姻关系是人身关系与财产关系的结合体，随着经济社会的不断发展，社会文化程度的不断提高，人们的法律意识和自我保护意识不断增强，结婚后的夫妻双方仍然保持着财产各自独立的现象比比皆是，而夫妻财产协议正是在这样的背景下得到广泛运用，但是夫妻财产协议是司法实践的产物而非法律概念，法律规定的空白造成了司法实践中矛盾不一现象，要解决这个问题必须赋予夫妻财产协议法律地位，值此《民法典》编撰之际，应当在婚姻家庭篇中将夫妻财产协议的类型化，并明确夫妻财产协议是非基于法律行为而发生物权的变动效力，纳入《物权法》第九条规定不动产登记生效原则的除外情形，最后的登记制度仅为宣示登记，为了便于婚姻当事人之外的第三人查明财产状况而设计的制度。夫妻财产协议的法律制度设计在一定程度上缓解了我国分居制度法律空白所带来的实务困境，也为夫妻约定财产制在司法实践中提供裁判的指引作用，民法典时代的开启，是完善我国夫妻财产约定制度的最佳时机，是夫妻财产协议走向法律理论的发端，笔者希望拙文能具有参照价值，也希望得到读者的批评指导意见。

人防工程的权属及相关法律问题探析

张沙沙 *

"总价 50 万做万宝商圈包租婆""四处奔波拼财富不如万宝中心有一铺",福州中防万宝城项目的宣传广告铺天盖地,该项目号称是我国目前规模最大的融合式平战结合人防工程。项目周边已经发展起了成熟的业态,人流量充足,初步看来,发展前景非常好。但是该项目属于"平战结合人防工程",实际上,以人防工程为载体的项目无论是在项目权属还是权益人之权利保障方面均存在诸多问题。近年来国家处于和平盛世,加之经济飞速发展,全国各地的人防工程也纷纷被开发利用,这虽然提高了人防工程的利用效率,最大限度地利用了社会资源,但是由于人防工程的特殊属性,对其开发利用不同于对一般的工程开发使用。若是开发利用不规范,不仅导致国有资产的流失,也会使人防工程的投资使用者蒙受巨大的损失。什么是人防工程,人防工程的开发使用过程中往往产生哪些问题,为什么无法为该工程权益人核发产权证,人防工程平时使用权又是一种什么样的权利,性质如何,该平时使用权存在什么问题,尚需进行哪些完善? 本文将围绕人防工程的以上问题进行分析,抛砖引玉,希望拙文能够为我国人防工程开发利用过程存在问题的解决提供些微思路。

一、人防工程的权属

(一) 人防工程概述

"人防工程"系"人民防空工程"之简称,指国家为了应对战争,保护人民财产和生命安全,提高城市的整体防御能力,修建的地下建筑和防护设备设施。[①] 根据《人民防空法》第 18 条"人民防空工程包括为保障战时人员与物资掩蔽、

---

* 国浩律师 (福州) 事务所专职律师,中国政法大学法律硕士。

① 王胜然:《人防工程权属探讨》,载《投资导航》2012 年第 6 期,第 79 页。

人民防空指挥、医疗救护等而单独修建的地下防护建筑，以及结合地面建筑修建的战时可用于防空的地下室"的规定可见，人防工程是战时具有特定保障和防御功能的地下建筑工程。

参照不同的标准人防工程的分类各不相同，以下简单介绍两种常见的分类方式。从整体的工程建筑形态上看，人防工程可以分为单独修建的人防工程和结合地面建筑修建的人防工程；从出资建设主体上看，人防工程可以分为由国家人防主管部门出资进行修建的公有人防工程和由组织、社会团体和个人等社会力量修建的民用人防工程。对于公有人防工程的所有权归属问题一般不存在争议，既然是国家出资修建的其所有权自然归国家所有；但是对于民用人防工程的权属问题目前法律尚无明文规定，是否由社会力量出资工程就归出资者所有呢？对此仍存在很大的争议，这也是对人防工程进行开发利用中所面临的第一大问题，即权属不清。

（二）人防工程的权属分析

1. 立法现状

我国《人民防空法》第5条第2款规定"人民防空工程平时由投资者使用管理，收益归投资者所有"，可见我国法律对于人防工程的投资者的管理、使用、收益的权益进行了明文规定，但是唯独没有将"所有权"规定进条文中赋予投资者；同时《城市地下空间开发利用管理规定》第25条规定"地下工程应本着'谁投资、谁所有、谁受益、谁维护'的原则，允许建设单位对其投资开发建设的地下工程自营或者依法进行转让、租赁"。虽然"人防工程"与"地下工程"这两个概念之间不是完全的一致，但是他们之间本身存在交叉与重合，而《城市地下空间开发利用管理规定》中承认了建设单位对其投资开发建设的地下工程享有所有权，可以进行转让租赁，也就是承认了部分人防工程的投资建设单位享有工程的所有权。虽然在法律位阶上《城市地下空间开发利用管理规定》作为部门规章效力不及《人民防空法》，但是由于对于权属的法律规定具有模糊性，而部门规章却是比较清晰，在实际中到底应该如何进行适用成为一个问题，这也进一步导致了人防工程权属不清、争议不断的现状。

我国现行立法对于人防工程权属问题的规定相对较少，进行归纳后大致分为以下几个层次：（1）法律、行政法规及部门规章层面，并未对权属问题进行明确的规定或者相互之间规定不一致。如《人民防空法》《城市地下空间开发利用管理规定》，上文已分析此处不再赘述；（2）地方性法规和政府规章的层面，不同地方规定不尽相同，地方性差异较大。如《上海市民防工程建设和使用管理办法》

等，实质上是承认非国有经济组织或者个人享有其投资修建的人防工程的产权，但是《北京市人民防空工程建设与使用管理规定》实质上并没有承认社会力量作为修建主体时享有该工程的所有权；（3）规范性文件的层面，由于缺乏上位法依据，各地的规范不一致。如《北京市政府办公厅转发市人防办关于对新建防空地下室实行统一管理的请示的通知》《江苏省政府省军区关于加强人民防空建设的意见》等，对于社会力量投资建设的人防工程的权属问题进行了倾向不同的规定，以北京为代表的北方地区更倾向于将人防工程所有权定为国家所有，而以沪浙为代表的南方地区在所有权方面政策相对松动，赋予投资建设者所有权以鼓励开发建设。

2. 学界观点

人防工程的权属问题，在学理界也存在以下三种不同的观点：国家所有说、投资者所有说、全体业主共有说。笔者将对于学者们的观点进行简单的概述。

国家所有说认为人防工程所有权属于国家，由各级人防主管部门行使管理职能。主要基于以下理由：第一，《人防法》第 2 条"人民防空是国防的组成部分"以及《物权法》第 52 条"国防资产属于国家所有"的规定；第二，国家对人防工程的兴建和开发利用过程中适用税费、政策等多方面的优惠政策，例如直接采用划拨的方式进行用地的审批等。[①] 投资者所有说认为人防工程的所有权属于投资建设者。主要根据物权原始取得的理论，投资者通过原始投资建造的行为而取得工程所有权。全体业主共有说认为人防工程归全体业主共同占有、使用、收益、处分，此观点主要是针对结合地面建筑修建的人防工程（如地下车库、地下室等）而言的。其理由是投资者将地上的房屋销售给全体业主后，作为配套设施的人防工程的建设成本实际已转移给业主，业主应该成为该配套附属设施的产权人。[②]

3. 司法判例情况

对于人防工程的权属问题，在司法判例中观点相对一致，就是认为人防工程所有权归属于国家，又支持投资者享有使用收益的权益。但是，对于投资者是否享有人防工程的处分权问题上不同法院仍有不同的认定。以下将结合具体案件进行说明，并阐释出现此现状的原因。

司法判决中支持人防工程属于国家所有的案例较多，例如青海省高级人民法院（2010）青民二初字第 4 号判决书认为"《中华人民共和国国防法》第三十七条、《中华人民共和国人民防空法》第五条......的规定，人防工程产权属于国家，投资人不得转让。国家鼓励不同主体可以投资人防工程建设，并允许投资人在平

---

① 霍洁：《结建人防工程的物权问题研究》，2013 年沈阳师范大学硕士毕业论文。

② 章琴芸：《试论结合民用建筑修建的人防工程物权归属》，2011 年华东政法大学硕士毕业论文。

时对工程使用、管理、收益，但法律并没有赋予投资人对人防工程所有权的处分权"；汉中市汉台区人民法院（2013）汉民初字第 01292 号判决书中认定"《中华人民共和国防空法》第五条规定 …… 可见作为汉中市中心广场人防二期工程地下商铺的投资开发人的被告高山公司及其汉中分公司，对所开发的属于人民防空组成部分的地下商铺只享有使用管理和收益权，并不享有所有权"。以上判例中均支持了人防工程产权属于国家，承认投资者的管理收益权益，但否认了其享有所有权的处分权权能。

虽然目前我国法院大多数并不承认投资者享有人防工程的所有权，但是一般承认投资者使用收益的权利，甚至存在承认其享有处分权的先例。在武汉市中级人民法院（2016）01 民再 9 号民事判决书中"根据 …… 的规定，人防工程平时开发利用应当坚持有偿使用、用管结合的原则，平时由投资者使用管理，受益归投资者所有，即谁投资谁收益，谁使用谁管理的原则 …… 武汉市人防办颁发研字第 12-003 号新天地商业中心人防工程平时使用证。东百公司作为大厦人防工程的开发商根据上述原则拥有平时商业处分权"，在本案件中法院支持了投资者享有"平时商业处分权"。

司法实践中出现不同的判决并不难理解，因为判决是依据法律规定作出的，而我国现行法律只规定投资者享有管理使用收益权，没有赋予其所有权，所以法院的判决自然不可能认可投资者享有所有权，对于投资者的管理使用收益权一般会予支持。但是对于"处分权"问题，正是由于法律没有明文规定，这给予裁判者一定的自由裁量的空间，结合案件的具体情况进行一定的评判，进而不同法院裁量的结果不同，就形成了不同的判决。

4. 笔者观点

结合我国立法现状，研读司法判例和学者理论之后，笔者认为，在和平年代作为社会力量修建人防工程的投资者虽"不具所有权之名"，但"已享所有权之实"。国家享有人防工程的所有权，投资者行使着所有权的部分权益。

一方面，我国在法律层面并没有将所有权赋予人防工程的投资者，作为社会力量修建人防工程的投资者"不具所有权之名"。人防工程虽然是由投资方出资建立，但是人防工程本身承载着战时保护人民人身、财产安全的特殊功能，此特殊功能和属性决定了它必须在紧急时刻能够被统一的调配和使用，这也决定了它必须由统一的部门进行监督和管理，在和平时期对于人防工程的合理利用虽然能够更好地发挥其价值，但这种利用并不能泯灭人防工程的本质功能。正因如此，在法律层面上立法者不可能直接明文规定人防工程的所有权归投资者所有。

另一方面，虽然现行法律对于由社会力量修建出资建设的人防工程的物权权属无明文规定，但是根据《人民防空法》第 5 条"谁投资，谁使用，谁受益"的原则和《城市地下空间开发利用管理规定》第 25 条"谁投资、谁所有、谁受益、谁维护"的规定看，投资者"已享所有权之实"，投资者对该人防工程享有占有、使用、收益和处分的权利，所有权的四大权能已经全部享有，实质上就是享有了该人防工程的所有权。但是值得注意的是这种有限制的所有权，这种限制表现在：第一，此所有权并不具有对世性，一旦处于战时状态时，人防工程必须第一时间进行平战功能的转化，确保其保卫人民生命、财产安全功能的实现；第二，人防工程的权益的转让手续不同于一般的不动产登记，而是有更加严格的审批、备案手续，应该统一向人防主管部门进行登记备案。第三，认为人防工程投资者不享有"处分权"的情形时有存在，如上述青海省高级人民法院（2010）青民二初字第 4 号判决书中"法律并没有赋予投资人对人防工程所有权的处分权"的认定。所以这种"所有权"是一种有条件的受限制的不完全的所有权。

现结合生活中常见的人防地下车库或地下室的权属问题来进一步论证笔者的观点。应该注意的是并不是所有的地下车库或地下室性质上均属于人防工程，主要区分依据是看建设规划时的土地用途。人防地下车库或地下室的权属在法律上没有明文规定，在学理上仍存在争议。我国目前的实际操作情况如下，建设单位不享有该人防地下车库或地下室的所有权，就福建省地区而言，笔者专门咨询房产登记中心的工作人员得知，登记中心不会给人防地下车库或地下室的使用人颁发产权证书。但是建设单位在获得人防主管部门颁发的平时使用权证之后，可以将人防车位或者地下室在使用的年限范围内对外进行出租进而获益。实践中这样的运行模式，实质上就是投资建设者不享所有权之名，但已经实际行使部分所有权的权能。如在福建省龙海市人民法院（2014）龙民初字第 5481 号民事判决书中认定的"本案讼争车位是由结合地面建筑修建的战时可用于防空的地下室改建而来的。人防工程投资者依法对人防工程享有占有、使用、收益和处分的权利"，直接承认了投资者享有所有权的四大权能。

二、人防工程的平时使用权

我国人防法中规定，国家鼓励利用人防工程进行经济建设和服务人民生活，进而针对人防工程利用的程序和手续问题，在《人民防空工程平时开发利用管理办法》第 9 条和《人民防空国有资产管理规定》第 18 条中进行了具体规定。大致程序如下：人防工程的使用单位提交备案材料，经过人防主管部门的审核颁发《人民防空工程平时使用证》之后，才可以使用人民防空工程。那么什么是人防工程的平时使用权，该权利的性质如何，在实践中该权利运行中存在什么问题呢？

（一）人防工程平时使用权的含义及性质

人防工程平时使用权，顾名思义，就是在和平年代享有对人防工程进行开发使用的权利。"平时"二字限制了使用的条件，只能是在和平时期，排除了战时等紧急情形。"使用权"如何来定义是核心问题，此处的使用权内涵比较宽泛，不仅包含了物权的使用权内容，而且包含占有、处分、收益等几乎全部所有权内容，国家保留的只是名义上的所有权和战争时期的使用权。①

就人防工程平时使用权的性质而言，笔者认为既然它是一种"使用权"，从类属角度来讲就应该是一种用益物权。根据《物权法》第117条之规定"用益物权是对他人所有的不动产或者动产，依法享有占有、使用和收益的权利"。人防工程平时使用权就是使用权人对国家所有的人防工程，依法享有占有、使用和收益的权利。

有的学者认为根据"物权法定"的原则，我国物权法中使用枚举的方式列举了用益物权的种类，主要是土地承包经营权、建设用地使用权、宅基地使用权和地役权，并没有人防工程平时使用权，所以人防工程的平时使用权不能算是一种用益物权。对于此种观点笔者不能苟同，这是太过于片面和狭义的理解法条，人防工程平时使用权已经具备了用益物权的所有权利属性和特点，无论法律明文是否有规定，其实质上就是一种用益物权。

（二）人防工程平时使用权的存在问题

1. 人防工程平时使用权的权能范围规定不清，责任主体不定。

由于现行法律对于平时使用权的权能范围规定不清晰，其权利内容空泛不具体，在出现法律纠纷时往往涉及多方主体，包括但不限于实际占有使用人防工程的主体、对平时使用权进行出租转租的主体、人防工程的隶属主体、人防工程的管理部门等不同的主体，这些主体之间的权利义务往往相互交叉，难以厘清，在出现纠纷时多方主体之间容易出现相互推诿责任最终导致问题搁置拖延现象。

2. 人防工程平时使用在实践中监督管理难度大。

在实践中，就由社会力量兴建的人防工程而言，投资建设者自认为人防工程是由其进行投资兴建，进而存在擅自对人防工程项目进行转让或抵押，不向人防

---

① 孙嘉伟：《人防工程物权属性研究》，华东政法大学2014年硕士毕业论文。

管理部门履行通知登记义务的现象，致使在人防办的登记与实际占用人不一致，人防管理部门行使监管职责遇到障碍，甚至基于抵押权实现等原因致使人防资源流失。就由国家出资兴建的人防工程而言，出现或者因为出租给使用人，使用人怠于行使维修管理的义务导致工程主体的损坏进而人防工程的防护功能降低，或者由于人防工程没有进行开发利用导致出现闲置荒废的现象。

3. 人防工程平时使用权战时收回机制及战后恢复机制缺失。

由于人防工程的本质属性决定了其在战时会被国家收回利用，我国《关于平时使用人民防空工程的若干规定》中仅仅规定"平时使用的人防工程，应做到一旦战备需要能保证迅速转入战时防空或坚守城市作战使用"，但是具体的平战转化的实现程序和手续均没有规定，即使是比较简易的平战转化程序也应该进行法律明文规定，做到有法可依，否则一旦战事爆发，容易出现调配不及时造成人财物损失的现象。战后平时使用权是否恢复给战前使用者，恢复的程序如何，是否存在补偿问题等。这在我国现有的法律中均没有规定。长远看来，这些机制的缺失势必会影响投资者的开发利用积极性，不利于人防工程的开发利用，有悖国家鼓励利用人防工程进行经济建设和服务人民生活的理念。

三、人防工程权属及平时使用权制度完善

（一）人防工程权属制度之完善

正如上文所述，人防工程在权属方面最大的问题就是权属不清。法律没有明文规定，地方法规和规章之间规范不一致。鉴于实践中的这种问题，笔者呼吁立法机关尽快完善相关法律，对这一问题进行统一规定，从根源上解决下位法混乱，相互矛盾的问题。

随着经济的发展和国防力量的充实，全国各地的人防工程的数量已经不是小数字，为了规范人防工程的管理使用行为，发挥人防工程的最大效用，设立法律对于人防工程的权属进行规制或者完善现有的《人民防空法》已势在必行。由于人防工程权属制度牵涉面广，涉及物权等民事基本问题，将直接导致对公民财产权利的限制，所以要在法律的层面进行明确的规定。笔者认为在设立或完善其所有权归属时，可以有两种模式供以参考：一种是"一刀切式"，将所有人防工程的所有权一律法定为归国家所有；一种是"分类对待式"，根据投资修建人防工程的主体不同，确定不同的所有权主体。无论采用何种方式，都要将所有权归属

主体进行明确而清晰的规定。当然，无论如何来确定权属，人防工程本身的功能和性质不会发生变化，一旦发生战事，该工程所有者均应服从国家统一的调配，这也应该在法律中进行明文规定。

（二）人防工程平时使用权制度之完善

1.完善法律法规，确定权能范围。

完善平时使用权的法律规制其实与完善人防工程权属的法律规定是一个措施的两个方面。平时使用权制度与人防工程的权属密切关系，当权属问题解决之后，出现问题时的责任主体就好比较容易确定了。建议对现行的防空法进行修改对人防工程平时使用权的概念、行使、维护和管理、监督等做出具体、明确的规定，解决实践中存在的诸多模糊问题。

2.细化人防部门监管责任，完善人防工程平时使用权的处分程序。

人防管理部门和平时使用者均有义务承担起监管的责任。各地人防办作为代国家行使监管职责的机构，要对人防工程进行定期检查，及时整改存在的隐患；对于人防部门的失职或渎职行为进行追责，承担相应的民事赔偿、行政处罚等责任；平时使用者在发生将使用权对外转让或者以人防工程提供抵押等处分行为时，应该向人防管理部门提交材料，说明处分的原因、对象、主体、期限等具体事宜，人防管理部门进行审核通过之后，对新的使用人进行备案登记，才可以完成对人防工程的处分。对于没有进行备案而擅自进行处分的行为进行查处惩戒，以减少擅自处分行为。

3.完善人防工程平时使用权的收回和恢复制度。

法律法规对于平时使用权的收回情形、收回程序、回收主体应该进行规定，对于回收的情形可包括国家进入战时或紧急状态；平时使用权的使用年限已经届满；其他国家认为回收的情形。回收的程序不应过于烦琐，特别是在战争状态下的回收，更应该简便快捷，遵循国家的统一指挥，高效地完成回收。回收的主体宜定为各地的人防工程的主管部门，即颁发平时使用权证的部门进行回收。

笔者赞同战时无偿收回人防工程平时使用权的观点，毕竟人防工程的性质决定了其就是为应对战时紧急情况而产生存在的。但是对于平时使用权的恢复，笔者认为应该给予战前权益人一定的补偿或者相应的优惠政策，以减少战时临时收回征用给使用人权益人带来的损失。因为使用权益人对于平时使用权的获得已经支付过相应对价，按照公平原则应该获得补偿。至于补偿标准，要根据人防工程的种类与和平时期的用途等进行综合判断，也可以通过免费赠与延长使用期限的方式来弥补使用权益人的战时损失。

四、结语

　　人防工程在我们生活中随处可见，小到社区的地下车库大到大型的地下百货商城均可能是人防工程的组成部分，可是时至今日，我国法律对于作为人防工程核心的权属问题和平时使用权问题仍没有清晰明了的规制。笔者认为人防工程应该归属国家所有，但投资者享有占有、使用、收益和部分处分权益，这也应该是平时使用权的权能范围。

互联网金融风险防范与法治化

一、互联网金融应对已成立的法律普遍服从

（一）法律能够消解互联网金融货币电子化创新的风险

米尔顿.弗里德曼的货币促成金融创新理论认为，金融创新的出现，主要是货币方面因素的变化所引起的。[①]互联网金融的这一创新恰恰是由于货币的表现形式这一因素发生了变化而进行的金融创新，如网络借贷、互联网保险、众筹、互联网信托、网络支付、互联网基金等都是建立在货币电子化形式基础之上的。如没有货币电子化的产生，就无法实现这些模式的产生。互联网金融主要是通过货币电子化现实了世界的时空限制，信息交流、资金流在网上迅速传送和便捷。货币电子化在使用和结算过程中，不仅简化了使用传统货币的复杂程序，而且因货币电子化的使用和结算不受时间、地点、服务对象等限制。[②]但同时也带来了风险：电子货币流通条件下其本身的无形性、网络性、匿名性、快速性等特点为洗钱者提供了新的机会，给洗钱带来了许多便利，如：电子货币体积小，这使得电子货币走私与传统货币相比变得更加容易；电子货币具有很强的匿名性与隐蔽性，客户在通过网络或通过计算机等操作时，它无须像传统货币那样，客户与银行业务人员、客户与客户之间面对面地进行交易。另外电子货币的加密技术的采用以及电子货币远距离传输都增强了电子货币的隐秘性。电子货币在双方身份的确认上，也不像传统货币情况下的签名盖章，而是通过密钥、证书、数字签名等方式完成的。同时交易双方能使用电子货币直接交易，可以不需要金融中介机构的支持，这样也就难以找到任何可以追踪的线索，使其匿名性增强。综上所述，

---

[*] 中国政法大学互联网金融法律研究院院长，教授，博士生导师。
[①] 杨有振、侯西鸿等著：《金融开放：创新与监管》，中国金融出版社 2002 年 8 月版，第 164 页。
[②] 王蜀黔：《电子支付法律问题研究》，武汉大学出版社 2005 年版，第 7 页。

货币电子化可以使金融的收集资金的行为速度快，风险隐蔽，难以取证，可以在短时间实现收集资金数额巨大化，如果不依法操作，就会带来资金损失的巨大风险。货币发展史已经充分证明法律是消除货币在金融行为中带来的风险的最佳方式。

（二）法律能够消解金融创新的风险

金融创新是金融业内进行的创造性变革，是金融发展的推动力。金融发展的历史表明，一部金融发展史就是一部金融创新发展史。最早提出创新概念的是著名经济学家熊彼得。他认为，创新是指新产品的生产、新技术或新生产方法的应用、新市场的开辟、新生产组织方式的实行和原材料新供应来源的发现和掌握等。金融创新有广义和狭义之分：狭义的金融创新是指金融工具的创新；广义的金融创新是指金融领域内各种金融要素的重新组合。具体来讲是金融机构为了生存、发展和满足客户的需求，而创造出新的金融产品、新的金融交易方式、新的金融市场和新的金融机构，也就是说金融创新的表现形式是金融机构、金融业务、金融工具、金融市场和金融制度的创新。在某种程度上，金融创新就是指采用新的技术和方法，改变金融体系基本要素的搭配和组合而提供新的金融功能过程，其目的是要形成新的流动性、营利性和安全性，从而提高金融效率。新技术的出现是促成金融创新的主要原因，特别是网络技术的发明在金融业的应用，是促成21世纪金融创新的重大因素。[①] 互联网金融就是利用网络技术进行的金融创新，是网络技术在传统的金融领域的推广和使用，提高了金融信息的处理速度，降低了金融交易成本，尤其是电子资金转移系统的推广，利用通讯卫星传递信息、调度资金几乎使所有的金融交易更为迅速和成本低廉。科技成果在金融业的广泛运用，降低了创新的平均成本，增加了金融创新的相对收益的同时，还为金融机构开辟了新的资金来源和业务机会，创造出新的市场，进一步激发了多种与电子技术相关的创新如公司银行、网络银行、银行卡、网络支付、P2P、众筹、互联网保险与互联网基金销售等。

金融创新史已充分证明任何创新都伴随着风险[②]，因此在创新的同时要依照已成立的法律进而消解创新带来的风险，这是法律的安全价值所决定的，安全是法

---

① 熊彼特对金融创新分为五类，第一类就是新技术在金融业的应用；第二类是国际市场的开拓；第三类是国内和国际金融市场上各种新工具、新方式、新服务的出现；第四类是银行业组织和管理方面的改进；第五类是金融机构方面的变革。根据熊彼特对金融创新分类，互联网金融是新技术在金融业的应用，是互联网这一新技术的出现促成的金融创新。

② 金融创新既有正面效应，也有负面效应。金融创新的负面效应既降低了金融体系的稳定性，也降低了金融监管的时效性，增加了风险，也增大了发生金融危机的可能性。

律持续性的制度安排与价值追求，已成立法律的核心是保障金融的效率、秩序与安全。互联网金融是金融创新的一种形式，就应在已成立的法律框架下进行创新，这样才能够使其因创新带来的风险进行最大限度的消解。同时，金融创新也是金融业进行的创造性变革[1]，金融业又是社会建设的一个重要组成部分，所以互联网金融的创新性的变革要依法变革，在法治的轨道上改革创新，如需要突破已成立的法律，那就先修订法律，再进行改革，确保一切改革或都在法治轨道上进行。

（三）法律能够消解互联网金融的"金融"本质的风险

互联网金融没有改变"金融"风险的本质。金融风险是指经济主体在金融活动中遭受损失的不确定性或可能性[2]。金融风险是金融活动的内在属性。只要存在金融活动，就必然存在金融风险，或者说，金融风险与金融活动是不可分离的。金融风险的存在是金融市场的一个重要特征。互联网金融是金融与现代互联网技术有机结合的产物，从互联网金融的运行流程、业务、法律关系及实践等方面分析，互联网金融并没有改变金融的风险本质，仍然具有传统金融的风险的特征：第一，互联网金融具有信用风险。众所周知，金融的主要风险是"信用风险[3]"，以银行为例，信用风险指贷款方到期日不能完全履行其还款义务从而给商业银行造成贷款本金或利息损失的风险。商业银行一般采用加强对客户资信审查、对资金使用进行监督、提取呆坏账准备金等方式防范贷款风险的发生。从网络借贷的运行模式所形成的法律关系是及实践证明其主要风险仍是信用风险。网络借贷模式，是指个体和个体之间通过网络实现的直接借贷。其本质还是借贷的法律关系，因此投资者面临的借款人的信用风险主要要来源于借款人违约，出借人到期日不能完全履行其还款义务从而给投资者造成贷款本金或利息损失的风险；第二，互联网金融具有流动性风险。流动性风险一般是由于资产的流动性发生变化而使持有者把资产变现使发生价值损失的可能性。[4] 我国网络借贷的实践来看，多数的

---

① 金融发展的历史表明，一部金融发展史就是一部金融创新发展史。金融创新有广义和狭义之分：狭义的金融创新是指金融工具的创新；广义的金融创新是指金融领域内各种金融要素的重新组合。

② 金融活动中的不确定性是金融风险产生的根源。金融活动的不确定性越大，金融风险就越大；反之，金融活动的不确定性越小，金融风险也越小。金融活动的不确定性包括外在不确定性和内在不确定性两种，内在不确定性导致的金融风险即为非系统性风险，外在不确定性导致的金融风险称为系统性风险。

③ 信用风险是指债务人或交易对手未能履行合同所规定的义务或信用质量发生变化，影响金融产品价值，从而给债权人或金融产品持有人造成经济损失的风险。

④ 对商业银行而言流动性风险是指银行的流动性来源不能满足流动性需求，从而引发清偿问题的可能性。证券市场上的流动性风险是指交易的一方不能在预定的结算日足额交付证券或资金而给另一方带来的不确定性。互联网金融仍然具有流动性风险。

P2P 网贷平台已不仅是信息中介了，而演化为信用中介，甚至一些 P2P 平台形成资金池业务，资产负债状况不透明，平台以其自身信用或关联担保公司的信用替代了借款人的信用，同时进行期限转换，借短债放长贷，平台以高利差为主要收入。此类模式非常类似银行业务模式，因此其具有商业银行的流动性风险[①]。第三，互联网金融具有洗钱风险。洗钱是一种比较古老的违法犯罪行为，随着现代信息技术和网络金融的发展，洗钱犯罪分子的行为及手段与过去有了很大的变化，利用电子货币与互联网金融进行洗钱已经成为当前洗钱活动的重要形式，它不仅破坏了市场经济的正常秩序和合法的商业活动，而且加大了全球金融业的风险，并且对各国的反洗钱的工作提出了新的挑战。一般的洗钱方法主要是通过货币走私、利用金融机构和非金融机构洗钱。然而随着各国反洗钱措施的不断加强及传统洗钱犯罪方法的弊端日益明显。[②]而利用互联网金融机构洗钱比传统的金融机构及非金融机构便利得多，这是货币电子化流通条件下其本身的无形性、网络性、匿名性、快速性等特点为洗钱者提供了新的机会，给洗钱带来了许多便利。互联网金融的洗钱风险远比传统的金融机构和非金融机构的风险大。国际金融领域已经出现"自动贸易方式"和"自动支付方式"。犯罪分子利用"自动贸易方式"和"自动支付方式"的快速、匿名和监管不完善的基础之上，大量使用电子货币、电子汇款、电子指令、智能卡与"网上银行"等现代化的金融支付方式，加速洗钱的速度，进行犯罪活动。洗钱犯罪分子利用现代化的支付结算手段和新型金融工具从事洗钱活动，使得洗钱犯罪活动更加具有隐秘性，而且使得洗钱犯罪技术国际化；第四，互联网金融具有操作风险。操作风险是"金融"的又一风险特征。操作风险是指由不完善或有问题的内部程序、员工、信息科技系统以及外部事件所造成的风险。操作风险可分为人员因素、内部流程、系统缺陷和外部事件四大类别，并由此分为内部欺诈，外部欺诈，工作场所安全事件，客户、产品和业务活动事件，实物资产损坏，信息科技系统事件，执行、交割和流程管理事件等七种可能造成实质性损失的事件类型。巴塞尔委员会给操作风险所下的定义是"由于不健全或失效的内部控制过程、人员和系统或是外部事件而导致的损失风险"，随着金融技术的日趋复杂化，金融服务业的全球化正在使银行的活动及其风险特

---

① 此种模式是违反《网络借贷信息中介机构业务活动管理暂行办法》的行为。

② 传统货币及金融机构特点给洗钱带来很大的阻力。首先，面值有限。大量价值的传统货币必然占据较大的空间，因此犯罪分子携带大量传统货币通过海关出境非常困难。其次，传统货币的运送、证实和计算都需要花费时间，如果货币的价值很大，所需的时间更多，在很大程度上延迟了交易速度。再次，传统货币远距离的安全传送需要花费大量的时间和资源，这使得运输过程中容易被发现。第三，传统货币都有印钞号，如果有关机构知道印钞号，在金融机构的协助之下，就能发现向银行存入这些钞票的人。第四，传统金融机构有严格的反洗钱的监管制度。

征变得更加复杂多变。操作风险也可能来自互联网金融机构客户操作失误而产生的风险，客户与互联网金融服务配套之间发生的网络金融业务时，任何错误操作，不论是无意的海事故意的，都有可能产生风险。互联网是目前最为开放的网络，任何一个客户或非客户只要具备一定的设备、满足一定的基础性条件都可以进入互联网进行浏览。互联网金融机构直接对外部的各类网络连接，提供大量的查询和金融交易服务，其本身无论是数据还是系统都存在高度风险；互联网金融系统与业务主机应用系统与业务主机应用系统之间存在着大量的数据通信，加大了内联网和外联网系统的风险。互联网完成的金融业务，由于通过一系列的技术设备将封闭的网络同互联网相连，客户可以使用互联网进入金融机构内部的网络，技术安全性相对而言就降低了；互联网金融的网络容易受到来自网络内部和外部的病毒攻击。所以网络金融机构一般都设计有多层安全系统，以保护互联网金融虚拟金融柜台的平衡运行。据美国报纸的报道，美国安全第一网络银行（SFNB）挫败1.5万起企图破坏其金融系统的网络攻击，以至于SFNB担心如果还继续大量发生这类欺诈行为的话，将会有损于社会公众对网络金融的信心。此外，网络金融机构的计算机系统停机、磁盘被破坏、病毒侵入等不确定性因素，黑客侵入，软件被非法修改，从而存在客户私人信息泄露，也会形成网络金融的技术风险。

综上所述，互联网金融是互联网与金融的有机结合，但不是简单的嫁接，它仍是"金融"的功能；是金融满足社会需要发展的一个历史阶段；是电子货币的产物。它并没有改变传统金融风险的本质。归根结底互联网金融的本质还是金融，它只是采用新技术和方法，改变原有金融体系基本要素的搭配和组合而提供新的金融功能的过程，其目的是要形成新的流动性、营利性和安全性重组，从而提高金融效率；是科学技术的发展与金融本质属性的要求相结合的产物，是金融本质属性的不变性与金融形式可变性要求共同决定的，是金融形式在互联网社会的具体表现。互联网金融的本质是金融就要服从已成立的法律；是金融就不能超脱金融的既有秩序和规范，因此要普遍服从已成立的法律。

二、互联网金融应是良法之治

法从其本质上来说是有良法与恶法之别的，依良法治才治，依恶法治仍不得治。①博登海默认为："一种不正义的、非理性的而且与自然法相矛盾的法律，根

---

① 徐运良著：《法治是如何实现的》，法律出版社2010年12月第1版第4页。

本就不是法律，而是对法律的歪曲。"① 所谓良法要符合时代的客观需求，随着社会的发展变化而变化。德国学者弗里德曼指出，"法律犹如有机体，必须随着社会生活之发展变化而变化，并在变化中求其长生。否则，必不免陷于僵化，不能适应社会的需要。"② "一个法律制度，如果跟不上时代的需要或要求，而且死死抱住上个时代的只具有短暂意义的观念不放，那么是没有什么可取之处的。在一个变幻不定的世界中，如果把法律仅仅视为一种永恒性的工具，那么它就不能有效地发挥作用。"③ "法律之设，目的在规范社会生活。但因社会生活不断发展变化而法律条文有限，欲以一次立法而解决所有法律问题，实属不能。"④ 金融本身是由简单到复杂的发展过程，不同历史时期会呈现出不同的形式。互联网金融是金融发展的一个历史阶段，是金融创新的一种方式。金融创新在多数情况下是规避法律的创新，因此导致了已定的法律的滞后性。法律滞后给互联网金融带来了法律制度的缺失风险，这已成为当今互联网金融面临的首要风险，因此我国应及时根据互联网金融本身的特征进行对我国已成立的法律进行修订及相关立法，这样才能保证互联网金融法治化，进而使其健康、稳定的发展。

目前对以下互联网金融风险防范进行制度的变革。一是防范互联网金融的信用风险系统化，建立和完善信用体系和相关制度。网络借贷和众筹对应的民间借贷和私募更多呈现的是个别风险，原有靠熟人来解决信用风险，但由于现有的法律制度对参与民间借贷和私募的主体限制较少，使得网络借贷和众筹模式扩大了金融交易的地域范围，从熟人社会发展到陌生人社会，因此在我国目前的信用体系与信用制度还极不完善的状况下的网络借贷和众筹信用风险则呈现出明显的系统风险特征；二是防范互联网金融参与主体的隐私权受到侵害，健全隐私权保护制度。互联网金融在运行过程中把主体信息收集并存储在计算机和网络数据库中，但这些信息会被进入计算机与网络数据库的黑客以及管理者获得，因此面临着隐私权的保护问题；三是，P2P 平台在引入第三方融资性担保机构进行担保时，有些担保机构进行担保的同时要求债务人提供反担保，而在进行反担保抵押登记时，登记部门不能根据电子合同进行登记，还要根据真实的借款合同。但通过平台借贷是一个借款人对多个出借人，而且通常在形成借款合同之前就要以担保合同的

---

① ［美］E. 博登海默著：《法理学——法律哲学与法律方法》，邓正来译，中国政法大学出版社，2004 年 1 月版，第 33 页。

② 转引自王泽鉴：《民法学说与判例研究》第 1 册。

③ ［美］E. 博登海默著：《法理学——法律哲学与法律方法》，邓正来译，中国政法大学出版社，2004 年 1 月版，第 310 页。

④ 梁慧星著：《法律漏洞及其补充方法》，载于其主编的《民商法论丛》第 1 卷，法律出版社 1994 年版，第 3 页。

形式告知出借人担保主体和担保范围等约定，但我国的登记部门必须根据真实的借款合同与担保合同进行反担保的登记，这就导致平台在反担保进行登记遇到了制度上的障碍；第四，防范互联网金融技术风险，建立网络安全标准制度。互联网金融存在着基于信息技术导致的技术风险和基于虚拟金融服务品种形成的特殊业务风险。第六，建立适应互联网金融的监管制度。金融体系存在内在脆弱性、金融机构存在内在脆弱性、金融主体行为存在有限理性、金融资产价格存在内在波动性因而金融系统存在不稳定性和巨大风险性，因此各国都对金融业进行监管。互联网金融的本质是金融，它仅改变了行为模式，并没有改变金融的本质，更没有改变金融的风险特征及脆弱性，由此要对其要进行监管。但是互联网金融的风险有其本身的特征，对其监管和已定的金融监管有所不同。对金融监管，英国学者道尔（R.Dale）则将金融监管的基本制度划分为审慎或预防监管和保护性监管。审慎或预防性措施的目的是控制银行的风险程度以及其对银行破产可能性的影响，保护性监管则是面临实际的或面将面临的银行破产时为银行客户和银行本身提供保护。审慎监管包括资本充足率要求、流动性要求、利率管制、资产分散化规则、可允许的商业活动的限制、市场进入的限制和一般性银行监督和检查。保护性的措施包括各种形式的存款保险和最后贷款人设施。网络借贷、众筹和第三方支付运行中的三个主体都不是金融机构，既不形成资产业务也不形成负债业务，只是提供信息和支付服务，因此用审慎性的监管的方法是不适应的；传统的保护性监管同样也不适用，传统的保护性监管存款保险制度并不包括互联网金融的各主体，最后贷款人制度是央行对商业银行进行贷款的制度，更没有对互联网金融的主体，因此这些制度都不适用于互联网金融，这就需要建立针对互联网金融风险特征的监管制度。对互联网金融的监管一是行为监管，如保护消费者的安全权、知悉权、选择权、公平交易权、索赔权、受教育权等各项合法权益，制定公平交易、反欺诈误导、个人隐私信息保护、充分信息披露、消费争端解决、反不正当竞争、弱势群体保护、广告行为、合同规范、债务催收等规定或指引；二是对互联网金融的权利能力与行为能力进行监管。互联网金融不是草根金融，人人金融。互联网金融集金融与互联网的高专业性、技术性、风险性于一身的模式，因此对其参与的主体要有专业能力、风险识别能力和承受能力。美国、英国等国家在对于互联网金融立法引入了合格投资者的概念就是金融行为能力监管的体现；三是对互联网金融中介平台进行监管，加大其责任能力。四是互联网金融客体（金融工具）的监管。

共享经济发展趋势探讨

一、数位经济与共享经济

共享经济 (Sharing Economy)，又称做合作消费 (Collaborative Consumption)，合作消费这个词，最早见于 Marcus Felson 及 Joe L. Spaeth 在 1978 年发表了论 文《Community Structure and Collaborative Consumption：A routine activity approach》。[1] 其实共享经济在过去生活中已屡见不鲜，只是当时市场上还无法真正将这种经济行为商业化，但随着网络及行动通讯普及，对于共享经济的推波助澜，有莫大助力。

2013 年起共享经济的概念开始受到注目，人们不断探索透过各种方式，最初是指透过网络技术刺激海量的闲置资源，让物品的所有者透过某一平台将物品的使用权暂时转让给他人，从而提高社会资源的利用率，为平台两端的参与者创造价值。经过若干年来的实践与创新，这项概念由一开始的个人出租零散的家用工具、车辆座位、居住空间等细碎单位，逐步发展到提供专业服务的制度化商业模式，甚至创造出新的就业机会。除了 C2C 模式外还有 B2C 模式。对于共享经济的定义，《经济学人》指称"在网络中，任何资源都能出租"，[2] 大致上是指把家里闲置的资源共享出来，让有需要的朋友用便宜的价格就享受到一样的商品或服务。而共享经济本身不是一个行业，而是利用行动网络技术实现资源的重新分配。因此，可以认为手机上网用户数量的增加是共享经济这一概念得以爆发的重要因素。据中国工信部数据显示，截至 2017 年 6 月，中国手机上网用户数已超过 11 亿人，对移动电话用户的渗透率达到 80%。另外，当城市化发展到一定水平时，

---

* 东吴大学法律系副教授。

[1] 智经研究中心，《共享经济》，经济日报，2014 年 4 月，摘自：http://www.bauhinia.org/analyses_content.php?id=120（最后浏览日期 2018/07/20）。

[2] 蔡靓萱，《共享经济大革命》，商业周刊 1455 期，2015 年 10 月。

人群大量聚集，使得原本分散的供需双方逐渐集中，使得解决个性化需求这样的商业模式变得可行。[①] 据 PWC 发布的研究报告中预言，共享经济市场到了 2025 年成长至 3350 亿美元；另一份由策略管理咨询公司罗兰贝 (Roland Berger) 于 2016 年底公布的报告也显示，共享经济已渗透至九大行业中，包含餐饮、物品、金融、空间、技能、出行、知识、资源、医疗等，在 2015 年时于全球达到 1869 亿美元的规模，并预测将在 2018 年飙涨至 5200 亿美元。[②]

数字经济，即指奠基于数字科技的经济模式，包含三个关键要素：科技基础设施（硬件、软件、网络）、企业运用网络进行革新的电子商业 (e-business)、产生在线交易的电子商务 (e-commerce)。传统经济的企业，主要投资在"交易关系"；数位经济的企业，则投资在"互动关系"。[③] 国际数字经济发展趋势，包括推动数字创新，提升宽带链接与基础建设，支持信息自由流通，促进电子商务发展，创造数字经济就业机会，人人具有参与数字经济与社会之技能等。台湾目前的发展政策，包括推动的数字文创、数字商务、数据经济、异业整合、数字创新等计划内容与重点工作。[④]

二、中国大陆共享经济发展

中国大陆自 2017 年起发布《中国共享经济发展年度报告》，[⑤] 今年二月进一步

[①] "共享经济大哉问"从 Airbnb 到 Obike，共享经济下一步要结合 AI、大数据、网络！TechOrange 科技报橘，2017/8/21，https://buzzorange.com/techorange/2017/08/21/share-everything-together/（最后浏览日期 2018/07/20）。

[②] 风传媒，《全球共享经济规模达 5200 亿美元，第一份白皮书将出炉》，2018-07-25，http://www.storm.mg/article/466647。

[③] 依照 ICT 的定义，数字经济定义如下：The digital economy is the worldwide network of economic activities, commercial transactions and professional interactions that are enabled by information and communications technologies. https://searchcio.techtarget.com/definition/digital-economy.（最后浏览日期 2018/07/20）。

[④] "行政院"重要施政成果 - 数字经济，https://achievement.ey.gov.tw/cp.aspx?n=959E599CFCB29C7B（最后浏览日期 2018/07/20）。

[⑤] 在 2017 的报告中，汇整说明了大陆 2016 年共享经济发展现况，简要分成生活及交通服务、生产能力、知识技能、房屋住宿、医疗分享等领域之参与及提供服务人数，说明共享经济之高度成长现况。至于所面临的困境，尤以政策规范多、鼓励发展少、法规不齐备，与统计监测体系上之问题，均待改善。参见 国家信息中心、国家信息中心分享经济研究中心 / 中国互联网协会分享经济工作委员会，中国共享经济发展年度报告 (2017)，2017 年 2 月，http://www.sic.gov.cn/archiver/SIC/UpFile/Files/Htmleditor/201703/20170302125144221.pdf。

公布第二年的报告，①由该报告总结中看出：共享经济是创新发展的结果，也是创新发展的动力源泉，正在改变全球生产方式、生活方式和思考方式。中国共享经济发展时间虽然不长，但在市场规模、创新应用、国际影响力以及制度创新探索等方面都走在了世界前列。共享经济作为一种新的经济形态、新的资源配置方式和新的发展理念，集中体现了理念创新、技术创新、模式创新和制度创新的内在要求。

不过共享经济发展仍然面临诸多挑战，尤其是法律法规不适应、公共数据获取难、统计监测体系亟待建立等共性问题依然存在，在 2017 年报告中所指出的用户权益保护难题进一步凸显，新业态发展与传统的属地管理、城市管理以及理论研究滞后间的矛盾更加突出。②而农业、教育、医疗、养老等领域有可能成为共享经济的新"风口"；共享经济与信用体系的双向促进作用将更加凸显。共享经济的快速发展对社会信用体系建设提出了新的更高要求，也将为信用体系建设提供数据和技术支撑。③中国大陆在 2017 年非金融类的共享经济模式仍持续成长（知识技能、生活服务及房屋住宿三个领域市场交易额增长最快），但金融共享则较去年下降了 5%。④

三、台湾相关发展动态——消费者保障

台湾的共享经济发展，依据统计，共可分为汽车共享（Uber，Zipcar，Line 私人叫车群组）、机车共享（Wemo）、单车共享（oBike）、车位共享（USPACE）、物流共享（GoGoVan，Lalamove）、房屋共享（Airbnb，共生公寓）、空间共享（PickOne，WeWork）、厨房共享（DearChef，私厨）、蛋共享（台湾好蛋大平台）、家事共享（洁客帮）等。⑤

不少地方对于共享经济是持鼓励的态度。在新加坡，oBike⑥被视为补充大众运输缺口的短程移动方式，在合法框架下，新创业者各自发挥。刚进入台湾的

---

① 国家信息中心、国家信息中心分享经济研究中心/中国互联网协会分享经济工作委员会，中国共享经济发展年度报告 (2018)，2018 年 2 月，http://www.sic.gov.cn/archiver/SIC/UpFile/Files/Default/20180320144901006637.pdf 本报告为国家信息中心分享经济研究中心针对分享经济所做的第三份报告。

② 见前注，页 5。
③ 见前页注，页 6。
④ 见前页注 4，页 9-10。
⑤ 巨亨网，共享的新济济模式，https://topics.cnyes.com/sharing/（最后浏览日期 2018/07/20）。
⑥ oBike 无桩式共享自行车发源自新加坡，于 2017 年正式登陆台湾。https://www.o.bike/tw/about/

oBike 亦是循环经济商业模式的另一个例子。共享单车最初的动机，是希望对填补交通最后一里路及环境保护有所帮助。来自新加坡的 oBike 到台湾试水温，身段放得很软，与当局的沟通协调不曾停过。若是能有共同车位合作的模式，由当局提供车位给共享单车，循自由经济市场模式是可行的。不同地方政府态度不尽相同，像台北市和台东市起初就很欢迎 oBike 进入，台东市政府甚至认为 oBike 有助于推动旅游观光。不过由于乱停不守规定的事件层出不穷，也让民众对于 oBike 观感不佳。加上针对押金制度与本土的消费者保护法相关机制有所出入，所以推展上并不顺利。① 笔者兼职于新北市法规委员会，亦针对"新北市无柱式公共自行车营运管理自治条例"进行审议，新北市交通局认为绿色运输的发展固然重要，但厂商不能将经营成本外部化，透过自治条例管理，将可鼓励并规范厂商营运，促进低碳绿色运具发展，维持交通秩序。该自治条例草案全文共 27 条，内容包括规范经营厂商须申请营运许可、缴交权利金及保证金、不得收取押金、自备停车场、于许可区域内营业、违规罚则最高开罚 10 万元等。②

至于 Uber 在台湾经营，最大的问题也是在于当地法令的障碍，包括运输业注册、缴税及纳保等问题。荷兰商 Uber International Holding B.V. 于 2013 年 4 月经核准在台设立台湾宇博数字服务股份有限公司，从事数据处理服务业、电子信息供应服务业、第三方支付服务业等业务。然实际上，却透过网络服务平台，媒合自用车以非职业驾驶持续载客营业，甚至推展食品外送业务。由于派遣不具职业驾驶执照之非法驾驶违规载客或从事食品配送服务，恐影响行车安全外，亦违反相关食品安全规定，消费者倘于服务过程中发生消费纠纷，甚或个人资料之外流等，将无法在现行法令架构下得到完全之保障，故台湾采取了相关取缔开罚的态

---

① 押金是使用自行车的保证金，用车之前必须先加值押金。无桩式共享自行车 oBike2017 年 4 月进驻台湾，主打随地借还，几乎已在全台投车，号称会员数已超过 50 万，但每名会员需先收押金 900 元遭外界质疑吸金，"4.5 亿押金，若营运方倒了该向谁讨债？"引起讨论；对此，台湾 oBike 公司宣布，2017 年 8 月底前，台湾将改为"免押金"制度，老客户所缴的 900 元押金都能够退回账户。台湾 oBike 公司总经理王妍婷指出，共享单车属自行车租赁业，依照现行"自行车租赁定型化契约应记载及不得记载事项"中，未明订押金的相关规范、使用及管理，台湾 oBike 从营运迄今的营运及押金也都暂存银行托管。而各国 oBike 会员押金大多委由当地银行信托，但碍于台湾信托法令限制，先前向岛内多家银行申请押金信托专户都遭拒，认为没有规定要求需信托，所以在台湾自行车租赁业押金与银行信托相关法规尚未建置前，公司决定推出"台湾免押金"，oBike 会员则可选择将押金转储值或退款。联合新闻网，4.5 亿押金遭质疑吸金 oBike 怒：台湾改免押金，2017-08-21，https://udn.com/news/story/7266/2638887（最后浏览日期 2018/07/20）。
② 中时电子报，《无柱式公共单车，不得收押金》，2017-09-27，http://www.chinatimes.com/newspapers/20170927000393-260114（最后浏览日期 2018/07/20）。

度①。针对 Uber 营运,台湾当局的立场是 Uber 必须"纳管、纳税、纳保",虽然在法规调适上修了"公路法"②"营业税法"③、推动多计程车方案及于偏乡地区推动需求反应式运输服务(Demand Responsive Transportation System, DRTS),但就积极因应共享经济的角度言,似乎力度仍嫌不足。而 Uber 的问题至今仍属于一种"地下经济"。

有关金融类的共享经济,第三方支付相关服务虽有便利快速、提供个人化账务管理、便捷跨境交易管道、网络交易担保、防堵诈骗、减少消费纷争及数据外泄等优点,但也可能成为不法资金洗钱管道、系统遭黑客入侵、账户余额遭不肖业者挪用或倒闭而索偿无门等风险。加上金融属于"金管会"高度监管业务,台湾方面并未如大陆地区相关众筹的发展,台湾倾向就经营资格、洗钱防制、公司偿债能力、代收资金安全、消费者保护等法制规范;私厨共享经济方面,台湾虽逐渐起步,但私厨可能涉及的"商业登记法"、食品良好卫生规范准则、食品业者专门职业或技术证照人员设置及登记管理办法等相关以维人民健康权益。台湾方面法规调适就此面向亦似未积极予以检讨。至于医疗方面,台湾近期也认为在共享经济上可以适度加以发挥,此点与大陆的共享经济报告中认为的新风口极为相似,然究竟要从医院端还是互联网端启动,则有待后续进一步观察。

四、共享经济未来发展重点——由共享经济迈入循环经济(代结论)

"循环经济"的理念起源于 1966 年鲍尔丁(Kenneth E. Boulding)发表的文章(The Economics of the Coming Spaceship Earth),在文章中把地球比喻为宇宙中的孤立飞船,当无法由外部取得资源时,须透过持续的内部资源循环自给自足延长寿命。1990 年皮尔斯和图奈(Pearce & Turner)在《自然资源与环境经济学》一书④中则提出"循环经济"(circular economy)的概念,明确说明传统开放式经济并没有纳入回收的概念,反观,循环经济则尝试依据永续发展的原则建立资源管

---

① 公共运输事业在多数国家和地区都被列为管制事业,因其涉及基本民行安全与消费权益,必须仰赖政府适当的公权力介入以维持市场秩序和公众利益。面对共享经济带来的创新服务模式,Uber 的"车辆共享",台湾当局认为不管是车辆检验、驾驶人资格、理赔责任负担、消费纠纷处理,以及个人资料保护、金融交易安全保障等等,都需受到法规检视以维民众权益保障。

② "公路法"修法。大幅提升非法营业者之罚则,从现行处新台币 5 万至 15 万元,提高至新台币 10 万元以上至 2,500 万元以下罚缓,并增订检举者相关奖励规定。

③ 为解决 Uber 等跨境电商课税问题,台湾财政业研拟加值型及非加值型"营业税法"修正草案,规定跨境电商业者来台办理税籍登记及报缴营业税。

④ Pearce, David W., Turner, R. Kerry, *Economics of Natural Resources and the Environment*, Harvester Wheatsheaf (1990).

理架构，使经济系统成为生态系统的组成部分。近期，在艾伦·麦克阿瑟基金会于2014年发布的《迈向循环经济》报告中也指出，"循环经济"是透过设计具备可恢复性及再生性的产业系统，以循环再生取代生命周期结束的概念，重新定义产品和服务，同时最大幅度地减少废弃物对环境带来的负面影响①。

共享平台模式的目的在于使资源能充分运用。所谓共享是指闲置资源运用到极致的概念；所谓平台则是媒合资源提供者及资源需求者的桥梁。两者结合就能促进个人或组织间的资源、产品共享使用，减少资源浪费，以使资源循环再利用，有助于分担产能过剩、使用率不足的产品，提高资源循环价值，使整体效用极大化。②另外，近年发展的共享平台方式，也透过"平台媒介"的协助，以利共享脚踏车、汽车等资源，带出更便利、更有效率的生活模式。例如分享城市空间，提供不用买、不用保养，不会产生废弃物问题，可放心使用的服务。有一个平台则运用手机应用程序，链接需要搭乘的乘客及使用率低的汽车拥有者。共享彼此的资源，资源或产品循环运用，提升资源提供者与资源需求者双方的经济价值与个人的心理满足感，甚至因信息交流、资源的交换，进而发挥更大的效益，开创共享平台经济的新模式③。

共享经济这一概念目前主要是针对消费者市场，若将滴滴打车等主要由行动网络驱动的商业模式称为共享经济1.0时代，而共享单车这类由浅层物联网技术+移动支付技术驱动的商业模式为共享经济2.0时代，则我们可以将由智能制造、大数据、网络驱动的共享制造称为共享经济3.0时代。目前，制造业企业存在能力不足和资源闲置的情况。而共享经济3.0时代，制造企业具备专业的技术、资质、服务能力可利用闲置的设备为客户提供如研发设计类、非标准定制类、检验检测类等临时性的制造服务。因此，碎片化分工的可行度将大幅提高。而生产方面，在众多新兴技术成熟后，生产企业也不必再追求厂房的规模，而是可以将众多非核心业务通过外包、合作、联盟等方式完成，从而降低成本，提高自身竞争力。

---

① 《循环经济：零废弃的循环经济时代－科技大观园》，https://scitechvista.nat.gov.tw/c/sgGv.htm。

② 如芝加哥地区的私人合作网络，透过网站或 App 平台连结大楼住户，使住户可共享工具或登山用具等专业设备、租用停车位或其他空间、人与人合作帮忙装修，甚至遛狗等。它可随时盘点这个地区或区域的人们愿意分享或贩卖的物品，也连结大楼管理员提供通知住户有信件包裹、警报的功能，除资产的共享经济模式外，也可强化小区的区域链接。

③ 陈筠淇、王尚博：《零废弃的循环经济时代》，《科学发展》2018年3月，543期，第6—13页。

人工智能与法学的运用

陈显武 *

一、序言

"人工智能"在大陆系 Artificial intelligence（以下简称 AI）之中文翻译，而 AI 在岛内则译为"人工智能"，因此，"人工智能"与"人工智能"皆指涉英文之 AI。本文拟先从"人工智能与法律"于岛内之现况论述，再依人工智能与法律逻辑推理之理论深入分析，最后再指出人工智能与法律逻辑推理之界线。

二、"人工智能与法律"于岛内之现况

台湾"科技部"[①]指导台湾大学于 2017 年 9 月 25 日举办"人工智能相关法律议题工作坊"，针对人工智能对于法学理论和法律体系将带来哪些影响，以及人工智能在民刑事法律责任、个资保护、知识产权、行政管制等法律层面之潜在争议进行研讨与分析[②]。刘静怡教授提及工作坊中台湾大学法律系颜厥安教授之见解："人工智能一语的创造者 John McCarthy 是一位计算机工程师及数学家，曾说'不打算做算术就会流于胡言乱语'；而颜教授认为……，人工智能与法律，最早

---

* 台湾大学国家发展研究所教授、德国慕尼黑大学法学博士。

① 台湾"科技部主委"陈良基乃计算机工程专业出身，为台湾 AI 战略舵手，可预见台湾各领域日渐重视 AI 之运用。

② 刘静怡（2018），《人工智能相关法律议题工作坊"简介》，《人文与社会科学简讯》，19 卷 2 期，第 53 页。该场工作坊之报告主题如下：一、AI 法律争议简介（台湾大学国家发展研究所——刘静怡教授）二、由 AI 反省法学（台湾大学法律学院——颜厥安教授）三、AI 的民事责任议题：以契约法和侵权行为法为核心（台湾大学法律学院——吴从周副教授）四、AI 与个资保护的发展趋势（台湾"中央研究院"法律学研究所——邱文聪副研究员）五、AI 与行政管制、执法系统的未来（台北大学法律学院——李荣耕教授）六、AI 与知识产权的调适（政治大学法律学院——沈宗伦教授）七、AI 的潜在国际法争议（台湾清华大学科技法律研究所——黄居正教授）。（刘静怡（2018），《人工智能相关法律议题工作坊"简介》，《人文与社会科学简讯》，19 卷 2 期，页 54）

的关联主要是在法律推理方面，此一关于法律推理的问题固然拥有持续的重要性，但是也有许多其他层面的问题陆续浮现。而该文则是从心灵哲学的观点出发，尝试探索人工智能、心灵与法律责任的议题，其指出：法律责任的成立，一般认为预设了自由意志与因果关系的二元世界，不过，自二十世纪以来的法学理论，却越来越趋向于怀疑心灵的独立存在……"①

工作坊主办人刘静怡教授期于工作坊结束后，将成果进一步编纂成关于"人工智能相关法律议题"的专书出版②。岛内现今于陈良基、刘静怡教授等专家学者提出之研究纲领，将对于台湾未来人工智能与法律之互动有重要之影响及贡献，并于国际学术上进行更密切的交流。③

此种发展于大陆期刊《政策法规研究》2018 年 1 月 25 日总第 16 期之主题《促进我国人工智能发展相关法律法规研究》亦对此一议题详加讨论，可谓两岸对此议题皆有关注、相互辉映。岛内东吴大学法学院"人工智能法制研究中心"以世界发展趋势如大数据（Big data）、人工智能、区块链（Blockchain）、物联网（Internet of Things，IoT）、互联网（Internet）及互联网安全、互联网金融、金融科技（Fintech）与监管科技（Regtech）等等新兴议题，结合国际法、公法、民法、刑法、知识产权法、金融财税及商法等传统法规，进行跨领域整合或创新之法制研究。④ 东吴大学"人工智能法制研究中心"于网站所列拟进行之议题相当符合世界潮流，但重点是投入之人力、金钱及技术多寡，为其发展快慢之决定因素，期能成功。

岛内近期重要之期刊论文如 2018 年林勤富、刘汉威之《人工智能法律议题初探》⑤ 与邵轩磊、吴国清及黄诗淳之《大数据与法信息学：机器提取裁判内容要素之实践》⑥、2017 年有黄诗淳、邵轩磊之《运用机器学习预测法院裁判——法信息学之实践》、陈誉文之《人工智能规范性议题综观》⑦ 与叶志良之《大数据应用下

① 刘静怡（2018），《"人工智能相关法律议题工作坊"简介》，第 55—56 页。
② 刘静怡（2018），《"人工智能相关法律议题工作坊"简介》，第 55 页。本文密切期待此一专书出版，将对台湾人工智能与法律之发展有最新贡献。
③ 关于此点，工作坊主办人刘静怡于结语指出，希望台湾"科技部"能成立 AI ELSI Committee，以取得领先亚洲地区的研究先机，并为各政府部门及早累积因应人工智能衍生之各类问题所需之决策知识基础。刘静怡（2018），《人工智能相关法律议题工作坊"简介》，第 60 页。
④ 东吴大学法学院系网站 http://web-ch.scu.edu.tw/law/web_page/7218，造访日期：2018 年 8 月 8 日 20 时。
⑤ 林勤富、刘汉威（2018），《人工智能法律议题初探》，《月旦法学杂志》，274 期，第 195—215 页。
⑥ 邵轩磊、吴国清、黄诗淳（2018），《大数据与法信息学：机器提取裁判内容要素之实践》，《月旦裁判时报》，71 期，第 46—52 页。
⑦ 陈誉文（2017）：《人工智能规范性议题综观》，《科技法律透析》，29 卷 4 期，第 43—51 页。

个人资料的法律保护》[①]，较早之前则有陈起行于 2004 年之《台湾法律数据库现况》一文[②]。上述所列系台湾人工智能与法律发展研究之鸟瞰，尚有挂一漏万之处。

三、法律逻辑推理（Legal Logic Programming）

"法律推理（Legal Reasoning）"系研究法律适用之推理。本文之"法律逻辑推理（Legal Logic Programming）"是可计算化、可计算机化之法律适用之推理，其研究范围较"法律推理"窄，因其必须是计算机可计算之法律推理，不包括诠释学上或伦理学取向的情感式法律适用。至于归纳或类推之法律适用可否成为法律逻辑推理于目前仍在发展，因深度之机器学习、类神经之模拟研究、人脸辨识之认知研究及大数据之归纳分析等相关领域方兴未艾，此趋势尚无法遽下定论，但一定要密切观察及反思。

（一）法律逻辑推理于台湾之发展

法律逻辑推理之学术发展于台湾较早兴起，从 1988 年 PhilippsLothar 之《专家系统—法学方法论上之挑战》[③]，后有陈显武[④]、颜厥安[⑤]、王鹏翔[⑥]、张嘉尹[⑦]与吴

---

① 叶志良（2017）：《大数据应用下个人资料的法律保护》，《人文与社会科学简讯》，19 卷 1 期，第 31—36 页。

② 陈起行（2004）：《台湾法律数据库现况》，《调查研究》，14 期，第 133—154 页。

③ Philipps, Lothar（著），陈显武（译）（1988），《专家系统—法学方法论上之挑战》，《政大法学评论》，37 期，第 175—248 页。

④ Chen,H-W. , Negation und Ausnahme. Die Eignung nichtmonotoner Logik zur Repräsentation juristischen Wissens, Diss., München, 1991. 陈显武（1996）：《法律推理与逻辑程序化》，《政大法学评论》，56 期，第 295—317 页。陈显武、陈世昌（2004）：《法信息学上法本体论研究的兴起与发展之分析——一个基本哲学概念意义之转换》，《台大法学论丛》，33 卷 5 期，第 1—49 页。Chen H.W.& Chen S.C.(2007). Some Reflections on the Specifications of Legal Ontologies. Trends in Legal Knowledge :the Semantic Web and the Regulation of Electronic Social Systems (pp.143-170).Florence : European Press Academic Pub.

⑤ 颜厥安（1998）：《法、理性与论证——Robert Alexy 的法论证理论》，《法与实践理性》，第 95—212 页，台北：允晨文化。

⑥ Wang, P.H., Defeasibility in der juristischen Begründung, Baden-Baden: Nomos Verlagsgesellschaft.2004. 王鹏翔（2005）：《论基本权的规范结构》，《台大法学论丛》，34 卷 2 期，第 1—61 页。王鹏翔（2007）：《基本权作为优化命令与框架秩序——从原则理论初探立法余地 (gesetzgeberi ScheSpielräume) 问题》，《东吴法律学报》，18 卷 3 期，第 1—40 页。

⑦ 张嘉尹（2001）：《法作为法律系统—法律系统理论初探》，《思与言》，39 卷 2 期，第 193—248 页。

张嘉尹（2002）:《法律原则、法律体系与法概念论— Robert Alexy 法律原则理论初探》，《辅仁法学》，24 期，第 1—48 页。

元曜[①]等学者，大陆学者雷磊[②]亦有相关著作发表于岛内法学期刊。另因时间紧迫，尚有遗珠，期未来能再加补充。

（二）法律适用之逻辑模式之分析

1. 法律适用的逻辑模式——三段论证

法学方法论上传统的见解通常认为法律适用（Rechtsanwendung）形成一个逻辑的三段论证（ein logischer Syllogismus）[③]传统逻辑常称这个逻辑的三段论证为 Barbara 的推论形式（den Modus Barbara）[④]。barbara 的推论形式即是：

所有的 M 是 P（大前提）

所有的 S 是 M（小前提）

所有的 S 是 P（结论）

试举一个例子说明 barbara 推论形式：

所有的杀人犯皆处以刑罚；

所有的被告皆犯杀人罪；

所有的被告皆处以刑罚。

在传统逻辑上这个由两个一般的肯定的定言语句（大前提、小前提）推出一个一般的肯定的定言语句（结论）的 barbara 推论形式是一种定言三段论证。事实上法律适用的三段论证——有谓为司法的三段论证（der Justizsyllogismus）——的小前提是一个别的语句（ein singularer Satz）[⑤]Larenz 在其经典之作"法学方法论"中亦论及法律效果确定的三段论证（der Syllogismus der Rechtsfolgebestimmung）[⑥]。Larenz 提出的三段论证在形式上就与 Barbara 的推论形式稍有不同。Larenz 所提三段论证的形式如下：

[①]　吴元曜（2009）：《Robert Alexy 之论证理论观点与我国刑事法学之发展》，台北：元照。吴元曜（2010）：《法律适用方法论：一个批判观点的考察》，台北：元照。吴元曜（2012）：《以 Robert Alexy 之重力公式检视大法官释字第 689 号解释》，《国家发展研究》，11 卷 2 期，第 41—84 页。吴元曜（2013），《Robert Alexy 重力公式之理论与应用》，台北：元照。吴元曜（2013）：《Robert Alexy 重力公式之理论与应用》，台北：元照。

[②]　雷磊（2009）：《法律规范的同位阶冲突及解决：以法律规则与法律原则的关系为出发点》，《台大法学论丛》，38 卷 4 期，第 1—66 页。雷磊（2012）：《逻辑推断抑或意志行为？——对凯尔森晚期规范理论中一个命题的批判》，《政大法学评论》，130 期，第 159—198 页。

[③]　参见 Kaufmann, A., Grundprobleme der RechtsphilosophieMünchen, 1994, S.18.

[④]　参见 Kaufmann, A., Grundprobleme der Rechtsphilosophie,S.18

[⑤]　Neumann, U., JuristischeLogik, in：Kaufmann, A., Hassemer, W,（Hrsg.）,Einführung in Rechtsphilosophie. UndRechtsthtorieder.Gegenwart,, 6. Aufl., München, 1994 S.294 f.

[⑥]　参照 Larenz, K., Methodenlehre der Rechtswissenschaft, 6. Aufl., Berlin u.a. 1991, S. 271

T → R（对每个 T 的案例 R 有其适用）

S = T（S 等于 T，S 是 T 的一个案例）

S → R（对 S，R 有其适用）[①]。

在 Larenz 的三段论证中 T 表构成要件（Tatbestand），S 表事态（Sachverhalt）而 R 表法律效果（Rechtsfolge）[②]。上述三段论证即是说：

若 T 在任何一个事态中被实现了，则对这个事态法律效果 R 有其适用（大前提）；这个特定的事态 S 实现了 T，亦即为 T 的一个案例（小前提）；对 S，R 有其适用（结论）[③]。

依本文上述"法律逻辑推理"的观点，Larenz 的三段论证模式是无法计算机化的，因其并未运用一阶述词逻辑的表现，亦无全称量词的运用，因此 Larenz 的三段论证模式为传统的法律适用模式经典表现。其原因在于老一辈的学者只习惯于传统逻辑，较无现代数理逻辑之素养，此一现象以 Koch 与 Rüßmann 对 Larenz 的批评为例。

Koch 与 Rüßmann 于 1982 出版的法学说理论（Juristische Begründungslehre）一再指出 Larenz 模式中的小前提 S = T 若理解为事态 S 与构成要件 T 之间存有同一（Identität）的关系或对称（Symmetrie）的关系则是站不住脚的。S = T 不能当作同一的主张或对称的主张[④]。事实上，Larenz 对 S = T 的解说是："S 是 T 的一个案例"，很清楚地，Larenz 不认为 S = T 表达同一或对称的关系，所以只能责怪 Larenz 所想的与所使用的符号不一致[⑤]。就 Koch 与 Rüßmann 这一批评，Larenz 在其 1983 年第五版法学方法论立即加上承认其所使用的等于符号"＝"对其所想的之表示不尽理想。但他又说他自己也找不到可对他在小前提所想要表达的意思更相符合的符号[⑥]。故 Larenz 就将就使用 S = T，也维持到第六版还是持续使用。Larenz 这个批注恰好为上面所说的为何六十年代以后现代数理逻辑在法学的运用会兴盛的原因提供一个说明。因为现代数理逻辑提供较好的形式符号及形式表现知识的方法上较便于形式推理。

以现代数理逻辑－通常指一阶的述词逻辑而言－来表形式化法律通用的三段

---

① 参照 Larenz, K., Methodenlehre der Rechtswissenschaft, 6. Aufl. S. 271

② 参照 Larenz, K., Methodenlehre der Rechtswissenschaft, 6. Aufl. S. 271

③ 参照 Larenz, K., Methodenlehre der Rechtswissenschaft, 6. Aufl. S. 271

④ 参照 Koch, H.-J./Rüßmann, H., Juristische Begrüdungslehre,München,1982,S.64。

⑤ 参照 Koch, H.-J./Rüßmann, H., Juristische Begrüdungslehre,S.64。

⑥ Larenz, K., Methodenlehre der Rechtswissenschaft, 5. Aufl., Berlin u. a.,1983, S. 261。

论证如下，依 Alexy 以现代数理逻辑来描述法学的三段论证之基本形式如下 [①]：

　（1）(x)(Tx → ORx)

　（2）Ta

　（3）ORa(1),(2)；

"(x)"是全称量词（Allquantor），即对所有 x 而言（fur allex gilt, …）"→"是条件句的符号，表若…，则…（immer wenn…，dann...）。"O"是一规范的运作词（ein deontischer Operator）。"O"是命令运作词（Gebotsoperator：es ist geboten, daß...）表某某事…是被命令的。"T"，"R"是述词（Prädikaten），"a"是个体常元（Konstante）。在 Alexy 的模式下，T 表构成要件，R 表法律效果，(1)、(2) 分别是两种推论规则，(1) 为全称量词除去规则（Allbeseitigungsregel），(2) 为分离规则（Abtrennungsregel）。

Alexy 之句式 (x)(Tx → ORx) 会碰到规范逻辑推论上的一大难题，即"O"是命令运作词，因此 (x)(Tx → ORx) 乃系条件式的规范，无法在一阶述词逻辑中表现出来。一阶述词逻辑只能表现出 (x)(Tx → Rx)。此句式即是人工智能逻辑程序设计（Logic Programming）的基本句式，是一种 Horn 条式（Horn clause）[②]，这种由 Horn 条式形成的逻辑程序是可以计算机化的。

2. N 段论证

法律适用的三段论证仅是法律适用的简单图示，其实应发展为法律适用的 N 段论证。其原因在于法律适用是需要多层次、阶层化的演绎推理模式，才能妥当表达。Koch 与 Rüßmann 即致力于建立一个法学上 N 段论证的裁判论理之演绎模式。此模式 Koch 与 Rüßmann 称为主要模式（Hauptschema），盖完整之法律说理尚需不同的次要模式（Nebenschemata）完成处理，而次要模式也是演绎的模式。

本文主要阐释 Koch 与 Rüßmann 的主要模式，展现如下 [③]：

P1(x)(Tx ←→ O(Rx))

P2(x)(M1x ←→ Tx)

P3(x)(M2x ←→ M1x)

•　…

•　…

Pn+1(x)(Sx → Mnx)

①　Alexy, R.,Theorie der juristischen Argumentation,Die Theorie des rationalen Diskurses als Theorie der j uristischen Begründung,2 .Aufl., Frankfurt am Main, 1991,S. 273。

②　参照 Kowalski,R., Logic for Problem Solving, London, 3 rd Printing, 1983, pp. 16-17。

③　参照 Koch, H.-J., Rüßmann, H., Juristische Begrüdungslehre,S.56

Pn+2 Sa

K O(Ra)

Koch 与 Rüßmann 同时也指出 Pn+1 也可以是这样的 (x)(Sx ←→ Mnx) 双条件句。Koch 与 Rüßmann 在此一 N 段论证之模式中，其认为条件式的规范（bedingte Norm）与事态描述（Sachverhaltsbeschreibung）中间存有一条裂缝（Kluft），传统三段论证的逻辑方法并无法跨越。而在他们的主要模式中，这条裂缝将透过对条件式的规范作出必要的语意解释（semantische Interpretationen）而被跨越，而能演绎推导出一个具体的法律效果之指示（eine konkrete Rechtsfolgeanordnung）。

Koch 与 Rüßmann 的主要的模式形式与传统三段论证相比较，则是由三段论证扩张到 n+3 段论证，但使用的推论规则还是前面已提到的简单的述词逻辑的推论规则，即分离规则的多次运用与全称量词除去规则的运用。不同的是前提为双条件句。Pn+2 有时条件句，有时双条件句。若 Pn+2 也是双条件句，则 Koch 与 Rüßmann 的主要模式就形成一被完全化的（封闭的）阶层性的知识基础（Wissensbasis），当然 "O" 的命令运作词排除在外，则其计算机化完全可以被逻辑程序设计及其应用的计算机语言 Prolog 所实现。Koch 与 Rüßmann 采用双条件句的原因是若否定的事态 ¬ Sa① 出现，也能推论出否定的法律效果 ¬ O(Ra)② 出来。这也是被完全化的阶层性的知识基础的特性。

Koch 与 Rüßmann 提出的主要的模式，去掉 "O" 此一命令运作词，即可以在计算机语言 Prolog 中表现出来。反过来说，Prolog 的知识表现于法律推理中之运用，亦可发现于 Koch 与 Rüßmann 的主要的模式相比较而有类似性，但主要不同之处即是现代数理逻辑与规范逻辑的区别。

上述主要模式如何在法律适用上运用仍属抽象，本文认为需要例子才能理解 Koch 与 Rüßmann 的主要模式。本文以下改写 Koch 与 Rüßmann 所举出德国刑法重伤罪的例子：一故意之身体伤害（Körperverletzung）结果导致受害者丧失一颗肾脏，是否该当德国刑法 §22 4 StGB 的重伤罪（schwere Körperverletzung）而受罚？或者在此只适用 §223 StGB 的轻伤罪（einfache Körperverletzung）？明眼一看下述 P1、P2，则知法条的规范与事态的描述一起并无法导出 §224 StGB 之科处有期徒刑。P1 身体伤害导致受伤者丧失身体的一重要部分（ein wichtiges Glied des Körpers），则处一年以上五年以下有期徒刑。P2 身体伤害导致受伤者丧失一个肾脏。这种差距之存在是因为法律上是涉及一重要部分之丧失（Verlust einer wichtigen Gliedes）而事态描述上，相反的，是一颗肾脏之丧失（Verlust

---

① "¬" 表示否定的运作词。

② "O" 的命令运作词仍要排除在外。

einer"Nieren")。P3 肾脏是重要部分，由 P1、P2、P3 必然地可导出科处有期徒刑的法律效果。然而现在的问题是 P3 意味着肾脏是某物具有某种特性，而这种特性被称为重要部分的经验主张（empirische Behauptung），还是依通常地语言使用（Sprachgebrauch）肾脏在德文中是指重要部分在此种情形乃是对某一语言使用的确定（Feststellung），抑或是我们应称肾脏为重要部分。在此种情形乃是对某一语言使用的设定（Festsetzung）就这个语意问题，德国最高法院 BGH 想出 P3*及 P3**二条语意规则。P3* 及 P3** 之表示如下：

P3* 重要部分是身体上之一独自完整的存在而在整个有机体上具有特定功能之部位。

P3** 重要部分—身体上经关节与其它部位连接的重要部位。

BGH 以 P3* 与 P3* 表不同的特性，而重要部分有此特性。但由 P1 及 P2 与 P3* 或 P3** 还不能导出法律效果。仍需某一前提指出肾脏有上述所称之特性。

P4* 肾脏是身体上之一独自完整的存在而在整个有机体上具有特定功能之部位。

P4** 肾脏非身体上经由关节与其它部位相连接的部位。

P4* 与 P4** 是经验主张，有时经验主张之真假很有争论；不可忽视，但不管如何，在这所做的推论是需要有它们。现在我若选 P3*，当正确的前提，则由 Pl、P2、P3* 及 P4* 可导出结论 F：F 处一年以上五年以下有期徒刑。Koch 与 Rüßmann 主要模式的演绎推论基本上是简单的，其重点乃在针对条件式中出现的概念做一层一层的语意解释直到其事态描述使用之概念能逻辑地连接起来。这样一来才能越过存在条件式的规范与事态描述之间的裂缝（Kluft），以上面所举之例子而言 P3* 是语意的前提，P4* 之肾脏是 P2 事态描述中出现的概念，P3* 与 P4* 及 P2 能逻辑地相连起来，因此这裂缝就被越过了。主要模式中有规范——普遍的条件式的规范一，有规范的语意解释，有事实确定及结论。Koch 与 Rüßmann 更指出有关规范的语意解释是法学说理过程上内容的问题。其要透过法律解释或法律续造（Rechtsauslegung bzw，Rechtsfortbildung）才能完成。所以主要模式只是如 Alexy 所说的彰显法律适用活动的结果而已。它不属发现的过程（Entdeckungsprozeß）而是属说理的过程（Prozeß der Rechtfertigung）。Alexy 区分内在说理（die interne Rechtfertigung）及外在说理（die externe Rechtfertigung）①。关于 Alexy 的内在说理模式，内地学者雷磊称为演绎的涵摄的复杂模式，其对

---

① Alexy, R.,Theorie der juristischen Argumentation,Die Theorie des rationalen Diskurses als Theorie der juristischen Begründung,2 .Aufl.,S. 283

Alexy 之内在说理模式亦举出若干例子加以解说，可对照参考。[①]

（三）法律逻辑推理与非单调逻辑

Koch 与 Rüßmann 的主要模式或 Alexy 的内在说理模式在法律逻辑推理上可以计算机语言 Prolog 中表现出来，因此 Prolog 作为法律逻辑推理的计算机语言即有小成，概此乃是单调逻辑在法律推理的运用。然由当代法理论（Rechtstheorie）之发展来考察，则可以说法律逻辑推理尚需克服重要法理论之根本问题。

这些问题以 Alexy 的法理论为出发点，则可收跨领域或科际整合之互动。上述 Larenz 的三段论证中的大前提 T → R，通常在成文法中是一法条。其法条结构是一条件句，T 表示构成要件，R 表示法律效果。T → R 表示若构成要件该当，则有法律效果。Larenz 的 T → R 乃基本之规则结构。Larenz 认为完整的法条仍需将所有例外排除在外，所以 Larenz 的完整法条是有规则—例外结构的法条。Larenz 并未将此规则—例外结构以逻辑符号表是出来。Alexy 则是接续 Dworkin 的法理论，将法条中的规则—例外结构问题称为规则冲突问题。

Alexy 认为规则冲突（der Regelkonflikt）有二解。若两条规则同为确定的命令而其法效果互相矛盾，则其解决之道之第一种，乃为透过规则—例外结构来消解规则彼此之间的矛盾[②]。如此一来则新的规则因含有例外条款而失去确定的特征——Dworkin 所谓的规则全有或全无的适用，而只有初步印象特征（Prima-facie Charakter）。第二种为若两条互相矛盾的规则无法透过规则—例外结构来解决彼此之间的矛盾，则不能两条规则同时有效，必须判定其中一条规则无效，而其判定规则可以是用"后法优于前法"或"特别法优于普通法"或在德国有所谓的"联邦法优于邦法"(BundesrechtbrichtLandesrecht) 等形式规则。[③④]

但法条规则—例外结构是无法以古典逻辑形式表现，而只能以"非单调逻辑（non-monotonic logic）"来表现。所谓"非单调推理（non-monotonic reasoning）系指"由前提所能推出之结论并不随着前提集合之扩张而增加，甚至可能因增加

---

① 参照雷磊（2016），《规范、逻辑与法律论证》，北京：中国政法大学出版社，第 220—230 页。

② Alexy, R.,Theorie der Grundrechte,Baden-Baden: Nomos Verlagsgesellschaft,1985. S. 78.

③ Alexy, R.,Theorie der Grundrechte, S. 78.

④ "后法优于前法"或"特别法优于普通法"或"联邦法优于邦法"等规则于数理逻辑之观点而言，皆系"后设规则（meta-rule）"，Alexy 在其最近之文章中亦称此种透过后设规则来解决规则冲突之模式为一"后设涵摄（meta-subsumption）"。Alexy, R. (2003)." On Balancing and Subsumption. A Structural Comparison", Ratio Juris Vol. 16（4），p.434 在内地后设规则通称为元规则，后设涵摄则称为元涵摄，关于此点参照雷磊（2016），《规范、逻辑与法律论证》，第 230 页。

新的前提而撤回原有之推论"。① 在法律逻辑推理上，如何表现例外不存在，并无法穷尽，因此只能初步印象（Prima-facie）的主张，针对某规则之例外在现实中尚找寻不到，所以例外不存在，因此适用规则。可能在另外一种情况找到一种例外，则因例外之出现而将规则的法律效果撤回，此种初步印象的非单调推理与现代逻辑的单调推理并不相同，在现代数理逻辑中由前提推出之结论，若加上新的前提并无被撤回之可能。

四、法律逻辑推理之界线

（一）Alexy重力公式在衡量模式中的平手问题

在Alexy看来，法律适用上还有一种原则碰撞的情况，尤其是在基本权冲突或个人法益与集体法益之冲突，皆常有原则碰撞的问题，例如个人自由保障与国家安全维护常有紧张关系，其解决之道是透过原则碰撞之衡量。Alexy发展出重力公式，在重力公式的计算，Alexy认为基本权之冲突会有结构性的平手问题。而此结构性平手问题，本人曾以两个不动定点来表示平手问题无法在重力公式下被解决而只能选择②，而此两种可能之个别选择皆已是最佳之选择。③ 在法律逻辑推理上，Alexy发现的重力公式运用之衡量模式若出现平手情况，则其乃是人工智能在法律逻辑推理之界线。内地学者雷磊在其《规范、逻辑与法律论证》一书中提到法律论证之复杂权衡模式（即原则碰撞的复杂衡量模式），对经验的游动空间之认知确定性的重力更加细致探讨。④ 复杂权衡模式使用较复杂之重力公式，但是若遇平手情况则仍然是为法律论证推理之界线。当然Alexy的重力公式复杂化发展皆是想降低平手情况，然尚未有论文证明平手情况可以完全被排除，因此Alexy重力公式运用之平手情况是衡量结构的特征，迄今仍是Alexy法理论之重大贡献。⑤

①　关于此点之详细论述可参照陈显武（2005）：《论法学上规则与原则之区分——由非单调逻辑之观点出发》，《台大法学论丛》，34卷1期，第2页。
②　岛内通说认为一有怀疑，以自由权为优先；大陆主流见解则认为一有怀疑，应以国家安全为优先。但两种选择无法并存，于人工智能之运用只能择一选择。
③　关于此点之详细论述，可参照陈显武（2005）：《论法学上规则与原则之区分——由非单调逻辑之观点出发》，第24—34页。
④　关于此点之详细论述，可参照雷磊（2016），《规范、逻辑与法律论证》，第333—375页。
⑤　关于此点之详细论述，可参照Chen H.W.& Chen S.C.(2007). Some Reflections on the Specifications of Legal Ontologies, pp.143-170.

（二）规范逻辑中存在与当为区分的问题

依 Alexy 的大前提 (x)(Tx → ORx) 是表现出一条件式规范，Tx 是现代数理逻辑中表现真假之述词表式，经由全称量词除去规则之运用，Ta 是一个存在的事实，经由分离规则的运用 ORa 则是一个应然的命令。Alexy 的条件式规范是简洁的形式表现，但于人工智能 Prolog 的推理中，却无法表现出"O"的规范逻辑之计算机化的运作。Alexy 主要是在发展法律论证理论，其也意识到存在不能导出当为——此乃新康德学派主张的方法二元论之区分，但其条件式规范却将存在与当为相连结，有点便宜行事。至于条件式规范逻辑如何在法律逻辑推理中得到圆满解决，目前尚无确切答案。因此"O"运作词在条件式规范中该如何表现及是否可以计算机化仍为法律逻辑推理的挑战。[1]

五、结语

吴正己曾于岛内师范大学开授人工智能语言 -Prolog[2]、另例如台湾大学机械系钟添东教授开设"专家系统之应用"，在此课程中亦教授 Prolog 及 LISP。Prolog 及 LISP 语言已是基础人工智能之语言，其发展成熟。然最近人工智能之运用却显现在机器人、无人载具及大数据之分析运用，几乎在各个领域皆被各式各样的算法所笼罩。本文认为 Prolog 及 LISP 乃人工智能之基础，唯有在此种基础上与大数据之结合方能有更长远之发展。至于人工智能与法律之互动，当然要在此趋势上相伴相随，而不要落后太多。当然若人工智能发展到更高之阶段，则人工智能与心灵哲学之自由意志、因果关联及人工智能主体之存在问题将成为人工智能之哲学式问题，必须严肃面对、不可回避。大陆学者赵万一也呼吁充分考虑中国大陆国情，建立符合中国大陆国情需要的人工智能法律体制体系。[3]

---

[1] 关于此点之详细论述，可参照陈显武（2004）：《论条件式规范之逻辑特性——由法学的观点出发》，载《台大法学论丛》，33 卷 1 期，第 73 页。

[2] 吴正己现为岛内师范大学校长，2018 年 1 月时与作者学术交流时告知此事，当时其为该校副校长。

[3] 赵万一推荐序，可参照 Weaver, John Frank（著），郑志峰译：《机器人也是人——人工智能时代的法律》，台湾元照出版社 2018 年版。

新兴科技、共享经济与法律规范调适：以 Uber 为例

廖钦福[*]

一、问题提出

Uber 是一家借由使用网络并透过智能型手机的应用程序使乘客得以实时召唤自用小客车营业的司机前来指定地点载客并以营利的公司；因为模式创新，也经常被拱为共享经济的先驱者[①]。随着科技的高度发展，分享经济的概念兴起，许多有别过去的商业模式开始出现，在台湾 UBER 的引进，因为其模式创新，可以让乘客透过网络随时招来自用的自小客车前来，有别于传统的出租车业者，引发争议，首先面临了台湾"公路法"上规范的冲突，以及一定的风险[②]。

而台湾"交通部"在 2017 年 2 月 26 日指出，Uber 在全球多数国家皆属非法经营，台湾并非特例；Uber 及司机主张的分享车辆，实际上是搭载乘客并向乘客收取报酬，就是经营汽车运输业之营利行为，Uber 及其司机假借分享车辆之名义

---

[*] 高雄科技大学科技法律研究所教授。

[①] 张瑞星：《论自用小客车网络叫车平台 Uber 之合法性争议》，《兴大法学》第 22 期，第 141 页。

[②] 例如，Uber 在台营业，在 2016 年 4 月，出现第 1 起性骚扰案件，新北市一名年轻小姐 2016 年 1 月，酒后搭上 Uber，张姓驾驶趁她熟睡，到后座对她上下其手，还厚脸皮加 Line 想和女乘客做朋友，检方依乘机猥亵罪嫌起诉张姓驾驶，但是，这样的风险，也可以在一般的出租车上发生，要如何管制成为重点。

美化营利行为，实际上就是规避责任、混淆视听①，似乎是对于 Uber 所主张的共享经济，给予最终的定调。

认定 Uber 违法经营汽车运输业的"交通部"，从 2014 年 12 月一路罚到"公路法"修正案上路之前，Uber 累计收到"交通部"开出的 513 张罚单，共 9,649 万元②。后来"公路法"罚则修正，更让 Uber 面临成立四年来最大僵局，Uber 已被取缔超过 48 次，累计罚款预估达 11 亿 5600 万元，并勒令歇业，此举也让 Uber 决定在 2017 年 2 月 10 日暂时停止服务，也暂时性的画下句点。

二、新兴科技、共享经济与 Uber

（一）共享经济

什么是"共享经济"（Sharing Economy）？维基百科对共享经济的定义是：以分享人力与物质资产为核心，打造而成的一种永续经济系统，其中包括共同创造、生产、分配、交换与消费不同人与组织的货品与服务。这些系统的型态多元，但都运用信息科技，让个人、企业、非营利组织与政府获得信息的力量，促使多余货品与服务可分配、分享与再利用。因为科技发展与运用，而影响或改变既存之社会互动模式之现象，也需要法律之适度介入；以在新的生活形态之追求，与

---

①　"交通部"新闻稿针对 Uber 的主张提出了：Uber 司机主张比照美国加州制订 TNC 专法部分，岛内早有类似网络运输业法令的存在，因此，症结并非在于法令，而系自用车在都会区营业之必要性及合理性；倘以市场环境为对照，洛杉矶市登记出租车数量约 2,300 辆、人口数 400 万，车人比为 1：1,740（1 辆出租车需服务 1,740 人），显示其小客车服务供给极度不足，且综观全球，也只有在运输供给不足的城市或地区，才有开放自用车辆加入营业之可行性。反观台湾双北市出租车数量约 5.1 万辆、人口数 667 万，车人比为 1：131，已有供过于求现象，加上叫车便利，再开放自用车加入营业的正当性自显薄弱。"交通部"已释出善意于 2017 年 2 月 16 日依 Uber 司机 2 月 10 日到"部"陈抗所提要求于 7 日内并邀请出租车业界、租赁车业界、Uber 公司及司机共同开会讨论，且会中已提供与会各方代表充分表达时间，Uber 司机于部分媒体述及仅予 2 分钟表达时间并非事实。该日就 Uber 与租赁车合法合作方式展开讨论已获有共识，Uber 公司亦赞同以合法租赁业者为营业主体、Uber 公司提供派遣技术方式，规划未来合作服务之方向，对此，"交通部"乐见 Uber 未来能在岛内落地合法营业，并借由科技化的管理机制，来带动岛内运输产业提升。至于本日到部陈情之司机，多属专职司机，据了解目前已有出租车业者、工会向 Uber 司机朋友招手，欢迎其加入运输市场、并带着热诚提供服务，"交通部"期盼该等司机能够在其中或是其他运输产业中，快速地找到合适的工作场域，以回归正轨合法服务，这不只是对消费者应有的责任，也是对其自身工作权益不可忽视的保障。https://www.motc.gov.tw/ch/home.jsp?id=14&parentpath=0,2&mcustomize=news_view.jsp&dataserno=201702260005&aplistdn=ou=data,ou=news,ou=chinese,ou=ap_root,o=motc,c=tw&toolsflag=Y&imgfolder=img%2Fstandard。

②　一次看懂！Uber 入台四年暂停服务，怎么走到今天这一步？（2017/2/10）https://www.bnext.com.tw/article/43095/uber-suspending-service-in-taiwan-how-have-they-come-this-far。

社会秩序安定性之维系间，进行调适。

"共享经济"为闲置资源的再分配，让有需要的人得以较便宜的代价借用资源，持有资源者也能或多或少获得回馈。在网络社群与行动装置的助力下，加速共享经济的发展，比如私人汽车透过平台实现共乘作用、人们的空房也能租借给旅客，有房有车者也能得到报酬。但以利益为出发点的经济形式，能否仍可称为原初具有社会主义精神的"共享"，且经常与现行法令冲突、或双方交易行为难以现行法律界定责任归属，也引起诸多争议①。

随着世界经济的转变，共享经济蔚为风气潮流，成为不能阻挡的趋势。各种共享经济型态的创新产业应时而出；且各个创新产业市场尚不断持续在扩大之中，但旧的法规条文无法应付新的产业，让消费者暴露在风险之下，也无法保障消费者的权益，政府也因此而短少税务收入，原本存在的既有产业利益受到冲击，致问题丛生，抗争不断②。Uber 也是在台湾面对这样的法律争议。

（二）法律面对科技发展的因应

当新兴科技冲击既存的法律规范体系时，政府往往有两种态度，一种是保守的心态，以既有的规范因应：或是认为"法律"，仅是消极的跟随"科技"发展，而逐步修改规范内容而已；另一种则是认真面对这样的转变，相对应于科技变迁，而进行法律变迁的方式去因应。相对应于科技变迁，"法律变迁"（legal change）仍有其必然与必要③。对于科技发展与共享经济，则亦应非例外。

其实，面临法律规范与科技议题之结合，系以社会之利益与福祉为前提，协助科技发展，或减少科技对于社会之冲击。由于科技社群与法律社群皆属于具有高度专业性，是以当科技（Uber）、法律（"公路法"）、社会（乘客与业者）之三角关系作为"科技法律"之基础，应该跳脱传统的法学思维，而非一味进行管制禁止，抑或完全不予规范管理，均非正途。

当今资通讯网络科技的快速发展与创新，发展出许多创新的经济商业模式。尤其是新兴网络世代的崛起，某些强调创新且永续的新兴商业模式也就因应而生。共享经济（Sharing Economy）的概念，是许多新创公司的理念，尤其在资通讯网络科技产业新创动力驱使下，许多新创公司纷纷设计产出诸多网络平台营运创新

---

① https://www.bnext.com.tw/search/tag/%E5%85%B1%E4%BA%AB%E7%B6%93%E6%BF%9F。

② 王琴淑《共享经济面临的挑战及风险探讨——以 Uber 和 Airbnb 为例》，逢甲大学金融硕士在职专班硕士论文，2017 年。

③ 参见，刘尚志、林三元：《科技法律之本质与范围》，《月旦法学》第 166 期，2009 年 3 月，第 111 页。

经济服务，在既有的产业结构下绕道而行，使用者将自己不需要的资源，透过网络平台直接链接服务供应者和消费者，使人们透过网络共享平台可以各取所需，提供者可从中赚取租金，亦使闲置的资源可妥善分配，进而提升经济效益。这不仅颠覆传统的市场规则，也改变消费者、生产者的定义，让信息与知识经济社会的人们利用网络成为兼具生产与消费的消费生产者（prosumer）。共享经济其中一种新兴样态为"网络运输业"（Transport Network Company），即利用网络平台媒合乘客和使用私人车辆的驾驶，并提供预约制的运输服务，前述的 Uber 即为一显著的例子。无论在海内外，新兴网络运输业者的出现，往往对于传统运输业者如出租车业者，必定产生若干冲击影响，此乃新兴科技产业于其产业发展经营初始，皆会面临的共同难题[①]。台湾也不意外，Uber 将会面临这样的困境，也冲击了台湾的运输业[②]。

三、Uber 衍生法律问题探析

（一）Uber 发展大事记

2013 年 05 月 07 日 在台湾试营运。

2013 年 07 月 31 日 正式在台湾推出 UberBLACK 服务，与租赁车合作，主打黑头车。

2014 年 5 月 08 日 推出平价车 UberX 菁英优步。

2014 年 7 月 07 日 千辆出租车在"交通部"抗议 Uber 抢生意。

2014 年 7 月 30 日 "交通部"修改"出租车客运服务业申请核准经营办法"，定义"派遣"行为必须申请营业执照。

2014 年 12 月 5 日 "交通部"判定 Uber 违法经营白牌车。

2016 年 5 月 13 日 Uber 宣布 15%优惠，被发现由司机自行吸收。

2016 年 6 月 15 日 "公平会"因 Uber 广告不实，重罚 Uber100 万元。

2016 年 6 月 28 日 推出顺风车服务，让乘客跟驾驶共乘。全民车行带 2 千台出租车包围"立法院"抗议。

2016 年 7 月 11 日 卫星派遣车队和出租车工公会集结"立法院"、凯道抗议。

---

① 王劲力：《共享经济与法律调适思考：新兴网络运输业的冲击与法制化》，《自由评论》（2016/06/12）http://talk.ltn.com.tw/article/breakingnews/1725709。

② 相关讨论参见杨书函：《分享经济对我"国"汽车运输产业之影响——以 Uber 为例》，南台科技大学财经法律研究所硕士论文，2016 年。

2016 年 8 月 02 日"经济部投审会"欲撤销 Uber 许可，隔天暂缓实施。

2016 年 8 月 12 日 出租车包围"行政院"抗议 Uber 违法。

2016 年 8 月 05 日 Uber 发出"让 Uber 留在台湾"网络联署。

2016 年 9 月 20 日 推出在台北、台中、高雄推出预先排程服务。

2016 年 10 月 24 日 爆发 Uber 驾驶性侵酒醉女乘客，台湾首例。

2016 年 10 月 25 日"交通部"推出"多元出租车方案"。

2016 年 11 月 15 日 推出美食外送服务 UberEATS。

2016 年 11 月 16 日 台北市国税局发出两张税单追补宇博数位 1.35 亿元税金。

2016 年 11 月 17 日 Uber 亚太区总经理布朗发公开信给蔡英文，请当局将车辆分享纳入法制规管。

2016 年 11 月 28 日 Uber 在报纸刊登广告，误导民众"交通部"将开罚 Uber 驾驶 2500 万。

2016 年 12 月 01 日 Uber 表示与富邦产险讨论保险方案。

2016 年 12 月 09 日"立法院"三读通过"营业税法"修正案，跨境电商需设税籍缴 5%营业税，Uber 也要缴税。

2017 年 1 月 06 日"公路法"修正案正式上路，重罚 Uber 及 Uber 驾驶。

2017 年 1 月 08 日 Uber 驾驶发起一日免费载活动。

2017 年 1 月 13 日"交通部长"贺陈旦与 Uber 亚太区总监卡萨吉谈偏乡合作。

2017 年 1 月 18 日 宣布与"中华民国出租车驾驶员工会全国联合会"合作，拟推出 UberTAXI 服务，工会否认。

2017 年 2 月 02 日"交通部"开出勒令歇业处分书及 2.31 亿元罚单，48 张罚单累计 11 亿元，Uber 宣布暂停叫车服务。

2017 年 2 月 10 日 Uber 暂停叫车服务。

2017 年 4 月 Uber 亚太总经理 Mike Brown 宣布"Uber 回来台湾了"[1]。

---

① 快讯 / Uber 宣布"我们回来了" 公布最新营运模式 | ETtoday 生活 | ETtoday 新闻云 https://www.ettoday.net/news/20170413/903578.htm#ixzz5N6LtJTLu。Uber 台湾区总经理顾立恺说明最新营运模式，未来将扮演信息平台的角色，持续提供科技来服务在地业者，如租赁车业者以及职业驾驶。今天中午全新的 Uber APP 已经上线，并从台北地区开始拓展服务，未来消费者只要比照以往 APP 模式叫车，输入欲前往的地址之后，就会直接有路程的报价，与以往的费率收费不同，但各家合作的租赁业者报价也可能不一样。不过，合作的业者与驾驶的信息会更加透明的公布，消费者叫车配对成功后，仍有可以选择要不要接受，对消费者更加有保障。未来驾驶部分，也不再直接对应 Uber 公司，而是要借由加入租赁业者后，才能接受派遣。

（二）Uber 的法律争议：以"公路法"管制为中心

当 Uber 到世界各地时，与当地的传统出租车业者产生了利益上的冲突，特别是对于原有的产业产生了一定的冲击，此时，当局应该如何进行法律上的调适，才能达到健全产业环境与维护全体民众权益与福祉之目标，成为重要的课题，在"共享经济"概念下运作的新兴网络新创业者，在世界各地都面对既有产业的竞争对手和政府监管机构的排斥，政府多半以既有法规积极监管并阻挡其发展。若政府监管机构不断以既有法规限制阻挠其营运，短期内势将阻碍新兴网络运输业者的发展[①]。

在此过程中，在 2017 年 4 月，台湾 Uber 司机联盟提出的四项要求，包含"废除不平等的靠行制度，让想分享车辆的司机可以简易的申请营业牌照""参考美国 TNC 专法、澳洲、新加坡个人营业执照，或相对现行更低门槛、更高弹性的管理规范""明确响应具有派车单、代雇驾驶之租赁营业车合法地位""展开跨部会沟通的时程表"等，但是，主管机关对此似乎没有正面积极回应。

根据"公路法"第 2 条第 14 项，汽车或电车运输业系指以汽车或电车经营客、货运输而受报酬之事业。而依同条第 15 项，出租车客运服务业系指"以出租车经营客运服务而受报酬之事业"，同"法"第 34 则条将公路汽车运输业，分为自用与营业两种，并将营业汽车区分为："公路汽车客运业、市区汽车客运业、游览车客运业、出租车客运业、小客车租赁业、小货车租赁业、汽车货运业、汽车路线货运业、汽车货柜货运业"一共九大项。台湾的汽车运输业为一特许事业，故其相关之筹设、变更、经营、管理，均须事先向必须公路主管机关申请核准后，方得为之。

是以在台湾，主管机关（"交通部公路总局"）认定其未经申请核准而经营汽车运输业，故加以处罚。依据"公路法"第 2 条："出租车客运服务业：指以出租车经营客运服务而受报酬之事业"，"公路法"第 34 条："公路汽车运输，分自用与营业两种。自用汽车，得通行全国道路，营业汽车应依下列规定，分类营运：四、出租车客运业：在核定区域内，以小客车出租载客为营业者"，而"公路法"第 37 条："经营汽车运输业，应依下列规定，申请核准筹备：三、经营出租车客运业，其主事务所在直辖市者，向直辖市公路主管机关申请，在直辖市以外之区域者，向中央主管机关申请"，是以经营出租车客运业必须经过申请，方得营运。另，依据"汽车运输业管理规则"第 2 条："四、出租车客运业：在核定区域内，

①　王劲力：《共享经济与法律调适思考：新兴网络运输业的冲击与法制化》，《自由评论》（2016/06/12）http://talk.ltn.com.tw/article/breakingnews/1725709。

以小客车出租载客为营业者",

对于出租车业者有消极资格的限制①，Uber 似乎在的确存有司机筛选机制之漏洞，就司机于刑事及交通违规的筛选机制上，Uber 并未如当局及各界所称之比出租车业更为宽松②。整体而言，Uber 可能涉及诸多法律问题有待解决，公路法只是其中之一。

（三）法院实务判决动向

1. 法院判决动向："'最高行政法院'2016 年度判字第 264 号"判决

"营业"，本质上固具反复性及继续性之特征，如依整体客观事实观之，当事人确有反复实施之意图者，纵其仅被查获一次（包括首次实施即被查获，及实施多次仅被查获一次之情形），仍不影响其为营业行为之认定。参诸原审从网络搜寻打印关于台湾宇博公司招揽司机入会之资料，台湾宇博公司为招揽司机入会参与载客营运，于其官网上登载："成为 Uber 的独立合作伙伴，并赚取丰厚的收入。""只要为我们社群的乘客在市区内提供搭乘服务，就能每周获得报酬。""自己当老板，并且自由安排服务时间以赚取车资。""将车变成赚钱工具，Uber 让您轻松赚到钱。""不需要办公室，自己就是老板。""Uber 让您在适当时段上路载客"等语。足见以自小客车加入 Uber APP 平台，其目的即为提供该车载客服务，并

---

① 例如，"汽车运输业管理规则"第 2 条："有下列情形之一者，不准申办个人经营出租车客运业登记：一、依道路交通管理处罚条例规定，不得办理出租车驾驶人执业登记。二、曾犯伤害、妨害自由、公共危险，或刑法第二百三十条至第二百三十五条各罪之一，经判决有期徒刑以上之刑确定。三、曾犯刑事案件经判决确定，而有下列情形之一：（一）受有期徒刑之执行完毕，或受无期徒刑或有期徒刑一部之执行而经赦免后，未满五年。（二）受有期徒刑以上刑之宣告尚未执行，或行刑权时效消灭后未满五。（三）受刑人在假释中。四、最近三年内有道路交通管理处罚条例第六十一条第三项、第六十三条第一项各款及第六十八条第二项前段所列之违规行为。五、最近五年内曾依道路交通管理处罚条例受吊扣驾驶执照处分。六、最近三年内曾由出租车乘客提出申诉检举，并经公路监理或警察机关查证属实"。

又，"道路交通管理处罚条例"第 37 条第 1 项："曾犯故意杀人、抢劫、抢夺、强盗、恐吓取财、掳人勒赎或刑法第一百八十四条、第一百八十五条、第二百二十一条至第二百二十九条、儿童及少年性交易防制条例第二十四条至第二十七条、儿童及少年性剥削防制条例第三十三条至第三十七条、枪炮弹药刀械管制条例、惩治走私条例或毒品危害防制条例之罪，经判决罪刑确定，或曾依检肃流氓条例裁定应为交付感训确定者，不得办理出租车驾驶人执业登记"；第 2 项："出租车驾驶人，在执业期中，犯前项所列各罪之一，经第一审法院判决有罪或依检肃流氓条例裁定交付感训处分后，吊扣其执业登记证。其经法院判处罪刑或交付感训处分确定者，废止其执业登记，并吊销其驾驶执照"；第 3 项："出租车驾驶人，在执业期中，犯窃盗、诈欺、赃物、妨害自由或刑法第二百三十条至第二百三十六条各罪之一，经第一审法院判决有期徒刑以上之刑后，吊扣其执业登记证。其经法院判决有期徒刑以上之刑确定者，废止其执业登记，并吊销其驾驶执照"。

② 陈姿妙：《Uber 经营模式与法律争议之探究》，政治大学科技管理与智慧财产研究所硕士论文，2016 年。

收取费用，从而加入 Uber APP 平台之司机，系以营利为目的（赚钱、自己当老板），有反复实施之意图，其载客服务显有反复性及继续性之特征。再参酌上诉人于原审亦自承加入"Uber APP 软件"平台，可于"平时业余时间，且驾驶所属自用车之乘坐位置闲置"时，透过相关应用程序搜寻于上诉人开车行经路线附近是否恰有乘车需求之人，并可自由决定是否提供该乘客共乘服务。亦足征上诉人确为营业行为。因而原判决据以认定上诉人既有加入 Uber APP 平台之事实，复有利用该平台载客收费之行为，虽仅被查获一次，无碍营业行为，自无违误。上诉人主张，上诉人仅系单纯为特定人以自有车辆提供从事一次或少量性、个别性、临时性的汽车共乘服务，与上开规定所称以汽车经营客、货运输而受报酬之事业不符，原判决认上诉人一次载客行为即足该当"公路法"第 77 条第 2 项所称汽车运输业，显非适当云云，自无可采。

2. 法院判决动向："'最高行政法院'判决 107 年度判字第 384 号"

按"公路法"第 2 条第 14 款规定："本'法'用词定义如左：……十四汽车或电车运输业：指以汽车或电车经营客、货运输而受报酬之事业。"行为时同"法"第 77 条第 2 项规定："未依本'法'申请核准，而经营汽车或电车运输业者，处新台币 5 万元以上 15 万元以下罚款，并勒令其停业，其非法营业之车辆牌照并得吊扣 2 个月至 6 个月，或吊销之。"（此条文于 2017 年 1 月 4 日有修正）第 37 条第 1 项规定："经营汽车运输业，应依下列规定，申请核准筹备：一经营公路汽车客运业、游览车客运业、小客车租赁业、小货车租赁业、汽车货运业、汽车路线货运业、汽车货柜货运业，向中央主管机关申请。二经营市区汽车客运业：（一）属于直辖市者，向该直辖市公路主管机关申请。（二）属于县（市）者，向县（市）公路主管机关申请。三经营出租车客运业，其主事务所在直辖市者，向直辖市公路主管机关申请，在直辖市以外之区域者，向中央主管机关申请。"是以，经营汽车运输业应先申经主管机关核准，否则即得依行为时"公路法"第 77 条第 2 项之规定举发，至是否符合所谓之"经营汽车运输业"应依法律规定之构成要件为判断。

行为人之行为是否违反行政法之义务，应以法律所定之构成要件为判断基准，然由于科技技术之进步与社会经济环境之变化，法律往往无法与时俱转跟万变之行为状态，而修法似又缓不济急，跟不上环境之变化与需求，故如何以现行有效之法律规范，判定瞬息万变之行为样态是否违法，本院认为应以法律规范之精神及行为本质核实认定。原判决所认定之前揭事实，乃时下流行之所谓共享经济，利用科技整合信息，以平台为供需双方提供机会，达到降低时间及经济成本且供需双方均蒙其利之目的。此与传统出租车业者，或经由乘客以电话联络、或由业者驾车行驶于道路上寻觅乘客，并俟提供客户之需求后再收取报酬之营业形态不同。上诉人虽未亲自驾驶或提供车辆载运乘客并亲自向乘客收费，然其系透过已经规划设计完成的信息系统即 Uber APP 平台，先行招募并审查司机与车辆，整合为汽车运输的供给方，而后再由系统来受理需要使用车辆之需求方，而由 Uber APP 平台媒合供需双方，再由需求者支付费用，显以信息系统之运用取代传统业者之一对一媒合，再由加入 Uber APP 平台之司机提供车辆完成运送乘客之目的，依其具体行为内涵观之，上诉人使用 Uber APP 平台提供信息媒合乘客与司机之需求，该当"传统乘客以电话联络、或由业者驾车行驶于道路上寻觅乘客"部分之行为，至以车辆运送乘客部分之行为则由加入 Uber APP 平台之司机为之，两者分担揽客及载客工作，则上诉人与其媒合之司机之行为自该当"汽车运输业"。另纵使上诉人与加入 Uber APP 平台之司机间无任何书面契约，然如上所述，上诉人提供 Uber APP 平台招募司机之目的，是提供乘客搭乘之需求予加入平台之司机，由司机依 Uber APP 平台之讯息前往载客，乘客再付费，乃上诉人及使用 Uber APP 平台之司机与乘客间之共识，则上诉人与司机间即有所谓之共同完成运送乘客之共识，从而原判决据以认定上诉人与司机间有共同未经申请核准，而经营汽车运输业之违反行为时"公路法"第 77 条第 2 项规定之行为，依上开规定及说明，并无不合。

（四）针对 Uber 修法动向

1. "修法"动向："公路法"第 77 条加重罚则

为了因应 UBER 的违规状况，台湾甚至于在 2017 年进行"修法"，加重其罚则，依据 2017 年修正后的公路法第 77 条第 1 项："汽车或电车运输业，违反依第七十九条第五项所定规则者，由公路主管机关处新台币九千元以上九万元以下罚款，并得按其情节，吊扣其违规营业车辆牌照一个月至三个月，或定期停止其营业之一部或全部，并吊销其非法营业车辆之牌照，或废止其汽车运输业营业执照及吊销全部营业车辆牌照"；第 2 项："未依本'法'申请核准，而经营汽车或电车运输业者，得依其违反情节轻重，处新台币十万元以上二千五百万元以下罚款，并勒令其歇业，其非法营业之车辆牌照及汽车驾驶人驾驶执照，并得吊扣四个月至一年，或吊销之，非满二年不得再请领或考领"；第 3 项："出租车客运服务业违反依第五十六条所定办法者，处新台币三万元以上九万元以下罚款，公路主管机关得按其情节，予以纠正并限期改善、限期停止其继续接受委托六个月至一年或废止其营业执照。未依本'法'申请核准，经营出租车客运服务业者，得依其违反情节轻重，处新台币十万元以上二千五百万元以下罚款，并勒令其歇业"；

第 4 项："民营汽车驾驶人训练机构违反依第六十二条之一所定管理办法者，公路主管机关应予纠正并限期改善、核减招生人数、定期停止派督考、定期停止招生、或废止其立案证书。汽车驾驶人训练机构经废止核准筹设或废止立案证书者，原班址及原负责人一年内不得申请设立汽车驾驶人训练机构"；第 5 项："未依本'法'申请核准，而经营汽车驾驶人训练机构者，处新台币五万元以上十五万元以下罚款，并勒令其歇业。其非法营业之车辆牌照并得吊扣二个月至六个月，或吊销之，非满一年不得再请领"；第 6 项："依第一项、第二项及前项规定吊销之车辆牌照，其汽车所有人不依限期缴回牌照者，由公路主管机关径行注销之。依第二项规定经吊销驾驶执照，其汽车驾驶人不依限期缴回驾驶执照者，亦同"[①]。此举成为压垮其原营运的最后一根稻草。

2."修法"动向：多元化出租车客运服务

台湾"交通部"则在 2016 年 10 月 25 日，提出业者可申请经营多元出租车，相关法规已完成修法并施行，即日起业者就能着手研拟营业计划进行提案。公告"汽车运输业管理规则"修正部分条文、"出租车客运服务业申请核准经营办法"

[①]　依据 2017 年 1 月 4 日第 77 条其立法理由：

"一、未依本法申请核准而经营汽车运输业及出租车客运服务业者，系被评价为法律上一行为，而依'一行为，不二罚'原则，公路主管机关仅得以前次裁罚处分书到达后之持续违规行为做为下次裁罚之违规事实。是故，为避免'行为人事实上已因多次非法营业行为获取高额不法利益，惟公路主管机关却仅可裁处一次至多十五万元罚款'之显不合理情形，爰参照'公平交易法'等规定，对于未依本法申请核准而经营汽车运输业及出租车客运服务业者提高裁处罚款之额度，俾利公路主管机关得依行为人之违法情节及因违法获致之利益而裁处合适罚款，以达成本法规范之目的。

"二、依据公路法规定，汽车运输业其最低资本额可达新台币五百万元至一亿元以上，为有效遏止非法营业行为，提高吓阻效果并增加主管机关裁量权衡，爰对于未依本法申请核准而经营汽车或电车运输业者之相关罚则，参照公平交易法适度调整至十万元以上二千五百万元以下罚款；对于未经许可经营出租车客运服务业，影响营业秩序之违法行为，亦提高罚款至十万元以上二千五百万元以下，以保障营业秩序及消费者权益。

"三、原条文第二项、第三项及第四项所定'未依本法申请核准，而经营汽车或电车运输业'、'未依本法申请核准，经营出租车客运服务业'及'未依本法申请核准，而经营汽车驾驶人训练机构'，系属无照非法营业，依法本不得营业，与第一项所定有照合法业者违反法规命令之情形不同，并无定期停止其营业后仍得复业之可能；其属'行政罚法'第二条第二款所定'剥夺或消灭资格、权利之处分'，而非同条第一款所定'限制或禁止行为之处分'。又其既属无照营业，亦无'废止其营业执照'或'废止其立案证书'之可能，爰将'勒令其停业'修正为'勒令其歇业'，俾明确其系永久无权营业之法律效果，并符法制用语。另所称'勒令其歇业'者，仅系勒令其违法经营之事业部分，其另有合法经营之事业者，不受影响。'公司法'第十七条之一规定'公司之经营有违反法令受勒令歇业处分确定者，应由处分机关通知'中央'主管机关，废止其公司登记或部分登记事项'，可资参照。

"四、另为达到遏止非法之效果，复提高吊扣非法营业车辆牌照之期限，并增加'吊扣或吊销非法经营汽车运输业之驾驶人驾驶执照'裁罚规定。

第 2 项规定'未依本法申请核准，而经营汽车或电车运输业者，处新台币五万元以上十五万元以下罚款，并勒令其停业，其非法营业之车辆牌照并得吊扣二个月至六个月，或吊销之'。"

第23条之1、"汽车运输业审核细则"第7条，并自发布日施行。公告后主管机关与业界都能知道相关办法，业者可开始研拟营业计划书来提案，主管机管也能研拟细部作业申请须知。

多元出租车与一般出租车不同的点包含，能申请使用四门以上非轿式车辆，休旅车也能当作出租车，不过还是要小客车才行；车辆颜色部分除不能使用黄色外，其余颜色都可以申请；车顶灯部分则强制规定不能设置；载客需透过预约或特约排班，不像出租车能在路上随意载客。价格部分则在核定运价范围内回归市场机制，由出租车客运业于范围内自行订定，报请该管公路主管机关备查并对外公告。多元化出租车所使用的 APP 部分，民众叫车前须提供车辆厂牌、车号、出厂年份等基本信息；输入起讫点要有预估车资，同时要让旅客能填写乘车评价[①]。

职是之故，如依"汽车运输业管理规则"第2条第3项："出租车客运业为因应特定消费型态所需，得经营多元化出租车客运服务"，第4项："前项多元化出租车客运服务，指以因特网平台，整合供需讯息，提供预约载客之出租车服务"。

经营多元化出租车客运服务，应依"汽车运输业管理规则"第4条第3项规定，检具营业计划书向该管公路主管机关提出申请核准。且经营多元化出租车客运服务之业者，依"汽车运输业管理规则"第91条第3项规定，应提供"车辆厂牌、牌照号码、出厂年份、驾驶人执业登记证、消费者乘车评价、预估车资"等叫车信息，并提供"车辆定位及行车轨迹"、"电子支付"、"消费者乘车后进行服务质量评价"等相关乘车服务，有助于确保消费者权益及有效提升出租车乘车质量。

唯本次修正法规之规范架构与内容[②]，有提出批评：1."多元化出租车客运服务"与"出租车客运服务业"之定义与营业范围多有重叠，本次修正法规未能整合规范，恐生争议。"汽车运输业管理规则"第2条第2项及第3项规定，出租车客运业为因应特定消费型态所需，得经营"多元化出租车客运服务"。且所谓"多元化出租车客运服务"，系指以因特网平台，整合供需讯息，提供预约载客之出租车服务。惟现行"公路法"既已分别定义"出租车客运业"及"出租车客运服务业"，并规定经营"出租车客运服务业"，应向所在地之公路主管机关申请核准，且有关"接受消费者提出之乘车需求后，提供出租车客运业及其驾驶人服务并收取费用之营运方式"系属"出租车客运服务业"之业务范畴，此与"多元化

---

① "交通部"公告：《业者可申请经营多元出租车》，2016 年 10 月 25 日，http://news.ltn.com.tw/news/life/breakingnews/1866219。

② 陈世超：《多元化出租车客运服务相关法规问题之研析》，2016 年 11 月 https://www.ly.gov.tw/Pages/Detail.aspx?nodeid=6590&pid=85309。

出租车客运服务"之定义及其营业范围似有重叠。本次修正内容未能整合"多元化出租车客运服务"及"出租车客运服务业"予以一致规范，则未来出租车客运业依"汽车运输业管理规则"第 2 条第 2 项及第 3 项规定经营"多元化出租车客运服务"时，是否仍须依"公路法"第 56 条第 1 项规定向所在地之公路主管机关申请核准经营"出租车客运服务业"，恐生争议而有待厘清。

2. 强制出租车仅得就"预约载客"与"街上巡回揽客或于出租车招呼站排班候客"择一选择营业，显与现行"公路法"规范不符："汽车运输业管理规则"第 91 条第 1 项第 4 款及第 5 项规定，多元出租车车身禁止使用黄色且仅得预约载客，而不得在街上巡回揽客或于出租车招呼站排班候客。此一规定强制出租车仅得就"预约载客"与"街上巡回揽客或于出租车招呼站排班候客"择一选择营业，显与现行"公路法"允许出租车得同时"街上巡回揽客或于出租车招呼站排班候客"及接受出租车客运服务业指派前往载客之"预约载客"规定有所扞格，亦未能有效增加现行出租车司机之载客机会，未来执行成效恐有待检验。

3. 公路主管机关将来核定运价时，建议仅就运价上限门槛而为规范，以利市场竞争，并提高消费者搭乘意愿："汽车运输业管理规则"第 11 条之 1 规定，多元化出租车之费率，由出租车客运业于核定运价范围内自行订定。而所谓"核定运价"，应系指同业公会暨相关工会依"公路法"第 42 条第 1 项规定拟订，报请该管公路主管机关核定之运价。

此一规定松绑多元化出租车之费率规范，回归市场机制，方向可资赞同。盖"街上巡回揽客"之出租车强制要求跳表计价系为保障街上随机拦车之消费者，以避免交易信息不透明而衍生收费争议；至于"预约载客"之出租车，由于交易信息透明且车辆系采预约叫车方式，消费者具有选择权，出租车客运业之运输服务市场与一般商品市场一样，应有多少供给、运输服务在什么价格出售等问题，应交由市场机制决定。至于将来公路主管机关依公路法规定核定多元化出租车之运价时，考虑此种营运模式之交易信息系为公开透明且采预约载客方式，建议比照小客车租赁业之租车费率，仅须就运价上限门槛而为规范，无须明定运价下限，以利市场竞争，并提高消费者搭乘意愿。

四、当科技冲击来临的法律规范调适

在民主国家，法律是整个国家社会健全运作所不可或缺者，国家的决策者有任何的重大政策、施政蓝图，在在需要有法律作为执行的依据，法律乃作为影响人民在社会生活制度性行为的重要方式无法否认，法律也有其工具性的一面，应

该正式决策者将法律作为工具使用的现象，而进一步探究法律与政策二者间的关系[①]，

当此行为受到管制的同时，也是对 Uber 驾驶职业选择自由的限制[②]，目前因"公路法"的立法走向，Uber 没有全部退出台湾市场，但已经与原来方式有很大差异。

要如何进行管制规范模式？管制措施因其功能性之不同，一是为完全阻却风险之禁止性，二是在风险与利益中寻求妥协关系之有条件开放，或者采取第三种模式，完全地认同且完全开放。如果回到"公路法"第 1 条，其所揭示的立法目的为"为加强公路规划、修建、养护，健全公路营运制度，发展公路运输事业，以增进公共福利与交通安全"观察，其中"发展公路运输事业"与"增进公共福利与交通安全"两者，不正是面对新科技的运输形态兴起，所应该要增进的公共利益所在。特别是主管机关，不要将科技的进步所带来的利益与风险，一律当成科学怪兽阻挡在门外。

如果从"宪法"上保障人民迁徙的"行动自由"，乃至于消费者有"选择多种交通工具"权利加以探究，现行法律规范，如果无法从"解释论"去解决争议，则必须考虑从"立法论"的思维模式，进行问题解决，而不是一味对于新兴的科技工具利用，凡是不符合法规的就是违法。

尤其是共享经济产业的精神，就在于让平日不用的资源转化成市场需求的服务，和所谓出租车业的职业驾驶截然不同，若不体察双方的核心价值差异，难免有墨守成规之嫌。即使想保障某个行业，其实无需透过阻挡另一个科技发展的行业进入市场的方式。相较之下，大陆有《网络预约出租汽车经营服务管理暂行办法》第 1 条："为更好地满足社会公众多样化出行需求，促进出租汽车行业和互联网融合发展，规范网络预约出租汽车经营服务行为，保障运营安全和乘客合法权益，根据国家有关法律、行政法规，制定本办法"，

盖立法政策目标是"做对的事情"，立法技术是"把事情做对"。立法体系则是将"对的事情"应有的法则，透过法规形式的规定，使受规范者，容易了解，便于预见，从而乐于服从。为了使规范"容易了解，便于预见"必须使用若干技术，乃立法技术应讲究者。建构受规范者容易了解，便于预见的法律体系是立法者的义务[③]。分享经济与营业自由的限制，是否两者间无法并存呢？

① 参见陈铭祥：《法政策学》，元照，2011 年 9 月初版，第 5 页。
② 参见李兆晋：《共享经济下人民使用自用汽车为营业行为之自由——交通法对 Uber 驾驶职业选择自由之规范》，东吴大学法律学系硕士论文，2017 年。无论 Uber 驾驶人为全职或兼职驾驶，皆受宪法基本权对人民之保障，立法限制工作权应受比例原则检验。
③ 李惠宗《案例式法学方法论》，《新学林》，2014 年第 2 版，第 174 页。

　　科技的发展，有赖国家整体政策的提供与民间的协力，故必须先行由政府决策，进而国会立法，行政机关依法行政，如有争议，并由司法机关进行审理，并非可以自绝于法律保留的要求之外，亦即，科技的事项，应该与其他国家事项相同，行政、立法与司法等国家机关，国会要有立法能力，行政必须要有执行能力，法院必须也要有审查能力[1]。在科技与法律的交会互动之下，应该借由科技法律的研究，提供了开创活力法学生命的契机，也使法律融合在与时俱进的社会脉络中，这才是法学生命之所在。如果只是机械式地套用法律逻辑，并在法律文义寻找法律的精髓，那么法律将会成为脱离社会轨道的机制，人民对于法律的信赖，将难以建立[2]。面对 AI 科技社会的来临，目前 Uber 也开始发展无人自动车，届时相关固有的规范冲击，自属可期。

---

　　[1]　参见，廖钦福：《科技宪法与科技基本法之建构与展望》，科技法律评析第 2 期，2009 年 6 月，第 272 页。另，蔡志方：《论科技法律之概念与衍生之问题》，收录《二十一世纪公法学的新课题－城仲模教授古稀祝寿论文集：II 行政法总论篇》，《新学林》，2008 年初版，第 59—60 页以下，则指出，"1. 立法机关之立法能力：当代民主政治流于所谓民意政治，谁能获得较多民意支持，即可当选民意代表，进入国会或地方议会。因此，如遇与科技有关之立法事项，其能否游刃有余地制定妥当之科技法律，即甚有疑问。2. 行政机关之审查能力：理论上，主管科技之政府部门，对于与科技有关之事务，既属于其主管事项，拥有科技专家最多，对于与科技有关之事务，应拥有足为审查之能力，否则如何妥适地行使公权力，并履行公义务。3. 司法机关之审查能力：各级法院有受理有关科技争讼，法官首须面临者，乃该事件之性质恒为其所莫生之事物，如何寻找与诠释？各种科技法规之构成要件事实，本即为科技领域之事物，而科技法规基于经世济民与定分止争之功能，其规范本质，兼含有客观之自然律与间主观科技价值或伦理因素在内，对于自然科学毫无所悉或对于自然科学伦理无法掌握概念或修持，自亦对于科技法不易理解与掌握。"

　　[2]　参见刘尚志、林三元：《科技法律之本质与范围》，《月旦法学》第 166 期，2009 年 3 月，第 135 页。

共享经济模式新兴网络旅宿信息平台营运法律问题探究——以 Airbnb 在台营运为例

王劲力 *

一、前言：共享经济模式新兴产业带来的挑战

当今资通讯网络科技的快速发展与创新，发展出许多与过往传统非常不同的创新的经济商业模式。尤其是当新兴网络世代的崛起，强调创新且永续的新兴商业模式也就因应而生。共享经济（The Sharing Economy）的概念的确是许多新创公司的理念。经济学者 Rachel Botsman 在《我的就是你的：协同消费的兴起》(What's Mine Is Yours: The Rise of Collaborative Consumption) 一书指出网络时代对于共享经济因为科技的力量可以释放闲置的生产力和不同类型资产的价值，不论是技能、空间或是闲置资产，都能以前所未有的方式和规模释放出来。① 亦即是共享经济，意指在网络时代里，所有的科技产品、服务都能被众人使用、分享甚至出租。

共享经济的源起，乃是社会中众多个人或企业无法负担高额的产品购买、维修费用。因此，借由网络作为信息传输平台，个人或企业行号能透过出租、或共同使用的方式用合理的价格与他人共享资源。换言之，就是使用者用"租赁"取代"购买"，和社会上的其他人共享资源。而共享经济专家 Alex Stephany 将共享经济定义为："让一个社群能在网络上取得未全部利用的资产所创造的价值，因此，降低拥有这些资产的必要性"；就此定义分析，共享经济应具备以下五大要素，即透过社群流通、利用网络可让他人取得、未被充分利用的资产、可创造互

———————
* 台湾高雄科技大学科技法律研究所专任副教授兼所长；美国印第安纳大学布鲁明顿校区法学博士。

① See Botsman Rachel & Rogers Roo, What's Mine Is Yours: The Rise of Collaborative Consumption, HarperBusiness, International ed. Edition,(September 14, 2010)

惠的经济价值及降低拥有资产的必要性等。①

共享经济的核心理念，是"闲置资源"的再使用。拥有闲置资源的个人或企业，透过有偿租赁的方式，让无法负担此一费用的个人或企业以相对便宜的价格获得使用权。过往，出租必须透过文书或口头承诺才有效力，但由于网络、物联网、行动支付方式的发展，终端使用者能够以"个人"对"个人"的方式共同使用资源、减少闲置产能的浪费。共享经济模式的特性从具有从所有权的交易转变为使用权或服务的交易、去中心化的点对点个人直接交易（peer-to-peer economy）、透过网络平台进行媒合交易、透过社群媒体进行互动并相互评价以累积信用等特色，借以进行闲置空间、物品、交通工具或其他服务之实时共享。然而，共享经济这种透过网络开放、分散且合作的架构来创造点对点的横向经济规模。②

尤其在资通讯网络科技产业新创动力驱使下，许多新创公司纷纷设计产出诸多网络信息平台营运创新经济服务，在既有的产业结构下绕道而行，使用者将自己所不需要的资源，透过网络信息平台直接链接服务供应者和消费者，使人们透过网络共享平台可以各取所需，提供者可从中赚取租金，亦使闲置的资源可妥善分配，进而提升经济效益。这不仅颠覆传统的市场规则，也改变消费者、生产者的定义，让信息与知识经济社会的人们利用网络皆可成为兼具生产与消费的消费生产者（prosumer）③。

共享经济是利用网络、行动装置、社群网站，打破过去固定场所厂商的经营模式，并将生产单位缩小到以个人为单位，每个人都可借由网络平台提供与分享各种财货、劳务与知识不可否认的突显在"共享经济"概念下运作的网络新创业者，在世界各地都面对既有产业的竞争对手和政府监管机构的排斥，政府多半以既有法规积极监管并阻挡其发展。对于国际大型共享经济企业进驻台湾营运所以发的问题，如消费者安全性与权益、既有体系竞争冲击、社会管理失序等，台湾主管机关多以禁止或罚则方式处理。④

若政府监管机构不断以既有法规限制阻挠其营运发展，短期内势将阻碍新兴

① Alex Stephany 著，郭恬君译，《共享经济时代》，2015 年，第 23—27 页。
② 林子渝：《共享经济下的 P2P 借贷模式》，《台湾经济研究月刊》，第 38 卷第 8 期，2015 年 8 月，第 43 页。
③ 详可参见宾州大学华顿商学院（Wharton School）讲座教授、未来学大师里夫金（Jeremy Rifkin），在《物联网革命：共享经济与零边际成本社会的崛起》(2015) 一书中就指出的观点，他指出由于网络、物联网等科技，让全球数十亿人能够以个人对个人方式连结，去掉多余的中间商，降低不必要的成本，每个人都成了兼具生产与消费力量的"消费＋生产者（prosumer）"。
④ 欧宜佩、陈信宏：《共享经济的零和游戏？借镜英国推动之经验与作法》，《经济前瞻》，173 期，2017 年 9 月，第 74 页。

网络业者的发展。台湾当局在面对共享经济的时代的新兴业者，似不应限于只以既有法规进行积极监管，而更应积极评估新兴合理规范与监管方式。当局应着手思考如何适度松绑既有产业规范与进行研议相关法规调适，后续更应积极制定新的法规范与可行的监理配套措施，并求取整体社会发展最大经济效益才是。

共享经济模式此一新兴议题已在台湾法学界已有广泛讨论，相关的议题包括：活化闲置资源、传统时代的资源出租型态改变、资源"所有权"与"使用权"的区分等议题。科技的进步永远走在法律发展的前端，而共享经济中新型态服务的推出，不仅革新了传统社会的生活经济模式，也超越了法律既有的规制范围。共享经济模式的出现宣告了传统租赁、中介、代理与通路商都会逐渐被取代，也因为网路平台提升了消费者的组织化程度，将消费者需求变得更趋精确，形塑一种全新的供给模式和交易关系。在共享经济中，资源的"所有权"和"使用权"分割，使得消费者不必重复地投入沉没成本即可使用到购置成本高的目标物，可支配收入因而提高。①

本质上观之，就共享经济模式型态而言，论者曾指出虽然其本质仍不脱"租用"概念，但这同时意味着，"使用"资源的权利将从必须"拥有"资源才能享有，转而可以仅有"使用"资源的权利，不以"拥有"为前提，而越来越有将"拥有"与"使用"分别看待的必要性。进一步地说，过去社会以"拥有"该物本身视为如此方是真正地保有财产，"拥有"某物本身意味着同时享有使用该物的权利，但在未来，拥有某物而生的"使用权"有可能透过这种共享的经济活动，而被拆解为更多区段时间的"使用权"，从而拥有某个时段的"使用权"本身也可被视为是财产。②

至于现代资本主义社会中所谓的"共享经济"会不会冲击过往传统物权中所有权基本价值？现代社会所谓"共享经济"模式，只是透过共享平台将供给与需求连结起来，使闲置生产财的切割利用达到资源效益最大化，故此一经济模式的重点在于存取通路，而不是分享本身。虽然这种经济模式挥舞"分享、共享"的旗帜，但驱动它的是新自由主义精神，鼓励的是商品与服务在市场上自由流通。关于共享经济的冲击，学者特别指出具体而言，就是对传统商业模式业者造成经

---

① 参见 黄昭元、陈忠五、何赖杰、陈昭如、沈宗伦、陈柏荣、彭瑞骅，"科技部"人文社会科学研究中心"法律学门热门及前瞻学术研究议题调查"结案报告，热门及前瞻学术研究议题调查报告，（编号：MOST 104-2420-H-002- 016-MY3-PH10412），2016 年 7 月 10 日，第 19 页。
② 许丝捷：《论使用僭越之可罚——共享经济队形是保护财产之启发》，《成大法学》第 34 期，2017 年 12 月，第 123—124 页。

济上的冲击，并对既有法规形成挑战。[①]

　　在当今信息与知识经济社会的新兴科技产业不断创新发展乃是必然的趋势潮流，而诸多新创服务在创造经济价值的同时，也会衍生出相关之管理与规范问题，其中包括如何定位新兴的网络平台业者，如何使新兴产业与传统产业得以公平竞争等。关于网络平台业者所扮演的关键角色，现行法律体系对其定位仍不甚明确，衍生诸多可能的重要法律议题。[②]

　　法律始终应是因应社会实际的需求与变迁发展来加以制定与进行修改，但值得思考的是对于新兴的产业与经济活动的崛起，究竟应"先限制再放宽"，还是应该师法欧美普遍的"先开放再规定"的法律调适？面对共享经济所带来的创新商业模式，当此类创新商业模式可能带来既有产业法规冲击影响，台湾公权力机关应正面看待并区分态样来进行相关法律调适，并思考研拟不同监理密度之配套措施。

　　本文以下先简要介绍共享经济的产业发展与商业模式，接下来说明新兴网络旅宿社群信息平台业者 Airbnb 在台营运的挑战，进而分析新兴网络旅宿社群信息平台业者 Airbnb 在台营运法律相关问题，最提出本文对创新的经济商业模式在台湾营运发展的个人的观察与相关期许与展望。

二、共享经济新兴产业发展与商业模式

（一）共享经济的产业发展

　　共享经济（Sharing economy）是一种个人所拥有的具有排他性及敌对性资源，透过网络平台，提供与他人共享，并获取报酬的经济体系。亦即共享经济是指拥有资源的个人或机构，将资源使用权有偿提供他人分享，资源所有人获取报

[①]　张瑞星：《Airbnb 在台营运的法律难题与规范建议》，《成大法学》第 34 期，2017 年 12 月，第 64 页。

[②]　议题包括：(1) 共享经济下的交易安全确保、消费者保护、消费纠纷处理机制；(2) 服务提供商于交易与服务下的法律责任成立与范围 (是否应订定相关之特别法规，或是仅遂行契约自由)；(3) 共享经济下信息安全与个人隐私权保护；(4) 共享经济下交易活动的租税课征问题；(5) 共享平台的运作如何防止不公平竞争以维系利伯维尔场运作的秩序；(6) 共享经济与传统商业模式的冲突与竞争所衍生的公权力管制与监理的议题；(6) 共享平台与个别服务提供商的法律关系，以及当个别服务提供商进行交易时，与该服务提供商因其服务负担法律责任时，该分享平台的法律地位。参见 黄昭元、陈忠五、何赖杰、陈昭如、沈宗伦、陈柏荣、彭瑞骅，"科技部"人文社会科学研究中心"法律学门热门及前瞻学术研究议题调查"结案报告，热门及前瞻学术研究议题调查报告，（编号：MOST 104-2420-H-002- 016-MY3-PH10412），2016 年 7 月 10 日，第 20 页。

酬，而分享者利用或分享他人的资源，降低消费支出或生产成本，并创造附加价值。一般而言，私人所拥有的私有财为具有排他性（exclusive）及敌对性（rival）。所谓排他性是指个人拥有或消费某一财货时，可禁止或限制他人拥有或消费该财货，也就是只有你能使用，其他人不可使用，财产权是明确属于你的，例如食品、衣服等；所谓敌对性是指个人使用或消费某一财货时，会减少该事物的效用，并会影响他人使用或消费该财货，例如车辆拥挤的高速公路、湖泊中的鱼类等。资源是有限的、稀少的，当个人单独拥有或使用资源时，会发生资源未充分利用，或是资源闲置，甚至弃置浪费的情形。而在共享经济体系下，人们可将所拥有的资源租借与他人，或与他人共同使用或享用，使未被充分利用的资源获得更有效的利用，从而提升整体的经济福利。①

共享经济这个术语最早由美国得克萨斯州立大学社会学教授马科斯·费尔逊（Marcus Felson）和伊利诺大学社会学教授琼·斯潘思（Joel. Spaeth）于1978年发表的论文"Community Structure and Collaborative Consumption：A Routine Activity Approach"中提出。直到最近才获得重视的因主要是因为资源稀少、人口增加，其次是信息科技的发展、网络交易平台的建立、网络渗透率的提升、行动装置的普及。个人可拥有更完全的信息，降低了不确定性、不完全性。个人利用网络交易平台，进行交换讯息，进而交易或共同使用。个人上网搜寻相关信息，降低交易成本（搜寻成本、接触成本、谈判成本、检查成本、合约成本等），有助于交易活动的进行。再者是来自不同年龄阶段的人群，尤其是年轻消费者对目前的厂商或单方面的订价与行为的信任度越来越低。主动透过网络平台，促进交易的进行。再者买方与卖方都在交换过程中受益。买方透过合理的价格与个人化满足了自己的需求，享受到更多的财货与劳务，卖方提供闲置或未充分利用的物品、劳务或知识与他人共享，从中获得了额外的所得。此外，同时解决人与人之间供给和需求的讯息不对称、不透明的问题，使生产效率大幅提升。②

新兴共享经济产业在美国如雨后春笋般地掀起风潮，同时亦深受美国人的爱戴与普及使用。由分享服装、剩余空间、运输车辆、细琐时间等等为基础的兴新产业，在当代社会中不再是特殊或少见的行业。对于此种以使用为主但不必占有或无须所有的消费概念，越来越受到网络世代人群的欢迎。在共享经济的发展版图上，美国当为共享经济推广与发展最为蓬勃的国家，其知名共享经济模式的著名企业 Airbnb 以及 Uber 等皆创立于美国，在其发展过程中虽有不少困境与阻碍，唯仅以其企业分公司之分布而言，即可作为共享经济扩展状况之参考。不可否认

---

① 林惠玲：《共享经济的特质及其影响》，《台湾银行家》，第88期，2017年4月，第14—15页。
② 同前注，第15页。

地，在全球化快速发展下与资通讯网络科技的快速高度发展，在跨境移动的需求趋势下，以网络信息平台经营旅宿业与交通运输业则是共享经济市场中，是当前最被看好极大前景发展的产业。强调将自己不需要的资源，透过网络平台租用、分享给其他需要的人，而提供者可从中赚取租金的公司。尤其是在旅宿产业方面，以 Airbnb 最为人所知，也是在此一新兴产业中，最早且最成功的共享经济卓越代表。透过 Airbnb，用户可借助网络或手机应用程序发布、搜寻度假房屋的租赁信息并完成在线预订。从 2008 年 8 月创建，Airbnb 走出在美国旧金山的诞生地，用户遍及 192 个国家近 34000 个城市。[①]

（二）共享经济新兴产业形态与商业模式

经济学者 Rachel Botsman 在《我的就是你的：协同消费的兴起》(What's Mine Is Yours: The Rise of Collaborative Consumption) 一书中她详细阐释了共享经济的三种主要形态。第一种形态叫"产品服务系统（product-service systems）"第二种形态叫"市场再流通（redistribution markets）"第三种形态叫"协同式生活（collaborative lifestyles）"。[②]

所谓产业服务系统 (Product Services ystems) 透过"使用非占有"的概念，挑战传统只建立私有并独享的经济营运模式。亦即，因为共享经济的产业服务系统，被闲置或剩余的某些对象或服务的所有人，能够透过交易与他人共享该对象或服务。既然很多东西利用率如此之低，那么与其买一个闲置在家里不常使用，不如临到用时才去租一个。这种"使用而非占有"的观念如今已被越来越多的人接受。它挑战了传统的建立在"私有独享"基础上的经济模式。越来越多的消费者开始选择只租不买、按需付费的方式，同时也有越来越多的企业开始调整业务模式，从过去的销售商品本身，转变为将提供产品作为一项服务。而对于那些已经不幸已经购置许多物品的人们，他们可以将自己的私人用品在闲置时出租给其他人使用来获得额外的收入，一些新兴的交易平台也在对这种分享行为的普及起着推波助澜的作用。如今，仅在私人汽车租赁行业，便已有上百家机构提供服务，这些服务有的是营利性的，有的是非营利性的服务。[③]

共享经济之有体物市场重配 (Redistribution Markets) 产业类型而言，是透过

---

① 马化腾、张孝荣、孙怡、蔡雄山：《共享经济 改变全世界的新经济方案》，远见天下文化出版股份有限公司出版，2017 年 2 月、第 94 页。

② See Botsman Rachel & Rogers Roo, What's Mine Is Yours: The Rise of Collaborative Consumption, HarperBusiness, International ed. Edition,p 11-12 (September 14, 2010).

③ 参见顾远：《分享经济：我的，就是你的》，《社企流》，2014 年 3 月 8 日，网址：http://www.seinsights.asia/story/1434/795/1882 (2018/06/26，造访)。

市面上许多所费不赀的商品，在市场上进行整合与重新分配，再以租赁的方式提供给有需要的消费者，不仅可以让消费者省下比起以往消费昂贵的金额，还能满足消费者的需求，大大地降低消费者荷包上的负担。也就是说，以昂贵的对象作为共享对象，在市场上重新定位，并提供分配，不但可以提高使用率，更能够使出租方达到倍率的收获。二手物品再流通行为的普及也在冲击着人们的传统消费习惯，人们对二手物品的接受程度会变得越来越高。随着时间的推移，"再流通（redistribute）"很有可能会成为继"减少使用（reduce）""重复使用（reuse）""循环利用（recycle）""修复使用（repair）"之后的第 5 个"R"，为节省资源和保护环境提供又一条可能的路径。[1]

而所谓协同型生活 (Collaborative Lifestyles) 系指一种生活型态，一群兴趣相近的人们，共享或交换有限的资产，像是时间、空间、技能和金钱等。[2] 当今社会得以作为交易对象的目标物已不再局限于有体物，当人们的生活需求逐渐多元，群聚的共享与交换已经逐渐转向一些相对隐性的资源进行利用，例如时间、空间与技能。[3] 空间的闲置，即能因新创与生活型态上的转变，因需求而刺激出新样态的商机，让闲置与用不上的空间，透过协同型的生活变化以及共享的思维，使得想法与创新得以突破，不再受限。

共享经济产业的营运模式，建立于产业服务系统、有体物之市场重新分配与协同型的生活，衡诸此三种基础模式上，前二者系将闲置或剩余对象，从所有人之处转而提供予有需求的人或是有短暂需要的人之处。因此，不论对象带来的代价有偿或无偿，其在过程之中，都为对象的价值都给予重新地评价。而协同型生活模式将相似需求人的进行集合，把无形产物与租赁对象，经过共同分享后，省下不必要的开销。使得将共享的对象绝对的物尽其用，以最小的成本达成最高的需求与服务，并让共享型企业借由此三种类型的经营模式，与新兴产业中独占鳌头。

共享经济乃系媒合供给者与需求的概念为主，但在各领域应用共享经济乃系媒合供给者与需求的概念为主，例如某业者以单次服务收取费用为原则，是以每

---

① See Botsman Rachel & Rogers Roo, What's Mine Is Yours: The Rise of Collaborative Consumption, HarperBusiness, International ed. Edition, p 71-2 (September 14, 2010).

② See id at 73 .

③ 参见顾远：《分享经济：我的，就是你的》，《社企流》，2014 年 3 月 8 日，网址：http://www.seinsights.asia/story/1434/795/1882 (2018/06/26，造访)。

月缴交会员费无限制使用等，运作模式相当多元。[①] 共享经济商业模式在席卷全球之余，亦颠覆了传统产业的经营模式，因为网络技术与信息平台的革新技术，已经让全球各地的人们能够透过这样的科技技术与连结方式，达到去中介化，降低成本并创造无限商机，并在此浪潮下，将新兴的产业再次推上最高峰。

（三）网络信息媒合平台

网络信息媒合平台其特点与强大的功能系在于链接、架桥与媒合。[②] 而如今共享经济网络平台屹立不摇的意义在于，透过人群释出隐藏的闲置产能，将其成为协同合作的基础。亦即，资源提供端与资源使用端只要透过网络信息媒合平台，即可轻松的使双向社群与信息得以进行互动或交易。

在科技进步、资通讯蓬勃发展与创新世代的来临，各式各样的网络信息平台在数字科技的创新脉络下，便如雨后春笋般地出现于市场上争相拼搏。且在共享经济的推波助澜下，使平台、共享结合，并共创新兴价值。在共享经济中，交易之所以能顺利地进行，除了仰赖平台的媒合，驱使供需双方行为的最大驱动力，在于消费者拥有更巨大的主动权和透明度、互信机制有完善的被使用、资源提供端与使用端在交换过程中双方受益。当陌生人彼此共享又彼此受惠，信息透明度相对有正向的成长，且犯罪率也会逐渐降低。[③] 而在共享之下，信息流与数据的提供，使得在共享价值的共享下，让共享经济的结构更加稳固，也使整体之认知有所改变。

三、新兴网络旅宿社群信息平台业者 Airbnb 在台营运的挑战

（一）新兴网络旅宿社群信息平台业者 Airbnb 发展与简介

2007 年的秋天，两个大学刚毕业的美国年轻人正在为房租发愁。与此同时，他们所在的城市旧金山正在举办全美工业设计师协会大会。由于参会人数众多，

①　Ariel Schwartz, The Collaborative Economy Is Exploding, And Brands That Ignore It are out of luck http://www.fastcoexist.com/3027062/the 62/the 62/the- collaborative-economy -is -exploding and -brands -that that-ignore -it -are -out -of -luck (last visited 2018/06/26).

②　方世杰：《平台经济、共享经济、价值共创的定义、差异、意义》，跨域研究与个人质性修炼的反思，网址：http://reskm98.blogspot.tw/2016/12/blog-post.html (2018/06/26，造访)

③　黄柏钦、侯杰智、陈家祥：《以创新扩散及创新抵制理论检视共享经济信任机制》，《管理评论》，第 36 卷第 4 期，2017 年 10 月，第 41 页。

当地的经济型酒店客房严重不足。两位年轻人突发奇想，搞来了三张充气床垫放在自家客厅，然后建了一个简陋的网站发布信息，宣布任何参会者只需要支付每晚 80 美元的费用，就可以享受到气垫床加早餐（Airbed & Breakfast）的服务，外加少许当地的旅游观光建议。出乎意料的是，他们的另类服务居然大受欢迎。两人于是决定，把这个原本只是为了挣些外快的临时举动变成一项正式的事业，为更多的出租人和承租人搭建一个联系和交易的网络平台，他们给这网络平台就取名 Airbnb。①

在 Airbnb 这个网络平台上任何人都可以把自己的一整栋住宅或者一整间房间，也包括前厅、后院、行车道这些"零碎"空间拿出来，出租出去。可供短期租住的空间透过网络平台让一般只要有住宿空间的民众而且愿意出租，就可上网提供全球游客选择，赚取租金。出租对象包括合法民宿、观光旅馆、树屋、城堡、私人岛屿、船屋、别墅、公寓、套房等各类住宿空间，甚至还有诸如蒙古包、树屋和爱斯基摩人冰屋之类的特色住宿环境。②简言之 Airbnb 是一个让大众出租住宿的网站，让旅行者可以通过网站或手机发布、发掘和预订世界各地的独特房源，是属于分享经济网络社群服务业的翘楚代表。

新兴网络旅宿社群信息平台 Airbnb 用户必须注册并建立网络个人档案，每一个住宿对象皆与一位房东连结，房东的个人档案包括了其他使用者的推荐、住宿过的顾客评价，以及回复评等和私人讯息系统。新兴网络旅宿社群信息平台业者 Airbnb 平台经由因特网提供媒合旅宿的相关服务，该平台营运范畴横跨 192 个国家，由于创新的商业模式与服务性质，吸引大量使用者，同时挑战既有的产业管制架构，并引发诸多领域的议题。在提供服务的过程中，Airbnb 同时向出租户和住客收取 6%—12% 服务费，住客预定住宿服务时，透过 Airbnb 支付租金，Airbnb 会在住客入住 24 小时之后，再支付租金出租户，Airbnb 也收取房东 3% 的信用卡使用手续费。③

新兴网络旅宿社群信息平台业者 Airbnb 在营运模式上也拥有一些创新，例如引入的验证身份，这些验证身份将会绑定到个人的身份证件（也可以附加相关的社交网络账号），避免了一些未知的因素，而且房东也有权要求房客先加入验证身份再进行预订。还有评价体系的引入，房东与房客将基于真实的体验撰写评价打分，在选择房东的时候，房客可以充分了解到其他入住使用者的全面评价。当

---

① 参见 顾远：《分享经济：我的，就是你的》，《社企流》，2014 年 3 月 8 日，网址：http://www.seinsights.asia/story/1434/795/1882(2018/06/26，造访)。

② 同前注。

③ 参见 羊正钰：《共享经济正夯！"政院"拟通过 Airbnb 在台合法化》，关键评论网 The News Lens，2015 年 10 月 7 日，网址：https://www.thenewslens.com/article/26082 (2018/06/26，造访)。

房源评分过低时，这种房源就不会得到推荐。此一机制是基于双方的，当房客评分过低的时候，房东有可能不会选择让房客入门。保证了真实的评价体系，对房客以及房东的了解就会相对真实。此机制系为解决住宿服务交易过程所衍生的信任与安全问题，Airbnb 透过 Facebook、Twitter、LinkedIn 等社群媒体进行身份验证，让交易双方了解彼此的公开数据、协助建立交易双方的联系与信任，住客完成交易后，也可透过 Facebook 进行住宿服务评价。

此外，新兴网络旅宿社群信息平台业者 Airbnb 在全球各地区聘用多位摄影师拍摄出租物件①，提供住客验证对象情况，并在特定国家推出出租户保障计划，若出租的对象遭住客破坏，Airbnb 将为房东提供高达 100 万美元的损失赔偿，以及提供 24 小时的实时客服。②另对住客而言，利用 Airbnb 租屋的费用，相较传统旅馆便宜，出租人也只是把空置的房间再利用而多增加一笔收入，故由 Airbnb 的运作流程来看，的确是出租人及住客皆有利，而且 Airbnb 也的确赚到了此一媒合的手续费，因此能够达到三赢的局面。

关于新兴网络旅宿社群信息平台业者 Airbnb 用户运作方式，Airbnb 注册使用者首先进行搜寻，输入抵达及离开房源的日期，以及同行的房客总人数，使用 Airbnb 地图和街区指南确认房源位置并且阅读来自其他旅行者的评价。注册使用者进行相关联系，对房源可以询问提供房源之房东问题。注册使用者进行预订，注册使用者即为房客预订房源时付款给 Airbnb 预订总费用。房客入住 24 小时后，Airbnb 付款给房东。关于退款的条件：(1) 房东于原预定住宿前 24 小时或更短时间 内取消预订 (2)Airbnb 网站上的房源描述与实际情况严重不符 (3) 房源不干净或与描述不符。房客在预定的住宿开始后 24 小时内将问题提供照片或其它证据告知 Airbnb，由 Airbnb 决定是否提供退款，或为房客找到条件相当的住房。③

据媒体报道新兴网络旅宿社群信息平台业者 Airbnb 从 2008 年 8 月创业至 2018 年，正式迎来 10 周年，目前已经在全球 81,000 座城市、拥有 450 万间房屋在平台上出租。Airbnb 新增四个选项，包含精品旅馆、B&B 附早餐民宿、度假房屋、独特屋种等。透过 Airbnb、Airbnb Plus 以及 Beyond by Airbnb 三个层级的住屋提供，Airbnb 希望平台上所提供的住宿选项，能够涵盖到"每个旅游者"的

---

① 参见 Airbnb 官网，申请专业摄影服务，网址：https://www.airbnb.com.tw/professional_photography (2018/06/26，造访)。

② 参见 Airbnb 官网，透过 AIRBNB 出租成为 Airbnb 房东，赚取收入，网址：https://www.airbnb.com.tw/host/homes?from_nav=1 (2018/06/26，造访)。

③ 参见 Airbnb 官网，说明中心，网址：https://www.airbnb.com.tw/help (2018/06/26，造访)。

住宿需求，让 Airbnb 这个平台，成为所有人都能使用的旅游住宿搜寻终点站。^①

共享经济让拥有者（出租人）、使用者（承租人）及平台业者三赢的创新运营模式，未来仍具有相当大的成长空间，而且类别也会越来越多元化，但由其进行方式可知拥有者.使用者及平台业者之所以皆能获益，其因为去掉多余的中间商，降低不必要的成本。但势必会对目前的中间商或业者产生相当大的影响，故在许多国家，新兴网络旅宿社群信息平台业者 Airbnb 就遭受传统旅馆业、住宿旅游业等以安全性及税务等理由群起抗议，但在这些问题经由立法及网络身份认证等安全性问题排除后，将让共享经济运作更加完善，其趋势将更明显。目前的中间业者势必要提供更优质的服务及更合理的价格才能减少共享经济所带来的冲击。

（二）新兴网络旅宿社群信息平台业者 Airbnb 在台营运模式与挑战

新兴网络旅宿社群信息平台业者 Airbnb 在台湾的营运模式，首先就其网络平台上所提供的房源可细分为三种来源。第一种是自用住宅闲置空间，房东是以自住房出租，平日自住，闲置时出租，这是标准的共享经济；第二种来源是，Airbnb 目前也提供很多合法的旅馆、民宿业者上架；第三种则是不合法地存在很多未取得旅馆业经营执照的日租套房。

据近日媒体报道由 Airbnb 统计，2017 年有超过 112 万台湾民众在出国旅游时选择 Airbnb 房源，比 2016 年增超过 55%，也占台湾出境人次近 8%；2017 年国际旅客来台旅游就有超过 130 万名海内外游客，选择 Airbnb 作为在台湾旅游时的住宿地点，占入境游客总数的 12% 以上。勠力提倡在地、地道、多元，包容且永续旅游形式的 Airbnb，过去数年来不但推广住家分享，也已经与全球许多精品旅店与传统旅馆业者合作，Airbnb 也十分乐意与台湾旅馆业者合作，将国际最新旅游趋势与在地旅宿业者分享，并透过全球平台，协助吸引更多元的国际入境旅客，一同把市场大饼做大，实践 Airbnb 将旅游业收益与更多人分享的精神。^②

但台湾对于自用住宅经营短租未有明确的法条规范，例如将家中闲置房间利用平台短租，这样的方式是否为"民宿"或"日租套房"，仍有讨论空间。据媒体报道 Airbnb 曾向"行政院"表达想进军台湾，也会依法缴税并提供保险，但仍遭到"观光局"与旅宿业者强烈反对。"交通部观光局"旅馆业查报督导中心

---

① 参见 杨晨欣：《直接威胁在线订房网站！Airbnb 10 周年，推 3 大服务扩展客群》，数字时代 Business Next，2018 年 2 月 23 日，网址：https://www.bnext.com.tw/article/48267/airbnb-launches-airbnb-plus (2018/06/26，造访)。

② 萧玗欣：《共享住宅经济崛起 Airbnb：台湾需新法规而非禁止》，《自由时报》，2018 年 6 月 11 日，网址：http://news.ltn.com.tw/news/life/breakingnews/2454973 (2018/06/26，造访)。

主任刘士铭表示："Airbnb 经营模式就跟"观光局"严格取缔的日租套房几乎相同，若开放 Airbnb，就有替日租套房解套的问题，目前并不可行。"如果当局让 Airbnb 就地合法，势必会冲击现有旅宿业标准，让整个旅宿业重新洗牌，所以必须审慎研究，也让旅客安全获得保障。[①]

详究台湾当局其取缔日租屋法源依据，系所谓依其违反"发展观光条例"第 55 条之相关规范，对无营业执照而经营观光旅馆业务、旅馆业务、旅行或观光游乐业务，其罚则为处新台币 9 万元以上、45 万元以下罚款，并禁止其营业。目前台湾当局相关权责单位对日租屋并无管理机制，因日租屋未经消防安检，较无安全保障。爰以处罚替代将业者纳入管理。唯有争议的是，依据台湾目前相关租赁相关法规范，租赁房屋只能租 1 个月以上，不能只租 1 天，有无违反"宪法"保障，财产自由权之规定，不无疑问之处。[②]

此外，短租房屋必须依台湾相关"行政法规"必须先取得登记证后，才可营业，是因为目前台湾行政法规将以日或周为单位的短期不动产租赁，主要分为观光旅馆、民宿、旅馆三种。其中，民宿在概念上最适合用于将自家空房出租的情况，但要注意的是，目前相关法规对于民宿设置有地区限制，必须是要在观光地区、"国家公园"区、少数民族地区、偏远地区等非都市土地，并且限于以家庭副业经营的方式。至于其他不属于观光旅馆或民宿的短租房间，依台湾"交通部"解释，只要是以不动产租赁方式经营，提供旅游、商务、出差等不特定人有日或周之住宿或休息之事实而收取费用营业者，都被定位为旅馆。但不论短租房间的性质被定位成观光旅馆、民宿，或旅馆，在经营前，都必须取得登记证，否则可能遭处 3 万至 15 万（民宿），或 9 万至 45 万（观光旅馆、旅馆）的罚款，并禁止营业，目前台湾司法实务上已有许多针对未申请登记证的日租套房业者开罚的案例。[③]

若依照台湾主管机关目前的解释，利用新兴网络旅宿社群信息平台业者

① 杨竣杰：《Airbnb 登台观光局、旅宿业说 NO》，《中时电子报》，2015 年 10 月 17 日，网址：http://www.chinatimes.com/newspapers/20151017000349-260114 (2018/06/26，造访)。

② 基本上若采财产权之社会财产义务财产权说，"国家可以法律为合理限制。政府限制人民行使财产权，应基于公共利益保护目的，才可以再依据比例原则衡量下来限制人民财产权的行使"。

③ "高雄高等行政法院判决 2012 年度诉字第 369 号"：屋主因无旅馆业登记证，经营 8 间日租套房，而被裁处 9 万元，并禁止营业；"高雄高等行政法院判决 2012 年度诉字第 193 号"：该房屋位于都市土地，非合法民宿经营地区，也非以家庭副业方式经营，因此性质不属于民宿，而是旅馆。屋主因无旅馆业登记证，经营 38 间房间，被裁处 25 万元，并禁止营业；"台中高等行政法院判决 100 年度诉字第 357 号"：屋主因无旅馆业登记证，经营 24 间日租套房，而被裁处 20 万元，并禁止营业；"台北高等行政法院判决 2010 年度诉字第 2356 号"：屋主因无旅馆业登记证，经营 66 间套房，而被裁处 20 万元，并禁止营业。

Airbnb 平台或其他管道出租家中空房的房东，确实都有被认定成旅馆业者进而高额裁罚的风险。基本上，当局基于保护旅客的身心健康与交易安全，对出租房屋业务的房屋用途、位置、安全设施等等可能有其介入管制的必要，但是对应各种新兴商业模式（特别是网络）发展而出的法律关系，能否更加弹性、建设性的找出合理的适法空间，可以让新创事业发展与国际交流更加蓬勃，创造开放环境增进经济发展、旅客便宜多样化认识台湾、房东贴补家用接轨国际的三赢局面，台湾相关部门后续必须更为谨慎妥善地加以研议处理。①

因一旦涉及创新业者营运模式与现行观光法令相关规制冲突，会造成新创业者无法合法经营的困境。另从台湾"交通部"拟定之观光政策思考，当前台湾当局正努力以"打造台湾成为观光之岛"为目标。而为达成上述目标，并拟定出观光政策、策略与措施，有关建构多元永续内涵供给面主轴部分，其中有关"突破法令瓶颈与限制，强化民间投资机制"，提出"观光发展相关法令研修"及"辅导违规观光业者（旅馆业）合法化"等措施②，系着重兴利及观光发展为重点。上揭司法判决是以现行观光法令来解决日租屋的法律问题，但此解决方式是否符合当今台湾社会的发展与人民期待，不无疑问。

当前短租共享房屋在欧美已渐成为成熟行业，在中国大陆亦迅猛发达，基于发展观光的住宿的多元需求，台湾公权力机关不能昧于当前正在发展颇受旅客欢迎之短租共享房屋，其透过网络经营的模式，势不可挡，有助于台湾推展观光之动能，实不可忽视其存在的价值，不宜一味只以处罚取缔为唯一途径，系消极让观光停滞的不良做法，而应站在辅导与建立制度的协助立场，让短租共享房屋能导入法律制度正轨，就经营条件、规模与消防、卫生等安全标准，予以规范，以保障旅客之权益，方属正办。

新兴网络旅宿社群信息平台业者 Airbnb 台湾暨香港公共政策总监蔡文宜表示，台湾民众对于透过合理、先进的法律将住家分享纳入规管的支持，其实也正呼应了过去几个月来日本、柏林、温哥华等国家与城市陆续透过明确法规开放并规制管理住家分享的案例。蔡文宜表示，"在旅客行为与偏好改变的潮流下，我们需要新的法规来因应社会的新需要，而非一味禁止，与市场趋势背道而驰。"，关于住宿保障、邻舍关系与消防安全等，Airbnb 在全球各地都已累积了有效的应对经验，透过身份验证、房东与房客教育、AI 风险评分与 24 小时全天候客服中心等等多重安全保障下，许多外界担忧的风险，其实在 Airbnb 的全球经验下，都

① 《Airbnb 来了！短租房间不可不知的法律风险》，评律网：网址 http://www.pingluweb.com/blog/?p=786 (2018/06/26，造访）。

② 林灯灿：《观光学概论》，全华图书公司，2011 年 10 月，第 219—222 页。

已经能够降到最低：全球已有 3 亿人曾经住在 Airbnb 房源，但真正发生过的负面事件，却是寥寥可数。[①]

四、新兴网络旅宿社群信息平台业者 Airbnb 在台营运法律相关问题

新兴网络旅宿社群信息平台业者 Airbnb，就其发展与设立宗旨其相关营运，其并非单纯的网络旅行社 (Online Travel Agency,OTA)，但某部分业务确实是以 OTA 在营运业务。因此，衡诸新兴网络旅宿社群信息平台业者 Airbnb 所涉及的法制议题保包括了相关的营业许可、公共安全、特许执照、纳税及保险等法律规范议题。论者曾指出 Airbnb 和传统行业与消费者间之单纯双方关系相比，因呈现"消费者与平台间""消费者与旅宿服务提供商间"及"平台与旅宿服务提供商间"之三方关系，使得法律关系相对复杂。[②]

针对新兴网络旅宿社群信息平台业者 Airbnb 的商业行为是否被允许，台湾"观光局"曾做过研议分析，其认为 Airbnb 系提供房东将其房间交由旅客短期住宿，刊登住宿信息之网络平台，其中部分为合法旅宿，部分为非法旅宿。目前观光法规未限制架设网站提供订房服务之商业行为。提供网络订房服务，不涉及旅行或旅宿业务；订房网站公司与旅宿之收费方式，系属企业经营者双方行为。[③] 但衡诸 Airbnb 登录之台湾对象中，因提供对象为不特定多数人，且属房屋短租性质，又租金单位费用较不动产租赁相对而言为高，亦多提供相关住宿物品，几乎无法逸脱于发展观光条例对于旅馆业及民宿之管制，而成为当前法规调适的最大难题。[④] 且又因 2017 年 11 月 14 日修正公布之"发展观光条例"，系因台湾"立法院""立法委员"叶宜津等二十二人提案修正，案由为："有鉴于现行日租套房与非法旅馆充斥，造成公安事件频传与损害台湾旅馆住宿安全的国际形象，故有必要严格取缔。但受限于人力及查察不易，现有法条无法扼制非法乱象，实有必要加强处罚目标及提供适当检举奖金，才能有效取缔日租套房与非法旅馆之存在，爰提案增订发展观光条例第三十七条之一、第五十五条之一及第五十五条之二条

---

①　萧玗欣：《共享住宅经济崛起 Airbnb：台湾需新法规而非禁止》，《自由时报》，2018 年 6 月 11 日，网址：http://news.ltn.com.tw/news/life/breakingnews/2454973，(2018/06/26，造访)。

②　张瑞星：《Airbnb 在台营运的法律难题与规范建议》，《成大法学》第 34 期，2017 年 12 月，第 66 页。

③　"观光局"，《Airbnb 现况分析及建议作法》，网址：http://www.slideshare.net/vtaiwan/airbnb-53208674，(2018/06/26，造访)。

④　张瑞星：《Airbnb 在台营运的法律难题与规范建议》，《成大法学》第 34 期，2017 年 12 月，第 76 页。

文……"① 而其中第五十五条之一主要系针对于 Airbnb 或类似网络平台所刊登之住宿广告进行规制，因而被称为 Airbnb 条款，该规定业已因台湾"交通部"于 2017 年 7 月 13 日公告修正"发展观光条例裁罚基准"而正式上路。② 此一"修法"即体现出目前台湾当局对于提供短租网络平台的态度，就是拒绝对于短租共享服务进行法律调适，不仅将大多数提供收费之短租服务认定为非法经营旅馆业或民宿业之违法行为，更进一步修法将专门提供短期住宿平台之中介业者所提供之宣传平台，一律视为违法行为，以杜绝法律适用的灰色地带。整体而言，此一相关"修法"并不利于新兴网络旅宿社群信息平台业者 Airbnb 在台湾发展。

基本上为保障住宿安全，台湾相关法令规范须取得旅馆业或民宿登记证始得提供旅客住宿，订房网站内容亦应登载合法旅宿。至于相关消费者权益保护，包含建筑安全检查、消防安全申报卫生安全检查、责任保险规定，与定期及不定期检查。质言之，依旅宿业法令规范，住宿业须取得旅馆业或民宿登记证始得经营旅宿业提供旅客住宿，此系对旅客住宿安全提供第一道防线之行政措施。因此台湾"观光局"认为 Airbnb 登载之住宿信息仍须符合旅宿业法规，以维护消费者权益。Airbnb 等网络订房平台应查核刊登者是否具合法经营证照。鼓励合法旅宿加入订房网，增加搜寻推荐之合法旅宿比例。鼓励合法，取缔非法。辅导非法旅宿申请合法化，此需地政及建管单位配合。在台湾目前都市计划区得设置之旅宿业，目前仍以旅馆为主。③

关于消费者保护议题，论者曾指出房客欲使用 Airbnb 网络平台搜寻住宿房源须加入会员，而 Airbnb 则于房东与房客交易成立后向房客收取房客服务费，网络平台并采取信用卡结账及第三方支付等付款方式，两者之关系较倾向民法之居间契约，并可认定房客系以消费为目的而为接受服务者，自属消费者保护法所称之消费者。④ 但新兴网络旅宿社群信息平台业者 Airbnb 是否与短租共享房屋提供者一起负连带赔偿责任，则须进一步判断短租共享房屋提供者刊登之对象，Airbnb 是否有明知或可得而知有与事实不符之情形来进行判断。在台湾，Airbnb 平台仅在符合"消费者保护法"第二十三条之要件始负担连带民事责任，唯因 Airbnb 平台是否明知或可得而知房东有不法侵害房客权益，在判断上并不容易，导致

① 参见"立法院"第 9 届第 2 会期第 11 次会议议案关系文书。
② 萧玗欣：《Airbnb 条款上路 违法日租套房登广告 最高罚 30 万》，《自由时报》，2017 年 7 月 14 日，网址：http://news.ltn.com.tw/news/life/paper/1118634，(2018/06/26，造访)。
③ "观光局"，《Airbnb 现况分析及建议作法》，网址：http://www.slideshare.net/vtaiwan/airbnb-53208674，(2018/06/26，造访)。
④ 张瑞星：《Airbnb 在台营运的法律难题与规范建议》，《成大法学》第 34 期，2017 年 12 月，第 81 页。

Airbnb 平台往往可置身外，相对而言，对于消费者权益即存有保护不周之情形。^①但问题是在台湾的短租共享房屋现况，目前针对自用住宅短租予他人并加以收费之行为，多被观光主管机关径认定属违法经营旅馆业或民宿业，且在立法政策上又拒绝对该营业行为予以增加新业种并予纳管，导致"消费者保护法"与契约条款之相关规定，均无法落实于房东与房客之交易行为，从而使消费者投宿新兴网络旅宿社群信息平台业者 Airbnb 之房源也只能自求多福。

针对台湾当局关切的税收问题，新兴网络旅宿社群信息平台业者 Airbnb 已承诺在台湾会设分公司并依台湾相关法令规定向台湾当局缴税。当用户使用新兴网络旅宿社群信息平台业者 Airbnb 的费用有 90% 归房东，剩余部分，包括给台湾当局的税，除了企业税，也代缴房东的税，帮助房东简化税务问题。目前 Airbnb 有提供 100 万美元的房东损害保险，保障房东如果遇到状况可以申请理赔。不过对房客的保险保护还要加强，得规范房东付出相关费用。遇有紧急状况时，Airbnb 有 24 小时运作的客服，提供中文应对的客服窗口。^②

不可否认的突显在"共享经济"概念下运作的新兴网络新创业者，在世界各地都面对既有产业的竞争对手和政府监管机构的排斥，政府多半以既有法规积极监管并阻挡其发展。若政府监管机构不断以既有法规限制阻挠其营运发展，短期内势将阻碍新兴网络业者的发展。台湾当局在面对共享经济的时代的新兴网络业者，似不应限于只以既有法规进行积极监管，而更应积极评估新兴合理规范与监管方式。共享经济的新兴网络产业应以创新的法律定位来进行规范，台湾当局应着手思考如何适度松绑既有产业规范与进行研议相关法规调适，后续更应积极制定新的法规范与可行的监理配套措施，并求取整体社会发展最大经济效益才是。

涉及旅游住宿，其与民间之闲置空间租赁相关的议题，现行"发展观光条例"对不符合旅馆业及民宿业之业者，予以取缔，但据新兴网络旅宿社群信息平台业者 Airbnb 在台湾的营运模式，若房源是房东是以自住房出租，平日自住，闲置时出租，这是标准的共享经济模式。但是房源是合法的旅馆、民宿业者上架，则新兴网络旅宿社群信息平台业者 Airbnb 是以一般 OTA 平台经营。但现况是不合法地存在很多未取得旅馆业经营执照的日租套房，或不合现行民宿管理办法的众多民宿房源也藏身其中在新兴网络旅宿社群信息平台业者 Airbnb 平台，因其明显违法，政府是不可能通融。

① 参见 林士清：《共享经济与消费者权益保障—以 Uber 及 Airbnb 之政策合法过程为例》，《消费者保护研究》，第 21 辑，2017 年 2 月，第 174 页。
② 陈瑞霖：《Airbnb 与科技政委协商后，配合在地法规在台解套》，《科技新报》，2015 年 10 月 7 日，网址：http://technews.tw/2015/10/07/airbnb-might-get-legal-state-in-taiwan/ (2018/06/26，造访)。

　　至于自宅短租系具有新创与共享经济模式成分，建议台湾当局应可考虑是否仿效诸多国外地区的相关做法，对于自宅短租及多元民宿开放管制进行适度的松绑，例如订定一年可出租天数上限、放宽区域所载管制等。但建议自宅短租或开放多元民宿仍宜符合以下原则进行规制：首先，经常分享出租房源，必须符合与住宿业者相同之规范标准；其次，台湾当局必须对所有参加分享空间设立最低人身安全标准，涵盖消防安全、烟雾侦测装置等，并要求房东向旅客说明逃生计划，而平台有义务告知屋主该相关规定，民宅共享平台应主动向屋主提供相关规范说明。最后、地方政府与平台业者应合作确保分享者无违规现象：例如民众透过分享平台出租大量空间，却不符合消防标准或无缴交相对应税额等。

　　此外，更重要的是建议应再研议修正"发展观光条例"及相关子法的法令进行通盘检讨，以利放宽自宅短租以及民宿管制，让共享经济型态产业得以合法营运才是。论者曾指出相关法规调适的解决绝非一蹴可就，必须审慎详细的就各面向进行检讨与研拟具体配套方案，我们始能充分享受新兴网络旅宿社群信息平台业者 Airbnb 共享经济所带来的好处。[①]

五、结语：期许与展望

　　信息与知识经济社会的新兴科技产业不断创新发展乃是必然的趋势潮流，而诸多新创服务在创造经济价值的同时，也会衍生出相关之管理与规范问题，其中包括如何定位新兴的网络平台业者，如何使新兴产业与传统产业得以公平竞争等。衡诸欧美等许多科技先进国家之法制，原本其并无限制这些新创经济服务的法规，尤其是新兴网络共享经业者一开始出现的时候，并没有任何法律可以禁止新兴网络业者，也因此新兴网络业者营运是相对上容易，但因后来在发展营运的过程中渐渐察觉其发生的一些问题，因而再追加制定新的法律来规范这些创新网络经济服务。

　　法律始终应是因应社会实际的需求与变迁发展来加以制定与进行修改，但值得思考的是对于新兴网络经济创新产业的崛起，台湾目前究竟应"先限制再放宽"，还是应该师法欧美普遍的"先开放再规定"的法律调适？面对共享经济所带来的创新商业模式，当此类创新商业模式可能带来既有产业法规冲击影响，建议台湾当局应正面看待并区分态样来进行相关法律调适，并思考研拟不同监理密度之配套措施。尤其是某些新创商业模式涉及重要法益或重大公共利益时，当局可

---

　　① 张瑞星：《Airbnb 在台营运的法律难题与规范建议》，《成大法学》第 34 期，2017 年 12 月，第 113 页。

能需要以较高密度的监理措施，而若其系为单纯商业交易行为，当局可能无需过度规范监理，使其回归市场机制或由业者自律即可。

至于现代资本主义社会中所谓的"共享经济"会不会冲击此一基本价值？由于现代社会所谓"共享经济"模式，只是透过共享平台将供给与需求连结起来，使闲置生产财的切割利用达到资源效益最大化，故此一经济模式的重点在于存取通路，而不是分享本身。虽然这种经济模式挥舞"分享、共享"的旗帜，但驱动它的是新自由主义精神，鼓励的是商品与服务在市场上自由流通。目前初步的结论是，现代的共享经济模式似乎并没有完全地挑战使个人得对其掌握的资源自由运用的"私有财产"制度。

但透过松绑法规提供不同型态共享经济新创产业的发展空间，应是一个正确的方向。衡诸新兴网络旅宿社群信息平台业者 Airbnb 在台湾营运所面临的挑战与相关法律问题，就其根结之处系在应要思考研议松绑目前早成困境与障碍的特定法规才是，尤其是"发展观光条例"及相关子法的法令的通盘检讨，特别是有其必要。建议台湾当局对于新兴网络业者亦可在法规面用负面表列，无需有太多的管制。同时对于共享经济对社会冲击应规划相关配套措施，例如、针对共享经济平台订定具体的财税与保险规则，同时保障平台、消费者、服务提供商以及政府税收等，以确保民众之权益；同时、制定更有效率的身份认证机制以取代现在的多重证件认证；共享活动契约制定范围，保障各方权责与利益维护；以利于维护市场公平竞争规范等，并让大多数人民可以享受共享经济模式带来的便利与效用，才是一个最佳的局面。

人工智能运用在仲裁程序之初探

傅馨仪[*]

一、科技解决纷争之实务运用

（一）在线纠纷解决机制

在线纠纷解决机制（Online Dispute Resolution），一开始是专为解决电子商务之纠纷，争议之当事人可以透过计算机在网上提交仲裁，双方在在线进行调解，或是透过仲裁员作出裁决。本机制起源于美国 University of Massachusetts 设置的平台，协助处理 EBay 等公司的网上拍卖争议，让投诉方和被诉方透过网上平台交涉。嗣于 2000 年间美国有些州曾讨论是否应该要立法成立网上法院，但因当时技术和网络普及程度都均未成熟，故后续并未有显著进展。之后欧盟、亚洲多个国家也开始建立相关平台，大部分都是设立在线调解系统，特别是针对网上消费纠纷。

在线纷争解决机制平台优点有下：成本较传统法律程序低、处理案件的效率更高、投诉方与被诉方能够有更大自主权、没有地域限制。但缺点是监管上存在难度和透明度不足的问题，外界难以获悉到底双方如何达成共识调解，或是在线仲裁进行的具体情况。

（二）杭州及成都成立网络法院[①]

2017 年 8 月杭州设立全球首创的网络法院"杭州互联网法院"，并于 2018 年 6 月间于司法程序中首度采用了区块链的存证数据，对一起侵害著作权网络传播

---

　　* 中华仲裁协会 / 仲裁人。
　　① 《版权春天将至，中国网络法院首纳区块链证据》。
　　浏览网站：http://blockcast.it/2018/07/09/blockchain-data-as-copyrights-evidence-on-court-in-china-has-proven/，浏览日期：2018 年 7 月 15 日。

纠纷进行公开宣判，此为中国法院首次采用区块链作为审判之证据。区块链技术是一种网络数据库技术，也称为分布式账本技术，其特点有：去中心化、开放性及不可篡改性。杭州网络法院首判之该案原告为杭州某文化传媒有限公司，案件始于 2017 年 7 月 24 日，被告深圳市的某科技公司在其网站中发表原告具著作权作品，原告除要求被告删除相关稿件之外，并请求为赔偿金之求偿。特别的是原告采用"区块链存证技术"作为举证方式，在诉讼前透过第三方存证平台，存取侵权网页及其原始码识别，并将该两项内容和调用日志等的压缩包，计算成哈希值。再将其上传到 Factom、比特币两区块链上，作为起诉证据。该案判决表示，透过可信度高的自动撷取网页程序、原始码识别，能确保电子数据的来源真实。采用符合标准的区块链技术为前述电子数据做为保存，也确保其可靠性，杭州法院亦认定该证据之证据能力。杭州法院打破了时间、空间限制，把以前需要在庭审完成的环节移到开庭前完成，庭审集中处理双方争议焦点问题辩论，节省时间。杭州互联网法院建立了融合当事人在线起诉、应诉、举证、质证、参加庭审，以及法官立案、分案、审理、评议、判决、执行等诉讼全流程功能模块的平台，将大数据、人工智能等科技融合于审判执行全流程。

成都市郫都区人民法院网络法庭亦于 2018 年 6 月 22 日正式在菁蓉镇挂牌运作。仅需使用计算机或手机的法庭 APP 即能进行诉讼流程。成都网络法院主要办理郫都区内涉及网络的一审民商事案件[①]，主要包括网络购物合约纠纷、网络服务合约纠纷、网络借款合约纠纷、网络保险合约纠纷、网络著作权与商标权权属、侵权纠纷、网络侵权纠纷、网络购物产品责任侵权纠纷、网络域名纠纷、网络不正当竞争纠纷、网络信用卡纠纷等诉讼。成都法院于正式挂牌前已进行法庭试营运，审理 50 余件，并结案 30 余件。网络审理能达成无纸化操作，"零在途时间、零差旅费用"；被告与原告双方，只要有网络，均能都能进行在线审理。郫都的网络法院除了运用大数据、云端运算、AI 人工智能等技术之外，还开发了在线诉讼平台、智慧庭审手机 APP 以及内建在微信的"郫都区互联网法庭"。当事人能够使用计算机在线办理起诉、立案、举证、质证、开庭、申请执行等诉讼事务，也能用手机 APP 完成身分认证、在线立案、参加庭审和查询案件进展情况，"从举证到质证，从开庭到调解，从判决到执行的全流程在线，一次都不用到法院，即可完成诉讼"。且郫都地区亦是创业创新示范基地，农村电子商务也十分兴盛，随着网络经济发展，相关的司法纠纷有增多的趋势；经由设立专门的网络法庭，透过专门管辖的方式，找出适合网络案件的诉讼方式与审理机制，同时也能促进网络经济的发展。

---

① 《成都设置网络法庭，打官司免出门》，中时电子报网页，浏览日期：2018 年 7 月 15 日。

（三）英国亦研究网络法院及网络仲裁之可行性

英国网络数字审讯目前仍然在计划和实验阶段，下列诸多问题仍待积极克服。

1.网络讯问是否能取代当面开庭庭讯

网上交流与现实交流是有明确差异，英国法律实务人士人曾提出疑虑：出庭人士没有亲自在法庭上宣誓和对着法官说话，是否感受到法庭的庄严而为真实陈述？但亦有法学专家认为，陈述是否真实与网络开庭或当面开庭无涉，因为纵令在实体的法庭内开庭，亦有证人为伪证之可能。

2.网络开庭是否能公平审讯，落实正当法律程序

英国非政府组织"司法改革"（Transform Justice）曾提出质疑，当事人即使为轻微罪案认罪，同样会留有前科记录，故而质疑网上聆讯是否让当事人充分感受到刑事认罪的后果，因此若是网络开庭，恐会造成当事人为求方便而轻率认罪之不利后果。

3.网络法院与网络仲裁具体操作之困境

网络法院及网络仲裁在具体操作层面是一大挑战，首先要核实出庭人员人别是否正确，审讯时也要确保他们联机时顺畅，其稳定性并不是法庭掌控之内。又如何确保媒体能够在网上审理案件期间重视被告人权，有学者认为网络审理等同在众目睽睽下公审犯人，强迫他们在全世界面前认罪。故英国司法部规范，媒体仅能于法庭内旁听但不容许在法庭拍摄录像。因此网络开庭亦会受此挑战。

（四）台湾科技法庭介绍

台湾虽无网络法院，但近年亦大力推动"科技法庭"，开庭时借由大投影屏幕，让原告、被告及旁听民众同时看到证据，包括现场监视器、火灾鉴定报告、警询笔录等；参与开庭的人一起看到对被告有利、不利的证据。推动科技法庭，目的就是希望提升司法公信力，让法院不再不科学、缺乏效率，也让民众走进法院，参与审判，不会再有法官是高高在上、司法无法信赖的感觉。透过科技法庭，证据在法庭上"活起来"，笔录全部扫描成数字卷证，法官直接投影在大屏幕，所有人都看得见；检、辩、被告、被害人家属、旁听民众同时清楚看见，证据会说话，减少各说各话的无谓争辩，民众也可一起当法官、看出端倪。使用数字卷证除了节省纸张、经济环保，也弥补了传统法庭的不足，让证据公开、透明，有效率聚焦在案件主要争执点；民众不但参与司法，也监督司法，看着法官提出证据，形成与法官相同的心证，或当庭指出疑点，如此民众能更肯定判决结果，增强对司法的信赖。借由科技法庭推动诉讼全面E化，建置软硬件设备、为法官教

育训练、推动扫描卷证、笔录电子化，迄今已经打造全院启用科技法庭的环境 [①]，冀盼日后司法体系更能善加利用人工智能科技，达成更多科技法庭便民的目标。

二、人工智能与仲裁程序

（一）人工智能是否能运用于仲裁案件

人工智能大数据、区块链等等新技术逐渐运用在法律领域中，透过新科技发展，亦能简化纷争解决程序。人工智能技术可以提高效率、降低成本，仲裁程序本质系能迅速妥适解决新型态之纠纷，具有纷争解决之灵活性与便利性，因此两者若能相辅相成，将能开拓最佳之争端解决机制。如何将人工智能之技术应用于仲裁程序，为纷争解决提供更为迅速及正确的服务，将是日后研讨之重点。 [②]

（二）科技引入法律服务业及仲裁中之应用

近年来法律服务业引进越来越多科技服务方式，因人工智能够提高效率并降低成本，此在金融及科技产业已获得证实。近年欧美针对人工智能数字区块链之革新又逐渐拓展至服务业层面，亦包含法律服务业。虽法律专业人士对服务之提供向来较为保守，然委托人越来越希望以更低的成本寻求更为简单透明以及更易获得的服务，因此近年在世界各国法律服务业也受到智慧科技之洗礼，协助许多客户透过大数据及智能科技，迅速处理诸多商业法律合约。又大数据之数据库之量与速度均远胜于传统数据库及搜寻，因此越来越多法律服务之消费者对人工智能运用于法律服务中有更多的期待。法律技术公司目前提供贯穿整个法律程序的服务，并且其复杂程度各不相同。一些相对简单的服务包括法律服务的自动化，如合同和契约的自动化、电子文件的电子证据发现以及在线纠纷解决和案件管理。透过更复杂技术的其他服务包括文献综述和应用文本挖掘技术进行相关数据的检索及预测执行。在数字技术和人工智能发展的刺激之下，多数律师已经展开双臂迎接法律科技时代的新革命。一些主要的国际律师事务所已经在利用学习系统进行程序管理以支持他们的团队，原本需要耗费数天才能查询到的案例或判决，现在仅需数秒钟即能查得，大幅缩减律师工作时间，提升工作质量效率。

---

① 《司法周刊》，2015 年 3 月 7 日第 1737 期，台湾"司法院"发行。

② Gauthier Vannieuwenhuyse，Arbitration and New Technologies: Mutual Benefits。Journal of International Arbitration，Volume35（2018），issue1，pp.119-130.

惟目前多数仲裁机构之仲裁程序并未有太多的法律技术之引入，未来智能科技可以大幅提高效率，从而解决仲裁过程中效率低下的突出问题。多年来，律师、当事人、机构和仲裁人们均致力于通过仲裁人与当事人自身达到更为高效的案件管理目标，以及确保及时发布裁决。在许多法域中程序的效率被视为指导性的原则。例如，英格兰，美国和魁北克都将"迅速"作为其民事诉讼规则的目的。另 2011 年间法国民事诉讼法亦明文规定仲裁程序之仲裁人应尽职尽责尽速。另外像国际商会 (The International Chamber of Commerce,ICC) 和伦敦国际仲裁法院 (LCIA) 的规则也旨在为有效解决争端作出贡献。创新的数字工具可以节约时间和金钱成本，这对注重效率的程序尤为重要，例如快速仲裁或低成本程序。人工智能技术在仲裁中的应用使仲裁能够扩展到小额的新经济领域中，因为它可以通过数字化整个过程等方式使仲裁程序更为普及。比如可以采取电子递交文件，在线案例管理，视频庭审和电子通知等形式。

三、人工智能运用于仲裁程序之挑战

人工智能如何地发展，科技新技术不可能完全取代仲裁人。部分法域甚至明确规定，仲裁人只能由自然人担任 [①]。且人工智能类之自动化性质，缺乏同理心、道德、对某项决定进行解释的能力以及基于公平合理的原则进行决策的能力等人类所具有的关键特征。尽管在涉及事实认定的逻辑评估时，原则上将部分仲裁员的任务委托给自动代理人（指计算机和程序）并非不可能，但社会学意义上的作品（也是作为仲裁关键任务之一）是只有人类才能完成的。仲裁员的资质以及公正性和独立性的要求等人类特征确实存在争议，人们普遍认为仲裁不能通过人工智能完全自动化。

由于仲裁的特点，数字技术和人工智能在仲裁中的使用面临各种挑战。像是保密性问题，此部分问题在商事仲裁中最为重要，因商业仲裁裁决通常均需保密，数字技术或人工智能的依赖均涉及外部输入，因此保密性问题将是主要讨论之争议。尽管大多数法域并未就围绕仲裁程序的保密义务进行明确规定，但大多数法学实务家均认为，仲裁协议应包含一般性的保密义务，因此，仲裁庭应于仲裁程序开始时即选择能够保护程序与档案的机密性的方法。例如，根据仲裁庭记录员或翻译人员的要求，负责操作技术的人员可能需要签署保密协议等。

另外以数字科技预测司法也引发了正当法律程序之问题。因科技预测司法由

---

① 杨崇森等合著：《仲裁法新论》，台湾仲裁协会出版 2012 年 11 月版，第 133—134 页。

于只是简单的重复汇整以前的判断决定，故其也采取较保守的方式来解决争端，而难有创新解决方案。因此数字预测司法可能会造成法官或仲裁人维持循规蹈矩，故不应鼓励对这些工具的盲目信任，因为它们可能会妨碍仲裁人运用其直观的正义感。同样地，仲裁人应该注意不要让新技术在仲裁中占主导地位，因数字预测司法和自动化的法律服务似乎与仲裁程序中之灵活性的优点背道而驰，仲裁程序应根据当事人的需要而有所变化，而非偏向于标准化[①]。

四、结语

国际仲裁在一定程度上脱离了某国法律的限制。在这方面，法国法院认为，国际仲裁裁决不属于任何国家法律秩序，而是国际司法裁决。灵活性是仲裁程序最有价值的特征之一。该特征与内国诉讼不同，在内国诉讼中，诉讼程序是按照固定的程序规则进行的，当事人无法决定谁充当他们之间纠纷的解决主体。事实上，预计解决与高度技术性问题有关的争议需要特定的深刻见解，例如智慧合同中需要的专业知识以及专业化。而通过选择仲裁，各方可以根据这些具体要求对程序进行调整。

仲裁与新技术之间具有互惠的关系。使用这些技术产生的冲突是无可避免的，而仲裁是最能够适应其复杂性以及不可预测性的纠纷解决方法。反之亦然，新技术可以减少仲裁程序的劣势（比如成本高，时间长）。值得强调的是，新技术除了可以提高仲裁的效率，也可以提高仲裁程序的质量。

透过科技发展至法律领域，诉讼及仲裁可视化亦应具体实践，为有效信息的传递[②]。因此透过智能科技，在仲裁程序亦能发展项目有下：

一、善用图表技术：于仲裁程序可以善用智能图表或是动画情景以利仲裁程序之顺利进行，使得相对于与仲裁人得以快速尽速陈述者之主张与意见。

二、全新界面革新：随着科技不断进步，有关工程争议，可以透过科技技术制作立体图说，并辅以 3D 或 4D 立体成像技术，使争议透过智能化方式达成纷争解决。

三、远距传输联机：透过网络方式，实现不同地区、不同国家之人们得以无障碍沟通与讯息的传递。并透过大数据之应用，证据等数据得以透过网络传输，得以跨境达到诉讼或仲裁可视化。

四、提供数据建议：人工智能可以于整个仲裁过程中发挥显著作用，协助争

---

① 杨崇森等合著：《仲裁法新论》，台湾仲裁协会出版 2012 年 11 月版，第 11—20 页。

② 蒋勇主编：《诉讼可视化》，法律出版社 2018 年版，第 298—302 页。

议者及代理律师找出盲点及提供大数据所分析之建议。

唯人工智能能够协助国际仲裁走向新时代，但人工智能并非毫无风险，数据科技分析亦可能存在误差，或是遭受黑客攻击，或是受到人为因素之影响等，为防范这些风险，克服这些障碍也是刻不容缓亟需研议之问题。在智能科技的未来，需不断的探索仲裁程序之创新，撷取各种先进方式，落实在实务之仲裁案件中，让仲裁纷争解决之程序能持续走在时代之浪头，达成仲裁妥适解决纷争之使命。

有毒物质侵权中因果关系之判定 *
——以美国法为视角

杨垠红 **

一、有毒物质侵权中因果关系判定的棘手性

在 20 世纪 60 年代，有毒物质的危害性开始得到全球范围的认识与普遍关注。随着战后科学技术的迅猛发展，有毒物质与疾病之间的关联开始逐渐被人们所认识。尤其在工业化过程中，一些重大疾病发病率的突然上升开始被与工业污染事件相联系。大量的实证分析与科学实验表明，化工生产、工业排放等过程中产生的有毒物质能够实在的对生物体与环境造成不可逆转的损害。由此，有毒物质的致害性开始得到人们的普遍重视，现代意义的有毒物质侵权概念也开始形成。美国《有毒物质控制法》曾对"有毒物质侵权"下过一个宽泛但可行的定义"化学品和化学混合物大规模生产、加工、销售或处置的过程中可能造成的对人类健康或环境的损害。"[1] 经侵权法学者诠释后，界定为："藉由产品、物质或过程的毒性而给人身、财产或环境造成的损害，因此应承担的民事责任。"[2] 在我国国内，有学者对有毒物质侵权做过简要的定义，认为有毒物质侵权是指一种民事不法行为，即使他人暴露在毒物（如石棉、辐射以及有害废弃物）中而遭受损害的侵权行为。[3]

有毒物质侵权最重要的特征是受害人暴露于有毒物质，这也是有毒物质侵权的直接路径。通常而言，有毒物质侵权表现为因行为人的不当行为，使受害者长期的暴露在含有潜伏性毒物的环境中或长期使用含有有毒物质的产品，随着时间

* 该论文是国家社科基金一般项目《有毒物质侵权的救济机制研究》（14BFX163）的阶段性成果。

** 福建师范大学法学院教授，北京大成律师事务所（福州分所）兼职律师。

① 15 U.S.C. § 2602(f) (West 2010)

② M.Stuart Madden,Toxic Torts Deskbook, CRC Press, 2018, p.2.

③ 参见涂永前著：《潜伏性毒物致害侵权问题研究》，知识产权出版社 2014 年版，第 13—14 页。

的经过，有毒物质开始在人体内不断累积，最终导致身体产生病变或者损害。《有毒物质控制法》将这一有毒物质的危害概括为"致癌效应、基因突变、畸形生长、行为障碍、累积效应和协同效应"。[①] 这一方面的典型例子如 20 世纪的多氯联苯致害事件和美国的"DES"案。在多氯联苯致害事件中，1881 年多氯联苯于实验室合成后，一直被广泛用于工业生产，但直至 20 世纪 30 年代，数名长期暴露在多氯联苯环境中工作的员工非正常死亡，才引起了人们的注意，尸检报告表明多氯联苯给死者生前造成了严重的肝功能损伤。[②] 在美国的"DES"案中，受害者因为其母亲在妊娠期间服用了含有"DES"成分的药剂，导致受害者在几十年后罹患癌症。我国亦有类似的毒物侵权事件，如 2005 年发生的"苏丹红"事件，即一些不良厂商将"苏丹红一号"添加到食品生产中，苏丹红本身是一种具有致癌性、危害人体肝肾的化学染料，但不良厂商为节省食品成本，而将其作为食品的染色剂使用。又如 2008 年的三鹿毒奶粉事件，[③] 给中国婴幼儿造成了一场灾难性的伤害；以及从 2009 年至 2013 年期间，国内不断曝光出生产毒豆芽事件，"毒豆芽"的形成是在豆芽的生长期内添加尿素、恩诺沙星（一种兽用药）、6-苄氨基腺嘌呤（一种激素）等违规添加剂，人食用后会在体内产生亚硝酸盐，长期食用可致癌。再如，"龙胆泻肝丸"造成的大规模患者肾衰竭事件。[④] 直到目前正引发热议的毒疫苗事件。这些事件中所涉及的有毒物质都威胁着社会公众的健康，毒物侵权案件的频发在让人们认识到新型化学物质的危害性的同时，也引发人们对有毒物侵权的思考。

在有毒物质侵权中，因果关系的判定显得尤为关键。在传统的侵权责任纠纷中，因果关系或显得并不十分重要。例如在客人在酒店大厅滑倒的案件中，客人滑倒可归因于地滑，那么责任承担的关键是酒店是否尽到了应有的安全保障义务，是否及时清理地面，是否有足够的警示或防范措施，而不是酒店不作为与滑倒后果的因果关系是否存在。相较而言，有毒物质侵权因其特殊性，"潜伏期长、发生作用过程缓慢"和"科学不确定性，多种因素介入"，导致有毒物质侵权的致害原理不明、不确定因素大。具言之，在有毒物质侵权中，其因果关系的证明除

---

①　TSCA,15 U.S.C.A. § 2603(b)(2)(A)(West 2010)

②　姆斯·萨尔兹曼、巴顿·汤普森著：《美国环境法》，北京大学出版社 2016 年版，第 102—103 页。

③　事件起因是很多食用三鹿集团生产的奶粉的婴儿被发现患有肾结石，随后在其奶粉中被发现化工原料三聚氰胺。国家质检总局基于该事件的影响，对全国 109 家婴幼儿奶粉企业生产的产品进行排查，检验出 22 家企业 60 批次产品均含有三聚氰胺，事件迅速升级。[EB/OL].[2015-06-20]. http://baike.baidu.com/link?url=1Dsme81nkIJgrL4GdXyKa3leQMVJ9wqdS7t_-yDqh0O9i770-5y5JUiFynaDscD3bOvte-f3lcauAHWpr4URCDPucAdC2nquwl3TldQt1ri2CMRq7IVYCgWxm1TGwRobMgL43XCE5le072kiPuooE-jQnHKndpQAu4vUK1kAihHVG

④　吴恒著：《掷出窗外》，经济日报出版社 2014 年版，第 76 页。

了受科学的不确定性影响外，还同样受到时间因素与偶然介入因素的影响。一方面，由于有毒物质到达人体的隐蔽性与潜伏性特点，导致受害人往往没有意识到自己暴露在有毒环境或接触到有毒产品，对于相应的损害缺乏认识与预见，难以及时地收集与固定证据，在损害显现时由于时间的经过而加大了因果关系的证明难度；另一面，在有毒物质的作用过程中通常还容易介入诸多不确定因素：如多种无害化学物质混合后造成的损害、新的有毒物质介入、不同环境下的环境毒物参与，种种这些都会使因果关系的证明倍加艰难。然而在涉及有毒物质引发的人身伤害的诉讼中，因果关系通常是一个案件的决定性问题；在大多数有毒物质人身伤害案件中，甚至是一些涉及危险废物的财产损害案件中，因果关系成为整个案件逆转的关键。[1] 因此有毒物质侵权构成要件中因果关系问题正是有毒物质侵权有别于普通侵权之处，也是认定有毒物质侵权的难点，本文就此展开探究，以抛砖引玉。

二、我国实践中常用因果关系理论的捉襟见肘

（一）条件说（condictio sine qua non, Äquivalenz-theorie, Bedingungstheorie, but for test）

这一学说是由德国学者弗·布里于 19 世纪 70 年代首先提出的，坚持这一学说的学者从主观主义和社会责任论出发，只注意研究从损害结果中反映出来的行为人的人身社会危害性，认为只要行为人在实施行为时能够认识到有发生危害结果的可能性，就不能以任何理由减轻其责任。[2] 换言之，侵权行为的成立须侵害行为与权利受侵害之间具有不可欠缺的条件关系，条件关系系采"若无，则不"的认定检验方式。[3] 具体检验方法见下表 1。在司法实践中，条件说简便易行，尤其是在直接的、不复杂的侵权案件中，运用这一标准可以很容易地排除一些与之无关的因素，所以它具有重要的实践价值，在日常生活中得到广泛的应用。正如弗莱明（Fleming）教授所言："条件说作为确定的因果关系的重点，几乎在世界各国都被接受。"[4]

---

[1] [美]约翰·斯普兰克林、[美]格雷戈里·韦伯著：《危险废物和有毒物质法精要》（第 2 版），凌欣译，南开大学出版社 2016 年版，第 379 页。

[2] 参见杨立新著：《侵权法论》（第五版），人民法院出版社 2013 年版，第 231 页。

[3] 王泽鉴著：《侵权行为》（第三版），北京大学出版社 2016 年版，第 237 页。

[4] John G. Fleming, The Law of Torts (8th Edition), The Law Book Company Limited, 1992. p194.

表 1 条件说的检验方法

检验方法	检验内容		结论
反证检验法	倘若没有行为人的行为观察损害结果是否会发生。	该损害结果未发生	该行为与损害结果之间存在因果关系
		该损害结果仍然发生	该行为与损害结果之间不存在因果关系
删除法	先将各种可能的原因现象进行排列，而后依法予以剔除，观察结果是否发生。	一原因现象剔除后，该损害结果未发生	该原因现象与损害结果之间存在因果关系
		一原因现象剔除后，该损害结果仍发生	该原因现象与损害结果之间不存在因果关系
代替法	用一合法行为取代某一侵害行为，观察结果是否会性。	被取代后，该损害结果未发生	该侵害行为与损害结果之间存在因果关系
		被取代后，该损害结果仍发生	该侵害行为与损害结果之间不存在因果关系

对于一些复杂的、涉及多种因素共同致害的侵权案件，条件说无法正确地判断其中的因果关系，逐渐暴露出这一检验方法的缺陷。一方面，"but for"规则"撒下了一张宽广的网"，可能无法正常发挥应有的过滤作用。[①] 就有毒物质侵权而言，常存在"先后原因"（sequent causes）的情形，引发损害的多个原因如同相互衔接的链条彼此关联，但凡缺失一个原因，最后的损害便不会发生。例如，某工厂应市政府的要求在某市郊区建设厂房，甲因被乙驾车撞成重伤而无法工作，导致收入锐减，恰好迁至该工厂厂房所在地的郊区居住。甲身体虚弱加之长期受到工厂排放废气的影响而胸闷、咳嗽，甲到医院检查，却因医生误诊导致罹患肺癌。其中，市政府批准行为、工厂排放废气行为、乙驾车撞伤甲行为、甲搬迁行为、医生误诊行为均是甲遭受损害的原因。此时，倘若适用"but for"规则来认定因果关系，这些行为均是损害结果的原因，则会导致所认定的因果关系范围太广，将促成损害后果的一些条件因素也纳入引发损害后果的原因之中，造成责任范围不当的扩大。

（二）相当因果关系理论（the adequate cause or adequacy theory）

1. 相当因果关系理论在有毒物质侵权因果关系判定中具有一定价值

相当因果关系理论是在 19 世纪末由德国弗莱堡大学生理学家冯·克利斯（von Kries）首先提出的，德国帝国法院于 1902 年即采纳了该理论，此后特莱格尔

---

① 冯恺著：《美国侵权法：判例和解释》，中国政法大学出版社 2016 年版，第 146 页。

（Traeget）对该理论加以完善。该理论认为被告的行为（或者可归责于他的事件）应当是原告损害的条件，同时该行为（或事件）显著地增加了这一类型损害发生的风险。也就是说，相当因果关系应符合两项条件：第一，该行为或事件是损害发生之"不可欠缺的条件"，即必要条件；第二，该行为或事件实质上增加了损害发生的客观可能性。[1] 在判断时，有必要兼顾行为人在行为时对具体情势的实际认知，及于相同条件下一个观察细微者对具体情势所应具备的认知。[2] 相当因果关系理论在晚近大陆法系具有很大的影响，在德国、希腊、奥地利、葡萄牙、日本、中国等具有支配性地位；即使在那些并未从术语上接受相当性理论的法律体系中，法院得出的实际结论也往往不会过分偏离这一理论。[3]

　　由于相当因果关系说并不要求受害人对因果关系的证明达到自然科学所要求的那样精确，也不要求达到必然因果关系中那样绝对，而只要求证明行为极大地增加了损害的可能性，[4] 如此在一定程度上减轻了受害人的举证负担。而且，它使得法官能根据案件的具体情况、法律的规定、经验与常识等进行判断，具有一定的灵活性和合理性。此外，相当性与时间间隔无关，即侵权行为与损害结果之间的时间间隔与相当因果关系之判断原则上无关，例如，排放含硫酸盐的废水导致的损害结果在 10 年以后才显现，亦不影响两者之间相当因果关系的判定。[5] 故相当因果关系说可以在一般有毒物质侵权的判定中发挥适当的作用。早在冯·克利斯提出相当因果关系说时，曾就"增加客观可能性"举一例子，即有一定比例的人得了肺结核病，据此可认为人类得肺结核病具有客观可能性。有更高比例的矿工得了肺结核病，那么矿工得病的客观可能性就相应更大了。"成为矿工的人"增加了得肺结核病的可能性，则"他是矿工"这一点就是得肺结核病的相当原因。再如，台湾地区"最高法院"1981 年台上字第 1005 号判决亦运用相当因果关系来解决有毒有害废气是否致稻作损害之难题。[6] 该案中，法院借助专业鉴定，根据经验法则综合案件中所有证据（二氧化硫等废气对农作物的危害症状、危害程

　　① 参见 [英]H.L.A. 哈特、托尼·奥诺尔著：《法律中的因果关系》（第二版），张绍谦、孙战国译，中国政法大学出版社 2005 年版，第 421 页。

　　② See J Von Kries, Die Prinzipien der Wahrscheinlichkeitsrechnung(1886); Traeger, Der Kausalbegriff im StraFand　Zivilrecht. 参见王洋：《侵权行为法上因果关系理论研究》，载梁慧星：《民商法论丛》（第 11 卷），法律出版社 1999 年版，第 513—514 页。

　　③ 韩强著：《法律因果关系理论研究——以学说史为素材》，北京大学出版社 2008 年版，第 103 页。

　　④ A.M. Honorè, Causation and Remoteness of Damage, Chapter 7, in Andrè Tune ed., International Encyclopedia of Comparative Law, Vol xi, Torts, J. C. B. Mohr (Paul Siebeck) Tübingen, 198, p.54. 转引自晏景著：《侵权责任中的因果关系认定》，人民法院出版社 2014 年版，第 106 页。

　　⑤ [瑞] 海因茨·协伊著：《瑞士侵权责任法》（第四版），中国政法大学出版社 2015 年版，第 153 页。

　　⑥ 以下案例引自王泽鉴著：《侵权行为》（第三版），北京大学出版社 2016 年版，第 242 页。

度，有无其他土壤病虫害等影响因素，同期稻作未受烟害地区收获情况等）加以认定，得出"被上诉人稻作损害与上诉人等使用重油所排放含硫烟气，二者之间确有相当因果关系"的结论，让受害人的损害可得救济。

2. "相当性"的理解限制其在有毒物质侵权因果关系判定中的作用

相当因果关系理论虽可以解决部分有毒物质侵权的因果关系判定问题，但遗憾的是，面对有毒物质侵权因果关系复杂性的挑战，传统依社会一般见解加以判断"相当性"的相当因果关系说难以应对，日渐显露出它的无能为力。

具言之，其一，在有毒物质侵权中，该损害产生的机理难以确切判断。科学难以把许多疾病和其精确的原因联系起来，因而损害发生的临床诊断证明难以为因果关系的"相当性"提供可供参考的依据。

其二，在有毒物质侵权中，引发损害后果的可能性原因存在多样性。某些疾病不仅仅发生于该有毒物质入侵的情形下，还可能因为遗传或暴露于其他环境物质或辐射中而引发，导致用相当因果关系理论去证实原告的疾病源于被告施放有毒物质或提供有毒产品的行为是不可能的。

其三，风险制造者一般为多数，这也影响着相当因果关系中"相当性的"判断。有毒物质侵权的特点之一便是原告常无法确定引发他们损害的被告是谁或是哪些。

其四，剂量存在不确定性也给相当因果关系说在有毒物质侵权中的运用带来了压力。在有毒物质侵权中，证明因果关系的困难在于，一种有毒物质往往只是某种特定疾病可能的致病因素之一；然而，即便很小剂量的某种有毒物质也可能会使某些疾病的发生率增加，这被称为"随机效应"。[①]

其五，损害潜伏期较长，时间远隔性加大了因果关系证明的难度等。在被告的侵权行为与原告的损害被发现之间存在漫长时间的间隔，在时间的长河中，记录丢失或模糊、记忆遗忘或错误等发生机率提高，因果关系相当性的证明难度大大增加，甚至无法实现。

此外，相当因果关系理论在评价标准上主观性较强，难以准确、恰当地判断真正的因果关系存否。相当因果关系中可能率基数的不确定，全有全无原则的不合理，法院常以损害既以发生，或同情受害人而认定相当因果关系的存在，这可能导致不适当地扩大损害赔偿的范围。[②] 相当因果关系说逻辑上是以完全赔偿原则为前提的，已难以适应当前风险社会催生有毒侵权部分赔偿的衡平需要。

① ［英］马克·韦尔德著：《环境损害的民事责任——欧洲和美国法律与政策比较》，商务印书馆2017年版，第92页。
② 曾世雄著：《损害赔偿法原理》，中国政法大学出版社2001年版，第121页。

对此我们可以借鉴美国法中一般因果关系与特殊因果关系的判断理论。美国在有毒物质审判实践的做法在大陆法系国家产生了重要影响，诸如德国、意大利、西班牙等国家在有毒物质致害的侵权诉讼中，法官都大胆地借鉴美国法上的理念。[①] 我们可以借他山之石将一般有毒物质侵权中因果关系判断细致化、指标化，以解决传统因果关系学说在有毒物质侵权因果关系判定中的失灵问题。

三、一般因果关系与特定因果关系理论

在美国法上，是否被告的行为导致了原告的损害的考察，涉及两个问题，即事实上的因果关系和法律上的因果关系。所谓的事实上的因果关系（cause in fact or actual cause）是指"当原告主张被告造成其损害，非常明确地表明损害是被告的实际上、事实上造成的结果。在大多数情况下，事实原因是指不考虑法律或政策的因素的纯事实的原因。"[②] 被告的行为或者应由其负责的事件在事实上造成了原告的损害，是事实上损害发生的原因。法律上的原因是（proximate or legal causation）指如果确定被告的行为是导致原告损害的事实上的原因，进而认定原告所遭受的损害是否是由被告侵权行为引发危险造成的结果。法律上的原因是对是否应承担责任的行为或事件所进行的法律评价，旨在合理地对应承担责任的范围作出界定。所以《美国侵权法第三次重述》引入了新的术语"责任范围（scope of liability）"表达法律上的原因之内涵。该重述解释道："'责任范围'术语更加精确地描述了这一章的关注点：对于行为人的过失行为导致的全部事实上的损害，侵权法并不要求行为人全部承担责任。"[③] 但是，因为法律上的原因这一术语是法院广泛使用的、惯用的表达方式，所以《美国侵权法第三次重述》并未完全颠覆这一表述，而是将"法律上的原因"与"责任范围"两种提法并用。

在毒物侵权案件中，最让人头疼的现实是原告不能在被告的行为或产品与其所声称的损害之间建立起直接的事实联系。[④] 在大多数有毒物质侵权中，事实因

---

① Fedrico Stella, Causation in Products Liability and Exposure to Toxic Substances Causation, in Exloring Tort Law editedby M. Stuart Maden, Cambridge University Press, 2005, pp.421424. 转引自涂永前著：《潜伏性毒物致害侵权问题研究》，知识产权出版社 2016 年版，第 172 页。

② Steven L.Emanuel. Torts, Citic Publishing House, 2003. p137.

③ The American Law Institute. Restatement of the law, Third, Torts: Liability for physical and emotional harm (as adopted and promulgated by The American Law Institute at Philadelphia, Pennsylvania, May 16, 2005), American Law Institute Publishers, 2010. Chapter 6 (Scope of Liability (Proximate Cause)). special note.

④ ［美］吉恩·马基雅弗利·艾根著：《毒物侵权法精要》，李冰强译，南开大学出版社 2016 年版，第 226 页。

果关系通常分为两个问题加以考虑，即一般因果关系（general causation）和特定因果关系（specific causation）。前者是指受害人必须证明暴露于有毒物质有可能（capable）造成受害人遭受如此的损害，后者是指受害人必须证明在个案中确实（actually）是因为暴露于该有毒物质而造成受害人遭受如此的损害。① 正如DeLuca 法院所言，在有毒物质侵权中原告所面临的因果关系证明任务是，先证明争议的有毒物质剂量可能是原告损害的来源，即证明一般因果关系，而后排除其他一切可能导致原告损害的原因，即证明特定因果关系。② 《美国侵权法第三次重述》第 28 条评注 C 对一般因果关系与特殊因果关系在有毒物质侵权中的作用作了说明：③ 在大多数外伤损害的案件中，原告可以通过观察，基于日常经验和被告侵权行为与损害之间密切的时空联系，合理地推定被告侵权行为与损害之间存在因果关系。通常不存在其他潜在的损害致因。当行人与汽车相撞后手臂受了伤，除了相撞外的其他潜在原因解释皆可被排除在外。常识告诉我们，严重的人车相撞产生的力量会导致骨折。相较而言，一些疾病（尤其是有较长潜伏期的疾病）的原因通常很难解释清楚。即使知道某一疾病的病因可能是该疾病发生的部分原因，其他还要归结于不明的原因。致因的剂量一般是通过群体研究（如疫学）来确认的，即暴露于有毒物质的人群得病机率相较于未暴露的人群高。生物机理是相当复杂且难以通过普通观察发现的。在所有案件中，原告都必须证明其暴露于有毒物质之中。因此法院通常要求原告证明"暴露于有有毒物质""一般因果关系"和"特定因果关系"。

四、暴露于有毒物质的判断

在有毒物质侵权的因果关系判定中，原告暴露于有毒物质是不可或缺的条件。对此原告需要证明他或她是如何暴露于诉争的有毒物质的，例如，主张在出生前暴露于有毒物质而导致先天缺陷的原告必须证明他或她的母亲在怀孕时暴露于有毒物质，而且该母亲可能已经将该物质传输给子宫中的原告；同样，主张与工作

---

① David E. Bernstein, Getting to Causation in Toxic Tort Cases, 74 Brook. L.Rev. 51, 52 (2008).

② Robin Kundis Craig, Michael D. Green, Andre R. Klein & Joseph Sanders, Toxic and Environmental Torts Cases and Materials, West Publishing, 2011, P.192.

③ The American Law Institute. Restatement of the law, Third, Torts: Liability for physical and emotional harm (as adopted and promulgated by The American Law Institute at Philadelphia, Pennsylvania, May 16, 2005), American Law Institute Publishers, 2010, §28 Comment C.

相关的伤害的工人必须证明因其职业而暴露于争议的物质。[①]

原告可以用直接或间接的证据证明其暴露于有毒物质之中。在日积月累引发损害的情形下，原告还须证明暴露的程度与持续的时间。在原告提供的是间接证据的场合，法院须运用"频繁性、规律性和接近性"（frequency, regularity and proximity）三性进行判断，[②] 法院可以通过工作记录、同事的证言、日常采购记录等渠道了解原告暴露于有毒有害工作场所或相关产品的持续时间，综合判定这些有毒物质可能接近原告的程度、可能造成原告损害的范围等，由此初步判断原告是否可能因暴露于有毒物质的原因造成损害。

原告若无法有效地证明其暴露于诉争的有毒物质之中，则法院可以驳回原告的诉求。就前文提及的原告主张其因胎儿期暴露于诉争药剂而导致出生缺陷情形而言，若被告能证明其母亲使用该药剂的时间与损害产生时间不符，则被告可成功抗辩。[③] 例如，在一起针对盐酸双环胺的案件中，母亲主张在怀孕期的 8 周里使用了盐酸双环胺，导致婴儿肢体畸形，而被告通过医学证据证明该胎儿的肢体畸形产生于该 8 周之前。[④] 这一证据可以证明原告遭受的损害并非由暴露于诉争的有毒物质造成的，则毒物与损害后果之间的因果关系亦不存在，法院可驳回原告的诉求。

五、一般因果关系的判断

一般因果关系的判断多为可能性的判断，我国法院可以借助群体研究为基础的统计学证据加以判断。但从实验观察得出的因果关系的结论很可能发生偏差，故统计学证据可能误导法院。就此可以借鉴 Austin Bradford Hill 提出的九条系列标准进行判断。[⑤]

（1）这一关联在时间顺序上是否正确？"结果"是否在"原因"之后？

（2）有没有从人类的真实实验中得出的证据？这样的实验数据比其他类型的

---

① [美]约翰·斯普兰克林、[美]格雷戈里·韦伯著：《危险废物和有毒物质法精要》（第 2 版），凌欣译，南开大学出版社 2016 年版，第 381 页。

② M.Stuart Madden,Toxic Torts Deskbook, CRC Press, 2018, p.90.

③ M.Stuart Madden,Toxic Torts Deskbook, CRC Press, 2018, p.91.

④ Obiago v. Merrell-Natinal Laboratory, Inc, 560 S.2d 625 (La. App. 1990)

⑤ A.B. Hill, A Short Texbook if Medical Statistics 285-296(1977); Andrew C. Harper & Laurie J. Lambert, The Health of Populations: An Introduction. 92-95 (1994). 转引自 Robin Kundis Craig, Michael D. Green, Andre R. Klein & Joseph Sanders, Toxic and Evironmental Torts Cases and Materials, West Publishing, 2011, p.201.

数据更有说服力。

（3）关联性是否强？关联性越强（通常用相关风险 relative risk 或比值比 the odds ratio 来衡量），统计上显著水平越高（通常用卡方检验 chi square test 来衡量），这些关联越可能是因果关系。统计显著水平与关联性强度两者皆很重要。

（4）在不同研究中，该关联是否相同或类似？一个研究得出统计显著联系，在之后的研究中可否相同的结果？如果是，该因果关系主张的说服力可被增强。

（5）是否存在剂量反应曲线 (dose-response gradient)？如果有毒物质的剂量增加会导致更大的损害，则因果关系主张的说服力将增强。

（6）是否存在特定的关联？例如，暴露于石棉会导致特定的石棉沉滞症疾病。大多数研究者相信致畸剂会产生特定类型的损害。该类型损害的存在可以增强因果关系主张的说服力。

（7）该关联在生物学上是否言之有理？例如，如果一种药物（如盐酸双环胺）被认为会导致胎儿损害，则必须证明该药物可以穿过胎盘屏障，且确实穿过了胎盘屏障。

（8）停止暴露后的结果是什么？如果一种药物是导致疾病的原因，则停止暴露于该药物将减少疾病发生的风险。但有时，关于停止暴露后结果的证据是难以获得的。

（9）是否存在与其他可知因果联系的适当类比？例如，盐酸双环胺中抗组织胺的成分更有可能致害，因为已知其他药物中抗组织胺成分会导致畸形。

六、特定因果关系的判断

在特定因果关系证明阶段，常用的证明方法是专家提供的鉴别诊断（differential diagnosis）证言。医学上，当"诊断"一词前面没有形容词时，其含义是：通过对疾病表现的分析来识别疾病。由于必须根据当时所能得到的最明确的证据来作出诊断，因而这名词并不一定表示对疾病的明确鉴定；虽然一向认为"诊断"有将一种病与另一种病区别开来的意思，但若指的是"鉴别"这个意思时，会加上"鉴别"这个修释词。[①] 而在 Cavallo v. Star Enterprise 中，[②] 鉴别诊断被界定为，有经验的医生通过诊断技术提供排除可能导致争议案件中损害的其他原因。医学界定与法院界定的不同影响了之后的法院看法，例如在 Best v. Lowe's Home

---

[①] ［美］哈维（Harver, A.M.）著、王宝恩译：《临床鉴别诊断学——临床表现的解释》，人民卫生出版社 1986 年版，第 1 页。

[②] 892 F.Supp. 756, 771(E.D.Va 1995)

Centers, INC. 一案中，法院将两种界定混合在一起提出自己的观点，即鉴别诊断是医生确定什么疾病导致患者症状的方式；医生全盘考虑所有引发该症状的潜在原因，而后通过体检、临床测验、整个案件过程等考查排除其他可能性原因。[①]一些法院认为鉴别诊断在医学上的使用不同于在法学上的使用，后者强调的是一种疾病产生的事实原因的研究，通过医学研究推断同疾病引发的事实原因。无论如何，鉴别诊断会在特定因果关系认定中作为判断的重要参考。对于鉴别诊断的可信性（reliable），法官观点不一。一些法院认为它是认定疾病原因的一种科学技术，而有些法院却囿于科学的差异性与不确定性，认为它是一种伪科学（junk science）。故而实践进一步发展出判断鉴别诊断可信性的方法，首先，该鉴别诊断应证明该剂量是有毒物的，该有毒物质的足够分量会导致他人损害或死亡。其次，在医学或生物学确定性的合理范围内，某有毒物质导致了某种损害。有学者与法官对要求达到医学或生物学的合理确定性提出了质疑，《美国侵权法第三次重述》第 28 条的 Comment e 也认可这一观点。

故学者们提出两种解决"合理确定性"质疑的途径：其一为双倍风险标准的因果有关系理论（the doubling of the risk standard），即原告仅需要证明诉争的有毒物质释放可能会导致原告罹患疾病的机会超过了两倍，或者说是原告接触诉争的有毒物质，导致将来其罹患疾病的相对风险值（relative risk，risk ratio，RR）达到 2 以上。为什么会采取相对风险值为 2 的要求呢？因为学者认为在流行病学的词汇中，该暴露毒物相对风险值大于 2 的门槛，相当于以科学上的证据说明因果关系超过 50% 的可能性。[②]双倍风险标准的因果有关系理论被视为优势证据理念的"弱"版本。这一途径更受原告欢迎。虽然它将迫使被告来为很多自然的癌症提供补偿，因为仍然没有方法来确定特定原告的癌症是否是由被告引起的，或者是通过其他方式发生的，但这个结果与是原告伤害的"重大因素的"被告应对该伤害负有完全责任的原则是一致的，即使其他因素也可能是导致伤害的原因。[③]

二为比例因果关系理论（proportional causation）。在比例因果关系理论下，因果关系依据被告行为发生损害的可能性认定，亦即传统的"全有或全无"的因果关系理论已不再适用，仅依据因果关系可能性比例，判断因果关系，并相应于该比例计算被告应赔偿之数额。[④]也就是说，在有毒物质侵权的特定因果关系中

---

① 563 F. 3d 171(United States of Appeals, Sixth Circuit, 2009)

② Andrew R. Klein (1999), A model for enhanced risk recovery in tort, 4 *Washington and Lee Law Review* 56, pp. 1198-1199.

③ [美] 约翰·斯普兰克林、[美] 格雷戈里·韦伯著：《危险废物和有毒物质法精要》（第 2 版），凌欣译，南开大学出版社 2016 年版，第 384 页。

④ 参见邱聪智著：《因果关系与损害赔偿》，北京大学出版社 2006 年版，第 196 页。

取消达到优势证据程度的要求。若原告可以证明，例如，因为暴露于有毒物质而增加了 25% 的风险，则他可以从该有毒物质制造者处获得 25% 的损害赔偿。[①] 该观点就是主张在有毒物质中降低因果关系的证明标准，采用比例责任进行赔偿。

在相当因果关系的框架下，我国法院可以借助科学证据（专家证言、鉴别诊断、医学研究成果等）来衡量毒物致害的可能性，运用双倍风险标准来判断"相当性"，以解决相当性判断在有毒物质侵权中失灵的困境。

科学证据仅是判断因果有关系的参考，而非决定因素，因为法律的确定性不同于科学的确定性。法律的确定性主要体现在证明标准的要求上，英美法系国家采用的是优势证据标准，即超过 50%，我国采用的是高度盖然性标准，其要求的诉讼证据力高于 50%；而科学的确定性一般要求确定性达 90%—95%。[②] 若原告提供的科学证据可以证明诉争的有毒物质释放可能会导致原告罹患疾病的机会超过了两倍，则可基本认定毒物侵权行为与原告遭受损害之间存在因果关系，即采用双倍风险标准的因果有关系理论。

双倍风险因果关系较比例因果关系更具确定性，也为因果关系证明标准提出了门槛要求，较能符合因果关系要件的要求，故更适合运用于一般有毒物质侵权，比例因果关系仅适用于某些特定的情形（关于比例责任的内涵及其借鉴，本人已另文加以探讨）。通过双倍风险标准，专家证言不再需要使用"通常接受""合理确定"等语，而是可以通过对于实验设计及统计数据的探讨，由这道在充满机率的非决定论世界中划出的界限，在侵权法的归责体系中更能聚焦。[③] 而且由实验数据获得的原因的相对风险值作为衡量原因与损害结果之间的相关性程度，既符合科学研究过程中从相关性到因果关系的推论过程，又将因果关系的可能性百分比化、数值化，对法官与当事人而言较为直观，较易操作，避免了法官自由心证的随意性。同时，双倍风险的因果关系条件相当于因果关系可能性过半的要求，可以避免"诉讼洪水"的泛滥，也是矫正正义论者较能接受的缓和方案。

双倍风险标准并不是判断因果关系的唯一决定因素，法院应综合考察案件其他证据、结合经验与法律政策作出判断。一方面，不能证明其罹患疾病的机会在统计数据上倍增的原告，可以提出其他情形来证明很可能是因被告的行为导致其疾病损害。例如，一个患有无鲜明特征的癌症的石棉工人可以证明石棉纤维存在

---

① A.B. Hill, A Short Textbook of Medical Statistics 285-296(1977); Andrew C. Harper & Laurie J. Lambert, The Health of Populations: An Introduction. 92-95 (1994). 转引自 Robin Kundis Craig, Michael D. Green, Andre R. Klein & Joseph Sanders, Toxic and Environmental Torts Cases and Materials, West Publishing, 2011, pp.217-218.

② M.Stuart Madden,Toxic Torts Deskbook, CRC Press, 2018, p.90.

③ 叶咏翔：《双倍风险标准的因果关系》，《法令月刊》2016 年第 11 期，第 140 页。

于靠近肿瘤的位置，以此帮助证明他的癌症是由于石棉暴露而引起的。[1]另一方面，被告可以举证证明其他因素致使原告罹患疾病的风险超过两倍，以此排除自己的责任。例如，被告可以通过遗传学的证据或原告自身原有疾病、长期不良生活方式等证据，来证明诉争的特定疾病更可能是由被告行为以外的其他原因造成的。

---

① ［美］约翰·斯普兰克林、［美］格雷戈里·韦伯著：《危险废物和有毒物质法精要》（第2版），凌欣译，南开大学出版社2016年版，第385页。

区块链技术法律应用研究

李　智　刘永平 *

　　2008 年，化名为中本聪（Satoshi Nakamoto）的学者发表了一篇奠基性论文《比特币：一种点对点电子现金系统》，表示一种新的电子货币——比特币正式诞生。[①] 比特币作为一种虚拟数字货币，采用了完全点对点的形式，使在线支付能够直接由一方发起，并支付给另一方，中间不需要通过任何可信任的第三方。其中，区块链技术作为虚拟数字货币的底层和核心技术，引起了广泛关注。并且，虚拟数字货币只是区块链技术这套开源体系巨大应用空间的冰山一角。如今，业界已意识到区块链技术的重要价值，并通过智能合约将其用于数字货币以外的分布式应用领域。与其功能相匹配，如能区块链技术运用于法律领域，将有助于改善目前知识产权及电子数据收集等方面效率不高的现状。但是，实现这一目标，尚存在一些技术上及法律规范方面的障碍，亟待解决。

一、区块链技术及其发展现状

　　区块链技术是一种数字化货币交易形式的分布式数据库技术，又被称为“分布式账本”，可以在没有中央权威机构的情况下，为交易双方建立信任关系。

（一）区块链技术的概念

　　区块链名字来源于向系统中添加新数据的方法，它不是连续的数字流，而是以离散聚合的形式接收数据，[②] 由各个区块组成首尾相连的链。区块是区块链的基本存储单元，它记录了每 10 分钟内网络中各个节点的全部交易信息。

---

　　* 李智，福州大学法学院教授，法学博士；刘永平，福州大学法学院硕士研究生。

　　① 　中国区块链技术和应用发展白皮书 (2016), at http://www.fullrich.com/Home/Index/newsDetail/id/324/newstype/, visited at July 3, 2018.

　　② 　Michael Nofer, Peter Gomber, Oliver Hinz, Dirk Schiereck: Blockchain, *Business & Information Systems Engineering*, 2017(3), pp. 183-187.

分布式数据库不由中央管理机构控制，而是把网络数据分别存储在通过网络连接的每一台计算机上，网络中的每个用户都可在互联网上访问和修改数据。用户以分散化的方式对数据库进行使用，因此被称为"对等网络"。[①] 网络中每个用户，即每个节点都可持有完整的区块链副本，所有数据库备份会保持实时更新。

从技术的角度出发，区块链是透明可信的、可公开获取的分类式账簿，允许使用公钥加密和证明工作方法的模式，安全转移价值单位的所有权。[②] 区块链是一个基于计算机程序的公共账本，通过分布式网络保证其安全性和真实性，任何试图操纵或攻击网络的修改尝试都会因为与区块链其他各个节点的副本记载不一致，从而导致修改无效。因此，区块链为各种用户提供了一种安全高效的存储和交换商品及信息的方法。

（二）区块链技术的特点

区块链消除了建立可信的中心化系统或中介的需要，允许先前没有任何关系的个人在安全的情况下进行财产交易，具有以下几个特点：

1. 去中心化

因为没有中央的权威机构存在，没有一个单一的个人或单位有权任意修改区块链。每次交易的参与者对于区块中所有交易内容导致状态改变的结果进行确认，形成新的区块。当一项交易从区块链上的任意一个节点发起时，该节点就需要向其他节点通过私钥进行信息传播，避免信息被篡改或伪造。由于每个节点都有数据库的完整备份，每个节点都了解其他节点的整体交易信息，收到信息的节点利用备份信息就当前交易是否真实有效进行验证。待各节点均验证成功后，将最后一个区块的地址与交易信息相结合，形成一个新区块。在新区块上打上时间戳，并再一次连接到整个区块链上，才算是完成了整个交易。区块链系统内所涉及的交易验证、数据存储、信息维护和传输等过程都基于分布式结构，即分布式记账、存储和传播。分布式节点之间所存在的信任关系不是基于一个可信的中心机构，而是通过一系列算法而建立。

2. 安全透明

区块链上的信息皆采用密码学原理对数据进行加密，同时借助各节点通过共识等机制形成的强大算力，抵御外部攻击，具有较高的安全性。区块上的数据只

---

① Bryce Suzuki, Todd Taylor & Gary Marchant: Blockchain: How it will Change Your Legal Practice, *Arizona Attorney 54*, 2018, p. 14.

② Joshua Bernstein: Smart Contract Integration in Professional Sports Management: The Imminence of Athlete Representation Technology, *DePaul Journal of Sports Law,* 2018, p. 88.

要有任何形式的更改，都会被同步更新到整个区块链上，网络体系上的每一个节点都可以查询到区块链上的所有数据信息。区块链上的数据除了交易双方的私密信息之外，对所有人公开，整个体系的透明性很高。

由于区块链上每个节点都存有一份完整的数据备份，系统中的数据块由具备维护功能的节点共同维护。这样既能够有效预防中央服务器发生故障导致网络瘫痪和数据丢失，又保障数据不因网络黑客对某一个节点的恶意攻击而丢失。任一节点的损坏不会影响互联网中其他节点之间的信息交互，有效地提高了交易的效率。

3. 数据唯一

区块链上由带有时间戳的链式区块结构存储数据，时间戳的意义在于表示数据是某个时间写入的，从而构成一个不可篡改和伪造的数据库，存储的信息不可因个人意愿而更改。只有经过区块链中全部节点验证的交易信息，才可添加到区块链中，被永久保存。除非有攻击者能够在同一时间内控制住系统中超过51%的节点，否则，无法对数据库进行有效修改。[①] 因此，区块链的数据稳定性和可靠性极高。而且，随着交易数量和交易参与方的增加，区块链上的节点对应的交易记录将呈现出几何级数的增长。此时，区块链可以提供完整的信息流，在区块链上的节点可以根据交易时间戳、交易内容和交易顺序，对需要进行溯源的记录进行追索，保证所有数据的唯一性和可信度。

4. 匿名化

目前，在使用比特币的交易中，交易双方无须经过特殊的登记或身份认证程序，即可完成交易内容。交易通过安装比特币钱包的应用程序，得以实现。在比特币钱包应用程序中，包含有公钥和私钥，其中私钥由比特币的持有者享有，本质上是一组加密数组。当比特币拥有者进行比特币交易时，需要对该笔交易签名。他人能根据比特币拥有者利用私钥生成的公钥和地址，对该次交易签名进行验证，验证成功则可以证明比特币是由拥有者加密过的，交易也随之完成。在区块链系统的交易中，公开的是私钥生成的地址，不是现实中的真实个体，从而保护了交易双方绝对的隐私。

概言之，区块链是由数个区块按顺序链接形成的分布式数据库，每个新区块的产生都由各节点监督，并经过加密，使区块链上的数据无法被随意篡改。区块链的技术特性使其可以有更多形态、用途和应用空间，也引发了法律领域的关注和尝试。

---

① 赵田雨著：《区块链技术的监管困境》，载《经济师》2017年第3期，第26—27页。

二、区块链技术在法律领域可应用场景展望

根据区块链所承载的技术特点，其应用显然不仅局限于比特币这一载体，其技术优势应能引领诸多产业的研究与应用。但目前，其应用性仍在展望与尝试中。基于区块链去中心化、安全可信的特点，其在法律领域的整合应用，大致体现在以下几个方面：

（一）区块链在知识产权保护方面的运用

把区块链技术和知识产权相结合，是目前比较热门的区块链法律应用之一。众所周知，知识产权维权面临取证难、周期长、成本高、赔偿低等问题，区块链功能正好弥补了上述缺陷，它通过程序算法自动记录信息，避免被任意篡改，极大提高了维权效率。

依我国《著作权法》的规定，一件新的作品创作结束后，无论是否登记，著作权自作品创作完成之日起自动生成。但是，数字化知识和信息传播的快捷性、易复制性等特点使网络盗版泛滥，一旦遇到侵权、著作权争议、著作权转让等情形时，对未经登记的著作权的保护仍面临种种不便。虽然创作者可通过自行登记确权的方式，保证当发生侵权行为或著作权争议时，可以提供初步权属证据。但是，著作权登记由政府部门受理并审核，所需材料多，耗时较长，而且，由于登记机构主要根据申报材料进行形式判断，一旦发生著作权纠纷，版权登记证书的法律支撑力有时并不理想。大量发布在互联网上的文字、图片、视频等作品也很难一一进行著作权登记。此时，基于区块链技术的著作权登记，可以很好地解决上述问题。

1. 区块链技术可保障著作权登记的安全性和准确性

区块链作为一个去中心化的分布式数据库，由许多节点共同参与系统维护。链式结构、时间戳、非对称加密等关键技术都可保障区块链中的数据安全。当一个新的区块意图接入到区块链时，参与记账的各个节点都会进行算法验证并得到完整的副本。这样一来，即使某个节点服务器系统崩溃，其他节点仍能够提供副本以验证数据的准确性，区块链平台的容错率由此提升，而且各节点都能继续进行工作，保证整个系统可以安全运营。黑客如果想攻入区块链系统篡改数据，就不得不投入大量的人力物力财力来尝试攻破整个区块链中 51% 的节点，有效保障操作性和高昂的侵权成本使知识产权数据库得到有效保障。

区块链技术剔除了特定机构在知识产权管理系统中的必要角色，通过各个节点运用算法的自动校验，公开透明地对著作权进行审查和监督。每一次权利变更

都会被盖上时间戳，从作品创作的时间点到著作权交易的时间点，均在区块链上准确记录。当著作权发生纠纷时，去中心化区块链的可信赖性提高了其作为证据在法庭上的地位，任一用户都能通过对数据流向的追根溯源，完成调查取证，从而快速有效地认定侵权责任，提高了维权的效率。

区块链监管系统中的数据账本全部向大众公开，既降低了著作权造假的可能性，又节约了中心机构对材料审核的时间及其他成本。这样一系列的高度透明的自我审核过程保证了数据信息的准确度。区块链的不可变性确保数据库的内容自始不会消失，不被篡改或以其他方式遭到破坏。区块链中加盖的时间戳能够证明某人在特定时间访问了特定文件，这样的时间戳被完整地保存在区块链中，全网中任何参与者都能看到，作品的创作者通常是第一个访问该文件的人，其作者身份能够轻松得到证明。[①]

2. 区块链技术可提升著作权登记便利性和灵活性

依托区块链技术进行著作权登记，创作者可以将作品以数字化的形式上传至网络端，在区块链中添加上其作品信息记录，经过审核，取得著作权。区块链的开放性让任何人可以在任何时间进行创作，著作权登记不受时间和空间的限制。同时，无论是一张图片、一段文字或者音视频，均可以依托区块链的不可篡改性，证明其独一无二的存在。当权利发生交易流转时，人们可以在区块链平台上看到相关的交易信息，过程透明公开。

区块链虽不可任意篡改，但可以通过每个节点的验证进行更新，新的内容不会覆盖原先的内容，而是在原有的基础上予以增加，这种特性使得其本身具有更高的灵活度。区块链不会区别大型媒体公司与创作个体，任何人或机构都可以方便地利用区块链进行著作权登记，非常有利于鼓励创新、创作，与知识产权保护的根本宗旨高度契合。区块链上也很适于进行链上版权交易，既方便快捷又具有很高的保密性。

3. 区块链应用可降低著作权登记的成本

目前，我国版权登记一般要求创作者向当地版权局提交作品信息，进行申请，版权局审查核验后发放权利人证书，完成全部手续一般需一个月左右，费用高达上千元，不利于中小型企业及个人进行著作权的登记。反之，作者基于区块链进行一次著作权登记，成本最低只要几毛钱甚至免费，且几乎在瞬间即可完成，极

---

① Tom W. Bell, Copyrights, Privacy, and the Blockchain, *Ohio Northern University Law Review 44*, 2016, pp. 465-466.

大降低了著作权登记的财务和时间成本。[①] 著作权持有者会获得区块链上的公钥，根据著作权持有者的著作权交易需求，由其自行设置相应的密钥权限，从而保证交易的正常进行，充分体现了知识产权保护中创作者的自主意识。无疑，基于区块链技术去中心化的版权管理模式更加安全、稳定、透明，实际操作性更高。

（二）区块链在智能合约方面的运用

智能合约（Smart Contract）由跨领域法律学者尼克·萨博于 1994 年首次提出，[②] 他将智能合约定义为"一套以数字形式定义的承诺，合约参与方可以在上面执行这些承诺的协议"。在当时，由于技术相对落后，关于智能合约如何工作，只存在于理论讨论层面。区块链的发展使智能合约有了新的平台，如今，智能合约可以定义为一个用来执行合约条款的计算机交易协议，即一段写在区块链上的代码，一旦某个事件触发合约中的条款，代码即自动执行。

1.区块链技术确保智能合约的可操作性和可信度

智能合约从本质上看类似于计算机程序里的"if-then"语句，可以根据所识别到的数据信息自动进行判断，当满足编码的程序条件时，则直接执行相应条款的内容。通过区块链技术，智能合约可以得到更好的构建、存储和执行。智能合约由区块链中的多个用户共同参与制定，在合约中明确各方的权利与义务构建完成的智能合约通过 P2P 网络，扩散至各个节点，存入区块链中。每个智能合约可定期执行状态检查，将满足条件的事务进行验证，达成共识后自动执行，并通知用户。

智能合约作为一种参与者之间达成共识的方式，不依赖任何组织和个人即可自动根据程序代码执行相应的条约。基于去中心化信任机制的智能合约确保了民事活动中的可信度，甚至不可能发生违约行为。当与交易有关的数据传入智能合约后，合约的状态将会自动进行更新，进而触发判断系统。如果判断出已满足某个或某几个条件，智能合约将根据预设的信息选择相对应的动作执行。整个过程中，交易信息不可被交易双方或第三人任意篡改，从而使基于智能合约的电子证据有极高的可信度。

2.区块链技术实现智能合约的低成本和体系化

区块链技术能为每一次交易盖上时间戳，保证信息的完整、有效、不可篡改，

---

① 吴健，高力，朱静宁著：《基于区块链技术的数字版权保护》，载《广播电视信息》2016 年第 7 期，第 60—62 页。

② [加] 唐塔普斯科特、亚历克斯·塔普斯科特著，凯尔、孙铭、周沁园译：《区块链革命：比特币底层技术如何改变货币、商业和世界》，中信出版社 2016 年版，第 10 页。

并根据对信息的更新形成以时间为顺序的一个完整链条。区块链是一种让关键利益相关者（买家、卖家、托管人及监管者）保持共享及不可擦除记录的数据库，它能够降低成本、减少结算风险、消除故障中心点。在区块链中，所有以智能合约为中心的交易数据都无法被篡改和伪造，可降低人工对账的出错率和人工成本。

区块链技术的去中心化账本功能可以被用来创建、确认、转移不同类型的资产及合约。几乎所有类型的金融交易都可以被改造后在区块链上使用，包括股票、私募期权、众筹、债券和其他类型的金融衍生品如期货、期权等。[①] 基于区块链的智能合约在处理事务上的准确性使其可以实时记录民事法律关系中的主体、客体及其他有关要件，整个交易的过程均清晰可见。

三、区块链技术在法律领域应面临的问题

任何技术都不是万能的，都有其局限性，区块链也不例外，尤其在发展初期，必然会面临问题和障碍，尤其是如何推进和实现区块链的有效应用，尚没有明确的方向和模式，法律领域亦然。

（一）区块链法律应用在技术上面临的障碍

虽然区块链技术在著作权登记及智能合约应用中存在技术优势，但也面临着一些技术难题：

首先，将区块链技术应用于著作权登记领域，遇到的主要问题是著作权作品本身的存储地址。由于区块链的特性，当有新的区块要接入主链时，区块链上的各个节点都会得到一个新的副本。但随着日益扩增的数据，对其存储空间技术的要求也会日益增高。若是将所有的交易都记录在区块链中，那就要求每一个节点的服务器都有足够的空间来储存海量的数据信息。目前从区块链技术在金融领域的应用看，每秒只能处理 7 笔比特币交易，这显然无法满足大规模的著作权交易需求。

其次，尽管比特币已有较稳定的运行模式，但如果运用区块链及智能合约技术进行每天近万亿美元的金融交易还尚需更多实践的探究。区块链系统的稳定性也需要在实践中找出是否存在潜在的代码漏洞。区块链技术也属于高耗能产业，每一次交易都需要各个节点对其内容进行验证，会造成巨大的能源消耗。

---

① 长铗，韩锋等著：《区块链：从数字货币到信用社会》，中信出版社 2016 年版，第 120—121、134 页。

（二）区块链技术在知识产权保护应用面临的法律问题

区块链技术可以在知识产权的确定、转让、估值和维护等环节发挥重大作用，从而较好地破解开放式创新过程中所遭遇的知识产权保护困境。[①] 但技术措施是一把双刃剑，在有效阻遏网络版权侵权及保护著作权人利益的同时，也会对其他利益方造成一定损害。

1. 区块链技术对著作权的绝对控制引发表达自由问题

虽然区块链可以在很大程度上有效保护数字版权所有者的合法权益，但由于它具有即时保护的特点，形成对版权的绝对控制，在一定程度上限制了公众的表达自由。区块链技术对作品从创作初始的证明及密钥保护等方式，可能会助力一个创意在未能以表达形式完整呈现时即被确权，从而进入与投资者或购买者的交易环节。该技术措施不仅仅最大程度地保护了思想，进而也在事实上控制了思想的传播。基于区块链的特点，作品从构思到最后完成都会在区块链上得到保护，但过度的保护也可能导致公众对公有领域的作品无法进行正常的接触，阻碍了作品的公众传播。

2. 区块链技术可能严重挤压版权合理使用的实际适用空间

区块链技术在著作权保护应用中，由于区块链的开放性，著作权人可以自主将其著作权登记于区块链上，并单方面排除他人的利用。著作权的市场力量会因此转到著作权人手中，著作权人通过区块链系统，不仅对外界接触作品具有很强的控制能力，还可通过编辑脚本对他人合理利用作品进行限制。在著作权人从区块链上获得的绝对权利限制下，其对作品开放以及如何使用作品，具有绝对控制权，合理使用规则将无施展空间。此类情形的出现，将会导致著作权的交易流转完全被个人控制，容易产生无序竞争，不利于著作权市场的有序发展。

（三）区块链在智能合约应用中面临的法律问题

区块链技术之所以被称为颠覆性技术，智能合约是重要原因。智能合约可能给许多产业带来具颠覆性改变，甚至可能会对人类社会结构产生重大影响。智能合约的发展使其可能成为未来民事活动中达成协议的主要方式，也是民事纠纷中的重要证据。但目前来看，智能合约应用还存在一系列法律问题。

1. 智能合约的应用给管辖权确定和法律适用带来困境

由于目前区块链发展不完备，对智能合约的技术支持也十分有限。智能合约

[①]　陈永伟：《用区块链破解开放式创新中的知识产权难题》，载《知识产权》2018 年第 3 期，第72—79 页。

通过计算机代码在民事主体之间订立、验证和执行合同，在执行过程中发生纠纷时，交易任意一方可以以不了解智能合约代码为由逃避本应承受的亏损，导致智能合约所涉及的法律责任界定不够清晰。另外，智能合约具有全球性和开放性，所涉及的交易遍布全球及各个不同领域，无论依一般管辖根据还是特别管辖根据，管辖权的确定都会面临困境。同时，智能合约交易发生纠纷时，在任何一个国家的法院进行起诉，法官可能都会面临寻找准据法的困境，难以寻求合理的法律适用，对适用哪个国家的法律去认定合同效力和裁判纠纷产生疑问。

区块链智能合约运用领域广泛，也导致不同领域的智能合约适用的法律规范不完全统一，存在着差异。智能合约之间基础法律关系不一致，因此在合约产生纠纷后，适用的相关法律规范也存在差异。在以区块链为基础的交易过程当中，智能合约可以看作是一种新型的合同形式。其将合同条款编写成计算机程序语言，通过预设条件使合同自动执行，类似于合同法中附生效条件的合同或附解除条件的合同。所不同的是附条件合同中所附的条件影响的是合同的生效和解除，而智能合约中的条件则是启动合同实施的关键项。智能合约作为新生事物能否归入合同法规制范畴，值得进一步探讨。

2. 智能合约对商业机密和隐私的侵犯

区块链智能合约的代码需要向网络内所有参与者公开。交易双方的智能合约数据为达到安全有效、不可篡改的目的，总是被复制和储存在每一个区块链验证节点上。此种区块链的组成形式对于每个区块链的参与者来说，可以通过控制一个系统的存储器或者磁盘，从而获知该节点上的所有智能合约信息。虽然可以通过将智能合约中的部分内容隐藏到网页数据中的方法，使其不显示在浏览器窗口，但区块链各个节点的参与者仍然可以通过"查看源文件"的方式，读取隐藏信息。[①] 因此，对于采用智能合约方式开展的金融交易活动而言，签订智能合约并将其存储在区块链上的过程可能会使相关交易方的商业信息泄露，给商事活动带来麻烦。相较传统合约，智能合约隐私性较弱，其他知晓智能合约内容的主体，可能会侵犯交易双方的个人信息以及商业秘密。

四、探索解决区块链技术法律问题的可行性路径

虽然目前区块链的应用仍有待明确，但其技术特点无疑会对社会发展产生影响。在未来，需要从技术和法律上综合考虑，相互结合，提高应用能力。

---

① 周润：《区块链智能合约的法律问题研究》，载《齐齐哈尔大学学报》2018年第4期，第76—78页。

（一）完善对区块链技术性问题的研究

区块链技术虽然有难以随意篡改的特点，但是目前系统可能还存在漏洞和技术性风险。为了未来推广区块链技术的广泛使用，应加强对区块链的技术性研究。

一方面，建立系统漏洞风险的应急处理机制，避免因黑客入侵而导致区块链系统不稳定。基于区块链技术应用平台的技术风险可能长期存在，一旦代码或智能合约存在漏洞，将存在被攻击的风险。区块链上交易一旦发生就进行清算的特点，也使风险的传播速度大大提升，如 DAO 遭受的黑客攻击就对与其有关的数字货币造成了非常大的影响。[①] 由于区块链具有不可逆转的特质，受攻击后修复成本相当高昂。为预防风险，应设计相应的风控措施和应急预案，解决同时攻击超过 51% 节点的风险问题，保证区块链安全稳定运行。

另一方面，对涉及当事人隐私的相关信息，可通过采取加密措施等技术性处理方式，保证隐私信息只让特定当事人知晓。通过设计更具保密性的私钥，来对抗区块链各个节点的参与者，限制各节点只对交易是否合理合法等必要信息进行储存和验证，保护交易双方的个人信息不被泄露。由于区块链技术的运用将会涉及经济学、密码学、网络科学等领域，交叉跨学科沟通成为技术更新的必经之路。通过各方人才携手设计研究区块链技术的准则和规范，将会扩大其创新规模，使区块链技术真正走入社会生活。

（二）以法律与技术相结合的模式进行区块链监管

区块链技术从根本上改变了中心化的信用创建方式，运用基于共识的数学算法，在机器之间建立信任网络，从而通过技术背书而非中心化信用机构来建立信用。通过这种机制，参与方不必知道交易对方是谁，更不需要借助第三方机构来进行交易背书或担保验证，只需要建立共同信任的算法，就可以建立互信，通过算法为参与者创造信用、产生信任、达成共识。全新的信任模式可以为现有的互联网法律体系提供参考。

传统的监管机构多是指银行等中介机构，区块链的优点恰恰是可以代替这些传统的中介机构，更加开放和共享。美国莱西格教授在其著作《代码》中多次强调："代码就是法律"，计算机代码可以代替具有强制性质的法律来控制人们的网上行为。[②] 将监管手段在智能合约中编码，在区块链运行的同时对其进行实时监督，从而实现交易双方对交易的完全信任，大大减少交易纠纷的产生。同时，政

---

① 伍旭川、刘学：《The DAO 被攻击事件分析与思考》，载《金融纵横》2016 年第 7 期，第 22 页。

② 郑戈：《区块链与未来法治》，载《东方法学》2018 年第 3 期，第 75—86 页。

府也应加快制定与区块链相关的法律法规，通过立法将区块链技术纳入合适的监管框架之内，从根源上防范系统性风险。[①]

五、结语

当前，区块链技术在各个行业的应用正处于摸索阶段，区块链技术广泛应用还需要一个过程。将区块链运用于知识产权保护和智能合约等法律领域是一项新的尝试和突破，存在着诸多技术和法律问题。解决这些难题，需要重点把握区块链技术的潜在用途、成本收益及技术本质，厘清区块链在法律方面应用可能带来的个人隐私、伦理和社会影响，通过技术和法律相结合的监管模式，引导区块链应用的健康发展。

---

① 梅海涛、刘洁：《区块链的产业现状、存在问题和政策建议》，载《电信科学》2016 年第 11 期，第 134—138 页。

试论人工智能的法律主体性建制

罗施福 *

一、问题的提出与范围限定

在人工智能语境下，有一个重要的法律问题，一而再再而三地被人们所讨论，那就是：人工智能是否应当被赋予法律主体地位或者说应当给予法律人格化？

之所以会有这样的法律问题，而且被人们反复讨论，主要源于这样的背景：在法律话语体系中，世界被区分为主体与客体，并以这二元结构为轴心来展开人类的行为规则与秩序建构。凡是人以及人的集合，不论人的智力情境以及人的集合样态，都被确认为法律主体；凡不属于法律主体的内容，都可以被设定为法律客体。法律主体在法律体系中是处于主导性地位，而客体则处于被支配被控制的地位；客体必须服务于主体。人工智能是人类利用客体而创造出来的东西，在其被创造之初，被当然地设定为法律的客体。但是，随着人工智能技术的发展，人工智能在很多领域，已经越来越接近人类，甚至超越人类。比如，在人工智能的假说中，"强人工智能"拥有智能及思考能力，具有自我意识，能够意识到自己的存在，能够理解并解决问题、做出决断、计划、学习以及沟通。这已经完全与一般人类无异。同时，人工智能在人类社会文化科技进步以及福祉的提升方面扮演着重要角色，已经远非一般的"法律客体"的角色所能比拟。"无论建立私法权利的罗马法时代的古老的人权观念，还是近现代成为权利制度道德基础的近现代政治和社会文化中的人权观念，都是以思考人的主体性需要为前提的。"[①] 正是基于这样的历史积淀与法理信仰，自 1956 年约翰·麦卡锡（John McCarthy）提出"人工智能"这一术语以来，人工智能能否成为法律主体，作为一项重要的法律课题而被反复讨论。

* 副教授，法学博士，集美大学法学院法律系主任。

① 龙卫球：《法律主体概念的基础性分析（下）——兼论法律的主体预定理论》，载《学术界》2000年第 4 期，第 79 页。

　　对于人工智能是否以及能否被赋予法律主体的问题，是仁者见仁智者见智。但，至少，在当下，人工智能不应被赋予法律主体地位的主张，应当是主流观点。如果不是这样的话，人工智能的法律主体地位或许早就被众多国家的立法所确认，而人工智能是否应当被赋予法律主体地位的问题就不成为问题。然而，值得注意的是，人工智能应当被赋予法律主体地位的主张或者观点，正成为一种重要的"显性"学说，并日益引起各界的重视。[①]2017 年 2 月 16 日欧洲议会（European Parliament）投票通过向欧盟委员会（EU Commission）提出开发机器人与人工智能与民事法律规范建议（Civil Law Rules on Robotics，2015/2103INL）。其中，该建议明确"认可电子人为法律主体"。[②] 这份建议即可视为人工智能正从法律客体走向法律主体的一种大胆尝试。

　　毫无疑问，不论是主张人工智能应当被赋予法律主体地位，抑或是反对人工智能被赋予法律主体地位，都饱含着众多的法律焦虑与智慧碰撞。不论法律政策最终如何走向，人工智能法律主体性的讨论，都将深刻地影响着人类的生存与发展。笔者在此不想对这两种颇具冲突的观点进行评介。本文的讨论，不再讨论人工智能被赋予法律主体地位的正当性与合理性等问题，而直接更进一步，即若承认了人工智能的法律主体性，那么，我们将怎样进行人工智能法律主体性人格的制度建构？

　　人工智能有强人工智能（strong A.I.）与弱人工智能（weak A.I.）之区分。"强人工智能"假说认为其与一般人类无异。但"弱人工智能"则仅是增强计算机的部分思维特征，但并不具备人类类似的认知能力与自我意识。[③]就当前而言，弱人工智能已经被广泛应用，且大多数科技型企业均具有生产制造的能力，而强人工智能则主要处于假说阶段。因此，从数量控制以及防止人工智能法律人格化的泛滥的考量，笔者倾向于主张应赋予强人工智能以法律主体资格，而暂否认弱人工智能的法律主体资格。故本文的讨论仅针对那些具有"智能及思考能力"的强

　　① 主张人工智能应当被赋予法律主体地位的观点并不鲜见。参见孙占利：《智能机器人法律人格问题论析》，载《东方法学》，2018 年第 3 期，第 10—17 页；詹可：《人工智能法律人格问题研究》，载《信息安全研究》2018 年第 4 卷第 3 期，第 224—232 页；袁曾：《人工智能有限法律人格审视》，载《东方法学》2017 年第 5 期，第 50—57 页；刘强、徐芃：《人工智能主体资格及创作物权利归属研究——以法律拟制为视角》，载《武陵学刊》2018 年第 43 卷第 2 期，第 73—80 页；杨清望、张磊：《论人工智能的次等法律人格》，载《中国法理学会 2017 年年会论文集》。沈建铭：《论人工智能实体的法律主体资格》，华中师范大学 2017 年硕士学位论文。
　　② 叶云卿：《新型态的法律权利责任主体的诞生——由 2017 年欧洲议会提案看机器人拥有著作权之可能性》，载《北美智财报》2017 年 7 月 26 日第 190 期。
　　③ John Searle, Minds, Brains, and Programs, 3(3) THE BEHAVIORAL AND BRAIN SCIENCES 417,417(1980). Ela Kumar, Artificial Intelligence. I. K. International Pvt Ltd, 13-14 (2008).

人工智能。

二、人工智能法律主体建制的几种思路

对于人工智能应当被赋予怎样的法律人格，至少三种立法思路。第一种是赋予其完全法律人格，也即人工智能完全与（完全行为能力）自然人、法人等具有同等的法律地位，得以"自己的名义"参加法律关系，享有权利／权力，并承担相应的义务。第二种思路就是赋予其有限法律人格，承认其有限的法律主体资格。设定人工智能法律人格的有限性，其重要依据之一是人工智能"价值观的形成"与人类毕竟存在根本不同，而且"人工智能的深度学习与应用主要依靠的是各种复杂的算法与数据记录应用，在运用算法的过程中，很难保证人工智能的每次独立自主行为均能作出合理合法的价值判断。"① 所谓"有限"，可以从三个层面来理解——人工智能具有法律人格化的适格性限制；权利能力的限制以及行为能力的限制。严格来说，人格化的适格性问题，主要是针对哪些人工智能应当被赋予法律主体资格的问题，而与"有限"法律人格的实质内涵有所不同。所以，这里的"有限"主要是指权利能力与行为能力的"有限性"。至于将这种"有限性"应当限定在怎样的程度与范围，在立法态度上则有着无限的可能。第三种思路就是完全否认人工智能的法律人格化可能，拒绝承认人工智能对法律主体理论与法律体系的冲击。②

诚然，完全否认人工智能应当被赋予法律主体资格的思路，在当下，不一定是最优，但应该是一种次优的选择。但是，如果从科技发展以及法律"进步"的角度来看，第一种思路以及第二种思路，绝对具有被讨论的价值。在笔者看来，第一种思路，即承认人工智能具有法律人格的"完全性"，在人工智能法律主体制度的建构方面，似乎走得太激进。这既过分地超越了法律的保守性格，也过度超越了人们的朴素预见能力。所以，赋予人工智能法律主体资格的道路上，"有限性"似乎是最为妥适的思路，也是最应当被考虑的路径。

在立法技术上，对于赋予人工智能法律主体资格的问题，也至少有三种实现

---

① 袁曾：《人工智能有限法律人格审视》，载《东方法学》2017 年第 05 期，第 53—54 页.

② 或许，还有一种思路，就是将人工智能世界与自然人世界进行区分，并确立法律的二元架构。在人工智能的世界中，应当有一套这样的法律，由人类制定，但该法律仅适用于人工智能；在人工智能的"法律"体系中，人工智能被赋予"法律主体"，但是，在自然人的世界里，人工智能仍然是法律客体。参见王勇：《人工智能时代的法律主体理论构造——以智能机器人为切入点》，载《理论导刊》2018 年第 02 期，第 68—69 页。因水平有限，笔者可能对该文存在误读与误解。所以，必须声明的是：这是笔者阅读王勇一文而"揣度"出来的一种思路。

路径或者说践行方案。第一种就是借鉴自然人制度，规定人工智能均具有相同的"权利能力"，但具有不同的"行为能力"，即根据人工智能的"智能与思考能力"等将其划分为完全行为能力、限制行为能力以及无行为能力或者更多形式的行为能力。这种方案最大的困局或许在于如何区分人工智能的"智能与思考能力"，并设定为不同的"行为能力"？第二种就是借鉴法人格制度。① 在具体的操作上，还存在着有限责任制、无限责任制以及有限与无限责任相结合三种细化方案。第三种就是创造一种全新的法律主体资格制度。这种方案完全抛弃既有的法律主体资格制，而根据人工智能的特殊性以及人类的伦理价值需求，而创设一套区别于自然人人格、法人格制度的新的主体资格制度。这种方案的优点就是可以甩开"历史与理论包袱"，进行"自由自主"的制度创造，但其中的困境也比较明显，就是这种制度创造是"前无古人"的工作，没有任何的经验可以模仿与参照。这种状况很容易使得这种制度"创造"制造"制度灾难"。即便不一定是"制度灾难"，但是，其可适性与正当性都可能面临着重大的指责与质疑。所以，相对稳妥的立法技术，应当是适度借鉴自然人人格与法人格制，并进行一定程度的制度创新。区别于制度创造的"从无到有"，制度创新强调"点到线，线到面"的渐进式革新。

三、人工智能有限人格化的制度建构

"人格即国家赋予自然人、社会组织或目的性财产充当民事主体的资格。尽管都是国家赋予的，但古今人格很不同。"② 在古罗马法中，人格制度是生物人与法律人区分的法律表征，是制造人与人之间不平等的一种制度性工具。但在现代法中，人格制度已经褪去了人与人不平等性的标签，衍化成为平等性的象征与保障。然而，在社会秩序的组织与规范以及法律关系的建构方面，若任何主体均完全平等，均具有毫无差别的"人格"，则并不利于法律机制的调整功能发挥。所以，自 1900 年《德国民法典》以降，人格制度被进一步衍化成"权利能力""行为能力"，乃至"责任能力"。

"权利能力"是"足以拥有权利或担负义务的资格"的法律抽象。但是，"权利能力只是得以享有权利或者承受法律关系的资格，并不意味着一切的权利、法

---

① 法人格应该有广义与狭义理解的区分。在广义上，法人格制度是指凡是被赋予法律主体资格的组织体，包括狭义的法人，（如有限公司、股份公司，也包括合伙、个人独资企业等）所建构起来的主体资格制度，均为法人格制度。为了表述简洁考虑，本文从广义上来讨论。

② 徐国栋著：《民法哲学》，中国法制出版社 2009 年版，第 73 页。

益或者法律关系会对权利主体自动地发生。"① 所以，当法律主体要以行为发生火灾变动法律关系时，就需要具备另一种能力，即"行为能力"。"行为能力"强调的是，法律主体能否以自己的实际行为来承受权利以及担负法律义务。在某种意义上讲，权利能力是某一实体被视为法律主体的一种静态确认，而行为能力则是某一实体能否切切实实成为法律主体的一种资格确认。责任能力，有时候被称之为不法行为能力，可以被视为是一种广义上的行为能力。其基本内涵在于表述法律主体对自己的过失行为承担责任的能力，既适用于实施侵权行为的情形，也适用于违反合同的情形。②

根据权利能力、行为能力以及责任能力的设定，并综合借鉴自然人人格与法人格制度，对于人工智能法律主体制度，可以考虑以下具体的方案：

第一，对于人工智能的"权利能力"取得，应以登记为准。若未经登记，不得享有"权利能力"，不被视为"法律主体"。为了保障登记的统一性与权威性，应由具有审核职权的行政主管机关来负责统一的登记工作。当前，我国法人类型多样，而登记机关也有所不同。就人工智能的"主体资格"登记问题，工商行政管理部门（市场监督主管部门）或者民政部门或者科技主管部门，都可以被考虑设立为统一登记部门。对于人工智能"权利能力"的消灭，则以该人工智能报废或者销毁为准。对于人工智能的报废或者销毁，同样需要办理相应的"消灭"登记。

第二，机器人与自然人的差异不同于自然人相互之间或与动物的差异。后者权利的赋予是人类主动行为的后果，而非与既得权力者"谈判"、博弈的结果，但有"能力"的机器人完全可能具有这样的能力和机会为自己争取权利。所以，机器人权利能力设计的重要问题之一就是如何确定哪些机器人应当取得哪些权利，以及由谁来确定哪些机器人取得权利。③ 从借鉴法人格角度来看，人工智能"权利能力"的范围，要受到法律、行政法规的限制，以及目的事业的限制。比如，法律、行政法规可以基于特定的法律政策，而对人工智能的"权利能力范围"进行限制。诸如人工智能能否享有"生命权""健康权""配偶权"等，法律、行政法规均可作出特别的限制。有学者曾颇为忧虑地指出："若其具有人类完全相同的法律地位，则是否会出现人工智能机器人享有婚姻权同人类通婚，从而导致现

---

① 龙卫球著：《民法总论（第二版）》，中国法制出版社 2002 年版，第 166 页。
② ［德］卡尔·拉伦茨著：《德国民法通论（上册）》，王晓晔译，法律出版社 2003 年版，第 156 页。转引自徐国栋著：《民法哲学》，中国法制出版社 2009 年版，第 180 页。
③ 张长丹：《法律人格理论下人工智能对民事主体理论的影响研究》，载《科技与法律》2018 年第 02 期，第 41 页。

行法律体系逻辑乃至人类赖以生存的伦理社会的崩塌？"①窃以为，这种忧虑，在科学的法律政策下，是可以消除的。在当下，那些具有"生理"与"精神"性质的专属性人格权与身份权，不宜赋予人工智能，而仅赋予其"姓名权""名誉权"等人身权以及财产性权利，如著作权、专利权等。仅就其得以享有的姓名权、名誉权等人身权以及著作权、专利权等具有"智力性质"的财产，其法律保护力度要弱于自然人的类似权利。这主要是考虑到这些权利对于人工智能的意义以及社会公益来考虑。比如，人工智能所创作的作品，其创作效率将远远高于人类智慧。如给予与人类创作作品相同的保护水平，则不利于人类智慧创造。若再考虑深远一些，人工智能能否享有政治性的权利，如选举权与被选举权、言论自由权、集会结社权？从谨慎与保守考虑，我们宜从私法上的权利开始尝试与摸索，而暂时否认人工智能的公法性权利/权力。

第三，对人工智能实行"无财产无人格"。即人工智能若要被赋予相应的权利能力，必须有一定的财产为基础。这些财产，既是人工智能成为法律主体的前置性条件，也是人工智能成为法律主体后对外承担法律责任的基础。对于财产额度与财产类型，可以暂时借鉴一人公司的思路，以10万元为宜，且须是可转让或者可变现的财产。作为承担责任的基础，该财产可以由人工智能的实际控制人来出资，并在登记机关中进行登记。该财产具有相对的独立性。人工智能的实际控制人，不得擅自转移或者处分，否则，必须以自己的财产来对外承担责任。若人工智能"名下财产"少于法定额度，则必须消灭其法律主体资格，除非其实际控制人补充财产。

第四，赋予人工智能有限"行为能力"。即人工智能可以其"自己的名义"对外可实施"法律行为"或"事实行为"，并依法承担相应的法律责任。这里的"有限"，主要是借鉴自然人的限制行为能力机制。自然人行为能力的限制，主要是针对其年龄与精神智力状况，但人工智能不存在这一问题。所以，这里的"限制"主要是针对人工智能的财产而设定的。考虑到其独立承担责任的可能性，故宜规定人工智能得以"自己名义"实施的法律行为，并且具有完整法律效力的，仅限10万元以下的财产。超过10万元以上的财产处分行为或者其他法律行为，其行为效力为效力待定，由其实际控制人来确认，并由实际控制人来承担补充责任。

第五，人工智能实际控制人角色类似于限制行为能力人的"监护人"以及公司制中的股东，有相应的决策权。人工智能的实际控制人可以是一个自然人，也可以是数个自然人，更可以是法人或者其他组织。人工智能要成为法律上的主体，必须有相应的实际控制人，并由实际控制人办理相应的登记手续。实际控制人对

① 袁曾：《人工智能有限法律人格审视》，载《东方法学》2017年第5期，第51页。

人工智能所承担的责任，原则上以其出资为限承担责任，但是，对于人工智能实施的"效力待定行为"，则承担补充责任。

第六，人工智能的实际控制人，主要是指人工智能的"所有权人"，而不是人工智能的设计者或者生产者。若人工智能的设计与生产存在着重大瑕疵，并导致人工智能的"所有权人"遭受损害，则人工智能"所有权人"得向设计者与生产者进行追偿。追偿的范围包括"所有权人"所承担的责任范围以及追偿而产生的合理费用。当然，这里也存在着这样的一种担忧，即"人工智能的短期影响取决于谁控制人工智能，而长期影响则取决于人工智能到底能否受到任何控制"。[①] 其实，主要人工智能伦理规范建立，并形成良性的制约，这种控制的问题，至少在短期内不用再去思虑。正如未成年的人成长，同样存在着是否受父母控制的问题。我们不能担心未成年人的成长，而扼杀其成长。

第七，人工智能的识别与区分——这在立法上也是一项重大问题。正如瑞安·卡洛所说，"如果人类严重沉浸在和机器人相处的社会里，那么法律就不得不决定对机器人进行分类。"[②] 毫无疑问，若人工智能被赋予法律主体资格或者被法律人格化，面临的一个问题就是，哪些类型的人工智能才能被赋予法律主体资格或者被法律人格化？在此，笔者认为：我们应赋予强人工智能以法律主体资格，而暂否认弱人工智能的法律主体资格。这样的设计，其实也是为了便于人工智能的控制与识别。从当前情况来看，弱人工智能的应用具有较高的普遍性，即应用的程度与领域非常广泛，而且，其生产与设计也较为容易完成。强人工智能则主要处于假说阶段。即便要生产与制造，也存在一定的难度。也就是说，强人工智能的生产与制造需要较强的技术基础与创造，往往只有少数的高科技企业才能完成。而且，强人工智能费用通常较高。这种状况，就会在客观上限制了强人工智能的生产量与应用程度。这种情况也恰恰能够符合法律的保守性需求。在具体设计上，可对被赋予法律主体资格的人工智能进行特别标记（比如，可以考虑要求其具备相应的人体形态、建立可随时随地进行识别的系统、在其外观上明确标注其"姓名"或其他类似标记等）。另外一个方面的考虑就是，要求具有生产制造强人工智能的企业或单位，必须获得相应的行政审批，且建立完备的识别系统与控制系统，规范与严格限制强人工智能生产的质与量。没有办理行政审批的任何单位均不得设计或生产可以被赋予法律主体资格的强人工智能。此外，强弱人工智能的区分，需要依赖科技专方面的专业判断。换言之，是否属于强人工智能，

① 袁曾：《人工智能有限法律人格审视》，载《东方法学》2017年第5期，第51页。
② 章琪编译：《人工智能——机器人专题（下）：机器人和法》，《世界科学》2015年第1期，第57页。

应由科技界确定一个行业标准。

四、余论

　　人工智能的法律主体性的制度建构，实际上仅是人工智能无数深刻法律命题的一部分。仅就人工智能的法律主体建制问题，有太多的法律问题值得思量。比如，人工智能被授予法律主体资格的条件应当是什么？包括哪些条件？如何判断这样的条件？由谁来判断？若人工智能与人类就其法律主体资格产生争议时，又该如何处理？人工智能是否应当享有"人身权"？人工智能能与人类结婚吗？在人工智能"人身权"保护方面，是否应当实行"弱保护"原则？如果是"弱保护"，应当怎样程度的弱保护？这种"弱保护"的正当性与合理性如何？规定人工智能成为法律主体的基础性条件是否应当有财产要求？若需要这样的财产基础，那么，应当有怎样程度的财产要求？这些财产的归属状态如何确认？何人有权决定人工智能主体资格的消灭？……诚然，在有着保守性格的法律世界中，科技的创新与发展，确实给法律带来了太多的革命性课题，而这些革命性课题，不仅不会因为法律自身的变革而不断消减，反而是越来越多，并不断地摧毁着强有力的"法律定式"。所以，在人工智能面前，法律的革命或许才刚刚开始。

大数据概念下关于医疗隐私之法律保障

黄维民[*]

一、研究背景

近年来开放政府资料[①]在全球蔚为风潮,逐渐形成大数据[②]的概念。由于信息科技产业的蓬勃发展,影响经济甚巨,各先进国家纷纷推动跨国信息整合计划与相关政策。就现况而言,台湾地区医疗与健康数据的主要来源是"全民健保数据库",该数据库保存医疗与健康数据。然而,制度上却缺乏完备的法律规范来监督或执行该数据库的数据存取与使用。另外,就信息科技与实务而言,该数据库的数据是经由信息整合与交换而来的电子病历数据。在医疗云端的概念下,所有医疗机构的病历数据都必须逐步电子化和信息管理化,再上传至云端的电子病历交换平台上,经由数据整理并加密后分批汇入全民健保数据库。

二、隐私权的概念

信息隐私权之作用与目的,在于限制他人搜集与使用有关足以辨识自己的资

---

[*] 台湾中正大学医疗信息管理研究所公共卫生博士/法学博士。

① 开放数据指的是任何人能够自由使用、重新使用与散布的数据,最多也只能要求要有来源标示,并且以相同的方式来分享这些数据。开放数据的定义中有几点重要的特性:例如这些数据是具有可得性与可读性的,即是一般人能够容易且方便获得,与易于了解的数据;还有开放资料是大家可以重新使用与重新散布,也就是开放资料它本身具有能够分享的普遍性,也能够让彼此互相流通,不同的数据库或是数据群组,可以彼此互用或是混合。吕宗学、邱伊翎、黄柔翡、冯瑜茜、吕家华、李宜卿、孙语辰:《健康与医疗数据的加值应用公民论坛议题手册》,第19页,2012年7月。

② 大数据或称巨量数据、海量数据、大数据,指的是所涉及的数据量规模巨大到无法透过人工,在合理时间内达到撷取、管理、处理、并整理成为人类所能解读的形式的信息。在总数据量相同的情况下,与个别分析独立的小型数据集(dataset)相比,将各个小型数据集合并后进行分析可得出许多额外的信息和数据关联性,可用来察觉商业趋势、判定研究质量、避免疾病扩散、打击犯罪或测定实时交通路况等;这样的用途正是大型数据集盛行的原因。

料之权利，以确保个人自我界定的权利，但现今科技发达，若将个人信息隐私所欲保护之对象局限于个人私密之信息，恐无法提供足够保障，而不能因应信息科技发展所造成对个人之侵害。在今日透过计算机处理技术，可将零碎、片段、无意义的个人资料，快速串联、比对归档与系统化。当大量信息累积在一起时，经过计算机分析处理，即可显现某特定个人之生活私密。谁掌握了这些技术与信息，便掌握了监看他人的权力。为避免个人处于透明与被监视的隐忧之中，隐私权保障的范围也应该随之扩张到非私密或非敏感性质的个人资料保护。因此个人资料保护范围包含涉及私密敏感事项之敏感性个资与非私密敏感但易与其他资料结合为个人档案之一般性个资。

三、文献回顾

（一）"全民健保"制度

"全民健康保险制度秉持自助互助、共同分担风险的原则，以全体'国民'为纳保对象，是政府增进'国民'健康福祉的一项重大政策"[①]，然而给付方式的改变，造成医疗院所之间竞争激烈，对于医疗产业的经营也是一大挑战。

医疗信息系统始于 1960 年代，发展初期主要以节省人力及提高工作效率，故未涉及全部范围，仅以一般行政管理方面之功能为主，且信息处理多为个人单一处理形式，且当时计算机科技与技术尚未成熟，还无法应用于医疗信息系统；1970 年后，部分大型医院开始在院内设立信息部门；从 1980 年至今，信息系统的发展已从一般行政扩大至管理、临床及医疗作业上，此阶段给予医界极大的帮助。

（二）病历与医疗信息系统

由于因特网的蓬勃发展，透过因特网之便利、快速等特性，各种形式的交易模式逐渐出现，企业与企业之间能够以快速有效的方式进行数据交换，许多产业以此新兴的商业模式发展相当多的实务应用，借此改善产品与服务质量、减少产品与服务之提供时差，进而降低成本。其中医疗产业透过因特网之应用进行远距医疗、院际信息分享、电子病历数据存取与交换即是其中一项。医疗院所可借由电子数据交换（Electronic Data Interexchange, EDI）的方式建立院际间共通的信

息平台，利用健康信息交换第七层协议（Health Level7, HL7）[①]、医疗数字影像传输协议（Digital Imaging and Communications in Medicine, DICOM）等医疗信息交换标准，医疗院所与相关单位能够减少纸本病历数据交换成本上的支出。医师也不再受限只能使用病人在单一医疗院所的就医纪录，因此能对病患的健康状况有全盘掌握，可增加病人照护质量，减少医疗资源浪费。尤其当局相关卫生单位能够从中萃取出有用之信息以协助制订卫生政策，因此电子病历交换，对于当局、医疗院所、医疗人员与病患都将有显著的效益。

（三）电子病历交换

当未来电子病历实施普及后，病患可以透过健保 IC 卡的方式，在有合作的医疗机构，经病患同意以及医师授权下，便可完整地取得病人以往的就医纪录，以达到连续不间断的照护模式。目前在电子病历推动上，当局的推动方向正确，医院部分从较难的影像切入，带领医院与业者直接跨越门槛，减少后续推动困难。但是部分医院和诊所因为电子病历带来的医疗纠纷证据力与医疗利益等问题，使得建置上遇到相关阻力，尤其电子病历因其数据过于敏感且私密，如何有效了解其安全性及隐私权之相关问题点，将成为电子病历推动过程中的主要面临的问题[②]。

电子病历以电子化文件的形式将病人健康信息记录下来，并储存在计算机数据库中。病历电子化不仅可以解决纸本病历容易泛黄、潮湿、受损、医护人员手写字体难以辨认、占用大量储存空间、无法多人同时读取、调阅及递送困难等缺失，还有助于降低医院的医疗成本、提升医疗服务效率、增进病人安全，在病历管理发展过程中是一大进步。

有鉴于电子病历的诸多好处，先进国家政府无不积极推动，然而各国电子病历定义不一，又电子病历在医院信息系统内牵涉层面复杂，造成医疗机构实际电子化程度难以衡量。美国医疗信息暨管理系统协会（The Healthcare Information

---

① 电子病历简单来说，就是将传统纸本的病历改用电子化的方式储存，由于牵涉到各个医疗机构间的病历信息交换，也因此促使各国进行电子病历标准的制定，而目前台湾采用的是国际标准 HL7 CDA R2。

② 电子病历在目前台湾地区"电子签章法"的架构下，视为电子纪录的一种应用形式。然而，对于电子纪录的制作，其选择权并非交由病患当事人选择，而是由医疗院所自行裁量决定，同时，在现行相关法律架构下，电子纪录的管理与保护是否安全？是否可靠？尚有疑虑的情形下，如何克服管理与技术上的障碍，以兼顾保障当事人权益以及善用新科技便利性，遂成为今日健康信息科技（Health information technology）应用的主要冲击与挑战。黄鼎佑、曾德宜：《电子病历管理与运用之相关法律议题初探》，载：《全国科技法律研讨会论文集》，第83—96页，交大科法所，2006 年6月。

and Management Systems Society, HIMSS）为了了解医院推行电子病历之状况，制定 EMR 采用模型（EMR Adoption Model），以八个阶段检视医院电子病历的应用情况，利用该模型评价医疗机构实施电子病历之水平，帮助医疗机构达到电子病历"有意义的使用"（Meaningful Use）①。根据 HIMSS 所属研究分析机构在 2012 年针对美国 14,872 家医疗机构采用门诊电子病历的最新报告结果显示，只有 10% 左右的医疗院所达成以电子文件和计算机取代纸本病历，30.54% 开始使用临床数据库来保存医嘱和结果，更有超过半数仍然使用纸本文件来保存和管理病历。

四、对医疗隐私的法律保障

许多学者对于隐私权有不同的定义。认为隐私权是个人对其私领域的自主权利，并认为隐私权系由"私领域"以及"自主权利"两大核心因素所构成②。也认为隐私权是一种"保障个人对于其个人信息的控制""满足个人对于其独立自主的要求"以及"提升个人自我表现与形成社会关系的能力"之权利。因此，隐私权可谓个人对于私人领域内事务的控制权，他人对于该领域内事务的不得侵犯，以及个人决定其私人领域内事务是否公开及公开程度之权利③。

1. 1999 年"民法债编"第 195 条④修正，认为人格权为抽象概念，明文赋予"隐私"受到侵害的请求权基础，确认侵害人格及身份法益之非财产上损害赔偿。在修正前原条文采列举主义，侵害隐私权并无法请求非财产上之损害赔偿。修正前原先对于人格权之保护采所谓的"特别人格权主义"，认为仅及于条文所列举之生命、身体、健康、名誉及自由等五项人格法益，修正后范围扩及信用、隐私、贞操，并增加了"不法侵害其他人格法益而情节重大者"以防疏漏或滥用。

---

① 美国病历协会为电子病历的发展定义出五个阶段：
1. 医疗纪录自动化（automated medical record，AMR）
2. 病历数据计算机化（computerized medical records，CMR）
3. 电子病历（electronic medical records，EMR）
4. 电子病患数据（electronic patient records，EPR）
5. 电子健康信息（electronic health record，EHR）
由于"全民健保"制度的实施，台湾在第二阶段的 CMR 已有很好的基础，而目前正在第三阶段努力推广中。
② 王泽鉴著：《侵权行为法》，第 26 页，2007 年。
③ 林子仪著：《从保障隐私的观点论基因信息的利用与法的规制》，载《基因科技与法律研讨会论文集》，学林文化事业有限公司，第 264—266 页，2003 年。
④ "民法"第 195 条："不法侵害他人之身体、健康、名誉、自由、信用、隐私、贞操，或不法侵害其 他人格法益而情节重大者，被害人虽非财产上之损害，亦得请求赔偿相当之金额。其名誉被侵害者，并得请求恢复名誉之适当处分。"

2. "刑法"第 133 条、第 306 条、第 315-1 条增订、及第 316 条。隐私保护以"秘密"之名，分别规定于"刑法"中，第 133 条为对邮电秘密之保护；第 306 条对于无故侵入他人住宅、建筑物者加以处罚；第 315 条为对书信秘密之保护。而鉴于社会使用微型录音录像等电子设备普遍，而以此类工具窥视、窃听、窃录他人隐私活动、言谈或谈话者，故于第 315 条之 1 则增订了对非公开活动、言论、谈话、身体隐私部位之保护；第 316 条为禁止泄漏业务上知悉之秘密。上述条文亦规定了侵犯隐私权之法律责任。

3. "通讯保障及监察法"。1999 年制订的此规定乃为保障人民秘密通讯自由不受非法侵害，第 13 条规定通讯监察以截收、监听、录音、录像、摄影、开拆、检查、影印或其他类似之必要方法为之。对于违法侵害通讯秘密之个人或公务员设有刑罚之规定，以保障电信、邮件、书信、言论及谈话等有关隐私或秘密之合理期待。

4. "脱氧核醣核酸采样条例"，于 1999 年制定的该规定目的为了维护人民安全、协助司法鉴定、协寻失踪人口、确定亲子血缘、提升犯罪侦查效能并有效防制性侵害犯罪。其第 3 条定义"脱氧核醣核酸"为指"人体中记载遗传讯息之化学物质"，包括人体血液、唾液、毛发所携之个人独特脱氧核醣核酸（deoxyribonucleic acid, DNA）足以辨识基因特征之遗传信息，均非公开信息，不可容许他人任意搜集，但为犯罪侦查之必要，妨害性自主或者重大公共危险、杀人伤害等罪刑之被告或嫌疑犯，于法院或检察官认为有必要时，得强制采样。但 DNA 实属个人之隐私，因此该条例第 10 条规定，采样程序及方法"并应注意被采样人之身体及名誉。"第 11 条规定，主管机关应妥为储存该 DNA 样本并建立纪录及数据库。受采样者若受不起诉处分或经法院无罪判决确定者，则主管机关应删除其 DNA 样本及记录。

五、结论与展望

近年来由于医疗信息数字化之发展，加以通讯科技日新月异与进步与网络传输普及，使得利用网络通讯技术进行的远距医疗方兴未艾，是未来趋势。而高龄化社会到来，民众普遍对于健康的概念愈加重视，也对相关医疗服务的可及性、方便性及质量期盼愈高。电子病历在目前"电子签章法"的架构下，视为电子纪录的一种应用形式。然而，对于电子纪录的制作，其选择权并非交由病患当事人选择，而是由医疗院所决定，同时，在现行相关法律架构下，电子纪录的管理与保护是否安全可靠，在尚有疑虑的情形下，如何克服管理与技术上的障碍，以兼顾保障当事人权益以及善用新科技便利性，遂成为今日健康信息科技应用的主要冲击与挑战。为创造一个安全、可信任的电子病历使用环境，未来应朝向健全的电子病历管理制度，以及强化信息安全与当事人隐私权保护的方向发展，以实现信息科技带来的利益，满足人类医疗与照护的需求。

　　现今全球只有极少数国家针对医疗病例隐私保障订立专法，而针对 E 化健康医疗照护而立法者更为罕见。此种情况对于利用信息通讯技术来进行医疗照护发展有负面影响。因为未有专法出现，代表该国尚未就信息隐私的个人利益及国家在收集、使用、储存该些信息的利益两者之间找到一个平衡点。就现有数据观之，未来主要国家以制订特别法方式，规范医疗信息隐私之保护，应为大势所趋。

融资租赁物抵押权之探索

陈业业 *

中华人民共和国商务部流通业发展司、中国国际电子商务中心于 2017 年 8 月颁布《中国融资租赁业发展报告》，载明："全国融资租赁企业管理信息服务平台数据显示，截至 2016 年底，我国登记在册的融资租赁企业数量共计 6158 家，比上年底增加 2543 家，增幅为 70.3%。其中，内资试点企业 204 家，增加 15 家，增幅为 7.9%；外资租赁企业 5954 家，增加 2528 家，增幅为 73.8%。""截至 2016 年底，全国融资租赁企业注册资本金总量为 19223.7 亿元，同比增幅为 31.3%，是 2013 年 2884.3 亿元的近 7 倍。其中，内资试点企业最高注册资本为 221 亿元，外资租赁企业最高注册资本为 143 亿元；注册资本超百亿元的融资租赁企业有 3 家，超 50 亿元的企业有 21 家。""截至 2016 年底，全国融资租赁企业资产总额 21538.3 亿元，比上年同期增长 32.4%，突破两万亿。其中，内资试点企业资产总额 5140.1 亿元，比上年同期增长 35.2%；外资企业资产总额 16398.2 亿元，比上年同期增长 31.5%。租赁资产总额 13090.4 亿元，增长 33.8%；融资租赁资产总额 12810 亿元，增长 32.9%。总负债 14088.4 亿元，资产负债率 65.4%2。从单个企业来看，总资产超过百亿元的企业达 33 家。"可见，"融资租赁作为集融资与融物、贸易与技术服务于一体的现代交易方式，在我国转变经济发展模式、调整产业结构所带来机遇与挑战中逆势上扬，继续保持较高增速，融资租赁业已经成为我国现代服务业的新兴领域和重要组成部分。"[①]

虽然融资租赁行业整体发展良好，势头迅猛，但阻碍融资租赁行业发展的因素还很多，如经济形势、市场风险、承租人道德风险等，其中困扰出租人的一个主要难题就是融资租赁物被他人恶意侵害。因为，融资租赁所有权与使用权分享的权利外观，给予了承租人对外上租赁物再融资的客观便利。现行立法没有就融资租赁合同中的租赁物登记问题作出明确规定，没有建立起完整的租赁物登记制

---

* 福建社会科学院法学研究所副研究员。

① 《中国融资租赁业发展报告》，http://www.mofcom.gov.cn/article/gzyb/ybr/201708/20170802621709.shtml.

度，给出租人的物权保障带来较大风险。"但对大量没有所有权登记机关的机械设备及其他无所有权登记机关的动产而言，占有为所有权的主要公示方式，在承租人对外转让租赁物时，受让人可以根据善意取得制度取得租赁物的所有权，其结果是出租人租金债权的物权保障岌岌可危"。①

自 2014 年 3 月 1 日起施行的《最高人民法院关于审理融资租赁合同纠纷案件适用法律问题的解释》对此做了相应的规制。2014 年 3 月 2 日，最高人民法院民二庭负责人就《最高人民法院关于审理融资租赁合同纠纷案件适用法律问题的解释》答记者问"统一裁判尺度　规范和保障融资租赁业健康发展"时，称"司法解释第九条对出租人的物权保护问题给予了积极的回应。根据该条规定，承租人或者租赁物的实际使用人未经出租人同意转让租赁物或者在租赁物上设立其他物权，第三人依据物权法第一百零六条的规定取得租赁物的所有权或者其他物权，出租人主张第三人物权权利是不成立的，人民法院不予支持，但有四种例外情形：一是出租人已在租赁物的显著位置作出标识，第三人与承租人交易时知道或者应当知道该物为租赁物的；二是出租人授权承租人将租赁物抵押给出租人并在登记机关办理抵押权登记的；三是第三人与承租人交易时未按照法律、行政法规、行业或地区主管部门的规定在相应机构进行融资租赁交易查询的；四是出租人有证据证明第三人知道或者应当知道交易标的物为租赁物的其他情形。该条规定从第三人取得租赁物的所有权或者他物权是否构成善意的事实认定角度，将实务中出租人广泛采用的并且符合现行法律规定的所有权保护措施予以认可，将有利于加强出租人对租赁物的物权保障，并引导和促进融资租赁行业整体的健康发展。"②

"其中，第 1 种情形系针对租赁物的外观标识了租赁物的权属状况，故可认定第三人不构成善意；第 2 种情形在民法原理上似相当于出租人自甘将其所有权降低为抵押权，或可解释为出租人将其自身所有之物又抵押给自己，与传统民法理论寻求理论上严谨与逻辑体系上的自洽相矛盾。但从实务的角度来看，在立法未明确租赁物登记机关的前提下，此种登记方式有效弥补了出租人物权保护的不足，亦未给国家社会公共利益及第三人带来不利影响，同时有利于维护出租人的合法权益，限制承租人的恶意违约，确有认定其法律效力的必要。在此点上，《解释》未拘泥于民法理论之周全，兼顾了实务需求与立法现状，对此种实践做法给予了

① 雷继平、雷爽、李志刚：《交易实践与司法回应：融资租赁合同若干法律问题——〈最高人民法院关于审理融资租赁合同纠纷案件适用法律问题的解释〉解读》，载于《法律适用》2014 年第 4 期，第39 页。

② http://www.court.gov.cn/shenpan-xiangqing-6147.html.

必要的认可。"①

目前，我国已有两个融资租赁交易登记查询系统有两个，一是由中国人民银行批准建设的，由中国人民银行征信中心开发运行的融资租赁登记公示系统，于2009年7月20日上线运行，在中登网的动产融资（权属）统一登记平台的框架下提供融资租赁登记、查询和证明验证服务，为租赁公司提供租赁登记服务。二是由商务部开发建设的融资租赁业务登记系统，2013年10月刚刚开始运行，主要针对非金融系统的融资租赁公司，商务部要求其监管的内资试点融资租赁公司及外商投资融资租赁公司在其系统上对租赁业务及租赁物进行登记。但这两个系统均缺乏相应层次的法律来支持与赋予物权登记效力，因此，目前多数融资租赁公司除了在该两个系统就租赁物办理租赁登记外，还纷纷向市场监管机关办理租赁物抵押登记，即融资租赁司法解释第9条规定的第二种情况"出租人授权承租人将租赁物抵押给出租人并在登记机关办理抵押权登记"。

中华人民共和国市场监管总局也开展布局全国市场监管动产抵押登记业务。2018年5月22日，《市场监管总局办公厅关于开展全国市场监管动产抵押登记业务系统应用试点工作的通知》【市监市〔2018〕11号】规定："北京市、上海市、武汉市工商行政管理局：为深化商事制度改革，进一步推进动产抵押登记信息化、规范化、便利化，根据《国务院关于加快推进"互联网＋政务服务"工作的指导意见》（国发〔2016〕55号）精神，市场监管总局开发建设了全国市场监管动产抵押登记业务系统（以下简称系统）。为了推进系统在全国范围内顺利应用，经研究，决定自2018年5月25日起在你局开展为期两个月的系统应用试点工作。"②全国市场监管动产抵押登记业务系统于2018年5月25日上线试运行。③

由于全国统一的租赁物登记制度目前难以建立，显然租赁物抵押登记已经成为保护出租人对租赁物享有所有权的重要保障措施，笔者以为，这种抵押登记不应仅限于保护所有权，还应赋予其抵押权效力以更利于保障租金债权的实现，因为：

其一，要明确出租人对租赁物享有的所有权的本质属性。《合同法》第242条规定："出租人享有租赁物的所有权。承租人破产的，租赁物不属于破产财产。"《物权法》第39条规定："所有权人对自己的不动产或者动产，依法享有占有、使用、收益和处分的权利。"因为融资租赁的特殊性，出租人让渡了所有权人的绝

---

① 雷继平、雷爽、李志刚：《交易实践与司法回应：融资租赁合同若干法律问题——〈最高人民法院关于审理融资租赁合同纠纷案件适用法律问题的解释〉》解读，载于《法律适用》2014年第4期，第39页。

② http://samr.saic.gov.cn/xw/yw/wjfb/201805/t20180522_274264.html.

③ http://dcdy.gsxt.gov.cn/loginSydq/index.xhtml.

大多数权利，使得所有权与占有、使用权相分享，导致出租人保留的只是名义上或者说是法律规定上的所有权。"租赁期间，出租人作为租赁物的所有权人享有的仅仅是一种形式上的所有权，其功能就是为了控制租金债权的风险"。① 因此，出租人对租赁物拥有的所有权，只是一种法律拟制的所有权，其主要功能是担保租金债权的实现，其着眼点并不仅仅为了收回租赁物，而在于收回租赁物后的变价受偿权，而且这种变价受偿权随附有租金债权与租赁物残值的结算义务，即当收回的租赁物的价值超过承租人欠付的租金以及其他费用的，超过部分要返还给承租人；如不足的，则承租人要继续赔偿出租人损失。② 这种结算义务，是不是极类似于抵押物变价受偿的多还少补？

其二，"所谓抵押，是指债务人或第三人不转移担保物之占有，将该财产作为债权的担保，债务人不履行债务时，债权人有权以该财产折价或以拍卖、变卖该财产的价款优先受偿。""抵押权作为担保物权之一种，其本质为价值权而非实体权。抵押权的中心在于抵押权人紧紧地把握物的将的交换价值"。③ 抵押权的本质特征在于所有权与使用权的分离，以及抵押物的变价款由抵押权人优先受偿，以保障债权的实现。抵押权按抵押物权属的不同，可以分为两类，一类为他物抵押权，即普通意义上的抵押权，即抵押物应当是债务人或第三人的物；另一类为自物抵押权，即"就是指在自己所有物上所存在之自己抵押权"。④ 在德国、瑞士、奥地利的广义立法例中，所有人抵押分为原始的与后发的所有人抵押权。本人所探讨的租赁物抵押权，即为原始的所有人抵押权。

其三，对于《最高人民法院关于审理融资租赁合同纠纷案件适用法律问题的解释》第九条第二款确立的租赁物抵押制度是否具备抵押权效力，学界意见不一。有人认为："其实质目的并非担保租金债权，而为公示权利，防止租赁物被善意取得，其非物权法意义上的抵押权，非《物权法》第176条规定的债务人提供的物保，只有抵押权之名，而无抵押权之实"。⑤ 有人认为，"不能一概否认出租人租赁物上抵押的优先权。理由在于：一是从现实层面来看，如果租赁物上同时出现第三人抵押权的，否认承租人抵押权的优先性，则其权利保护无从谈起，抵押权

① 高华著：《租赁创新——健康、租赁、资本三度整合》，北京，中国经济出版社2011年版，第169—170页。
② 《合同法》第249条，《最高人民法院关于审理融资租赁合同纠纷案件适用法律问题的若干规定》第22、23条。
③ 孙鹏、肖国厚：《担保法律制度研究》，法律出版社，1998年4月第1版，第137页。
④ 王利明主编：《物权法专题研究》（下），吉林人民出版社，2002年1月第1版，第1242页。
⑤ 曹明哲：《融资租赁中的自物抵押权不适用混合共同担保规则》，《人民司法》（案例），2018年第14期，第83页。

登记也无意义。二是《解释》赋予了出租人抵押权，不论取得形式有何特殊，目前并无明确的法律规定对其抵押权权能作出限缩"。① 有人认为："认可出租人享有抵押权可以给出租人带来实际的保护，更进一步丰富民法理论，更重要的是可以更好地增强融资租赁合同的稳定性，保障交易安全，降低交易成本，更好地发挥融资租赁促进实体经济的作用。承认出租人的抵押权，使得出租人不必纠结于合同法第 248 条的选择，只要在请求承租人支付合同约定的未付租金时，增加保护抵押权的请求，则可以实现一箭双雕，即请求了债权，又有担保物权的保护，将大大降低诉讼成本"。② 笔者以为，看租赁物抵押权是否应该具备抵押权效力，关键要看赋予租赁物抵押权抵押效力，是否违背了租赁物所有权的本质。如上所述，租赁物所有权目的是为了保障租金债权的实现，出租人主张租赁物所有权、收回租赁物，还要将收回租赁物的残值与租金债权进行结算、多还少补，而如果赋予租赁物抵押权抵押效力，那么，出租人无需主张收回租赁物，而只需主张对租赁物的变价款享有优先受偿权，但超过租金债权的部分要返还给承租人、不足部分由承租人继续清偿，由此，在融资租赁合同纠纷案件中，出租人主张租赁物所有权、收回租赁物的处理结果，与出租人主张租赁物抵押权的处理结果，完全一致，这种处理结果其实也是租赁物所有权的担保功能的具体实现。因此，笔者以为，应当赋予租赁物抵押权以抵押效力，而并不能仅仅将租赁物抵押权作为一种出租人所有权的保障措施，出租人同时享有租赁物所有权与出租人享有租赁物抵押权，并不冲突。

其四，虽然是否应该赋予租赁物抵押权抵押效力还存在很大争议，但司法实践中已经有若干地方法院的判决书支持了租赁物抵押权的抵押效力，如笔者在裁判文书网搜索到的"北车投资租赁有限公司诉山东瀚霖生物技术有限公司等融资租赁合同纠纷 ——北京市二中院 (2015) 二中民 (商) 初字第 11037 号""长城国兴金融租赁有限公司与唐山蓝猫饮品集团有限公司、张井印等融资租赁合同纠纷一审民事判决书——新疆高院（2016）新民初 36 号""国泰租赁有限公司与山东信莱大豆生物科技有限公司等融资租赁合同纠纷——山东济南中院（2016）鲁 01 民初 2152 号""国泰租赁有限公司与山东天信光伏新能源有限公司等融资租赁合同纠纷——山东济南中院 (2016) 鲁 01 民初 1425 号""上海易鑫融资租赁有限公司与邸春光融资租赁合同纠纷——北京市昌平区法院（2017）京 0114 民初 10945 号""杨冬琴与仲利国际租赁有限公司融资租赁合同纠纷——安徽合肥市中院（2017）皖 01 民终 3496 号"等等。

---

① 李鹏飞:《融资租赁物抵押于出租人制度之探析》,《上海金融报》,2017 年 6 月 2 日,第 A13 版。

② 朱宁:《融资租赁合同中出租人是否享有抵押权》,《江苏法制报》,2014 年 12 月 11 日,第 00D 版。

　　在司法实践中，出租人主张对办理了抵押登记的融资租赁物享有抵押优先受偿权，有着重要的经济意义与司法实践意义。其经济意义在于，当出租人认为租赁物并不拥有很高的残值时，出租人会转而寻求对承租人其他财产的保全与执行，但出租人又不想完全放弃对于租赁物的残值，所以用抵押权来替代。而这种替代并没有损害承租人的利益，因为当租赁物的残值不足以清偿租金债务时，承租人本就要以其他财产继续清偿。其司法实践意义在于，与确认租金债权、租赁物残值拍卖确定、二者间进行多还少补计算这种复杂的诉讼请求相比，出租人主张对融资租赁物享有抵押优先受偿的诉讼请求显得简单明了，可以避免在审判阶段就进行复杂的租赁物评估事务，减少审判工作量，加快审判进程，而是将租赁物的残值评估留在强制执行阶段进行，这样的诉讼与执行方案也同样不会损害承租人的利益。

　　正如奥地利法社会学家埃里希说的：“不管什么年代，法律发展的中心，不在立法，不在法学，也不在司法判决，而在于社会本身”，当社会经济的发展需要赋予融资租赁物抵押权抵押效力时，司法应顺应时代潮流，满足社会需要，而不宜固守传统理论而停滞不前。

共享交通大发展下的地方立法因应

于静涛[*]

一、发展现状：共享交通地方立法的问题之缘

近年来，我国共享交通发展迅猛。据不完全统计，截至 2017 年 7 月，全国共有互联网租赁自行车运营企业近 70 家，累计投放车辆超过 1600 万辆，注册人数超过 1.3 亿人次，累计服务超过 15 亿人次。共享交通工具，这种互联网＋的交通参与模式正为越来越多的人们所接受。

世界上第一辆共享单车出现在荷兰的阿姆斯特丹。约 1965 年前后，在荷兰的阿姆斯特丹街头出现了几十辆被统一涂成白色的自行车。这些自行车由政府作为公益项目向市民免费提供。1995 年，在丹麦哥本哈根推出第一批"系统化"公共自行车。这些自行车设有固定的桩式站点，使用时需投入一枚硬币解锁，免费使用，车辆可归还到任意站点，归还后退回硬币。2005 年，在匈牙利布达佩斯也出现了共享单车，其采用定制车辆，内置 GPS、智能锁等电子设备，无固定车桩，用户在手机端安装 App 可以搜索到附近的车辆，随用随还，收取少量的使用费。2007 年巴黎推出超大规模"自行车共享"计划，在政府的大力倡导和支持下，出现了相对较为成熟的商业运行共享单车形态——Velib。Velib 在巴黎有 1800 个站点，每个站点都可以完成租用和还车服务，每个站点的间距约 300 米，停靠着高达 70 辆的车辆。在中国，一般认为 2014 年由北京大学的学生群体自发成立的"OFO"公司是共享单车行业经营的发端。2016 年 4 月，随着"摩拜"共享单车公司宣布上市，其后小蓝、小鸣等网络租赁自行车公司陆续成立，我国共享单车进入了大规模发展阶段。网络租赁自行车的模式成功地解决了群众出行的"最后一公里"问题，其使用方便，价格低廉，为群众出行提供了便利，在一定程度上缓解了城市交通拥堵状况，也为低碳、节能、环保作出了贡献。在共享自行车行

---

* 福建江夏学院法学院副教授。

业普遍获得迅猛发展的背景之下，各种新类型的共享交通工具模式——共享汽车、共享电动车、共享滑板车也在各大城市纷纷试水。

几乎与此同时，与共享交通工具相关的社会治理问题也日益凸显。车辆停放无序、共享交通工具使用者违章严重并执法困难，车辆运营维护不到位，以共享车辆为媒介的违法犯罪活动不断出现，共享交通领域市场竞争无序，经营企业主体责任不落实，用户资金和信息安全风险等问题层出不穷。

二、制度观察：共享交通地方立法的现实基础

目前我国共享交通工具的立法几乎处于空白阶段。从中央到地方均没有成熟有效的法律、法规对之予以调整。在中央层面，《中华人民共和国道路交通安全法》及《道路交通安全法实施条例》由于制定时间均早于共享交通大发展时期，因而没有针对共享交通的制度设计。截至目前，仅有《交通运输部、中央宣传部、中央网信办等关于鼓励和规范互联网租赁自行车发展的指导意见》一部规范性文件在实施鼓励发展政策、规范运营服务行为、保障用户资金和网络信息安全、营造良好发展环境等方面做了一些原则性的规定。地方层面，经笔者对北大法宝的法规库进行检索，截至目前共有 28 个关于共享交通工具的地方规范性文件，对各地方的共享交通进行了一定程度的规范。

纵观我国从中央到地方的共享交通工具立法，我们发现了如下几个特点：1. 从效力等级上看，专门调整共享交通工具相关法律问题的规范目前均是效力层级较低的规章以下规范性文件，没有法律、法规、规章等形式的法规范。2. 从规范对象上看，尽管当前共享交通工具的发展正愈来愈多样化，但共享交通工具的管理规范目前仍局限于针对共享单车。而对于已经出现或即将出现的共享汽车、共享电动自行车、共享滑板车等新型共享交通工具的管理与规制则缺乏制度上的回应。3. 从规范内容上来看，现有规范大都倾向于指导性、原则性的规定。在一部中央规范性文件和 28 部规范性文件中，几乎都是从企业运营管理、骑行人管理、政府监督管理等方面作出倡导性的原则性的规定，而没有全面具体的制度设计。特别是囿于规范层级的限制，这些规范性文件无法具体设定处罚、强制等行政管理措施，因而无法成为规范共享交通工具管理的有效手段。

从以上共享交通立法情况的分析可以看出，面对汹涌而来了共享交通工具发展大潮，相应的制度准备尚不充分。从中央到地方对此都缺乏全面有效的调整规范更毋庸说完备的制度体系了。如何尽快有效的解决共享交通工具领域野蛮生长、管理无序的问题？笔者认为，地方立法先行应当是最佳选择。理由在于：首先，

相比较于中央立法的周期长、程序复杂而言，地方立法具有快速有效、灵活适应性强的特点，往往能够根据地方实际情况，直击共享交通工具管理的难点、痛点，从法律制度层面提供较为有效的解决方案。其次，共享交通工具乃新事物，全国各地因发展情况、客观环境等因素所面临的共享交通工具管理问题侧重点往往有所不同。此时地方立法恰好能够完成先行先试积累经验的使命，为最终国家层面的立法提供宝贵的经验。

三、路径选择：地方立法规范共享交通的首要步骤

本部分主要探讨三个问题：第一、制定共享交通地方立法应选择地方性法规还是规章？第二、应选择省级地方立法还是设区市级地方立法？第三、应选择专门立法还是在现有规定中增加相关内容？下面逐一分析之：

（一）共享交通地方立法应当采取法规还是规章形式的问题。

对于以上这两种形式，《立法法》均给予了制度空间。地方性法规采不抵触原则，《立法法》第七十二条规定："省、自治区、直辖市的人民代表大会及其常务委员会根据本行政区域的具体情况和实际需要，在不同宪法、法律、行政法规相抵触的前提下，可以制定地方性法规。""设区的市的人民代表大会及其常务委员会根据本市的具体情况和实际需要，在不同宪法、法律、行政法规和本省、自治区的地方性法规相抵触的前提下，可以对城乡建设与管理、环境保护、历史文化保护等方面的事项制定地方性法规，法律对设区的市制定地方性法规的事项另有规定的，从其规定。"目前还没有关于共享交通的法律、行政法规，同时共享交通事项也不属于法律保留的范畴，根据《立法法》第七十三条的规定，"除本法第八条规定的事项外，其他事项国家尚未制定法律或者行政法规的，省、自治区、直辖市和设区的市、自治州根据本地方的具体情况和实际需要，可以先制定地方性法规。在国家制定的法律或者行政法规生效后，地方性法规同法律或者行政法规相抵触的规定无效，制定机关应当及时予以修改或者废止。"同时，共享交通又属于城乡建设与管理事项，因此，省、自治区、直辖市人大及其常委会以及设区的市的人大及其常委会都可以依据职权制定地方性法规，进行共享交通工具立法。

地方政府规章采"依据说"，即没有法律、行政法规、和本省、自治区、直辖市的法规作为上位法依据，不得制定地方政府规章。但《立法法》第八十二条为

地方政府规章设定临时性行政措施预留了空间："应当制定地方性法规但条件尚不成熟的，因行政管理迫切需要，可以先制定地方政府规章。规章实施满两年需要继续实施规章所规定的行政措施的，应当提请本级人民代表大会或者其常务委员会制定地方性法规。"因此，省、自治区、直辖市和设区的市、自治州的人民政府可以制定共享交通管理方面的临时行政规章。

既然地方性法规和规章都可以完成立法规范治理共享交通的使命，那么，相比较而言有没有更优选择呢？笔者倾向于前者，理由有二：

首先，对于行政许可、行政处罚、行政强制等行政管理所常用的措施，地方性法规的设定权更大，更有利于共享交通管理规范的制定。根据《行政许可法》第十五条的规定，尚未制定法律、行政法规的，地方性法规可以设定行政许可，但只有省级地方政府规章可以设定为期一年的临时性许可。根据《行政处罚法》第十一条的规定，地方性法规可以设定除限制人身自由、吊销企业营业执照以外的行政处罚；而省、自治区、直辖市人民政府和省、自治区人民政府所在地的市人民政府以及经国务院批准的较大的市人民政府制定的规章能设定警告及一定数量罚款的处罚。对于设区的市的地方政府规章能否设定警告和罚款的行政处罚，目前全国人大常委会并没有予以明确。但由于《立法法》颁布修改于《行政处罚法》之后，面对新《立法法》扩大的地方政府规章的范围，相关单行法律、法规应当也势必会作出相应调整。因此，在《行政处罚法》修改之前，应当根据《立法法》的原意，认为设区的市人民政府制定的地方政府规章有权设定警告和罚款处罚。在行政强制方面，根据《行政强制法》第十一条的规定，尚未制定法律、行政法规，且属于地方性事务的，地方性法规可以设定查封场所、设施或者财物、扣押财物的行政强制措施。而地方政府规章则无权设定任何行政强制措施。

这里还有一个问题值得注意，那就是《立法法》第八十二条规定，"没有法律、行政法规、地方性法规的依据，地方政府规章不得设定减损公民、法人和其他组织权利或者增加其义务的规范。"共享交通的管理，不可避免地会使用行政处罚手段，而行政处罚规范正是减损公民、法人和其他组织权利或者增加其义务的规范。共享交通工具管理是新事物、新问题，在很多方面，没有上位法依据的可能性都很大。如采取地方政府规章形式立法，则基本不能设定行政处罚措施。

其次，根据《立法法》第八十二条的规定，如制定规范共享交通的地方政府规章，则其有效期是两年。这类临时行政措施政府规章在两年期满如无法上升为地方性法规，则该规章所规定的行政措施将会自然失效。此时如未能提前提请同级人大及其常委会制定地方性法规，则极容易造成行政规章自然失效而地方性法规规定尚未出台的制度真空，从而影响行政管理行为的效能和连续性。一般来讲，从政府提请审议地方性法规议案到人大及其常委会审议通过，至少需要一年左右的时间，因此，为了避免上述的衔接误差，应当从临时行政措施政府规章颁布实施后就考虑立即启动该项地方性法规的制定较为适宜。但由于地方政府规章与法规的起草间隔较近，不宜总结出规章实施中出现的问题和经验，此时相应制定地方性法规往往是规章的简单重复，实质上造成立法资源的浪费。

（二）关于选择省级地方立法还是设区的市地方立法进行共享交通规范问题

共享交通是新问题、新业态，当前正处于不确定因素较大的萌芽、发展期。共享交通在一省之内各个地区的发展情况往往因各地的人口情况、经济发展水平、地理环境、道路交通状态而大有不同。以共享单车为例，在一省之内，有的地区已经全面覆盖、飞速发展，而有的地区则几乎难觅踪迹。正是由于这种不均衡性，对共享交通进行全省统一立法规范的难度很大。因此笔者认为，共享交通地方立法以设区市为单位进行较为适宜。各设区市可以根据本地方实际情况有的放矢地进行共享交通立法，真正有效的解决共享交通工具管理、规范的难点、痛点。

（三）专门立法还是在现有规定中增加相关内容

对于共享交通的地方立法大致有两种方式：一是在现有的《道路交通安全条例》《道路交通安全法》实施办法或《非机动车管理条例》中加入共享交通管理的相关内容。另一种是制定专门规制共享交通的地方立法。笔者认为后者较为可行，理由如下：1.共享交通涉及面广，并非在现有规定中增加几个条款所能承载。共享交通的规制管理涉及刑事、民事、行政三大法律部门。对于地方立法而言至少应当在行政和非基本民事制度方面进行相应的制度建设。由于共享交通涉及法律部门跨度大，关涉内容广泛，在现有规范中增加部分条款显然难以完成该项使命。2.共享交通涉及的法律关系复杂，需要专门的规范予以调整。共享交通是利用互联网为用户提供交通工具的租赁的经营模式，其核心法律关系是共享交通经营企业与用户之间的租赁合同关系，但除此之外，还会涉及经营企业之间的竞争关系、政府对经营企业在市场准入、行业监督等方面的管理关系、政府对共享交通工具用户及其他相关人的管理关系等。如此之多且归属不同门类的法律关系，实应制定专门的共享交通地方立法予以规范和调整。3.共享交通涉及的法律问题常常与现有法律规定既有交叉又相对独立，应当予以专门规范才能完全涵盖解决共享交通中需调整绝大多数问题。共享交通往往涉及现有规范的某一个方面，例如，共享单车就涉及很多地方的自行车管理规范或是非机动车管理规范；而共享汽车又与一些汽车租赁的管理规范有着密切的关系。如果仅对现有规范的某个方面进行修改，增加共享交通的相关内容，往往容易造成对其他方面的遗漏。

四、价值确认：共享交通地方立法规范的逻辑起点

立法目的与价值追求是立法的灵魂和最高纲领。它体现立法所追求的价值理念和所欲达到的治理愿景。它是立法制度架构的基础，也是检验立法有效性的黄金标准。在制定规范共享交通工具的地方立法时应当首先对立法追求的价值和立法目的予以明确。

（一）立法目的

笔者认为共享交通工具地方立法的立法目的应当包括：

1. 促进共享交通工具蓬勃发展。2015年10月29日中国共产党第十八届中央委员会第五次全体会议提出要牢固树立并切实贯彻创新、协调、绿色、开放、共享的发展理念。全会还为国家今后的发展做出了"实施网络强国战略，实施'互联网+'行动计划，发展分享经济，实施国家大数据战略"的总体规划。互联网租赁交通工具是移动互联网和租赁交通工具融合发展的新型服务模式，是分享经济催生的新业态。其符合国家发展的总体战略，同时也是创新、协调、绿色、开放、共享发展理念的体现。因此，鼓励产业发展、优化市场环境促进共享交通工具健康有序的发展应当是地方立法义不容辞的责任。

2. 规范共享交通工具经营企业及使用人的行为。共享交通作为分享经济的新业态，在其发展过程中也面临竞争无序、市场混乱、缺乏监管、退出机制不健全等问题；同时对于共享交通工具的使用者而言，由于缺乏必要的准则要求及监管机制也常常出现乱停放、私自锁车、未成年人骑行等不规范行为。以上情况都急需在地方立法予以规范。因此，地方立法应当将规范共享交通工具经营企业及使用人的行为作为其重要的立法目的之一。

3. 维护相关涉主体的合法权益。共享交通工具发展过程中，损害相关主体合法权益的事件屡有发生。例如共享交通工具产品质量问题引发的侵权损害，共享交通工具经营企业监管不到位引起的用户个人信息外泄，共享交通工具押金无法退还，无序竞争导致共享交通工具经营企业权益受损等。共享交通工具地方立法应当承担进行制度设计，预防相关主体合法权益受损以及提供救济途径的任务。

4.公平科学地分配公共资源。共享交通的本质是对公共资源的时空精细化分配。其中既包括对交通工具使用权的分配还包括对道路交通资源的分配甚至还涉及对生产资料和环境资源的分配。分享经济模式的初衷就是要通过这种时空精细化的分配实现社会资源效能的最大化。但也必须看到，在共享交通工具野蛮生长的模式下，也许更多遵循的是适者生存的丛林法则，这非但不能达到社会公共资源集约分配的目的反而还会造成社会公共资源的浪费。对于地方立法而言，建立分配和使用规则，引导和规制使用社会公共资源行为朝公平、科学、有序、集约的方向发展是其应当坚守的使命。

（二）价值追求

共享交通工具地方立法的价值追求是立法所力求维护的价值理念，是立法期待应当达到的治理状态或效能。笔者认为共享交通地方立法所应当追求的价值至少包括以下：（1）便捷（2）安全（3）绿色环保（4）有序（5）集约。

五、立法架构：共享交通地方立法的核心任务

共享交通立法的调整对象是包括政府在内的企业、用户及其他相关人、其他社会治理参与人四大主体。因此，规范共享交通的地方立法以共享交通整体规范治理过程涉及的不同主体关系为主线展开，是符合对事物进行分类的逻辑顺序的。笔者建议立法可以围绕政府职责范围及职权分工、共享交通经营企业的主体资格与责任、社会共同治理、共享交通用户的守法义务四个方面进行制度设计。

（一）政府的职责范围及职权分工

1.职责范围。职责范围主要解决共享交通背景下，哪些问题属于政府责任，应由政府来管理的问题。在制度设计上可以此为中心进行相应的构建。具体而言，应当由政府管理的事项可以包括：①共享交通经营企业的市场准入问题②共享交通工具的数量调控。具体包括投放管理和数量动态监控。③共享交通工具发展配套建设。具体包括相关专用车道的规划、停车区域建设、共享交通信息服务平台建设。④监督检查与违法处理。具体包括对共享交通管理的日常检查，对违规违法共享车辆的拖离、清理，对共享交通违法行为的行政处罚。⑤建立服务评价管理机制，对经营企业在综合服务、运营秩序维持、用户评价等方面的考核的义务。⑥建立社会共同治理共享交通的格局的义务。包括如何引入行业协会等社会组织

参与治理，如何发挥舆论和社会监督的作用，如何加强消费者权益保护，如何形成全社会共同参与的治理体系等。

2. 职权分工。共享交通的治理涉及地方人民政府以及交通、公安、城管、住建、发展改革、规划、市场监管、商务、金融服务、网信、旅游等多个部门的职权职责。实践中就曾有发生共享交通管理职权划分不清，行政机关相互扯皮的现象。因此，地方立法有必要明确相关行政机关的权限分工。2018 年 8 月，经国务院同意，交通部等 10 部门联合发布了《关于鼓励和规范互联网租赁自行车发展的指导意见》，提出了"服务为本、改革创新、规范有序、属地管理、多方共治"的基本原则。并明确，"城市人民政府是互联网租赁自行车管理的责任主体，充分发挥自主权和创造性，因地制宜、因城施策，探索符合本地实际的发展模式。"《关于鼓励和规范互联网租赁自行车发展的指导意见》的政府监管主体的确认对共享交通管理整体都有借鉴意义。应当可以确立城市的地方人民政府作为共享交通管理的组织协调管理主体的地位。在此基础上，各地应当结合本地区实际情况，合理的在交通、公安、城管、住建、发展改革、规划等部门之间进行分工，使各部门按照各自职责，协同配合共同做好共享交通管理工作。

（二）企业的主体责任

共享交通工具经营企业因其在共享交通中所处的法律关系不同，其所扮演的主体角色也不同，相应的，承担的主体义务、主体责任亦有不同。

1. 租赁关系。共享交通实际是一种以互联网为媒介的分时租赁活动。共享交通工具经营企业和用户之间形成租赁法律关系。在租赁关系之下，经营企业的角色是出租人，基于这种身份，经营企业应当承担以下义务：①保持车辆性能安全、良好的义务。②明确计费方式和标准并告知承租人的义务。③对共享交通工具运营维护的义务。④对共享交通工具进行日常及特殊情况下调度以充分满足承租人的租赁需求的义务。⑤对租赁活动中获取的用户信息保密及合法使用的义务。⑥共享交通工具交通事故的及时救助及部分理赔责任。⑦分立、合并退出时的善后义务。

2. 物权关系。共享交通经营企业大都是共享交通工具的所有权人。基于物权关系，经营企业应负有：①妥善保管、合理使用动产质押物——押金的义务。②共享交通工具交通事故的及时救助及部分理赔责任。③对其所有的物品维持其合法状态的义务。具体可以包括：保障共享交通工具合法停放的义务，防范车身小广告的注意义务，对用户使用实行实名制注册管理管理，禁止未满 12 周岁儿童使用的义务等。

3. 对公共资源的占用、使用关系。共享交通模式运行过程中，经营企业是公共道路资源、停车区域资源的占用使用主体。经营企业因占用、使用行为而承担对公共资源的相应义务。例如：按照政府管理要求投放共享车辆的义务，采取电子围栏等综合措施有效规范用户停车行为的义务，因使用道路、停车区域等公共资源而付费的义务。

（三）社会共同治理参与人的作用

共享交通的共同治理需要发挥行业协会、社会组织、市民、舆论媒体等各方面的作用。地方立法应当明确行业协会在推广共享交通工具技术条件与服务规范标准，提高整体服务水平和行业自律管理方面的责任。应当鼓励社会组织通过开展第三方测评等手段参与网络共享交通工具的社会监督。通过地方立法鼓励市民对违法或不文明用车行为予以制止或举报。鼓励舆论媒体加入共享交通治理的全方位监督，鼓励媒体通过平台推送、公益广告、主题教育等形式进行安全文明使用共享交通工具的宣传教育。

（四）用户及其他相关人

与共享交通治理密切相关的人实际应当包括用户（即承租人）和用户以外的其他相关人。现有研究在谈到这一问题时往往只关注到了前者。很多地方规范性文件中也只是对承租人或用户提出了行为要求。[①] 但事实上，共享交通的治理中后者所起到的作用也许并不比前者小。例如一个没有与任何共享交通工具平台签约的人，却私自打开共享单车锁并将其锁在自家楼下的私占行为，再如非共享单车用户在共享单车上粘贴小广告的行为等，这些主体都不是共享交通工具的用户，但显然他们有关涉共享交通工具的行为应当受到法律的约束，特别应当受到地方立法结合本地方特色的规制。

1. 用户基于租赁关系产生的义务。地方立法应当明确用户作为承租人，承担租赁合同法定及约定的相关义务，具体包括：①支付租金的义务②按照约定的方法正确使用共享交通工具的义务。例如禁止用户在共享单车篮筐载小孩或宠物，禁止使用共享汽车进行营运等。③妥善保管共享交通工具的义务。例如不损坏共享交通工具，妥善有序停放等。④不得擅自改善和增设租赁物的义务。例如未经经营企业同意，用户不得在共享交通工具上粘贴小广告。⑤返还义务。例如禁止

---

① 例如：《武汉市人民政府关于鼓励和规范互联网租赁自行车健康发展的意见》就设有"承租人"的专门条目来规范其行为，这样的例子还有《上海市互联网租赁自行车管理办法》，也使用了"用户要求"的专门条目。

将共享交通工具加锁，置于某个私人的控制之下。

2.基于物权义务主体产生的义务。这类义务主要针对非用户主体。具体包括：①不损毁共享交通工具的义务。②不私占共享交通工具的义务。③未经经营企业同意，禁止非用户利用共享交通工具进行广告。

3.基于共享交通工具发生交通事故侵权行为而产生的义务。该义务是针对共享交通工具用户的，主要包括发生侵权行为后使用人的赔偿义务或与经营企业的赔偿义务分担。

4.基于道路交通参与人的义务

该义务主要针对共享交通工具用户，用户使用共享交通工具参与道路交通就应当遵守交通法规和规则，按道行驶和停放，未达到法定年龄不得使用共享交通工具，不将驾驶证件转借他人使用等。

综上所述，共享交通地方立法应当围绕以上几类典型的主体及其形成的相关法律关系，在地方立法权限范围内，进行体系化的制度架构而不是仅仅从政府监管的主观意识出发，孤立的针对某些问题、使用某些行政措施制定若干规则。

乡村绿色金融法律问题初探

陈思宇 *

党的十九大报告明确提出要发展绿色金融，把其作为推进绿色发展的路径之一，加快生态文明体制改革，建设美丽中国。十九大报告同时提出要着力解决突出的环境问题，加强农业面源污染防治，开展农村人居环境整治行动。在农村环境污染防治、人居环境整治、乡村生态农业和绿色产业发展中，应大力发展农村绿色金融，推动绿色金融与乡村振兴战略的有机结合。

一、农村绿色金融的重大意义和现实问题

自 20 世纪 90 年代以来，我国的绿色金融有了长足的发展，绿色金融规模不断扩大，金融产品形式日益丰富，出现了以兴业银行为代表的一批运营良好的绿色金融机构。但是，农村绿色金融的规模和覆盖面都只占其中极少的比例，很多地方农村金融机构业务不强、服务不佳，中小金融机构和市场主体参与能力薄弱，缺乏社会资金进入农村绿色产业的合适渠道。[①]

农村绿色金融主要服务于"三农"：支持农业绿色发展、农村环境治理和美丽乡村建设以及农民增收。目前，我国绿色农业、低碳农业的发展都需要大规模的技术改造和设备升级；农村人居环境改善需要建设大量污水处理设施、垃圾处理设施、美丽乡村示范工程等；大量农民返乡创业，发展乡村生态旅游和有机农产品种植、加工和销售等，都需要大量的资金支持。据估算，我国每年需要助推绿色农业发展、治理农村污染等各类投资总额约 1 万亿元，政府只能出资约20%，[②] 资金缺口大，远不能满足农村环境治理和乡村振兴对金融支持的要求。

推动农村绿色金融发展，要鼓励金融机构提供更多的绿色金融产品和服务，引导和激励更多的社会资本进入绿色环保产业，尤其是农村绿色产业，构建以政

---

* 福建社会科学院 法学研究所 助理研究员。

① 李学辉：《加快完善农村绿色金融体系》，载《中国环境报》2018 年 3 月 22 日，第 3 版。

② 温焜：《乡村振兴呼唤绿色金融勇担重任》，载《中国环境报》2018 年 1 月 31 日，第 3 版。

府为主导、市场为主体、环保团体和公众积极参与的绿色金融体系。要使农村绿色金融健康、深入发展，要结合农业、农村和农民的实际，构建体系合理、权责明确的绿色金融体系，将各种行之有效的绿色金融制度通过法律的形式固定下来，将绿色金融纳入法治化的轨道。[①]

二、农村绿色金融的法律问题

一是缺乏完善的绿色金融立法。我国目前尚未有统一的绿色金融立法，与绿色金融相关的《商业银行法》《证券法》《公司法》《保险法》等部门法也缺乏绿色金融的相关规定。目前实施较多是各省市发布的支持或者推动绿色金融发展的政策性文件，如福建省人民政府 2017 年制定和实施的《福建省绿色金融体系建设实施方案》。但是政策性文件具有原则性和概括性，很多条款甚至只具有宣言性质，不具备具体的操作性，在实践中发挥的作用有限。

即使是一些已经实施的制度，由于其制度设置的不完善或法律规范的不统一，影响了其权利的有效行使和金融创新。以林权制度改革为例，对林权进行精巧的体系化的权利设置（用益物权、担保物权和债券性利用）有利于进一步明确权利主体和权利内容，为金融创新提供法律保障，拓展绿色金融产品。

二是绿色金融的配套实施办法不完善。除了与绿色金融直接相关的法律法规之外，还有一些配套实施办法亟待建立，例如企业环境信息强制披露制度、企业绿色信用评级制度等。配套制度的完善将为金融机构推进绿色金融营造良好的外部条件，大大减轻其审核负担和风险。目前很多配套制度尚在改革实施过程中，以上市公司的环境信息强制披露为例，推动都极为缓慢，毋宁说农村企业尤其是小微企业，这大大增加了乡村绿色金融发展的难度。

三是绿色金融法律责任制度尚未建立。目前实施的绿色金融政策性文件中大多是鼓励金融机构大力发展绿色信贷、丰富绿色金融产品和工具等正面激励手段，但是对于金融机构在日常信贷过程中不严格审核，违反国家产业政策违规放贷，造成严重环境污染是否应该承担一定的法律责任则没有规定。对于贷款者在环境污染案件中是否应该承担连带责任，美国 2012 年的一个判例给予了肯定的回答，该判例给银行业的发展带来了重大影响，迫使银行在信贷过程中高度重视环境保护，以避免不带放贷引发的风险。[②]如果说鼓励企业加大绿色信贷力度等方式是正面引导和激励，规定银行等金融机构在信贷过程中严格审查责任，并且在一定

---

① 王金水：《用法律手段保障绿色金融发展》，载《中国环境报》2016 年 11 月 28 日，第 3 版。

② 梁琳：《国外绿色金融支持有机食品产业的经验》，载《世界农业》2016 年第 7 期，第 197 页。

条件下承担环境损害的连带责任则是对银行的基本要求，是银行真正的紧箍咒，将直接推动银行业的转型。

三、完善农村绿色金融法律制度，促进农村绿色金融发展

要促进农村绿色金融的发展，首先要完善相关法律法规，使绿色金融不受政策制定者和执行者的意志的影响，真正纳入法治轨道上来，成为银行的法定义务。一方面可以考虑在国家层面制定《绿色金融促进法》，明确绿色金融的法律概念，明晰地方立法的权限，促进地方的绿色金融立法。另一方面要在绿色金融相关的部门法，包括《商业银行法》《证券法》《公司法》和《保险法》等法律的修改过程中加入绿色金融条款，明确各领域主体推动绿色金融的权利和义务。例如对环境污染高风险行业和企业实行强制环境污染责任险，在生态环境脆弱的农村地区或者对容易造成农村环境污染的禽畜养殖产业等实行强制环境污染责任险。除此以外，还要在《民法典》《物权法》等基本法律中进一步明确自然资源利用权的权利属性和权利内容，使土地承包经营权、林权等都能进入金融市场并作为金融产品流通，激活农村金融市场。

其次，要推动各地结合实际情况制定相关的促进绿色金融发展地方性法规或者规章，并在其中专门规定促进农村绿色金融发展的内容，为绿色金融向"三农"领域倾斜奠定法律基础。尤其是在绿色金融先行先试地区和绿色金融发展已经具有一定规模的地区，要注意适时把行之有效的经验上升为政策或者法律，促进其进一步推广和应用。如福建省在多年来林权制度改革的基础上，积极开展林权按揭贷款、林权支贷宝和"福林贷"等金融业务，拓展绿色金融产品。

再次，制定与法律法规配套适用的技术规范和标准体系。鉴于我国地区发展不平衡、城乡发展不均衡的基本国情，某一项目对某一地区来说属于环保项目可能在另一地区就不属于绿色金融信贷对象的环保项目，可能去年还属于环保项目今年就被移出绿色项目名录了，因此要进一步完善与绿色金融相关的技术规范或者标准体系，例如绿色项目和绿色企业的评估认证标准、企业环保信用评级、企业和个人信用信息系统、碳交易市场监测系统、碳排放权指标分配系统等，[1] 简化金融机构的审核程序，降低其金融风险。例如可以鼓励地方政府建立地方乡村和农业绿色项目库，利用地方特色打造绿色金融服务品牌。[2]

最后，要构建和完善金融机构的环境法律责任机制。由于我国的绿色金融发

---

[1] 赵晓磊：《我国绿色金融立法之难点及建议》，载《新经济》2016 年 12 月（下），第 50 页。

[2] 安国俊、刘昆：《绿色金融如何助理乡村振兴？》，载《中国金融》2018 年第 10 期。

展并不成熟，各地区发展差异很大，在构建金融机构的环境法律责任制度方面要体现出差异化和阶段性。对经济发达地区、环境保护要求较高的地区、绿色金融发展相对成熟的地区或者生态脆弱地区、国家重点生态保护地区等，可以引进较严格的金融机构环境法律责任制度，强化金融机构的环境保护义务和责任，提高环境污染企业的融资难度，进一步促进当地的产业升级、技术更新和能源结构优化。对于生态环境基础较好，环境承载能力较强的地区，不一定建立严格的金融机构环境责任制度，可以根据当地的经济发展状况和环境保护要求，建立适合本地区的金融机构环境责任制度。

试论人工智能法律地位

孟媛媛* 陈 华

2018 年 3 月 19 日，Uber 自动驾驶汽车在亚利桑那州坦贝市撞上了一位突然横穿斑马线的中年女子。该女子经抢救无效后不幸身亡。作为全球首例自动驾驶汽车撞人致死案，该案引发了人们对人工智能法律规制的广泛关注。其中，对于人工智能的法律地位问题，更是众说纷纭。诚然，在新技术时代里，人工智能的法律地位问题，已是立法无法回避的重要命题。因此，梳理、检讨并建构人工智能法律地位的应然形态，具有重要意义。

一、人工智能法律地位之困惑

通常认为，人工智能是人机交互的产物，研究的是如何让计算机去做过去只有人才能做的智能的工作。[①] 人工智能是人类的智慧集聚的伟大产物，它拥有人类那般的"思考"能力，是可以像人类那样作出智能反应的复杂机器。正是基于人工智能几乎具有人类所特有的"思维""思考""决策"等能力，所以，人工智能应当是怎样的法律地位，成为困扰各国立法与学界的重要问题。

（一）人工智能法律地位的学说

对于人工智能法律地位，当前至少有以下五种观点：

---

* 集美大学法学院讲师。

① 刘伟：《关于人工智能若干重要问题的思考》，载《学术前沿》2016 年第 4 期，第 6 页。对于人工智能，学者作了非常多的分类。比如，美国律师协会成员 Steven Wu 把机器分为三种：第一种是直接延伸人类能力的系统；第二种是不具有自主控制能力，而是充当人类和机器装置之间中介的机器人；第三种是具有完全自主控制能力的机器人。参见斯坦福大学法学院《法律学》公开课 2009 年 11 月 12 日第三节课程《机器人时代的法律挑战》(Legal Challenges in an Age of Robotics) Kenneth Anderson 的发言，http://itunes.stanford.eduhttps://cyberlaw.stanford.edu/multimedia/legal-challenges-age- robotics or https://open.163.com/movie/2010/7/9/M/M6TKJ5GFB_M6TKJSI。本文的讨论主要是针对第三种类型的人工智能。

1."工具"说

秉持"工具"的学者认为，人工智能只是人类为方便生产和生活应用而创造的工具，其本质是为人类服务的智能化软件技术，没有独立的意志，不具有法律人格。[①]换言之，人工智能与我们传统所说的工具没有根本差别，仅是人类的创造物，是人类权利的支配对象，是法律关系中的客体。其唯一的特殊性，仅在于其比传统工具更高级、更智能、更复杂罢了。作为智能化工具，人工智能只是听从并执行使用者的意志，并没有自己独立的意志、利益和财产，更没有承担行为后果的能力。因此，它不具有独立的法律地位，而围绕人工智能而产生的一切法律后果，均应有其使用者承担。

2.法人说

法人说主张像对待法人和其他非法人组织一样，赋予其相应的法律人格；在性质上，可将其认定为新型法人。[②]在该学说下，人工智能是一个独立的主体，拥有独立的财产，和当前的"法人"一样享有权利并承担相应的义务，能够独立思考、判断、决策和行为，并以自己的财产独自承担法律责任。

3.电子奴隶说

电子奴隶说认为人工智能不具有人类特殊的情感与肉体特征，在工作时无休息等现实需要，可以认作不知疲倦的机器，有行为能力但没有权利能力。[③]在罗马法中，奴隶是跟牛、羊、马等牲畜一起被当作是主人附属品，实质上就是一个会说话的工具。在该学说下，人工智能和罗马法中的奴隶一样，虽然它可以根据自己的思想做出某些行为，但由于它没有权力，法律后果仍然属于它的主人。该学说虽然解决人工智能法律责任承担的问题，但是将人工智能等同于罗马法上的奴隶，否认了其成为独立的主体可能，实质上是另一种工具论而已。

4.代理说

代理说认为，人工智能的所有行为均被人类所控制，其作出的行为与引起的后果，最终由被代理的主体承担。[④]它和民法中的"代理人"相类似，是对被代理主体行为的延伸，其行为后果最终由被代理主体承担。但其本质和法律意义上的"代理人"不同，实质上还是一个工具。

5.电子人说

电子人说将人工智能看作既非法人又非工具，但又兼具法人主体性和工具附

---

① 转引自袁曾：《人工智能有限法律人格审视》，载《东方法学》2017 年第 5 期，第 52 页。

② 转引自陈亮：《电子代理人法律人格分析》，载《牡丹江大学学报》2009 年第 6 期，第 67 页。

③ 转引自袁曾：《人工智能有限法律人格审视》，载《东方法学》2017 年第 5 期，第 52 页。

④ 周晓俊等：《基于约束的智能主体及其在自动协商中的应用》，《上海交通大学学报》2005 年第 4 期。转引自袁曾：《人工智能有限法律人格审视》，载《东方法学》2017 年第 5 期，第 52 页。

从性的所谓"电子人"，拥有有限的权利和义务，对自己的行为负责。[①]该学说根据是否登记注册来判断人工智能的法律地位，如果人工智能的使用人将人工登记注册为一个独立的法人，则该人工智能具有民事权利能力和行为能力，可以像其他法律主体那样对自己的行为负责；相反，如果使用人没有将人工智能登记注册为一个独立的法人，则其只是使用人的工具，不能对自身行为负责，那么其使用者必须为其行为负责。

（二）人工智能法律地位的"革新"立法

若将人工智能视为工具，那么，这样的观点应该是最为常规也是最为"朴素"的主张。这不仅是因为这样的观点背后有着数百年，乃至千年的法律智慧沉淀，更是符合人们日常的朴素情感。然而，若我们的法律改变了"工具"设定，而从法律客体走向法律主体呢？这显然是极具法律智慧冲击的做法。或许，在很多人的朴素认知中，这样的做法似乎是难以想象的，也是难以接受的。然而，这样的立法，正逐渐走进我们的法律世界中。

2010 年 11 月 7 日陪伴型机器海豹帕罗，获得日本"户籍"，开发人被列为帕罗户口本上的父亲。2017 年 11 月，日本东京授予了消息应用 Line 上的聊天机器人"涩谷未来"永久居住权。这使得该聊天机器人成为日本乃至世界上第一个可以实地居留的人工智能机器人。[②]

2016 年 2 月，美国 Google 旗下的无人驾驶汽车在运行测试时发生交通事故，美国高速公路安全管理局依法将汽车中的人工智能系统认定为"司机"。

2016 年 5 月，欧盟委员会法律事务委员会向欧盟委员会提交动议，要求将最先进的自动化机器"工人"的身份定义为"电子工人"，并通过法律赋予其劳动权等特定的权利和义务，并建议为"电子人"开立资金账户以使其享受劳动者的相关权利履行相关义务。[③]2017 年 10 月，欧盟议会法律事务委员会《欧盟机器人民事法律规则》中就涉及重构责任规则和考虑赋予复杂自主机器人以"电子人"的法律地位。[④]

---

① 陈亮：《电子代理人法律人格分析》，载《牡丹江大学学报》2009 年第 6 期，第 69 页。

② Jennifer Robertson. "Human Right vs Robot Rights: Forecasts from Japan". Critical Asian Studies, 2014, 46(4) 571-598. 转引自张长丹：《法律人格理论下人工智能对民事主体理论的影响研究》，载《科技与法律》2018 年第 2 期，第 38—39 页。

③ 胡裕岭：《欧盟率先提出人工智能立法动议》，载《检察风云》2016 年第 18 期，第 54 页。

④ Lina Lietzen. Robots: Legal Affairs Committee calls for EU- wide rules..http://www.europarl.europa.eu/news/en/news-room/20170110IPR57613/ robots-legal-affairs-committee-calls-for-eu-wide-rules. 2018 年 03 月 02 日访问。

2017 年 10 月，"未来投资倡议"大会于沙特阿拉伯首都利雅得召开，会上机器人索菲亚被主办方公布为沙特阿拉伯首位机器人公民，索菲亚也随之成为我们人类史上第一位机器人公民。①

毫无疑问，上述立法，在人工智能法律地位的"革变"方面，已经迈出了实质性的第一步，尽管后续仍有很多的内容尚未明确，比如，人工智能的条件及其具体权利义务，乃至责任承担等。这是一种立法勇气，也是一种立法智慧抉择。对此，我国的立法，应何去何从？

二、人工智能与"中体"

在人工智能诞生之初，其智能性并不太高，他们被作为人类的工具、民法中的物，这无可厚非。但随着科学技术的发展，人工智能已由机器阶段发展到智能阶段，其与人类的差别正在慢慢缩小。在科学家的不懈努力下，未来的人工智能将拥有生物大脑，甚至可以拥有与人脑媲美的神经元数量。美国未来学家雷·库兹韦尔甚至预言，有自我意志、拥有类似于人类情感的人工智能将在不久的未来出现，并将成为未来常态，甚至在 21 世纪中叶时将会 10 亿倍于今天所有人类的智慧。② 人工智能智能性越来越强，越来越像人类未来甚至可能超过人的智能发展态势已经是不争事实。这种发展前景下，无视人工智能的智能性的工具论显然过时。若仍然简单地视人工智能为使用人的工具，将其停留在客体层面的认定已经无法满足现实需要，显然不太合理。

当人工智能参与社会生活的各个方面，与我们人类共享社会资源，法律就无忽视法对他们的"感受"和"诉求"。但如若直接让人工智能拥有法律人格，使其享有和法人一样的法律地位，拥有自己的独立财产，完全自负其责。这虽然一定程度为其使用者提供了很好的保障，但如果发生完全归咎于人工智能的法律纠纷时，相对人不得不与其直接交涉。交涉过程中极易发生恶意删除、转移存储、虚假交易、财产转移等一系列不正当行为，最终结果是使相对方求偿落空，其利益难以得到保障。这样一来问题也就出现了，法人说虽赋予了人工智能法律人格，但却无法解决相关的行为责任问题，显得过于激进，无疑是一种十分不可行的冒险行为。

相比较各种学说，结合对于人工智能的发展前景以及现实需要，笔者采折中

---

① Lauren Sigfusson. Saudi Arabia Grants Citizenship to Robot, http://blogs.discovermagazine.com/d-brief/2017/10/27/robot-citizen-saudi-arabia/#.WqODjWa76T9. 2018 年 3 月 2 日访问。

② 杜严勇：《论机器人的权利》，载《哲学动态》2015 年第 8 期，第 83 页。

观点，支持电子人说，认为人工智能是介于人与物之间的过渡存在，应该处在既非人又非物的"受特别尊敬"的地位。[①]

关于人工智能的法律地位，最直接的根源在于法律主客体二分法。传统民法制度对主客体间进行非常严格的划分。除了人类之外，凡是没有精神或意志的存在都是物，属于权利的客体。但随着经济社会发展，传统的主、客体二元制结构框架已然被打破，主客体之间这种不可逾越的鸿沟现在正发生动摇。[②] 高度智能的人工智能正是动摇主客体间这种不可逾越的鸿沟的一股力量。值得留意的思路是：在主体与客体之间，是否应当具备一种特殊的地位"中体"？[③] 它既似是主体，又似客体，但与两者有着实质性的差异？"中体"理论提示着我们这样的逻辑：人工智能不同于任何既存的传统的事物，简单将其作为客体（物）看待或者直接当主体（人）看待都不妥当。人工智能本就兼具"工具性"和"类主体性"。所以，赋予人智能以"电子人"的特殊法律地位，视为主客体间的特殊存在——"中体"，不失为一个明智的选择。

这种将人工智能视为主客体间中介的折中认识，契合了人工智能发展的现实需要。任何技术都很难保证万无一失，而偏离初衷的事故也是不可避免的。在人工智能可以独立思考、判断、决策和行为的情况下，也不能够过分苛责于创造者。如果因为技术所限，在完全不能归咎于使用人错误还让他们承担责任，就必将使他们战战兢兢。使用人顾忌可能出现的风险，会尽可能减少人工智能的使用，这样不可避免地会限制人工智能的健康发展。但是如果为了鼓励人工智能的使用，而让受其侵害的相对人承担风险，不仅不公平，而且会使相对人不愿与人工智能建立法律关系，必然也会限制人工智能的运用和发展。电子人说通过登记注册制度来平衡所有人、使用人和相对人之间的关系。人工智能登记成为法律主体，能够承担有限责任情况下，使用者的风险将大大降低，从而鼓励人们多去运用人工智能；相对人通过登记系统查询，可以轻易获知人工智能的主体资格性，也可以了解人工智能有多大的安全性，能承担多大的责任，做到心里有数，然后再自行选择是否与该人工智能产生法律关系。这样一来，在规制人工智能和发展人工智能两个维度间达到了适当的平衡，我们现在担心的很多责任问题都能够得到较好的解决，既减少了人工智能使用者的风险，又兼顾了相对人的利益，有利于人工智能健康发展。

① 徐国栋：《体外受精胎胚的法律地位研究》，载《法制与社会发展》2005 年第 5 期，第 62 页。
② 吴汉东：《人工智能时代的制度安排与法律规制》，载《法律科学（西北政法大学学报）》2017年第 5 期，第 131 页。
③ 徐国栋：《体外受精胎胚的法律地位研究》，载《法制与社会发展》2005 年第 5 期，第 64 页。

的确，打破私法主客体二元结构，赋予人工智能电子人身份，乍一听有些难以接受，抑或觉得奇怪甚至可笑。但是我们要知道，很多东西刚刚出现的时候往往都会遭到质疑，不容易被接受。法律对于部分主体和权利的保护并非自始一开始就有，而是随着人类认知的不断进步而产生。若从法律主体地位的发展史来看，我们可以赋予公司等法人地位，甚至承认合伙企业等非法人组织，这就意味着未来时机恰当时，赋予人工智能以电子人身份未尝不可。

三、"中体"地位与人工智能法律规制

（一）打破传统民法主客体二元框架

传统民法理论关于"主客体"的学说已经在法律体系建构中占据主导性地位达数百年，然而，随着社会形态的变化以及科技的发展，"主客体"学说的解释力似乎有些"千疮百孔"。人工智能的法律地位问题正是其中或现或隐的一环。在人工智能的法律属性的问题上，传统民法典都保持了沉默。但近十几年来，许多学者对这一问题进行了卓有洞见的研究，形成了诸多不同学说，对立法形成了众多的冲击。某一国采用某一学说时，该国就会对立法进行或大或小的重建，对相关制度或规定进行补充修订或补充。在笔者看来，我国宜采用中介说，对潘得克吞学派遗留下来的"法律智慧"进行革变，改变传统民法的基本框架。我国现在正在进行的民法典编撰，要直面人工智能的挑战，要敢于改变"主体—客体"的二元结构立法模式，建立"主体—中体—客体"的三元模式，确定人工智能的"中体"法律地位。而且"中体"的范围不仅以人工智能为限，还可以包括动物、植物、受精胚胎等，让他们享有特殊的法律地位并共享一个法律模型。

当然，我们要需要注意考量人工智能的智能和独立程度，设立严格的认定标准，明晰何种智能程度的人工智能才能有特殊法律资格。也就是说，不是任何人工智能都可被赋予"电子人"这一法律地位。只有具备较强的"智能"，有"独立意识"的人工智能才能拥有"电子人"这一特殊的法律地位。

在明确人工智能"中体"法律地位后，我们还需要进一步参加主客体的法律体系逻辑，建构"中体"的制度结构。具体而言，可以考虑以下内容：

首先，我们要法律明文规定人工智能拥有的具体权利和义务。只有拥有了权利，"电子人"的身份才是真实的，才可能具备一定的"主体性"色彩。在具体权利义务的规定上，我们可以考虑像欧盟那样通过注册登记，赋予人工智能特定

的权利和义务，其权利包括但不限于著作权、劳动权、自由权，为其开立资金账户让其拥有独立的财产。但需要特别注意的一点是，人工智能毕竟有别于自然人，只可以拥有有限人格，其权利必须被限制。

其次，要对特殊侵权规则和原则进行明文规定。发生侵权事件时，拥有"中体"法律资格的人工智能必须以其名下的财产自行承担责任。但由于人工智能只能拥有有限人格，不可避免地会出现其无法完全自负其责的情况，就要进行责任分担。这可以让制造商、使用人承担补充责任，分担责任的程度视具体情况并结合下文提及的监管制度而定。此外，人工智能侵权时情况一般比较复杂，可以考虑让相关人员适用比较低举证标准。

（二）防范伦理道德风险

随着科学技术的不断发展，高智能的人工智能对伦理、道德提出了更高的要求，我们要最大限度地考虑此问题。我们要本着以人为本的理念，遵循正义、安全、创新及和谐等价值观，及时制定人工智能的道德、伦理章程，指引人工智能研究、开发和应用。具体实施上，我们可以组织人工智能技术专家、法学专业人员等具有不同知识和经验的人组成专家组，成立伦理审查委员会，预设人工智能伦理道德规范，指引人们遵循设计，从大局上统筹人工智能发展。

（三）加强对人工智能的监管

我国对人工智能监管是空白的，迫切需要建立一个立法、行政、司法等多方配合的监督体系。其中，政府监管最重要的一环。政府可以设立专门的监管部门，聘请专业人士来制定安全标准，建立人工智能审批机制。经过监管部门审批的人工智能系统，制造者和使用者根据过错责任原则来承担有限责任；而没有经过审批的人工智能系统，制造者和使用者就需要承担严格责任。而且，如果有人随意更改已经通过审批的人工智能系统，将失去有限责任这一保护伞，此人将承担连带责任和严格责任。这是一条依托于侵权法系统监管路径，虽然它并不完全禁止生产者生产未经审批的人工智能产品，但是它通过不同责任分担方式，引导相关人员认真检查未经审批的人工智能系统的安全性来避免连带责任、严格责任的承担；激励制造者尽可能地将人工智能外部性安全成本进行内化；也能够避免下游的销售商任意改变人工智能系统，以避免更大的公共危险。若在监管过程中出现违反监管要求的行为，由监管部门对进行处理、追责、惩罚，加大对违反监管的个人和企业的惩罚力度，从而增强行业和企业自律。

人工智能还对监管的技术提出了很高的要求，而我们目前监管技术还十分滞后。政府监管部门必须及时跟进监管技术的研究，提高风险监测和预警机制、扩大相关数据披露范围，开发数据记录全留存以便侵权后查验，了解整个人工智能发生作用的全过程，营造良好监管环境，改变监管空白的情况，尽可能减少人工智能可能带来的危害。

（四）强制投保制度和建立赔偿基金

人工智能导致损害所涉及的法律责任分配是极为复杂，而且还可能出现人工智能无法完全承担责任的情况。一个可行措施是构建人工智能强制保险制度。未经投保的人工智能不能通过注册登记能而拥有"中体"法律资格，不可销售或独立进入相关法律活动，以此来强制制造商和使用人投保人工智能保险。该保险制度的具体实施可以参考交强险，由国家规定统一的保险标准，保监会按照人工智能不损不益的原则厘定费率，确定保险费用。但由于人工智能侵权涉及人工智能系统的偏差，与仅覆盖了人的行为和差错的交强险有一定区别。人工智能应该扩大赔偿范围，包括但不限于受侵害的第三人。通过人工智能保险，以小的经济投入换取风险共担的机会，可以在最大程度上保障受到人工智能损害的受害人的权益，减少经济赔偿纠纷，以此来减少人工智能带来的责任风险。

此外，还可以考虑建立赔偿基金，作为强制保险制度的一个补充。赔偿基金的来源可以包括但不限于政府预算、监管部门的审批费用、对人工智能投资、捐赠或支付，确保有充盈的赔偿基金来弥补不在保险覆盖范围内的损害。

四、结语

人工智能的法律地位是人工智能立法过程中最先需要解决的问题，是司法实践难题，也是必须得解决的问题。我们需要遵循理性主义精神的，进行具有前瞻性的理论、制度创新。本文主要以人工智能法律地位为切入点，在研究和分析现存理论和法律的基础上，大胆地提出自己的观点和构想，希望能够作为我国未来完善自己的这方面立法时处理同样问题的参照，推动人工智能的健康发展。

诚然，由于笔者学识与能力有限，本文的研究还停留在初步构想阶段，这意味着本文的许多地方还有待进一步商榷或批评改正，希冀能够引起大家的探讨，以期找到理想的制度规范。此外，也希望在不久的将来，笔者能够在进一步收集资料的基础上进行更加深入的研究。

承运人抑或居间人：网约车平台法律属性的认定

何鞠师[*]

一、分歧：网约车平台法律属性的争议

支持网约车平台承运人地位的理由指出，平台参与网约车运营的服务与传统居间服务存在很大区别，平台主导着整个网约车交易过程。赞成网约车平台居间人地位的观点认为，将网约车平台认定为承运人，有加重平台责任，限制共享经济发展之嫌。平台在整个网约车运输服务交易中仅起撮合作用。

（一）网约车平台的承运人属性

网约车运营的服务与传统居间服务不同，传统居间服务要求服务对象特定，且仅能对交易一方提供代理。居间人不能决定交易价格，也不对委托人发生的交易承担责任。但网约车运营过程中，大量的驾驶人与乘客基于对平台的信任进行交易，网约车平台服务的对象并不特定。同时，平台与网约车供需双方签订电子合同，构成双方代理。网约车运输服务交易价格、方式、条件以及违约责任均由平台决定，驾驶人与乘客并无参与权。[①]并且，根据网约车实际运营情况来看，整个网约车运输交易由平台公司主导。[②]

（二）网约车平台的居间人属性

网约车辆大多是私家车，平台难以直接控制运营风险。加之，网约车运输服务过程中，乘客的地位并不当然处于劣势地位。将平台认定为承运人，会导致利

---

　* 西南政法大学民商法学院博士研究生。

　① 唐清利：《"专车"类共享经济的规制路径》，载《中国法学》2015 年第 4 期，第 293 页；李雅男：《网约车平台法律地位再定位与责任承担》，载《河北法学》2018 年第 7 期，第 119—120 页。

　② 彭岳：《共享经济的法律规制问题——以互联网专车为例》，载《行政法研究》2016 年第 1 期，第 119 页。

益失衡，制约网约车行业的发展。[①] 网约车平台分为居间型和平台自营型。其中，滴滴、优步、易到等运营车辆由平台商以外的车主提供。[②] 根据《合同法》第 424 条的规定，网约车平台向驾驶人和乘客提供中介撮合服务的，形成居间法律关系。

二、溯因：网约车平台法律属性不明的缘由

（一）顺风车运营目的逐渐向营利偏离

顺风车运营目的逐渐向营利偏离，致使网约车平台在顺风车运营中脱离居间人的法律属性。顺风车起源于绿色出行、缓解交通压力的理念。随着顺风车运营的利润驱使，顺风车平台开始逐渐将顺风车业务发展为以营利为主要目的的运输服务。滴滴出行作为运营顺风车的典型平台，其在"郑州空姐乘坐滴滴顺风车遇害案"发生之前，注册顺风车业务的私人小客车车主每日可运营 15 次的顺风车运输服务。而正常情况下，私人小客车车主每日的必要行程不可能达到 15 次之多。并且，顺风车运营中，乘客所需支付的费用往往超过其需与车主共同平摊的必要出行费用。[③]

（二）网约车与传统出租车是否有实质区别未予定论

网约车与传统出租车是否有实质区别没有定论，从而无法确定能否以解释传统出租车公司法律属性的路径解释网约车平台的法律属性。根据《暂行办法》第 2 条、16 条以及 38 条的规定，网约快车、专车以及出租车与传统出租车没有实质区别，顺风车与传统出租车无法等同。但部分学者并不赞同此观点，其认为网约快车、专车以及出租车也有与传统出租车不一致的地方，不能以传统出租车承运人的法律地位解释平台的法律属性；而以营利为目的的顺风车与传统出租车也可以进行等同，运营顺风车的网约车平台也可解释为承运人。[④]

（三）网约车平台与驾驶人的法律关系扑朔迷离

网约车平台与网约车驾驶人之间的法律关系不清楚，以致无法以法律关系为

[①] 李雅男：《网约车平台法律地位再定位与责任承担》，载《河北法学》2018 年第 7 期，第 119 页。

[②] 熊丙万：《专车拼车管制新探》，载《清华法学》2016 年第 2 期，第 133、143 页。

[③] https://mp.weixin.qq.com/s/_oVMsMsVyYUuKTX2x9N32Q，2018 年 6 月 7 日访问。

[④] https://mp.weixin.qq.com/s/_oVMsMsVyYUuKTX2x9N32Q；https://mp.weixin.qq.com/s/n24SIr-wL3B9DilRTjjU6EQ，2018 年 6 月 7 日访问。

基础明确平台的法律属性。持以劳动法调整二者法律关系的学者指出，网约车平台组织、调度和主导着网约车的运营，网约车驾驶人按照平台的指示进行工作，并接受平台的管理与培训。平台是该运营行为的全权责任人。[①] 持以合同法调整二者法律关系的学者认为，网约车平台仅提供数据以撮合交易，不参与交易行为，也没有与司机建立劳动关系。[②]

（四）司法利益衡量因素并非一致

法院对网约车相关案件的利益衡量因素并非一致，导致司法实践中对平台法律属性的认定南辕北辙。平台相较于驾驶人，更有能力履行义务和承担责任，将其认定为承运人，有利于保障乘客的合法权益。[③] 反之，若将平台认定为承运人，极大地增加了平台的负担，不利于闲置型共享经济的发展。[④]

三、定调：网约车平台承运人角色的证成

（一）网约车平台名为顺风车实为网约车的经营

严格法律意义上的顺风车应以满足车主自身出行需求为前提，且由顺风车主与乘客分摊部分出行成本或免费互助，平台公司仅提供信息匹配服务，收取信息提供费。但网约顺风车的计价规则、平台收取的费用比例以及顺风车每日运营次数均表明顺风车平台公司是以营利为目的开展顺风车运输活动。[⑤] 因此，顺风车是名为顺风车实为网约车的经营。

（二）网约车平台与传统出租车公司同质

共享经济的初衷在于以共享利用闲置物坚持可持续发展，由共享人适当分担

---

① 于莹：《共享经济法律规制的进路与策略》，载《法律适用》2018年第7期，第58页；侯登华：《共享经济下网络平台的法律地位——以网约车为研究对象》，载《政法论坛》2017年第1期，第162页。

② 齐爱民、张哲：《共享经济发展中的法律问题》，载《求是学刊》2018年第2期，第102页。

③ 侯登华：《共享经济下网络平台的法律地位——以网约车为研究对象》，载《政法论坛》2017年第1期，第163页。

④ 于莹：《共享经济法律规制的进路与策略》，载《法律适用》2018年第7期，第57页。

⑤ http://www.xinhuanet.com/politics/2018-05/21/c_1122863697.htm?baike，2018年6月7日访问。

闲置物利用的支出费用。[①] 而发展至今的共享经济开始异化到由经营者们以营利为主要目的，并借以支持共享经济发展的各种科技手段来扩大经营。共享经济开始有了闲置型共享经济与经营型共享经济的分类，前者旨在节约社会资源、保护环境，实现资源供给方资源盈余的价值化，后者则以经营为目的。[②] 依此分类方式，并根据网约车的实际经营模式，网约车应属于经营型的共享经济，其在本质上与传统出租车并无区别。

（三）网约车平台与驾驶人之间的法律关系受劳动法调整

平台在整个网约车运营过程中处于主导地位，无论是交易价格的制定、费用的收取方式、平台与驾驶人间的利润分配方案以及派单方式等，均由平台进行操纵和控制，乘客与驾驶人无任何参与权，[③] 网约车平台与驾驶人间的法律关系应属劳动法调整范畴。

（四）安全与发展的利益衡平

对网约车平台属性进行认定时，既要衡量如何最大程度保障乘客人身安全，也要考虑网约车产业的发展。[④] 平台作为公司比驾驶人个人更有能力承担责任，并且，加大平台承担责任的风险会规范其对网约车运营的管理。并且，在这种新型产业的高利润以及保险机制下，平台承担承运人责任，不仅不会影响到网约车产业的发展，也让乘客得到更多的保护，还使得保险行业共同盈利。

[①] Hamari, Juho; Sjöklint, Mimmi; Ukkonen, Antti, The Sharing Economy: Why People Participate in Collaborative Consumption, Journal of the Association for Information Science and Technology. (2016)67 (9): 2047–2059.

[②] 于莹：《共享经济法律规制的进路与策略》，载《法律适用》2018 年第 7 期，第 56 页。

[③] 袁文全，徐新鹏：《共享经济视阈下隐蔽雇佣关系的法律规制》，载《政法论坛》2018 年第 1 期，第 119-120 页；张素凤：《专车运营中的非典型用工问题及其规范》，载《华东政法大学学报》2016 年第 6 期，第 76—78 页。

[④] 熊秉元著：《法的经济解释》，东方出版社 2017 年版，第 169 页。

"谁建群谁负责，谁管理谁负责"的法律解释

——以《互联网群组信息服务管理规定》第9条第1款为中心

刘玖林 *

国家互联网信息办公室于9月7日颁行《互联网群组信息服务管理规定》（以下简称《规定》），该《规定》已于 2017 年 10 月 8 日正式施行。《规定》出台旨在规范互联网群组信息服务，维护国家安全和公共利益，保护民事主体合法权益，从而弘扬社会主义核心价值观，培育积极健康的网络文化，构建良好的网络生态。值得注意的是，互联网群组建立者与管理者的管理责任首次在《规定》第9条第1款处提出，但网络上过分渲染群组建立者、管理者的管理责任，甚至对《规定》内容的合法性提出质疑，为避免部分人群断章取义或混淆视听，笔者认为，我们应从"是什么、为什么、怎么用"三个维度去解释《规定》第9条第1款。

一、明确界定互联网群组建立者、管理者的责任类型

《规定》第2条第2款开宗明义地规定："互联网群组系指互联网用户通过互联网站、移动互联网应用程序等建立的，用于群体在线交流信息的网络空间。"第9条第1款进一步言明："互联网群组建立者、管理者应当履行群组管理责任，依据法律法规、用户协议和平台公约，规范群组网络行为和信息发布，构建文明有序的网络群体空间。"首先，从前述条文规定，我们能够知晓互联网群组建立者、管理者的管理责任存在的场域为贴吧群、微信群、微博群、陌陌群、QQ群、YY群等各类互联网群组。其次，互联网群组的建立者、管理者所承担的责任类型系管理责任，即按照法律法规、用户协议和平台公约对群组成员在互联网群组上的言行予以积极管理的责任。需要指出的是，此处的责任实则等价于义务，建立者、

---

* 西南政法大学民商法学院博士研究生。本文系 2017 年西南政法大学学生科研创新项目"人文改良下胎儿利益的民法保护：对《民法总则》第 16 条的评释"（编号：2017XZXS-350）的阶段性成果。

管理者是否承担不利后果，与群活动是否造成恶劣影响以及是否发生不利后果无关，关键在于行为人是否履行积极作为的管理义务。根据《规定》第 11 条，互联网群组建立者、管理者未尽到管理责任，违反法律法规和国家有关规定，其群组可能面临警示整改、暂停发布、关闭群组等处置措施；群组的建立者、管理者可能承担降低信用等级、暂停管理权限、取消建群资格的不利后果；情节严重者，群组的建立者、管理者可能被纳入至黑名单，限制其群组服务功能。简言之，互联网群组建立者、管理者的管理责任实为"谁建群谁负责，谁管理谁负责"。

二、互联网群组建立者、管理者承担管理责任的法理依据

"任何规则必涵蕴有一定的法理"。胡维翔律师认为，根据《网络安全法》第 12 条第 2 款之规定，互联网群组使用者承担的责任应该一致，《规定》第 9 条第 1 款有厚此薄彼之嫌。详言之，同为网民，为何群组建立者、管理者的责任严于群组成员责任，其法理依据何在？笔者认为，互联网群组建立者、管理者承担管理责任的法理依据系基于危险控制理论所产生的场所管理责任。以微信为例，用户使用微信，需与微信服务的提供者苏州工友之家网络科技有限公司签订《用户注册协议》，微信用户签订协议后，犹如民事主体从国家手中获得建设用地使用权，亦即微信用户的身份犹如"建设用地使用权人"，其通过微信平台建立的微信群，亦如建设用地使用权人通过合法建造的方式修筑的房屋。房屋的所有人不能容忍他人在自己房屋内行违法乱纪之事，互联网群组建立者、管理者亦是如此。申言之，根据危险控制理论，互联网群组建立者、管理者作为危险源的开启者与控制者，具有群成员无可比拟的控制能力，更有采取必要措施防止危害发生或危害扩大的可行性。因之，其对群成员的违法行为有警示、制止、管理的积极作为义务。至于群组建立者、管理者之责任严于其群成员，系因为权利与义务在数量上具有等值关系。互联网群组的建立者、管理者相较于群组成员，有选择谁可以成为群组成员的权利，亦有权利决定将谁踢出群组，而群组成员并无删除成员的优势功能，是故，群组建立者、管理者所应承担的责任也理应严于其群组成员。另外，从互联网治理现代化视角考察，《规定》从互联网信息办公室的监管责任、互联网信息服务提供者的平台责任、互联网信息服务建立者和管理者的管理责任等三个维度来治理互联网群组问题，本质上实为多元主体共同参与的公共治理模式。该模式不仅可以醇化网络生态环境、引导舆论走向，还可构建官民共治的联动机制，为国家互联网监管提供新的范式。综括以上，苛于互联网群组建立者、管理者的管理责任不仅具有丰富的法理依据，而且还具有治理互联网"痼疾"之

良效。

三、审慎适用互联网群组建立者、管理者的管理责任

"徒法不足以自行"。《规定》如果不为人们信仰，将退化成为僵死的教条，无异于形同虚设。因之，《规定》正确适用的前提是为人们所信仰。《规定》第9条第1款虽为义务性规则，但互联网群组建立者与管理者的管理责任是保障互联网群组健康秩序、支撑个体言论自由的重要手段，其意图是为了更好的开发、利用互联网群组技术。是故，我们对待《规则》第9条第1款，不应断章取义或夸大其词，而应报以虔诚敬畏之情。当然，网络空间毕竟不同于有形的场所，为维护群组建立者、管理者的合理自由，其管理责任宜受到"避风港规则"的保护，亦即群组建立者、管理者在建群前期制定有群规抑或在其知晓群成员发表不当言论后，积极采取删除、警示该成员的措施，甚或将该成员清理出群的，可以免予承担不利后果。否则，不仅与自己责任原则相悖，有"连坐"之嫌，而且于互联网群组的建立者、管理者而言也过于严苛，最终窒碍科技的推广、经济的进步。质言之，互联网主管机关、互联网群组服务提供者对互联网群组建立者、管理者施以处罚措施，应以建立者、管理者是否存有过错为原则。需要指出的是，该《规定》虽为多元治理的典范，但对互联网群组建立者、管理者的责任规定仍需完善，如该《规定》在性质上仅属于部门规范性文件，法律效力层级较低，在未来网络安全立法时宜将该规定上升为法律。其次，该《规定》对于互联网群组建立者、管理者的管理责任规定过于原则，宜对管理责任的合理范围予以明确限定，以提高规范的可操作性。

最后，正如习总书记所讲，互联网是一个社会信息大平台，亿万网民在上面获得信息、交流信息，这会对我们的求知途径、思维方式、价值观念产生重要影响，特别是会使我们对国家、社会、工作、人生的看法产生重要影响。作为网民的我们，应该以社会主义核心价值观规范自己的言行，主动营造良好的网络生态。

人工智能法律责任问题初探

蔡 莉 妍[*]

一、人工智能的内涵与发展

人工智能（Artificial Intelligence, AI）一词，最早是由 John McCarthy 教授于 1956 年达茅斯学院举办的研讨会上提出，他认为，"人工智能是生产智能机器，特别是智能计算机系统的技术科学"。[①] 学术界对于 AI 的界定并没有达成统一的共识，大体而言，主要围绕四个指标：1. 如人类般思考（think humanly）；2. 如人类般行为（act humanly）；3. 理性思考（think rationally）；4. 理性行为（act rationally）。[②] 基于这四个指标，又将 AI 界分为广义 AI 和狭义 AI。两者的区别在于自我意识的有无。前者又称为"通用人工智能"（Artificial general intelligence, AGI），即"具备完全人类智能的机器智能"，不仅处理事务的范围广泛，而且具有人类的自我认知能力。后者仅仅用于处理特定任务，如谷歌自动驾驶汽车、百度翻译软件等。对于这两类 AI 的法律制度设计，应进行不同处理。[②③]

二、法律责任理论在人工智能领域的运用

人工智能的高速发展与广泛运用，给传统的法学理论带来了冲击。从目前的研究现状来看，争议的焦点主要在于人工智能的法律定性与法律责任。其究竟属于"权利客体"抑或"权利主体"，是否享有民事主体地位？对该问题的认识将影响到人工智能造成侵权损害所带来的责任分配。从目前的 AI 运用来看，仍然以完成特定任务为主，缺乏如人类般的自我认知能力，体现的是作为工具的价值

---

* 集美大学法学院讲师。

① John McCarthy, What Is Artificial Intelligence? http://www-formal.stanford.edu/jmc/whatisai/node1.html.

② Stuart Russel & Peter Norvig, Artificial Intelligence: A Model Approach 2(3d ed.2009)

属性，如有些翻译软件尽管将单词的意思翻译出来，却无法信达雅地完成整段翻译，段落衔接也不够准确流畅。因此从这个层面分析，很难说其具备民事权利主体的身份。但是不能否认地是，随着科技进步，人工智能极大可能将拥有自我意识和自主决策能力，在这样的背景之下，仍将之认定为权利客体，恐无法应对未来出现的种种问题。赋予通用人工智能独立的法律人格，并不会颠覆现有的法律责任体系。一方面，从各国目前的法制看，出于满足社会经济和法律关系的需要，一些不具备自我意识的公司、船舶也进行了拟人化处理，但不享有一些专属于自然人的身份权。另一方面，可以通过赋予一定的条件限制来判定 AGI 的行为能力。①

　　既然肯定了人工智能独特的法律地位，那么在具体运用过程中若造成他人损害，应如何对侵权行为进行责任分配将是很现实的问题。其中对可能涉及的法律责任理论进行分析梳理发现，大体可以划分为以下几种情形：1. 如果涉及人工智能的事故是由使用或监督人工智能的人所致，那么应由该使用人或监督人承担法律责任。例如自动化港口码头进行作业时，因负责监督调度人员的疏忽导致财产损失或者人身伤亡，应按过失侵权或者替代责任由行为人或其雇主承担责任。值得指出的是，自动化（automated）不同于自主化（autonomous），自动化机器设备往往执行特定功能，其故障所致损失一般由程序设计者或者维修人员等最终责任主体承担。若是自主化机器设备，可以自主决定，有可能需要在人类和人工智能之间做出责任分配。②2. 如果涉及人工智能的事故是由生产商、销售商或者处于流通环节的其他主体所致，那么应由这些主体承担法律责任。例如无人驾驶飞机因运输途中受损，致使引擎故障，在飞行途中撞上民房造成损失。此时，消费者既可以提出侵权索赔，也可以提出违约索赔。3. 如果人工智能已经可以出于自主意识精准地执行任务仍造成损害的发生，那么人工智能应对此承担相应责任。由于人工智能系统不再以线性方式由人类进行编程，在某种意义上，他们的行为往往不再受控于人类，因此无法预测和追踪他们超越初始算法达成最终决策的轨迹。此外，人工智能的性能是基于对大数据的挖掘和使用而不断完善，然而某些

---

① 如美国学者 Samin Chopra 及 Laurence F. White 提出了五项指标：有权处理自己的事务（sui juris）；对法律责任的敏感性（sensitivity to legal obligation）；对法律处罚的敏感性（susceptibility to punishment）；订立合同（contract formation）；财产所有权及从事经济事务的能力（property ownership and economic capacity）。Samin Chopra & Laurence F. Whit, A Legal Theory for Autonomous Artificial Agent. (2011).

② Royal Academy of Engineering, Autonomous Systems: Social, Legal and Ethical Issues, https://www.raeng.org.uk/publications/reports/autonomous-systems-report.

使用数据本身可能是不准确的，故人工智能对结果的决策难免出现偏差。[①] 美国交通部和国家公路交通安全管理局 2016 年发布的《联邦自动驾驶汽车政策指南》，根据汽车的自动驾驶能力，将汽车分为 0 至 5 级共 6 个等级，其中第 4、5 级，人类已从驾驶者转为乘客，当发生事故损害，由于人工智能已经可以根据环境变化做出分析决策，超出生产商或设计者之前的出厂设定，缺乏可预测性，很难依据传统的侵权行为之构成要件，追究车辆生产商的侵权责任。对于是否可以通过无过错责任原则追究生产商的责任，从严格意义上分析，无过错责任原则具有法定的适用范围。民法总则规定的典型适用无过错责任的案件多与相关行业或活动本身存在的危险性相关，例如产品缺陷、高度危险作业、环境污染、饲养动物致人损害等损害赔偿案件，是出于平衡社会风险与当事人利益之目的而设计。然而自动驾驶汽车的设计初衷是为了增强驾驶的安全性和高效性。[②] 因而，不宜随意扩大无过错责任的适用范围将之一概适用于人工智能损害赔偿案件。

三、人工智能承担法律责任的路径选择

为了平衡经济发展、技术进步与公共政策之间的利益冲突，在处理人工智能损害赔偿责任主体和责任承担方式上存在三种路径：1. 由生产者或者设计者承担。这种方式的好处在于简易执行，但是不加区别一概由生产者或设计者承担损害赔偿责任，看似公平保护了被功能完备，设计优越的人工智能致损的少数群体，但可能带来严重的负外部性，即削弱潜在设计开发主体的积极性和创造性，阻碍人工智能的进步与发展，最终损害社会整体利益。2. 由受害人自己承担。支持这一观点的学者认为，由于人工智能在诞生之初是作为一种新兴事物，对于消费者而言，应该知道其性能上的不完备，按照"自担风险"原则，应由其自身承担相应的责任风险。[③] 前提是满足基本的安全性能和行业的通常标准。这种方式带来的负面效果也显而易见，除了显失公平之外，还将抑制潜在消费者使用人工智能的积极性，不利于人工智能技术的发展与推广。3. 由人工智能承担。对于因人工智能自主决策所造成的损失，可以通过设立政府或者行业补偿基金或者设计相应的

---

① EU to debate artificial intelligence regulation and legal issues，https://diginomica.com/2018/03/12/eu-debate-artificial-intelligence-regulation-legal-issues/.

② Sebastian Thrun, Leave the Driving to the Car, and Reap Benefits in Safety and Mobility. The New York Times, https://www.nytimes.com/2011/12/06/science/sebastian-thrun-self-driving-cars-can-save-lives-and-parking-spaces.html.

③ Dan B. Dobbs and Paul T. Hayden, Torts and Compensation: Personal Accountability and Social Responsibility for Injury, 5th ed.(St. Paul, MN: West Publishing,2005).

商业保险来进行赔付。① 毕竟对于高度精准性的人工智能设备而言，发生事故的概率很低，可以通过人工智能补偿基金和人工智能保险来将风险转移，除非有证据表明出现的一系列事故与设计缺陷相关。这样一来，既能保障受害人可以得到充分的损害赔偿，又避免生产者或者设计者对人工智能的所有潜在损失负责。

四、完善我国人工智能法律责任立法的建议与对策

人工智能的发展速度拉大了法律监管与其行为之间的差距，也给相关立法带来了挑战，包括民事责任体系、权利主体的内涵、行政管制与司法程序、隐私与人权保护等方方面面。面对人工智能的冲击，如何重塑政府权能和市场秩序，成为摆在各国立法者面前的现实难题。从我国目前人工智能的发展现状来看，还处于相对较低的水平，在缺乏充足实践经验的基础上要设计出相对完善且具有前瞻性的人工智能法律责任立法，一方面可以参考借鉴国外在人工智能领域的立法经验，在比较和论证的基础上结合我国的具体国情完善和补充现有制度体系中的漏洞和不足。建立针对人工智能产品和人工智能生产者的强制保险制度，以期达到保护消费者和激励生产者的目的。赋予通用人工智能以独立的法律人格。评估人工智能对现有行业和从业人员的影响，建立相关职业培训体系。构建消费者的信息保护机制和对生产者的强制披露义务。

---

① [美]John Frank Weaver 著，郑志峰译：《机器人也是人：人工智能时代的法律》，元照出版社 2018 年版，第 45 页。

股东利用关联公司侵害公司知识产权的维权路径选择
——以"明明"案为主线

马兰花 *

在知识产权日益突显重要价值及其为权利人带来巨大经济利益的社会背景下，侵犯知识产权的行为屡见不鲜。侵犯公司知识产权的行为大部分情况下由同业竞争者所实施，但近年来亦出现了一些公司股东利用关联企业侵犯自己公司知识产权的案例。

公司股东与公司本应属于利益共同体，但是股东在追求个人利益最大化的动机下，就会采取各种方式损害公司利益。就公司的知识产权利益而言，当公司股东设立关联公司，并以关联公司名义实施侵害自己公司知识产权的行为时，公司应依据《公司法》关于股东损害公司权益之相关规定维护合法权益，还是应依据《商标法》《反不正当竞争法》提起诉讼维护自身合法权益？如果提起知识产权诉讼，能否要求股东承担共同侵权责任？上述问题，笔者拟以正在代理的"明明"案（因本案尚未审结，故文件中人物及公司名称均为化名）为主线，展开分析和探讨。

一、"明明"案概述

（一）案件基本事实

张某与陈某于 2011 年 1 月 3 日共同投资设立福建明明眼镜有限公司（下称福建明明），经营范围：眼镜及配件、隐形眼镜及护理液，加盟连锁店的策划等，张某与陈某各持有福建明明 50% 股权。福建明明于 2013 年 5 月申请注册第 9 类

---

* 国浩律师（福州）事务所律师。

"明明"文字加图形商标,核准使用商品为眼镜、太阳镜、隐形眼镜等。福建明明公司获得省一级有关行业协会授予的荣誉证书。

由于双方在合作经营中因经营理念等产生争议,张某离开福建明明,另外,因张某抽逃出资,陈某于2013年3月向工商部门举报张某的抽逃出资行为,工商部门调查后认为张某抽逃出资行为属实构成犯罪,遂将案件移送到公安机关处理。

张某于2013年7月与吴某共同设立福州明明眼镜有限公司(以下简称福州明明),张某还持有福州星光眼镜有限公司80%股权。2011年4月张某以福州星光眼镜有限公司的名义申请注册含有"明明"文字的文字加图形商标,福州星光眼镜有限公司于2012年2月将含有"明明"文字及图形的标志申请美术作品著作权登记。

福建明明于2017年9月对福州明明眼镜有限公司和张某提起诉讼,要求福州明明和张某停止侵害商标权和侵害福建明明企业名称权的不正当竞争行为;诉请张某对福州明明的商标侵权行为和不正当竞争行为的损害赔偿承担连带责任。

诉讼中张某主张其仍为福建明明眼镜公司工商登记在册的股东,本案属重大诉讼,应经股东会表决同意,因此,福建明明眼镜公司无诉权;福州明明经依法登记成立不侵犯福建明明的企业名称。福州明明以福州星光眼镜公司授权其使用"明明"文字加图形的注册商标为由主张不侵犯福建明明的商标权和企业名称权;同时张某提交了几份含有"明明"文字图形的作品登记证,作品登记证上的作品发表或完成时间为2005年等,著作权人为张某,以证明其有权许可任何人使用"明明"文字作为经营使用。

(二)本案件需解决的关键问题

1. 本案存在股东损害公司权益和公司股东与第三人共同实施了侵害公司企业名称权、商标权的法律责任竞合问题,福建明明应以张某损害公司利益提起诉讼,还是应以福州明明侵害其企业名称权构成不正当竞争和侵害商标权为由,以张某为共同侵权人提起诉讼,维护自身权益。

2. 本案中双方的重大争议焦点还包括了因未进行股东变更登记,张某目前在工商部门登记中仍是福建明明眼镜公司股东,张某提出福建明明眼镜公司无权提起本案诉讼之主张,福建明明眼镜有限公司是否具有诉权。

（三）一审法院判决中的主要观点

1. 认定福建明明眼镜公司有权提起本案的诉讼。

一审法院认为福建明明眼镜有限公司作为企业名称权、商标权的权利人，属于与本案有直接利害关系的法人，可就他人的侵权行为向法院提起诉讼。形式上符合民诉法之相关规定。

尽管工商登记中，张某仍为公司享有50%股权的股东，但根据《公司法》第三十二条第二款的规定，工商登记系公司意思通过股东会会议及决议最终形成后履行的对外公示程序，仅为了公司之外的第三人了解公司股权结构及变动情况提供便利，鉴于张某作为福建明明眼镜公司原股东，并在福州明明眼镜公司中占有80%股权，并非公司法上述规定的第三人，张某以其仍为工商行政登记上的股东，进而否定福建明明眼镜公司的诉讼主体资格，于法无据不予采纳。因此，在2016年4月福建明明眼镜公司股东会作出的决议尚未被法院撤销或宣告无效、不成立的情况下，能行使表决权的股东仅有陈某一人，陈某同时是福建明明眼镜公司的法定代表人，其对本案福建明明眼镜公司提起诉讼不持异议，据此可以认定，福建明明眼镜公司提起本案诉讼主体适格，意思表示真实有效。

2. 福州明明侵犯了福建明明的企业名称权之在先权利，侵害了福建明明的商标权，应立即停止在其企业名称及其分支机构、加盟店中使用"明明"字号，停止使用"明明"作为其分支机构、加盟店的招牌等标志。

3. 张某对福州明明使用"明明"作为字号等系明知，并参与了福州明明眼镜公司包括企业名称登记、对外许可他人使用等侵权行为，属于共同侵权人，应与福州明明眼镜公司承担连带责任。

张某和福州明明眼镜公司不服一审法院判决提起上诉，该案目前出于二审阶段。

二、股东侵害公司知识产权可寻求之维权路径

正如前文所述，当公司股东设立关联公司，并以关联公司名义实施侵害自己公司知识产权的行为时，公司可寻求的维权路径有两个，其一，依据《公司法》关于股东损害公司权益之相关规定维护合法权益；其二，依据《商标法》《反不正当竞争法》提起诉讼维护自身合法权益。

（一）维权路径之一——提起股东损害公司利益之诉

《公司法》第 20 条规定："公司股东应当遵守法律、行政法规和公司章程，依法行使股东权利，不得滥用股东权利损害公司或者其他股东的利益；不得滥用公司法人独立地位和股东有限责任损害公司债权人的利益。公司股东滥用股东权利给公司或者其他股东造成损失的，应当依法承担赔偿责任。"第 21 条规定："公司的控股股东、实际控制人、董事、监事、高级管理人员不得利用其关联关系损害公司利益。违反前款规定，给公司造成损失的，应当承担赔偿责任。"

"明明"案中张某未经福建明明的同意设立与公司企业名称相同的企业，且也经营眼镜销售业务，并将"明明"作为其提供服务的标志使用；张某以其实际控制的福州星光眼镜公司名义将福建明明眼镜公司的企业名称"明明"申请注册商标；以含有"明明"文字的作品申请作品登记。张某实施的以上行为均发生在其仍为福建明明股东期间，张某实施的上述行为确实损害了福建明明眼镜公司的利益，根据《公司法》的上述规定，福建明明眼镜公司可以张某损害公司利益为由提起诉讼。对张某提起损害公司利益之诉不存在诉权的问题。

（二）维权路径之二——提起侵害知识产权之诉

《民法总则》110 条第 2 款规定法人、非法人组织享有名称权、名誉权、荣誉权等权利。第 120 条规定：民事权益受到侵害的，被侵权人有权请求侵权人承担侵权责任。

本案中福州明明未经福建明明的同意使用"明明"作为其企业名称主要部分，侵犯他人企业名称权，构成不正当竞争；福州星光眼镜有限公司将"明明"申请注册商标的行为系侵害福建明明的在先权利之行为；福州明明以"明明"作为其提供服务的标志使用，侵害了福建明明眼镜公司的商标权。福建明明眼镜有限公司有权向人民法院提起福州明明眼镜公司侵害商标权和不正当竞争之诉。

张某作为福州明明眼镜公司和福州星光眼镜有限公司的实际控制人，使用"明明"作为企业名称和申请注册商标、申请版权登记等系列行为，张某在主观上是故意为之，构成共同侵权。因此，可以福州明明眼镜公司和张某共同侵权为由，诉请其承担停止使用"明明"作为企业字号及作为分支机构、加盟店的店名、招牌，停止侵害商标权之行为，并要求赔偿经济损失。但若福建明明眼镜公司以张某损害公司利益为由提起诉讼维护公司合法权益，能否通过张某损害公司利益一案解决福州明明眼镜公司的侵权行为和福州星光眼镜公司侵犯其在先权利之问题。而因在工商部门的备案登记中张某仍为福建明明眼镜公司的股东，福建明明眼镜公司是否有权提起本案诉讼。但因张某仍是福建明明眼镜公司的工商登记在案的股东，福建明明眼镜公司提起该诉讼之诉权产生重大争议。法人的民事权益受到侵害的，有权请求侵权人承担侵权责任，笔者以为，不论侵权人是否包括公司的股东，该公司均可以《民法总则》第 120 条及《民事诉讼法》第 108 条之相关规定对侵权人提起诉讼，福建明明眼镜公司有权提起本案。

三、侵害知识产权之诉中要求股东承担连带责任的相关分析

在侵害知识产权之诉中，股东与公司构成共同侵权是要求股东承担连带责任的前提。王泽鉴先生认为，广义的共同侵权行为包括：狭义的共同侵权行为（共同加害行为）、视为共同侵权行为（教唆和帮助者）、准共同侵权行为（共同危险行为）[①]。现有部分判例显示，在特定条件下，股东应与公司共同承担民事责任。

（一）已有判例中关于股东承担连带责任的阐述

1. 人民法院认定实际控制公司的股东个人对全案侵权行为起到了重要作用，故股东与被告四家公司构成共同侵权，对侵权损害结果承担连带责任。如樱花案[②]。

2. 人民法院认定实际控制公司的股东对涉案侵权行为主观上具有共同侵权的意思联络，客观上具有通力合作的行为协作性，结果上具有导致损害后果发生的同一性，其各自行为已经结合构成了一个具有内在联系的共同侵权行为，应当对法国轩尼诗公司由此造成的损害承担连带责任。如轩尼诗案[③]。

3. 人民法院认定实际控制公司的股东是利用其经营的公司实施侵权行为为个人牟取非法利益，股东应对侵权损害后果与公司共同承担民事责任。如成都成量工具集团案[④]。

（二）共同侵权情形下股东承担连带责任的构成条件

通过对上述等相关判例的分析，笔者认为，若要认定股东与公司构成共同侵权，要求股东承担连带责任，应满足以下构成条件：

1. 股东积极实施了相应的侵权行为，或者对侵权行为发挥了重要作用，或者

---

① 王泽鉴著：《民法学说与判例研究（第三册）》，中国政法大学出版社 1998 年版，第 2 页。
② 参见江苏省高级人民法院（2015）苏知民终字第 00179 号民事判决书。
③ 参见浙江省高级人民法院（2011）浙知终字第 64 号民事判决书。
④ 参见上海市浦东新区人民法院（2012）浦民三（知）初字第 20 号民事判决书。

给于侵权行为以必要帮助；

2. 股东对于侵权行为主观上存在过错，即主观上为明知或应知；

3. 侵权行为产生了损害后果；

4. 股东的行为与知识产权损害之间存在因果关系。

四、"明明"案的处理意见及引申结论

在"明明"案中，张某的行为符合上述四个构成条件，损害了福建明明眼镜公司的权益。若福建明明仅对其提起损害公司利益之诉讼，仅能解决张某损害公司利益之行为的法律责任，但无法在该诉讼中实现福州明明眼镜公司停止使用"明明"作为其企业名称和侵犯商标权之诉求；若福建明明提起知识产权侵权之诉，张某很有可能需与福州明明眼镜公司承担的连带赔偿责任；不过无论是股东损害公司利益之诉还是知识产权共同侵权之诉，均无法实现福州星光眼镜公司侵犯福建明明眼镜公司在先权利问题的解决。

综上所述，公司的股东实施了侵害公司知识产权的行为，损害了公司利益，如仅是侵犯商标权或专利、著作权的行为，可仅对实施损害公司利益的股东提起诉讼，要求其承担损害公司利益的法律责任；而若是该股东自己设立或者与案外人共同设立关联公司进行同业经营，且在经营中将公司名称注册为商标、申请版权登记，将公司名称或公司的商标作为销售商品或提供服务的标志使用，则应以该股东新设立的公司和该股东为共同被告，提起共同侵权之诉，方能全面解决该股东损害公司利益和第三人侵犯公司名称权和知识产权之问题；若是该股东以关联公司的名义抢注商标的，则应以侵犯他人在先权利为由向国家知识产权局提出宣告商标无效申请。

挂靠施工管辖权探析

叶燕芳[*]

　　建设工程施工领域的"挂靠"更多的是行业内约定俗成的一个名词，与"挂靠"这一表述相对应的法律概念主要是"借用资质"。具体法律条文体现在《中华人民共和国建筑法》第二十六条[①]、《建筑工程质量管理条例》第二十五条[②]、《最高人民法院关于审理建设工程施工合同纠纷案件适用法律问题的解释》（以下简称《解释》）第一条[③]。2014 年 8 月 4 日住建部印发了《建筑工程施工转包违法分包等违法行为认定查处管理办法（试行）》（建市 [2014]118 号）（以下简称《认定查处办法》），第一次在行政规章中对"挂靠"进行明确规定，列举了七种具体的"挂靠"行为，同时还设定了一个兜底条款"法律法规规定的其他挂靠行为"。至此，"挂靠"不再局限于法律行政法规规定的"借用资质"这一违法行为。如，施工单位派驻在施工现场的项目负责人、技术负责人、质量管理负责人、安全管理负责人中，有一人以上没有与施工单位签订劳动合同、领取工资、缴纳社会保险的，也将被认定为"挂靠"。"挂靠"行为的多样性，对司法实践准确把握挂靠施工的管辖提出新挑战。

一、挂靠施工纠纷的定性

　　经查阅相关司法判例发现，若因挂靠施工引起的纠纷不是或不仅仅是发生在

　　* 国浩律师（福州）事务所律师。

　　① 《中华人民共和国建筑法》第二十六条 禁止建筑施工企业超越本企业资质等级许可的业务范围或者以任何形式用其他建筑施工企业的名义承揽工程。禁止建筑施工企业以任何形式允许其他单位或者个人使用本企业的资质证书、营业执照，以本企业的名义承揽工程。

　　② 《建筑工程质量管理条例》第二十五条 禁止施工单位超越本单位资质等级许可的业务范围或者以其他施工单位的名义承揽工程。禁止施工单位允许其他单位或者个人以本单位的名义承揽工程。

　　③ 《最高人民法院关于审理建设工程施工合同纠纷案件适用法律问题的解释》第一条 建设工程施工合同具有下列情形之一的，应当根据合同法第五十二条第（五）项的规定，认定无效：（二）没有资质的实际施工人借用有资质的建筑施工企业名义的。

挂靠人与被挂靠人之间，还涉及第三人，包括挂靠人向发包人追偿[①]、挂靠人将工程违法分包或非法转包[②]，发包人请求解除与被挂靠人签订的建设工程施工合同[③]、发包人请求确认与被挂靠人签订的建设工程施工合同无效等情形时，法院通常将案由确定为"建设工程施工合同纠纷"，按照建设工程施工合同的相关法律规范进行处理。如果因挂靠施工引起的纠纷仅发生在挂靠人与被挂靠人之间，则法院一般认为挂靠关系与建设工程施工合同为两个不同的法律关系，将案由定为"挂靠经营合同纠纷"[④]。实务中对法院的后一种处理意见争议较大，本文以下讨论的也仅是在该种情况下的管辖权问题。

主张挂靠施工纠纷应定性为"建设工程施工合同纠纷"的理由，主要有如下三点：一是挂靠施工只是当事人履行建设工程施工合同的一种方式，其主要合同义务仍是"施工"。即在挂靠施工领域，建设工程施工合同关系是基础法律关系，挂靠合同的权利义务系基于建设工程这一不动产的施工而产生。因此，挂靠只涉及诉讼主体和责任承担方式的确定[⑤]，并不改变当事人之间建设工程施工合同的性质。二是案件实体审理中可能涉及的与工程有关的协议效力认定、工程价款及结算、工期、质量等主张和抗辩，均需以建设工程施工合同约定的相关权利义务为基础。离开建设工程施工这一基础法律事实，挂靠合同纠纷的权利义务承担将难以论断。三是《解释》实质上已将挂靠施工纠纷纳入建设工程施工合同范畴进行规制。针对建设工程施工领域的违法行为，《解释》第四条将"借用资质"的挂靠行为，与非法转包、违法分包作为共同的违法行为予以收缴"非法所得"。由此，《解释》第一条第二款规定"没有资质的实际施工人借用有资质的建筑施工

[①]　扬州市中级人民法院民事判决书，(2015)扬民终字第002139号。

[②]　沙洋县人民法院民事判决书，(2016)鄂0822民初255号。

[③]　福建省高级人民法院民事裁定书，(2014)闽民申字第2348号。

[④]　西安铁路运输中级法院民事裁定书，(2017)陕71民辖终2号；最高人民法院民事判决书，(2016)最高法民终144号。

[⑤]　《最高人民法院关于适用〈中华人民共和国民事诉讼法〉的解释》第五十四条　以挂靠形式从事民事活动，当事人请求由挂靠人和被挂靠人依法承担民事责任的，该挂靠人和被挂靠人为共同诉讼人。

《中华人民共和国建筑法》第六十六条　建筑施工企业转让、出借资质证书或者以其他方式允许他人以本企业的名义承揽工程的，对因该项承揽工程不符合规定的质量标准造成的损失，建筑施工企业与使用本企业名义的单位或者个人承担连带赔偿责任。

福建省院《关于审理建设工程施工合同纠纷案件疑难问题的解答》3.问：被挂靠单位(出借名义的建筑施工企业)是否应对挂靠人在施工过程中的转包、购买施工材料等行为承担责任？答：挂靠人以自己的名义将工程转包或者与材料设备供应商签订购销合同，实际施工人或者材料设备供应商起诉要求被挂靠单位承担合同责任的，不予支持；挂靠人以被挂靠单位的名义将工程转包或者与材料设备供应商签订购销合同，一般应由被挂靠单位承担合同责任，但实际施工人或者材料设备供应商签订合同时明知挂靠的事实，并起诉要求挂靠人承担合同责任的，由挂靠人承担责任。

企业名义"签订的建设工程施工合同无效，不仅仅只针对被挂靠人与发包人之间签订的建设工程施工合同，应该还包括基于挂靠这一行为而签署的与施工相关的一系列合同，包括挂靠协议等。

　　主张挂靠施工纠纷应属"挂靠经营合同纠纷"的理由，则是：根据《民事案件案由规定》，"建设工程施工合同纠纷"系"十、合同纠纷、建设工程合同纠纷"的下级案由，"挂靠经营合同纠纷"系"二十、与企业有关的纠纷"的下级案由。法律既然专门规定了"挂靠经营合同纠纷"，说明"建设工程施工合同纠纷"与"挂靠经营合同纠纷"是两个完全不同的法律关系，应适用不同的法律规范。挂靠合同与建设工程施工合同是两个独立的法律关系，二者虽然有所交叉，但各自有着显著特点，不应该混淆。建设工程施工合同是指发包人和承包人为完成约定的工程项目内容，明确双方之间权利义务的协议。依照施工合同约定，承包人根据施工图纸完成发包人交付的施工任务，发包人按照规定提供必要条件并支付工程价款。而挂靠合同，则是挂靠人与被挂靠人就如何分工完成建设工程施工合同项下承包人的施工义务而签订，虽然也涉及工程施工内容，且多数情况下工程也是由挂靠人实际组织施工，但被挂靠人履行付款等相关义务的前提，多数情况下是以发包人履行建设工程施工合同义务为条件。常见条款如：乙方（即挂靠人）必须按业主要求和施工合同的约定自行筹资施工；甲方（即被挂靠人）在收到业主支付的工程款项，按照公司规定的0.8%比例予以扣除，作为甲方对项目部的管理、指导、监督等相关费用的开支；并扣除与施工有关的一切税费后，剩余工程款支付给乙方。因承包该工程所产生的利润由乙方享有，亏损亦由其自行承担，与甲方无关。这与发包人需向承包人提供施工所需条件如场地、图纸等，并按合同约定结算支付工程款的法定义务完全不同。

二、不同定性对管辖权的影响

　　基于《解释》第二十四条规定①，"建设工程施工合同纠纷"在很长一段时间内适用的是合同纠纷管辖原则。2015年2月4日起施行的《最高人民法院关于适用〈中华人民共和国民事诉讼法〉的解释》（以下简称《民诉法解释》）第二十八条，明确将"建设工程施工合同纠纷"列入不动产专属管辖范围，规定由不动产所在地即工程所在地人民法院管辖。这一修订符合《中华人民共和国民事诉讼法》

---

　　① 《最高人民法院关于审理建设工程施工合同纠纷案件适用法律问题的解释》第二十四条 建设工程施工合同纠纷以施工行为地为合同履行地。

（下称《民诉法》）第三十三条规定[①]，建设工程施工合同的履行标的是工程，依法属于不动产；"建设工程施工合同纠纷"往往也是基于建设工程这个不动产而产生，涉及工期、质量、造价等。适用不动产专属管辖，由工程所在地人民法院审理，有利于查清案件事实，如委托造价鉴定时需适用的计价文件（不同省份的工程造价定额标准不同），便于判决的执行，特别是需对工程进行评估拍卖变卖时。实务中，当事人一方主张应将挂靠施工纠纷定性为"建设工程施工合同纠纷"，亦有此结果导向的考虑。一旦将挂靠施工纠纷定性为"建设工程施工合同纠纷"，自然应适用工程所在地法院专属管辖。

如将挂靠施工纠纷定性为"挂靠经营合同纠纷"，则因属合同纠纷范畴，根据《民诉法》第二十三条规定的合同纠纷管辖原则，由被告住所地和合同履行地管辖，当事人可以意思自治选择管辖法院[②]。实践中，对"挂靠经营合同纠纷"履行地的认定，法院在大庆市美佳建筑有限责任公司与四川建设集团有限公司等人挂靠经营合同纠纷一案[③]中认为，被挂靠人履行义务的行为包括提供企业印章、委托书、资质等，均需在被挂靠人住所地进行，故挂靠经营合同的履行地点应是被挂靠人住所地。蒲军与广安金达建筑有限公司挂靠合同纠纷管辖权异议一案[④]，法院也认为项目所在地为建筑工程施工合同的履行地，不是挂靠经营合同的履行地，后者的履行地应为被挂靠公司住所地。周仁文与山东龙奥建筑安装工程有限公司建设工程施工合同纠纷一案[⑤]，也认定挂靠合同的履行地不是实际施工地。法院认为，原告的诉讼请求是要求被告支付款项，争议标的为给付货币，接收货币一方所在地应为合同履行地。由此可见，如主张定性为"挂靠经营合同纠纷"，则基本可达到排除适用工程所在地不动产专属管辖这一目的。这将给当事人通过对挂靠施工纠纷的定性选择，谋求对自己更有利的管辖法院提供机会，为司法裁判的不确定性埋下隐患。

三、管辖权审查原则与定性冲突

《民诉法》未规定管辖权异议的审查标准，最高人民法院的裁判观点认为，在管辖权异议阶段，法院一般结合诉讼请求对当事人提交的证据材料进行形式要件

---

① 《中华人民共和国民事诉讼法》第三十三条 下列案件，由本条规定的人民法院专属管辖：（一）因不动产纠纷提起的诉讼，由不动产所在地人民法院管辖。

② 福建省厦门市中级人民法院民事裁定书，（2017）闽 02 民辖终 329 号。

③ 四川省广安市中级人民法院民事裁定书，（2015）广法民终字第 96 号。

④ 四川省高级人民法院民事裁定书，（2015）川民申字第 27 号。

⑤ 北京市昌平区人民法院民事裁定书，（2016）京 0114 民初 15770 号。

审查，以认定涉及管辖的要素，且管辖权的确定以起诉时为标准[①]。在（2015）民二终字第 185 号中，最高人民法院指出：案件是否真实存在，以及合同的内容、编号是否一致等事实，应属人民法院对案件进行实体审查时认定的案件事实，不属于管辖权异议审查范畴，明确将涉及实体审理的范围排除在管辖权异议之外。四川建设集团有限公司与王多伦等人挂靠经营合同纠纷一案，法院认为管辖权异议属程序性审查，对于被告主体是否适格、案由是否有误等问题，属于实体审理解决的问题，可在实体审理中提出并得到救济。由此，法院在审查管辖权异议时多数遵循的是表面审查原则。对于管辖恒定原则，最高人民法院在（2008）民提字第 10 号民事判决作出了阐释：人民法院通过形式审查依法确定管辖后，即使经实体审理后发现据以确定管辖的主要证据不实，基于管辖恒定、程序安定及诉讼经济等原则的考虑，对一方当事人要求变更管辖的诉讼主张，人民法院不予支持。

　　建设工程施工领域，同一个工程项目可能涉及这几种法律关系：挂靠、转包、违法分包、内部承包。《认定查处办法》虽然列举了转包、违法分包、挂靠的不同表现形式，但在识别和界定方面仍存在一定困难。如，根据《认定查处办法》规定，未在施工现场设立项目管理机构或未派驻项目负责人等主要管理人员履行管理义务的，属于转包；而在现场派驻了项目负责人等主要管理人员，但有一人以上未与施工单位订立劳动合同并依法缴纳社会养老保险，则属于挂靠。这一识别判断标准，在管辖权异议阶段一般不会有相关证据提交，程序上的表面审查往往也无法准确判定其真实的法律关系。特别是在内部承包受法律保护情况下，当事人往往会将挂靠伪装成内部承包合同关系，这些都将在很大程度上导致法院在管辖权异议阶段认定的法律关系，与案件进入实体审理后认定的法律关系存在重大偏差，产生裁判冲突。

四、挂靠施工适用不动产专属管辖的建议

　　"挂靠"是改革开放初期的产物，当时我国的公司制度尚处于萌芽阶段，国有企业与集体所有制企业享有特许经营权，某些个体工商户、个人合伙等经济组织通过合同约定与集体所有制企业形成挂靠关系，向集体所有制企业缴纳管理费分享其特许经营权，以挂靠企业名义开展经营活动。基于对行业资质的要求，挂靠广泛存在于车辆运输、船舶运输、药品行业等领域。随着我国公司制度的不断完

---

① 最高人民法院民事裁定书，（2015）民二终字第 428 号。

善,行政机关陆续出台了整顿挂靠的文件。如,《清理甄别"挂靠"集体企业工作的意见》《国家药品监督管理局关于取缔以挂靠形式开办药品经营企业的批复》等。交通运输部《道路旅客运输及客运站管理规定》第五条规定^①,也排除了客车挂靠的合法性,仅允许出租车挂靠和货车挂靠。在以"挂靠经营合同纠纷"为案由进行检索后发现,涉及车辆运输领域的挂靠,法院认为是双方当事人真实的意思表示,不违反法律强制性规定,为有效合同^②。因此,笔者认为,《民事案件案由规定》中的"挂靠经营合同纠纷",指的应该是相关规定中认可挂靠经营的情形,并不包括建筑工程领域的挂靠施工。因为在《认定查处办法》出台之前,工程挂靠还只是建筑行业的一个俗称。虽然各地高院在审理建设工程施工合同纠纷案件疑难问题解答意见中有提及"挂靠人"和"被挂靠单位",但《解释》并未使用"挂靠"这一用语,而是表述为"没有资质的实际施工人借用有资质的建筑施工企业名义"。作为一个法定案由,"挂靠经营合同纠纷"适用的理应是为法律所肯定的挂靠关系,不应指向法律所禁止的施工挂靠。就像转包、违法分包一样,因不受法律保护,同样不能作为"建设工程合同纠纷"的下级案由,实务中归入"建设工程施工合同纠纷"范畴予以受理。

经检索,在定性为"挂靠经营合同纠纷"案件中,建筑领域的挂靠施工也仅限于"借用资质"这一表现形式。但如前所述,《认定查处办法》第十一条除了规定"借用资质"属于挂靠以外,还列举了其他六种情形,包括"实际施工总承包单位或专业承包单位与建设单位之间没有工程款收付关系,或者工程款支付凭证上载明的单位与施工合同中载明的承包单位不一致,又不能进行合理解释并提供材料证明"等。在此情况下,如继续将挂靠施工仅限于"借用资质"这一行为,并定性为"挂靠经营合同纠纷",显然不利于规范建筑市场秩序、保证工程质量、促进建筑行业持续健康发展。将挂靠施工列入"建设工程施工合同纠纷"范畴予以规制,有利于统一司法裁判规则,避免出现不必要的管辖权之争。具体理由如下:第一,挂靠与转包、违法分包均属于建筑行业禁止实施的违法行为。根据《认定查处办法》第十三条规定,行政管理部门对挂靠行为的处罚力度大大高于转包和违法分包。涉及转包或违法分包的,仅对认定有转包、违法分包违法行为的施工单位进行处罚,而对认定有挂靠行为的施工单位或个人,则均要实施更高处罚。既然都是建筑领域要查处的违法行为,司法实践已明确将转包、违法

---

① 《道路旅客运输及客运站管理规定》第五条 鼓励道路客运经营者实行规模化、集约化、公司化经营,禁止挂靠经营。

② 四川省高级人民法院民事裁定书,(2015)川民申字第968号;山东省高级人民法院民事裁定书,(2016)鲁民申354号。

分包列入"建设工程施工合同纠纷"审查范围，将挂靠排除在外，与建筑行业管理需求相悖，法理上也难以自圆其说。第二，如前所述，不同省份的工程造价定额标准有所不同。在工程所在地与被挂靠人住所地不一致时，如将施工挂靠定性为"挂靠经营合同纠纷"适用被告住所地管辖，在对工程造价有争议的情况下，法院通常会委托造价鉴定，通过摇号选择的多数也是当地的鉴定机构，这些鉴定机构如对工程所在地造价定额不熟悉，可能导致鉴定意见有失客观公正、甚至错误，这显然也会损害司法公正。第三，挂靠施工的表现形式已不再局限于"借用资质"，《认定查处办法》的相关规定，导致管辖权异议阶段对挂靠、转包、违法分包的认定更加困难。若法院在管辖权异议阶段将当事人的关系定性为挂靠，在实体审查中又确认为转包或违法分包，此时因管辖恒定原则，使得原本无管辖权的法院实际上拥有了管辖权。这不仅与《民诉法解释》规定"建设工程施工合同纠纷"适用不动产专属管辖的初衷不符，客观上也会使当事人通过在管辖权异议阶段的混淆视听、达到规避不动产专属管辖的目的。而且，管辖权异议阶段认定的法律关系与实体审理查明的法律关系存在偏差，也会在一定程度上给案件的实体审理造成困惑和障碍。故笔者建议，在拟修订的《解释》中明确将挂靠施工纳入"建设工程施工合同纠纷"，适用不动产专属管辖原则，从根本上解决挂靠施工管辖之争。

农村股份经济合作社股权设置及权能实现研究

廖泽群 *

2016年12月26日，中共中央国务院出台了《关于稳步推进农村集体产权制度改革改革的意见》（以下简称《意见》），提出将经营性资产以股份或份额形式量化到集体成员，有序推进经营性资产股份合作制改革，力争用五年左右时间基本完成改革，并且确定了农村集体经济组织的基本形式就是农村股份经济合作社。2017年9月22日，中央农办发文确认了新增100个农村产权制度改革试点县，正式拉开了全国产权改革的序幕。2018年2月12日，农业部发布了《2018年农村经营管理工作要点》，明确要求"各方面试点要在成员确认、资产量化、股权设置、收益分配以及权能完善等方面取得突破，为全面改革探索路子，积累经验，确保到2021年底基本完成。"

随着改革进程的不断推进和逐渐深入，中央对于各地农村产权改革的要求也不断提高和具体，最终的目的，还是"通过改革，逐步构建归属清晰、权能完整、流转顺畅、保护严格的中国特色社会主义农村集体产权制度，保护和发展农民作为农村集体经济组织成员的合法权益。"[①] 本文重点讨论农村股份合作社成立过程中的股权设置以及权能的问题。

一、农村股份合作社及其性质

（一）农村集体经济组织的发展历程

从农村集体经济组织发展的历史沿革上来看，其形态可划分为五种：

1.互助组模式。互助组是指中国劳动农民在个体经济基础上组成的带有社会主义性质的集体劳动组织。1952年土改以后得到广泛发展，特点是自愿互利，互

---

* 福建天衡联合律师事务所实习律师。

① 《中共中央国务院关于稳步推进农村集体产权制度改革的意见》。

换人工或畜力，共同劳动。有农忙临时互助和常年互助之分。

2. 农业生产合作社。区分为初级生产合作社和高级生产合作社，初级合作社的特点是注重和强调尊重农民个人的财产权益，将农民联合起来，进行统一经营。高级合作社的特点是土地、耕畜、大型农具等生产资料归集体所有，取消了土地报酬，实行按劳分配的原则。

3. 人民公社。人民公社是我国社会主义社会结构的、工农商学兵相结合的基层单位，同时又是社会主义组织的基层单位。人民公社实行公社、生产大队、生产队三级所有，队为基础的经营模式

4. 家庭联产承包责任制。农民以家庭为单位，向集体经济组织（主要是村、组）承包土地等生产资料和生产任务的农业生产责任制形式。作为农村集体经济组织发展的新阶段，家庭联产承包责任制从根本上确定了农村土地公有制以及农民的独立经济和自主经营的局面。

5. 农村股份合作社。在坚持农民集体所有的前提下，进行清产核资、成员资格确认、经营性资产折股量化到人，从而形成的农民按份共有的农村集体经济组织形式。

（二）农村股份经济合作社的特点

从实践中看，农村股份经济合作社有以下特点：

1. 成员性。农村股份经济合作社与集体经济组织的成员是重合的，并且成员"天然入社"。与农村专业合作社不同的是，农村股份经济合作社的成员并不需要投入资金才能加入本村的股份经济合作社，只要符合本村通过民主程序表决的集体经济组织成员认定方案，即使部分村民在方案表决时投了反对票，也属于本集体经济组织成员，在合作社成立后能享受成员权益。并且，股份经济合作社强调成员按份共有每个成员的股份大体接近，不像专业合作社那样，会有少数成员占大股甚至控股的现象。[①]

2. 封闭性。农村股份合作社的成员，只能是本村集体经济组织的成员，在进行股权转让时，也只能选择本社成员进行转让。作为一个特殊的集体经济组织，农村股份合作社的财产归属于成员集体所有，主要体现在土地等基本生产资料集体所有，针对这个特殊性，为了保护农民的利益，特别是防止外部资本的侵占，《意见》明确两点：第一，改革的范围严格限定在集体经济组织内部；第二，股权的流转不得突破集体经济组织的范围。

---

① 孔祥智：《农村社区股份合作社的股权设置及权能研究》，《理论探索》2017年第3期，第6页。

3.民主性。农村股份合作社的成员性和封闭性使其在进行民主决策时会采取"一人一票"的表决形式。农村股份合作社的成员天然入社,并且成员之间并没有类似农村合作社那样的投资合作关系,这就决定了成员之间地位的平等性。并且,由于封闭性,农村股份合作社的资产就是本集体经济组织的集体资产,这些资产是靠本集体成员祖辈积累下来,自然形成的,以资产多少来决定话语权的制度没有建立的基础,合作社更偏向于人合性,因此,股份合作社中成员的股权更多的是影响到成员分红的权利而非表决权。

二、股份合作社中股权的设置及权能

(一)股权设置

农村股份合作社成立的基础是集体经济组织,在进行成员认定之后要进行折股量化,即将集体资产为每个成员进行配股。股权的设置意味着对成员权益的认可和认定,相比于成员身份认定更加贴近于实际利益,因而是目前集体资产改革最关键的环节。实践中,农村股份合作社的股权设置有两个种类:

1.集体股

集体股是按照集体资产净额的一定比例折股量化,不量化到成员个人手中,由全体成员共同所有的资产。《意见》指出,"股权设置应以成员股为主,是否设置集体股由本集体经济组织成员民主讨论决定。"

实践中,有部分地区在改革过程中设置集体股。设置集体股的考虑主要有三:一是设置集体股既能体现资产集体所有性质,壮大农村集体经济,又能为农村公共服务、基础设施建设、公益事业支出提供资金保障;二是为解决股份动态管理问题,为新增人口或本次成员身份认定中可能存在的遗留问题做准备;

但是从中央的文件中可以看出,中央倾向于各个农村股份合作社不设置集体股,而现实中,大部分地区在本次改革中也确实没有设置集体股,不设置集体股地区的考虑是,一是改革必须彻底不留尾巴,设置集体股即是在股份合作经济的产权结构中再分出一块模糊的集体产权,会留下将来要二次改革、二次分配的隐患;二是针对股份合作社的日常开支,可以通过在合作社收益中先行提取公积金、公益金的方式解决。

实际上,由于股改是村两委主导,在上级没有硬性要求不得设置集体股的情况下,大部分村两委作为本合作社将来的管理者之一,还是倾向于设置集体股的。

应当看到，本次产权制度改革，主要的目的之一，就是为了明确集体产权归属，解决集体资产表面上人人有份，但实际上人人无份的尴尬境地。在把握住大前提的情况下，笔者以为，在现阶段，改革仍在摸索前进当中，部分村在本次为了解决本次改革中的部分特殊问题，减少群众矛盾，设立集体股是可以理解的，但是集体股比例不应超过总资产的 20%，如果比例过大，显然违反了本次改革的初衷，并且将来会产生更大的负面效应。

2.成员股

成员股是群众基于所属村集体经济组织成员身份获得的参与集体财产收益分配，参与集体经济组织管理的资格来源。如上所述，本次改革的主要目的之一，就是明确集体财产归属，将集体资产折股量化到人，确权登记到户，因此成员股的设置是本次改革的核心环节。

成员股的设计较为复杂，各地都有不同的做法并且随着改革的不断推进，成员股的种类越来越多，大致分为两个种类基本股以及奖励股，其中基本股一般有以下两种分类：

（1）个人股。即仅以具备成员资格作为配置股权的标准，不分年龄大小，不分男女老幼，每人配置同样的股份，如同安区褒美村。

（2）劳龄股。即以属于本村集体经济组织成员身份为前提，在本集体的劳动年龄为基础作为配置股权的标准，按照实际劳动年龄不同配置不同的股权，如广州市沙东股份合作经济联社。

3.奖励股又称福利股或特殊股，常见的有以下几种：

（1）贡献股。这类股一般设计给曾经对集体资产积累做出贡献，但现在因为如死亡、或在成员身份认定基准日前脱离集体经济组织而无法获得集体经济组织成员身份的人，如同安区顶村村，村里成员一致同意为给村里发展带来巨大贡献，但现已经脱离本集体组织的老书记设立贡献股。

（2）计生奖励股。这类股份配置给因相应国家计生政策，造成现在家庭人口数较少，在成员股配置中处于相对弱势的独女户、二女结扎户家庭，一般参照当地计生条例多分配股份给予这部分成员，如同安区南山村，参照福建省计生条例的规定，每一户多配置 50% 股权数。

当然，部分地区在改革实践中还探索出其他不同的成员股配置方法，如广东佛山地区允许部分群众以现金入股的方式设立现金股，以解决本地的历史遗留问题。成员股的股权类型的不断丰富，完善了改革过程中折股量化这一环节，是改革过程中群众集体智慧的结晶，对于调和解决群众矛盾起到了极大的作用。

（二）股权权能

本处所指的股权权能，是指农村股份合作社的股权，扣除分红权后，还具有哪些功能。

一般股权权能分为两个方面，自益权和共益权。

1. 自益权

十八届三中全会《决定》第21条明确提出"赋予农民对集体资产股份占有、收益、有偿退出及抵押、担保、继承权"。《意见》中也明确提出"组织实施好赋予农民对集体资产股份占有、收益、有偿退出及抵押、担保、继承权改革试点"。从以上文件可以首先明确的一点就是，自益权只赋予了成员股的持有者，集体股并无以上六项权利。其次可以看出，改革的目的之一是赋予集体组织成员股股权六项权能，但实际上仍可归于所有权的四类完整权能。[1]

所有权权能分为占有、使用、收益、处分。从占有权的角度来看，成员享有对集体资产折股量化后分配到手的股份控制和支配的权利；从使用权的角度来看，虽然集体资产的所有权主体是成员集体，但由于集体资产不宜由集体成员分散经营使用，只能由整体委托给一个集体组织进行经营管理，所以可以说实际上成员股持有者与股份合作社形成的是一种委托代理关系；从收益权的角度来看，分红自然不在话下，成员股持有者应当还有在股份合作社解散时分割剩余财产的权利；最后说到处分权，两份文件赋予了成员股持有者继承、抵押、担保、有偿退出的权利，但基于农村股份合作社"人合"性的考虑，处分权应当是一个受到限制的权利，即只能在本集体经济组织内实现该项权利。

2. 共益权

笔者以为，农村股份合作社是特殊的经济组织，一般股权中的共益权应当被集体经济组织的成员身份吸收，即对于农村股份合作社的表决权、监察权、选举与被选举权、请求召开成员大会等权利，成员股份的有无对其并无太大的影响，而与集体经济组织成员身份的确认与否有着直接联系。

实践中，身份的确认与否基本与股权的有无是直接挂钩的，但是简单地认为有集体经济组织成员身份就有股权笔者认为是不可取的。在实践中，就出现了虽有成员身份但没有股权的情况，如同安区前格村，该村在进行成员身份认定时将户口仍在本村的公务员、国企、事业单位等人认定为本村集体经济组织成员，考虑这部分人群文化水平较高，见识较广，村里愿意让其参与进农村股份合作社的

---

[1]　刘俊：《农村土地股份合作社成员财产权体系与权能》，《江西社会科学》，2017年第11期，第167页。

管理，但因这部分人群已在国家机关、国企、事业单位中工作，领取工资，不宜再分配村集体利益，因此在折股量化时没有配给股份。

二．农村股份合作社的股权存在的问题

（一）股权的封闭性

农村股份合作社的股权，当前还具有强烈的集体认知属性。所谓的集体认知属性，是指社员的股权是有村落成员身份派生出来的，非法律规定，其由社会集体认知决定权利主体，内容及边界。[①] 上文提到，农村股份合作社在现阶段是一个完全"人合性"的集体经济组织，与通过出资等方式获得股份的合作社，公司不同，农村股份合作社的股权现阶段在绝大多数地区仍然不能逃离集体经济组织成员身份。而由于农村股份合作社的封闭性，合作社内的成员实际上就局限在本村集体经济组织成员即本村村民的范围内，这就导致了封闭性的特点从成员组成传导到了股权配置。

在当前农村加速城镇化的大背景下，农村的组成越来越复杂，生活和生产方式的变更，人口流动性的增强，都不断冲击着农村这个原本半封闭性的集体。并且在专业化不断增强的当下，仅靠村委会一班人从事经营活动明显力不从心，是否能引进专业的经营管理人才已经成为股份经济合作社发展的当务之急。但股权的封闭性实际上限制了引进人才参与农村股份合作社经营管理。应该看到，在农村股份合作社成立的初期，虽有大量的集体资产，但是尚未盘活，还没有收入，那么以股权来吸引人才，引入股权激励措施就成了为数不多的有效手段。然而，股权的封闭性使这条途径实现的可能性基本为零。实际上，由于股权的封闭性，再加上股份分配的平均化，导致了农村股份合作社管理者水平不高，积极性不足，严重制约了合作社的发展，在实践中，很多农村股份合作社在实行一段时间后便遇到瓶颈，停滞不前，根本不可能实现盘活集体资产，增加农民收入的目的。

（二）权能的残缺

完整的产权应当能使所有者享有排他使用权、收益独享权和自由处分权、转让权。仅拥有其中一种权利或者某种权利被弱化表明所有者对持有的物品的权利

---

① 邓明峰 郭琼瑶：《关于农村股份合作社的股权配置及流转的法律问题探析——以佛山地区为例》，《法治与经济》，2014年第4期，91页。

是不完整的。 产权作为人与人之间围绕财产营运而建立的经济权利关系，内在地具有排他性、有限性、可分解性和可交易性等性质。从这个方面来说，农村股份合作社的股权是一种典型的残缺产权。从实践中来看，当前农村股份合作社成员的股权，能完整实现的只有占有和收益权，其他四项权能有偿退出及抵押、担保、继承权在大部分地区仍然未能实现。不仅如此，在实现收益权时，农村股份合作社的管理者往往会考虑其他非经济因素，把分红与股东在本集体内履行社区和社会义务的情况作为考核标准，如在分配方案中规定未接受计生处罚的股东暂停分红。

产权的残缺必然导致劳动监督成本过高和劳动激励过低的问题[1]。尽管乡镇企业的产权并不是一种人格化的权利或一种完全排他的私有产权，而是一种模糊的产权，但非正式制度事实上决定了大多数的产权关系并清除地界定着模糊权利的边界。因为农村股份合作社的成员性，各个地区股份合作社对于成员权利的认定边界并不统一，并且随着发展，权利的边界会不停地发生变动，所以，农村股份合作社的成员权实际上具有内在的不稳定性和模糊性。越清晰的产权排他性越强，更容易在不同经济主体之间转让，从而实现资源由低到高的有效配置。当前模糊的股权，使得农村股份合作社的股权在抵押、担保、继承、有偿退出几项重要的权能无法实现，这也是当下阻碍集体资产盘活的重要因素之一。

四、完善农村股份合作社股权的建议

上文已经提到，由于农村股份合作社的特殊性，导致了合作社股权权能缺失，流动性不高，无法促进农村股份合作社发展等问题。《意见》指出，"坚持农民集体所有不动摇，不能把集体经济改弱了、改小了、改垮了，防止集体资产流失，坚持农民权利不受损，不能把农民的财产权利改虚了、改少了、改没了，防止内部少数人控制和外部资本侵占"，其权能的缺失，流动性不高原来最初是为了保护集体利益，但随着城镇化进程不断推进、人口流动逐渐加快、新生代农民子女择业的多样化，这些措施已变成了农村股份合作社发展的桎梏，股权的完善，是推进农村股份合作社的一个重要方面，对此，笔者以为应当从以下几个方面完善农村股份合作社股权。

---

① 林毅夫：《制度、技术与中国农业发展》，三联书店 1992 年版，55 页。

（一）引入社会力量，探索多种形式的股份配置方案

如前所述，由于股权的封闭性，导致当下合作社内的成员实际上就局限在本村集体经济组织成员即本村村民的范围内。而一个村的精英分子毕竟有限，尤其是懂经营、善管理的人才更是稀少，这就经常导致一个村在成立初期，没有资金聘请专业人士来进行规划管理，空有一堆集体资产无法盘活，资产越多越尴尬的境地。笔者以为可以专门设立人才股解决以上问题，为愿意来村里帮助村集体经济组织发展的人配置相应的人才股，以解决成立初期资金短缺的尴尬境地。

其次在社员抗风险能力、对收益的要求更高时，可以适时的向外募股，设立募集股，引入外部生产要素和竞争机制，增加股份合作社的市场竞争力。为了防止集体资产流失，集体经济组织变性，可以对这些募集股的权能或数量做出限制。

（二）推进股权处分权能改革，完善股权流转机制

根据《意见》要求，改革地区有关部门应当探索农民对集体资产股份有偿退出的条件和程序，研究制定集体资产股份抵押、担保贷款办法，指导农村集体经济组织制定农民持有集体资产股份继承的办法。有偿退出、抵押、担保和继承都属于处分权，这四项权能使得农村股份合作社成员股份的自益权更加完整，也有了变现的可能。但这四项权能涉及的问题更为复杂，从各地的时间看，对集体资产股份的有偿退出、抵押、担保和继承等权能，无论是经济较为发达地区还是经济基础较为薄弱的中西部村社，成员均抱着不敢、不愿转让或处分的态度[①]，究其原因，一是大部分地区的政府当前仍将改革重点放在清产核资、成员身份认定、建立股份合作社工作上，对于股份处分权能的实现的研究，没有精力。其次大部分政府也不敢在中央没有明确指令下进行过于深入的实践，处分权能的实现会发生权利的转移，不够完善的方案容易导致股份合作社成员由"同质性"向"异质性"转变，并导致集体资产的流失。二是集体股份的流转目前来看大部分还是与成员身份挂钩，可能会引起原权利人成员资格丧失，并且在经济较为发达的地区，成员的分红权也有较大的保障，成员一般也不会考虑将股权流转或变现。

笔者以为，当前应当大胆开展股份处分权能改革，逐步开放股权对外流转，探索股权流转的多种实现方式。自由转让农村股份合作社实际上有两方面支持，一是《农村土地承包经营权流转管理办法》明确了《物权法》上土地承包经营权流转的具体实施方法。二是政策导向发生变化，随着改革的逐步深入，现在越来越多的地方开始逐步开展农村自然资源改革，逐渐在扩大自然资源的产权权能，

[①]　方志权：《农村集体产权制度改革：实践探索与法律研究》，上海人民出版社2015版。

探索实现农村自然资源融资担保、抵押贷款的实现方式。

既然农村土地承包经营权、自然资源可以流转，那么集体资产折股量化到个人身上时，笔者以为是可以类比借鉴的，对内转让自不用说，对外转让时，像土地承包权一样，将权利分割进行转让，只将受益分配权进行转移，这样既保证了集体经济组织的集体属性，防止集体资产流失，又实现了股权的流动。

（三）加快股权配置、流转的相关制度建立

农股份合作社股权处分权能的实现，有利于引入外部生产要素，增加集体经济组织活力，盘活集体资产，但也应当看到，股权的开放、流动可能会造成原集体经济组织内成员贫富差距拉大，集体资产被外来资产稀释等问题，所以在农村股份合作社股权权能实现的探索中，首先应当逐步制定相关配套的政策，法律法规，当前由于改革刚刚开始全面推进，可以由各地现行制定地方立法，探索各地权能实现的不同模式，待形成较为集中的认识和时间效果后再制定国家层面的专门立法。其次应当加强农村股权公开交易市场的建设，为股权流转提供公开透明的交易场所和交易规则。

内地与香港——家事案件的相互认可和执行

彭韵僖 *

　　香港回归后，在"一国两制"下，内地与香港维持大家的管治制度，香港依据《基本法》继续保留了普通法制度，有别于内地的大陆法制度。香港的法律及司法制度与内地的相关制度存有差异。

　　根据《基本法》，香港原有法律，即普通法、衡平法、条例（即由香港的立法机关订立的法例）、附属立法和习惯法，除同《基本法》相抵触或经香港的立法机关作出修改者外，予以保留。英国以至其他普通法适用地区的司法判例在香港均可引述。香港法院可以参考其他普通法司法管辖区的司法判例。中华人民共和国的全国性法律，除了在《基本法》列出的十条法例（例如有关国籍法和国旗、国徽的法例）之外，在香港并不适用。

一、司法协助

　　为了配合两地交往的发展，便利诉讼当事人依法保护权益，两地的相关单位一直就相互司法协助进行交流。《基本法》第 95 条规定："香港特别行政区可与全国其他地区的司法机关通过协商依法进行司法方面的联系和相互提供协助。"

　　香港政府先后与最高人民法院订立了三项民商事司法协助安排，分别是：
· 　相互送达民商事司法文书的安排（1999 年 1 月）；
· 　相互执行仲裁裁决的安排（1999 年 6 月）；和
· 　相互认可和执行协议管辖的民商事案件判决的安排（2006 年 7 月）（《相互执行判决安排》）。

　　《相互执行判决安排》提供了一个机制，让一方司法管辖区的判决，如符合某些条件，可在另一方执行。不过，《相互执行判决安排》只涵盖在商业合约中须支付款项的判决，并不包括家庭事宜。

---

*　香港律师会会长。

二、两地的婚姻判决

现时香港居民和内地居民之间的跨境婚姻十分普遍。如何执行两地的婚姻判决受广泛关注。这些跨境婚姻可循下列两个途径进行：

- · 内地居民可以游客身份来港与香港居民登记结婚；
- · 香港居民可在香港申请"无结婚纪录证明书"，然后到内地结婚。

数据显示，过往 10 年，香港婚姻总数每年平均大约 50,000 多宗。跨境婚姻平均占大约四十百分比 (40%)。获香港家事法庭颁布离婚令的数目每年大约是18,000 至 20,000 宗。 在 2010 年至 2014 年期间送交香港家事法庭存档的离婚案件中，内地结婚个案所占的百分比介乎 20 % 至 30%。

这些跨境家庭，通常是在一地出生和结婚，并前往另一地工作。他们在两地购置物业，有时每周往返于两地之间，俨然是在两地生活和工作。他们的子女有些是在香港或内地出生和就学；另一些则是在一地出生，于另一地就学。这类跨境婚姻家庭在婚姻破裂时，两地的婚姻判决，因两制不同，在认可和执行婚姻判决上出现问题。内地就婚姻及家庭事宜的判决在香港普遍不被认可和执行。内地法律也没有明文规定在内地认可和执行香港就婚姻及家庭事宜作出的判决。

三、认可和执行问题——离婚证／离婚令

在内地办理离婚可以通过行政机关登记程序或法院程序。在香港办理离婚是通过法院程序。数据显示，大多数内地离婚个案也是通过登记程序而非法院程序获准。在 2014 年行政机关登记的离婚总数约为 295.7 万宗，而法院办理的离婚则约有 67.9 万宗。根据香港《婚姻诉讼条例》（第 179 章），内地的离婚令可获承认，但如基于若干指定的理由，可被法庭拒绝承认，这些理由包括另一方配偶未接获有关法律程序的通知或未获得参与有关法律程序的机会（第 179 章第 61 条）；而香港《婚姻诉讼条例》第 55 条订明，外地离婚如要在香港获承认为有效，必须在香港以外的任何地方借司法或其他法律程序而获准，以及根据该地方的法律具有效力。现时，由于登记程序属行政程序，在没有任何法院批注的情况下，透过登记程序而获准的"离婚证"是否构成借"司法或其他法律程序"而获准的外地离婚，得以在香港获得承认，备受关注。

四、认可和执行问题——赡养令

香港《赡养令（交互强制执行）条例》（第 188 章）不适用于内地法院发出的赡养令，因为中华人民共和国不在该《条例》指定的"交互执行国"之列。现时，跨境婚姻的一方没有履行法院的赡养令，并迁往另一地居住，而其前配偶寻求执行在一地法院取得的有关判决，将无法迅速采取补救措施，只能在另一地重新提出诉讼。重新诉讼需要进行较长时间和法律程序，并须支付更高讼费，这可能对部分有实时需要的家庭造成困难。

五、认可和执行问题——子女管养令／探视令

藉《掳拐和管养儿童条例》（第 512 章）在香港实施的《关于国际掳拐儿童民事方面的海牙公约》不适用于涉及内地的父母掳拐儿童案件，因为该《公约》并不适用于内地。现时，跨境婚姻的一方如在未得另一方的同意下把子女移离惯常居住地，导致另一方无法行使对子女的管养权／探视权，后者可采取的补救办法相当有限。

六、《关于内地与香港特别行政区法院相互认可和执行婚姻家庭民事案件判决的安排》

由于跨境婚姻及相关婚姻事宜十分普遍，社会上有迫切需要就香港与内地相互认可和执行婚姻及相关事宜的判决订立安排。经过香港政府与最高人民法院进行的数轮磋商，双方于 2017 年 6 月 20 日签署《关于内地与香港特别行政区法院相互认可和执行婚姻家庭民事案件判决的安排》。

《安排》第一条　指《安排》适用于两地法院婚姻家庭民事案件作出的"生效判决"；当事人向香港法院申请认可内地民政部门所发的离婚证，或者向内地人民法院申请认可依据《婚姻制度改革条例》（香港法例第 178 章）第 V 部、第 VA部规定解除婚姻的协议书、备忘录的，参照适用本安排。

《安排》第二条第一款指"生效判决"的范围是：在内地，是指第二审判决，依法不准上诉或者超过法定期限没有上诉的第一审判决，以及依照审判监督程序作出的上述判决；在香港，是指终审法院、高等法院上诉法庭及原讼法庭和区域法院作出的已经发生法律效力的判决，包括依据香港法律可以在生效后作出更改

的命令。

《安排》第二条第二款指"判决"的类型是：在内地包括判决、裁定、调解书；在香港包括判决、命令、判令、讼费评定证明书、定额讼费证明书，但不包括双方依据其法律承认的其他国家和地区法院作出的判决。

《安排》第三条第一款指内地"婚姻家庭民事案件"涵盖以下案件：

1. 婚内夫妻财产分割纠纷案件；

2. 离婚纠纷案件；

3. 离婚后财产纠纷案件；

4. 婚姻无效纠纷案件；

5. 撤销婚姻纠纷案件；

6. 夫妻财产约定纠纷案件；

7. 同居关系子女抚养纠纷案件；

8. 亲子关系确认纠纷案件；

9. 抚养纠纷案件；

10. 扶养纠纷案件（限于夫妻之间扶养纠纷）；

11. 确认收养关系纠纷案件；

12. 监护权纠纷案件（限于未成年子女监护权纠纷）；

13. 探望权纠纷案件；

14. 申请人身安全保护令案件。

《安排》第三条第二款指香港"婚姻家庭民事案件"包括：

1. 离婚绝对判令；

2. 婚姻无效绝对判令；

3. 在讼案待决期间提供赡养费令；

4. 赡养令

5. 财产转让及出售令；

6. 依据香港法例第 182 章《已婚者地位条例》作出的有关财产的命令；

7. 在双方在生时作出的修改赡养协议的命令；

8. 领养令；

9. 父母身份、婚生地位或者确立婚生地位的宣告；

10. 管养令；

11. 就受香港法院监护的未成年子女作出的管养令；

12. 依据香港法例第 189 章《家庭及同居关系暴力条例》作出的禁制骚扰令、驱逐令、重返令或者更改、暂停执行就未成年子女的管养令、探视令。

《安排》第四条订明 在内地向申请人住所地、经常居住地或者被申请人住所地、经常居住地、财产所在地的中级人民法院提出；在香港特别行政区向区域法院提出。

《安排》第九条 列出保障措施，在以下情况，可以拒绝认可和执行：

· 根据原审法院地法律，被申请人未经合法传唤，或者虽经合法传唤但未获得合理的陈述、辩论机会的；

· 判决是以欺诈方法取得的；

· 被请求方法院受理相关诉讼后，请求方法院又受理就同一争议提起的诉讼并作出判决的；

· 被请求方法院已经就同一争议作出判决，或者已经认可和执行其他国家和地区法院就同一争议所作出的判决的；

· 内地人民法院认为认可和执行香港特别行政区法院判决明显违反内地法律的基本原则或者社会公共利益，香港特别行政区法院认为认可和执行内地人民法院判决明显违反香港特别行政区法律的基本原则或者公共政策的，不予认可和执行；

· 申请认可和执行的判决涉及未成年子女的，在根据前款规定审查决定是否认可和执行时，应当充分考虑未成年子女的最佳利益。

《安排》第十二条订明在本安排下，内地人民法院作出的有关财产归一方所有的判项，在香港特别行政区将被视为命令一方向另一方转让该财产。鉴于内地对婚姻中财产所有权的概念与香港法律规定的有别，《安排》加入了条款，规定若内地法院颁下判决，命令财产归婚姻一方所有，则在香港执行而言，会被视为向该方转移财产的命令。

《安排》第十六条订明在审理婚姻家庭民事案件期间，当事人申请认可和执行另一地法院就同一争议作出的判决的，应当受理。受理后，有关诉讼应当中止，待就认可和执行的申请作出裁定或者命令后，再视情终止或者恢复诉讼。旨在减少当事人在两地分别诉讼的诉累，避免两地诉讼结果冲突、浪费司法资源，本条规定确立了认可优先原则。

七、香港上诉法庭案件——黎 对 凌（民事上诉 2016 年第 204 号）判案书日期：2017 年 11 月 1 日

案中的父亲是在香港出生和长大。案中的母亲拥有中华人民共和国国籍，并

获发可在香港居留的"单程证"。与讼双方 2010 年 10 月于香港结婚。婚后，父亲往来香港、深圳两地。在香港，父亲居于其姊所拥有的将军澳物业单位。在深圳，与讼双方最初住在一个租用单位，其后转居于以母亲名义所购买的一个深圳物业单位。 与讼双方的儿子 2012 年 10 月于广东出生。两母子居住深圳物业，儿子年约 6 个月时，母子入住将军澳物业居所。自此，两母子往来深圳、香港。 不幸双方的婚姻陷入困境。2014 年 12 月，父亲向家事法庭发出呈请书，以母亲不合理行为作为理由提出离婚，并要求儿子的管养权。 母亲在未经父亲同意的情况下，于 2015 年 2 月，将儿子带返内地（当时儿子约 2 岁半）。于 2015 年 3 月父亲获香港法庭授予儿子的临时管养权。 当法律程序在香港进行期间，父亲同时向深圳罗湖区人民法院申请离婚及儿子的管养权。2015 年 8 月 3 日，罗湖区人民法院拒绝行使其司法管辖权，理由为与讼双方均是"香港人"，且结婚地点是香港。2015 年 10 月，家事法庭法官颁令将最终管养权问题无限期押后并可随时恢复。父亲向香港高等法院上诉法庭提出上诉。父亲最终上诉成功，获香港法庭授予儿子的全面管养权。

虽然案中的父亲获香港法庭授予儿子的全面管养权，而香港与内地已经签订《安排》，但由于《安排》并没有追溯力，而是只适用于在生效日期之后所颁发的判令（见《安排》第二十条），因此案中的父亲仍然无法在内地申请执行管养令。

八、《安排》的推行时间表及最新情况

《安排》有待两地完成各自的内部程序后生效。 具体而言，《安排》在内地会透过司法解释实施，在香港则会透过立法实施。 香港政府正草拟《内地婚姻家庭案件判决（交互认可及强制执行）条例草案》，旨在落实《安排》。

香港政府计划就《条例草案》进行公众咨询。《条例草案》重点：

· 就《安排》所涵盖的内地判决订立登记机制。

· 香港区域法院有专属管辖权处理申请。

· 就关于申请登记内地婚姻或家庭案件判决、认可内地离婚证、取得香港婚姻或家庭案件判决的经核证文本或证明书的事宜及其他相关事宜作出规定。

现时预计 2018 年年底向香港立法会提交《条例草案》。

海峡两岸民事司法中判决认可与执行探究

丁兆增

一、海峡两岸民事司法中判决认可与执行的理论基础

海峡两岸政治现状既是两岸司法协助特殊性之所在，也是两岸法律界无法回避的问题。英国国际法学家 HersbLauter-pacht 认为，"不被承认的政府的司法措施不能被视为存在，其实际存在的法律后果也不能被承认"[①]。HersbLauter-pacht 的观点是司法协助的前提是政府间的互相承认，政府间的不承认或敌对，法律上就不存在承认与互相协助问题。但随着法学理论的进一步发展，现代多数学者却对此持与 HersbLauter-pacht 相反的观点，现代国际私法学学者 Anton 认为，"提供民事司法协助的主要理由，是为了使有关的当事人能获得公平正义的裁判，而不是出于国际礼让的需要。在国际上对一个政府给予政治上的承认，和对一个政府提供民商事司法协助是基于截然不同的因素考虑的"[②]。Anton 认为政府间的承认主要着眼于政治与外交的考虑，政府间的敌对与不承认不应影响到一方向另一方提供民事司法协助。笔者认可 Anton 的观点，政治与法律本虽有着千丝万缕的关系，但毕竟两者属于不同的概念，有着不同的内容。从法律角度分析，一方对另一方提供的司法协助不能与一方政府对另一方政府的承认画上等号。英国枢密院大法官 Lord Wilbe Rforce 在 Carl Zeriss Stiftung V. Rayner&Keler.1966 一案中，提出了"法律真空"（A legal Vacuam）的理论，他认为，"法院不能把对于政府的不承认推演到逻辑的极点，对于人民日常的生活和一切私法上的权利以及行政机构的一般运行，在符合正义和常理的原则和不违反公共政策的前提下，都要应予以承认。"[③] 香港高等法院在 1993 年 Taiwang Yia Versant Ltd.r.Commodore Electronics

　＊　福建师范大学法学院副教授，硕士生导师，福建瑞权律师事务所兼职律师。

　①　翁松燃编：《两岸法律适用之理论与实务》，蔚理法律出版社，1992 年，第 2 页。
　②　翁松燃编：《两岸法律适用之理论与实务》，蔚理法律出版社，1992 年，第 3 页。
　③　翁松燃编：《两岸法律适用之理论与实务》，蔚理法律出版社，1992 年，第 3 页。

Ltd[①]一案中也曾有过类似的判决，其要点如下：虽然台湾未被正式承认为一个主权国家，但港台之间却存在大量的民事交往。两地不仅实现了直航，而且两地公民彼此到对方旅游、经商及投资。两地民间交往正是建立在这种基础之上，虽然大陆政府并不承认台湾所谓的"政府架构"，但无法否认台湾存在某种形式的组织架构（包括法院）。因此，在国际法上，不承认国法院往往更加注重被拒绝承认政府已经存在的事实，根据具体情况办理有关案件，特别是那些不影响国家公共政策的一般私法案件。当法院适用国际私法规则时，可能仅考虑在被拒绝承认国或政府正在适用的法律制度而置承认问题于不顾[②]。而我国亦有部分学者赞成借鉴"事实需要"这一被国际社会广泛接受的原则来对待台湾的法律问题，即把台湾地区"法律"，尤其是台湾的私法与台湾当局区别开来，承认台湾的某些"法律"并不等于承认台湾当局[③]。

对于一国内两个对立政府间相互提供司法协助的先例是美国南北战争时产生的一系列案件。这些案件涉及美国联邦最高法院是否应向战争中南方叛乱政府提供司法协助的问题[④]。其中一个代表性的案例是美国联邦最高法院在 Baldy V.Hunter，1898 一案，该案承认了南方叛乱政府为筹措行政经费所发行的公债的效力。当时美国联邦最高法院的法官 Harlan 在该案中指出："南方叛乱政府的立法及司法裁判只要其目的或手段不危害联邦政府的权威或无损于宪法所保障的人民权利，就应该获得法院的尊重。"[⑤]此外，据笔者考证，二战后东西德政府在1972 年签订《基本关系条例》之前，双方政府均认为同属于一个国家，但双方在政治上互不承认。可东西德政府仍互相提供民事司法协助，当时两德的法学家一致公认政府之间的承认只涉及政治与外交问题，不涉及私法上的效力。就海峡两岸而言，大陆已确定用"一国两制"原则来实现两岸和平统一，将来台湾将成为中国的一个特别行政区，除了"外交"、军事及政治色彩较浓的"法律"外，其现有的其他"法律"基本将保持不变，与中国大陆及香港、澳门之间建立起的民事判决相互承认与执行一样，台湾与中国大陆的民事司法协助属于区际司法协助而非国际司法协助，因此中国大陆承认台湾有一定的管辖区域及有一整套的司法系统，从政治角度分析并不存在障碍。

---

① Taiwang Yia Versant Ltd.r.Commodore Electronics Ltd.[1993]2HKC 650.

② 王铁崖著：《国际法》，法律出版社，1995 年，第 27 页。

③ 陈安著：《海峡两岸交往中的法律问题研究》，北京大学出版社 1997 年，第 310 页。

④ 陈芸：《略论海峡两岸民事司法协助》，《台湾法研究学刊》，1999 年第 2 期，第 19 页。

⑤ 翁松燃编：《两岸法律适用之理论与实务》，蔚理法律出版社，1992 年，第 7 页。

二、海峡两岸民事司法中判决认可与执行的性质

（一）海峡两岸民事司法中判决认可与执行属于一国内部的区际司法协助。

民事司法中判决认可与执行属于司法协助的内容，理论界通说认为发生在国与国之间的司法协助为国际司法协助，而发生在一国之内不同法域之间的司法协助则称为区际司法协助[①]。中国现在是"一国四法域"，即大陆、台湾、香港及澳门四个不同法域[②]。从理论角度分析，一个主权国家内部不同法域之间的司法协助更容易安排与实现，但台湾当局在发展两岸关系上却设置了许多政治因素为前提，直接影响到了两岸民事判决的司法协助。而海峡两岸民事司法中判决认可与执行的司法协助属于国内性质也体现在实务用语上，《中华人民共和国民事诉讼法》第280条、281条以及台湾地区"民事诉讼法"第402条[③]，都使用了"承认"一词。但海峡两岸法院的裁判结果，依据最高人民法院颁布的《关于人民法院认可台湾地区有关法院民事判决的规定》与台湾地区的"台湾地区与大陆地区人民关系条例"的规定，都是使用"认可"而非"承认"一词。就有关外国判决之承认而言，外国判决依据判决国法律所具有的效力，依承认国法律延伸到内国，这种判决效力的延伸，就被称为判决的承认[④]。此一理论亦适用于两岸民事判决的认可与执行领域。2009年4月26日，海峡两岸在南京签订的协议用语也是"认可"。"两岸均在区际司法协助的场合使用'认可'，在涉外司法协助的场合使用'承

---

① 目前世界上多法域国家主要有美国、加拿大、英国、澳大利亚等国，这些国家内部都存在区际司法协助问题。

② 韩德培著：《国际私法新论》，武汉大学出版社1997年。

③ 《中华人民共和国民事诉讼法》第280条："人民法院作出的发生法律效力的判决、裁定，如果被执行人或者其财产不在中华人民共和国领域内，当事人请求执行的，可以由当事人直接向有管辖权的外国法院申请承认和执行，也可以由人民法院依照中华人民共和国缔结或者参加的国际条约的规定，或者按照互惠原则，请求外国法院承认和执行。"第281条："外国法院作出的发生法律效力的判决、裁定，需要中华人民共和国人民法院承认和执行的，可以由当事人直接向中华人民共和国有管辖权的中级人民法院申请承认和执行，也可以由外国法院依照该国与中华人民共和国缔结或者参加的国际条约的规定，或者按照互惠原则，请求人民法院承认和执行。"台湾地区"民事诉讼法"第402条："外国法院之确定判决，有下列各款之情形之一者，不承认其效力：一、依'中华民国'之法律，外国法院无管辖权者。二、败诉之被告未应诉者。但开始诉讼之通知或命令已于相当时期在该国合法送达，或依中华民国法律上之协助送达者，不在此限。三、判决之内容或诉讼程序，有背中华民国之公共秩序或善良风俗者。四、无相互之承认者。前项规定，于外国法院之确定裁定准用之。"

④ 姜世明：《大陆地区民事确定判决之承认与执行—评"最高法院"2009年台上字第2531号民事判决》，载《台湾法学杂志》2009年3月（第123期）。

认’，这绝非巧合，而是坚持一个中国的结果，以示内外有别”①。

（二）海峡两岸民事司法中判决的认可与执行以“一国两制”为基础。

1978 年随着“一国两制”的方针解决香港、澳门和台湾问题的构想提出，1997 年、1999 年香港、澳门相继回归，中国出现了社会主义制度和资本主义制度并存的局面，“一国两制”的构想成为现实。这种局面决定了海峡两岸的司法协助有了空间与可能，海峡两岸司法协助是有着不同的社会经济基础的民事法律制度之间的协调与合作，其较之相同社会制度之下的区际民事司法协助往往更具复杂性和艰巨性，有时还可能出现严重的对立与冲突。“一国两制”模式下我国内部的各个法域拥有独立的立法权、司法权和终审权。但是海峡两岸之间的区际司法协助属于一国的内政，任何其他国家都无权干涉。

三、海峡两岸民事司法中判决认可与执行政策、法律演进与述评

（一）中国大陆认可与执行台湾法院判决政策与法律演进。

1. 政策宣示阶段

第一，1991 年 4 月，时任最高人民法院院长的任建新在第七届全国人民代表大会第四次会议上就郑重宣布：“台湾居民在台湾地区的民事行为和依据台湾地区法规所取的民事权利，如果不违反中华人民共和国的基本原则，不损害公共利益，可以承认其效力，对台湾地区法院的民事判决，也将根据这一原则，分别不同情况具体解决其效力问题。”②

第二，1992 年 5 月，最高人民法院在福建省厦门市召开了部分省、直辖市、自治区高级人民法院涉台民事审判工作座谈会，时任最高人民法院副院长马原提出：“当事人申请人民法院承认台湾法院民事判决、裁定的，如何处理？对这个问题有两种不同意见：一种意见认为，如果台湾法院的民事判决、裁定的内容不违背中华人民共和国法律的基本原则，不损害社会公共利益的，可以裁定确认其效力。另一种意见认为，由于目前我们没有承认台湾‘法律’的效力和台湾法院的地位，因此，对台湾法院的民事判决裁定不能直接承认和执行……当然，这个问

① 许俊强：《论大陆民事裁判在台湾地区的认可与执行》，载《第二届海峡两岸法学学术研讨会论文集》（2009 年，开封）。

② 任建新：《最高人民法院工作报告——1991 年 4 月 3 日在第七届全国人民代表大会第四次会议上》载《人民法院年鉴.1990》，人民法院出版社，1993 年，第 7 页。

题的解决有待于两岸关系的发展，也需要在理论和实践中进一步研究和探讨。"[①]

第三，1993 年 3 月，最高人民法院院长任建新在第八届全国人民代表大会第一次会议上的工作报告，重申了台湾法院的民事判决如果不违反中华人民共和国的基本原则，不损害公共利益，可以承认其效力[②]。

2. 正式承认阶段

随着两岸民间交往及经济往来的不断增多，有必要出台正式的法律法规以保护两岸民众的合法权益，基于此背景，1998 年 1 月 15 日，最高人民法院通过了《关于人民法院认可台湾地区有关法院民事判决的规定》（以下简称"认可规定"），依据此司法解释，对台湾地区有关法院的民事判决在中国大陆的法律效力，在遵守一个中国原则，不违反国家法律的基本原则、不损害社会公共利益的前提下，人民法院经过审查，予以认可。对台湾地区仲裁机构的认可，也适用此规定。该司法解释"解决了台湾地区有关法院民事判决在其他省、市、自治区的效力问题，它标志着海峡两岸当事人特别是台湾同胞的民事权益，在祖国大陆将会得到及时、公正、有效的司法保护，这对促进两岸民间关系的发展具有重要意义"[③]。

在司法实践中，1998 年 6 月 9 日浙江省台州市中级人民法院裁定认可了我国台湾地区南投地方法院关于台湾同胞褚春裁对天台县侄儿褚金绸收养关系的裁定，成为人民法院认可我国台湾地区法院民事裁判的第一例。仅隔一日，1998 年 6 月 10 日，上海市第一中级人民法院以裁定方式认可了高雄地方法院对高雄居民许玲雯诉台湾长泰庄建设发展有限公司有偿借款纠纷一案的判决，并进行了强制执行。此后，各地人民法院认可台湾地区法院民事判决的数量逐渐增多。据统计，人民法院认可与执行的台湾地区法院判决多集中于离婚领域，而认可其他民商事领域的判决较少。

为进一步规范认可与执行台湾地区法院民事判决的程序，2009 年 3 月 30 日，最高人民法院出台了《最高人民法院关于人民法院认可台湾地区有关法院民事判决的补充规定》（以下简称"补充协定"），该补充规定对认可台湾地区法院的民事判决的适用范围、案件管辖、举证责任、财产保全、审查程序、审判组织、申请认可及审理的期限等作出了具体规定。

---

① 梁书文：《关于涉台民事案件法律适用问题研究》，载陈光中主编：《海峡两岸法学研究文集》，北京海峡两岸法学学术研讨会筹备办公室 1993 年 8 月。

② 任建新：《最高人民法院工作报告——1993 年 3 月 22 日在第八届全国人民代表大会第一次会议上》载《人民法院年鉴.1992》，人民法院出版社，1995 年，第 5—6 页。

③ 唐建华：《民商审判》（续集），吉林人民出版社，2002 年，第 57 页。

（二）台湾地区认可与执行中国大陆法院民事判决法律演进。

1.1992年7月，台湾地区当局制定了"台湾地区与大陆地区人民关系条例"①，该条例第74条明确规定："在大陆地区作成之民事确定裁判、民事仲裁判断，不违背台湾地区秩序或善良风俗者，得声请法院裁定认可。前项经法院裁定认可之裁判或判断，以给付为内容者，得为执行名义。"该条例明确了台湾地区对大陆地区作成之民事裁判、仲裁文书不采用自动承认制，而使用法院认可制。但因该规定过于原则、简陋，故台湾地区法院在审查大陆地区作成的民事裁判文书时，还类推适用台湾地区"民事诉讼法"第402条及"强制执行法"第四条第一项之规定。依据"台湾地区与大陆地区人民关系条例"的规定，1995年9月20日，台湾地区板桥地方法院作出裁定，认可了江苏省南京市中级人民法院作出的离婚判决，成为我国台湾地区法院认可大陆地区人民法院民事判决的首例案件②。1996年1月19日，台湾地区桃园地方法院认可了福建省厦门市中级人民法院作出的判定被告因侵权行为支付损害赔偿金的判决③。此后，大陆人民法院作出许多离婚案件及财产权纠纷的民事判决频频被台湾地区法院认可。

2.1997年4月，台湾地区当局在修正"台湾地区与大陆地区人民关系条例"时，在原第74条规定的基础上，增加了第三项规定，即"前二项规定，以在台湾地区作成这民事裁判、民事仲裁判断，得申请大陆地区法院裁定认可或为执行名义者始适用之"，该处修正某种程度是对大陆地区人民法院民事判决认可与执行的一个倒退，即台湾地区法院在认可与执行大陆地区人民法院民事判决时设置了一个前置条件——在公共秩序保留之外增加了对等互惠原则。

3.与"台湾地区与大陆地区人民关系条例"相配套的"台湾地区与大陆地区人民关系条例施行细则"于1998年5月6日作了修正，在第54条中又规定："依本条例第74条规定，申请法院裁定认可之民事确定裁判，民事仲裁判断，应经行政院设立或指定之机构委托之民间团体验证。"④该修正实际上又为当事人在台湾地区法院申请认可与执行大陆人民法院民事判决书增加了法律环节，也就是说，在认可程序上大陆作出的民事判决和仲裁裁决要经过台湾海基会的验证，这实际

<hr>

① 该条例全文共96条，至2006年6月止，该条例共进行了九次修订。
② 被认可的民事判决书为南京市中级人民法院（1994）宁民初字第104号；台湾地区板桥地方法院认可的裁定为："板桥法院1995年度报告家声字第24号"。
③ 被认可的民事判决书为厦门市中级人民法院（1992）厦中法经初字第37号民事判决书，福建省高级人民法院（1993）闽经终字第95号民事判决书；台湾地区桃园地方法院认可的裁定为：桃园地方法院84年度声字第429号。
④ 李梦周：《海峡两岸法院民事判决仲裁裁决相互认可的法律实务》，载《中国律师》1998年第10期。

上为当事人在台湾地区法院申请认可或执行大陆人民法院的判决增加了一定的难度。

4. 2007年11月，台湾地区"最高法院"作成的"2007年度台上字第2531号"判决①中表示，大陆人民法院作成的民事判决被认可后，仅具有执行力而不产生既判力，这就意味着台湾地区法院得对大陆地区人民法院作成的民事判决书进行实质审查。这一判决引起了两岸司法实务界及理论界的争鸣，台湾当局的该做法事实上是对认可与执行大陆人民法院民事判决的一个倒退。

（三）述评

对于不同法域相互认可与执行法院民事判决，理论上主要有"礼让说""既得权说""债务说""特别法说""互惠说""一事不再理说""效力延伸说"等学说②，就关于认可与执行对方法院民事判决的立法及司法实务案例分析，海峡两岸对申请条件、程序、时效、范围等领域均有不同的见解，海峡两岸民事司法中判决认可与执行存在一定的分歧。

1. 大陆立法明确以"一个中国"为前提认可与执行台湾地区法院的民事判决，将海峡两岸法院民事判决的相互认可与执行纳入一个主权国家内两个法域的区际司法协助范畴。而台湾地区立法并未将其性质明确定位，相反却闪烁其词，将台湾"法律"称之为"法律"，而将大陆法律称之为"规定"③。

2. 台湾地区立法未对当事人申请案件范围等作明确具体规定，缺乏可操作性。而大陆地区立法则做了较为具体详实的规定，具有可操作性"补充规定"第2条第1款对民事纠纷进行了扩充式的列举，得申请认可的台湾地区法院民事判决包括对知识产权、海事、商事等民事纠纷，但对破产案件作成的裁判是否也纳入认可与执行民事判决的范围还未明确界定。

3. 台湾地区立法要求认可与执行大陆人民法院民事判决书需要经过民间团体的认证，且符合互惠与对等原则，而大陆地区的立法则无以上条件的要求。

因海峡两岸当局仍存在互不承认的状况，政治对法律的影响较大。两岸各自采用单行立法方式解决判决的认可与执行问题将在相当长的一段时间内仍会继续存续，这种立法模式容易受到两岸政治关系变化的影响，缺乏稳定性与持续性，

---

① 姜世明：《大陆地区民事确定判决之承认与执行——评最高法院96年台上字第2531号民事判决》，《台湾法学杂志》2009年3月（第123期）。

② 黄进主编：《中国的区际法律问题研究》，法律出版社，2001年，第234—236页。

③ 陈力：《海峡两岸民事判决的相互承认与执行：困境与出路》，载《法治论丛》，2002年9月，第66页。

特别是 2007 年 11 月台湾地区"最高法院"作成的"2007 年度台上字第 2531 号"判决书，以判例方式确定了大陆地区民事判决书仅具有执行力而不产生既判力，该判决无疑是一个退步。从长远来看，较为理想的模式是两岸均秉承实事求是、相互尊重、相互合作以及一个中国的原则，就此问题达成大陆与台湾地区之间的民事司法协助协议①。

4. 台湾地区"民事诉讼法"第 402 条第 1 款第 1 项应类推适用于两岸民事判决的认可与执行领域。"依照该规定，如果人民法院依照我国台湾法律没有管辖权，则其作成的判决即不能被认可。此之管辖权系指国际管辖权，而非地域管辖权或事物管辖权。"② 此外，若大陆人民法院的民事判决违反台湾地区之专属国际管辖规定，其所作成的判决亦不被台湾地区法院认可与执行。与台湾地区的该规定相比，最高人民法院《关于人民法院认可台湾地区有关法院民事判决的规定》第 9 条第 3 项仅仅规定了专属管辖情形，相对范围要狭窄一些。结合司法实践，涉港澳台民商事案件均参照涉外民事诉讼程序的有关规定处理，因此，该专属管辖应当指《民事诉讼法》第 266 条，而非其第 33 条。该条仅包含一种情形即因在中华人民共和国履行中外合资经营企业合同、中外合作经营企业合同、中外合作勘探开发自然资源合同发生纠纷提起的诉讼，由人民法院专属管辖。此外，判断是否存在管辖权笔者认为应以向法院起诉时为准。判断是否违反专属管辖权不受判决作成法院对法律或事实认定之拘束。"不过在管辖权标准的法律适用上，应抱持宽大态度，此系国际私法领域的未来发展趋势。因为除了管辖权标准外，在判决认可与执行领域内还存在其他审查标准，如公序良俗和程序公正等要求。"③

5. 在认可程序与申请时限方面，海峡两岸立法亦存在一定的区别。

台湾地区对于港澳地区民事裁判等之承认与执行，采取主动承认原则④，但就大陆作成之裁判，则另需法院裁定认可，并非当然承认其效力。台湾地区法院认可大陆人民法院民事判决则须经过一定的认可程序。1998 年 5 月修正后之"台湾地区与大陆地区人民关系条例施行细则"第 54 条规定，大陆地区人民法院民事判决的认可与执行应经"行政院"设立或指定之机构或委托之民间团体验证。而在大陆人民法院认可与执行台湾地区法院判决的程序方面，"认可规定"与"补

---

① 黄进著：《国际司法协助的理论与实务》，武汉大学出版社，1994 年，第 35 页。
② 陈荣宗、林庆苗著：《民事诉讼法》，台湾三民书局，1996 年，第 109 页。
③ 宣增益：《国家间判决承认与执行中的管辖权标准比较研究》，载《比较法研究》2005 年第 3 期。
④ 我国台湾地区的"香港澳门关系条例"第 42 条规定："在香港或澳门作成之民事确定裁判，其效力、管辖及得为强制执行之要件，准用'民事诉讼法'第 402 条及'强制执行法'第 4 条之一之规定。在香港或澳门作成之民事仲裁判断，其效力、声请法院承认及停止执行，准用'商务仲裁条例'（按：已改为'仲裁法'）第 30 条至第 34 条之规定。"

充协定"对认可程序作了详细规定。对于认可申请，由当事人住所地、经常居住地或者被执行财产所在地的中级人民法院管辖（"认可规定"第3条）；申请人向两个以上法院申请认可的，由最先立案的中级人民法院管辖（"补充规定"第3条）。认可申请应当在判决效力确定后的两年内提出（"补充规定"第9条），可以由本人亲自提出，也可委托他人提出（"认可规定"第11条）。申请书除了须具备"认可规定"第5条规定的内容外，还须依照第4条提供我国台湾地区法院民事判决书正本和经我国台湾公证机关或者有关机关出具的证明无误的副本。此外，申请人还应当提供相关证据，证明判决真实并且效力已确定（"补充规定"第4条）。认可申请被立案受理之后，人民法院应当组成合议庭（由三名法官组成）对认可申请进行审查（"认可规定"第7条、"补充规定"第7条）。如果民事判决真实并且效力确定，且不具有"认可规定"第9条所列情形，人民法院裁定认可其效力，否则裁定驳回（"补充规定"第8条）。

在申请时限问题方面。根据原来的"认可规定"第17条，认可申请应当在该判决发生效力后一年内提出；"补充规定"将此期限延长为两年。这显然是为了与《民事诉讼法》执行申请期限相一致而做的变更。依照"认可规定"第18条，被认可的民事判决需要执行的，依照民事诉讼法规定的程序办理[①]。可见，这里对认可申请作出的期限规定，仅是对民事诉讼法规定的一系列期限或时限（如审理期限等）的延续或补充，而非特别为限制我国台湾地区当事人而设。当然，这些独特的、未见于其他国家或地区民事诉讼法的期限规定是否合理，则可另作讨论。

四、海峡两岸民事司法中判决认可与执行存在的问题探究

（一）台湾地区法院对大陆人民法院作成的民事判决认可与执行过于保

---

① 2014年12月18日通过，2015年2月4日施行的《最高人民法院关于适用〈中华人民共和国民事诉讼法〉的解释》第546条：对外国法院作出的发生法律效力的判决、裁定或者外国仲裁裁决，需要中华人民共和国法院执行的，当事人应当先向人民法院申请承认。人民法院经审查，裁定承认后，再根据民事诉讼法第三编的规定予以执行。当事人仅申请承认而未同时申请执行的，人民法院仅对应否承认进行审查并作出裁定。第547条：当事人申请承认和执行外国法院作出的发生法律效力的判决、裁定或者外国仲裁裁决的期间，适用民事诉讼法第二百三十九条的规定。当事人仅申请承认而未同时申请执行的，申请执行的期间自人民法院对承认申请作出的裁定生效之日起重新计算。第548条：承认和执行外国法院作出的发生法律效力的判决、裁定或者外国仲裁裁决的案件，人民法院应当组成合议庭进行审查。人民法院应当将申请书送达被申请人。被申请人可以陈述意见。人民法院经审查作出的裁定，一经送达即发生法律效力。《民事诉讼法》239条：申请执行的期间为二年。申请执行时效的中止、中断，适用法律有关诉讼时效中止、中断的规定。

守，并且建立在实体审查的基础上。

基于本文以上对台湾地区"法律"与司法判例的介绍，大陆人民法院的民事判决在台湾地区能够得到认可和执行，需要以下准则：1. 大陆人民法院的民事判决若有违背专属管辖的规定，例如有关婚姻无效或撤销婚姻、不动产分割、失踪与死亡宣告、收养无效等，因与公共利益有关，台湾地区法院方面不予认可。2. 台湾地区法院认可大陆人民法院的民事判决，要审查其判决内容有无违背台湾地区公序良俗。3. 所有民事判决的认可和执行，应建立在对等互惠的原则上。甚至台湾"司法院"还认为，台湾地区法院认可大陆地区法院民事判决时，应注意大陆法院判决是否违反人民基本权利的原则，应注意保障台湾地区人民福祉等。很明显，台湾地区法院对于认可和执行大陆法院的民事判决实际上还是建立在实体审查的基础上，也就是要审查大陆地区人民法院的民事判决的具体内容是否违反台湾地区的公序良俗。而笔者认为公序良俗的概念是不确定的，往往依赖于法官的自由心证和推理。因此，如何提高和保证大陆人民法院的民事判决在台湾地区得到有效认可度就存在很大的变数。如 1994 年台北地方法院以上海杨浦区人民法院认定的离婚理由与台湾判决离婚采纳的有责主义相悖，裁定对上海杨浦区人民法院涉及台湾居民的离婚判决书不予认可[①]。2007 年引起海峡两岸司法界高度关注的"浙江纺织品进出口集团诉台湾长荣国际储运股份有限公司执行债权案"被台湾地区"最高法院"以"大陆法院判决缺乏与台湾法院判决相同的既判力（即实质确定力）"为由，裁定不予认可与执行[②]。

（二）海峡两岸在认可与执行对方的民事判决范围与数量方面均存在局限性。

虽然近二十年来，海峡两岸法院均有不少认可与执行对方法院民事判决的案例，但总的分析，范围仍然有限，数量很少。"从实务看，这种相互认可主要集中在离婚判决，真正认可并执行其他民商事判决尤其是商事判决的案例并不多见，10 多年来，屈指可数"[③]。据统计，两岸法院在认可与执行对方法院民事判决的案件范围多集中于离婚领域，认可其他民商事判决的数量较少[④]。导致以上情况发生的原因颇多，除了对对方法院作成的判决进行实体审查的因素外，笔者认为还有

---

① 李梦周：《海峡两岸法院民事判决仲裁裁决相互认可的法律实务》，载《中国律师》1998 年第 10 期。

② 严峻：《海峡两岸民事司法协助探析》，载《台湾研究》2010 年第 2 期。

③ 钱峰著：《外国法院民商事判决承认与执行研究》，中国民主法制出版社，2008 年，第 284—285 页。

④ 同③，第 286 页。

如下三方面原因。首先，海峡两岸法院在认可与执行对方法院民事判决时均强调"不得违反公共利益"（台湾地区用语为"不得违反公共秩序"），这种自由裁量权很高的标准条件，并无具体明确的操作规范与内容，往往建立在法官的自由心证基础上，法官受政治、经济、文化等诸多背景影响较多。其次，不认可对方的裁判形式。台湾地区"司法院"曾于1993年发行政函释称民事调解书不具有确定裁判力但由于该行政函释不是"司法院大法官统一见解"，故不具法律约束力，但可供台湾地区法院参考。基于以上原因，台湾地区有些法院认为在大陆人民法院作成的民事调解书，不属于"民事确定判决"，因而不认可民事调解书的法律效力[①]。第三，因管辖权问题而不认可对方法院的民事判决。管辖权往往会与主权相联系，两岸的政治现状，双方法院对管辖权更加敏感。一方法院以管辖权存在异议为由而不认可对方法院的民事判决案例较多。如2000年7月，台湾孙氏母女向上海市第二中级人民法院申请执行台北地方法院两份判决，上海市第二中级人法院审理后认为该案所诉不动产应专属不动产所在地法院管辖，台湾地区法院无权审理，故不认可台湾地区法院的判决[②]。

（三）海峡两岸在相互向对方送达法律文书与调查取证方面缺乏相应的安排，导致认可与执行民事判决方面存在一定的程序障碍。

据不完全统计，大陆法院受理的涉台民事案件的司法文书80%无法送达，台湾地区也积压大量文书无法送达[③]。虽然于2011年6月25日起施行《最高人民法院关于人民法院办理海峡两岸送达文书和调查取证司法互助案件的规定》规范了人民法院办理海峡两岸民事、刑事、行政诉讼案件中的送达文书和调查取证司法互助业务的程序，但该规定毕竟属于单边规范。在法律文书与调查取证的两岸双方协议方面，1993年4月，海协会和海基会签订了《两岸公证书使用查证协议》。该协议规定，有关两岸公证书副本的寄送，均由台湾海基会直接与大陆中国公证员协会及其各地分支机构联系，若有其他相关事宜，海协会与台湾海基会得直接联系。协议就相互寄送涉及继承等内容的文书以及其确认文书真伪等问题作出安排。但是对于司法文书等司法协助事宜还仅限于个案处理方式，没有成型的模式和机制，并且受两岸政治因素影响，两岸司法文书的送达方面变数不断，如2002

---

① 叶佑逸：《论海峡两岸相互间民事司法协助之现状》，载台湾《法令月刊》2007年第1期。

② 陈荣传：《两岸司法协助的现状及展望》，载张立勇主编《海峡两岸民生与经贸往来中的法律问题》，法律出版社，2009年，第22页。

③ 张勇：《最高法公布司法解释缓解两岸民事诉讼文书送达难》，新华网文章，转引自徐步林：《海峡两岸司法协助现状及发展》，载《法制与社会》2009年第9期。

年 10 月，最高人民法院曾经发布通知，要求各地人民法院对海基会委托送达的台湾地区法院诉讼文书暂不接受[①]。在跨区取证方面，1990 年《司法部关于办理涉台法律事务有关事宜的通知》第二条规定办理涉台法律事务，需要在台湾办理的，可以委托台湾的律师办理。在台湾地区，目前仍由海基会受托处理两岸之中介事务及有关司法协助事项。总体来看，在送达方面，即使是单边性的规定，数量也很少。目前两岸就相互委托法律文书仍采取由民间机构作为中介代为办理的间接模式。尽管在一定程度上缓解了两岸之间在文书送达方面的困难局面，但其效率较低且效果有限，不足以保证两岸的案件迅速处理，不仅导致民事判决的认可与执行效率低下，而且还导致当事人的讼累。

五、海峡两岸民事司法中判决认可与执行具体解决方案

笔者认为解决海峡两岸民事司法中判决认可与执行问题必须以"一国两制"作为基本指导原则。以此为基础，笔者具体提出如下解决方案。

（一）由最高人民法院与台湾地区"最高法院"直接签订司法协助协议，确定两岸民事司法中判决认可与执行的具体程序、申请条件、申请范围、申请期限等原则性问题，作为两岸法院进行民事判决认可与执行的法律依据。

参考最高人民法院与香港特别行政区律政司于 2006 年 7 月 14 日签署的《内地香港认可执行安排》（全文共十九条，前言部分即明言表示，根据《中华人民共和国香港特别行政区基本法》第 95 条的规定，最高人民法院与香港特别行政区经协商，现就当事人协议管辖的民商事案件判决的认可和执行问题作出如下安排）以及最高人民法院与澳门特别行政区行政法务司于 2006 年 2 月 28 日签订的《内地澳门认可执行安排》（全文共二十四条），再结合海峡两岸民事判决认可与执行现状，如前文所述，虽然海峡两岸现已签订民事司法协助协议并且已事实上开展多年[②]，但签订协议主体的非官方性，以及这些协议并未经两岸立法部门的认

---

① 陈荣传：《两岸司法协助的现状及展望》，载张立勇主编《海峡两岸民生与经贸往来中的法律问题》，法律出版社，2009 年，第 27 页。

② 1993 年 4 月在新加坡举行的"汪辜会谈"中，大陆、台湾分别授海峡两岸交流协会与台湾海峡交流基金会就两岸间的有关司法协助事项进行协商，并达成《两岸公证书使用查证协议》这一民事司法协助内容的协议。2008 年 6 月 12 日，海协会与海基会重启商谈。2008 年 11 月 4 日，海协会与海基会在台北会谈并签署四项协议，内容涉及两岸空运、海运、邮件与两岸食品安全，这意味着两岸"三通"将正式实现。

可，这必然会导致两岸法院在执行这些民事司法协助协议时存在法律障碍，两岸法官完全可以凭自己的经验、专业知识体系、法律素养进行自由心证，甚至在裁判时还受法律外包括政治的、经济的、对待互惠的等诸多因素的影响。因此，笔者建议海峡两岸应秉持"一个中国"及实事求是、相互合作的原则，由最高人民法院与台湾地区"最高法院"作为签订协议主体，代表两岸法院就此问题达成司法互助协议，并将两岸民事司法中判决认可与执行的具体程序、申请条件、申请范围、申请期限等问题原则性的确认下来，并直接建立起沟通与救济机制，如两岸的最高法院可分别设立"两岸司法协助办公室"，不仅直接领导各自下级法院的两岸司法协助工作，并且可直接进行对话与交流，以维护两岸民众的合法利益。

（二）两岸应厘清各自专属管辖的范围，妥善解决管辖权问题。

两岸法院在具体解决对方法院的民事判决认可与执行过程中，出现了因专属管辖问题而不予认可对方法院作成的民事判决书案例①，笔者认为，为解决专属管辖问题，两岸法院应确定如下原则：第一，坚持受理在先法院有优先管辖权原则。第二，同时受理案件应依据最密切联系地原则。第三，为防止当事人任意挑选法院以恶意逃避民事责任，应就"平行诉讼"②问题建立协调机制。

---

① 如前文所述的 2000 年 7 月，台湾孙氏母女向上海市第二中级人民法院申请执行台北地方法院两份判决，上海市第二中级人法院认为该案所诉不动产应专属不动产所在地法院管辖，台湾地区法院无权审理，故不认可台湾地区法院的判决。

② 平行诉讼，(parallel proceedings) 又称"双重起诉""诉讼竞和"，指相同当事人就同一争议基于相同事实以及相同目的同时在两个或两个以上国家或地区的法院进行诉讼的现象。我国的立法中并没有有关平行诉讼的管辖权确定的规定。有关这一问题的处理在司法实践中主要是根据 1992 年最高院《关于适用〈中华人民共和国民事诉讼法〉若干问题的意见》的第 15 条和第 306 条：1) 第 15 条规定："中国公民一方居住在国外，一方居住在国内，不论哪一方向人民法院提起离婚诉讼，国内一方住所地的人民法院都有权管辖。如果国外一方在居住国法院起诉，国内一方向人民法院起诉的，受诉人民法院都有权管辖。"2) 第 306 条则规定："中华人民共和国法院和外国法院都有管辖权的，一方当事人向外国法院起诉，而另一方当事人向中华人民共和国人民法院起诉的，人民法院可予受理。判决后，外国法院申请或当事人请求人民法院承认和执行外国法院对本案作出的判决、裁定的，不予准许，但双方共同参加或签订的国际条约另有规定的除外。"

（三）确定两岸法院裁判形式的效力标准。

一方面，两岸应采用"最低限度之必要标准"[①]排除"公共秩序保留"以扩大两岸民事裁判的认可范围，包括民事判决书、民事裁定书、民事调解书、支付令，甚至和解协议与和解笔录[②]。另一方面，两岸应认可对方民事裁判的"实体效力"，"明确规定只对对方裁判进行形式审而非实体审；两岸应重视仲裁裁决与法院判决的本质区别，建立认可仲裁裁决的统一标准"[③]。确定两岸法院裁判形式的效力方面，排除"公共秩序保留"方面尤为重要，笔者认为无论大陆法律所称的"社会公共利益"，抑或是台湾地区所称的"公共秩序和善良风俗"，均是富有弹性的概念，其内涵外延难于界定，不加限制，就可能成为干扰两岸民事司法中判决认可与执行的重要因素。因此，有必要排除或限制公共秩序保留制度在两岸区际司法协助中的适用。公共秩序保留原则的适用，只能被限定在对本法域重大政治、经济制度和道德标准的范围内。

（四）解除在民事判决认可与执行过程中的司法文书及调查取证上的限制。

虽然两岸在政治制度、意识形态等方面存在着相当多的差异，但代为送达文书、代为询问当事人或证人以及代为收集证据内的司法协助活动，既不涉及处置诉讼当事人实体权利义务，亦很少涉及实体法适用，故应排除政治等因素干扰民事判决认可与执行及当事人诉讼活动的正常进行，保障当事人的诉讼权利。故两岸完全可以参照大陆与香港、澳门签订的两个司法协助内容[④]，进一步细化司法文书及调查取证的操作规则与程序，以提高民事判决认可与执行的效率。

（五）发挥对岸律师在岸民事判决认可与执行过程的作用

为更好地进行两岸民事判决认可与执行，笔者认为还应适度放开两岸律师在

---

① 正当法律程序与所要达到的结果的正确性之间并无绝对必然的联系，在法律程序终结前，结果能否具有正当性，还要取决于程序本身以及程序以外的其他因素。而法律程序自身的公正性要得到实现，毋需求助于程序以外的其他因素，只需从提高程序自身的内在品质着手。程序通过规则而明确，又通过当事人的相互行为和关系而实现，因此它是可以设计的。通过对程序进行设计，使诉讼主体可以亲自参与产生诉讼结果的全过程，从而最大限度地保证诉讼结果的正当性。

② 2008 年 7 月 21 日，厦门市中级人民法院裁定认可发台中地方法院就刑附民案件作出的和解笔录（日南公司诉陈某案），此案系大陆法院首次认可台湾地区法院作成和解笔录。见 2008 年 7 月 22 日《福建日报》。

③ 严峻：《海峡两岸民事司法协助探析》，载《台湾研究·法律》2010 年第 2 期。

④ 指中国大陆与香港、澳门两地分别于 1998 年签订的《关于内地与香港特别行政区法院相互送达民事司法文书的安排》与 2001 年签订的《关于内地与澳门特别行政区法院就民商事案件相互委托送达司法文书和调取证据的安排》。

对岸执业及开办律师事务所的限制。事实上早在 1990 年，《司法部关于办理涉台法律事务有关事宜的通知》第二条就规定可以委托台湾的律师办理。而后 2008年 5 月 28 日司法部公布实施了《台湾居民参加国家司法考试若干规定》，大陆已允许台湾居民参加司法考试后经考核成为大陆正式执业律师代理案件[①]。但台湾地区仍未放开允许大陆居民参加台湾的律师资格考试。若两岸均能放开对岸居民通过考试取得律师执业证或在对岸设立律师事务所，必然能对两岸民事判决认可与执行工作起到积极作用，这些在对岸执业的律师对两岸两大法域的法律较为熟悉，不仅能为诉讼当事人利益提供最好的保障，而且还有利于民事判决认可与执行工作的开展。

六、结语

回顾两岸民事司法中判决认可与执行的发展过程，尽管进展缓慢，但始终在向前发展。尽管仍然存在很多难于解决的问题，但总体趋势还是积极向上的。随着两岸关系不断回暖，加快两岸民事司法中判决认可与执行进程，具有了现实的可能性。两岸人民同族同宗，建立起有效的民事司法中判决认可与执行机制，不仅符合中华民族的大义，而且还符合两岸人民的利益需求。

---

① 据了解，截至 2011 年 4 月，共有 47 名台湾居民获法律职业资格，16 人取得大陆律师执业证。

论台湾同胞同等待遇的立法保护

郭晓芳　　陈贤贵 *

一、引言

自十一届三中全会提出改革开放以来，台湾同胞便以投资者的身份进入祖国大陆，开展经济合作交流。为给台湾同胞提供一个良好的投资环境，大陆政府先后颁布实施一系列旨在保护台湾同胞投资、投资权益及其他合法权益的法律法规，其中，比较典型的是 1994 年 3 月《中华人民共和国台湾同胞投资保护法》（以下简称《台投法》）正式肯认台湾同胞投资、投资权益和其他合法权益；1999 年 12 月《中华人民共和国台湾同胞投资保护法实施细则》进一步细化相关举措，为台湾同胞在大陆投资、学习、就业、创业、生活提供更多的便利，极大地促进两岸关系的发展。

近年来，两岸关系进入"深水区"，经济社会文化交流的阻力明显加大，台湾同胞寻求权益及待遇保护扩大化的呼声也日益高涨。鉴于此，2016 年 9 月全国人大常委会修改通过《台投法》，取消举办台湾同胞投资企业不涉及国家规定实施准入特别管理措施的审批事项；2017 年 10 月十九大报告进一步提出"逐步为台湾同胞在大陆学习、创业、就业、生活提供与大陆同胞同等的待遇，增进台湾同胞福祉"，体现中央政府深化两岸经济社会文化交流的立法政策之转向。为深入贯彻中央政府立法政策的精神，2018 年 2 月国务院发布《关于促进两岸经济文化交流合作的若干措施》（以下简称"惠台 31 条措施"），此后具有鲜明地方特色的惠台措施也相继出台，如 2018 年 4 月 10 日厦门率先颁布的《关于进一步深化厦台经济社会文化交流合作的若干措施》（以下简称"厦门惠台 60 条措施"）、2018 年 6 月 1 日上海出台的《关于促进沪台经济文化交流合作的实施办法》（以下简称"上海惠台 55 条措施"）和 2018 年 6 月 6 日《福建省贯彻〈关于促进两岸经

---

*　郭晓芳，厦门市人大常委会委员，市人大法制委员会主任委员。

陈贤贵，厦门市人大法制委员会备案审查处副处长（挂职），华侨大学法学院副教授。

济文化交流合作的若干措施〉实施意见》(以下简称"福建惠台 66 条措施"),"逐步为台湾同胞在大陆学习、创业、就业、生活提供与大陆同胞同等的待遇"已然成为当前对台工作的重点。然问题在于,惠台措施究竟惠及哪些人,同等待遇到底是何种待遇,同等待遇的正当性基础何在,以及通过何种路径实现同等待遇的立法保护等问题仍亟待解决,也构成本文研讨的重点。

二、台湾同胞同等待遇的概念界定

待遇是关于一定社会主体的权利义务配置,取决于特定主体的身份或法律地位。十九大报告及"惠台 31 条措施"提出"逐步为台湾同胞在大陆学习、创业、就业、生活提供与大陆同胞同等的待遇",地方惠台措施也相继通过各种举措贯彻落实同等待遇政策。为实现和保障同等待遇,将来尚须通过正式立法加以固定和优化处理。当然,无论是政策落实还是立法确认,首先须厘清的基础性问题是台湾同胞的身份属性及同等待遇的概念界定。

(一)"台湾同胞"为何种身份

在中国大陆,台湾同胞的称谓向来承载着特殊的政治意义、文化意义和情感意义,但现行法并未明确界定其概念及内涵。关于台湾同胞在中国大陆的身份,依据宪法规定当属中国公民。而根据两岸关系所处不同时期及相关政策的不同表述,又可划分为去台人员、台湾投资者和台湾居民。[①] 作为中国公民这一大类下与大陆居民相对应的概念,台湾居民是台湾同胞最具一般性意义的法律身份。而台湾居民则是指居住在台湾地区的中国公民,以居住地、户籍为界分标准。惠台措施中所谓的台湾同胞,本质上也是台湾居民的身份,但受制于大陆的有效统治不及台湾的现实,同等待遇政策仅适用于在大陆居住生活而未取得大陆户籍的台湾居民。至于同时拥有台湾居民身份和外国国籍的人是否享受同等待遇政策,根据国籍法第 3 条和第 9 条规定,未在外国定居的中国公民取得外国国籍的,中国将只承认其中国国籍;若同时在外国定居,则视为其自动放弃中国国籍。据此,惠台措施所指的台湾同胞是指仅具有中国国籍或虽同时具有外国国籍但未定居国

---

① 去台人员主要指原居住在大陆但于 1949 年前因各种原因赴台的中国公民,还包括两岸开放交流之后赴台定居的台胞台属等。台湾同胞投资者是指在大陆投资公司、企业、其他经济组织的台籍法人代表、所有权人等,其衍生身份还包括"台湾同胞投资企业中的台湾同胞职工"。而台湾居民通常是指居住在台湾地区的中国居民。参见王鹤亭:《台湾同胞在祖国大陆类的法律地位与同等待遇研究》,载《现代台湾研究》2018 年第 2 期。

外的台湾居民。

（二）"同等待遇"为何种待遇

随着两岸经济社会文化交流不断深入，广大台湾同胞从传统对经济优惠措施的关注转向呼吁加大对其涉及社会文化生活领域的权益及待遇保护，要求大陆政府提供"居民待遇"的呼声越来越高，甚至有台湾同胞呼吁给予"国民待遇"。从相关政策和立法来看，确有不少涉及台湾同胞待遇的表述和规定，如《厦门经济特区台湾投资权益保护条例》专章规定台湾投资者的"居民待遇"。学理上也有学者作相应的指称。[①] 那么，"同等待遇"究竟是何种待遇，能否视之为"国民待遇"抑或直接等同于"居民待遇"，应予厘清。

1. "同等待遇"非为"国民待遇"。国民是拥有国籍的国家主权构成者，是"生活在同一宪法下作为立法代议机构主权代表的人们共同体"。[②] 而在字面意义上，国民即本国人民之意，其对应的概念是外国人，凡具有本国国籍的人都是本国国民，否则即被视为外国人。作为确认外国人法律地位的一项国际通行原则，国民待遇是指一国给予外国人（主要是自然人和法人）的民事法律地位不低于该国给予本国人的民事法律地位，给予外国人与本国人同等的待遇。1928 年《哈瓦那关于外国人地位的公约》第 5 条规定："各国应赋予设有住所或临时过境的外国人以一切当地公民所享有的个人保障，以及基本的民事权利，但不得妨碍有关行使此项权利和保障的范围和惯例的法律规定。"这一规定被视为关于国民待遇的最准确和最权威表述，是近代人权思想和正义观念发展的必然要求与结果。显然，国民待遇的适用对象是外国人，适用的领域大多限于经济领域。基于一个中国原则，大陆与台湾不是国与国关系，台湾同胞不是外国人。"虽国家未统一，有效统治不及台湾，但台湾人民仍是中国人，是中国国民。任何的中国政府都有责任视台湾的中国国民为国民"[③] 简言之，同等待遇不是国民待遇，两者具有质的不同，将同等待遇视同为国民待遇，不仅有悖国家主权原则，也不符合"两岸一家亲"的国家理念，严重损害两岸人民的民族感情。

2. "同等待遇"应为"准居民待遇"。与国民的语义不同，居民是指"居住在一国境内受该国管辖的自然人。按照法律地位，分为本国人、外国人、无国籍人

---

① 参见冯霞：《台胞投资中有关居民待遇的法律问题——以〈台湾同胞投资保护法〉及其细则为基础》，载《台湾研究》2017 年第 5 期。

② 黄现遗稿，甘文杰、甘文豪整理：《试论西方"民族"术语的起源、演变和异同（二）》，载《广西社会科学》，2008 年第 2 期，第 21 页

③ 王晓波：《台胞国民化和两岸一体化——也论台湾社会统一动力的重建》，载《海峡评论》第 188 卷第 8 期，2006 年 8 月。

等不同类别。本国人构成一国居民的绝大多数"。①作为中国公民，台湾同胞自然应当属于中国"本国人"，是中国"居民"的组成部分。而居民待遇是指给予非本地居民以本地居民的同等待遇。②惠台措施中有关"同等待遇"的表述，实际将台湾同胞与大陆同胞置于"天平的两端"，赋予其在学习、创业、就业、生活领域享有与大陆同胞同等的待遇，本质上是一种居民待遇，即与大陆居民享有相同模式的社会管理与公共服务，确认台湾同胞作为中国公民的身份地位及权利待遇。当然，在两岸关系现状及制度体制下，此种同等待遇不可能是完全意义上的居民待遇，尤其是在参政议政及宪法规定的公民政治权利方面仍受严格的限制，本文称之为"准居民待遇"或"不完全居民待遇"。

三、台湾同胞同等待遇的法价值分析

随着两岸人民的交流互动日益深入，两岸在经济、社会、文化、生活等领域的整合度不断提升。③十九大报告指出："海峡两岸人民是生死与共的同胞兄弟，是血浓于水的一家人，要秉持'两岸一家亲'理念，促进两岸同胞心灵契合。"逐步为台湾同胞在大陆学习、创业、就业、生活提供与大陆同胞同等的待遇，有助于推进两岸经济社会融合发展，实现两岸人民生活一体化。更为重要的是，同等待遇政策不仅具有特殊的时代背景和政治、文化、情感寓意，还在于它高度契合平等、自由、人权、秩序等法价值目标取向，具有法理正当性。

（一）同等待遇与平等

从字面理解，台湾同胞同等待遇是指台湾同胞与大陆同胞之间无差别的待遇，实质上是一种平等的待遇。而平等本身通常被视为一种不言而喻的价值，是人类终极理想之一。"平等虽只简单两字，却是最能搅动人心的概念之一。与之紧密相连的，是从马克思到罗尔斯一系列思想巨人，以及衣食住行、生老病死等民众切实关心的日常话题。"④当然，平等是一项历史的范畴，其涵义并非一成不变。一般认为，平等是基于所有生命要求在社会上的平等政治主张，以及所有生命应

① 夏征农主编：《辞海：1999 年缩印本（音序）》，上海辞书出版社 2002 年版，第 875 页。
② 本地居民待遇的内涵及范围非常宽泛，包括居住生活等诸多领域。参见冯霞：《台胞投资中有关居民待遇的法律问题——以〈台湾同胞投资保护法〉及其细则为基础》，载《台湾研究》2017 年第 5 期。
③ 参见王鹤亭：《台湾同胞在祖国大陆的法律地位与同等待遇研究》，载《现代台湾研究》2018 年第 2 期。
④ 周濂著：《正义的可能》，中国文史出版社 2015 年版，第 268 页。

平等地得到社会的保障,主要包括法律权利平等、政治权利平等、公民权利平等、经济权利平等以及动物权利平等。"毫无疑问,法律的价值在于追求和规范人类社会行为的合理与公平,以实现个人行为与他人行为或社会利益的和谐,而达到合理与公平目的的法律基础是平等。"①

平等的对立面是"歧视",依平等所派生的权利和待遇是消除歧视的重要保障。在特定历史条件下,平等价值在于消除社会成员之间的"事实歧视",如若前提预设或者政策目的达成便不再适用,否则将构成反向歧视与不公。②在改革开放初期,大陆实行计划经济体制,社会主义公有制在大陆经济中占绝对主导地位。虽然私有经济在法律中获得肯定,但是生存和发展的空间极为有限。彼时若将台湾同胞投资者当作国内私人经济主体对待,实践中势必会因一系列社会发展计划而使大部分台湾同胞投资者望而却步,而"比照外资"的做法能够有效回避这一体制性难题,为台湾同胞投资者提供更为平等的投资环境。但是,随着改革开放的深入推进,市场经济已在大陆经济体制中占据很重要的位置,而"比照外资"的做法实际上已经成为台资进一步投资大陆产业及减免关税、建设共同市场的障碍。从实际执行来看,有关部门也常常把本适用于投资领域的"比照外资"规定延伸至台湾同胞在大陆居住、生活、求学、就业等方面,将台湾同胞视同为"外国人",难免使台湾同胞对大陆产生情感疏离,影响民族认同。③鉴于此,摒弃"比照外资"做法,赋予台湾同胞同等待遇,促进两岸融合与共同发展,殊为必要。

诚如恩格斯所言:"平等是正义的表现,是完善的政治制度或社会制度的原则。"易言之,平等不是空洞的理想,而是理想与社会现实的结合。④平等不应仅体现为形式的平等,更重要在于实质平等。尽管平等原则的原初意旨主要为形式平等或机会平等,即"不得基于性别、种族、肤色、财产、出身或其他情况予以歧视",但人的出身、财产等本从来都是不平等的,本质上也是一种"事实歧视"。如果一味强调一视同仁,无疑只会变相强化这种"事实歧视"。基于此,我们便不难理解惠台措施为何在个别情形中为台湾同胞提供部分优于大陆同胞的待遇或便利。例如,"厦门惠台66条措施"及"上海惠台55条措施"均对台湾专业技术人员在职称评聘开通绿色通道,即是一种"补偿平等"。因为大陆通行的高级职称评聘条件不仅要求参评者须聘任中级职称达到一定年限,还需满足外语、论

---

① 王利民著:《物权本论》,法律出版社2005年版,第393页。

② 雷振阳、陈蒙:《民族优惠政策的价值分析》,载《广西民族大学学报》2014年第2期。

③ 刘震涛:《从"比照外资"到"同等待遇":大陆对台资新政透露的信号》,载《人民论坛》2013年第6期。

④ 参见胡玉鸿:《平等概念的法理思考》,载《求是学刊》2008年第3期。

文、课题项目等方面的限制性要求，对于生于长于台湾的专业技术人员而言无疑形成事实上的"不平等"。

（二）同等待遇与自由

自由是人的本质，人的天赋，是"社会所能合法施用于个人的权利的性质和限度"①。《世界人权宣言》第 1 条规定："人人生而自由，在尊严和权利上一律平等。"第 2 条规定："人人皆得享受本宣言所载之一切权利与自由，不分种族、肤色、性别、语言、宗教、政见或他种主张、国籍或门第、财产、出身或他种身份。且不得因一人所隶国家或地区之政治、行政或国际地位之不同而有所区别，无论该地区系独立、托管、非自治或受其他主权上之限制。"第 6 条规定："人人于任何所在有被承认为法律上主体之权利。"

当然，自由不是独立于社会制度安排之外的、个人所具有的一些发展完备的和现成的东西，个人自由（包括公民自由权）需要社会控制，特别是社会对经济力量的控制。② 而法律则是现代社会对个人自由实施社会控制的最重要也是最有效的手段。洛克指出："政府制定法律的目的不在于废除或限制自由，而是保护和扩大自由。"马克思也认为："法律不是压制自由的手段"，"恰恰相反，法律是肯定的、明确的、普遍的规范，在这些规范中自由的存在具有普遍的、理论的、不取决于个别人的任性的性质。法典就是人民自由的圣经"。③ 那么，政策法律赋予台湾同胞同等待遇完全是保障自由的。同等待遇对自由的保障，首先体现在其促进台湾同胞的自由迁徙。尽管当前两岸处于政治对立状态，但基于两岸人民交流互动的需要，大陆政府没有理由也不应该禁止台湾同胞为合法目的之入境；若对入境的台湾同胞实施歧视待遇，也必然加深台湾同胞与大陆的"隔阂"，挫伤台湾同胞进入大陆的积极性，从而事实上造成对台湾同胞入境大陆的自由造成约束。在两岸关系已经步入"深水区"的当下，同等待遇旨在通过取消壁垒、创造机会，促进台湾地区和大陆地区人口及经济文化等自由流动，实现两岸共同发展。不过，同等待遇对自由的保障也是有限度的，尤其是在涉及台湾同胞在大陆地区参政议政及宪法规定公民享有的基本政治权利，均受限制。须要强调的是，这种限制并未基于法的目的性考虑，根源在于两岸历史与现状的政策性考虑。

---

① ［英］密尔著：《论自由》，商务印书馆 1982 年版，第 1 页

② 佟德志：《新旧自由主义——杜威与自由主义的理论转型》，载《浙江学刊》2005 年第 5 期。

③ 《马克思恩格斯选集》第 1 卷，人民出版社 1995 年版，第 14 页、第 71 页。

（三）同等待遇与人权

人权是人之为人所享有或应享有的权利，普遍性是其最鲜明的特质，即在任何时候、任何地方都运用同一的人权标准或制度。人权概念不是一种理想概念，而是一种最低限度标准的概念。[①]1994年维也纳国际人权会议发表的《维也纳宣言和行动纲领》第5条规定："一切人权均为普遍、不可分割、相互依存、相互联系。国际社会必须站在同样地位上、用同样眼光、以公平、平等的态度全面看待人权。固然，民族特性和地域特征的意义，以及不同的历史、文化和宗教背景都必须要考虑，但是各个国家，不论其政治、经济和文化体系如何，都有义务促进和保护一切人权和基本自由。"

"国家尊重和保障人权"已经成为中国的宪法原则。在中国特色的人权观里，生存权和发展权是首要的人权。[②]所谓生存权，即国际人权公约上的相当生活水准权。如《世界人权宣言》第25条第1款规定："人人有权享有为维持他本人和家属的健康和福利所需要的生活水准，包括食物、衣着、住房、医疗和必要的社会服务。"《经济、社会及文化权利国际公约》第11条第1款规定："本公约缔约各国承认人人有权为他自己和家庭获得相当的生活水准，包括足够的食物、衣着和住房，并能不断改进生活条件。"而所谓发展权，1986年联合国大会第41/128号决议通过《发展权利宣言》指出：发展权是个人、民族和国家积极、自由和有意义地参与政治、经济、社会和文化的发展并公平享有发展所带来的利益的权利。

作为中国公民，台湾同胞无论身处台湾还是大陆，均对中国公共事务及福利等拥有应然的权利。赋予台湾同胞在大陆学习、创业、就业、生活与大陆同胞享有同等的待遇，是对台湾同胞的生存权和发展权这一首要人权的确认和保障。诚如哈耶克所言："显而易见，我们并不拥有评断正义的肯定性标准，但是我们都确实拥有一些能够告知我们何者是不正义的否定性标准。"[③]尽管当前两岸政治对立格局尚无法根本破除，台湾当局也极力限制台湾同胞在大陆的公共参与，但对于这些权利的限制并不能消除权利本身的存在。大陆政府通过惠台措施赋予台湾同胞同等待遇，体现尊重和保障台湾同胞基本人权的法律精神。虽然户籍仍是横亘在台湾同胞与中国公共事务及福利等权利之间一个制度性障碍，也是影响台湾同胞能否现实地享有相关权利及待遇的关键因素，但是户籍制度绝不应成为国家歧视台湾同胞的正当理由，在两岸达成政治共识及协议之前，完全可以将视角从户

---

①　[英]A.J.M.米尔恩著：《人的权利与人的多样性——人权哲学》，夏勇、张志铭译，中国大百科全书出版社1995年版，第7页。

②　李步云：《坚持生存权、发展权是首要人权》，载《北京日报》2015年12月7日。

③　[英]哈耶克著：《法律、立法与自由》，邓正来译，大百科全书出版社2000年版，第128页。

籍转向住所或住所，以住所或居所作为替代性的权利及待遇"准入标准"，实现和保障台湾同胞在大陆期间的基本人权。

（四）同等待遇与秩序

社会秩序是连接和维系人类社会关系的纽带，也是一种社会有序状态。"对我们周遭的宏观世界所作的观察表明，它不是由无序和不可预测的事件构成的一个混合体，相反它所表现的是意义重大的组织一致化和模式化。"[①]正是因为社会稳定有序，才有可能出现繁盛、持续发展的局面。历史上大凡繁荣昌盛的时代总是同稳定有序的社会状态相依傍。作为社会秩序的一种形态，法律秩序是由实体性的制度和观念化的意志控制的一种社会状态。"与法律用相伴随的基本价值，就是社会秩序。"[②]在社会秩序这一广大的秩序网络中，法律秩序虽仅是其中的一种，却是一种最基本的社会秩序，即能够为社会主体提供安全保障，为社会关系提供可依循的明确的规则与界限，使社会可据以稳定、繁盛和持续发展。[③]

基于此，法的秩序价值不仅体现在经由立法确定一定社会主体的权利义务及行为边界，还在于能够维护社会主体间交互合作关系，促进社会经济的持续稳定发展。而有序的社会状态有体现为一种具有一致性、连续性和确定性的状态。[④]在两岸关系上，这种有序具体指向两岸关系的稳定性、两岸交流的连续性、台湾同胞权利义务的确定性、两岸认同的一致性等。由于秩序的确立和实现总是同规范的实施紧密相连的，两岸关系秩序的确立和实现同样需要依赖必要可行的政策法律规范有效实施。尽管台湾当局对大陆采取顽固"抵制"政策，两岸政治共识以及相关协议短期内恐尚难达成，但是大陆政府积极通过同等待遇政策推动两岸人民在非政治领域的融合，确认台湾同胞作为中国公民的身份地位及待遇，有助于促进两岸人民的互动交流，提升两岸经济社会文化方面的整合度，增进台湾同胞对中国大陆的认同，维护两岸关系的和平与稳定。

四、台湾同胞同等待遇的法律政策体系

1949 年以来，海峡两岸长期处于分裂甚至对立的局面，两岸关系的发展也存

[①] ［美］博登海默著：《法理学：法律哲学和法律方法》，中国政法大学出版社 2004 年版，第 220 页。

[②] ［美］斯坦等著：《西方社会的法律价值》，中国人民公安大学出版社 1990 年版，第 38 页。

[③] 周旺生：《论法律的秩序价值》，载《法学家》2003 年第 5 期。

[④] ［美］博登海默著：《法理学：法律哲学和法律方法》，中国政法大学出版社 2004 年版，219—220 页。

在忽明忽暗甚至时有晦暗不明的时期。尽管如此，大陆政府一贯重视往来大陆的台湾同胞合法权益的保护。尤其是改革开放以来，当台湾同胞投资者以各种形式进入大陆开展经贸往来，大陆政府便致力于通过各种法律政策为其创造良好的投资环境，保障其投资权益及相关待遇。[①]归结而言，台湾同胞权益与待遇立法政策保护的范围大致经历从"比照外资"到"为台湾同胞在大陆学习、创业、就业、生活提供更多便利"再到"逐步为台湾同胞在大陆学习、创业、就业、生活提供与大陆同胞同等的待遇"的进化。

（一）纵向——台湾同胞相关待遇的立法变迁

从纵向的视角观察，大陆地区有关台湾同胞权益及待遇保障的立法变迁，大致经历从"比照外资"（图示中A）→"提供便利"（图示中B）→"同等待遇"（图示中C）的进化过程。

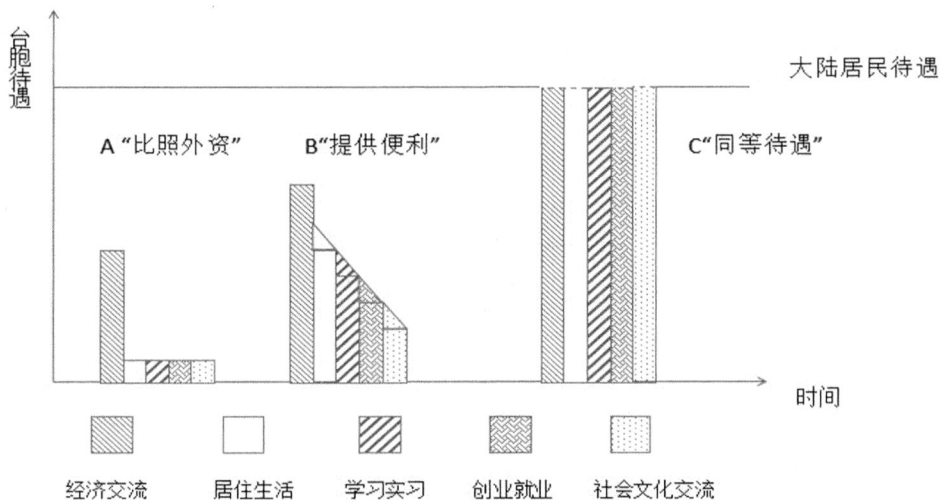

1. A区：从改革开放至1994年。期间大陆政府对台湾同胞权益的保护偏重于经济交流领域，"比照外资"规定更多体现在协助台湾同胞投资者开拓国内市场。例如，1983年4月5日国务院发布《关于台湾同胞到经济特区投资的特别优惠办法》，规定"台湾同胞到深圳、珠海、汕头、厦门四个经济特区投资兴办工农业项目，除享受经济特区现有全部优惠待遇外，再给予下列特别优惠"，即台湾同胞在享受当时经济特区已有的全部优惠政策之外还有其他特别优惠；1994年《台

[①] 史晓丽：《论台湾同胞投资保护法的修改——新形势下的与时俱进》，载《中国政法大学学报》2018年第1期。

投法》为台湾同胞在投资、投资权益和其他合法权益提供专门的法律保障，但仍将台湾同胞投资定位为"外资"，没有准确定位台湾同胞在大陆不同于"外人"的"内人"身份。台湾同胞投资者的待遇则"比照外资"处理，实际上是将台湾同胞投资者当成一个个"类经济体"加以保护，并未认可其中国公民的身份，为此，台湾同胞投资者的待遇偏于经济领域，即使有涉及居住、生活等方面的规定，也基本是语焉不详或过于原则而难以操作。

2. B区：1994年至2015年。1994年代后，随着两岸人民的交流互动日益频繁紧密，广大台湾同胞从传统对经济优惠措施的关注转向呼吁加大对其涉及社会文化生活领域权益及待遇保护。1999年《台投法实施细则》在广泛征求台湾同胞投资者意见的基础上，在第19条第2款规定台湾同胞投资者个人和台湾同胞投资企业中的台湾同胞职工在交通、通信、旅游、旅馆住宿等方面，享有与大陆同胞同等的待遇。作为台商和台胞聚集地较高的两个城市，厦门和上海先后通过地方立法回应台湾同胞的诉求。例如，2010年12月修订《厦门经济特区台湾同胞投资保障条例》，以专章形式规定台湾同胞在厦门市投资享受"居民待遇"，其中包括生活消费、社保、医疗卫生以及评定职称等，选举权以及旁听人大会议等政治权利也有所涉及。2015年11月《上海市台湾同胞投资权益保护规定》也将传统的"投资权益保护"延至"居住生活权益保护"，台湾同胞在大陆的权益不止于投资领域，还涉及其在大陆投资而衍生的居住生活等方面。显然，这一时期台湾同胞以居住生活为主的非经济领域方面权益及待遇逐渐受到重视。局限在于，立法仅将这些权益及待遇视为台湾同胞投资权益的"衍生品"，而不是基于其作为中国公民应享有的权益。

3. C区：两岸关系进入"深水区"的当下。2016年以来，两岸关系的发展一直存在诸多不确定性，尤其是台湾当局采取对抗态势，"台独"势力"蠢蠢欲动"，成为两岸人民的交流互动和经济社会文化往来的不稳定因素。大陆政府不仅修正台投法取消举办台湾同胞投资企业的审批事项简化程序，还通过惠台措施主动释放善意，赋予台湾同胞在大陆学习、创业、就业、生活享有与大陆同胞同等的待遇，增进台湾人民福祉，无疑给广大台湾同胞服下一颗"定心丸"。但是，同等待遇政策仍较为原则，确定性及规范性不足，尚须与现行法律体系中相关权利及待遇规定协调，并予以法定化，否则势必大打折扣。

（二）横向——台湾同胞同等待遇的政策框架

综观"惠台31条措施"及"厦门惠台60条措施""上海惠台55条措施""福建惠台66条措施"，有关同等待遇的内涵及外延存在一些共性，也具有一些明显的地方特色。总体来看，同等待遇的适用范围大致包括经济交流、社会文化交流、学习实习、创业就业和居住生活五个领域。

1. 经济交流合作。"惠台31条措施"提出积极促进在投资和经济合作领域加快给予台湾同胞投资的企业（台资企业）与大陆企业同等待遇，从而改变以往"比照外资"的做法。"惠台31条措施"第1条至第12条集中规定台湾同胞投资企业在诸多领域的同等待遇。[①] 地方惠台措施对此既有继承，也有一些非常鲜明地域特色的发展。例如，"厦门惠台60条措施"允许台资企业和台湾同胞来厦门办展办会，同等享受厦门相关支持政策；鼓励台湾同胞参加大陆专利代理人资格考试，支持台湾同胞在厦门注册执业知识产权服务机构；推动实施"一市两标"，持续推进厦金两地深入合作等。"福建省惠台66条措施"鼓励支持台湾同胞投资者在闽独资设立医院或合资（合作）设立其他医疗机构，享受所在地公立医院同等政策待遇；允许注册地在福建省或主要经营资产在福建省的台资企业申请在大陆上市，可享受福建省各级政府出台的上市扶持政策；实施"源头管理、口岸验放"的闽台商品快速验放模式等。

2. 社会文化交流合作。"惠台31条措施"第13条至26条规定台湾同胞在社会文化交流合作领域的同等待遇，例如支持台湾同胞申请参与国家国家"千人计划"和"万人计划"，申报各类科研基金项目、奖项和荣誉；支持台湾同胞参与的影视作品以及大陆方面引进的由台湾生产的影视作品均不受数量限制，取消两岸合拍影视作品在大陆元素、投资比例等方面的限制，取消合拍电影的立项费用及缩短审批时限等。地方惠台措施也有一些鲜明特色的做法。如"厦门惠台60条措施"鼓励台湾青少年来厦研学旅行，鼓励台湾同胞参与闽南文化生态保护试验区建设。台湾同胞在厦门可以独资民办非企业单位形式举办高端养老机构。厦门设立台湾地区律师事务所的代表机构及仲裁机构的联络点，并鼓励厦台合作建立法律查明机制和民间调解组织等。

3. 学习实习。这领域的同等待遇是"厦门惠台60条措施"在国内的首创和特色。"厦门惠台60条措施"第34条规定："台湾学生在市、区教育部门的指导下统筹安排就学。幼儿园、小学由居住地所属区教育局就近统筹安排就学。在部分市属一级达标学校初中部每年预留一定名额用于招收台湾学生。"第35条规定："设立台湾学生奖学金、助学金。在厦门中小学设立台湾学生奖学金。在厦门各高校设立台湾学生助学金专门账户，接受社会捐赠，帮助家庭条件困难的在校台湾学生完成学业。"第36条规定："鼓励企业提供更多岗位吸引台湾学生实习见

---

①　主要包括参与"中国制造2025"行动计划、高新技术企业税收优惠、科研开发、知识产权激励、特许经营、政府采购、征地用地、参与国有企业混合改制、产业开发、金融征信服务等。

习，并参照厦门生源毕业生职业见习补贴标准，给予台湾学生实习见习补贴和每月 500 元的租房补贴（限 1 年）。从境外首次到厦门参加实习见习（1 个月以上）的台湾学生，给予一次性交通费补贴 2000 元。"

4. 就业创业。"惠台 31 条措施"向台湾同胞开放 53 项专业技术人员执业资格考试和 81 项技能人员职业资格考试，对来大陆高校任教的台湾教师，肯定其在台湾地区取得的学术成果。"厦门惠台 60 条措施"鼓励台湾青年来厦门就业创业，每年提供不少于 5000 个就业和实习岗位，推动开展两岸从业人员执业资格互认，协助符合条件的台湾学生参加大陆医师资格考试。扩大台湾同胞报考厦门市事业单位编内工作人员范围，在台湾地区获得教师资格证的台湾教师可以通过特聘、购买服务、短期双向交流等方式，在厦门的幼儿园和普通高中从事音乐、体育、美术学科教学工作。"上海惠台 55 条措施"规定在评定职称、人才支持政策等方面，台湾专业技术人员不仅享有本市居民同等待遇，对于高层次、业绩突出、贡献重大的台湾专业技术人员还可采用"直通车"或"绿色通道"破格申报高级职称等。

5. 居住生活。这方面的同等待遇是厦门和福建省惠台措施的特色。省市惠台措施均对台胞证电子化作出规定，要求尽快对无法识别或读取台胞证信息的设备进行完善和升级以实现台胞证与大陆居民身份证同等使用，解决台湾同胞"出行难、办事难"的问题。"厦门惠台 60 措施"还规定台胞可以在所有合法经营的宾馆等场所登记住宿，打破原本台胞只能选择三星级以上"涉外旅馆"进住的限制。对于长期在闽居住的台湾同胞，"福建省惠台 66 条措施"实行一系列优惠措施，为台胞在大陆安居乐业提供保障。厦门还根据本市特色，规定长期在厦门居住的台湾同胞前往鼓浪屿可以走厦门市民通道；推动设立台胞服务中心；在厦门长期居住的台湾同胞可以依规定担任市、区政协委员并参加会议，可以依照规定程序列席、旁听市、区人大、政协会议等。

概言之，惠台措施在社会生活文化领域赋予台湾同胞范围广泛、力度空前的同等待遇，是新历史时期两岸关系发展的客观要求，有助于两岸经济社会文化的交流与融合，形成推动两岸融合的引导力量，建成两岸命运共同体。但是，作为政策性规定，同等待遇应当如何与现行法律体系和制度规定相衔接，通过何种立法路径加以固定和优化，有待更进一步的学理研究与立法建构。

五、台湾同胞同等待遇的立法保护路径

待遇与权利相伴而生，以实定法为保障。如前已述，惠台措施已为台湾同胞

同等待遇搭建起政策性框架体系，台湾同胞作为中国公民的身份也已被确认。但是，亟待进一步解决的问题是实现同等待遇的法定化，并协调现行法律体系与政策措施中有关权利待遇，确保同等待遇规则的确定性及实效性。这是当下对台工作重点中的核心命题。

（一）台湾同胞同等待遇的立法保护路径选择

1.台湾同胞同等待遇立法保护路径的利弊分析

基于两岸关系的历史与现实，台湾同胞同等待遇的立法保护大致存在三种可能的路径：一是通过专门立法赋予台湾同胞同等待遇；二是直接适用大陆居民权利待遇实在化路径；三是在不进行专项立法前提下变通适用大陆居民权利及待遇实在化路径。

第一种路径并非没有先例，早在改革开放初期，政府正是通过《台投法》确认和保护台湾同胞在大陆的投资权益及其他合法权益。而以厦门为代表的地方立法，围绕台胞权益保障进行一系列具有开创性的立法活动，为台湾同胞等同待遇专门立法积累丰富的经验。例如，1994年获得经济特区立法权当年即制定《厦门经济特区台湾同胞投资保障条例》，作为厦门市最早出台的特区法规之一，作为全国最早的台胞投资保障法规，条例在投资、优惠待遇、企业设立、出入境管理及居民待遇等方面作了较为全面规定。1998年制定《厦门海沧台商投资区条例》，对管理机构的服务职责、台湾投资者的基本权益、在投资区内的税收优惠等方面作了重点规定。2013年制定《厦门经济特区促进两岸区域性金融服务中心建设条例》，规定台湾同胞投资企业和个人在金融领域享有相关权利和待遇，推动两岸金融人才交流和金融中心的建设。2014年制定《厦门经济特区两岸新兴产业和现代服务业合作示范区条例》，提出一系列鼓励台湾同胞投资企业和个人参与先行先试的新兴产业和现代服务业的举措，并提供教育、医疗、社会保障等优质公共服务，为示范区内台湾同胞创造良好的工作和生活环境。2015年制定《厦门市人民代表大会常务委员会关于在中国（福建）自由贸易试验区厦门片区暂时调整实施本市有关地方性法规规定的决定》，对三部涉台特区法规中的投资准入事项及其程序依法作出简化调整。2016年制定《厦门经济特区促进中国（福建）自由贸易试验区厦门片区建设规定》专章规定"两岸经贸合作"，扩大台商投资领域降低准入门槛、吸引台湾人才来厦简化办理程序、鼓励支持台湾地区青年来自贸区创业就业等方面入手，多方位规定促进两岸交流合作措施。① 基于此，在改革开放进入纵深阶段的当下，也是有可能也有必要通过专门立法确认和保护台湾同胞的同等待遇。这一路径的优势在于其对台湾同胞同等待遇保护的专门化、统一化和精细化，或能够较为彻底解决同等待遇保护的政策法规政出多门、原则分散、刚性不足等问题，从而有利于吸引更多台湾同胞尤其是优秀的专业技术人员到大陆旅居和发展，推动两岸经济社会生活文化的融合，在当前两岸关系处于晦暗不明之际尤其具有重要意义。但是，其劣势在于台湾同胞同等待遇涉及领域非常广泛，专门立法需要协调现行法律体系与政策措施中有关权利和待遇的规定，立法周期太长，无法及时回应和解决当前两岸关系发展过程中广大爱国同胞急盼解决的问题；另外在立法理念、立法技术及立法逻辑等方面还须极为审慎，以免在相关权利及待遇的规定上走向对同等待遇的反方向，引发台湾同胞对自己被当作"外人"身份的误解，或者大陆同胞产生"不患寡而患不均"的反感。

　　第二种路径实际上是将台湾同胞置于中国公民身份的立场，按照作为中国公民的大陆居民权利待遇实在化之路径为台湾同胞提供同等待遇保护。在中国大陆，现行户籍制度及身份登记制度等一系列配套制度是大陆居民所享有的"纸面上"的权利待遇得以实现的前提和保障。根据现行户籍管理制度，证明每个人身份地位的户籍就像一个坐标点，在现行法律政策体系这个大坐标中准确定位每一位大陆居民所享有的政治经济社会生活等各领域的权利及待遇。因此，户籍就像一张"入场券"，没有户籍便无法得到现行法律的一般性保障，在大陆居住生活的台湾同胞亦是如此。基于此，似乎将台湾同胞纳入现有户籍制度加以保障是最直接有效的方式。② 而依照这种方式，台湾同胞意欲获得大陆同胞同等的待遇，只需依法完成落户手续，领取到居民身份证，便具备与大陆居民相同的法律身份和权利。然而，这种方式须经过办理定居证、办理常住户口登记和领取居民身份证等一系列环节，流程复杂且办理时间长，这对于短期旅居大陆的台湾同胞而言可操作性不强；更重要的是，台湾方面对台湾同胞往来大陆定居采取诸多限制，依台湾"两岸人民关系条例"，台湾地区居民在大陆地区设有户籍或领用大陆地区护照的，

---

① 此外，《厦门市荣誉市民称号授予办法》《厦门经济特区鼓励留学人员来厦创业工作规定》《厦门市华侨捐赠兴办公益事业管理条例》《厦门象屿保税区条例》《厦门经济特区城镇房屋管理条例》《厦门经济特区法律援助条例》《厦门经济特区无偿献血条例》《厦门经济特区专利促进与保护条例》《厦门经济特区文化市场管理条例》《厦门经济特区生态文明建设条例》《厦门经济特区气象灾害防御条例》等10余部法规中，设定专门法款对加强对台交流、厦金合作及台湾同胞合法权益保障予以规定。

② 《中华人民共和国身份证法》第9条规定，台湾同胞迁入内地定居的，应当依照本法规定申请领取居民身份证。

除特殊情况外将丧失台湾地区人民身份。① 显然，在大陆现行户籍制度短期内无法废弃的情形下，将台湾同胞直接纳入并加以保障的方式根本不具有现实可行性。

第三种路径既不考虑"大动干戈"进行立法，也不寄希望从根本上废弃现行户籍制度体系，而是将台湾同胞同等待遇的"准入门槛"由"户籍"变通为"住所"或"居所"，赋予台胞证与身份证同等使用功能。这种路径的明显优势在于仅须通过个别法律法规的修改及行政管理方式的调整，即可避免大规模的耗时耗力的立法活动，节约立法成本，及时回应和满足广大爱国台湾同胞合理的利益诉求，也可规避台湾地区限制台湾同胞加入大陆户籍的硬性规定，以免台湾同胞为取得在大陆发展而陷入以失去在台相关权益为代价的困境。实际上由"户籍"变"住所"或"居所"也有助于破除"城乡二元"经济体制，促进人口自由迁徙和流动，实现社会资源的重新分配，这也是将来大陆地区户籍制改革的一个基本方向。

2. 台湾同胞同等待遇立法保护路径选择及其展开

如上所述，在台湾同胞同等待遇立法保护的三种可能的路径中，由于第二种路径是通过台湾同胞选择落户大陆成为大陆居民进而给予同等待遇，在形式上看这是台湾同胞获得同等待遇的最直截了当的方式，但实际操作起来不仅手续烦琐、费时费力，给短期入境的台湾同胞带来诸多麻烦，更重要的是势必导致台湾同胞为享受大陆同等待遇政策而不得不以失去台湾地区人民身份的代价选择大陆户籍，不太具有现实可操作性。为此，同等待遇的立法保护只能在第一种和第三种两种路径之中进行选择。鉴于当前两岸关系已进入"深水区"，两岸人民的交流互动和经济社会文化往来存在诸多不确定性，在两岸政府短期内尚难达成政治共识、相关协议与制度安排的情形下，为促进两岸同胞的经济社会文化融合与生活一体化，推动两岸关系向和平稳定的方向发展，大陆亟需在在非政治领域让民众自由交往、自主选择，回应和满足广大爱国同胞在大陆居住生活等方方面面权利待遇保护的合理诉求。为此，第一种路径即以专门法或单行法的方式确认台湾同胞同等待遇的做法因立法周期过长、立法难度太大而在短期内不大可行，而第三种路径不需要进行大规模立法活动，仅须进行小范围的立法修法及行政管理模式调整，即可在最短的时间、以最小的代价实现台湾同胞同等待遇保护，增进台湾同胞福祉，促进两岸同胞心灵契合，显然是现阶段就两岸关系而言的最优选择。

当然，这一路径的推进，除立法技术等因素考虑外，须着重从以下几层面展开：（1）重点围绕台湾同胞在大陆学习、创业、就业、生活所涉及领域的权利待

---

① 王鹤亭：《台湾同胞在祖国大陆的法律地位与同等待遇研究》，载《现代台湾研究》2018 年第2 期。

遇展开充分立法调研，厘清并协调现行法律体系与政策措施中有关的权利待遇，明晰化"同等待遇清单"的范围，并以台湾同胞在大陆的住所或居所为联结导入"同等待遇清单"加以保护，进而取消壁垒、创造机会，促进台湾地区和大陆地区人口及经济文化等自由流动，实现两岸共同发展。(2)继续加强台湾同胞投资权益的保护，宣示政府对台政策的稳定性以及推进两岸关系和平发展的态度和决心，增强台胞对两岸关系发展未来的信心，增进两岸了解和互信。(3)大胆固定在实际中广泛运用、且被证明是符合同等待遇原则的各项经贸往来优惠政策，提升大陆发展开放型经济的整体营商环境，吸引更多台商到大陆投资兴业，实现两岸在产业结构、科技研发等领域的优势互补，推动大陆产业创新升级。(4)努力争取将台湾同胞同等待遇立法过程发展成两岸交流合作的重要平台和载体，主动了解台胞立法诉求，给予利益表达空间，通过推动台湾同胞参与立法，积极营造法治这一共同话语环境，增加认同感。

（二）台湾同胞同等待遇立法应注意的问题

基于两岸社会及制度差异性考虑，在确认台湾同胞同等待遇的同时，尚须允许在特殊情形下对同等待遇进行例外调整。例如，惠台措施向台湾同胞开放一系列资格考试，若机械地按照与大陆居民相同的规定要求使用简体字，对台湾同胞难免造成事实上的不公平，实有必要进行例外处理，以弥补或修正因两岸差异造成的事实上的不平等。惠台措施中有诸多类似的做法。例如，"厦门惠台60条措施"规定"一市两标"、"上海惠台55条措施"规定高级职称评聘"直通车"或"绿色通道"、"福建省惠台66条"采取"一事一议、个案处理"等，均是此种例外的体现。当然，立法及实践上仍应注意尽量避免发生"特殊的特殊"或"例外的例外"，从而造成新的不平等。具体分述如下：

1.同等待遇不是绝对同等。同等待遇立法保护旨在实现台湾同胞作为中国公民的应然权利之实然化，但并不意味台湾同胞享有的待遇与大陆同胞绝对同等。例如，"厦门惠台60条措施"虽规定台湾同胞可以依照程序担任市、区政协委员并参加会议以及依程序列席、旁听市、区人大、政协会议，但相较宪法规定中国公民本应享有公共事务参与权及公民基本政治权利而言相去甚远；台湾同胞可以参加大陆法律资格考试，但执业范围有限，仅能受理涉台的非诉业务。类似情形所形成的"差别对待"本质上并不违背"深化两岸经济文化交流合作、率先同大陆同胞分享大陆发展机遇"的立法政策理念，而在两岸关系现状的下为维护国家主权和社会公益而采取限制性手段。

2.同等待遇不能走向"超同等待遇"。同等待遇本质上是台湾同胞与大陆同胞的无差别待遇，原则上仅需达到与大陆居民一样的对待即可，否则反而有可能对大陆同胞造成新的不公平。以台资保护为例，依据台投法及其实施细则规定，针对台资实行的"同等优先，适当放宽"实质就是一种"超同等待遇"，在两岸关系所处特殊历史阶段有其合理性，但应当划定必要的限度。然而，实践中许多地方政府不仅没有限制，反而是层层加码，毫无限度或节制地加大对台实行特殊照顾。[①] 这种做法只会吸引为一时眼前利益而来的台湾投资者，不仅会伤害"张开怀抱"的大陆居民的感情，也不一定能给因利而来的台湾投资者带来发自内心的真正的归属感或认同感，不利于实现两岸人民的心灵契合。

概言之，同等待遇作为一项原则，其本身已蕴含基于特殊情形作变通处理的精神，即无论赋予台湾同胞的待遇是优于抑或次于大陆居民，这种"差别对待"仅能是例外而不能常态化。立法及实践中尤其要注意度量的把握，切不可过于功利或盲目，追求绝对同等，更不能让沦为"超同等待遇"或"次同等待遇"，从而构成对"同等待遇"的双重悖反而偏离初心。

[①] 郑清贤：《浅谈台商投资权益法律保障之完善》，《福州大学学报（哲学社会科学版）》2014年第6期。

台商隐名投资权益保护问题

张 垲[*]

随着两岸 ECFA 的实施和全面"三通"的实现,大陆已经成为台商最主要的投资地。据商务部台港澳司数据统计,截至 2017 年 9 月底,大陆累计批准台资项目 101466 个,实际使用台资 660.7 亿美元。按实际使用外资统计,台资占我国累计实际吸收境外投资总额的 3.6%。[①] 伴随着台商在大陆投资额的不断攀升,各类涉台的法律纠纷也显著增多。其中,由于隐名投资而导致的合同纠纷已经成为最为突出的法律争议之一,台商合法权益未能得到有效保护。

一、台商隐名投资的概念及形成原因

台商隐名投资概念并非一个准确的法律概念,我国法律规范中对台商大陆隐名投资的称呼主要采用"台湾同胞投资",本文采用这一名称主要是因为"台商"这一称呼已为大家普遍接受,相较于"台湾同胞"范围更具有针对性。台商隐名投资由台商和隐名投资两个概念构成。"台商"的概念,即"具有在台湾地区注册登记的企业或者具有台湾居民身份的自然人(拥有《台湾居民往来大陆通行证》的台胞自然人)至大陆投资企业后所拥有的身份"。从法律角度来看,"隐名投资"并不是一个真正的法律概念,我国法律法规和司法解释中也没有隐名股东的定义,《公司法司法解释(三)》中,把隐名股东叫作"实际出资人",各地法院也对它有不同理解和表述。根据《台湾同胞投资保护法》第 2 条第 2 款对台湾同胞投资的界定,"台商大陆投资"是指台湾地区的公司、企业、其他经济组织或者个人作为投资者在除台湾地区和香港、澳门特别行政区以外的中国其他省、自治区和直辖市投资。综上,所谓台商隐名投资是指台湾企业或个人以隐名投资者的身份在

---

* 集美大学法学院讲师。

① 中华人民共和国商务部网 .2017 年 1—9 月大陆与台湾经贸交流情况 [E]. http://tga.mofcom.gov. cn/article/sjzl/taiwan/201710/20171002662755.shtml. 最后访问时间 2018-7-17。

大陆所从事的投资或与投资相关的商业行为。①

台商在大陆投资，之所以采用隐名的方式进行，主要有以下几点原因：第一，规避市场准入制度的需要。虽然现行的《中华人民共和国台湾同胞投资保护法》及其实施细则等法律规范保障了台商的投资权益，各地也出台地方性法规及多种优惠政策吸引台商投资，但是国家仍将台商投资视同外资对待，台商同样要遵守强制性的市场准入规则。例如在 2002 年 4 月 1 日起施行的《外商投资产业指导目录》中仍规定了一定数量的限制或禁止外商投资的产业类型。②2011 年修订的《外商投资产业目录》中，一些台商较为感兴趣的投资领域甚至有进一步收紧的趋势。③第二，规避审批程序的需要。《台湾同胞投资保护法实施细则》第 8 条对台商进入大陆投资的企业形态进行了较为严格的规定。行政部门一般也按照"合资经营企业、合作经营企业和独资经营企业"这"三资企业"的法定形式进行审批。然而"三资企业"对企业的投资比例、规模、出资要求等等都有较高要求，程序相对烦琐，一些台商为了避开这些设立程序，以便较快开展经营活动，最终选择了隐名投资方式。第三，规避台湾当局限制的需要。长期以来，台商对大陆投资容易受到台湾当局政治生态的影响，台湾当局对台商到大陆进行投资采取了较为严格的限制措施，如台湾当局 2010 年制定的"在大陆地区从事投资或技术合作禁止类制造产业产品项目"。即便是未列入禁止类的相关产品项目，也需要经过台湾"经济部投资审议委员会"的严格审查。为了规避上述限制，部分台商采取隐名投资方式，以实现在大陆投资的目的。

二、当前台商隐名投资权益保护困境

（一）立法层面缺失滞后

《中华人民共和国台湾同胞投资保护法》及其实施细则制定时期比较早，对隐名投资没有相应的规定，这就导致台商隐名投资的纠纷处理缺少有针对性的法律依据。虽然 2010 年《最高人民法院关于审理外商投资企业纠纷案件若干问题的规定（一）》的颁布填补了外商隐名投资规定的空白，其第十四条较为明确地规定了外商隐名投资人获得股东资格认定的三个条件：一是隐名投资人已经实际

---

① 莫世健：《台商隐名投资产生的法律问题思考》，载《时代法学》2009 年第 6 期，第 16 页。
② 限制类共有 75 条，禁止类共有 35 条。
③ 例如外商投资感兴趣的大陆房地产产业范围在 2011 年的修订中进一步缩小，"别墅的建设、经营"被列入禁止类。类似的现象在教育、医疗、邮政等其他领域也存在。

出资；二是显名股东以外的其他股东认可隐名投资人的身份；三是征得相关审批机关的同意。其第十五条也规定了由外商隐名投资引发的一些纠纷案件的审判标准。① 但是从立法精神和审判实务角度而言，对隐名投资仍然是不予显名为原则，确认投资人股权为例外。2011 年最高人民法院出台了《公司法司法解释（三）》，对隐名投资人的投资协议进行效力确认的规定，为台商隐名投资纠纷的解决提供了法律依据。② 但是各地法院在处理多种多样的台商隐名投资纠纷时仍缺乏具体的实施细则与明确的审批标准。

（二）司法实践中案情复杂、审判难度大

由于隐名投资往往出于规避法律限制的目的，大多数台商隐名投资过程都较为隐蔽复杂，甚至部分隐名投资者都没有签订完整的书面协议，这给法院的审判工作带来极大的麻烦，也不利于隐名投资人的权益保护。另外，台商隐名投资纠纷案件的产生到审判直至最终判决历时长，甚至某些案件具有一定的敏感性，涉及利益巨大，诉讼中会出现各种波折，取证难度大，不仅耗费司法资源，也不利于台商的自身权益。

（三）股东资格难确认、权益难保证

股东资格确认问题是台商隐名投资中的重要问题，也是审判实践工作中的难点问题。隐名股东资格认定的学说，有实质说、形式说以及折中说。在司法实践中，由于司法权并不能代替行政权，我国法院目前采取折中的方式来处理隐名股东的资格认定问题。只要实际出资人与名义出资人签订了合同，商定由前者投资并拥有投资权益，并且其实际履行了投资义务，则前者可以主张权利。可见此条款只认可了实际出资人的投资权益，并未明确认可其股东地位和资格，其并不当然因此而享有股东资格。其最终股东身份的确认、变更等等问题还是需要依据行政审批、工商登记的程序来完成。另外，某些台商隐名投资的行业属于《外商投资产业指导目录》中的限制或者禁止进入的行业，这样的股东的资格就更加难以确认，各地法院往往会进行审判考虑。③

---

① 2005 年执行的最高人民法院《第二次全国涉外商事海事审判工作会议纪要》第 87 条对隐名投资者股东资格和股份份额的确认处理进行了规定。但该规定为内部行政公文，并不能视为立法内容。
② 最高人民法院《公司法司法解释三》第二十四、二十五条、二十六条等。
③ 如台商在厦门的隐名投资个人诊所案例，不符合市场准入制度，法院最终判决不认可台商的隐名股东资格。《台商隐名投资案例》新浪网 http://finance.sina.com.cn/roll/20110830/010010398985.shtml. 最后访问时间：2018-7-18。

三、台商隐名投资权益保护对策

台湾地区政局的变动以及对大陆态度的起伏波动，始终牵动着两岸法学发展，对于台商隐名投资的权益保护还是采取谨慎但又相对宽容的态度较妥当。可以在引导台商摒弃隐名投资方式从事大陆投资活动的前提之下，构建有效法律制度，规范台商隐名投资的行为，保护其合法的投资权益。

（一）完善立法架构

第一，在立法层面上大幅度的增加关于隐名投资的制度设计是不恰当也不实际。应当在明确对于"隐名投资"不予鼓励，但灵活适当的保护原则下，修改现行《台胞投资保护法》，对于非规避法律强制性规定的台商隐名投资行为，给予其合法合理的效力认定。

第二，现行的台胞投资保护法的《实施细则》第22条规定，台胞投资者可以委托其亲友或者他人作为投资代理人，但未对如何委托、委托的形式和效力作出明确的规定，缺乏相应的实践操作性。建议《实施细则》该条补充规定："台胞资者委托亲友作为其投资代理人时，代理人应当持有经公证机关证明的授权委托书。与此同时，台胞以他人名义来大陆投资的，应当与名义投资人订立书面协议，明确有关权利义务。"通过立法明确，为司法实践中处理隐名投资纠纷提供明确的法律依据。[1]

第三，适当扩大台商的投资领域和范围。当前两岸经贸频繁交流，交流合作日益紧密。对于现行《外商投资产业指导目录》中禁止投资类、限制投资类和鼓励投资类项目，可以适当结合《投保协议》、《海峡两岸服务贸易协议》、ECFA等规定，采取同等优先，适当放宽的原则，谨慎修改相关条款：放宽投资领域、加大引入台湾支柱型产业、降低投资股比限制增加投资形式。当然全面更改外商投资的禁止或限制行业难度比较大，也可以采用试点改革的方式，在某个自贸区进行部分项目的放宽试点，先行先试。

（二）加强司法能动

首先，面对日益增多，案情复杂的台商隐名投资案件，各地法院往往审判尺度不同，适用法律情况不一。因此，除了加强立法之外，建议最高人民法院可以甄选发布典型的台商投资纠纷案例，进行指导。各地法院也可以总结交流各自的

---

[1] 宋锡祥：《论涉台投资法律保护的现状、问题及其相关思考》，载《台湾研究集刊》2012年第4期，第20页。

审判经验，把握相对一致的审判尺度；第二，倡导多元化的纠纷解决机制制度的建立，进一步完善台商权益救济机制。《海峡两岸投资保护促进协议》第十三、十四条规定，两岸投资争端可以通过双方协商、行政程序、司法程序、两岸投资争端解决机构调解，还明确可以双方选择仲裁机构与仲裁地点。这一规定灵活而多元，有利于台商权益的保护。第三，提倡司法创新，设立"涉台案件审判庭"，聘请专业人士担任陪审员、调解员，提供"司法人性化服务"例如网上立案、网络视频庭审等方便台商。

（三）引导台商防范风险

隐名投资产生的法律风险事关台商自身权益的保护和风险防范，台商需要谨慎处理、严格防范。首先，尽量不采用隐名方式进行投资；其次，如果确实要采用隐名投资时，应慎重选择其显名股东人选，要求显名股东提供必要的财产担保，并且与其签订条文全面、权利义务明确的书面投资协议，尽可能控制合作中的风险，保护自身的权益；第三，尽可能地参与公司的生产经营与日常管理，并妥善保管能够证明自身投资权益的各种证据材料，如实际出资证明等。

台胞同等待遇的法律问题研究的点滴思考

谢亚生 *

海峡两岸同属中国，由于历史原因存在着各自相对独立的社会法律体系和适用标准，随着改革开放以及加入世贸组织，海峡两岸经贸往来十分频繁，台胞来大陆投资办企业做生意日益增多，这牵涉到台胞来大陆投资办企业以及做生意的法律适用问题，是同等待遇，还是区别待遇，这是摆在我们面前的现实问题，如何妥善协调衡平处理，关系到海峡两岸人民切身利益和福祉。

一、台胞同等待遇的法律障碍

案例一：改革开放之后，海峡两岸经贸交易往来十分频繁，台胞往来大陆经商居住日益增多，同时出现部分已婚台胞在大陆包"二奶"、养"小三"，形式上以夫妻名义同居生活并且生育子女，多年之后因为多种原因，台胞生意场上失意，要离开祖国大陆回台湾而引起纠纷的案件。

（1）刑事法律上的不同规定。根据台湾"刑法"第239条规定："有配偶者与人通奸者，处一年以下有期徒刑，其相奸者亦同。"什么意思：就是台胞在台湾是已婚之人，在配偶之外与人通奸，构成通奸罪，可以处一年以下有期徒刑。而相奸者亦同，是指无配偶之人与有配偶之人通奸，构成相奸罪，同样处一年以下有期徒刑。但根据台湾"刑法"等相关规定，可以易科罚金，以每日新台币一千元折抵刑期一日。《中华人民共和国刑法》没有通奸罪之规定，对于通奸行为不以犯罪论处。如果同居者以夫妻名义共同生活，可能构成重婚罪，属于自诉案件，原则上不告不理。除非严重危害社会，造成严重后果，才可能提起公诉。海峡两岸同是一个中国，由于历史原因海峡两岸各自有相对独立的法律体系和社会制度。在两种不同规定的情况下，对于台胞实行同等法律待遇，在这种情况下显然不可能，在目前也是不能实现的。

---

* 福建中仑律师事务所律师。

（2）民事法律上不同法律规定。台湾"婚姻法""继承法""民事诉讼法"等规定亦与祖国大陆法律规定有很多不同操作点。例如：债权债务纠纷案件，在台湾当事人可以聘请律师对于债务人先行发出律师函，通知债务人履行清偿债务，如果在接到律师函之后拒绝履行清偿债务的，可以提起刑事诉讼，以债务人构成诈欺罪请求检察官公诉，在检察官不提起公诉时，可以刑事自诉债务人，显现台湾对于强制债务人履行清偿债务的力度之大，效果之好是大陆在民事诉讼法律所无法比拟的。大陆民事诉讼没有规定债权人有权提起对债务人拒绝履行清偿到期债务时刑法诉讼的权利。大陆民事诉讼制度规定债权人只能提起民事诉讼，在人民法院裁判文书生效后，债务人拒不履行裁判文书所确定法律义务后申请人民法院强制执行的效力。并且只有在债务人有能力履行清偿债务，又拒绝履行时，经过司法拘留之后仍然拒绝履行清偿债务的，人民法院可以当事人拒不执行判决、裁定罪移送公安机关侦查起诉，构成犯罪可以判处三年以下有期徒刑、拘役或者罚金。因此，民事法律上的不同规定，在当前情况下亦不能达到对台胞同等的法律待遇。

二、台胞同等待遇的制度障碍

海峡两岸同属一个中国，这是共识。但海峡两岸实行不同的社会法律制度，在对台胞实行同等法律待遇上由于各自法律制度的不同，实现效果必然产生不同的认知后果。

案例二：陈先生1990年在云霄县常山粮站退休，1991年9月1日回台湾居住，其退休金一直维持在每月1374元之间，十多年来都未见过调整提高，连高龄补贴也没有，和他一样退休的人员退休金都已经达到每月2500元以上了，于是找到云霄县有关单位请求落实，云霄县说要由常山开发区处理，常山开发区说要由云霄县解决，双方各执一词，致使陈先生历年来退休生活津贴以及高龄补贴一直未能得到调整提高。经查阅云霄县劳动局、粮食局、老干局、信访局、台联、财政局、县政府、县委组织部等相关单位档案，在云霄县粮食局调取到陈先生相关人事档案资料原件并与相关经办人员进行核实，初步判断陈先生人事档案没有移交常山开发区，而是留在云霄县粮食局，查阅发现1945年8月抗日战争胜利后，台湾回归祖国怀抱，当年16岁的陈先生加入国民革命军第70军139师，后整编为70师139旅，部队番号是70师139旅278团1营迫击炮连。1946年底，蒋介石违背台湾兵不离开台湾的承诺，悍然将70军调离台湾开往大陆打内战，这一离别竟然是45年无法回到台湾探望亲人，从此和父母永别。1948年12月陈先生因不满蒋介石打内战，在淮海战场上利用站岗换岗机会带领一名士兵向解放军投诚并参加中国人民解放军，直接编入中国人民解放军第三野战军第29军85师253团3营炮连，1949年元月5日被批准参加淮海战役总决战，同年元月10日淮海战役胜利结束，陈先生所在班被评为集体一等功，之后部队原地整训，1949年4月19日部队向南京长江北岸集结，参加4月21日渡江战役，4月23日南京解放，陈先生获得一枚渡江胜利纪念章。南京解放后部队继续向上海挺进，吴淞口一役激战八九天，陈先生在这次战役中负伤昏迷，醒来时人已在中国人民解放军第三野战军后勤第六医院抢救治疗，出院后由于陈先生左手枪伤已经无法弯曲，成为革命残疾军人（二等乙级残废），被荣记三等功一次。至此，陈先生已经不能参加部队战斗，只能离开253团，在后勤医院休养。1950年朝鲜战争爆发，在保家卫国抗美援朝期间，陈先生被组织上安排到安徽协助接收伤员。1955年陈先生被派到云霄县东厦粮站从事征粮工作，1956年陈先生因支持生产队周转粮食，部分忘记记账，导致账目不符等工作失误（处理定性为造成国家损失200多元，粮票2万多斤），审干时给予行政记过处分。在"大跃进"和"反右派"斗争中，陈先生的错误重新被提出并且上纲上线，并于1958年6月27日被云霄县人民法院以犯渎职罪判处有期徒刑三年并被开除公职，在狱中服刑，正直大陆三年困难时期。1966年至1976年的"文化大革命"期间，在以阶级斗争为纲的年代，作为劳改犯，陈先生全家被下乡到云霄县和平农场插队落户，参加生产劳动。1978年党的十一届三中全会决定实行改革开放，在邓小平领导下，进行拨乱反正，平反冤假错案。1981年5月12日云霄县人民法院再审后判决撤销原判决，宣告陈先生无罪，收回安排在常山粮站工作（全民职工），恢复原工资待遇，从1980年3月份起执行，处理期间工资不补。1990年陈先生在云霄县常山粮站退休，1991年9月1日陈先生在其弟弟帮助下回到阔别45年的台湾。陈先生回到台湾后，父母亲早已去世，感觉家乡面目已经全非，"儿童相见不相识，笑问客从何处来？"家乡已无立锥之地，祖产、土地已成他人名下财产，陈先生无奈只好在台北打工度日，这是陈先生回到台湾后最悲凉的写照。2006年陈先生毅然带着妻子从台湾回到云霄居住，2008年陈夫人病逝。2010年4月陈先生中风住院，因医疗费用开销大，其退休金不足以应付，因此回台湾住院治疗，治愈后又回到云霄居住。2011年3月陈先生再次中风而卧病在床，虽需专人照顾，但头脑非常清晰，现在台湾生活。经过调查核实，查明：1999年7月28日云霄县政府和常山华侨经济开发区召开关于常山粮食收储公司归属问题协调会议并形成会议纪要精神，陈先生属于常山粮食收储公司退休老工人，其人事工资档案关系应移交常山开发区。2000年3月21日在漳州市粮食局鉴交下进行交接并由移交单位云霄县政府和财政局、粮食局；接收单位常山华侨经济开发区和财政局、粮食局签订一份《常山粮食收储公司交接工作协议书》，协议书第六条约定："常山粮食收储公司的社保统筹仍在云霄县社保中心缴交，离退休人员的社保待遇和其他待遇延续不变"。同年3月24日云霄县劳动局通知常山开发区劳动局接收陈先生个人档案等有关资料，但未见有实际移交手续，后调查组于2013年元月9日在云霄县粮食局查到云政（81）130号和（84）云粮人字第130号原件，说明其人事档案还在云霄县粮食局。1999年6月20日云劳（1999）022号文件上报建国前入伍老工人名单中有陈先生的名字，但在同年12月9日云委老干（1999）03号《关于解决部分国有困难企业离休干部离休费和遗属的生活补助费的请示》文件附表中将陈先生名额划掉并签注归常山，其中建国前入伍老工人7名，实际发放生活补贴只有6名。这份文件已经说明，云霄县政府财政人员已将陈先生剔除在离休人员生活补助范围。同时，常山开发区因未实际接收陈先生人事档案，不能正常申报调整补助费，造成陈先生退休生活补贴从1999年7月份起至今历次调整均未得到落实（包括高龄补贴金），陈先生属于建国前参加工作的老工人，依照闽劳办(1997)34号和云劳（2000）41号文件规定，可以参照享受离休干部生活补贴列入县财政预算待遇。

2013年3月10日下午，市委专题协调会议决定：(1)陈先生的人事档案暂不移交，维持现有管理模式。(2)陈先生的退休生活补贴（包括高龄补贴金）应予兑现，由云霄县及常山开发区的粮食主管部门及劳动部门负责实施（具体补发金额由云霄县劳动和社会保障局提供相关数据材料），分两次兑现、1999年7月至2013年3月的生活补贴金（包括高龄补贴金）由云霄县和常山开发区各承担50%，于2013年3月31日前兑现；2013年3月起的生活补贴金（包括高龄补贴金）以及建国前入伍老工人应当享受的其它待遇和补助，由云霄县和常山经济开发区共同负责，各承担50%。陈先生退休生活津贴和高龄补贴金补发13万元，每月退休金从1374元调整到3883元。

这个案例说明，两岸不同社会法律制度，对居民的社会福利有所不同。比如医疗保险，陈先生在大陆医疗保险报销不足，而其回台湾治疗时，医疗可以免费。其次，是退休待遇不同，台湾退休金相对较高，福利比较好，而祖国大陆相对较低。这产生台胞对祖国大陆在同等待遇方面的认知有着不同感受，这是由于两岸社会法律制度不同造成的，即是原因也是结果，这只能通过发展经济，提高人民的福利保障水平来消除两岸的不同等待遇。

三、台胞同等待遇地方规定的突破运用

案例三[3]：2014 年 10 月 23 日漳州市台办接到来漳就业的台胞万老师的求助函，万老师称其于 2012 年毕业于北京大学新闻传播学院，并于同年 10 月正式进入闽南师范大学服务，属于正式入编人员，一年多来有感于漳州当地的生活条件良好，有意接家人来当地居住，以致近日有购房打算，但遇到公积金购房贷款问题，由于问题层级属于国家级政策，盼台办予以沟通协助。校方和本人每月都有缴纳公积金至公积金账户，目前校内所有缴纳公积金的老师，在购房时，除了将已经缴入账户公积金提出来做首付，还能将日后每月公积金充抵贷款，但这个部分，建金管 [2006]52 号第一条，有明文规定，港澳台人士不能办理。万老师求助函建议允许港澳台有正常缴纳公积金的人士，可以比照大陆人民，利用每月公积金充抵贷款，达到尽速赐房之目的。

随着两岸人才交流的发展，台胞来闽就业的增加，福建省人事厅、福建省人民政府台湾事务办公室、福建省教育厅、福建省劳动与社会保障厅、福建省公安厅《关于做好取得内地（祖国大陆）全日制普遍高校学历的台湾学生来闽就业有关工作的通知》闽人发（2009）46 号文件第一条规定："台生在福建省内就业与内地（祖国大陆）普遍高校毕业生在工资福利、社会保险、子女教育等方面享有同等待遇"。据此规定，台生来闽就业取得正式编制，依法缴纳公积金半年以上的，在漳购房时可以申请住房公积金贷款。经协调形成《关于解决在漳就业的台籍教师公积金买房问题的协调会议纪要》，协调会一致同意给予台胞万老师办理住房公积金贷款，并且与漳州兴业银行洽谈和办理贷款的相关手续，台胞万老师在漳州购置房产。该案例说明，地方政府政策突破并变通适用，解决台胞在公积金贷款的与大陆居民同等待遇的法律问题，取得良好的社会效果。

四、协调平衡台胞同等待遇的法律问题点滴思考

改革开放之后我国于 1994 年 3 月 5 日第八届全国人民代表大会常务委员会第六次会议通过《中华人民共和国台湾同胞投资保护法》同日中华人民共和国主席令第二十号公布实施。国务院制定了《实施细则》，地方政府也各自在职权范围内制定地方性配套政策。总体来看，祖国大陆对于台胞来大陆投资办企业和做生意的法律适用实际上是存在区别待遇的政策，即特别法与普通法，全国规定与地方规定的区别。体现台胞同等法律待遇问题，笔者认为：

（一）台胞转变理念习惯统一适用祖国大陆法律

历史原因造成海峡两岸各自有相对独立的社会法律制度，但在格局上，台湾地区的法律制度只能适用于台湾地区，不能适用到祖国大陆。而祖国大陆法律是由全国人民代表大会表决通过，适用于全国范围的法律规范。因此，台胞来祖国大陆投资办企业和做生意，都应当同等适用祖国大陆的法律规范，这个理念是应当要转变的，否则会产生不同的认知。

（二）去台胞超国民待遇为同等待遇的法律条件

改革开放之初，为了吸引外资来祖国大陆投资办企业，全国人大以及中央政府制定了一系列优惠政策，对台胞同样采取超国民待遇的政策。随着改革开放深入发展，超国民待遇法律法规和政策已经不能适用，产生消极社会法律问题是显而易见的事实。因此，应当转变超国民待遇为同等待遇，在同等待遇的法律环境保护下进行公平竞争，优胜劣汰。

（三）以一个中国原则对台胞实行同等法律待遇

台湾是中国的一个省，是一个地方，因此要以一个中国原则，对台胞同等待遇适用祖国大陆法律规范，避免区别对待产生不良的法律后果，是实现祖国统一的必然要求。

（四）发展经济拉平两岸的社会福利待遇差距

随着祖国的日益强大，改革开放进一步深化，经济发展进一步提高，大陆人民的福利待遇水平显著提高，就会逐步拉平两岸的社会福利待遇差距，到时台胞在祖国大陆享受同等待遇的法律问题必然迎刃而解。

海峡两岸物权法的比较研究

张嘉东[*]

　　大陆与台湾地区有密不可分的历史文化传统和血缘关系，海峡两岸法律体系均属大陆法系，有相似的法律渊源，而物权法体现的是一个国家的经济制度、历史传统和人文习俗，所以物权法律制度有不少相似之处。但由于历史原因，海峡两岸分别实行不同的社会制度，各自建立实施独立完整的法律制度，使海峡两岸物权法律制度存在不少差异。随着海峡两岸关系逐渐缓和，已实现了"三通"，各项经济、文等各项交流迅速扩大日益增多。为适应海峡两岸各项交流的形势的发展，海峡两岸于2010年6月29日签署《海峡两岸经济合作框架协议》同意全方位建立海峡两岸经济交流与合作，以切实保障海峡两岸人民权益，对促进海峡两岸关系经济等方面的良性发展具有重大意义。为早日实现海峡两岸和平统一的伟大目标，笔者拟从比较海峡两岸物权法律制度的角度，分析、研究海峡两岸物权法律制度的异同，祈望对海峡两岸今后完善物权法律制度及法律冲突协调机制有所帮助。

一、海峡两岸物权法律制度的立法概况

　　1. 中国自清末民初从国外引进物权理论，经过一百年来的发展，海峡两岸因历史原因，已各自建立独立完整又各具特色的物权法律制度，所以海峡两岸物权法律制度存在很大差异在所难免。但大陆与台湾法律体系均属大陆法系，也都是世界贸易组织WTO的成员，均有逐渐向国际法制度靠拢，及借鉴国际先进物权立法经验来修订完善物权法律制度的趋势，目前海峡两岸物权法律制度与国际先进的物权法制度仍存在距离，有待海峡两岸进一步修订完善，更好地与国际经济秩序接轨，以减少海峡两岸及国际多边的物权法律制度冲突。

　　2. 大陆是在废除旧中国的"六法全书"基础上，逐步建立起全新具有中国特

---

　　* 福建南州律师事务所律师。

色的社会主义法律体系，而物权法是国家基本经济法律制度之一，自从 1986 年实行改革开放政策后，大陆为适应社会、经济发展的需要，不断地改革完善所有制的法律制度结构，用法律来确认及保护各类财产所有权人的法律地位及合法权益，故大陆不断地根据社会、经济发展需要，借鉴世界先进的立法经验，陆续修订或颁布《宪法》《民法通则》《土地管理法》《物权法》《担保法》《城市房地产管理法》《农村土地承包法》等法律，目前大陆目前虽然还没有颁布《民法典》，但从《物权法》施行后，加上现行的《民法通则》《合同法》《侵权行为法》《婚姻法》《收养法》《继承法》，以及正在加速立法的《民法总则》《涉外民事关系法律适用法》，已基本具备大陆《民法典》的框架，已初步形成具有中国特色法律制度。可见大陆物权法律制度具有立法晚、起点高、立法技术先进、物权法内容有创新，法条详细浅显易懂、贴近社会发展需求，但物权法律规范仍不够配套及完善，且司法实践经验不足等特点。

3. 台湾地区现物权法律制度，是在沿用旧中国 1929 年颁布实行的《民法典》为基础，并根据社会、政经发展需要不断修改完善而来，台湾地区《民法典》共有五编 1225 条，第一编：总则；第二编：债；第三编：物权；第四编：亲属；第五编：继承。台湾地区现行物权法律制度主要体现在"民法典"的总则及第三编物权、"物权编施行法"，还颁布实行"动产担保交易法""土地法""土地征收条例""土地登记规则""耕地三七五减租条例""平均地权条例"等单行法规，组成了一个较为完整、独立物权法律体系。可见台湾地区"物权法"具有立法早，受传统影响及大陆法律体系影响深、法律条款概括深奥难理解、但物权配套相关法规齐全、司法实践经验丰富、但有些法律规定已不适应社会发展需要等特点。

二、海峡两岸物权法架构

1. 大陆目前尚未颁布《民法典》，目前施行的大陆《物权法》共分五编十九章二百四十七条。第一编总则，共分三章，第一章规定物权的基本原则；第二章规定物权的设立、变更、转让和消灭；第三章规定物权的保护；第二编所有权共分五章，第四章规定所有权的一般规定；第五章明定所有权分为国家所有、集体所有与私人所有及财产的范围、所有权的保护；第六章规定建筑物区分所有权；第七章规定相邻关系；第八章对共有作了相关规定；第九章对所有权取得作了特别规定。第三编用益物权共分五章，第十章规定用益权的一般规定；第十一章规定土地承包经营权、第十二章规定建设用地使用权、第十三章规定宅基地使用权、第十四章规定地役权；第四编担保物权，共分四章，第十五章对担保物权作一般规定；第十六章抵押权，对一般抵押权及最高限额抵押权作了原则规定；第十七章质权，对动产质权及权利质权作一般规定；第十八章留置权，对留置权作一般规定；第十九章占有，规定占有的保护和无权占有人的侵权责任；附则：规定不动产登记及物权法施行日期。

2. 台湾地区目前施行"民法典"在"民法"总则第三章规定：物、不动产与动产、主物与从物、物的孳息等定义及范围等。而"民法"第三编物权：分为九章六十六条；"民法物权编施行法"共十四条。"民法"第三编：物权。第一章总则，规定了各种物权的基本原则；第二章所有权，分为四节六十六条，第一节：通则，规定各种所有权的内容及范围及所有权的请求权等相关内容；第二节不动产所有权，规定土地及建筑所有权等相关内容。第三节动产所有权，规定善意受让、遗失物招领、认领、拍卖，及附合、混合、添附等相关内容。第四节共有，规定分别共有的使用、受益、管理等相关规定。第三章地上权，分为二节二十一条，规定普通地上权，区分地上权等相关规定；第四章永佃权已删除，第四章之一农育权共分五条，规定以农业使用、土地保育为主要内容。第五章不动产役权，共分十六条规定不动产役权的定义、属性等相关规定；第六章抵押权，共分三节五十二条规定普通抵押权、最高限额抵押权及其他抵押权的相关规定；第七章质权，共分二节十八条规定动产质权、权利质权等相关内容；第八章典权共有二十条，规定典权定义、典权人的权利义务等相关内容；第九章留置权，共有十一条，规定动产留置权的定义、要件等相关内容；第十章占有共有二十八条，规定占有定义、要件、权利义务等相关内容。"民法物权编施行法"共有二十四条，规定物权法不溯及即往、物权登记、物权取得时效与消灭时效等相关规定。

三、海峡两岸物权法律制度体系结构及其原则。

1. 大陆与台湾地区分别实行不同的社会制度，以致在物权法的价值取向存在有些差异及冲突，物权法的体系结构也有所不同，大陆实行以公有制为主的社会主义制度，虽然也承认物权也是个人的财产权，但更强调物权也有公共利益的理论，物权法明确规定为了公共利益需要依法可以征收补偿。台湾地区实行资本主义制度，强调个人财产权的保护，体现私法自治原则，虽然也规定当局在某些条件下，可以对物权人行使权利进行干预或限制，但其范围较小、条件较明确严格。

2. 《中华人民共和国物权法》确立了物权平等保护原则、物权法定原则、物权公示原则、一物一权原则、物权区分原则、所有权移转规则、相邻关系制度、征收补偿制度、无权请求权制度、地役权制度、动产浮动抵押制度、善意取得制度、占有制度、充实共有制度、完善不动产登记制度。将农村土地承包经营权与宅基地使用权第一次明确地规定为物权。台湾地区"民法典"第三编物权，经过2007年、2009年、2010年、2012年四次大修订后共分为九章六十六条。"民法物权编施行法"共有十四条。"民法"第三编物权，第一章总则；第二章所有权；第三章地上权；原第四章永佃权删除并以第四章之一农育权替代；第五章不动产役权；第六章抵押权；第七章质权；第八章典权；第九章留置权；第十章占有。

3.《中华人民共和国物权法》将物的定义规定在总则中；将物权的请求权规定在《物权法》的第三章物权的保护中。而台湾地区"民法典"总则及"物权编"并没有明确规定物的概念，区而将物的定义规定在民法总则里面。而物权请求权则规定在物权编的所有权章及占有章里面。

4.《中华人民共和国物权法》规定的所有权包括国家、集体、个人、建筑物区分所有权；物权种类有：所有权、用益物权、担保物权。台湾地区所有权仅分为动产所有权与不动产所有权，但没有集体所有权，且国家所有权范围小。

5.《中华人民共和国物权法》明确规定物权种类有：所有权、用益物权、担保物权，而用益物权包括土地承包经营权、建设用地使用权、宅基地使用权、地役权及其他财产权利。担保物权包括一般抵押权、最高额抵押、动产质权、权利质权。而台湾地区"民法典"中并未明定用益物权及担保物权，仅将其作为学理讨论或教学使用，并将《中华人民共和国物权法》中没有规定的典权归为用益物权之列。并另依对限制物权标的物支配的不同分为：用益物权与担保物权、完全物权与定限物权、动产物权与不动产物权及权利物权、主物物权从物权、意定物权与法定物权、登记物权与不登记物权；并依标的物种类的不同分为，动产物权、不动产物权、权利物权。

6.《中华人民共和国物权法》规定：抵押权人应当在主债权诉讼时效期间行使抵押权，逾期不行使的人民法院不予保护。《民法通则》第135条规定：向人民法院请求保护民事权利的诉讼时效期间为二年，法律另有规定的除外。而台湾地区"民法典"规定：以抵押权、质权或留置权担保之请求权，虽然时效已消灭，但债权人仍得就其抵押物、质物或留置物取偿；以抵押权担保之债权，其请求权已因时效而消灭，如抵押权人，于消灭时效完成后，五年间不实行其抵押权者，其抵押权才消灭。

四、海峡两岸应进一步扩大相互承认其法律的域外效力范围，不断完善物权法律冲突的协调机制。

1. 海峡两岸均属一个中国，但由于历史原因海峡两岸隔绝了 50 多年，在社会、经济、文化、生活等方面存在不少差异，但无论如何，海峡两岸人民都是炎黄子孙，应尊重历史，以一个中国原则，作为解决海峡两岸权法律冲突的首要原则，实事求是面对海峡两岸的社会制度、经济、文化、生活等方面存在的不少差异，前瞻性地妥善协调处理海峡两岸权法律，以造福海峡两岸人民。2010 年 6 月 29 日，海峡两岸正式签署《海峡两岸经济合作框架协议》中保护方面的交流与合作，切实保障两岸人民权益等，取得可喜的进展，为建立海峡两岸物权保护协调机制迈出关键的一步。但海峡两岸物权存在不少结构性冲突，不可能一朝一夕消除，仍有待海峡两岸持续不断地交流协商，积极合作以满足海峡两岸关系不断健康发展的需要。

2. 最高人民法院于 1998 年 5 月 22 日公布《关于认可台湾地区有关法院民事判决的规定》（废止），2009 年 5 月 14 日颁布《关于人民法院认后可台湾地区有关法院民事判决的规定的补充规定》（废止），2010 年 4 月 26 日颁布《关于审理涉台民商事案件法律适用问题的规定》2015 年 6 月 2 日颁布《最高人民法院关于认可和执行台湾地区法院民事判决的规定》以替代上述两个规定，但其内容都明确指出，在一定条件下承认台湾民、商法律在大陆的效力，对台湾物权法律保护也是采用"比照"或"参照"处理，实际上已有条件地承认台湾物权等民事法律和民事判决的域外效力。

3. 台湾地区 1992 年公布的"台湾地区与大陆地区人民关系条例"第五十一条规定：物权依物之所在地之规定。关于权利为标的之物权，依权利成立地之规定。物之所在如有变更，其物权之得丧，依其原因事实完成时之所在地之规定。第七十八条规定：大陆地区人民之著作权或其他权利在台湾地区受侵害者，其告诉或自诉之权利，以台湾地区得在大陆地区享有同等诉讼权利者为限。可见若在台湾地区发生物权纠纷发生法律冲突，台湾法院可依据上述条例相关规定，援引大陆法律作为准据法对物权纠纷作出判决。可见台湾地区也明确规定在一定条件下，承认大陆法律在台湾地区有域外的法律效力。

五、结语

综上所述，海峡两岸分隔已久，法律体系各异，司法程序也有不同，发生物权法律冲实在所难免，仍有待海峡两岸以一个中国为原则，面对现状展望未来，积极加强海峡两岸经济、法学合作交流，进一步完善物权法律冲突协调机制，妥善解决物权等法律冲突与纠纷，以营造两岸和平统一的和谐环境，迎接中华民族团结、繁荣、昌盛的新纪元。